Alex W. Morris

Warren Buffett & Charlie Munger

AUF DEN PUNKT GEBRACHT

TSOH Investment Research

Nachdem ich zehn Jahre lang als Aktienanalyst auf der Käuferseite gearbeitet hatte, gründete ich im April 2021 den TSOH Investment Research Service. Meinen Abonnementen biete ich hundertprozentige Transparenz bezüglich meiner Anlagephilosophie, meines Research-Prozesses, meiner Portfolio-Entscheidungen und meiner Ergebnisse (vierteljährliche Portfoliorenditen).

Der Anspruch vollständiger Transparenz als Eckpfeiler dieses Dienstes wurde durch meine Erfahrungen während meiner Zeit in der Finanzbranche geprägt. Um Warren G. Harding zu zitieren: Viele Diskussionen über Aktien beschreibt man am besten als »die Kunst, so lange zu reden, wie es der Anlass erfordert, ohne wirklich etwas zu sagen«.

Ein bemerkenswertes Beispiel ist die Positionsgrößenbestimmung. Wenn jemand sagt, dass er eine Aktie besitzt, ist das an sich keine besonders aufschlussreiche Information. Das ändert sich, wenn der Betreffende die Information ergänzt, ob er in seinem Portfolio dieses Wertpapier mit 0,1 Prozent, 1 Prozent oder 10 Prozent gewichtet, und er außerdem eine Begründung für den betreffenden Anteil im Vergleich zu seinen anderen Positionen liefert. Solche Entscheidungen geben Aufschluss über den Denkprozess und den Investitionsansatz/die Philosophie eines Anlegers. Zudem halte ich diese Punkte für unerlässlich, wenn ein Anleger lernen und sich verbessern will.

TSOH-Abonnenten erhalten volle Transparenz bezüglich aller Anlageentscheidungen (vorherige Offenlegung über alle Änderungen) sowie vierteljährliche Aktualisierungen der Portfoliorenditen. Ich kann keine Garantie für meine zukünftige Performance geben, aber ich kann versprechen, dass die Abonnenten stets vollständig darüber informiert sind, was ich denke und wie sich dies auf meine Entscheidungen innerhalb meines Anlageportfolios auswirkt.

Bei einem Abonnement von TSOH Investment Research können Sie 20 Prozent sparen, wenn Sie den QR-Code scannen oder über die Website thescienceofhitting.com/unscripted gehen. Ich danke Ihnen für Ihre Zeit und wünsche Ihnen nun viel Spaß mit den Investmenttipps und Weisheiten von Buffett und Munger.

Alex W. Morris

Warren Buffett & Charlie Munger

AUF DEN PUNKT GEBRACHT

Die besten Investmenttipps und Weisheiten aus drei Jahrzehnten Berkshire-Hathaway-Aktionärsversammlungen

FBV

Bibliografische Information der Deutschen Nationalbibliothek:
Die Deutsche Nationalbibliothek verzeichnet diese Publikation in der Deutschen Nationalbibliografie. Detaillierte bibliografische Daten sind im Internet über https://dnb.de abrufbar.

Für Fragen und Anregungen:
info@m-vg.de

1. Auflage 2026

Türkenstraße 89
81671 München
Tel.: 089 651285-0

Die englische Originalausgabe erschien 2025 bei Harriman House unter dem Titel *Buffett & Munger unscripted*.
Originally published in the UK by Harriman House Ltd in 2025, www.harriman-house.com.

Übersetzung: Silvia Kinkel
Korrektorat: Manuela Kahle
Redaktion: Judith Engst
Umschlaggestaltung: Sabrina Pronold
Satz: ZeroSoft, Timisoara
Druck: Florjancic Tisk d.o.o., Slowenien
Printed in the EU

Wir produzieren nachhaltig
www.m-vg.de

ISBN Print 978-3-95972-841-6
ISBN E-Book (EPUB, Mobi) 978-3-98609-619-9

Weitere Informationen zum Verlag finden Sie unter:

www.finanzbuchverlag.de

Beachten Sie auch unsere weiteren Verlage unter www.m-vg.de.

INHALT

EINLEITUNG

Die jährliche Hauptversammlung (HV) der Aktionäre von Berkshire Hathaway gehört zu den traditionsreichsten Veranstaltungen der Finanzwelt. Lange Zeit war sie jedoch nur für eine relativ kleine Gruppe zugänglich. Über Jahrzehnte konnte man an dieser Veranstaltung, die jedes Frühjahr in Omaha, Nebraska, stattfindet, nur persönlich teilnehmen. Die Versammlungen wurden auf Video festgehalten, aber nicht veröffentlicht. (Deshalb warteten in den 2000er- und 2010er-Jahren Value-Investoren wie ich immer gespannt darauf, dass die Notizen der HV-Teilnehmer online gestellt wurden.) Das änderte sich im Jahr 2018, als Berkshire Hathaway die Videos der Aktionärsversammlungen bis zurück ins Jahr 1994 freigab. Diese wertvolle Ressource war nun endlich für alle zugänglich, aber sie stellte immer noch eine gewaltige Herausforderung für jemanden dar, der daraus wertvolle Erkenntnisse zu einem bestimmten Thema gewinnen wollte.

Dieses Buch ist hoffentlich eine nützliche Quelle für alle, die nach einer Lösung für dieses Problem suchen. Wie Warren Buffett auf der Berkshire-Hathaway-Aktionärsversammlung von 1998 anmerkte, war er davon überzeugt, dass Larry Cunnninghams *Die Essays von Warren Buffett: Die wichtigsten Lektionen für Investoren und Unternehmer* – eine thematisch geordnete Synthese von Buffetts jährlichen Aktionärsbriefen – am besten vermittelte, was er Investoren und Unternehmern mitzugeben versuchte. (Buffett: »Er hat erstklassige Arbeit geleistet, indem er all diese Dinge, die ich geschrieben habe, nach Themen geordnet hat … Wenn ich mir eine Lektüre aussuchen müsste, wäre es wahrscheinlich diese.«)

Ich habe ein mit Eselsohren versehenes Exemplar von Cunninghams Buch auf meinem Schreibtisch liegen und erachte es als Pflichtlektüre für Menschen, die sich für das Thema Investieren und Wirtschaft interessieren.

Cunninghams Arbeit hat mich zu diesem Buch inspiriert, das eine ähnliche Zusammenstellung der zahllosen Erkenntnisse von Warren Buffett und Charlie Munger auf den Aktionärsversammlungen von Berkshire Hathaway seit den frühen 1990er-Jahren anstrebt. Ich habe mir die Aufzeichnungen der Aktionärsversammlungen von Berkshire Hathaway von 1994 bis 2024 angesehen und dabei mehr als 1700 Aspekte abdecken können. Die Aussagen von Buffett und Munger bieten eine Fundgrube an Investitions- und Wirtschaftsweisheiten. Dieses Buch soll diese Fundgrube allen Menschen zugänglich machen.

Im Laufe der vergangenen fünf Jahre habe ich mir die Aufnahmen aller 31 Aktionärsversammlungen angehört, die Aspekte nach Themen sortiert und etwa 500 Aussagen ausgewählt, die für Geschäftsleute und Investoren die wertvollsten Erkenntnisse liefern.

Dieses Buch ist nach wichtigen Investment- und Wirtschaftsthemen gegliedert, darunter die notwendigen Fähigkeiten und die emotionale Verfassung, die einen erfolgreichen Langfrist-Investor ausmachen, die Kunst der Unternehmensbewertung, den Umgang mit Ungewissheit und Marktvolatilität, die genaue Definition des eigenen Kompetenzbereichs, das Denken an Opportunitätskosten, das Navigieren durch makroökonomische Unsicherheiten und vieles mehr. Buffett und Munger haben auch viel Aufschlussreiches über Politik und das Leben an sich gesagt, aber das steht nicht im Fokus dieses Buches.

Wie Sie sich vorstellen können, haben Buffett und Munger im Laufe der Jahre auf vielen Aktionärsversammlungen wiederkehrende Themen behandelt, da ihr Investmentansatz jahrzehntelang größtenteils unverändert geblieben ist. Wenn eine Antwort weitgehend vergleichbar mit einer aus einem Vorjahr war, habe ich deshalb nur die hilfreichsten Aussagen übernommen. Und wenn der Wortlaut nicht zum Kern der Antwort passte, habe ich ihn zwecks Klarheit und Prägnanz überarbeitet. Jegliche Änderungen an wörtlichen Zitaten habe ich mit tiefstem Respekt und größter Bewunderung für Buffett und Munger vorgenommen, und das geschah stets mit dem Ziel, ihre Gedanken dem Leser wertneutral und vollständig zu vermitteln.

Vieles, was ich über das Investieren und die Wirtschaftswelt gelernt habe, stammt von Buffett und Munger. Deshalb werde ich den beiden für immer dankbar sein. Hoffentlich trägt dieses Buch dazu bei, dieses Wissen an die nächste Anlegergeneration weiterzugeben. Dies ist mein Versuch, Buffett und Munger für alles zu danken, was sie der Investmentgemeinschaft gegeben haben.

Ein abschließender Hinweis: 50 Prozent der Nettoeinnahmen (nach Steuer) dieses Buches werden GLIDE gespendet, einer Wohltätigkeitsorganisation, die Buffett seit Jahren unterstützt. Obschon Warrens philanthropische Bestrebungen nicht im Fokus dieses Buches stehen, gibt es eben noch einen Teil in seinem Leben, in dem er sich als Führungspersönlichkeit und Vorbild erweist.

Alex Morris
Davie, Florida
2024

TEIL EINS:

VALUE INVESTING

»Wir versuchen, Unternehmen zu kaufen, die wir für immer halten wollen, und wenn man so denkt, kann man genauso gut zurückschauen und sich ansehen, was es bedeutet, sie für immer zu besitzen.«

»Das Gesamtwachstum des Marktes ist für uns kein entscheidender Faktor; es geht darum herauszufinden, wer welches Spiel gewinnen und wer welches Spiel verlieren wird.«

»Zeit ist der Feind eines schlechten Geschäfts, und sie ist der Freund eines großartigen Geschäfts.«

»Sie würden jede Präsentation mit dem Wort EBITDA vermutlich besser verstehen, wenn Sie dieses Wort jedes Mal durch ›Bullshit-Gewinne‹ ersetzen.«

»Der bessere Arzt ist derjenige, der hin und wieder in der Pathologie vorbeischaut.«

Einleitung

Das Ziel beim Investieren, ob man nun eine einzelne Aktie oder ein ganzes Unternehmen erwirbt, ist klar: Mehr rauszubekommen als man dafür bezahlt hat. Oder, wie Buffett es ausdrückt: »Der Wert entspricht dem, was man heute investiert, gemessen an den zu erwartenden zukünftigen Cashflows.«

Wenn wir über die Kunst intelligenter Bewertungen und Investitionsentscheidungen in der Praxis sprechen, stoßen wir auf relevante Aspekte wie unseren Anlagehorizont, unsere Fähigkeit und Bereitschaft, Risiken einzugehen, sowie Positionsgröße und Portfolio-Diversifikation. Diese Themen bilden die Grundlage einer soliden Anlagephilosophie und stehen beim ersten Teil dieses Buches im Mittelpunkt.

Viele Anleger beginnen ihre Reise mit der Suche nach einer mathematisch präzisen Zauberformel, was sich jedoch als aussichtsloses Unterfangen erweist. Um es in Keynes' Worten auszudrücken, genügt es beim Investieren, ungefähr richtig zu liegen, vor allem, wenn man dadurch das Risiko vermeidet, völlig falsch zu liegen. Wie Munger betont, besteht das übergeordnete Ziel darin, kontinuierlich zu lernen und sich zu verbessern, um jeden Tag ein bisschen klüger zu werden: »Wenn Sie leidenschaftlich gern wissen möchten, warum etwas geschieht und Sie die Welt immer dahingehend verstehen wollen, warum etwas geschieht oder eben nicht, dann verbessert diese Denkweise über lange Zeiträume hinweg allmählich Ihre Fähigkeit, mit der Realität umzugehen. Ohne diese Denkweise sind Sie wahrscheinlich zum Scheitern verurteilt, selbst mit einem ziemlich hohen IQ.«

Aktionärsversammlungen und Themen

VALUE INVESTING

2009 Aktionärsversammlung (02:48:46)

Warren Buffett: »Charlie und ich sind der Auffassung, dass es gar keine andere Art des Investierens gibt als das Value Investing. Wieso sollte jemand nicht wertorientiert investieren? Der Begriff ›Value‹ hat uns schon immer verwirrt, denn er suggeriert einen Gegensatz zu ›Growth‹. Value bedeutet, dass die erwarteten zukünftigen Cashflows das übersteigen, was man heute ausgibt. Jedes Mal, wenn uns jemand als Value-Investoren bezeichnet, fragen wir: ›Wie soll man denn sonst investieren?‹«

2012 Aktionärsversammlung (0:47:33)

WB: »Den wahrscheinlich dümmsten Unterricht an den großen Wirtschaftsfakultäten haben wir zu Investmentthemen erlebt. Es ist erstaunlich, wie man sich dort auf eine Modeerscheinung nach der anderen in der Finanztheorie fokussiert, und das meist auf sehr mathematischer Basis.... Investieren ist wirklich nicht kompliziert. Ich würde zwei Kurse anbieten: einen darüber, wie man ein Unternehmen bewertet, und einen anderen, wie man über Märkte denken sollte. Hätten die Leute die grundlegenden Prinzipien in diesen beiden Kursen verstanden, wären sie viel besser dran, als eine Unmenge an Stoff wie die moderne Portfoliotheorie oder die Preisbildung bei Optionen vorgesetzt zu bekommen. Wer braucht schon die Preisbildung bei Optionen, um Investor zu sein?«

»Was über Investieren gelehrt wird, entfernt sich immer weiter vom eigentlichen Thema. Wenn ich mir die Bücher anschaue, die manchmal benutzt werden, dann steht da gar nichts über die Bewertung von Unternehmen drin – aber genau darum geht es beim Investieren. Wenn man Unternehmen für weniger kauft, als sie wert sind, verdient man Geld. Und wenn man den Unterschied kennt zwischen Unternehmen, die man bewerten kann, und denen, die man nicht bewerten kann, verdient man Geld. Aber stattdessen wird alles unnötig verkompliziert. Das machen die Hohepriester in jedem Metier so. Sie müssen schließlich die Laien davon überzeugen, auf die Priester zu hören.«

Charlie Munger: »Der Wahnsinn schleicht sich auch in die Buchhaltung ein. Der optimale Weg, eine sehr langlaufende Option auf die Aktie eines großen Unternehmens zu bewerten, das Sie verstehen – oder sogar eines Börsenindex –, erfolgt nicht über ein Black-Scholes-Modell[1]. Und doch macht das der Berufsstand der Buchhalter so. Sie wollen eine standardisierte Lösung, bei der sie nicht allzu viel nachdenken müssen, und sie haben eine gefunden.«

---

1 Anmerkung der Übersetzerin: Benannt nach den amerikanischen Wissenschaftlern Black und Scholes. Die Formel berücksichtigt die fünf wichtigsten Einflussgrößen auf den Optionspreis: den Aktienkurs, den Ausübungspreis, die Restlaufzeit, den Zinssatz und die Volatilität.

2015 Aktionärsversammlung (04:37:26)

W.B.: »Wir suchen grundsätzlich nach Unternehmen, bei denen wir eine Vorstellung davon haben, wie die Zukunft in fünf, zehn oder fünfzehn Jahren aussehen wird. Das bedeutet nicht, dass wir das bis auf vier Dezimalstellen genau berechnen – aber wir müssen ein Gefühl dafür haben, und wir kennen unsere Grenzen. Von vielen Unternehmen lassen wir die Finger ... Wir lesen und denken nach und sehen uns immerfort die Möglichkeiten an, die sich uns bieten. Wie Charlie es beschreibt, vergleichen wir Gelegenheit A mit Gelegenheit B. Als unser Kapital noch begrenzt war, mussten wir normalerweise etwas verkaufen, wenn wir etwas kaufen wollten. Und das ist immer eine interessante Herausforderung, wenn man etwas, das man besitzt, mit etwas vergleicht, das man kaufen kann, um zu sehen, was attraktiver ist. Wir haben uns wahrscheinlich sehr stark auf Möglichkeiten gestützt, bei denen wir sicher waren, dass wir ein gutes Ergebnis erzielen würden, statt einfach nur zu hoffen, ein brillantes Ergebnis zu erzielen. Wir haben uns auf unseren Instinkt verlassen und einen Fuß vor den anderen gesetzt.«

CM: »Wir hatten auch ein bisschen Glück. Warren sagt, er habe Glück gehabt, GEICO zu finden, aber nicht jeder Zwanzigjährige fährt nach Washington, D. C. und klopft an die Türen leerstehender Gebäude, um etwas herauszufinden, was ihn beschäftigt. Wir haben unser Glück also selbst geschmiedet, indem wir neugierig waren und nach Informationen suchten – und das empfehlen wir auch jedem anderen. Durch nichts lernt man mehr, als wenn man eins auf die Nase bekommt, falls man einen Fehler macht – und wir haben oft eins auf die Nase bekommen, nicht wahr?«

WB: »Allerdings. Wir dachten, wir hätten Ahnung vom Kaufhausgeschäft in Baltimore [Hochschild-Kohn] und wir dachten, wir wüssten Bescheid über das Briefmarkengeschäft [Blue Chip Stamps]. Wir haben jede Menge Erfahrungen mit schlechten Geschäften gesammelt, und dadurch lernt man ein gutes Geschäft erst richtig schätzen. Bis zu einem gewissen Grad schärft das die Fähigkeit, gute von schlechten Geschäftsmodellen zu unterscheiden. Und wir hatten viel Spaß auf unserem Weg. Das hilft auch. Wenn man Spaß an dem hat, was man tut, wird man wahrscheinlich bessere Ergebnisse erzielen, als wenn man jeden Morgen mit zusammengebissenen Zähnen zur Arbeit geht.«

CM: »Ich glaube, wir hatten Hilfe, denn wir stammen beide aus Familien mit bewundernswerten Menschen. Dadurch fiel es uns leichter, andere bewundernswerte Menschen zu erkennen, als wenn wir aus einem anderen Umfeld gekommen wären. Meine verstorbene Frau pflegte zu sagen: ›In einer Generation kann man nicht viel erreichen.‹ Wir verdanken beide den Familien, in denen wir aufgewachsen sind, eine ganze Menge.«

2016 Aktionärsversammlung (03:19:48)

WB: »Ich verdanke Ben Graham viel, was mein Wissen über Investitionen betrifft. Und ich verdanke Charlie sehr viel, was mein Wissen über Geschäfte angeht. Ich habe ein ganzes Leben damit verbracht, Unternehmen zu beobachten und herauszufinden, warum manche funktionieren und andere nicht. Wie Yogi Berra sagte, kann man viel herausfinden, indem man einfach nur beobachtet. Und genau das tun Charlie und ich schon seit langem.«

»Man muss auch erkennen, was nicht geht. Wir haben zwar das Kaufhausgeschäft und ein paar andere Dinge ausprobiert, aber wir haben immer versucht, nur Gelegenheiten wahrzunehmen, die innerhalb unseres Kompetenzgebiets liegen. Sehr viel komplizierter ist es gar nicht.«

»Im Investmentgeschäft braucht man nicht den IQ, den man für bestimmte Tätigkeiten im Leben braucht, aber man muss seine Emotionen im Griff haben. Wir sehen, wie sehr kluge Menschen ausgesprochen dumme Dinge tun; das ist faszinierend. Denken Sie nur an die Leute, die sehr reich geworden sind und ihr Geld dann auf eine Weise vermehren wollen, bei der sie alles verlieren. Sie riskieren etwas Wichtiges für etwas Unwichtiges. Das könnte man eigentlich schon in der ersten Schulklasse erkennen, aber den Leuten passiert es immer wieder.«

CM: »Es gibt ein paar einfache Tricks, die gut funktionieren, vor allem wenn man einen Charakter hat, der Geduld und ein Gespür für gute Gelegenheiten in sich vereint. Ich halte das größtenteils für erblich, obwohl man es in gewissem Maße auch lernen kann. Und es gibt meiner Meinung nach noch einen Faktor, der erklärt, warum Berkshire so gut abgeschnitten hat: Wir versuchen, uns anständig zu verhalten.«

»Ich hatte einen Urgroßvater; und als er starb, sagte der Pfarrer bei der Beerdigung: ›Niemand neidete diesem Mann seinen Erfolg, den er auf anständige Weise erlangt und weise genutzt hat.‹ Das ist im Grunde banal, aber genau das versucht Berkshire zu tun. Es gibt Leute, die sehr viel Geld erwirtschaften und von allen gehasst werden; die Art und Weise, wie diese Leute das Geld verdient haben, bewundert man nicht. Meine Bewunderung hält sich in Grenzen, wenn jemand durch das Betreiben von Spielcasinos Geld verdient. Wir besitzen keine. Und wir haben bestimmte Geschäfte ausgeschlagen, darunter ein großes Tabakgeschäft. Ich glaube, Berkshire würde nicht so gut funktionieren, wenn wir zwar ausgesprochen clever gewesen wären, aber nicht auch ein wenig von dem hätten, was der Prediger über meinen Urgroßvater gesagt hat. Die Leute sollen über uns denken, dass wir unser Geld auf anständige Weise verdient und es klug eingesetzt haben.«

2019 Aktionärsversammlung (01:27:59)

WB: »Wie Charlie schon sagte, ist jede Investition eine Wertanlage. Man investiert jetzt Geld, um später mehr zu bekommen, und man berechnet, wie wahrscheinlich es ist, das Geld zu bekommen, wann man es bekommt und wie die Zinssätze bis dahin sein werden. Die gleichen Berechnungen stellt man an, wenn man eine Bank zu 70 Prozent des Buchwertes kauft oder Amazon zu einem sehr hohen Kurs-Gewinn-Verhältnis (KGV). Bei unseren Investmentmanagern [Todd Combs und Ted Weschler], die die Amazon-Investitionsentscheidung treffen, handelt es sich genauso um Value-Investoren, wie ich es war, als ich mich vor vielen Jahren nach all diesen Unternehmen umsah, die für weniger verkauft wurden, als ihr Betriebskapital wert war … Sie suchen nach Unternehmen, bei denen sie nach ihrem Gefühl ein Verständnis dafür haben, wie sich das Geschäft in der Zeit zwischen jetzt und dem Tag des Jüngsten Gerichts entwickeln wird – in Cash. Der aktuelle Umsatz und die aktuellen Gewinnmargen spielen eine Rolle. Der Wert der Sachanlagen, die Frage, ob das Unternehmen überschüssige Barmittel hat oder verschuldet ist, all das fließt in die Berechnung ein, ob sie A, B oder C kaufen sollten. Sie folgen den Prinzipien des Value-Investing … Die Überlegungen sind gleich wie meine damals.«

»Letztlich geht alles auf Aesop zurück, der schon im Jahr 600 v. Chr. sagte, dass ein Vogel in der Hand besser sei als zwei im Busch. Wenn wir Amazon kaufen, versuchen wir herauszufinden, ob drei oder vier

Vögel im Busch sind und wie lange es dauert, bis wir den Busch erreichen, wie sicher es ist, dass wir den Busch erreichen, und wer vielleicht versuchen wird, uns den Busch wegzunehmen. An einer Wirtschaftsfakultät lernt man zwar viele mathematische Gleichungen, aber das ist die grundlegende … Davon lasse ich mich leiten, und meine Nachfolger in der Vermögensverwaltung von Berkshire ebenfalls.«

CM: »Ich ärgere mich nicht, dass ich Amazon nicht frühzeitig entdeckt habe. Jeff Bezos vollbringt die reinsten Wunder. Das ist echt außergewöhnlich. Also Schwamm drüber. Aber ich fühle mich wie ein Dummkopf, weil ich das Potenzial von Google [Alphabet] nicht erkannt habe. Ich glaube, Warren geht es genauso. Wir haben es vermasselt.«

WB: »Er sagt ganz richtig: Wir haben es vermasselt. Wir hatten ein paar Einblicke, weil wir Google-Anzeigen bei GEICO eingesetzt haben, und die Ergebnisse haben wir ja gesehen. Wir zahlten 10 Dollar je Klick für etwas, das für Google genau null Grenzkosten verursacht hat. Und wir haben gesehen, dass die Anzeigen für uns funktionierten.«

CM: »Wir konnten bei GEICO sehen, wie gut Google-Werbung funktioniert – und wir saßen da und haben Däumchen gedreht. Also schämen wir uns und versuchen, es wiedergutzumachen. Vielleicht war Apple die Sühne.«

2023 Aktionärsversammlung (00:43:24)

CM: »Ich denke, dass Value-Investoren es ab jetzt schwerer haben, weil so viele von ihnen um eine geringere Anzahl von Möglichkeiten konkurrieren. Mein Rat lautet, sich daran zu gewöhnen, weniger zu verdienen.«

WB: »Das erzählt Charlie mir schon, seit wir uns kennen.«

CM: »Aber wir verdienen wirklich weniger. Als wir jünger waren, lief es besser.«

WB: »Ich glaube, das liegt vor allem daran, dass wir nie gedacht hätten, dass wir einmal 500 Milliarden Dollar verwalten würden. Aber ich möchte behaupten, dass es weiterhin viele Möglichkeiten geben wird. … Chancen ergeben sich, wenn andere Leute Dummheiten machen. Und in den 58 Jahren, in denen wir Berkshire leiten, hat die Zahl der Leute, die Dummheiten machen, stark zugenommen.«

»Sie machen riesige Dummheiten. Und der Grund ist bis zu einem gewissen Grad, dass man viel leichter Geld von anderen Leuten bekommen kann als zu unserer Anfangszeit. In den vergangenen zehn Jahren konnte man zehn oder fünfzehn dumme Versicherungsgesellschaften gründen und reich werden, wenn man es geschickt anstellte. Ob das Unternehmen Erfolg hat oder nicht: Die Versicherer und die Anwälte werden bezahlt. Vor 58 Jahren war das nicht möglich; man bekam kein Geld, um einige der Dummheiten zu machen, die wir machen wollten – zum Glück!«

»Heutzutage liegt das große Geld darin, die Ideen anderer zu verkaufen. Es geht nicht darum, besser abzuschneiden als andere. Wenn man kleine Geldbeträge verwaltet, sind die Chancen meiner Meinung nach größer. Aber Charlie und ich waren bei diesem Thema schon immer geteilter Meinung. Er erzählt mir gern, dass er für die Zukunft schwarzsieht. Und ich erwidere gern: ›Wir werden schon etwas finden.‹ Bis jetzt haben wir beide irgendwie recht gehabt. Und, Charlie, kommst du mir einen Finger breit entgegen?«

CM: »Es gibt jetzt so viel Geld in den Händen von so vielen klugen Leuten, die alle versuchen, sich gegenseitig zu überlisten, oder sich gegenseitig unterstützen, um mehr Geld aus anderen Menschen herauszuholen. Es ist eine radikal andere Welt als zu unserer Anfangszeit. In der heutigen Welt bieten sich bestimmt Chancen, aber es lauern auch einige unangenehme Überraschungen.«

WB: »Aber sie versuchen, sich gegenseitig auf Spielfeldern zu überlisten, auf denen man nicht spielen muss.«

»Die Welt ist in hohem Maße kurzfristig orientiert. Geh doch nur mal zu einer Präsentation der Quartalszahlen, da versuchen alle, eine Übersicht so darzustellen, dass sie für das laufende Jahr Gewinne aufweisen, und die Unternehmensführung ist daran interessiert, Erwartungen zu wecken, die leicht übertroffen werden können. Diese Welt ist wie geschaffen für jeden, der nur überlegt, was man tun kann, was voraussichtlich in fünf, zehn oder zwanzig Jahren funktioniert. Ich würde gern heute geboren werden, mit nicht allzu viel Geld losziehen und daraus – hoffentlich – viel Geld machen. Charlie auch. Er würde garantiert etwas finden. Es wäre nicht dasselbe wie vorher, aber er hätte am Ende einen großen Haufen Geld.«

CM: »Ich brauche nicht den Nervenkitzel, meinen Haufen Geld womöglich zu verlieren. Ich mag meinen Haufen Geld so, wie er ist.«

WB: »Da sind wir uns zufällig mal einig.«

AKTIENAUSWAHL

1998 Aktionärsversammlung (03:02:34)

WB: »Bei der Auswahl von Aktien geht es eigentlich um die Kriterien zur Auswahl eines Unternehmens. Wir suchen nach einem Unternehmen, das wir verstehen. Es verkauft ein Produkt, das wir nach unserer Überzeugung verstehen, oder wir verstehen die Art des Wettbewerbs und was im Laufe der Zeit schiefgehen könnte. Und dann versuchen wir einzuschätzen, ob die Wirtschaftlichkeit, die Ertragskraft, in den kommenden fünf, zehn oder fünfzehn Jahren gut und immer besser oder schlecht und immer schlechter wird. Dann überlegen wir, ob wir uns mit den Leuten einlassen würden, ob wir uns mit ihnen wohlfühlen. Und schließlich müssen wir entscheiden, was ein angemessener Preis für das ist, was wir bis zu diesem Zeitpunkt gesehen haben.«

»Was wir tun, ist einfach, aber nicht unbedingt leicht. Die Checkliste, die wir im Kopf durchgehen, ist nicht sehr kompliziert. Wichtig ist zu wissen, was man nicht weiß. Die Zukunft vorherzusehen, ist in vielen Fällen unmöglich und in anderen schwierig. Wir suchen nach den Dingen, die relativ einfach sind. Dann muss man sie zu einem interessanten Preis finden, was derzeit für uns sehr schwierig ist (obwohl es in der Vergangenheit Zeiten gab, in denen das ein absolutes Kinderspiel war).«

»Genau das geht uns durch den Kopf. Wenn Sie daran denken, eine Tankstelle zu kaufen, eine Reinigung oder einen Lebensmittelladen, in den Sie Ihre Ersparnisse investieren und den Sie betreiben wollen, würden Sie über die Wettbewerbsfähigkeit dieses Geschäfts nachdenken und darüber, wie es in fünf bis zehn Jahren aussehen würde oder wer das Geschäft für Sie führen soll, und wie viel Sie zahlen müssten. Genau daran denken wir, wenn wir uns eine Aktie ansehen, denn eine Aktie ist nichts anderes als ein Teil eines Unternehmens.«

CM: »Wenn das Fach ›Finanzen‹ richtig gelehrt wird, sollte dies anhand von Fällen geschehen, in denen die Investitionsentscheidung einfach ist. Ich zitiere immer die frühe Geschichte von National Cash Register (NCR); es wurde von einem Fanatiker gegründet, der alle Patente kaufte, die besten Vertriebsmitarbeiter und die besten Produktionsanlagen hatte. Er war ein sehr intelligenter Mann, der sich leidenschaftlich für das Registrierkassengeschäft einsetzte. Und es war ein Geschenk des Himmels für den Einzelhandel, als die Registrierkassen erfunden wurden. Registrierkassen waren die Pharmazeutika eines früheren Zeitalters. Wenn man einen frühen Jahresbericht von John Henry Patterson liest, dem CEO von National Cash Register, erkennt jeder Dummkopf, dass es sich um einen talentierten Fanatiker handelte, der hervorragend positioniert war – und daher war die Investitionsentscheidung leicht. Wenn ich das Fach ›Finanzen‹ lehren würde, würde ich hundert Fälle wie diesen nehmen. Damit würde ich die Studenten unterrichten.«

WB: »Wir haben den NCR-Jahresbericht von 1904. Ein echter Klassiker, weil Patterson nicht nur erklärt, warum seine Registrierkasse für die Leute das Zwanzigfache von dem wert ist, für das er sie verkauft, sondern weil er auch sagt, dass derjenige ein Narr ist, der ihm Konkurrenz machen will.«

2012 Aktionärsversammlung (02:54:55)

WB: »Wir versuchen, uns von Dingen fernzuhalten, die wir nicht verstehen. Und wenn ich sage, ›verstehen‹, dann meine ich, dass wir eine vernünftige Vorstellung davon haben müssen, wie die Ertragskraft und Wettbewerbsposition in fünf oder zehn Jahren aussehen wird. Ich habe also eine gewisse Vorstellung davon, wie sich die Branche entwickeln wird und wo das Unternehmen dann innerhalb der Branche steht. Damit lässt sich schon eine Reihe von Unternehmen ausschließen.«

»Und wenn der Preis verrückt ist, selbst wenn ich ihn nachvollziehen kann, schließt das eine weitere Gruppe von Unternehmen aus. Wenn man mit viel Geld arbeitet, wie wir es jetzt tun, bleibt am Ende ein ganz kleiner Bereich übrig. … Es gibt Branchen, von denen wir wissen, dass sie eine sagenhafte Zukunft haben könnten, aber wir haben nicht die leiseste Ahnung, wer die Gewinner sein werden. Es gibt also eine ganze Reihe von Unternehmen, über die wir gar nicht erst nachdenken.«

»Charlie und ich haben eine gewisse Anzahl von Filtern, die Unternehmen sehr schnell durchlaufen müssen, bevor wir bereit sind, über sie nachzudenken. Manchmal werden wir als unhöflich angesehen – Charlie wahrscheinlich etwas häufiger als ich –, weil die Leute anrufen und anfangen, eine Idee zu erklären, obwohl sie es nicht einmal durch die ersten ein oder zwei Filter schaffen. Aber wir finden, dass wir diese Menschen davor bewahren, ihre Zeit zu verschwenden, wenn wir höflich sagen, dass wir kein Interesse haben und nicht wollen, dass sie weiterreden.«

»Wir brauchen gar nicht viele erfolgreiche Projekte. Das ist das Schöne an diesem Geschäft. Man muss nicht fünfhundert Wörter buchstabieren können, um am Ende des Buchstabierwettbewerbs alle anderen zu schlagen.«

CM: »Es gibt ein paar Faustregeln. Wenn eine sehr hohe Verkaufsprovision genannt wird, sparen Sie sich das Weiterlesen. Die Chance, dass jemand, der eine sehr hohe Provision zahlt, Ihnen einen großen Vorteil verschafft, ist sehr gering. Umgekehrt ist es hilfreich, sich anzusehen, was andere kluge Leute kaufen. Das ist keine verrückte Suchmethode, sondern eine Möglichkeit, die in Frage kommenden Möglichkeiten zu sortieren.«

WB: »Ich habe mir immer so schnell wie möglich die aktualisierten Graham-Newman-Berichte besorgt, sobald sie herauskamen. Wenn Graham-Newman etwas tat, war es mir die Zeit wert, mich genauer damit zu befassen.«

UNTERNEHMENSQUALITÄT

2003 Aktionärsversammlung (04:10:30)

WB: »Das ideale Unternehmen erwirtschaftet sehr hohe Renditen auf das Kapital und ist in der Lage, auch mit viel Kapital weiterhin solche hohen Renditen zu erzielen. Das wird zu einer Zinseszins-Maschine. Wenn Sie 100 Millionen in ein Unternehmen stecken, das 20 Prozent Kapitalrendite erwirtschaftet, kann es im Idealfall im folgenden Jahr 20 Prozent auf 120 Millionen abwerfen, und auf 144 Millionen im darauffolgenden Jahr und so weiter. Sie könnten das Kapital immer wieder für die gleichen Renditen einsetzen. Aber es gibt nur sehr wenige Unternehmen dieser Art.«

»Leider benötigen gute Unternehmen wie Coca-Cola oder See's Candies nicht viel Kapital. Und das zusätzliche Kapital bringt nicht annähernd die Renditen, die sich durch beachtliche immaterielle [Vermögenswerte] erzielen lassen. Wir fänden ein Unternehmen klasse, das seine gesamten Gewinne wieder einsetzen könnte, oder sogar weit mehr als die Gewinne: Wir hätten gern ein Unternehmen, das 20 Prozent auf 100 Millionen abwirft, und das auch dann noch 20 Prozent abwirft, wenn wir eine weitere Milliarde investieren. Aber solche Unternehmen sind unglaublich selten ...«

»Die meisten wirklich starken Unternehmen erwirtschaften eine Menge Geld; aber sie bieten nicht viele Möglichkeiten, hohe Renditen auf zusätzliches Kapital zu erzielen. Wir können einen Betrag X bei See's investieren und eine Menge Geld erwirtschaften, aber wenn wir fünf Mal so viel investieren, erwirtschaften wir dadurch nicht mehr Geld. Wir können hohe Renditen auf den Betrag X bei *The Buffalo News* erzielen, aber wenn wir versuchen, den Einsatz zu verfünffachen, erwirtschaften wir nicht mehr Geld. Solche Unternehmen haben einfach nicht die Möglichkeiten, um zusätzlich investiertes Kapital zu nutzen. Wir suchen danach, aber es gibt sie nicht ...«

»Wir haben größtenteils Unternehmen gekauft, die gute Kapitalrenditen erwirtschaften, die aber nur begrenzte Möglichkeiten bieten, mit zusätzlichem Kapital eine vergleichbare Rendite zu erreichen.«

»Das Gute an unserer Struktur bei Berkshire ist: Wir können Unternehmen kaufen, die gute Kapitalrenditen erwirtschaften. Aber wenn sie auf zusätzliche Investitionen keine Renditen in ähnlicher Größenordnung abwerfen, können wir das Geld nehmen und es in ähnliche Unternehmen stecken. Nehmen Sie als Beispiel das Zeitungsgeschäft, das über die Jahre hinweg ein hochrentables Geschäft war: Man erzielte hervorragende Renditen auf das investierte Kapital, aber wenn man weitere Zeitungen aufkaufen wollte, hätte man einen sehr hohen Preis zahlen müssen und darauf keine so großartigen Renditen auf das Mehr an Kapital erhalten. Wer ein solches Geschäft leitete, hatte jedoch das Gefühl, dass er sich nur mit Zeitungsverlagen oder Medien auskennt, sodass seine Möglichkeiten begrenzt waren. Wir dagegen können Geld überall dorthin verschieben, wo es sinnvoll ist, und das ist ein Vorteil unserer Struktur. ... See's hat für uns wahrscheinlich 1 Milliarde Gewinn vor Steuern erwirtschaftet.

Wenn wir versuchen würden, das im Süßwarengeschäft einzusetzen, hätten wir im Laufe der Zeit katastrophale Renditen. Aber weil wir es umgeschichtet haben, konnten wir mit der Zeit einige andere Unternehmen kaufen.«

CM: »Ein gutes, aber nicht richtig tolles Unternehmen fällt in der Regel in eine von zwei Kategorien. In der einen liegt der gesamte ausgewiesene Gewinn des Unternehmens am Ende des Jahres einfach in Form von überschüssigem Cash unnütz herum. Man kann es aus dem Unternehmen herausnehmen, und es läuft genauso gut, als bliebe das Geld im Unternehmen. In der zweiten Kategorie weist das Unternehmen zwar 12 Prozent Kapitalrendite aus, aber es bringt nie Cash. Das erinnert mich an das Geschäft mit gebrauchten Baumaschinen. Mein alter Freund, John Anderson, pflegte zu sagen: ›In meinem Geschäft macht man jedes Jahr einen Gewinn, und dann steht er da, auf dem Hof.‹ Es gibt eine ganze Menge solcher Unternehmen. Das Geld wird allein dafür gebraucht, um weiterzumachen, um im Geschäft zu bleiben, aber es gibt nie einen Überschuss an Cash. Aus solchen Unternehmen kann man das Geld nicht herausziehen und anderswo investieren. Wir verabscheuen Unternehmen dieser Art.«

WB: »Es wäre wunderbar, wenn jedes unserer richtig guten Unternehmen die Möglichkeit bieten würde, zusätzliches Kapital zu günstigen Konditionen einzusetzen, aber das ist nicht der Fall. Gillette hat ein richtig gutes Geschäft mit Rasierern und Klingen, aber es gibt keine Möglichkeit, die Gewinne wieder in das Geschäft mit Rasierern und Klingen stecken. Dafür ist einfach nicht so viel Kapital nötig. Man muss zwar etwas Geld investieren, aber das sind Peanuts im Vergleich zu den Gewinnen aus dem Rasierer- und Klingengeschäft. Die Versuchung ist dann groß, andere Unternehmen zu kaufen – aber wir glauben nicht, dass die Erfolgsquote der amerikanischen Industrie beim Umschichten von Kapital sonderlich hoch war … In gewisser Weise stellen wir genau das Verfahren infrage, das uns dorthin gebracht hat, wo wir jetzt sind.«

ERFOLG IN DER WIRTSCHAFT UND BEIM INVESTIEREN

1998 Aktionärsversammlung (03:10:53)

WB: »Wenn Sie sich für Wirtschaft interessieren, sollten Sie so viel über Buchhaltung lernen, wie Sie können. Das ist die Sprache der Wirtschaft. Das heißt aber nicht, dass sie perfekt wäre, also muss man ihre Grenzen kennen.«

»Ich würde Ihnen auch raten, in mehreren Unternehmen zu arbeiten. Um sich zukünftig ein Urteil über Unternehmen bilden zu können, gibt es nichts Besseres, als herauszufinden, wie ein Unternehmen funktioniert. Sie vertiefen Ihr Wissen, wenn Sie verstehen, welche Unternehmen wettbewerbsfähig sind und welche weniger, und warum. Ich würde Kurse über Buchhaltung besuchen, viel über das Investieren lesen und geschäftliche Erfahrungen sammeln. Ich würde mit Leuten sprechen, die in Unternehmen tätig sind, um herauszufinden, warum das Geschäft ihrer Meinung nach funktioniert oder wo es Probleme gibt und warum.«

»Alles überall aufsaugen. Was einen anspricht, wird man auch gut machen. Unterschiedliche Tätigkeiten ziehen verschiedene Menschen an. Wer etwas von Geschäften versteht, versteht auch was vom Investieren. Investments sind Geschäftsentscheidungen in Bezug auf die Vermögensallokation.«

CM: »Da wäre noch die Kleinigkeit, dass man sein Einkommen jedes Jahr nicht komplett ausgibt. Das funktioniert wirklich, wenn man das durchzieht.«

WB: »Jeder Dollar, den man spart, bevor man aussteigt und eine Familie gründet, ist wahrscheinlich später 10 Dollar wert, weil man ihn investieren kann. Sparen sollte man, wenn man jung ist; es gibt wohl keine bessere Zeit zum Sparen, denn die Ausgaben kommen, ob man will oder nicht. Arbeiten Sie zuerst für sich selbst und legen Sie Geld zur Seite. Ich hatte das Glück, dass ich meine Collegeausbildung nicht selbst bezahlen musste. Ansonsten wäre ich wahrscheinlich nicht aufs College gegangen. Ich konnte alles, was ich als Teenager verdiente, sparen, und diese Dollars haben sich stark vermehrt. Als ich anfing, Wertpapiere zu verkaufen, wurde das Geld, das ich damals verdiente, zu einem großen Teil von der Familie aufgebraucht. Fangen Sie also früh mit dem Sparen an. Vieles davon ist ohnehin Gewohnheit; es ist eine gute Gewohnheit, die sich lohnt.«

1999 Aktionärsversammlung (03:46:30)

WB: »Zinseszinsen sind quasi wie ein Schneeball auf Pappschnee. Der Trick besteht darin, einen sehr langen Hügel auszuwählen, was bedeutet, dass man sehr jung anfangen oder sehr alt werden muss. Wenn ich heute die Schule verlassen würde und 10.000 Dollar zum Investieren hätte, würde ich bei ›A‹ anfangen und alle Unternehmen durchgehen. Und ich würde mich wahrscheinlich auf kleinere Unternehmen konzentrieren, weil ich mit kleineren Summen arbeiten würde und in diesem Bereich die Chance größer ist, dass etwas übersehen wird. Das wäre zwar nicht so wie im Jahr 1951, als man einfach die Seiten durchblättern und alle möglichen Dinge finden konnte, die einem sofort ins Auge sprangen. Aber das ist der einzige Weg. Man muss Unternehmen kaufen, und zwar zu attraktiven Preisen, und man muss sich in gute Unternehmen einkaufen. Dieser Rat wird auch in vielen Jahren noch gelten. Letztlich geht es nur darum.«

»Sie können nicht erwarten, dass Ihnen jemand anderes die Arbeit abnimmt. Niemand wird Ihnen von supertollen kleinen Investments erzählen. So funktioniert das Investmentgeschäft nicht. Als ich im Januar 1951 zum ersten Mal GEICO besuchte, kehrte ich nach Columbia zurück. Und den Rest des Jahres verbrachte ich bei Blythe and Company und einer weiteren Firma, Geyer & Co., einem führenden Versicherungsanalysten. Ich dachte, ich hätte etwas Tolles entdeckt, also wollte ich hören, was diese super Investmenthäuser zu sagen hatten, die sich auf Versicherungsaktien spezialisiert hatten. Sie sagten mir, ich hätte keine Ahnung, wovon ich rede. Es sei für sie nicht von Interesse. Man muss lernen, was man weiß und was man nicht weiß. Innerhalb des Bereichs, in dem man sich auskennt, muss man energisch vorgehen und handeln, wenn man etwas findet. Man kann nicht nach Leuten suchen, die einem Recht geben. Oder nach Leuten, die auch nur wissen, wovon man redet. Man muss selbst denken. Und wer das tut, wird auch gute Gelegenheiten entdecken.«

CM: »Der schwierigste Teil des Prozesses sind für die meisten Menschen die ersten 100.000 Dollar. Wenn sie mit 0 Dollar anfangen, ist der Weg bis zu 100.000 Dollar mühsam. Ich würde behaupten, dass Menschen, die relativ schnell ans Ziel kommen, davon profitieren, wenn sie in höchstem Maße rational sind, sehr ehrgeizig und opportunistisch, und wenn sie konsequent deutlich weniger ausgeben, als sie verdienen. Diese Faktoren sind sehr hilfreich.«

2002 Aktionärsversammlung (01:53:48)

WB: »Ich weiß nicht, inwieweit das angeboren ist oder man es lernen kann, aber man braucht die Fähigkeit, sich von der Masse abzuheben. Ein hoher IQ ist nicht erforderlich. Man muss nicht besonders intelligent sein, um als Investor erfolgreich zu sein.«

»Ich habe zunächst viel von Ben Graham gelernt, dann noch etwas von Phil Fisher und schließlich sehr viel von Charlie. Das beweist meine Erfolgsbilanz. Im Alter von elf bis neunzehn habe ich jedes Buch über Investitionen gelesen, das es gab, und ich war überhaupt nicht erfolgreich. Ich hatte keine echte Anlagephilosophie. Ich habe viel ausprobiert und hatte viel Spaß dabei, aber ich habe kein Geld verdient. Dann habe ich 1949 an der University of Nebraska das Buch von Ben Graham gelesen [*The Intelligent Investor* auf Deutsch erschienen unter dem Titel *Intelligent Investieren*], und das hat meine gesamte Sichtweise auf das Thema Geldanlage verändert. Im Grunde genommen lernte ich bei der Lektüre, dass ich eine Aktie als Teil eines Unternehmens betrachten sollte. Das erscheint heute so offensichtlich … Aber sobald man sich einmal in den Kopf gesetzt hat, dass man nicht auf Entwicklungen schaut, die in Charts auf und ab tanzen, sondern dass man ein Unternehmen kauft, hat man die Grundlage dafür geschaffen, in Sachen Investments rational zu denken.«

»Man braucht keinen hohen IQ … Aber es ist enorm wichtig, die eigenen Emotionen im Griff zu haben; das kann angeboren sein, erlernt werden, durch Erfahrungen intensiviert oder auf verschiedene Weise gestärkt werden. Man muss realistisch sein. Man muss seinen Kompetenzkreis genau definieren. Man muss wissen, was man nicht weiß, und darf sich nicht verleiten lassen. Ich glaube, man muss schon Interesse an Geld haben, sonst ist man nicht gut im Investieren. Wenn man aber sehr gierig ist, wird das zu einer Katastrophe führen, weil dann die Rationalität auf der Strecke bleibt.«

»Die Bücher, die ich gelesen habe und die meine Sichtweise auf Unternehmen und Investitionen wirklich geprägt haben, sind heute noch genauso aktuell wie damals. Ich habe nichts gefunden, was ich an Graham und Fisher in Bezug auf den grundlegenden Ansatz beim Investieren verbessern würde, nämlich Aktien als Unternehmen zu betrachten und dann darüber nachzudenken, was ein gutes Unternehmen ausmacht. Das ist alles, worauf es beim Investieren ankommt. Und man muss eine Sicherheitsmarge haben, von der Ben spricht. Das ist nicht kompliziert, aber es erfordert definitiv Disziplin. Man muss sich von der öffentlichen Meinung abschotten. Es ist Zeitverschwendung, auf die Meinung möglichst vieler Leute zu hören. Es ist besser, sich hinzusetzen und selbst nachzudenken. Man muss Aktien im Hinblick auf ihre geschäftlichen Merkmale und ihre Ertragskraft betrachten.«

»Ich würde Graham und Fisher lesen, und dann viele Jahresberichte, über Unternehmen nachdenken und versuchen herauszufinden, welche Unternehmen Sie verstehen und welche nicht. Sie müssen nicht alle verstehen. Vergessen Sie einfach die, die Sie nicht verstehen.«

CM: »Wer ein leidenschaftliches Interesse daran hat zu verstehen, warum Dinge geschehen, und immer versucht, die Welt zu verstehen, indem er sich fragt, warum etwas geschieht oder eben nicht – diese Denkweise verbessert über einen langen Zeitraum hinweg allmählich die Fähigkeit, mit der Realität umzugehen. Wer diese Denkweise nicht hat, ist meiner Meinung nach wahrscheinlich zum Scheitern verurteilt, selbst mit einem ziemlich hohen IQ.«

WB: »Wir haben kaum einen Zusammenhang zwischen Anlageergebnissen und IQ festgestellt. Klar gibt es eine ganze Reihe von Menschen mit einem IQ von 80, die alles im Griff haben. Aber genauso gibt es Menschen mit hohem IQ, die nichts erreichen. Es ist interessanter, sich anzuschauen, warum Menschen mit hohem IQ keinen Erfolg haben, und dann zu versuchen, diese Faktoren bei sich selbst zu verbannen und das zu behalten, was funktioniert.«

»Es ist wie Charlie sagt: ›Ich will nur wissen, wo ich sterben werde, damit ich nie dorthin gehe.‹ Wenn man sich Menschen mit hohem IQ ansieht, die finanziell ›gestorben‹ sind, und nach den Gründen dafür sucht, findet man in den meisten Fällen bestimmte Eigenschaften. Man muss sicherstellen, diese Eigenschaften nicht zu besitzen, oder wenn das doch der Fall ist, sie loszuwerden oder auf irgendeine Weise zu kontrollieren.«

2003 Aktionärsversammlung (01:55:19)

CM: »Es spricht viel dafür, beim Besitz von Wertpapieren gelassen zu bleiben und sich darüber keinen Kopf zu machen. Ein nervöses Gemüt ist der Feind langfristiger Performance.«

WB: »Es ist fast unmöglich, über einen längeren Zeitraum hinweg gute Ergebnisse mit Aktien zu erzielen, wenn man jeden Abend mit dem Gedanken an deren Kurs ins Bett geht. Wir denken an ihren Wert. Wenn die Börse morgen schließen würde, würde das Charlie und mich nicht jucken … Viele Leute haben nicht an der Börse gelistete Unternehmen und erhalten nie eine Kursnotierung dafür. Wir haben See's Candies im Jahr 1972 gekauft und seitdem keine einzige Kursnotierung erhalten. Fragen wir uns deshalb, wie es mit See's Candies läuft? Nein, wir schauen uns die Ergebnisse des Unternehmens an.«

»Sich auf den Kurs einer Aktie zu konzentrieren, ist gefährlich. Es bedeutet zu glauben, der Aktienmarkt wüsste mehr als man selbst. Der Aktienmarkt weiß vielleicht mehr als man selbst – aber dann sollte man nicht in Aktien investieren. Der Aktienmarkt ist dazu da, Ihnen zu dienen, nicht, Ihnen Anweisungen zu geben. Sie müssen sich Ihre eigenen Vorstellungen vom Wert machen, und wenn der Preis fällt und Sie über Mittel verfügen, sollten Sie mehr kaufen … Ehrlich gesagt machen wir dort Fehler, wo wir uns auf den Preis und den Wert konzentrieren und anfangen zu kaufen, und dann steigt der Preis ein wenig und wir steigen aus, wie wir es bei See's Candies fast getan hätten. Ein solcher Fehler hat uns vor einigen Jahren im Fall der Walmart-Aktie 8 Milliarden Dollar gekostet, weil der Kurs gestiegen ist und wir aufgehört haben zu kaufen. Wir sind nicht glücklich, wenn etwas, das wir kaufen, im Preis steigt. Wir wollen, dass es immer weiter runtergeht.«

2004 Aktionärsversammlung (01:21:13)

CM: »Ich kenne niemanden, der klug ist und nicht auch viel liest. Wenngleich das allein nicht ausreicht. Man muss auch die entsprechende Persönlichkeit haben, um die richtigen Ideen aufzugreifen und etwas damit anzufangen.«

WB: »Die Persönlichkeit ist entscheidend. Wenn man sich nicht beherrschen kann, wird es zu Katastrophen kommen, egal wie intelligent man ist. Investieren ist kein Geschäft, das außergewöhnliche Intelligenz erfordert. Es erfordert außergewöhnliche Disziplin. Das sollte nicht so schwer sein, aber wenn ich mich manchmal in der Welt umschaue, ist es das offenbar doch.-Vor einigen Jahren ist die ganze Welt in Bezug auf Investments ein wenig verrückt geworden. Und man fragt sich: ›Wie konnte das passieren? Haben die Menschen nichts aus der Vergangenheit gelernt?‹ Aber was wir aus der Geschichte lernen, ist, dass Menschen eben nicht aus der Geschichte lernen. Das sieht man auf den Finanzmärkten andauernd.«

2004 Aktionärsversammlung (04:33:03)

CM: »Ich habe Warren über Jahrzehnte beobachtet, und er hat unglaublich viel gelernt, sogar in den letzten zwanzig oder dreißig Jahren … Es ist ein lebenslanges Spiel, und wer nicht ständig dazulernt, den werden andere überholen.«

WB: »Aber man braucht keine bahnbrechenden Erkenntnisse oder einen hohen IQ. Nehmen Sie zum Beispiel PetroChina … Wenn man so etwas zu vielleicht einem Drittel dessen kauft, was vergleichbare Ölunternehmen kosten, ist das keine hohe Kunst. Man muss bereit sein, die Berichte zu lesen, aber das macht mir Spaß. Niemand würde sagen, dass dafür tiefschürfende Erkenntnisse oder Ähnliches erforderlich wären.«

CM: »Als du dieses Aktienpaket gekauft hast, hat es niemand sonst getan. Diese Erkenntnisse können also nicht allzu verbreitet gewesen sein. Nein, ich glaube, dafür braucht man eine gewisse Menge von dem, was ein alter Freund aus Omaha ›ungewöhnlichen Menschenverstand‹ nannte. Er sagte immer: ›Es gibt keinen gesunden Menschenverstand. Wenn Leute von gesundem Menschenverstand sprechen, meinen sie damit ungewöhnlichen Verstand.‹ Dazu gehört aus meiner Sicht, Dummheit ausblenden zu können und, im Unterschied dazu, Weisheit zu erkennen. Wer ganze Kategorien von Dingen einfach beiseiteschiebt, damit sie den Kopf nicht vollstopfen, kann besser ein paar sinnvolle Dinge herauspicken, die er tun kann.«

WB: »Wir denken nicht lange über dumme Dinge nach, wir schaffen sie schnell aus dem Weg … Als die Schachpartien zwischen Fischer und Spassky stattfanden [in Jahr 1972], druckte der *New Yorker* einen großartigen Artikel ab. Darin wurde spekuliert, ob Menschen jemals in der Lage sein würden, es im Schach gegen Computer aufzunehmen. Es hieß: ›Wie kann der menschliche Verstand, der doch nur die Ergebnisse verschiedener Züge in der Zukunft sieht, mit einem Computer mithalten, der mit unglaublicher Geschwindigkeit denkt?‹ Man untersuchte das Thema und stellte fest, dass Fischer oder Spassky im Wesentlichen 99,99 Prozent der Möglichkeiten ausschlossen, ohne überhaupt darüber nachzudenken. Sie übertrumpften den Computer nicht etwa in puncto Geschwindigkeit, sondern sie hatten die Fähigkeit, Muster zu erkennen und Möglichkeiten auszuschließen, wobei sie sich aus den zig Millionen Möglichkeiten direkt auf die wenigen konzentrierten, die wirklich Aussicht auf Erfolg hatten. Das Unnötige wegzulassen – darin sind Charlie und ich ziemlich gut. Wir können schnell entscheiden.«

CM: »Ja, genau. Sie müssen es nur so angehen wie Wassili Smyslow, als er Schachweltmeister wurde.«

2007 Aktionärsversammlung (01:39:54)

CM: »Beim Versuch, den inneren Wert, die Sicherheitsmarge und so weiter zu bestimmen, gibt es keine simple Methode, die man einfach mit einem Computer berechnen kann und die jeden reich macht, der auf die richtigen Knöpfe drückt. Per definitionem ist dies ein Spiel, für das man mehrere

Techniken und Modelle braucht, und viel Erfahrung ist dabei sehr hilfreich. Ich glaube nicht, dass man sehr schnell zum überragenden Investor werden kann, genauso wenig wie man sehr schnell zum überragenden Diagnostiker für Knochentumoren werden kann. Das erfordert etwas Erfahrung, und deshalb ist es hilfreich, sehr früh anzufangen … Außerdem gab es noch nie ein System, mit dem man den jeweiligen Wert aller Unternehmen richtig einschätzen kann. Wir werfen fast alle Entscheidungen in den »zu schwierig«-Stapel und sieben die paar Entscheidungen heraus, die uns leicht fallen … Wer nach der Fähigkeit sucht, alle Investitionen jederzeit richtig zu bewerten, dem können wir nicht helfen.«

WB: »Wir wissen nicht, wie man über zwei Meter hohe Hürden springt. Aber wir wissen, wie man gelegentlich eine 30-Zentimeter-Hürde erkennt. Und wir wissen genug, um uns von den zwei Meter hohen Hürden fernzuhalten.«

2009 Aktionärsversammlung (00:58:32)

WB: »Wenn Sie im Investmentgeschäft tätig sind und einen IQ von 150 haben, verkaufen Sie dreißig Punkte davon an jemand anderen, denn die brauchen Sie nicht. Sie müssen einigermaßen intelligent sein. Aber Sie müssen keineswegs ein Genie sein. Das kann sogar schaden. Sie müssen emotional stabil sein. Sie müssen eine Art inneren Frieden mit Ihren Entscheidungen schließen. In diesem Spiel sind Sie minütlich neuen Reizen ausgesetzt und müssen sich ständig Meinungen von anderen anhören. Sie müssen in der Lage sein, selbstständig zu denken. Ich weiß nicht, wie viel davon angeboren ist und wie viel sich erlernen lässt. Aber wenn Sie diese Eigenschaft haben, werden Sie im Investmentgeschäft sehr gut abschneiden, wenn Sie sich etwas Zeit dafür nehmen.«

CM: »Wenn jemand denkt, er hätte einen IQ von 160, obwohl er in Wahrheit nur auf 150 kommt, ist das wahnsinnig peinlich. Es ist viel besser, ein Typ mit einem IQ von 130 zu sein, der aber gut funktioniert.«

2010 Aktionärsversammlung (03:42:57)

WB: »Wir haben einige Phasen mit super Chancen erlebt, die uns geradezu ins Auge sprangen, und wir haben einige Phasen der Überbewertungen erlebt, die uns ebenfalls ins Auge sprangen. Und in 90 Prozent der Zeit befinden wir uns irgendwo dazwischen. Was die Angst angeht, weiß ich nicht, was man dagegen tun kann. Wenn Sie ein Mensch sind, der sich von der Angst anderer anstecken lässt, werden Sie mit Wertpapieren höchstwahrscheinlich auf lange Sicht nicht viel Geld verdienen … Die Leute schauen sich Kursnotierungen an und reagieren auf die kleinsten Veränderungen. Überlegen Sie einmal, wie viel rationaler das Investieren in eine Farm im Vergleich zum Kauf von Aktien abläuft. Wenn Sie eine Farm kaufen, erhalten Sie dann im nächsten Monat einen Kurs? Nein, Sie schauen sich die Farm an und sagen: Ich erwarte, dass sie so und so viele Scheffel Mais produziert, und wenn das der Fall ist, entspricht das meinen Erwartungen. Viele Menschen kaufen eine Aktie und denken, wenn sie steigt, ist das wunderbar, und wenn sie fällt, ist das schlecht. Wir denken genau umgekehrt. Wenn sie fällt, freuen wir uns, denn dann kaufen wir mehr. Und wenn sie steigt, schmerzt es uns, mehr zu kaufen. Aber wer sich diese mentale Einstellung nicht aneignen kann, wird immer Angst haben, sobald alle anderen Angst haben. Wenn Sie sich von jemandem sagen lassen, wann Sie kaufen sollen, werden Sie sich eine Woche später von jemand anderem sagen lassen, dass die Welt untergeht. Der Börsenmakler wird Sie super finden, aber viel Geld verdienen werden Sie nicht.«

CM: »Ich glaube, ich habe mehr Mut entwickelt, nachdem ich gelernt habe, dass ich mit Schwierigkeiten umgehen kann. Vielleicht sollten Sie sich also mit ein paar Fehlschlägen aufwärmen.«

WB: »Manche Menschen haben einfach nicht die Persönlichkeit, die emotionale Stabilität oder was auch immer es sein mag, um in Wertpapiere zu investieren. Sie wären viel besser dran, wenn es überhaupt keine Kurse gäbe ... Letztlich kommt es darauf an, ein gutes Unternehmen zu einem angemessenen Preis zu kaufen und die Sache dann für sehr lange Zeit zu vergessen. Manche Menschen können das, andere nicht.«

2010 Aktionärsversammlung (04:10:51)

WB: »Ich habe damals angefangen, ohne etwas über die Bewertung von Unternehmen zu wissen. Und Ben Graham hat mir eine Methode beigebracht, wie man bestimmte Unternehmen bewertet, was sich als erfolgreich erwiesen hat, nur dass diese Unternehmen irgendwann alle weg waren. Es war quasi eine Garantie gegen Misserfolg, aber es war keine Garantie dafür, dass solche Unternehmen weiterhin verfügbar sein würden. Charlie hat mir viel über den Wert eines dauerhaften Wettbewerbsvorteils und eines erstklassigen Unternehmens beigebracht. Im Laufe der Zeit habe ich mehr über verschiedenste von Unternehmen gelernt. Aber Sie würden staunen, von wie vielen Unternehmen ich kaum etwas verstehe.«

»Das Wichtigste ist nicht, wie weit Ihre Kompetenzen reichen, sondern dass Sie wissen, wo ihre Grenzen liegen. Sie brauchen kein Experte für 80 Prozent oder 70 Prozent oder auch nur 50 Prozent der Unternehmen zu sein. Aber Sie müssen etwas über die Unternehmen wissen, in die Sie tatsächlich Ihr Geld investieren – und wenn das nur ein sehr kleiner Teil des Universums ist, ist das kein Beinbruch.«

»Denken Sie an die Unternehmen in Ihrer Heimatstadt. In welches würden Sie investieren? Von welchem würden Sie sagen, dass Sie verstehen, warum es wirtschaftlich arbeitet? Welches wird es Ihrer Meinung nach in zehn oder zwanzig Jahren noch geben? Mit welchem hätte es die Konkurrenz Ihrer Meinung nach sehr schwer? Stellen Sie sich einfach immer wieder Fragen zu verschiedenen Unternehmen und sprechen Sie mit anderen darüber. Mit der Zeit wird sich Ihr Wissen ausweiten.«

»Behalten Sie immer die Sicherheitsmarge im Hinterkopf und machen Sie sich klar, wo Ihre Grenzen liegen. Das ist in diesem Geschäft enorm wichtig. Sie werden immer etwas zu tun finden. Vor sechs oder sieben Jahren, als ich mich mit koreanischen Aktien beschäftigte, hätte ich nie gedacht, dass ich jemals koreanische Aktien kaufen würde. Aber ich habe mich umgeschaut und festgestellt, dass es eine Reihe von Unternehmen gab, die den Sicherheitsmargentest bestanden haben. Und dort habe ich diversifiziert, weil ich über kein einzelnes Unternehmen besonders viel wusste, aber mir war klar, dass ein Paket von zwanzig Unternehmen sehr gut funktionieren würde, weil sie so günstig waren. Das war sozusagen der alte Graham-Ansatz. Man findet immer wieder Gelegenheiten, und das Schöne daran ist, dass man nicht besonders viele davon finden muss.«

CM: »Wenn man in einem wettbewerbsintensiven Bereich gut werden will, muss man natürlich viel darüber nachdenken, viel lernen und viel üben. Man muss ständig dazulernen, denn die Welt verändert sich permanent und die Konkurrenz lernt auch dazu. Man muss jeden Morgen aufstehen und versuchen, abends ein bisschen klüger ins Bett zu gehen. Wer das lange genug macht – und dabei gute und schlechte Erfahrungen sammelt, während er versucht, das zu meistern, was er sich vorgenommen hat –, scheitert fast nie auf ganzer Linie. Ein solcher Mensch mag eine schlechte Phase haben, in der ihm das Glück nicht hold ist, aber nur sehr wenige Menschen sind damit jemals gänzlich gescheitert. Wer die richtige Persönlichkeit hat, steigt vielleicht langsam auf, aber er steigt mit Sicherheit auf.«

»Es ist schwer, an die Spitze zu gelangen, und es ist schwer, eine Position zu halten, wenn man sie einmal erreicht hat. Aber ich denke, man hätte vorhersagen können, dass beispielsweise Pete Kiewit [Leiter des in Omaha ansässigen Bauunternehmens Kiewit Corporation von 1924 bis 1979] wahrscheinlich gewinnen würde. Menschen wie ihm war es wichtiger, die Dinge richtig anzupacken, sie legten mehr Wert darauf, Probleme zu vermeiden, und sie waren disziplinierter ... Ich hätte auf Pete Kiewit jede Wette abgeschlossen.«

WB: »Wenn man Pete Kiewit zehn Jahre lang begleitet hätte, hätte man ihn dabei beobachtet, wie er etwas Dummes tat. Es geht darum, Dummheiten zu vermeiden. Man muss nicht brillant sein, aber man muss offensichtliche Fehler vermeiden. Als Charlie als Anwalt tätig war, beurteilte er die Geschäfte seiner Mandanten, als wären es seine eigenen. Ich erinnere mich, dass ich vor fünfzig Jahren mit Charlie sprach und er anfing, über einen Caterpillar-Händler in Bakersfield oder so zu reden. Er war unfähig, ein Unternehmen zu betrachten, ohne über die grundlegenden wirtschaftlichen Zusammenhänge nachzudenken.«

WIE MAN JAHRESBERICHTE LIEST

1998 Aktionärsversammlung (01:30:00)

WB: »Wir lesen viele Jahresberichte. Zuerst sehen wir uns die Jahresberichte von Unternehmen an, bei denen wir davon ausgehen, sie zu verstehen. Und ich lese jedes Jahr Hunderte. Wir hoffen, Berichte von Unternehmen zu lesen, die für uns nachvollziehbar sind. Und dann sehen wir anhand des jeweiligen Berichts, ob das Management über die Dinge informiert, für die wir uns interessieren würden, wenn uns 100 Prozent des Unternehmens gehören würden. Wenn wir ein Management finden, das uns über diese Dinge informiert, das dabei genauso offen ist, wie ein Manager einer unserer Tochtergesellschaften uns gegenüber sein würde, und das eine Sprache spricht, die wir verstehen, haben wir definitiv ein besseres Gefühl dabei, in das betreffende Unternehmen zu investieren.«

»Das Gegenteil schreckt uns in gewisser Weise ab. Wenn wir eine Menge PR-Geschwafel lesen und viele Bilder, aber keine Fakten sehen, hat das einen gewissen Einfluss auf unsere Einstellung zu einem Unternehmen. Wir möchten das Unternehmen nach der Lektüre des Geschäftsberichts besser verstehen als vor der Lektüre. Und das hinzubekommen, ist für die Führungsebene eines Unternehmens nicht schwer, wenn sie es denn will. Wenn sie es nicht will, werten wir das als Faktor, der darüber entscheidet, ob wir über einen Zeitraum von etwa zehn Jahren ihr Partner sein wollen. Wir haben aus Geschäftsberichten viel gelernt.«

CM: »Wenn die Führungsriege eine Reihe standardisierter Fachausdrücke verwendet, die aussieht, als käme sie direkt von einer Unternehmensberatung, finde ich das abschreckend. Das heißt nicht, dass einige der Beratungsmantras nicht richtig wären – aber aus meiner Sicht hat eine ehrliche, einfache und schlüssige Sprache viel für sich.«

WB: »Fast jedes Unternehmen hat Probleme, und wir erwarten nun mal, dass der Vorstand uns davon berichtet. Das würden wir uns auch in den Unternehmen wünschen, die wir leiten. Wir geben unseren Vorständen nur sehr wenige Ratschläge, aber eines sagen wir ihnen immer: Bringt uns schlechte Nachrichten sofort. Und mir erschließt sich nicht, warum das kein guter Rat für den Chef eines börsennotierten Unternehmens sein sollte. Ich bin überzeugt, dass das auf lange Sicht die beste Strategie ist. Aber viele Unternehmen haben etwa Investor-Relations-Mitarbeiter, die sich abrackern, um ständig gute Nachrichten zu verbreiten. Sie sind offenbar der Überzeugung, draußen gäbe es eine Herde Tiere, die gefüttert werden will, und man müsste ihnen ständig genau das Futter geben, das sie fressen wollen. Aber mit der Zeit lernen die Tiere dazu. Deshalb haben wir stets versucht, uns von solchen Unternehmen fernzuhalten.«

CM: »In einem Jahresbericht liest man selten Sätze wie diesen: ›Das ist ein sehr ernstes Problem, und wir wissen noch nicht genau, wie wir damit umgehen sollen.‹ Aber glauben Sie mir, in den meisten Fällen trifft diese Aussage zu.«

WANN MAN VERKAUFEN SOLL

2009 Aktionärsversammlung (01:52:53)

WB: »Wenn wir das Vertrauen in die Unternehmensspitze oder in den anhaltenden Wettbewerbsvorteil verlieren oder erkennen, dass wir einen Fehler gemacht haben, verkaufen wir. Wer hingegen ein wirklich hervorragendes Unternehmen mit einem ausgezeichneten Führungsteam erwirbt – vor allem das hervorragende Unternehmen ist wichtig –, sollte im Zweifelsfall daran festhalten. Das ist jedoch keine unumstößliche Regel.«

»Die hundertprozentigen Tochtergesellschaften kaufen wir, um sie auf Dauer zu behalten. Wir machen nur zwei Ausnahmen: wenn sie uns glaubwürdig versichern, auf unbestimmte Zeit Verluste zu machen, oder wenn es Auseinandersetzungen mit der Belegschaft gibt. Ansonsten verkaufen wir nichts, nur weil uns jemand mehr Geld dafür bietet, selbst wenn es mehr ist, als das Unternehmen wert ist.«

»Das ist eine Besonderheit von uns, und wir möchten, dass unsere Partner das wissen. Wir glauben, dass es uns langfristig beim Kauf von Unternehmen hilft. Und so wollen wir auch unser Unternehmen führen. Wir verkaufen zwar auch Aktien, aber oft zögern wir dabei länger als die meisten anderen. Wenn wir die richtige Entscheidung getroffen haben, halten wir gern sehr lange daran fest. Einige Aktien besitzen wir schon seit Jahrzehnten. Aber wenn der Wettbewerbsvorteil verschwindet, wir endgültig das Vertrauen in die Unternehmensführung verlieren oder wir uns in der ursprünglichen Analyse geirrt haben, verkaufen wir.«

UNTERNEHMEN BESITZEN

1999 Aktionärsversammlung (03:19:43)

CM: »Im Allgemeinen sind die meisten Investoren nicht gut beraten, in Unternehmen, die sie langfristig schätzen, ständig aufs Neue ein- und auszusteigen. Wir sind recht zufrieden damit, unseren besten Beteiligungen dauerhaft zu halten.«

WB: »Das haben die Leute über die Jahre mit Berkshire versucht. Ein paar Freunde von mir hielten es von Zeit zu Zeit für eine gute Idee, ihre Anteile zu verkaufen und später günstiger zurückzukaufen. Das ist ziemlich schwierig. Man muss zwei richtige Entscheidungen treffen – man muss zum richtigen Zeitpunkt verkaufen und später zum richtigen Zeitpunkt wieder kaufen, und in der Regel muss man dazwischen noch Steuern zahlen.«

»Wenn man in ein ausgezeichnetes Unternehmen einsteigt, ist es in der Regel am besten, dabei zu bleiben. Coca-Cola und Gillette fabrizierten beide Enttäuschungen, als sie unter dem blieben, was sie zwölf bis achtzehn Monate zuvor prognostiziert hatten, und sie blieben auch hinter unseren Erwartungen zurück. Aber das kommt vor. Das passiert von Zeit zu Zeit bei einigen unserer hundertprozentigen Tochtergesellschaften. Manchmal entwickeln sie sich aber auch besser als erwartet.«

»Es liegt nicht in der Natur der Dinge, dass alles schön gerade und glatt nach oben verläuft ... Wir leben in einer vom Wettbewerb geprägten Welt. Der richtige Schachzug eines Konkurrenten, ein falscher Schachzug, das weltweite Umfeld – all diese Entwicklungen können einen Trend unterbrechen.«

2002 Aktionärsversammlung (00:35:31)

WB: »Es liegt nicht in unserer Natur zu verkaufen. Wir halten seit 1973 Aktien der *Washington Post.* Ich habe noch nie eine Aktie von Berkshire verkauft, nachdem ich die ersten Aktien im Jahr 1962 gekauft hatte. Wir halten unsere Aktien von Coca-Cola seit 1988. Wir halten Aktien von Gillette seit 1989. Wir halten Aktien von American Express seit 1991 ... Wir würden verkaufen, wenn wir das Geld für etwas anderes bräuchten, aber das war in den letzten zehn oder fünfzehn Jahren nicht der Fall.«

»Vor vierzig Jahren machte ich nur deshalb Verkäufe, weil ich etwas gefunden hatte, das mir noch besser gefiel. Es missfiel mir ganz und gar zu verkaufen, aber ich wollte auch kein Geld leihen, also verkaufte ich widerwillig etwas, das ich für sehr günstig hielt, um etwas noch Günstigeres zu kaufen. Das waren Zeiten, in denen ich mehr Ideen als Geld hatte. Jetzt habe ich mehr Geld als Ideen, und das ist eine ganz andere Gleichung. Heute verkaufen wir, wenn wir die wirtschaftlichen Charakteristika eines Unternehmens neu bewerten. Mit anderen Worten: Beim Kauf des Unternehmens hatten wir eine bestimmte Vorstellung von seinem langfristigen Wettbewerbsvorteil, die wir inzwischen vielleicht revidiert haben. Das bedeutet nicht, dass das Unternehmen unserer Meinung nach vor einer katastrophalen Phase steht oder ähnliches. Wir glauben, dass McDonald's eine gute Zukunft hat, und wir glauben, dass Disney eine gute Zukunft hat, aber wir halten es für unwahrscheinlich, dass ihr Wettbewerbsvorteil so stark ist, wie wir es bei unserer ursprünglichen Entscheidung angenommen hatten. Das kann bedeuten, dass wir bei unserer ursprünglichen Entscheidung falsch lagen. Es kann bedeuten, dass wir jetzt falsch liegen und dass ihre Stärken nach wie vor gleich sind wie zuvor. Aber aus dem einen oder anderen Grund nehmen wir an, dass diese Stärken möglicherweise bis zu einem gewissen Grad ausgehöhlt sind.«

»Ein klassisches Beispiel dafür ist die Zeitungsbranche. Als Charlie und ich uns 1970 mit dem Zeitungsmarkt befassten, hielten wir ihn für eine nahezu unerschütterliche Gelegenheit. Wir halten ihn nach wie vor für ein gutes Geschäft, aber wir glauben nicht, dass er heute [im Jahr 2002] derselbe ist wie im Jahr 1970, genauso wenig wie wir glauben, dass die Lizenz eines Fernsehsenders heute [im Jahr 2002] dasselbe ist wie im Jahr 1965. Diese Überzeugungen ändern sich ganz allmählich. Und wer weiß, ob sie überhaupt richtig sind. Aber das ist der Grund, warum wir jetzt verkaufen. Würden wir in einen extrem günstigen Markt einsteigen, könnten wir einige Dinge verkaufen, die wir für günstig hielten, um etwas noch Günstigeres zu kaufen, nachdem wir jede Menge Aktien gekauft hätten. Aber das ist derzeit nicht der Fall.«

DIE VERMEIDUNG SCHWIERIGER ENTSCHEIDUNGEN

1994 Aktionärsversammlung (01:20:08)

WB: »Manche Unternehmen sind viel einfacher zu verstehen als andere, und Charlie und ich mögen keine schwierigen Probleme. Wir multiplizieren lieber mit drei als mit Pi. Das ist für uns nun mal einfacher.«

CM: »Das liegt doch auf der Hand. Dennoch glauben so viele Menschen, dass sie etwas sehr Schwieriges bewerkstelligen können, wenn sie nur jemanden mit den richtigen Qualifikationen beauftragen. Das gehört zu den gefährlichsten Vorstellungen, die ein Mensch haben kann. Alle möglichen Dinge verursachen von Natur aus Probleme. Neulich hatte ich mit einem Problem zu tun und sagte: Drei Dinge bei diesem neuen Gebäude habe ich zu fürchten gelernt: den Architekten, den Bauunternehmer und den Hügel. Und wer so durchs Leben geht, macht zumindest weniger Fehler als Leute, die glauben, sie könnten alles erreichen, indem sie einfach jemanden mit einem entsprechenden Abschluss einstellen. Man muss sein Denken nicht an andere delegieren, wenn man es einfach hält.«

WB: »Man muss keine außergewöhnlichen Dinge vollbringen, um außergewöhnliche Ergebnisse zu erzielen. Man kann ganz normale Dinge tun. Was ist so kompliziert an [Coca-Cola]? Aber wegen dieses Unternehmens sind wir heute vor Steuern um 3 Milliarden Dollar reicher als noch vor ein paar Jahren. Ich weiß nichts über das Produkt, sein Vertriebssystem, die Finanzen oder irgendetwas anderes, was nicht auch schon Hunderttausende oder Millionen anderer Menschen wissen. Aber die tun einfach nichts damit. Ähnlich verhält es sich, wenn man in ein kompliziertes Geschäft einsteigt: Man kann einen tausendseitigen Bericht von Leuten mit Doktortitel erstellen lassen, aber das bedeutet nichts. Man hat dann zwar einen Bericht, aber man versteht nicht, wie das jeweilige Geschäft in zehn oder fünfzehn Jahren aussehen wird. Das Wichtigste ist, Fehler zu vermeiden.«

CM: »Es gibt einige Dinge, die von Natur aus gefährlich sind. Einer meiner Helden ist Mark Twain, der sich die Werbetreibenden seiner Zeit ansah und sagte: ›Eine Mine ist ein Loch im Boden, das einem Lügner gehört.‹ So betrachte ich heute Prognosen. Warren und mir wurden einmal im Rahmen eines Unternehmenskaufes Gewinne in Höhe von 2 Millionen Dollar in Aussicht gestellt, und der Bericht war [30 Zentimeter] dick. Wir haben ihn gar nicht erst aufgeschlagen.«

WB: »Wir hätten fast 2 Millionen Dollar bezahlt, ohne uns den Bericht anzusehen. Weil es lächerlich ist. Ich verstehe nicht, warum sich der Käufer eines Unternehmens eine Reihe von Prognosen ansieht, die vom Verkäufer oder seinem Erfüllungsgehilfen zusammengestellt wurden. Man könnte fast sagen, es wäre naiv zu glauben, das hätte irgendeinen Nutzen. Wir sind nicht daran interessiert. Wenn wir selbst keine Vorstellung davon haben, wie wir uns die Zukunft vorstellen, dann wäre es naiv, sich hinzusetzen und jemandem zuzuhören, der uns das Unternehmen verkaufen oder eine Provision dafür bekommen will und uns sagt, wie die Zukunft aussehen wird. In einem Bericht fanden wir mal die Formulierung: ›Fragen Sie den Friseur nicht, ob Sie einen Haarschnitt brauchen.‹ Das Gleiche gilt auch für die Prognosen von Unternehmensverkäufern.«

UNTERNEHMEN MIT SCHRUMPFENDEN EINNAHMEN

2012 Aktionärsversammlung (02:49:31)

CM: »Unternehmen mit schrumpfendem Geschäft sind bei weitem nicht so viel wert wie wachsende Unternehmen, aber sie können dennoch sehr wertvoll sein, wenn sie sich zu Bargeld machen lassen.«

WB: »Im Allgemeinen sollte man von Unternehmen mit schrumpfendem Geschäft die Finger lassen. Wer wirklich glaubt, dass ein Unternehmen angeschlagen ist, sollte es in den meisten Fällen meiden. Wir sind allerdings derzeit an mehreren solcher Unternehmen beteiligt … aber das ist nicht der Bereich, in dem wir künftig bei Berkshire das große Geld verdienen. Das große Geld wird mit wachsenden Unternehmen verdient, und darauf sollte man sich konzentrieren.«

»Ich würde niemals viel Zeit in ein Unternehmen mit schrumpfendem Geschäft stecken – was ich als ›Zigarrenstummel-Ansatz‹ bezeichne –, bei dem man einen kostenlosen Zug aus einem gefundenen Zigarrenstummel nimmt. Investiert man die entsprechende Energie und Intelligenz in andere Bereiche oder Unternehmen, bringt das mehr. Falls also keine besonderen Umstände vorliegen, meiden wir schlecht laufende Unternehmen.«

DUE-DILIGENCE-PRÜFUNG

2014 Aktionärsversammlung (03:19:30)

WB: »Als ich dreiundzwanzig war und mich für das Kohlegeschäft interessierte, habe ich mich mit den CEOs von acht oder zehn Kohleunternehmen getroffen … Ich stellte ihnen viele Fragen, aber am Ende standen immer zwei Fragen: Wenn Sie Ihr gesamtes Geld in ein Kohleunternehmen außer Ihrem eigenen investieren müssten, zehn Jahre lang weggehen und nichts daran ändern könnten, welches wäre das und warum? Nachdem ich eine Antwort darauf bekommen hatte, fragte ich sie: Wenn Sie in gleichem Umfang bei einem Kohleunternehmen auf fallende Kurse wetten müssten, welches wäre das und warum? Hätte ich alle Leute in der Kohleindustrie danach gefragt, hätte ich aus wirtschaftlicher Sicht wahrscheinlich mehr über die Kohleunternehmen gewusst als jeder Einzelne dieser Manager.«

CM: »Sie könnten eine Variante des Tricks von Larry Bird [ehemaliger Basketballspieler und -trainer] ausprobieren. Als er einen Spielervermittler zur Aushandlung seines neuen Vertrags suchte, fragte er jeden Vermittler, warum er sich für ihn entscheiden sollte – und wenn er das nicht täte, wen der Betreffende ihm dann empfehlen würde. Da alle denselben Zweitplatzierten empfahlen, engagierte Larry Bird einfach diesen und handelte den besten Vertrag der Geschichte aus. Es gibt viele Tricks, die die Leute anwenden.«

ÖFFENTLICHE UND PRIVATE MÄRKTE

1994 Aktionärsversammlung (01:44:52)

WB: »Wir finden sehr selten eine Gelegenheit, bei der wir durch Verhandlungen ein komplettes Unternehmen kaufen können … Eine große Beschränkung ist der Umstand, dass es ein Geschäft sein muss, das wir verstehen; das schließt 95 Prozent der Unternehmen aus. Wir erhalten viele Vorschläge für Unternehmen, die außerhalb unseres Interessengebiets liegen. Wir ziehen es vor, ganze Unternehmen oder einen Anteil von mindestens 80 Prozent zu kaufen. Das hat teilweise steuerliche Gründe, aber ehrlich gesagt gefällt uns das auch besser …«

»In der Regel bekommen wir für unser Geld mehr bei richtig tollen Unternehmen, wenn wir kleine Anteile davon an der Börse kaufen, denn der Markt ist bei der Bewertung von Unternehmen weitaus ineffizienter als der Verhandlungsmarkt … An der Börse hat man die Möglichkeit, Unternehmen zu lächerlichen Preisen zu kaufen, und deshalb haben wir am Ende viel Geld in marktfähigen Wertpapieren. Wenn wir die Wahl hätten, würden wir dreimal so viele Unternehmen besitzen, wie wir derzeit haben … Es wird nie die Chance geben, Coca-Cola oder Gillette komplett zu kaufen. Solche sensationellen Unternehmen stehen einfach nicht zur Verfügung. Aber manchmal ergibt sich auf dem Markt für solche Unternehmen die Chance, einen vernünftigen Kauf zu tätigen.«

CM: »Wenn man mal darüber nachdenkt, wird ein Unternehmen, das zu 100 Prozent zum Verkauf steht, in der Regel von einem Unternehmen gekauft, das von Leuten geführt wird, die das Geld anderer Menschen ausgeben. Wir hingegen kaufen mit unserem eigenen Geld. Es gibt auch eine Käufergruppe, die 100 Prozent des Unternehmens kaufen und im Grunde genommen aus fähigen und gewieften Finanzakteuren besteht; ich spreche hier von Leveraged-Buyout-Fonds (LBO) und Ähnlichem. Diese Leute sichern sich mit den privaten Vereinbarungen, die sie mit ihren Investoren getroffen haben, in der Regel nur Vorteile und haben keine Nachteile. Und natürlich neigen sie dazu, etwas optimistisch zu sein. Wenn wir also versuchen, ein Unternehmen komplett zu kaufen, haben wir eine starke Konkurrenz.«

WB: »Wenn man etwas mit dem Geld anderer Leute bezahlen kann, wird es ziemlich attraktiv. Nehmen wir an, Sie sind Baseballfan – wie viel würden Sie bezahlen, um die Yankees zu besitzen? Sie würden wahrscheinlich mehr bezahlen, wenn Sie einen Scheck vom Konto eines anderen ausstellen könnten, als wenn Sie mit Geld von Ihrem eigenen Konto bezahlen müssten. Und in der amerikanischen Unternehmenswelt gibt es diese animalischen Instinkte. Das sind unsere Konkurrenten, wenn wir ganze Unternehmen kaufen. Was den Kauf börsennotierter Wertpapiere angeht, denken die meisten Manager gar nicht darüber nach. Das finde ich sehr interessant, denn sie lassen ihr Geld in Form eines Wertpapierportfolios von jemand anderem verwalten; das ist quasi ein Portfolio von Unternehmen. Ich frage dann: ›Warum stellen Sie sich nicht Ihr eigenes Portfolio zusammen?‹ Und sie antworten: ›Das ist viel zu schwierig.‹ Dann kommt jemand daher mit einem Unternehmen, von dem sie noch nie zuvor gehört haben, präsentiert ihnen ein paar Zahlen und Prognosen und glaubt, genug zu wissen, um dieses Unternehmen zu kaufen. Das irritiert mich sehr.«

ANLAGEHORIZONT UND RISIKO

1994 Aktionärsversammlung (01:54:34)

WB: »Wir definieren Risiko als die Möglichkeit eines Schadens oder einer Beeinträchtigung. Und in dieser Hinsicht ist es unserer Meinung nach untrennbar mit dem Zeithorizont verbunden, in dem Sie eine Anlage halten. Wenn Sie beabsichtigen, die XYZ Corporation um 11:30 Uhr heute Morgen zu kaufen und sie noch vor Börsenschluss zu verkaufen, ist das unserer Ansicht nach eine sehr riskante Transaktion … Aus unserer Sicht liegt das Risiko, sowas wie Coca-Cola zu dem Preis zu kaufen, zu dem wir die Aktie vor einigen Jahren gekauft haben, im Hinblick auf unsere Haltedauer praktisch bei null. Wenn Sie mich jedoch nach dem Risiko fragen würden, Coca-Cola heute Morgen zu kaufen und morgen früh zu verkaufen, würde ich sagen, dass dies eine sehr riskante Transaktion ist.«

»In der akademischen Welt wurde es ziemlich populär – und das schwappte dann auch auf die Finanzmärkte über –, Risiko anhand der Volatilität zu definieren, für die das Beta[2] zu einem Maßstab

[2] Anmerkung der Übersetzerin.: Das Beta eines Wertpapiers ist ein Maß für seine Volatilität im Vergleich zu einem Marktindex.

wurde. Aber das ist für uns kein Maß für das Risiko. Das Risiko in Bezug auf unser Super-Cat-Geschäft [Versicherungen, die für Mega-Katastrophen wie Erdbeben, Hurrikane und so weiter abgeschlossen werden] besteht nicht darin, dass wir in einem bestimmten Jahr Geld verlieren. Wir wissen, dass wir irgendwann auch mal Geld verlieren werden, so viel ist sicher. Und es ist sehr wahrscheinlich, dass wir in einem bestimmten Jahr Geld verlieren werden. Unser Zeithorizont für dieses Geschäft beträgt mindestens ein Jahrzehnt. Und wir halten die Wahrscheinlichkeit, über ein Jahrzehnt hinweg Geld zu verlieren, für gering. Daher sind wir der Meinung, dass es sich in Bezug auf unseren Anlagehorizont nicht um ein riskantes Geschäft handelt. Und es ist wesentlich weniger riskant als etwas, das sich viel besser vorhersehen lässt.«

»Interessanterweise ist nach herkömmlichen Risikomaßstäben etwas, dessen Rendite von Jahr zu Jahr zwischen plus 20 und plus 80 Prozent schwankt, riskanter ist als etwas, dessen Rendite jedes Jahr plus 5 Prozent beträgt. Wir sind einfach der Meinung, dass die Finanzwelt in Bezug auf ihre Risikomaßstäbe völlig verrückt spielt. Wir sind durchaus bereit, bei einer bestimmten Transaktion Geld zu verlieren – Arbitrage ist ein Beispiel dafür, jede beliebige Versicherungspolice ein weiteres. Wir sind dagegen nicht bereit, Transaktionen einzugehen, bei denen wir von einem Verlust ausgehen müssen, weil eine Reihe von voneinander unabhängigen, aber ähnlichen Ereignissen wahrscheinlich ist. Und wir hoffen, dass wir Transaktionen eingehen, bei denen unsere Berechnungen solcher Wahrscheinlichkeiten gültig sind. Um dies zu erreichen, versuchen wir, die Auswahl einzugrenzen. Es gibt eine ganze Reihe von Dingen, die wir einfach nicht tun, weil wir glauben, dass wir dafür keine Gleichung aufstellen können.«

»Wenn wir wüssten, dass es sich um eine nicht manipulierte Münze handelt und wir mit nur einem Wurf eine Gewinnwahrscheinlichkeit von Wette sieben zu fünf hätten, wie viel von Berkshires Nettovermögen würden wir auf diesen Münzwurf setzen? Für Sie würde es wie ein großer Betrag aussehen – es wäre zwar kein großer Prozentsatz unseres Nettovermögens, aber dennoch eine beträchtliche Summe. Wir machen solche Dinge, wenn die Wahrscheinlichkeiten für uns sprechen.«

CM: »Wir versuchen, wie Fermat und Pascal zu denken, als hätten wir noch nie etwas von moderner Finanztheorie gehört. Ich bin der Meinung, dass ein Großteil der modernen Finanztheorie nur als widerwärtig bezeichnet werden kann.«

VOLATILITÄT UND RISIKO

1998 Aktionärsversammlung (04:34:37)

WB: »Wir machen uns keine Gedanken über Risiken im herkömmlichen Sinne. Wir betrachten Risiken im Wesentlichen als ein entscheidendes Kriterium dafür, ob ein zukünftiges Geschäft infrage kommt oder nicht. Mit anderen Worten: Wenn wir nach unserer Überzeugung nicht wissen, was in Zukunft passieren wird, bedeutet das nicht zwangsläufig, es wäre riskant, sondern das heißt nur, dass wir es nicht wissen. Es bedeutet, dass es für uns riskant ist. Für jemanden, der etwas von diesem Geschäft versteht, ist es vielleicht nicht riskant. In diesem Fall geben wir einfach auf. Wir versuchen nicht, solche Dinge vorherzusagen.«

»Wir sagen nicht: ›Wir wissen einfach nicht, was passieren wird, also nehmen wir einen Risikoabschlag von 9 statt 7 Prozent vor.‹ Das entspricht nicht unserer Herangehensweise. Wir sind der Meinung, dass derselbe prozentuale Abschlag auf alles angewendet wird, was eine bestimmte Schwelle überschritten hat, ab der wir uns ziemlich sicher sind. Und wir versuchen, nur Dinge zu tun, bei denen wir uns beim Einstieg in ein Unternehmen ziemlich sicher sind.«

»Die Argumentation nach dem Capital Asset Pricing Model (CAPM) mit unterschiedlichen risikobereinigten Renditen und all dem halten wir für Unsinn. Aber wir halten es auch für Unsinn, uns in Situationen zu begeben oder Situationen zu bewerten, in denen wir keine Ahnung haben, wie die Zukunft aussehen wird. Und wir glauben nicht, dass man das kompensieren kann durch einen höheren Risikoabschlag und die Behauptung, es sei riskanter ... Das entspricht schlichtweg nicht unserer Herangehensweise.«

CM: »Die große Bedeutung, die der Volatilität bei der Unternehmensfinanzierung beigemessen wird, halten wir für Unsinn. Sagen wir so: Solange die Chancen zu unseren Gunsten stehen und wir nicht das gesamte Unternehmen mit einem einzigen Wurf riskieren oder etwas in dieser Richtung tun, stört es uns nicht, wenn die Ergebnisse schwanken. Was wir wollen, sind günstige Chancen. Wir gehen davon aus, dass sich die Volatilität bei Berkshire im Laufe der Zeit von selbst regeln wird.«

WB: »Wenn wir zuversichtlich sind im Hinblick auf die Gewinne eines Unternehmens, ziehen wir eine höhere Volatilität einer geringeren vor. Wir verdienen mehr Geld mit einem Geschäft, bei dem wir wissen, wo es am Ende hingeht, auch wenn es zwischendurch starke Schwankungen gibt ... Ein Unternehmen, von dem wir überzeugt sind, das aber die Welt da draußen als sehr volatil einschätzt, weil seine Gewinne stark schwanken, lieben wir. Das ist viel besser als ein niedrigerer Beta-Wert. Wir bevorzugen sogar das, was andere als Risiko bezeichnen würden. Als wir die *Washington Post* kauften, verlor sie innerhalb weniger Monate 50 Prozent an Wert. Das war das Beste, was passieren konnte; besser geht es nicht. Das Geschäft war von Natur aus sehr stabil – Fernsehsender und eine starke, marktbeherrschende Zeitung sind ein stabiles Geschäft –, aber die Aktie war volatil. Aus unserer Sicht ist das eine super Kombination.«

2001 Aktionärsversammlung (03:43:27)

WB: »Wir halten es für bescheuert, Volatilität als Maß für das Risiko zu nehmen. Die Volatilität muss herhalten, weil die Leute, die unterrichten, über das Risiko sprechen wollen. In Wahrheit wissen sie aber nicht, wie man es in der Wirtschaft misst. Das wäre Teil unseres Seminars zur Bewertung von Unternehmen und zur Einstufung von Risiken. ›Risiko‹ hat für uns mehrere Bedeutungen. Eine davon ist das Risiko eines dauerhaften Kapitalverlusts. Das andere Risiko ist einfach eine unzureichende Rendite für das von uns investierte Kapital. Das hat überhaupt nichts mit Volatilität zu tun ... Es gibt viele herausragende Unternehmen, deren Ergebnisse sehr volatil sind. Aber das macht sie nicht zu schlechten Unternehmen. Und es gibt einige grauenhafte Unternehmen, die sehr stabil sind ... Es ist einfach nicht sinnvoll, Volatilität als Synonym für Risiko zu verstehen ... Wenn jemand anfängt, mit Ihnen über das Beta zu sprechen, sollten Sie Ihren Geldbeutel geschlossen halten.«

ZYKLISCHE UNTERNEHMEN UND UNGLEICHMÄSSIGE GEWINNE

2011 Aktionärsversammlung (04:58:46)

WB: »Als wir uns entschieden, den führenden Ziegelhersteller in Alabama [Jenkins Brick & Tile für 50 Millionen Dollar zu kaufen, wie im Aktionärsbrief von Berkshire Hathaway aus dem Jahr 2010 erwähnt], ging ich nicht etwa davon aus, dass sich die Ziegelbranche in zwei Monaten, sechs Monaten oder einem Jahr erholen würde. Ich dachte, es würde im Laufe der Zeit eine gute Investition zu dem Preis sein, den wir bezahlt hatten, da es sich um einen sehr wichtigen Ziegelhersteller und -vertrieb in Alabama handelte, der an unseren starken Standort in Texas angrenzt. Ich bin mit der Entscheidung zufrieden, aber mit den Ergebnissen im Ziegelbereich werde ich in den nächsten sechs Monaten nicht zufrieden sein.«

CM: »Ein Vorteil des Kaufs ausgesprochen zyklischer Unternehmen ist, dass viele Leute sie nicht mögen. Für uns macht es keinen Unterschied, wenn die Gewinne, die sich im Durchschnitt auf beispielsweise 300 Million pro Jahr belaufen, sehr ungleichmäßig anfallen. Im Großen und Ganzen ist es uns egal, ob die Gewinne schwanken, solange das Geschäft gut läuft. In dieser Hinsicht haben wir einen Vorteil. Niemand sonst hat für einen Ziegelhersteller in Alabama ein Gebot abgegeben, der derzeit keine nennenswerten Kunden hat.«

WB: »See's Candies, ein tolles Unternehmen, macht etwa acht Monate im Jahr Verluste. Wir kennen das saisonale Muster, daher machen wir uns im Juli keine Sorgen, dass Weihnachten irgendwie ausfallen könnte. Wir blicken da auf mehrere tausend Jahre Erfahrung zurück. Wenn man aber nur die Gewinne von einem Quartal bei See's betrachtet, könnte man sich leicht fragen: ›Was machen die Leute in dieser Branche?‹ Natürlich verhalten sich zyklische Unternehmen anders als saisonale Unternehmen, aber warum sollte man beides unterschiedlich betrachten? Wenn man sich die nächsten zwanzig Jahre ansieht, wird es ein paar fürchterliche Jahre für den Wohnungsbau geben, es wird viele ziemlich gute Jahre geben und es wird ein paar hervorragende Jahre geben. Ich weiß nicht, in welcher Reihenfolge sie kommen werden, aber ich weiß, wenn ich die Vermögenswerte günstig genug kaufe, um in diesen zwanzig Jahren eine Beteiligung zu haben, werden wir in dieser Zeit gut abschneiden.«

CASHRESERVEN

1994 Aktionärsversammlung (02:10:36)

WB: »Die Frage ist, ob wir uns mit Asset Allocation befassen, indem wir bestimmte Cashreserven halten, abhängig davon, wie die Prognosen gerade aussehen. So denken wir eigentlich nicht. Wenn wir über Bargeld verfügen, dann deshalb, weil wir am betreffenden Tag nichts Sinnvolles damit anfangen können, etwa Unternehmen zu kaufen, die uns gefallen. Wenn wir eine Zeit lang nichts finden, sammelt sich das Bargeld an. Das ist keine bewusste Entscheidung, sondern liegt daran, dass wir bei dem scheitern, was wir eigentlich tun wollen, nämlich Dinge zum Kaufen zu finden.«

»Wir versuchen nicht zu erraten, ob Bargeld in drei Monaten, sechs Monaten oder einem Jahr mehr wert sein wird als heute. Wir würden niemals eine Besprechung zur Asset Allocation abhalten. Wir suchen nach Kaufobjekten, die unseren Kriterien entsprechen, und wenn wir am Jahresende kein Bargeld hätten, würden wir uns darüber freuen, denn das würde bedeuten, dass wir Wege gefunden haben, das Geld so einzusetzen, wie wir es möchten … Wenn wir viel Geld zur Verfügung haben, sind wir etwas dümmer als sonst; das macht einen leicht leichtsinnig. Ich würde sagen, dass die besten Käufe in der Regel dann getätigt werden, wenn man etwas verkaufen muss, um das Geld dafür zu beschaffen, weil das die Messlatte für Entscheidungen ein wenig höher legt.«

1995 Aktionärsversammlung (02:36:57)

WB: »Cashreserven bei Berkshire sind Geld, das momentan übrig ist; wir möchten eigentlich kein Bargeld haben. Wir möchten auch zu keinem Zeitpunkt hohe Schulden haben. Wenn wir eine Cashreserve haben, dann einfach deshalb, weil wir nichts gefunden haben, was wir gern kaufen würden. Wir hoffen dann, das Geld so schnell wie möglich einsetzen zu können. Wir denken nie darüber nach, ob der Markt fallen wird oder Ähnliches, oder ob wir etwas noch billiger kaufen könnten. Wenn uns etwas gefällt, kaufen wir es. Und wenn Sie in unserer Bilanz Bargeld in beliebiger Höhe sehen, ist das ein Zeichen dafür, dass Charlie und ich zum jeweiligen Zeitpunkt nichts Attraktives gefunden haben, zumindest nichts in nennenswertem Umfang. Es ist niemals unsere Taktik, hohe Cashreserven zu halten.«

2004 Aktionärsversammlung (01:43:49)

WB: »Wir glauben, dass man Risiken am besten durch Nachdenken minimiert. Die Vorstellung, zu sagen: ›Ich habe 60 Prozent in Aktien und 40 Prozent in Anleihen‹, und dann großartig zu verkünden: ›Jetzt gehen wir zu 65 Prozent in Aktien und 35 Prozent in Anleihen über‹, wie es einige Strategen tun, oder wie auch immer man sie an der Wall Street nennt, ist blanker Unsinn. Man sollte sich standardmäßig auf kurzfristige Instrumente konzentrieren und immer dann handeln, wenn sich eine intelligente Gelegenheit bietet … Vieles, was man über Asset Allocation hört, dient nur dem Verkauf. Man soll glauben, dass man solche Leute braucht, wenn man nicht weiß, wie man die richtige Aufteilung in 60 Prozent zu 40 Prozent oder 65 Prozent zu 35 Prozent vornimmt. Für Investitionen braucht man solche Leute überhaupt nicht.«

CM: »Die Menschen hatten schon immer das Verlangen, die Zukunft vorherzusehen. Früher engagierte der König einen Zauberer oder Wahrsager, der in Schafsdärmen oder Ähnlichem die Antwort darauf suchte, wie der König den nächsten Krieg führen sollte. Es gab schon immer einen Markt für Menschen, die behaupteten, aufgrund ihres Fachwissens die Zukunft vorhersagen zu können, und davon gibt es auch heute noch viele. Für die Menschen gibt es einen wirtschaftlichen Anreiz, irgendwelche Wundermittel zu verkaufen. Die kann man immer und immer wieder verkaufen … Ich finde das widerwärtig. Es ist viel besser, seinen Lebensunterhalt mit einem System zu verdienen, das denjenigen Menschen einen Mehrwert bietet, die das Produkt kaufen. Aber das hält niemanden davon ab, Spielkasinos zu eröffnen, zumindest nicht nach meiner Theorie. Wenn sich damit Geld verdienen lässt, dann machen wir es in diesem Land eben tendenziell.«

2006 Aktionärsversammlung (01:43:19)

WB: »Einen normalen Bargeldbestand bei Berkshire kann man auf etwa 10 Milliarden Dollar beziffern, obwohl es durchaus Umstände geben kann, bei denen wir diesen Wert unterschreiten [bei der Aktionärsversammlung 2012 wurde dieser Mindestbetrag auf etwa 20 Milliarden Dollar erhöht]. Aber aufgrund unseres Versicherungsgeschäfts im Bereich Mega-Katastrophen und all dem ist unsere Cashreserve auch nie so knapp, dass wir den letzten Rest Bargeld zusammenkratzen müssen – allerdings brauchen wir auch nicht die ganzen 40 Milliarden, die wir derzeit haben. Wir wären viel glücklicher, wenn wir 10 Milliarden an Barmitteln und den Rest in Dinge investiert hätten, die uns sehr gefallen. Darauf arbeiten wir ständig hin.«

»Es ist nicht immer gleich, wie Unternehmen zu uns kommen … Wir mögen es nicht, überschüssige Barmittel zu haben – aber noch weniger mögen wir unkluge Geschäfte, denn die bleiben uns langfristig erhalten. Wenn wir ein unkluges Geschäft machen, bleibt es einfach liegen. Wir verkaufen es nicht drei Monate später wieder durch einen Börsengang oder Ähnliches. Wir sollten uns also sehr unwohl fühlen, weil wir einen so hohen Bargeldbestand haben. Aber wir dürfen uns auch nicht so unwohl fühlen, dass wir einfach losziehen und irgendetwas kaufen, nur um zu kaufen. Ich würde sagen, wahrscheinlich, aber keineswegs sicher, werden wir in drei Jahren deutlich weniger Bargeld und deutlich mehr Ertragskraft haben als jetzt. Unser Ziel ist, diese Barmittel im Laufe der Zeit in dauerhafte Ertragskraft umzuwandeln … Das ist unsere Aufgabe.«

CM: »Sie können vielleicht eine andere Perspektive auf das gewinnen, was Sie stört, wenn Sie sich den Jahresbericht von Berkshire von vor zehn Jahren ansehen und ihn mit dem letzten Jahresbericht vergleichen. Obwohl es nicht leicht war, das Bargeld sinnvoll einzusetzen, ist es uns in den letzten zehn Jahren gelungen, eine Menge wunderbarer Dinge zu Berkshire hinzuzufügen. Wir sind also nicht gänzlich pessimistisch, was die Fortsetzung dieses Prozesses angeht.«

2019 Aktionärsversammlung (03:34:01)

WB: »Alles in allem würde ich lieber einen Indexfonds besitzen als Treasury Bills[3] (US-Geldmarktpapiere) zu halten. Hätten wir diese Taktik jedoch 2007 oder 2008 eingeführt, wären wir am Ende möglicherweise in einer anderen Lage gewesen, was unsere Handlungsfähigkeit angeht. Außerdem gibt es mit Hunderten Milliarden Dollar andere Probleme bei der Umsetzung dieser Taktik als bei einer ähnlichen Taktik mit 1 Milliarde Dollar. Aber es ist eine vollkommen rationale Betrachtungsweise. Und

---

3 Anmerkung der Übersetzerin: Treasury Bills sind Geldmarktpapiere zur Finanzierung der U.S. -Staatsverschuldung mit sehr kurzen Laufzeiten. In Deutschland werden vergleichbare Instrumente unter der Bezeichnung »Unverzinsliche Schatzanweisung« begeben.

wenn man auf zehn Jahre Bullenmarkt zurückblickt, springt das wirklich ins Auge. Ich meine, dass das bei kleineren Beträgen sehr sinnvoll wäre. Und wenn man mit großen Beträgen arbeitet, könnte es für Berkshire in Zukunft durchaus ratsam sein, so vorzugehen. Wir haben vor einer Woche 10 Milliarden zugesagt. Und es gibt Bedingungen, unter denen wir – obwohl sie sich nicht für eine bestimmte Woche oder einen bestimmten Monat vorhersagen lassen – 100 Milliarden sehr schnell ausgeben könnten. Und wenn diese Bedingungen einträfen, wäre das Kapital sehr gut eingesetzt, viel besser als in einem Indexfonds. Wir haben also auf der Grundlage gehandelt, dass wir die Chance bekommen, das Kapital einzusetzen. Diese wird aller Wahrscheinlichkeit nach in großen Paketen kommen, und zwar dann, wenn andere kein Kapital einsetzen wollen.«

CM: »Ich gebe zu, dass ich mit den Cashreserven etwas konservativer umgehe als andere. Aber aus meiner Sicht ist das in Ordnung. Wir hätten das gesamte Geld in viele verschiedene Wertpapiere investieren können, die im Nachhinein besser abgeschnitten hätten als der S&P 500. Denken Sie daran, dass wir während dieser Zeit über beträchtliche zusätzliche Barmittel für den Fall verfügten, dass sich Chancen ergeben. Bei einem so großen Unternehmen wie unserem halte ich es nicht für ein Verbrechen, etwas zurückhaltender mit den Cashreserven umzugehen. Ich habe beobachtet, wie Harvard seine letzten Barmittel, einschließlich aller von den Eltern im Voraus bezahlten Studiengebühren, genau zum falschen Zeitpunkt in den Markt gesteckt und eine Menge Vorausverpflichtungen gegenüber Private-Equity-Gesellschaften eingegangen ist. Die Harvard-Stiftung hat zwei oder drei Jahre lang ziemlich gelitten. Wir wollen nicht wie Harvard sein. Wir werden uns nicht ändern.«

WB: »Wir haben gerne viel Bargeld auf der hohen Kante, um sehr schnell und sehr groß agieren zu können. Wir wissen, dass wir solche Gelegenheiten nicht oft bekommen. Sicherlich wird es in den nächsten zwanzig oder dreißig Jahren zwei oder drei Mal vorkommen, dass es Gold regnet und man nur nach draußen gehen muss. Aber wir wissen nicht, wann das eintritt. Und wir haben viel Geld, das wir investieren können … Sie sollten über Berkshire als Einziges unbedingt verstehen, dass wir das Unternehmen so führen, wie wir es für richtig halten, um denjenigen Aktionären zu dienen, die praktisch ihr gesamtes Vermögen in Berkshire investiert haben. Ich bin selbst in dieser Position, aber ich würde es immer so machen.«

»Es gibt viele Menschen, die uns vertrauen und die bezogen auf ihr Nettovermögen nach gängigen Anlagestandards einen unverhältnismäßig hohen Anteil an Berkshire-Aktien besitzen. Wir wollen Geld für alle verdienen, aber wir wollen auch sichergehen, dass wir niemandem, der unsere Aktien zu einem Preis nahe dem inneren Wert des Unternehmens kauft, dauerhaft Verluste bescheren. Der Gedanke widerstrebt uns zutiefst, dass mehr als eine Million Aktionäre, von denen viele bereit sind, für längere Zeit bei uns zu bleiben, jemals wirklich Geld verlieren könnten. Und wir wissen, wie Menschen sich verhalten, wenn die Welt aus den Fugen geraten ist. Ich glaube, sie wollen etwas, das ihnen das Gefühl gibt, auf festem Grund zu stehen. Wir fühlen uns diesen Menschen wirklich verpflichtet.«

BUFFETTS RESEARCH-PROZESS

1994 Aktionärsversammlung (02:15:45)

WB: »Wie schnell Informationen verfügbar sind, spielt für uns wirklich keine Rolle. Was zählt, ist die Verarbeitung dieser Informationen und die daraus resultierenden Entscheidungen. Es geht um die Beurteilung des Preises für ein Unternehmen oder einen Unternehmensbereich oder ein Wertpapier im Vergleich zu seinem tatsächlichen Wert. Und das hat nichts mit schnellen Informationen zu tun. Es geht darum, *gute* Informationen zu erhalten.«

»Im Grunde lesen wir einfach die öffentlichen Berichte und stellen dann vielleicht Fragen, um die Position am Markt oder die Stärke des Produkts zu ermitteln oder Ähnliches. Aber wir können sehr schnell Entscheidungen treffen. Wir werden zu einem Unternehmen gerufen und wissen innerhalb von zwei oder drei Minuten, ob wir interessiert sind. Das geht ganz schnell. Möglicherweise müssen wir anschließend noch ein paar Dinge überprüfen. Aber ich kann mich an keinen Fall erinnern, in dem wir wirklich viele Preisdaten oder Ähnliches benötigt hätten, um unsere Entscheidung zu treffen … Selbst wer an einem Ort wäre, an dem die Post und sämtliche Aussagen mit drei Wochen Verspätung einträfen, könnte aus meiner Sicht trotzdem gut investieren.«

1998 Aktionärsversammlung (01:40:05)

WB: »Wenn ich einen Kurs über Investitionen geben würde, würde ich den Studenten eine Bewertungs-Case-Study nach der anderen vorlegen, bei der sie versuchen müssten, die Schlüsselvariablen im jeweiligen Unternehmen zu identifizieren und zu beurteilen, wie vorhersehbar ihr Geschäft ist, denn das ist der erste Schritt. Wenn etwas nicht sehr vorhersehbar ist, vergessen Sie es. Man muss nicht bei jedem Unternehmen richtig liegen. Aber man muss in seinem Leben ein paar gute Entscheidungen treffen. Wichtig ist zu erkennen, wann man ein Unternehmen gefunden hat, bei dem man wirklich weiß, welche Variablen wichtig sind, und sich sicher zu sein, diese im Griff zu haben.«

»Charlie und ich haben etwa ein Dutzend sehr wichtige Entscheidungen in Bezug auf unser Vermögen getroffen, aber sie waren nicht so mutig, wie sie hätten sein sollen. Wir wussten, dass wir damit richtig lagen; sie waren nicht so wahnsinnig kompliziert. Wir wussten, dass wir uns auf die richtigen Variablen konzentrierten und dass es letztlich darauf ankam. Und wir wussten, dass wir, auch wenn wir das nicht auf fünf Dezimalstellen nach dem Komma genau berechnen konnten, im Großen und Ganzen richtig lagen. Das ist es, wonach wir suchen: den perfekten Moment. Und das würde ich den Studenten vermitteln. Ich würde ihnen nicht beibringen wollen, dass sie das Unmögliche möglich machen können.«

CM: »Wenn Sie vorhaben, Unternehmensbewertung so zu lehren, wie man Immobilienbewertung lehrt – sodass Ihre Studenten nach Abschluss des Kurses bei Ihnen in der Lage sind, Ihnen eine Bewertung eines beliebigen Unternehmens zu geben auf der Grundlage von dessen Zukunftsaussichten im Vergleich zu seinem Preis –, dann versuchen Sie meiner Meinung nach das Unmögliche.«

WB: »In der Abschlussprüfung würde ich ein Internetunternehmen nehmen und nur eine Frage stellen: ›Wie viel ist es wert?‹ Jeden, der meint, darauf eine Antwort zu haben, würde ich durchfallen lassen.«

INVESTMENTSTILE

1994 Aktionärsversammlung (02:22:56)

WB: »Peter Lynch diversifiziert viel stärker als ich. Er besitzt mehr Aktien, als ich mir Firmennamen merken kann. Aber so ist Peter eben. Ich habe schon oft gesagt, dass es mehr als einen Weg zum Erfolg gibt. Es gibt nicht die eine richtige Strategie, aber einige sehr nützliche Strategien. Peter hat eine, und ich glaube, wir haben auch eine, die nützlich ist. Und es gibt viele Überschneidungen. Aber ich wäre nicht so erfolgreich, wenn ich es gleich machen würde wie Peter, und er würde wahrscheinlich nicht so gut abschneiden, wenn er es gleich machen würde wie ich.«

POSITIONSGRÖSSENBESTIMMUNG UND DIVERSIFIZIERUNG/KONZENTRATION

1994 Aktionärsversammlung (02:55:31)

WB: »Wir sind bereit, viel Geld in ein einzelnes Wertpapier zu investieren. Als ich die Beteiligungsgesellschaft leitete, lag meine Obergrenze bei etwa 40 Prozent für eine einzelne Aktie. Ich glaube, Charlie, als du deine Beteiligungsgesellschaft geleitetet hast, lag deine sogar bei mehr als 40 Prozent.«

CM: »Allerdings.«

WB: »Und wir würden dasselbe tun, wenn wir kleinere Beteiligungsgesellschaften leiten würden oder wenn unser eigenes Kapital geringer wäre und wir es selbst investieren würden. Aber wir handeln nur deswegen so, weil wir glauben, dass wir das Unternehmen sehr gut verstehen und dass die Art des Geschäfts – was wir dafür bezahlen, die Leute an der Spitze und all das – praktisch kein Risiko mit sich bringt. Solche Gelegenheiten ergeben sich gelegentlich tatsächlich. Und wenn wir davon ausgehen, dass sie weitaus attraktiver sind als die zweite, dritte und vierte Wahl, würden wir einen großen Teil unseres Eigenkapitals dort investieren … Es ist nicht verrückt, einen sehr großen Teil seines Eigenkapitals zu investieren, wenn man das Geschäft gut versteht und der Preis attraktiv genug ist. Wenn man ein Geschäft nicht versteht, ist es besser, zu diversifizieren – und zwar ziemlich breit.«

CM: »Berkshire hat einen bedeutenden Aktionär, dessen Vater die ursprüngliche Position aufgebaut hat, und als er starb, hinterließ er ein sehr großes Vermögen, das praktisch vollständig aus zwei Wertpapieren bestand: Berkshire und einem anderen herausragenden Unternehmen. Eine Bank war

Mitverwalter, und der Treuhandbeauftragte der Bank sagte: ›Sie müssen diversifizieren.‹ Es handelte sich um ein sehr großes Vermögen. Und der junge Mann, der Mittreuhänder der Bank war, sagte: ›Wenn mein Vater so gedacht hätte wie Sie, hätte er vielleicht als Treuhänder bei einer Bank gearbeitet, aber er hätte mir nicht so viel hinterlassen.‹ Dieser junge Mann hält die Berkshire-Aktien bis heute, und ich nehme an, die Bank erteilt immer noch denselben Rat.«

1996 Aktionärsversammlung (02:43:36)

WB: »Wir investieren gern viel Geld in Dinge, von denen wir überzeugt sind. Diversifizierung, wie sie allgemein praktiziert wird, ist für jemanden, der weiß, was er tut, kaum sinnvoll. Diversifizierung ist ein Schutz gegen Unwissenheit; um sicherzugehen, dass Ihnen in Relation zum Marktgeschehen nichts Schlimmes passiert, kaufen Sie vorsichtshalber lieber alles. Daran ist nichts auszusetzen. Das ist ein absolut vernünftiger Ansatz für jemanden, der sich nicht in der Lage sieht, Unternehmen zu analysieren. Aber wenn man weiß, wie man Unternehmen analysiert und bewertet, ist es verrückt, dreißig, vierzig oder fünfzig verschiedene Aktien zu besitzen, denn es gibt höchstwahrscheinlich nicht so viele richtig gute Unternehmen, die ein einzelner Mensch verstehen kann. Uns erscheint es bekloppt, wenn Sie in ein paar tollen Unternehmen investiert sind und dann Geld in Nummer 35 auf Ihrer Attraktivitätsliste stecken, statt mehr Geld in Nummer 1 Ihrer Liste zu investieren. Das ist aber gängige Praxis; und wenn Sie nur Durchschnittsergebnisse erzielen müssen, sichert das vielleicht Ihren Arbeitsplatz. Aber wir werten das als Eingeständnis, dass Sie das Unternehmen, in das Sie investiert sind, nicht wirklich verstehen.«

»In meinem persönlichen Portfolio besitze ich eine Aktie [Berkshire]. Es handelt sich um ein Unternehmen, das ich kenne und mit dem ich mich sehr wohl fühle. Muss ich 28 andere Aktien besitzen, um eine angemessene Diversifizierung zu erreichen? Das wäre Unsinn. Innerhalb von Berkshire könnte ich drei Unternehmen auswählen, und ich wäre sehr glücklich, wenn das die einzigen Unternehmen wären, die wir besitzen, und ich mein gesamtes Geld in Berkshire investiert hätte. Drei wunderbare Unternehmen sind mehr, als man in diesem Leben braucht, um sehr gut zurechtzukommen … Wenn man sich ansieht, wie in diesem Land Vermögen aufgebaut wurden, dann nicht durch ein Portfolio von fünfzig Unternehmen. Sie wurden von jemandem aufgebaut, der ein großartiges Unternehmen erkannt hat. Coca-Cola ist ein hervorragendes Beispiel dafür. Viele Vermögen wurden auf dieser Grundlage aufgebaut. Es gibt nicht fünfzig Aktien vom Typ Coca-Cola. Wenn es sie gäbe, könnten wir alle losziehen und wie verrückt diversifizieren und Ergebnisse erzielen, die denen gleichkommen, die wir mit diesem einen wirklich tollen Unternehmen erzielen – aber Sie werden sie nicht finden. Und in Wahrheit brauchen Sie es auch nicht.«

»Ein wirklich tolles Unternehmen ist sehr gut gegen die Wechselfälle der Wirtschaft im Laufe der Zeit und gegen den Wettbewerb geschützt. Wir sprechen hier von Unternehmen, die widerstandsfähig gegenüber effektivem Wettbewerb[4] sind. Drei davon sind besser als hundert durchschnittliche Unternehmen. Und sie sind übrigens auch sicherer. Es ist weniger riskant, drei leicht identifizierbare, heraus-

---

[4] Anmerkung der Übersetzerin: Effektiver Wettbewerb ist ein Begriff aus der Wirtschaftstheorie, der die Existenz eines Marktes beschreibt, der von einem hohen Maß an Wettbewerb geprägt ist.

ragende Unternehmen zu besitzen, als fünfzig bekannte, große Unternehmen. Es ist erstaunlich, was darüber im Laufe der Jahre in Finanzseminaren gelehrt wurde. Wenn ich das Vermögen meiner Familie für die nächsten dreißig Jahre anlegen müsste, würde ich lieber drei Unternehmen aus unserem Bestand auswählen, als eine diversifizierte Gruppe von fünfzig Unternehmen zu besitzen.«

CM: »Er sagt, dass vieles, was in modernen Seminaren zur Unternehmensfinanzierung gelehrt wird, Unsinn ist.«

WB: »Der Nutzen fehlt. Dort lernen Sie, wie man den Durchschnitt erreicht, aber jeder kann in der fünften Klasse herausfinden, wie man durchschnittlich abschneidet. Das ist nicht so schwer. Es ist nur umständlich. Kleine griechische Buchstaben und alle möglichen anderen Dinge geben einem das Gefühl, man wäre in der Oberliga, aber sie liefern keinen Mehrwert.«

CM: »Ich habe große Schwierigkeiten damit, weil ich mir so einen Schwachsinn einfach nicht merken kann. Aber die moderne Portfoliotheorie beinhaltet eine Art von Schwachsinn, den ich einfach nicht einordnen kann. Da ist etwas sehr Seltsames im Gange.«

WB: »Wenn Sie in Ihrem Leben drei tolle Unternehmen finden, werden Sie sehr reich. Diesen drei Unternehmen wird nichts Schlimmes passieren. Das ist ja genau das, was sie ausmacht.«

CM: »Übrigens ist das vielleicht der Grund, warum es so viel Schwachsinn gibt: Wenn Sie Warrens Worten glauben, bräuchte man etwa eine Woche für den ganzen Stoff des Seminars.«

WB: »Und die Hohepriester hätten keinen Vorteil gegenüber den Laien; so etwas verkauft sich nicht gut.«

2001 Aktionärsversammlung (03:48:55)

WB: »Wir hatten im Laufe der Jahre relativ wenige große, gute Ideen. Was meinst du, vielleicht jeder von uns 25?«

CM: »Wenn man die 15 besten aus Berkshire Hathaway herausnehmen würde, wären die meisten von Ihnen nicht hier. Also ungefähr eine alle zwei Jahre.«

WB: »Und manchmal gibt es eine ganze Reihe davon, wie 1973 und 1974. Aber das Problem für uns ist, dass groß wirklich groß bedeutet. Es müssen Milliarden von Dollar sein, um bei Berkshire etwas zu bewirken. Als ich hingegen vor fünfzig Jahren in *Moody's Manuals* blätterte, wusste ich, wann ich auf eine große Idee stieß … Als ich im Januar Lorimer Davidson traf und er mir fünf Stunden lang GEICO erklärte, wusste ich, dass es eine großartige Idee war. Später schrieb ich einen Artikel für *The Commercial and Financial Chronicle* mit dem Titel ›The Security I Like Best‹ [Das Wertpapier, das mir am besten gefällt]. Das war eine super Idee. Als ich Western Insurance Securities entdeckte, wusste ich auch, dass es eine super Idee war.«

CM: »In unserem Leben geht es darum, eine gute Idee in den (seltenen) Fällen zu erkennen, wenn sie sich bietet. Ich glaube, darauf muss man sich über einen langen Zeitraum vorbereiten. Wie lautet das alte Sprichwort? ›Die Chancen kommen zu denen, die darauf vorbereitet sind.‹ Ich glaube nicht, dass man Menschen in zwei Minuten beibringen kann, wie man sich vorbereitet. Aber so ist das Spiel … Was Opportunitätskosten angeht, heißt es in dem aktuellen Wirtschaftslehrbuch für Studienanfänger, das derzeit das Land erobert: ›Alle intelligenten Menschen sollten in erster Linie an die Opportunitätskosten denken.‹ Das ist natürlich richtig. Aber es ist sehr schwer, Wirtschaft auf der

Grundlage von Opportunitätskosten zu lehren. Es ist viel einfacher, ein Kapitalmarktmodell zu lehren, bei dem man einfach Zahlen eingibt und die Antworten herauskommen. Und die Leute lehren, was leicht zu lehren ist, anstatt dem, was man korrekterweise lehren sollte. Das erinnert mich an Einsteins berühmtes Zitat: ›Alles sollte so einfach wie möglich gemacht werden, aber nicht einfacher.«

2003 Aktionärsversammlung (02:36:36)

WB: »Das Schöne am Investieren, was es wirklich wunderbar macht, ist, dass man nicht in allem Recht haben muss. Man muss nicht bei 20 Prozent, 10 Prozent oder auch nur 5 Prozent der Unternehmen weltweit richtig liegen. Man muss nur alle ein oder zwei Jahre eine gute Idee haben. Ich habe mich früher sehr für Pferderennen interessiert, und die alte Weisheit lautete, dass man ein Rennen gewinnen kann, aber nicht alle Rennen … Wenn mir jemand alle 500 Aktien aus dem S&P 500 geben würde und ich eine Prognose darüber abgeben müsste, wie sie sich in den nächsten Jahren im Vergleich zum Markt entwickeln werden, wüsste ich nicht, wie ich das machen sollte. Aber vielleicht könnte ich eine finden, bei der ich mir zu 90 Prozent sicher bin, dass ich Recht habe. Das ist ein enormer Vorteil bei Aktien: Man muss nur in sehr, sehr wenigen Fällen richtig liegen, solange man keine großen Fehler macht.«

CM: »Interessant ist, dass mindestens 90 Prozent der professionellen Anlageverwaltungen überhaupt nicht so denken wie wir. Sie glauben einfach, wenn sie genug Leute einstellen, können sie besser einschätzen, ob Pfizer oder Merck in den nächsten zwanzig Jahren besser abschneiden wird. Und sie glauben, dass sie das für jede einzelne Aktie im S&P 500 tun können, dass sie breit diversifiziert sind und am Ende der zehn Jahre weit vor allen anderen liegen werden. Das stimmt natürlich nicht. Nur sehr wenige Menschen verfolgen die Idee, sich von vornherein auf wenige Chancen zu beschränken.«

WB: »Man wartet auf den perfekten Wurf. Ted Williams hat darüber in seinem Buch *The Science of Hitting* geschrieben. Das Wichtigste, um ein guter Schlagmann zu sein, ist, auf einen Ball zu warten, den man mit dem Sweet-Spot[5] trifft.«

2003 Aktionärsversammlung (04:54:51)

CM: »Wir mögen normalerweise keine kleinen Positionen.«

WB: »Wir gehen gern mit großem Einsatz ins Geschäft. Wenn wir über die Börse in ein Unternehmen investieren, wollen wir viel Geld investieren. Wir glauben nicht daran, hier ein bisschen und dort ein bisschen zu investieren. Bei unserer derzeitigen Größe sind wir also in erster Linie begrenzt dadurch, dass wir nicht das gewünschte Volumen bekommen, und nicht durch einen von vornherein festgelegten Prozentsatz unseres Gesamtportfolios. Es fällt mir sehr schwer, mir eine Aktie vorzustellen, bei der wir mit dem Kaufen aufgehört hätten, außer wenn wir eine Grenze von 10 Prozent erreichten,

[5] Anmerkung der Übersetzerin: Der Punkt auf der Schlagfläche eines Baseballschlägers mit der besten Kraft- und Energieübertragung auf den Ball.

ab der wir für kurzfristige Gewinne haftbar geworden wären oder als Insider gegolten hätten oder so etwas in der Art. Wir wollen fast nie mit dem Kaufen aufhören.«

CM: »Es sei denn, der Kurs steigt.«

WB: »Natürlich, genau da habe ich die großen Fehler gemacht. Es gab ein paar Aktien, über die wir genug wussten, um zu kaufen. Sie lagen in unserem Kompetenzbereich und wir hätten viele Aktien kaufen können. Aber dann sind sie ein wenig gestiegen, und wir sind wegen des Kurses ausgestiegen. Wohlgemerkt, wir sind nicht ausgestiegen, weil wir nicht mehr als X Dollar investieren wollten. Wenn wir eine Idee finden, in die wir 500 Millionen Dollar investieren wollen, dann würden wir vielleicht noch lieber 3 oder 4 Milliarden Dollar investieren. Wenn man erst gute Idee gefunden hat, wäre es dumm, mit seinem Investment zu geizen.«

CM: »Nachdem wir haarscharf den Fehler vermieden haben, bei See's Candies nicht bereitwillig mehr zu zahlen, haben wir genau diesen verdammten Fehler mehrmals gemacht, und zwar in Bezug auf marktfähige Wertpapiere. Wir lernen offensichtlich sehr langsam.«

WB: »Auch das kostet viele, viele, viele Milliarden Dollar.«

CM: »Das sind Opportunitätskosten. Sie tauchen nicht in den Finanzberichten auf, aber die Summe, die durch dumme Entscheidungen in der Zentrale von Berkshire verschleudert wurde, ist enorm.«

2004 Aktionärsversammlung (01:36:43)

CM: »Ich würde sagen, die wichtigste Lektion ist, dass man im Laufe seines Lebens wahrscheinlich nicht sehr viele richtig tolle Investitionen finden wird. Und wenn man eine findet, die man wirklich gut durchdacht hat und von der man überzeugt ist, dann sollte man um Himmels willen nicht knausern. Die Vorstellung, dass sehr kluge Leute mit Investmentkenntnissen extrem diversifizierte Portfolios haben sollten, ist Blödsinn. Es ist ein sehr weit verbreiteter Blödsinn. Das wird an allen Wirtschaftsfakultäten gelehrt. Aber wer das verbreitet, liegt falsch.«

WB: »Manchmal sieht man ein Geschäft, in das man richtig groß einsteigen sollte; wie Charlie sagt, muss man das auch wirklich tun. Einige Leute in diesem Raum haben vor vielen Jahren auf Berkshire gesetzt. Es stimmt wirklich, sie brauchten keine Diversifizierung. Ich habe auf Berkshire gesetzt. Charlie auch. Manchmal sieht man solche Gelegenheiten, aber nicht jeden Tag oder jede Woche. Wenn man glaubt, jede Woche käme eine neue Gelegenheit, verliert man viel Geld, weil andere kommen und einem erzählen, dass sie diese Gelegenheit beim Schopf gepackt haben.«

2008 Aktionärsversammlung (02:01:33)

WB: »Wenn Charlie und ich in den letzten fünfzig Jahren nur unser eigenes Vermögen verwaltet hätten, hätten wir mit Sicherheit mindestens 75 Prozent unseres Vermögens in eine einzige Idee investiert; wir haben alle möglichen Ideen gesehen, in die wir problemlos 75 Prozent unseres Vermögens investiert hätten.«

CM: »Warren, es gab Zeiten in meinem Leben, in denen ich mehr als 100 Prozent meines Vermögens in eine Sache investiert hatte.«

WB: »Mehrmals war ich mit 75 Prozent meines Vermögens in einer einzigen Sache investiert … Wenn man mit kleineren Beträgen arbeitet, sieht man Gelegenheiten, bei denen es ein Fehler wäre, nicht die Hälfte seines Vermögens zu investieren. Manchmal entdeckt man bei Wertpapieren wirklich Chancen, die sich kinderleicht ergreifen lassen. Man findet sie nicht oft, und sie werden nicht im Fernsehen oder sonst wo erwähnt, aber es gibt einige außergewöhnliche Gelegenheiten, die im Laufe eines Lebens vorkommen, bei denen man 75 Prozent seines Vermögens in eine bestimmte Sache investieren kann. Das Problem sind die Leute, die 500 Prozent ihres Nettovermögens investieren. Nehmen Sie LTCM. Dahinter steckten sehr kluge und sehr anständige Leute. Aber sie haben vielleicht das 25-Fache ihres Nettovermögens in etwas gesteckt, was ein Kinderspiel gewesen wäre, wenn sie nicht gerade mit so viel Kapitel eingestiegen wären. Eigentlich hätte ihre Rechnung aufgehen müssen, aber sie konnten ihre Karten nicht ausspielen. Hätten sie 200 Prozent ihres Nettovermögens investiert, hätte das gut funktioniert. Aber sie sind auf 2500 Prozent oder so gegangen.«

»Es gibt einige Menschen in diesem Raum, die fast 100 Prozent ihres Nettovermögens in Berkshire investiert haben, und einige davon schon seit vierzig Jahren oder länger. Berkshire gehörte nicht zu den Anlagen der Kategorie »Kinderspiel«. Ich würde sagen, die Aktie gehörte zu den Anlagen mit einer hohen Wahrscheinlichkeit für gute Gewinne. Aber ich habe genug profitable Gelegenheiten im Bereich der Junk Bonds gesehen. Ich habe genug davon an den Aktienmärkten gesehen. Wenn man Cap Cities gekauft hätte, als Tom Murphy im Jahr 1974 das Unternehmen leitete, hätte man ein Drittel oder ein Viertel dessen, bezahlt, was die Immobilien dieses Unternehmens wert waren, und man hätte den besten Manager der Welt gehabt. Man hätte sogar ein Unternehmen gehabt, das verdammt gut war, selbst wenn der Manager es nicht gewesen wäre. Man hätte 100 Prozent Vermögen dort investieren können und hätte sich keine Sorgen machen müssen. Man hätte 100 Prozent seines Vermögens in Coca-Cola investieren können, noch bevor wir die Aktie gekauft haben oder um die Zeit herum, als wir sie gekauft haben, und auch das wäre keine riskante Investition gewesen. Viel riskanter wäre es gewesen, all die anderen Dinge umzusetzen, die die Broker den Leuten empfohlen haben.«

CM: »Studenten in Amerika besuchen Elite-Wirtschaftshochschulen und juristische Fakultäten und lernen Unternehmensfinanzierung, wie sie heute gelehrt wird, und Investmentmanagement, wie es heute gelehrt wird. Und einige dieser Menschen schreiben Artikel für Zeitungen und andere Medien, in denen sie sagen: ›Das ganze Geheimnis des Investierens besteht in der Diversifizierung.‹ Das ist das Mantra – und in Wirklichkeit ist es genau andersherum. Das ganze Geheimnis des Investierens besteht darin, Bereiche zu finden, in denen es sicher und klug ist, nicht zu diversifizieren. So einfach ist das. Diversifizierung ist etwas für unwissende Anleger, nicht für Profis.«

WB: »Es ist nichts Falsches daran, wenn unwissende Anleger so vorgehen. Genau das sollten sie sogar tun. Aber genau das sollte ein guter professioneller Anleger *nicht* tun. Das ist kein Widerspruch. Ein unwissender Anleger wird ordentliche Ergebnisse erzielen, solange er weiß, dass er ein unwissender Anleger ist, und solange er im Hinblick auf den Kaufzeitpunkt und die Aktienauswahl diversifiziert. Für jemanden, der wirklich weiß, was er tut, ist dieses Vorgehen schwachsinnig. Es lassen sich Gelegenheiten finden, bei denen man, wenn man 20 Prozent seines Nettovermögens investiert, die Chance seines Lebens verpasst, wenn man nicht wirklich zuschlägt.«

2023 Aktionärsversammlung (01:51:04)

CM: »Im Grunde genommen ist die Familie Munger nur in zwei oder drei Bereichen investiert. Diversifizierung interessiert mich praktisch überhaupt nicht, außer wenn sie sich in einem großen Unternehmen wie Berkshire Hathaway von selbst ergibt. Ich war richtig froh, als ich meinen Aktienkursanzeiger losgeworden bin. Mir liegt die Buy-and-Hold-Anlagestrategie. Das ist eine schöne Art, sein Leben zu gestalten: Man hat mit besseren Menschen zu tun, und für uns alle hat das ziemlich gut funktioniert.«

2019 Aktionärsversammlung (04:47:25)

WB: »Mein Nachlass wird persönlich im Wesentlichen nur aus Berkshire-Aktien bestehen, zumindest für eine gewisse Zeit, während er nach und nach an gemeinnützige Organisationen verteilt wird. Und ich habe in einem Abschnitt verfügt, dass meine Treuhänder mit meiner Einwilligung von der ansonsten bestehenden gesetzlichen Verpflichtung zur Diversifizierung befreit sind, die normalerweise für Treuhänder gilt. Ich möchte, dass der gesamte Betrag in Berkshire-Aktien verbleibt, während er im Laufe der Zeit an gemeinnützige Organisationen verteilt wird. Ich möchte, dass ein sehr großer Teil für wohltätige Zwecke aufgewendet wird, und es macht mir nichts aus, dass im Wesentlichen alles Berkshire-Aktien sind. Ich treffe diese Entscheidung gerne zu Lebzeiten, und sie wird auch nach meinem Tod noch einige Jahre lang gelten. Ich habe großes Vertrauen in die Beständigkeit der Unternehmenskultur von Berkshire und bin überzeugt, dass wir die richtigen Leute haben, um dies zu gewährleisten. Ich setze mein gesamtes Vermögen darauf. Da habe ich keinerlei Bedenken. Ich schreibe mein Testament alle paar Jahre neu und formuliere den Teil über die Berkshire-Beteiligungen immer gleich.«

CM: »Ich war schon immer bereit, nur zwei oder drei Aktien zu besitzen, und es hat mich nie gestört, dass alle, die an einer Wirtschaftsfakultät Finanzwissenschaften unterrichten, lehren, dass das, was ich mache, falsch ist. Es ist nicht falsch. Es hat wunderbar funktioniert. Ich glaube nicht, dass man ein Portfolio mit fünfzig Aktien braucht, wenn man weiß, was man tut. Ich hoffe, meine Erben warten dann einfach ab.«

2023 Aktionärsversammlung (02:03:15)

WB: »Apple macht keine 35 Prozent des Berkshire-Portfolios aus. Das Portfolio von Berkshire umfasst die Eisenbahn, das Energiegeschäft, alles Mögliche. Das sind alles Unternehmen. Und das Gute an Apple ist, dass wir mit aufsteigen können, wenn das Unternehmen seine Aktien zurückkauft. Wir können nicht mehr als 100 Prozent von BNSF oder See's Candies besitzen. Wir würden gern 200 Prozent besitzen, aber das ist nicht machbar. Es sind gute Unternehmen. Apple ist als Unternehmen einfach besser als alle anderen, die wir besitzen. Wir haben eine beträchtliche Summe investiert, aber wir haben nicht mehr Geld in Apple investiert als in die Eisenbahn – und Apple ist ein besseres Unternehmen. Apple hat eine Position bei den Verbrauchern, die vielleicht 1500 Dollar oder mehr für ein Telefon bezahlen. Dieselben Leute bezahlen 35.000 Dollar für einen Zweitwagen. Und wenn sie entweder ihren Zweitwagen oder ihr iPhone aufgeben müssten, würden sie ihren Zweitwagen aufgeben. Wir haben wahrscheinlich nichts Vergleichbares, an dem wir 100 Prozent halten, aber wir sind sehr, sehr, sehr glücklich, immerhin 5,6 Prozent zu haben, oder wie viel es auch immer gerade sein mag. Und wir freuen uns über jeden Zehntelprozentpunkt, der hinzukommt. Das ist, als würden wir 100 Millionen Dollar zu unserem Anteil an den Gewinnen hinzufügen. Das Unternehmen verwendet seine Gewinne, um unsere Partner auszuzahlen; wir sind auch froh, dass sie verkaufen ... Ich habe vor ein paar Jahren einen Fehler gemacht, als ich einige Apple-Aktien verkaufte, weil es mir aus bestimmten steuerlichen Gründen sinnvoll erschien, die Gewinne in diesem Jahr mitzunehmen. Jetzt kann ich es ja sagen: Das war eine dumme Entscheidung. Aber wir haben nicht 35 Prozent des Berkshire-Portfolios in Apple angelegt.«

ERFORDERLICHE WACHSTUMSRATEN

1994 Aktionärsversammlung (03:21:48)

WB: »Wir sind bereit, Unternehmen zu kaufen, die überhaupt nicht wachsen, vorausgesetzt, wir bekommen genug für unser Geld, wenn wir es tun. Wir versuchen, Prognosen zu erstellen, wie viel Geld wir im Laufe der Zeit zurückbekommen. Wenn Sie 1 Million auf ein Sparkonto einzahlen würden, würden Sie lieber etwas haben, das Ihnen jährlich 10 Prozent Zinsen einbringt und sich nie ändert, oder etwas, das Ihnen jährlich 2 Prozent Zinsen einbringt und jedes Jahr um 10 Prozent wächst? Sie können sich selbst ausrechnen, was Sie wählen würden.«

»Es kann durchaus vorkommen, dass ein Unternehmen überhaupt nicht wächst und dennoch eine viel bessere Investition ist als ein Unternehmen, das ein sehr starkes Wachstum vor sich hat. Das gilt vor allem, wenn es für sein Wachstum Kapital benötigt. Es besteht ein großer Unterschied zwischen einem Unternehmen, das wächst und dafür viel Kapital benötigt, und einem Unternehmen, das wächst und kein Kapital benötigt. Im Allgemeinen messen Finanzanalysten dem Unterschied zwischen diesen beiden Fällen keine ausreichende Bedeutung bei. Es ist sogar erstaunlich, wie wenig Aufmerksamkeit diesem Aspekt geschenkt wird. Wenn Sie investieren, sollten Sie darauf besonders achten ... Einige der besten Unternehmen, die wir vollständig besitzen, wachsen nicht. Aber sie werfen viel Geld ab, das wir für andere Anschaffungen verwenden können. Und deshalb wächst unser Kapital, ohne dass das betreffende Unternehmen physisch wächst. Wir sind in dieser Situation viel besser aufgestellt als mit einem Unternehmen, das zwar wächst, aber dafür das gesamte Geld in das Wachstum steckt und keine hohen Renditen erzielt. Viele Führungskräfte verstehen das nicht.«

ERHOLUNG NACH FEHLINVESTITIONEN

1995 Aktionärsversammlung (01:01:17)

WB: »Ein sehr wichtiger Grundsatz beim Investieren ist, dass man Verluste nicht auf die gleiche Weise wieder ausgleichen muss, wie man sie erlitten hat. Tatsächlich ist es in der Regel ein Fehler zu versuchen, Verluste auf die gleiche Weise wieder auszugleichen, wie man sie erlitten hat.«

CM: »Aus diesem Grund ruinieren sich ja so viele Menschen mit Glücksspiel: Sie geraten in Rückstand und haben dann das Gefühl, dass sie ihre Verluste auf genau die gleiche Weise wieder ausgleichen müssen, wie sie sie erlitten haben. Das liegt tief in der menschlichen Natur. Es ist sehr klug, sich einfach mit Willenskraft darüber hinwegzusetzen; kleine Aussagen wie diese sind sehr nützlich.«

WB: »Eine der wichtigsten Erkenntnisse zu Aktien ist, dass eine Aktie nicht weiß, dass Sie sie besitzen. Sie hegen eine Reihe von Gefühlen für sie; Sie erinnern sich, was Sie dafür bezahlt haben, und Sie erinnern sich, wer Ihnen davon erzählt hat, lauter solche Details. Und ihr ist das völlig egal, sie liegt einfach nur da. Wenn eine Aktie bei 50 Dollar steht, aber für 100 Dollar gekauft wurde, fühlt sich der betreffende Anleger schrecklich. Währenddessen fühlt sich jemand, der nur 10 Dollar bezahlt hat, wunderbar. Das hat keinerlei Auswirkungen. Wie Charlie sagt, ist Glücksspiel das klassische Beispiel. Jemand geht los und lässt sich auf ein mathematisch nachteiliges Spiel ein. Er fängt an zu verlieren und denkt, er muss das Geld zurückgewinnen. Und er will das nicht nur so tun, wie er es verloren hat, sondern auch noch am selben Abend. Das ist ein großer Fehler.«

GEDULD (AUF DEN GROSSEN WURF WARTEN)

1995 Aktionärsversammlung (01:45:15)

WB: »Wir haben einige Durststrecken hinter uns, das gilt sowohl für den Aktienmarkt als auch für das Akquisitionsgeschäft. Ich habe die Buffett Partnership im Jahr 1969 aufgelöst, weil es nichts Sinnvolles zu tun gab, und ich bin froh darüber, denn diese Situation hielt 1971 und 1972 an. Aber 1973 und 1974 gab es jede Menge zu tun. So etwas kommt von Zeit zu Zeit vor. Die Menschen werden sich, vor allem an der Börse, in Zukunft genauso töricht verhalten wie in der Vergangenheit. Das wird zu einem unerwarteten Zeitpunkt passieren. Aber genau dann werden wir die Chance haben zuzuschlagen … Wir werden versuchen, über große Gelegenheiten nachzudenken. Vielleicht finden wir sie nicht. Aber je größer etwas ist, desto interessanter ist es für uns.«

ERSTE FRAGE ZU EINER INVESTITION

1995 Aktionärsversammlung (02:21:45)

WB: »Die erste Frage lautet: ›Verstehe ich das?‹ Wenn ich nicht davon ausgehe, dass ich ein Geschäft verstehen kann, macht es keinen Sinn, mich damit zu beschäftigen. Ich mache mir keine Illusionen, dass ich je ein Softwareunternehmen oder ein Biotech-Unternehmen verstehen werde. Was weiß ich schon darüber? Das ist also die erste Frage. Die zweite Frage lautet: ›Sieht es nach einer guten wirtschaftlichen Perspektive aus?‹ Hat das Unternehmen bisher hohe Kapitalrenditen erzielt? Halte ich es für wahrscheinlich, dass dies auch künftig geschieht? Das ist mein Ausgangspunkt.«

CM: »Wir urteilen üblicherweise auf Grundlage der Vergangenheit; wenn ein Unternehmen in der Vergangenheit schlecht gelaufen ist, aber eine vielversprechende Zukunft hat, werden wir diese Gelegenheit in der Regel verpassen.«

BEN GRAHAM UND PHIL FISHER

1995 Aktionärsversammlung (02:44:01)

WB: »Ich weiß nicht, wo ich mich prozentmäßig zwischen Ben Graham und Phil Fisher einordnen würde … Als ich etwa 1960 seine beiden Bücher zum ersten Mal las, war ich sehr von Phil Fisher beeinflusst. Ich halte Phil für einen tollen Menschen. Aber ich würde mich eher zu 100 Prozent zu Ben Graham und zu 100 Prozent zu Phil Fisher zählen. Sie sind nicht wirklich vollkommen gegensätzlich, sie haben nur völlig andere Schwerpunkte.«

»Ben hätte der Aussage nicht widersprochen, dass ein Unternehmen mit einer hohen Kapitalrendite, das immer mehr Kapital einsetzen kann, das beste Unternehmen der Welt ist. Er verdiente den größten Teil seines Geldes mit GEICO, einem Unternehmen, das genau diesen Anspruch erfüllt. Er erkannte das, aber er war der Meinung, dass das andere System, bei dem man statistisch gesehen sehr günstige Aktien verschiedener Unternehmen in großer Stückzahl kauft, einfacher anzuwenden und besser zu vermitteln sei. Er hätte Fishers Ansatz für weniger lehrreich gehalten als seinen eigenen, aber sein Ansatz hatte einen geringeren Wert, da er mit wirklich großen Geldsummen nicht umsetzbar war. Graham-Newman Corp hatte ein Nettovermögen von 6 Millionen Dollar, und Newman und Graham, die damit verbundene Beteiligungsgesellschaft, hatte 6 Millionen, was insgesamt einen Spielraum von 12 Millionen Dollar ausmachte. Man könnte sicherlich herumgehen und irgendwelche Aktien von Werkzeugmaschinenherstellern kaufen, die alle statistisch gesehen billig sind. Das war ein sehr guter Schachzug dieser Gruppe.«

»Wenn man ein mieses Unternehmen besitzt, muss man es irgendwann verkaufen. Wenn man eine Gruppe mieser Unternehmen besitzt, kann man nur hoffen, dass einige davon übernommen werden oder dass was anderes passiert. Man braucht einen Wechsel. Wenn man ein tolles Unternehmen besitzt, hat man im Grunde kein Interesse an einem Wechsel.«

CM: »Was ich an den Unternehmen von Phil Fisher interessant fand, war die Tatsache, dass sehr viele von ihnen nicht als tolle Unternehmen Bestand hatten. Dazu gehörte die Title Insurance and Trust Company, die im Bundesstaat Kalifornien führend war. Das Unternehmen verfügte über den größten Policen-Bestand, der von Hand gepflegt wurde, und war finanziell sehr solide, integer und so weiter. Es dominierte einfach in einem lukrativen Bereich. Dann kam der Computer, und damit konnte man für ein paar Millionen Dollar einen großen Policen-Bestand ohne eine Armee von Angestellten aufbauen und pflegen. Bald gab es zwanzig verschiedene Versicherungsgesellschaften dieser Art[6]. Sie gingen zu großen Kreditgebern und Immobilienmaklern, zahlten ihnen nach damaligen Maßstäben unverschämte Provisionen und zwackten riesige Geschäftsvolumina ab. Mit der Zeit sank der Gesamtgewinn all dieser Versicherungsgesellschaften in Kalifornien unter null, angefangen bei der Title Insurance and Trust Company, die zuvor eine Quasi-Monopolstellung innehatte. Es gibt also nur sehr wenige Unternehmen, die so sicher sind, dass man einfach für weitere zwanzig Jahre unterstellen kann, dass das Geschäft so gut bleibt. Technologie ist manchmal dein Freund, manchmal aber auch dein bitterster Feind. Wäre die Title Insurance and Trust Company klug gewesen, hätte sie den Computer, den sie als Kostenreduzierer betrachtete, als einen der schlimmsten Flüche angesehen, die jemals über die Menschheit gekommen sind.«

WB: »In gewisser Weise erfordert es wahrscheinlich mehr Geschäftserfahrung und Einblicke, Fishers Ansatz zu verfolgen als den von Graham. Das einzige Problem besteht darin, dass man mit Bens Ansatz möglicherweise lange Zeit von jeglichen Aktivitäten ausgeschlossen ist und es sehr schwierig sein kann, ihn mit viel Geld umzusetzen. Aber wenn man beispielsweise seinen Working-Capital-Test strikt auf Wertpapiere anwendet, funktioniert er. Er funktioniert nur womöglich nicht in sehr großem Maßstab, und es kann Zeiten geben, in denen man nicht viel tut.«

»Ben war wirklich eher Lehrer. Er hatte keinen Ehrgeiz, viel Geld zu verdienen. Das interessierte ihn nicht. Er wollte etwas, das er als Grundpfeiler seiner Philosophie und seines Ansatzes vermitteln konnte. Man konnte seine Bücher hier in Omaha lesen und sie anwenden – indem man Aktien kaufte, die statistisch gesehen günstig waren –, ohne besondere Kenntnisse vom Geschäftsleben oder Verbraucherverhalten oder von irgendetwas in dieser Art zu haben. Ich glaube nicht, dass diese Aussage falsch ist, aber ich glaube auch nicht, dass man diesen Ansatz mit viel Geld verfolgen kann.«

6 Anmerkung der Redaktion: Title Insurers springen in Ländern ohne Grundbuch ein, wenn nach einem Grundstücks- bzw. Immobilienkauf Streit über die wahren Eigentumsverhältnisse entstehen, etwa weil vergangene Verkäufe und Belastungen nicht korrekt dokumentiert wurden.

DIE ROLLE DER MATHEMATIK BEIM INVESTIEREN

1995 Aktionärsversammlung (03:51:29)

WB: »Fortgeschrittene Mathematik ist beim Investitionsprozess nutzlos. Ein Verständnis mathematischer Zusammenhänge, die Fähigkeit zu quantifizieren – also Rechenkompetenz – ist im Allgemeinen hilfreich bei Investitionen; etwas, das einem sagt, wann etwas Sinn ergibt oder nicht, oder wie ein Bestandteil an einer Stelle mit einem weiteren anderswo zusammenhängt. Aber dafür braucht man keine großen mathematischen Fähigkeiten. Man braucht vielmehr eine Art mathematisches Bewusstsein und muss rechnen können … Wenn Charlie und ich Infos über ein Unternehmen lesen, vergleichen wir das immer mit Dutzenden anderen Unternehmen – das geschieht ganz automatisch –, aber das ist auch nicht anders als einen Talentscout beim Baseball, der einen Baseballspieler mit einem anderen vergleicht. Man hat nur eine bestimmte Anzahl von Spielern im Kader, einer ist vielleicht etwas schneller, der andere hat die etwas besseren Schläge oder sowas. Und man ist ständig dabei, Prioritäten zu setzen und eine Auswahl zu treffen. Meiner Meinung nach lässt sich das am besten umsetzen, indem man einfach alles liest, was einem unter die Augen kommt. Wenn man jedes Jahr ein paar Hundert Geschäftsberichte liest und Graham, Fisher und ein paar andere Autoren kennt, merkt man schnell, ob etwas sinnvoll erscheint oder nicht.«

HISTORISCHE FINANZDATEN

1995 Aktionärsversammlung (03:54:41)

CM: »Ich halte die Zahlen von *Value Line*[7] für die wohl beste Schnellübersicht, um ein Unternehmen mit einem anderen zu vergleichen. Diese Zahlen auf dem Papier mit logarithmischen Skalen, die fünfzehn Jahre zurückreichen, sind die beste Momentaufnahme vieler großer Unternehmen, die es gibt. Ich kann mir nicht vorstellen, dass jemand im Investmentgeschäft mit Aktien tätig ist, ohne dieses Zahlenwerk in seinem Regal stehen zu haben.«

WB: »Und wenn man im Kopf hat, wie das alles in verschiedenen Unternehmen und Branchen aussieht, hat man einen Hintergrund, der als Vergleichsmaßstab taugt. Wenn man noch nie ein Baseballspiel gesehen und noch nie eine Statistik dazu gelesen hat, weiß man nicht, ob ein Spieler mit einem Schlagdurchschnitt von 0.300 ein guter Schlagmann ist. Man muss eine Art Mosaik im Kopf haben, das als Grundlage dient. Und wenn man sich die Zahlen von *Value Line* ansieht, bekommt man einen ziemlich guten Überblick darüber, was im Laufe der Zeit in der amerikanischen Wirtschaft passiert ist.«

---

7 Anmerkung der Redaktion: Value Line ist eine Publikation in den USA, in der die wichtigsten fundamentalen Kennzahlen großer Aktiengesellschaften übersichtlich auf je einer Seite zusammengestellt sind.

CM: »Ich hätte gern das Material, das bis zum Anfang zurückreicht; aber die Redaktion hat es auf die letzten fünfzehn Jahre reduziert. Ich wünschte, ich hätte das im Büro, aber ich habe es nicht.«

WB: »Ich habe die alten Artikel aufbewahrt. Wir gehen ganz gern zurück und sehen uns vergangene Zahlen an. Wenn ich Coca-Cola kaufe, schaue ich mir die *Fortune*-Artikel aus den 1930er-Jahren dazu an. Ich weiß gern viel über den historischen Hintergrund von Unternehmen, um zu verstehen, wie sich das Geschäft im Laufe der Zeit entwickelt hat, was beständig geblieben ist und was nicht – all das. Ich mache das wahrscheinlich eher zum Spaß, als um tatsächlich Entscheidungen zu treffen. »Wir versuchen, Unternehmen zu kaufen, die wir für immer halten wollen, und wenn man so denkt, kann man genauso gut zurückschauen und sich ansehen, was es bedeutet hätte, sie für immer zu besitzen.«

BEWERTUNG VON WETTBEWERBSVORTEILEN

1995 Aktionärsversammlung (04:03:48)

WB: »Die Wachstumsaussichten eines Marktes spielen für uns insgesamt keine große Rolle. Es geht vielmehr darum, herauszufinden, wer in welchem Spiel gewinnen und wer verlieren wird.«

OPPORTUNITÄTSKOSTEN

1995 Aktionärsversammlung (04:18:03)

WB: »Wir haben im vergangenen Jahr mehr Coca-Cola-Aktien gekauft, und das ist kein schlechter Maßstab für andere Investments. Ich habe derzeit keine Pläne, weitere Käufe zu tätigen, aber ich würde das nicht ausschließen, denn wenn ich mir ein anderes Unternehmen anschaue, würde ich sagen: ›Warum sollte ich lieber die Aktien kaufen als weitere von Coca-Cola?‹«

CM: »Für einen normalen Menschen ist das Beste, was er zur Verfügung hat, seine schon bestehende Messlatte. Wenn ein potenzielles neues Investment nicht besser ist als das, was er bereits kennt, ist es noch nicht reif für einen Kauf. Auf diese Weise lassen sich 99 Prozent dessen, was man sieht, aussortieren, und das spart enorm viel Denkarbeit. Das wird an den Wirtschaftsfakultäten der Unis im Großen und Ganzen nicht gelehrt.«

WB: »Deshalb finden wir es etwas bescheuert, wenn große Institutionen beschließen, nur weil alle anderen es tun, 4 Prozent ihres Geldes in internationale Aktien oder 3 Prozent in Schwellenländer zu investieren. Der einzige Grund, das Geld dort einzusetzen, wäre, diese Möglichkeit mit der bisherigen Investition zu vergleichen. Und wenn sie dann zu dem Schluss kommen, dass es eine wahnsinnig gute Idee ist, 97 Prozent zu belassen, wo es ist, aber 3 Prozent anderweitig zu investieren, dann ergibt das einfach keinen Sinn. Aber darüber wird in Ausschüssen diskutiert, und das ist es, was Vermögensverwalter dazu bringt, an Konferenzen teilzunehmen und sich anderweitig zu engagieren.«

CM: »Sie wenden bewusst eine Methode an, die ihnen ihr bestes mentales Werkzeug nimmt. Man kann das für bescheuert halten, und damit hätte man auch Recht. Nietzsche hat das sehr treffend formuliert, als er sagte, er lache über den Mann, der glaubt, er könne besser laufen, weil er ein lahmes Bein hat. Sie drücken buchstäblich fest die Augen zu und bringen dann unseren Kindern in den Wirtschaftsfakultäten der Unis bei, wie man das macht. Ausgesprochen interessant, finden Sie nicht auch? Warren sagt nur, dass man bei der Entscheidung für ein Investment diese Entscheidung mit der besten Position im Portfolio vergleichen soll, die man bereits hat. Wenn diese besser ist und man sie nicht nutzt, warum sollte man dann anderweitig investieren, nur weil jemand sagt, man müsse 2 Prozent in internationale Aktien investieren?«

2003 Aktionärsversammlung (05:04:30)

WB: »Wir wollen keine Aktien kaufen, bei denen unsere reale Erwartung [erwartete Rendite] unter 10 Prozent liegt. Das gilt unabhängig davon, ob die kurzfristigen Zinsen bei 6 Prozent oder bei 1 Prozent liegen. Wir sind einfach der Meinung, dass es ausgesprochen riskant wäre, unter diesen Wert zu gehen. Und wir glauben, dass wir künftig Chancen bekommen, die mindestens auf diesem Niveau liegen, womöglich sogar deutlich darüber. Es gibt einfach einen Punkt, an dem wir aussteigen. Und das ist willkürlich. Es gibt keine wissenschaftlichen Studien oder Ähnliches. Aber ich wette mit Ihnen, dass wir in vielen Jahren Aktien finden werden, die wir verstehen und die wahrscheinlich eine Rendite von 10 Prozent oder mehr haben. Sobald wir eine Gruppe von Aktien in diesem Bereich gefunden haben, kaufen wir einfach die attraktivsten. Das sind in der Regel die, bei denen wir uns am sichersten fühlen. Es gibt einige Unternehmen, die mit Blick auf ihre Zukunftsaussichten aufgrund ihrer wirtschaftlichen Merkmale weitaus besser vorhersehbar sind als andere … Im Laufe der Zeit haben wir eine Vorliebe für Unternehmen entwickelt, die wir für ausgesprochen gut vorhersehbar halten. Wir streben nach wie vor eine Mindestrendite von 10 Prozent an, was nach Steuern ohnehin nicht besonders viel ist.«

CM: »Letztendlich läuft vermutlich alles, was wir tun, auf Opportunitätskosten hinaus. Aber wir stellen auch in einem erheblichen Ausmaß Spekulationen über unsere zukünftigen Opportunitätskosten an. Warren sagt im Grunde genommen, dass er davon ausgeht, dass sich ihm zu gegebener Zeit Gelegenheiten bieten werden, Geld zu recht attraktiven Renditen anzulegen, und dass er daher jetzt nicht viel Kapital für Investments mit niedrigeren Renditen verschwenden will. Aber das ist eine Opportunitätskostenrechnung. Und wenn sich die Zinsen mehr oder weniger dauerhaft bei 1 Prozent oder so einpendeln würden und Warren seine Vorstellungen von den zukünftigen Opportunitätskosten neu bewerten würde, würde er die Zahlen ändern. Es ist, wie [der Ökonom John Maynard] Keynes sagte: ›Wenn sich die Fakten ändern, ändere ich meine Meinung. Was machen Sie, Sir?‹ Aber zumindest bisher hindert uns implizit auch der Gedanke an zukünftige Opportunitätskosten daran, vorschnell ein Investment einzugehen.«

WB: »Derzeit erzielen wir mit 16 Milliarden Dollar 1,25 Prozent vor Steuern, das sind 200 Millionen Dollar pro Jahr. Wir könnten problemlos Staatsanleihen mit einer Laufzeit von zwanzig Jahren kaufen und 5 Prozent oder 800 Millionen Dollar pro Jahr an Vorsteuererträgen erzielen. Wir treffen, wie Charlie sagt, die Entscheidung dass es besser ist, vorübergehend mit 200 Millionen Dollar vorliebzunehmen in der Hoffnung, dass wir etwas finden, was uns 10 Prozent oder mehr einbringt, als uns auf 800 Millionen pro Jahr festzulegen und dann in etwa einem Jahr, wenn sich bessere Gelegenheiten ergeben, festzustellen, dass unser Investment mit einem großen Kapitalverlust verbunden ist. Aber dieses Vorgehen ist nicht besonders wissenschaftlich. Ich kann Ihnen nur sagen, dass es in der Praxis ziemlich gut zu funktionieren scheint … Wir gehen Versicherungsgeschäfte mit enormen Schwankungen ein, was bedeuten kann, dass in sehr kurzer Zeit ein großer Teil des Geldes verloren sein kann. Und wir werden nicht viel von der erwarteten Rendite zugunsten einer größeren Stabilität aufgeben. Wenn wir die Wahl hätten zwischen wöchentlichen Zahlungen und Zahlungen aus dem gleichen Barwert, die in sehr unregelmäßigen Abständen eingehen, über deren nähere Umstände wir nichts wissen, würden wir uns zwar für die regelmäßigen Zahlungen entscheiden. Wenn wir aber die Wahl hätten zwischen einem höheren Barwert als Ausgleich für die fehlende Regelmäßigkeit, würden wir die fehlende Regelmäßigkeit in Kauf nehmen … Andere Menschen legen so viel Wert auf Regelmäßigkeit, dass wir einen Aufschlag für unregelmäßige Gewinne erhalten.«

CM: »Sobald man über Opportunitätskosten spricht, die persönlich sind, von der eigenen Situation und den eigenen Fähigkeiten abhängen, hat man sich völlig von der modernen Finanzwelt entfernt. Und genau das haben wir getan. Wir treffen unsere Einschätzungen auf intelligente Weise, so gut wir können, basierend auf unseren eigenen Rahmenbedingungen und Fähigkeiten. Ich halte es für verrückt, dies auf der Grundlage von Rahmenbedingungen und Fähigkeiten zu tun, die für andere gelten.«

LESEN VON JAHRESBERICHTEN

1996 Aktionärsversammlung (02:19:16)

WB: »Ich möchte so viel wie möglich über die Person wissen, die ein Unternehmen leitet; wie sie über das Unternehmen denkt und was in dem Unternehmen vor sich geht. Mit anderen Worten: Wenn ich die Hälfte eines Unternehmens besitzen würde, aber ein Jahr lang weg wäre und wenn ich zugleich einen Partner hätte, der die andere Hälfte besitzt, würde ich mich bei meiner Rückkehr über einen Bericht freuen, der mich darüber informiert, was im letzten Jahr passiert ist, was er für die Zukunft erwartet und so weiter. Das ist meiner Meinung nach der Zweck eines Berichts. Ein solcher Bericht hat einen bestimmten Zweck. Wenn es sich um ein Verkaufsdokument handelt, interessiert mich das weniger.«

»Ich möchte generell verstehen, was in allen möglichen Geschäftsfeldern vor sich geht. Wenn wir Aktien eines Unternehmens besitzen und es acht weitere Unternehmen in derselben Branche gibt, möchte ich auf der Empfängerliste für die Berichte der anderen acht Unternehmen stehen, denn ich kann den Erfolg meines Unternehmens nur verstehen, wenn ich weiß, wie die anderen acht abschneiden. Ich möchte einen Überblick über Marktanteile, Margen, Margenentwicklung und alle möglichen anderen Dinge haben. Ich kann nicht zum intelligenten Eigentümer eines Unternehmens werden, wenn ich nicht weiß, was alle anderen Unternehmen in derselben Branche tun. Deshalb versuche ich, die betreffenden Informationen aus einem Bericht zu gewinnen.«

»Wenn ich über eine Investition in ein bestimmtes Unternehmen nachdenke, versuche ich, dessen Geschäft und die Menschen, die es leiten, einzuschätzen. Im Laufe der Jahre habe ich festgestellt, dass es für meine Geschäftsentscheidungen bei Berkshire sehr nützlich ist, diese Berichte zu lesen. Wenn uns ein Unternehmen vollständig gehört, möchte ich auch Anteile an all seinen Wettbewerbern halten, nur um einen Überblick zu erhalten, was da vor sich geht. Ich möchte in der Lage sein, die Leistung unserer Vorstände klug zu bewerten, und das kann ich nur, wenn ich den Hintergrund der Branche kenne, in denen sie arbeiten. Es ist erstaunlich, wie gut man mit sogenannten externen Informationen investieren kann ... Man muss nicht alle Informationen verstehen, sondern nur diejenigen, die für die eigene Entscheidung relevant sind. Das kann man selbst tun, zumal niemand es für einen übernehmen wird. Meiner Meinung nach kann man aus Wall-Street-Berichten nichts lernen. Man muss sich selbst mit den Unternehmen auseinandersetzen und sich ein Bild davon machen. Ich glaube nicht, dass wir in vierzig Jahren jemals eine Investmentidee auf der Grundlage eines Wall-Street-Berichts entwickelt haben. Aber uns sind bei der Lektüre von Jahresberichten viele Ideen gekommen.«

CM: »Es dauert meiner Meinung nach ziemlich lange, einen Jahresbericht zu lesen, selbst wenn er von einem vergleichsweise einfachen Unternehmen stammt, denn wenn man wirklich versucht, den Bericht zu verstehen, ist das gar nicht so leicht.«

WB: »Im Durchschnitt brauchen wir für einen Bericht über ein Unternehmen, das uns wirklich interessiert, selbst wenn wir wissen, was wir überspringen und was wir lesen müssen, 45 Minuten bis eine Stunde. Und wenn es sechs oder acht Unternehmen in der Branche gibt, sind das vielleicht sechs oder acht Stunden, dazu kommen noch die Quartalsberichte und viele andere Dinge. Man lernt etwas über Unternehmen, indem man Informationen darüber aufnimmt, nachdenkt, entscheidet, was wichtig ist und was nicht, und Zusammenhänge herstellt. Das ist die Aufgabe. Und das erreicht man nicht, indem man sich eine Reihe kleiner Zahlen in einer Tabelle ansieht, die auf und ab tanzen, oder Marktkommentare und Zeitschriften liest oder Ähnliches. Das reicht einfach nicht. Man muss die Unternehmen verstehen. Das ist der Anfang und das Ende.«

TOLLE UNTERNEHMEN BESITZEN

1996 Aktionärsversammlung (03:21:17)

WB: »Ein tolles Unternehmen ist eines, das auch in dreißig Jahren noch toll ist. Wenn es nur drei Jahre lang ein tolles Unternehmen ist, dann ist es kein tolles Unternehmen. Da hilft die Vorstellung, dass man bei einem solchen Unternehmen kein schlechtes Gewissen zu haben bräuchte, zwanzig Jahre lang auf Reisen zu gehen ohne die Möglichkeit, bei seinem Broker Verkaufsorders aufzugeben oder jemandem eine juristische Vollmacht oder sowas dazu zu erteilen; denn wenn man zurückkäme, wüsste man, es wäre ein unglaublich starkes Unternehmen. Ich denke, es ist besser, solche Firmen einfach zu besitzen. Wir könnten versuchen, einige Unternehmen, die wir besitzen und für gut halten, zu kaufen und zu verkaufen, aber das ist zu schwierig. 1972 haben wir See's Candies gefunden; hie und da ergibt sich die Gelegenheit, zu investieren. Aber solche Gelegenheiten sind zu schwer zu finden.«

»Dazusitzen und zu hoffen, dass man sie in einer Panikphase kaufen kann, ist fast wie die Haltung eines Leichenbestatters, der auf eine Grippewelle wartet. Ich bin mir nicht sicher, ob das eine gute Strategie ist … Das Wichtigste ist, hervorragende Unternehmen zu finden … Phil [Carret] hat es sehr gut gemacht, indem er Unternehmen gefunden hat, die ihm gefallen, daran festgehalten hat und sich nicht zu sehr darum gekümmert hat, was sie Tag für Tag tun … Angenommen, es gäbe keine Börse und der Eigentümer des besten Unternehmens in Ihrer Heimatstadt käme zu Ihnen und würde sagen: ›Mein Bruder ist gestorben und ihm gehörten 20 Prozent des Unternehmens. Ich möchte, dass jemand einsteigt und diese 20 Prozent kauft. Der Preis sieht vielleicht etwas hoch aus, aber ich glaube, so viel kann ich dafür bekommen. Wollen Sie mitmachen?‹ Wenn Ihnen das Unternehmen gefällt, Sie den Menschen mögen, der zu Ihnen kommt, der Preis angemessen erscheint und Sie das Unternehmen wirklich kennen, dann sollten Sie meiner Meinung nach zuschlagen und sich nicht zu sehr darum kümmern, wo der Kurs steht. Der Kurs wird morgen, nächste Woche oder nächsten Monat nicht mehr gleich sein. Die Menschen würden cleverer investieren, wenn Aktien etwa einmal im Jahr bewertet würden … Wir haben 1964 gut abgeschnitten, weil American Express an einen Betrüger geraten ist. Wir haben 1976 gut abgeschnitten, weil die Manager und Wirtschaftsprüfer von GEICO nicht wussten, wie hoch ihre Verlustrückstellungen in den letzten Jahren hätten sein müssen. Wir hatten also unseren Anteil an Grippeepidemien, aber man will ja nicht sein Leben damit verbringen, darauf zu warten.«

GESCHÄFTSRISIKO, INVESTITIONSRISIKO UND MR. MARKET

1997 Aktionärsversammlung (00:37:16)

WB: »Wir denken zuerst an das Geschäftsrisiko. Der Schlüssel zu Ben Grahams Anlageansatz besteht darin, Aktien nicht als Teil eines Aktienmarktes zu betrachten, sondern als Teil eines Unternehmens. Die Menschen in diesem Raum besitzen einen Teil eines Unternehmens. Wenn das Unternehmen gut läuft, schneiden sie gut ab, solange sie nicht zu viel bezahlen, um sich an diesem Unternehmen zu beteiligen. Wir denken also über das Geschäftsrisiko nach. Geschäftsrisiken können auf verschiedene Weisen entstehen. Sie können aus einer Kapitalstruktur resultieren, bei der jemand einem Unternehmen eine Menge Schulden aufbürdet, sodass die Kreditgeber bei Schwierigkeiten im Geschäft die Zwangsvollstreckung beantragen können. Sie können auch aus der Natur des Geschäfts resultieren; bestimmte Unternehmen sind einfach sehr risikoreich.«

»Als es noch mehr Hersteller von Verkehrsflugzeugen gab, hielten Charlie und ich den Bau eines großen Verkehrsflugzeugs für eine Art Risiko, bei dem man die gesamte Firma aufs Spiel setzt, weil man Hunderte und Aberhunderte Millionen Dollar in das Projekt stecken muss, bevor man überhaupt Kunden hat. Wenn es ein Problem mit dem Flugzeug gibt, kann das Unternehmen pleitegehen. Es gibt bestimmte Unternehmen, die aufgrund langer Vorlaufzeiten und hoher Kapitalinvestitionen von Natur aus ein hohes Risiko bergen. Rohstoffgeschäfte sind riskant, es sei denn, man ist der kostengünstigste Produzent, denn dann kann man die Konkurrenz aus dem Geschäft drängen. Unser Textilgeschäft war kein Niedrigpreisproduzent; wir hatten ein gutes Management, alle arbeiteten hart, wir hatten entgegenkommende Gewerkschaften, alles Mögliche, aber wir waren kein Niedrigpreisproduzent, also war es ein riskantes Geschäft. Derjenige, der billiger verkaufen konnte als wir, machte es für uns riskant. Ein Geschäft kann also in vielerlei Hinsicht riskant sein.«

»Wir investieren eher in Unternehmen, die von Natur aus ein geringes Risiko aufweisen und so kapitalisiert sind, dass das geringe Risiko des Unternehmens in ein geringes Risiko für die Investition umgewandelt wird. Das Risiko darüber hinaus besteht darin, zu viel dafür zu bezahlen; das ist in der Regel eher ein Zeit- als ein Kapitalverlustrisiko, es sei denn, man begibt sich in eine wirklich außergewöhnliche Situation. Dann wird das Risiko zu Ihrem eigenen Risiko, es geht nämlich um die Frage, ob Sie weiter an die tatsächlichen Fundamentaldaten des Unternehmens glauben und sich nicht zu sehr um den Aktienmarkt kümmern. Der Aktienmarkt ist dazu da, Ihnen zu dienen, nicht Ihnen Anweisungen zu geben. Das ist der Schlüssel zum Besitz eines guten Unternehmens und zur Beseitigung des Risikos, das sonst auf dem Markt bestehen würde. Für uns macht es keinen Unterschied, ob die Volatilität des Marktes pro Tag durchschnittlich 0,5 Prozent oder 5 Prozent beträgt. Tatsächlich würden wir viel mehr Geld verdienen, wenn die Volatilität höher wäre, da dies zu mehr Fehlern am Markt führen würde; Volatilität ist für den echten Investor ein großer Vorteil.«

»Ben Graham verwendete das Beispiel von ›Mr. Market‹. Ben sagte: ›Wenn Sie eine Aktie kaufen, stellen Sie sich vor, Sie hätten sich in ein Unternehmen eingekauft, in dem Sie einen zuvorkommenden Partner haben, der jeden Tag vorbeikommt und Ihnen einen Preis nennt, zu dem Sie entweder kaufen oder verkaufen können. Und der Preis ist identisch.‹ Niemand bekommt das sonst je für ein Privatunternehmen, ein tägliches Kauf-/Verkaufsangebot von der anderen Seite, aber an der Börse ist das der Fall. Das ist ein riesiger Vorteil – und ein noch größerer Vorteil, wenn Ihr Partner ein alkoholabhängiger, manisch-depressiver Mensch ist. Je bekloppter er ist, desto mehr Geld verdienen Sie. Als Investor finden Sie Volatilität also klasse. Das gilt zwar nicht, wenn Sie auf Pump handeln, um ihre Gewinne zu hebeln, aber das machen Sie als Investor sowieso nicht. Als Investor finden Sie das wilde Hin und Her toll, weil es bedeutet, dass mehr Aktien falsch bewertet werden … Vor vielen Jahren war die Volatilität viel höher als heute. Da ging es richtig wild hin und her, und das bot Ihnen mehr Chancen.«

CM: »An den Finanzwissenschaftlichen Fakultäten der Universitäten entstand damals der Begriff der risikobereinigten Rendite. Mein Rat an Sie alle lautet, diesen Begriff komplett zu ignorieren. Risiko hatte bis dahin eine treffende umgangssprachliche Bedeutung, nämlich als erhebliche Wahrscheinlichkeit, dass etwas schiefgeht. Die Finanzprofessoren haben Volatilität mit einer Menge unsinniger Mathematik verwechselt. Für mich ist das weniger rational als das, was wir tun, und ich glaube nicht, dass wir unser Risikoverständnis ändern werden.«

WB: »Im Fachbereich Finanzen wird gelehrt, dass Volatilität gleichbedeutend mit Risiko sei. Da will jemand Risiken messen und kennt keine andere Methode. Deshalb wird behauptet, dass Volatilität ein Maß für Risiken ist. Ich habe oft das Beispiel der *Washington Post* angeführt: Als wir sie 1973 kauften, war ihr Wert um fast 50 Prozent gefallen; die Bewertung des gesamten Unternehmens ging von 175 Millionen runter auf 80 oder 90 Millionen Dollar. Und weil dies sehr schnell geschah, stieg das Beta der Aktie. Ein Professor hätte Ihnen gesagt, dass das Unternehmen ein höheres Risiko mit sich bringt, wenn Sie es für 80 Millionen gekauft haben, als wenn Sie es für 170 Millionen gekauft hätten. Seit mir das vor 25 Jahren gesagt wurde, denke ich darüber nach, aber verstanden habe ich es immer noch nicht.«

AKTIVES MANAGEMENT UND PROFESSIONELLE ANLEGER

1997 Aktionärsversammlung (01:21:40)

WB: »Vermögensverwalter haben insgesamt schlechter abgeschnitten als Indexfonds. Das liegt in der Natur der Sache. Sie können insgesamt nun mal keine Outperformance erzielen. Es gibt zu viele davon, die einen zu großen Teil der Anlegergelder verwalten. Aus dem gleichen Grund kann die Masse nicht hierher nach Ak-Sar-Ben [Rennbahn] kommen und insgesamt unterm Strich Geld verdienen, weil von jedem Dollar, der in die Totalisatormaschinen[8] eingeworfen wird, ein Teil abgezogen wird. Menschen, die ihr Geld über Vermögensverwalter anlegen, können insgesamt nicht so gut abschneiden, wie sie es selbst mit einem Indexfonds könnten. Man sagt, man bekommt nichts umsonst. Aber in Wahrheit haben Vermögensverwalter alle zusammen etwas umsonst bekommen; sie haben sogar viel umsonst bekommen. Und die Folge davon ist, dass Anleger für nichts bezahlt haben. Das bedeutet nicht, dass die Vermögensverwalter böse wären oder Scharlatane oder so etwas. Das liegt in der Natur der Sache: Wenn Sie einen Sieben-Billionen-Dollar-Aktienmarkt haben und ein sehr großer Prozentsatz davon von Profis verwaltet wird, die Ihnen für Ihre Investitionen hohe Gebühren abknöpfen und bei Umschichtungen Kosten produzieren, können diese insgesamt nicht so gut abschneiden wie bei selbst angelegtem Geld.«

»Das ist der einzige Bereich auf der Welt, bei dem ich mir vorstellen kann, dass ein Amateur, solange er sich als Amateur versteht, besser abschneidet als die Profis … Charlie und ich würden gern jede beliebige Vermögensverwaltung der Welt nehmen, die 10 Milliarden oder mehr verwaltet, und darauf wetten, dass ihr gesamtes Anlageergebnis in den nächsten fünf oder zehn Jahren für die von ihnen betreuten Kunden schlechter ausfällt, als die eines Indexfonds ohne Ausgabeaufschlag. Wir würden viel Geld bei dieser Wette setzen, gegen jeden, der sich traut, sich zu melden …«

CM: »Da stimme ich voll und ganz zu. Ich sage immer, dass genau ein Fünftel im Bereich der unteren 20 Prozent liegen muss. Hier wirken bestimmte grundlegende Kräfte … Wir kennen durchaus Vermögensverwalter, die einen Mehrwert schaffen. Aber das kommt vergleichsweise selten vor und ist ein kleiner Prozentsatz.«

WB: »Wir haben in der Vergangenheit … vorausblickend und nicht im Rückblick, Vermögensverwalter ausfindig gemacht, die einen Mehrwert geschaffen haben. Das ist möglich. Aber man kann das nicht mit unbegrenzten Geldmitteln schaffen, und eine gute Erfolgsbilanz zieht tendenziell Geld an. Selbst eine mittelmäßige Erfolgsbilanz, die von einem guten Verkäufer präsentiert wird, zieht tendenzi-

---

8 Anmerkung der Übersetzerin: Das sind Maschinen, die Wetten auf Pferderennen oder andere Wettveranstaltungen entgegennehmen und die Gewinnhöhen bei Totalisatorwetten berechnen.

ell Geld an. Es gibt Leute, die mit kleineren Geldbeträgen arbeiten und bei denen die Wahrscheinlichkeit größer ist, dass sie überdurchschnittlich gut abschneiden – aber sie sind sehr selten.«

2006 Aktionärsversammlung (02:24:08)

WB: »Es ist insofern ein interessantes Geschäft, als sich die Tätigkeiten der Fachleute gegenseitig neutralisieren. Wenn Ihre Frau ein Kind bekommt, rufen Sie wahrscheinlich lieber einen Geburtshelfer, als es selbst zu versuchen. Und wenn Ihre Rohre verstopft sind, rufen Sie wahrscheinlich lieber einen Klempner. Die meisten Berufe bieten einen Mehrwert gegenüber dem, was Laien selbst leisten können. Insgesamt ist das in der Investmentbranche aber nicht der Fall. Es gibt eine riesige Gruppe von Menschen, die viel Geld verdienen – ich schätze 140 Milliarden Dollar pro Jahr –, und insgesamt nur das leisten, was jemand in zehn Minuten pro Jahr selbst erledigen könnte. Und es fällt mir schwer, mir ein anderes Geschäft vorzustellen, bei dem das so ist, Charlie.«

CM: »Mir fällt keines ein.«

WB: »Aber es ist zu einem immer größeren Geschäft geworden. Die wichtigste Erkenntnis ist, dass man umso mehr Geld einnimmt, je mehr man verlangt, zumindest vorübergehend. Die Leute glauben, der Preis entspräche dem Wert. Mit einem solchen Geschäft kann man viel Geld verdienen. Wenn ich an der Wirtschaftsfakultät einer Uni spreche, bitte ich die Teilnehmer manchmal, mir ein tolles Geschäftsmodell zu nennen – und natürlich ist die Wirtschaftsfakultät einer Privatuniversität eines der tollsten Geschäftsmodelle, denn im Grunde gilt: Je mehr man verlangt, desto mehr Prestige hat man. In gewisser Weise ist das so. Die Leute denken, dass eine Wirtschaftsuni, die eine Jahresgebühr von 50.000 Dollar verlangt, besser sein muss als eine, die nur 10.000 Dollar pro Jahr kostet. Das hat sich in letzter Zeit quasi auch im Investmentbereich verbreitet, und mittlerweile gibt es große Teile im Bereich Vermögensverwaltung, die Gebühren verlangen, die sich für Anleger insgesamt niemals rentieren können …«

»Dann stellt sich die Frage: ›Wie finde ich die wenigen Ausnahmen, die es gibt?‹ Jeder, der Ihnen etwas verkaufen will, wird Ihnen sagen, dass er die besagte Ausnahme ist. Ich bin bereit, eine beträchtliche Summe Geld zu wetten – wir legen sie auf den Tisch –, gegen jeden, der zehn Beteiligungsgesellschaften mit einem verwalteten Vermögen von 500 Millionen Dollar oder mehr nennen kann, die nach Abzug der Gebühren über einen Zeitraum von zehn Jahren einem Vergleich mit dem S&P 500 standhalten … Das wird nicht passieren … Wer genug über die Person weiß, wie sie in der Vergangenheit gearbeitet hat, über ihre Persönlichkeit, Ehrlichkeit und eine ganze Reihe anderer Dinge, der kann meiner Meinung nach mitunter bei der Auswahl eines Vermögensverwalters eine sehr kluge Entscheidung treffen. Aber ich glaube nicht, dass man das kann, wenn man einen Pensionsfonds in einem Bundesstaat verwaltet und von fünfzig potenziellen Kandidaten für den Job angerufen wird. Man entscheidet sich dann für die besten Verkäufer, nicht für die besten Investoren.«

CM: »Zu diesem Thema bin ich der Meinung, dass es strafbar sein sollte, wenn man in jeder erdenklichen Weise einen Vertreter einer staatlichen Pensionskasse zum Beispiel zum Essen einlädt, und dass es strafbar sein sollte, wenn man als Vertreter der Pensionskasse solche Einladungen annimmt. Die Welt der Vermögensverwaltung ist nicht gerade schön. Und angesichts der menschlichen Natur und der Summen, um die es hier geht, glaube ich nicht, dass sich viel verbessern wird.«

DER-FÜNF-MINUTEN-TEST

1997 Aktionärsversammlung (02:03:48)

WB: »Charlie und ich kennen praktisch jedes Unternehmen in diesem Land, das für uns interessant sein könnte. Wenn man sich vierzig Jahre lang mit Unternehmen beschäftigt, ist es wie beim Baseball: Nach einer Weile kennt man alle Spieler. Außerdem greifen wir auf eine Reihe Filter zurück, die wir im Kopf ersonnen haben. Wir behaupten nicht, dass diese Filter perfekt sind oder dass diese Filter nicht gelegentlich Dinge aussortieren würden, die eigentlich durchkommen sollten. Aber sie sind effizient. Und sie funktionieren genauso gut, als hätten wir monatelang recherchiert, Experten engagiert und solche Sachen. So können wir Ihnen in fünf Minuten sagen, ob wir an einem Unternehmen interessiert sind. Wir hatten nie Anteile an FlightSafety, aber wir kennen das Unternehmen seit mindestens zwanzig Jahren, nicht wahr?«

CM: »Das stimmt. Ich hatte einen Partner, der vor zwanzig Jahren jede Menge Anteile daran gekauft hat.«

WB: »Das gilt für fast jedes Unternehmen. Wir wissen grob, was wir nicht verstehen, und ein solches Geschäft interessiert uns auch nicht weiter, obwohl wir vielleicht im Laufe der Zeit darüber noch etwas dazulernen. Daneben gibt es aber diejenigen, die wir verstehen … Mit diesem Verständnis sind wir wahrscheinlich schon so weit gekommen, wie wir kommen können. In fünf Minuten wissen wir also, dass FlightSafety etwa vierzig Schulungszentren weltweit hat. Ich habe noch nie eines davon betreten. Ich war noch nie in ihrer Zentrale. Wir haben uns nie einen Mietvertrag angesehen. Wir schauen uns nie die Eigentumsverhältnisse an. Wir machen nichts dergleichen. Bis heute hat uns dieser Verzicht auf Aktivitäten keinen Cent gekostet. Was uns Geld kostet, ist, wenn wir die grundlegenden wirtschaftlichen Merkmale des jeweiligen Unternehmens nicht richtig einschätzen. Aber das Entscheidende würden wir durch das, was man allgemein als Due Diligence bezeichnet, nicht erfahren. Wir könnten Anwälte alle möglichen Dinge prüfen lassen, aber das macht noch keinen guten oder schlechten Deal aus. Und wir machen uns nichts vor, indem wir uns mit Studien und Berichten umgeben. Die bekräftigen sowieso nur die Meinung desjenigen, der sie bezahlt, also sind sie bedeutungslos. Aber wir legen Wert darauf, die wirtschaftlichen Merkmale eines Unternehmens richtig einzuschätzen, und dafür haben wir bestimmte Filter, die uns in bestimmten Fällen sagen, dass wir genug wissen, um eine Beurteilung vornehmen zu können.«

CM: »Die Leute unterschätzen die Bedeutung von ein paar einfachen, großen Investmentideen. In dem Maße, wie Berkshire ein didaktisches Unternehmen ist, das die richtigen Denksysteme vermittelt, ist die wichtigste Lektion meiner Meinung nach, dass einige wenige große Ideen funktionieren. Unsere Filter haben ziemlich gut funktioniert, weil sie so einfach sind.«

WB: »Ich glaube, die meisten Menschen in diesem Raum könnten, wenn sie sich nur auf das konzentrieren würden, was ein gutes Geschäft ausmacht, und ein wenig darüber nachdenken würden, eine Reihe Filter entwickeln, mit denen sie in fünf Minuten ziemlich genau herausfinden würden, was sinnvoll ist und was nicht. Außerdem lässt sich zumindest in Extremfällen meist erkennen, ob man den richtigen Vorstand hat. Wenn man jemanden hat, der sein ganzes Leben lang in Sachen Geschäftsleistung einen Schlagdurchschnitt von .400 hatte – und glücklicherweise ändert das Alter daran nichts – und der seine Arbeit liebt, dann wird es funktionieren. Wenn der Verkäufer allzu sehr auf das Geld aus ist, wird man wahrscheinlich kein sehr gutes Geschäft machen. Wenn sein eigentliches Interesse darin besteht, was er mit dem Geld machen kann, verliert er möglicherweise den Gefallen an seinem Unternehmen oder das Interesse daran. Wir arbeiten gern mit Menschen zusammen, die verrückt nach ihrem Unternehmen sind. Das funktioniert sehr gut, und man erkennt das in der Regel sofort.«

SICHERHEITSMARGE

1997 Aktionärsversammlung (03:15:20)

WB: »Wenn man die Zukunft eines Unternehmens perfekt verstehen würde, bräuchte man nur eine sehr kleine Sicherheitsmarge. Je volatiler das Unternehmen ist – oder je größer die Wahrscheinlichkeit dafür ist –, desto größer sollte die Sicherheitsmarge sein. In der ersten Ausgabe von Graham und Dodd – ich glaube, es ging um J.I. Case – hieß es, der Wert läge vielleicht zwischen 30 und 110 Dollar. Wie viel nützt Ihnen dieses Wissen? Na ja, es nützt Ihnen etwas, wenn die Aktie für unter 30 Dollar oder über 110 Dollar verkauft wird. Wenn Sie in einem Lkw mit 4,9 Tonnen über eine Brücke fahren, die ein Fahrzeug mit einem Gewicht von 5 Tonnen tragen kann, und die Brücke etwa 15 Zentimeter über der Schlucht liegt, die sie überspannt, bleiben Sie vielleicht gelassen. Aber wenn Sie den Grand Canyon überqueren, möchten Sie vielleicht etwas mehr Sicherheit, auch wenn Sie mit einem Lkw von nur 2 Tonnen unterwegs sind. Alles hängt also von der Art des zugrunde liegenden Risikos ab.«

»Das Wichtigste ist, das Geschäft zu verstehen und sich auf Bereiche zu konzentrieren, in denen es naturgemäß wenig Überraschungen gibt. Und wir glauben, dass wir größtenteils in solchen Bereichen tätig sind. Ich habe davon gesprochen, aus Fehlern zu lernen. Am besten lernt man jedoch aus den Fehlern anderer. George Patton sagte einmal: ›Es ist eine Ehre, für sein Land zu sterben. Sorge dafür, dass diese Ehre dem anderen zukommt.‹ Unser Ansatz besteht darin, aus den Erfahrungen anderer zu lernen. Aber ich habe auch viele Fehler mehrfach gemacht, das kann ich Ihnen sagen. Der größte Fehler im Laufe der Zeit war, dass ich zögerte, etwas mehr für ein Unternehmen zu bezahlen, von dem ich wusste, dass es wirklich hervorragend war, oder dass ich nicht zu einem höheren Preis Aktien nachgekauft habe, obwohl ich wusste, dass es hervorragend war. Das hat uns viele, viele Milliarden gekostet. Und ich werde diesen Fehler wahrscheinlich immer wieder machen. Fehler macht man, wenn es Unternehmen gibt, die man versteht und die attraktiv sind, und wenn man trotzdem nichts unternimmt. Ich mache mir überhaupt keine Sorgen über die Fehler, die einfach passieren, etwa dass ich, als ich Bill Gates traf, Microsoft nicht gekauft habe oder sowas in der Art. Das ist nicht mein Spiel. Die meisten unserer Fehler waren eher Unterlassungsfehler als Handlungsfehler.«

CM: »Ich glaube, dass die meisten Menschen nur sehr wenige Gelegenheiten bekommen, die ich als ›kinderleicht‹ bezeichne, bei denen es einfach so verdammt offensichtlich ist, dass die Investition funktionieren wird. Und da es nur sehr wenige davon gibt und diese möglicherweise Jahre auseinander liegen, muss man meiner Meinung nach den Mut und die Intelligenz entwickeln, große Schritte zu wagen, wenn sich solche seltenen Gelegenheiten bieten.«

WB: »Man muss bereit sein, einen wirklich großen Schluck aus der Pulle zu nehmen; es ist bescheuert, wenn man das nicht tut. Und es ist bescheuert, wenn man nur an der Oberfläche kratzt und nicht bereit ist, einen großen Schluck zu nehmen, wenn die Zeit gekommen ist.«

2007 Aktionärsversammlung (01:09:24)

WB: »Wir bevorzugen Unternehmen, bei denen wir unserer Überzeugung nach die Antwort kennen. Wenn ein Unternehmen an einen Punkt gelangt, an dem gemäß unserer Auffassung die Branche, in der es tätig ist, oder seine Wettbewerbsposition oder irgendetwas anderes so risikoreich ist, dass wir das nicht beziffern können, versuchen wir nicht, dies durch eine besonders hohe Sicherheitsmarge auszugleichen. Wir wollen in etwas investieren, das wir verstehen. Wenn wir also See's Candies als Unternehmen oder Coca-Cola als Aktie kaufen, brauchen wir unserer Meinung nach keine große Sicherheitsmarge benötigen. Denn wir gehen nicht davon aus, dass wir mit unseren Annahmen stark danebenliegen.«

»Wir wollen ein überragendes Unternehmen kaufen, das über einen sehr langen Zeitraum eine hohe Kapitalrendite erzielt und dessen Management uns fair behandelt. Wenn diese Kriterien erfüllt sind, müssen wir keine großen Abschläge vornehmen ... Stellen Sie sich vor, jemand kommt zur Tür herein: Man weiß nicht, ob er 130 oder 145 Kilogramm wiegt, aber man weiß trotzdem, dass er dick ist, oder? Wenn wir also etwas sehen, von dem wir wissen, dass es finanziell gesehen ein dicker Brocken ist, machen wir uns keine Gedanken über das genaue Gewicht ... Man sollte immer das Gefühl haben, etwas mehr zu bekommen, als es wert ist, und es gibt Zeiten, in denen wir wunderbare Unternehmen zu einem Viertel ihres Wertes kaufen konnten – aber solche Gelegenheiten bieten sich nicht oft. Heißt das, man soll zehn oder fünfzehn Jahre lang untätig herumsitzen und warten? Wir machen das nicht so. Wenn wir gute Unternehmen zu einem angemessenen Preis kaufen können, tun wir das auch weiterhin.«

HEBELINVESTMENTS UND OPTIONEN

1997 Aktionärsversammlung (04:18:26)

WB: »[In Bezug auf] Futures, Calls [Kaufoptionen] oder Ähnliches bin ich der Meinung, dass Anleger besser Unternehmensanteile kaufen sollten. Natürlich lassen sich Argumente finden, die für einen Call sprechen – wenn man Coca-Cola attraktiv findet, könnte man sagen, man kauft lieber eine fünfjährige Option als die Aktie direkt, weil man so einen Hebel hat, ohne das Risiko pleitezugehen. Aber ich halte diesen Weg für gefährlich. Es ist gefährlich, mit Dingen zu spekulieren, die verfallen und wertlos werden können oder mit sehr geringer Marge gekauft werden können, wie die Optionen, von denen Sie gesprochen haben.«

»Geliehenes Geld führt oft zu Problemen – und das ist unnötig … Man sollte herausfinden, wie man mit dem Geld, das man hat, glücklich sein kann, und dann davon ausgehen, dass alles andere sich im Laufe der Zeit zum Guten wendet. Wer sich einmal auf kurzfristige Kursbewegungen konzentriert – was beim Kauf von Calls, LEAPs[9] oder bei Spekulationen mit Futures der Fall ist –, verliert sehr leicht den Blick für das Wesentliche, nämlich die Bewertung von Unternehmen. Ich rate davon ab.«

CM: »Das ist eine Gruppe wohlhabender Investoren – und ich glaube nicht, dass viele von ihnen mit LEAPs gehandelt haben.«

WB: »Hätten wir bei Berkshire über die Jahre beträchtliche Fremdmittel investiert, wäre das Unternehmen viel besser gelaufen. Aber niemand wusste, in welcher Höhe Fremdkapital angemessen gewesen wäre, und es hätte für uns keinen Unterschied gemacht. So wie wir es gemacht haben, hatten wir genauso viel Spaß, als hätten wir das Unternehmen mit Fremdkapital finanziert und es wäre doppelt so viel wert gewesen. Das entspricht nicht unserer Herangehensweise … Wer pro Jahr 12 oder 15 Prozent verdienen kann, sparen möchte und gern Geld anhäuft, für den kommt alles Nötige mit der Zeit. Warum sollte man das aufs Spiel setzen, was man braucht und hat, für etwas, das man nicht braucht und nicht hat? Das erschien uns nie sonderlich sinnvoll.«

2004 Aktionärsversammlung (02:25:01)

WB: »Wir glauben, dass an den Finanzmärkten fast alles passieren kann – und dass die Hebelwirkung allein kluge Leute wirklich zu Fall bringen kann. Deshalb haben wir eine große Abneigung gegen Hebelinvestments und gehen davon aus, dass ein sehr hoher Prozentsatz der klugen Leute, die an der Wall Street tätig sind, irgendwann einmal durch den Einsatz von Hebeln zu Fall gebracht werden. Das ist das Einzige, was Sie daran hindern kann, Ihre Karten auszuspielen. Alle Karten, die wir auf den Tisch legen, sehen für uns ziemlich gut aus, aber man muss sie auch ausspielen können … Das Wichtigste ist, sich zumindest vor dem Wahnsinn der Marktpreise und der Volatilität zu schützen, die einen auslöschen können.«

2005 Aktionärsversammlung (03:47:34)

CM: »Als in diesem Land Single Stock Futures [deutsch auch Aktienfutures] und häufig gehandelte Put- und Call-Optionen eingeführt wurden, war das nicht einmal umstritten. Normale Menschen gerieten dadurch in Schwierigkeiten. Wenn ich das Land regiert hätte, hätte ich das niemals zugelassen. Ich weiß nicht, was es einem Land bringt, wenn viel mit Put- und Call-Optionen gehandelt wird. Ein Bekannter von einem meiner Kinder besaß ein Haus im Wert von 2,5 Millionen Dollar und Wertpapiere im Wert von 5 Millionen Dollar. Jedoch konnte er von den Erträgen seiner Wertpapiere nicht so komfortabel leben, wie es ihm gefallen hätte. Also gewöhnte er sich an, das schnelle Geld machen zu wollen. Er verkaufte immer wieder ungedeckte Put-Optionen, die durch sein Konto besichert waren. Darunter auch eine ganze Reihe auf Internetaktien. Und schließlich blieben ihm weder die Wertpa-

---

9 Anmerkung der Übersetzerin: Long Term Equity Anticipation Securities

piere im Wert von 5 Millionen Dollar noch sein Haus. Jetzt arbeitet er in einem Restaurant. Diese Art der Selbstzerstörung hätte es gar nicht gegeben, hätten wir nicht all diese so wunderbaren Handelsmöglichkeiten mit Krediten geschaffen. Es war nicht klug von diesem Land, das Glücksspiel überall zu legalisieren und es im Bereich der Geldanlage leichter zugänglich zu machen.«

2008 Aktionärsversammlung (00:21:56)

WB: »Einmal haben wir eine Put-Option [deutsch auch Verkaufsoption] auf Coca-Cola gekauft, weil wir dachten, wir würden uns über mehr Coca-Cola-Aktien freuen, wenn die Option ausgeübt würde. Sie wurde aber nicht ausgeübt, und wir hätten besser daran getan, einfach die Aktien zu kaufen. Wenn Sie eine Aktie kaufen oder verkaufen möchten, sollten Sie die Aktie kaufen oder verkaufen. Wer eine Option nutzt, um eine Call-Option zu kaufen, anstatt die Aktie direkt zu kaufen, in der Hoffnung, sie etwas günstiger zu bekommen, hat in etwa vier von fünf Fällen Recht – aber im fünften Fall bewegt sich der Kurs anders als erwartet, und man verpasst die gewünschte Gutschrift der Aktie. Daher haben wir Optionen so gut wie nie genutzt, um eine Position einzugehen oder zu schließen … Wenn wir etwas kaufen wollen, kaufen wir es einfach. Und wenn wir aussteigen wollen, verkaufen wir es. Wir lassen uns nicht auf irgendwelche verrückten Techniken ein.«

ZIGARRENSTUMMEL-ANSATZ

1998 Aktionärsversammlung (00:16:29)

WB: »Es ist extrem schwierig, mit einem Unternehmen reich zu werden, das eine geringe Eigenkapitalrendite erzielt. Wir betrachten ein Unternehmen immer im Hinblick darauf, was es mit seinem Kapital erwirtschaftet. Wir wollen in gute Unternehmen investieren. Am besten investiert man in Unternehmen, die auch in zehn Jahren noch gut und oder dann sogar noch besser sind. Und wir wollen sie zu einem vernünftigen Preis kaufen.«

»Die von mir als ›Zigarrenstummel-Ansatz‹ bezeichnete Investitionsstrategie haben wir jedoch vor vielen Jahren aufgegeben. Bei dieser Strategie versucht man, ein Unternehmen zu finden, das zwar erbärmlich ist, aber so billig verkauft wird, dass die Vermutung naheliegt, man könne davon noch einen guten Gratiszug nehmen. Früher haben wir viele feuchte Zigarrenstummel aufgesammelt. Mein Portfolio war voll davon, sie ließen tatsächlich noch den einen oder anderen Gratiszug zu, und ich habe damit Geld verdient. Aber das funktioniert nicht mit großen Summen, und wir finden nicht mehr viele Zigarrenstummel, die uns interessieren würden.«

»Solche Unternehmen hatten eine geringe Eigenkapitalrendite. Wer ein Unternehmen mit einer Eigenkapitalrendite von 5 bis 6 Prozent hat und es lange hält, wird keinen Erfolg haben, selbst wenn der Kauf zunächst günstig war. Zeit ist der Feind schlechter Unternehmen und der Freund guter Unternehmen. Wenn Sie über einen langen Zeitraum hinweg ein Unternehmen haben, das 20 bis 25 Prozent

Eigenkapitalrendite erzielt, dann ist die Zeit Ihr Freund. In einem Geschäft mit niedrigen Renditen ist die Zeit Ihr Feind. Sie können mit etwas Glück vielleicht genau den richtigen Moment erwischen, in dem das Unternehmen von jemand anderem übernommen wird. Aber wir gehen beim Kauf einer Aktie davon aus, sie sehr lange zu halten – und deshalb müssen wir uns von Unternehmen mit niedriger Eigenkapitalrendite fernhalten.«

CM: »Es macht nicht besonders viel Spaß, ein Unternehmen zu kaufen in der Hoffnung, dass es liquidiert wird, bevor es pleitegeht.«

WB: »Ich habe Aktien eines Steinkohleunternehmens besessen. Es gibt wahrscheinlich Leute in diesem Raum, die nicht wissen, was Steinkohle ist. Straßenbahnunternehmen, Windmühlenhersteller, Textilunternehmen. Berkshire war ein Fehler, ob Sie es glauben oder nicht. Wir sind bei Berkshire eingestiegen, weil es Anfang der 1960er-Jahre statistisch gesehen günstig war und es sich dabei um ein Unternehmen handelte, das in den vergangenen zehn Jahren weniger als nichts verdient hatte; es hatte in den vergangenen zehn Jahren erhebliche Nettoverluste geschrieben. Es wurde weit unter dem Betriebskapital verkauft, war also ein Zigarrenstummel. Wir hätten das, was wir später getan haben, von einer neutralen statt von einer negativen Basis aus tun sollen – das hätte besser funktioniert.«

2001 Aktionärsversammlung (04:48:55)

WB: »Wenn Sie eine Auswahl [von zehn bis zwanzig Aktien, die mit einem erheblichen Abschlag auf den Nettowert des Umlaufvermögens gehandelt werden] finden würden – was meiner Meinung nach nicht passieren wird –, wäre es wahrscheinlich okay, diese Aktien zu kaufen. Nicht weil jedes der betreffenden Unternehmen selbst so gut laufen würde, sondern weil innerhalb dieser Auswahl eine hinreichende Anzahl von Unternehmensaktivitäten stattfindet – der Aufkauf durch die Führungsebene, Übernahmen oder Ähnliches. Aber solche Aktien, bei denen doch noch etwas läuft, sind derzeit fast unmöglich zu finden. Und wer in einen Markt einsteigen würde, in dem es viele davon gibt, würde wahrscheinlich auch richtig gute Unternehmen finden, die viel billiger verkauft werden. Wir würden uns eher für ein günstiges, ausgezeichnetes Unternehmen entscheiden ... Ben Graham hat in seiner Strategie immer Wert auf den Kauf einer ganzen Auswahl gelegt. Denn wenn man es mit schlechten Unternehmen zu tun hat, aber davon ausgeht, dass ein paar davon übernommen werden oder so, ist es besser, eine ganze Auswahl zu haben. Wer es hingegen mit richtig guten Unternehmen zu tun hat, braucht nur wenige.«

CM: »Noch etwas hat sich geändert. Früher konnte man, wenn das Geschäft nicht mehr lief, das Betriebskapital nehmen und es den Aktionären in die Taschen stecken. Heutzutage gehört, wenn alles den Bach runtergeht, ein Großteil des Betriebskapitals jemand anderem. Die ganze Kultur hat sich verändert. Wenn man ein Unternehmen in Frankreich hat und es satthat, sagen die Franzosen: ›Was soll das heißen, Sie wollen Ihr Kapital aus Frankreich zurückziehen? In diesem Unternehmen arbeiten französische Arbeitnehmer.‹ Die Aussage lautet nicht: »Es ist Ihr Betriebskapital, nehmen Sie es ruhig zurück‹, wenn das Unternehmen für Sie nicht mehr funktioniert. Sie lautet: ›Es ist unser Betriebskapital.‹ Die gesamte Kultur hat sich in dieser Hinsicht verändert. Nicht vollständig, aber seit Ben Grahams Zeiten doch erheblich. Es gibt viele Gründe, warum sich die Besonderheiten einer Ära im Hinblick auf Investitionen nicht auf eine andere übertragen lassen.«

EBITDA

1998 Aktionärsversammlung (02:56:54)

WB: »Das beste Geschäft ist eines, das Ihnen jedes Jahr immer mehr Geld einbringt, ohne dass Sie dafür überhaupt investieren müssen oder wenn, dann nur sehr wenig. Das zweitbeste Geschäft ist eines, das zwar mehr Geld erfordert [Reinvestitionen für mehr Wachstum], aber der Zins, zu dem Sie Ihr Geld für dieses Wachstum reinvestieren müssen, ist sehr zufriedenstellend. Das schlechteste Geschäft von allen ist eines, das stark wächst und den Zwang zum Weiterwachsen mit sich bringt, damit man überhaupt im Rennen bleibt, und bei dem Sie für das reinvestierte Kapital nur eine sehr geringe Rendite bekommen. Manchmal sind Menschen in solche Unternehmen investiert, ohne es überhaupt zu wissen.«

CM: »In einer bestimmten Kategorie von Unternehmen ist der wirklich vorhandene Cashflow unterm Strich eher eine Illusion. Es gibt meiner Meinung nach Unternehmen, in die man immer mehr Geld steckt, bis es plötzlich nicht mehr funktioniert und kein Geld mehr zurückkommt. Was unser Leben interessant macht, ist der Versuch, solche Unternehmen zu meiden und stattdessen in solche zu investieren, die einen mit Geld überschütten.«

WB: »Die eine Zahl, die wir für kompletten Blödsinn halten, ist das EBITDA[10]. Was für ein Quatsch, eine Zahl zu betrachten, die nur den Geldbedarf dafür ausdrückt, dass das Unternehmen an dem Platz bleibt, wo es ist … Jedes Unternehmen mit nennenswerten Sachanlagen muss fast zwangsläufig nebenher große Geldbeträge reinvestieren, um wettbewerbsfähig zu bleiben und den Absatz des Geschäftsbereichs aufrechtzuerhalten. Es ist absolut unsinnig, sich auf eine Kennzahl vor Abzug der dafür nötigen Geldreserven zu stützen – und diese Kennzahl wurde in den letzten Jahren von vielen missbraucht, um große Aktienstückzahlen zu verkaufen.«

CM: »Es ist nicht gerade eine überragende Leistung der Zunft der Investmentbanker, dass sie gelernt haben, das EBITDA anzuführen. Die Vorstellung, bewusst eine unsinnige Kennzahl zu verwenden, und dann diese irreführende Kennzahl mit zusätzlichen Argumenten zu untermauern, ist keine lobenswerte intellektuelle Leistung. Aber wenn erst einmal alle Unsinn reden, wird das zur Norm.«

2002 Aktionärsversammlung (01:21:11)

CM: »Meiner Meinung nach ist es viel verlangt, einen einfachen Weg zu suchen, um nicht auf die Betrüger dieser Welt hereinzufallen. Enorm pfiffige Menschen betrügen bewusst [oder] schlittern allmählich in betrügerische Machenschaften hinein, weil die Kultur sie dorthin treibt. Und die Betrügereien sind oft sehr raffiniert und professionell gemacht. Aus meiner Sicht erlangt man Lebensweisheit nicht, ohne zu versuchen, solchen Betrügereien aus dem Weg zu gehen … Es gibt ganze Bereiche, in denen man lieber nicht mehr mitmischen sollte, weil es dort ganz offensichtlich zu viel Betrug gibt. Und wir

---

[10] Anmerkung der Übersetzerin: EBITDA steht für »Earnings before interest, tax, depreciation und amortization« (Ergebnis vor Abzug von Zinsen, Steuern und Abschreibungen materieller und immaterieller Vermögensgüter)

ziehen uns deshalb oft zurück ... Ich habe immer gesagt: Wenn uns jemand hereinlegt, dann jemand mit einem bescheidenen kleinen Büro und einem bescheidenen Auftreten. Die Menschen, die uns betrügen, sind nicht die typischen Betrüger, auf die alle anderen hereinfallen.«

WB: »Ich würde sagen, die Zahl der Fälle wird bei null liegen, in denen wir uns entweder durch Aktienkauf oder durch Kauf des ganzen Unternehmens an einem Geschäft beteiligen, wenn die betreffenden Leute über das EBITDA sprechen. Von allen Menschen auf der Welt, die über das EBITDA sprechen, und allen Menschen auf der Welt, die nicht über das EBITDA sprechen, gibt es prozentual in der ersten Gruppe deutlich mehr Betrüger. Sehr viel mehr. Das ist aus meiner Sicht sehr interessant: Wer sich einige enorm erfolgreiche Unternehmen ansieht – Walmart, General Electric und Microsoft –, wird diesen Begriff wohl noch nie jemals in deren Jahresberichten gefunden haben. Wenn Leute also anfangen, über so etwas zu reden, dann versuchen sie entweder, dich auf irgendeine Weise zu betrügen, oder sie haben sich selbst in hohem Maße betrogen.«

CM: »Oder beides.«

WB: »Das kommt oft vor. Wer sich vornimmt, jemanden zu täuschen, täuscht nach einer Weile sich selbst ... Wenn jemand denkt, du schaust verstärkt auf das EBITDA, arrangiert er vielleicht Dinge so, dass diese Zahl größer aussieht, als sie wirklich ist ... Es erstaunt mich einfach, wie weit verbreitet die Verwendung des EBITDA geworden ist. Es gab schon Leute, die versucht haben, Finanzberichte so zu schönen, dass sie Menschen ansprechen, die sich von solchen Zahlen beeindrucken lassen. Charlie und ich haben festgestellt, dass viele Betrüger auch wie Betrüger aussehen.«

2003 Aktionärsversammlung (03:44:35)

WB: »Abschreibungen nicht als Aufwand zu betrachten, erscheint uns völlig absurd. Ich kann mir nur sehr wenige Unternehmen vorstellen, bei denen Abschreibungen kein realer Aufwand sind. Abschreibungen sind real und gehören zu den schlimmsten Aufwendungen. Es handelt sich um umgekehrte Floats[11]: Man gibt Geld aus, bevor man Einnahmen erzielt. Jede Unternehmensführung, die Abschreibungen nicht als Aufwand betrachtet, lebt in einer Traumwelt. Die Vorstände werden dazu von Investmentbankern ermutigt, und bestimmte Leute haben ein Vermögen damit gemacht, Investoren irrezuführen, indem sie ihnen weismachten, das EBITDA sei eine große Sache ... Die Leute wollen mir Zahlenwerke mit Angaben zum EBITDA schicken, und ich sage ihnen, ich werde mir diese Zahlen nur ansehen, wenn sie mir sagen, dass sie alle nötigen Investitionen auch tätigen werden ... Es gibt nur sehr wenige Unternehmen, bei denen das aus meiner Sicht funktioniert, Jahr für Jahr viel weniger auszugeben als die Abschreibungen und trotzdem die wirtschaftliche Stärke des Unternehmens aufrechtzuerhalten. EBITDA ist eine Kennzahl, die viele Investoren viel Geld gekostet hat; das war im Telekommunikationsbereich deutlich zu sehen. Die betreffenden Unternehmen haben so verdammt schnell Geld ausgegeben, dass sie gar nicht schnell genug Geld von Investoren einsammeln konnten. Und dann haben sie so getan, als wären Abschreibungen keine echten Ausgaben. So ein Unsinn!«

11 Anmerkung der Übersetzerin: Im Rahmen der Investmentgesellschaft Berkshire Hathaway wird der »Float« als die liquiden Mittel bezeichnet, die einer Versicherung im Zeitraum zwischen den Prämienzahlungen der Versicherten und der Auszahlung im Schadensfall zur Verfügung stehen.

CM: »Sie würden jede Präsentation mit dem Wort EBITDA vermutlich besser verstehen, wenn Sie dieses Wort jedes Mal durch ›Bullshit-Gewinne‹ ersetzten.«

2017 Aktionärsversammlung (04:59:06)

WB: »In Bezug auf das EBITDA sind Abschreibungen Aufwendungen, und zwar Aufwendungen der schlimmsten Art. Wir sprechen gern über den Float, bei dem wir zuerst das Geld erhalten und die Aufwendungen erst später kommen. Bei Abschreibungen geben Sie stattdessen zuerst das Geld aus und verbuchen die Aufwendungen später. Das ist ein umgekehrter Float, und der ist nicht gut. Es ist viel besser, ein Unternehmen zu kaufen, das bei sonst gleichen Bedingungen keine Abschreibungen hat, weil es im Wesentlichen keine Investitionen und kein Anlagevermögen hat, das den Betrag X erwirtschaftet, als ein Unternehmen zu kaufen, bei dem es viele Abschreibungen gibt, die aber nötig sind, um den Betrag X zu erreichen. Natürlich liegt es enorm im Interesse der Wall Street, sich auf das EBITDA zu konzentrieren, weil es zu einer höheren Kreditwürdigkeit, höheren Bewertungen und all dem führt. Daher ist diese Kennzahl in den letzten zwanzig Jahren sehr beliebt geworden, aber es handelt sich um eine irreführende Statistik, die auf äußerst schädliche Weise verwendet werden kann.«

CM: »Ich denke, du hast sogar noch untertrieben im Hinblick auf den Schrecken, den dieses Thema mit sich bringt, und auf den widerwärtigen Charakter der Menschen, die diese Kennzahl in die Unternehmensbewertung eingeführt haben. Sie gleichen einem Immobilienmakler, der eine Neubauwohnung von 90 Quadratmetern zu vermieten hat und behauptet, sie wäre 200 Quadratmeter groß. Das ist nicht seriös. Aber so kam diese Kennzahl in den allgemeinen Sprachgebrauch. Niemand, der bei klarem Verstand ist, käme auf die Idee, dass Abschreibungen keine Aufwendungen sind.«

WB: »Aber das liegt sehr im Interesse der Wall Street.«

CM: »Deshalb haben sie diese Kennzahl in die Welt gesetzt. Dadurch wirkt das KGV niedriger.«

WB: »Das Erstaunliche daran ist, wie gut sie akzeptiert wird. Das zeigt einmal mehr, wie Menschen Sprache verwenden und Vorstellungen verkaufen, die ihnen nützen … Solange sich etwas gut verkaufen lässt, wird es verkauft.«

CM: »Jetzt wird das EBITDA sogar an den Wirtschaftsfakultäten der Unis verwendet. Es ist schon schlimm genug, dass eine Bande von Gaunern einen solchen Begriff verwendet. Aber wenn er so geläufig wird, dass sogar Wirtschaftsfakultäten ihn übernehmen, ist das kein gutes Zeichen.«

MAINTENANCE CAPEX[12] UND UNTERNEHMENSQUALITÄT

1998 Aktionärsversammlung (04:05:22)

WB: »In der Luftfahrt muss man ständig wie verrückt Geld ausgeben. Man muss wie verrückt Geld ausgeben, wenn es attraktiv ist, Geld auszugeben, und man muss genauso viel ausgeben, wenn es unattraktiv ist. Das gehört zum Spiel dazu. Selbst in unserem Textilgeschäft hätten wir, um wettbewerbsfähig zu bleiben, erhebliche Summen ausgeben müssen, ohne klare Aussichten darauf, dass wir nach den Ausgaben auch wieder Geld verdienen würden. Solche Geschäftsmodelle sind echte Fallen. Irgendwie funktioniert es, aber sie sind gefährlich.«

»Bei See's Candies würden wir gern 10 Millionen, 100 Millionen oder 500 Millionen Dollar ausgeben und dafür ähnliche Renditen erzielen wie in der Vergangenheit. Aber leider gibt es keine so guten Gelegenheiten mehr. Wir suchen weiter, aber es ist kein Geschäft, in dem Kapital Gewinne bringt ... Bei Coca-Cola wurden vor allem bei der Erschließung neuer Märkte häufig die notwendigen Investitionen getätigt, um die Abfüllinfrastruktur aufzubauen und die betreffenden Märkte schnell zu erschließen. Das sind Ausgaben, die man nicht einmal genau beziffert, man weiß eben, dass man sie tätigen muss. Man hat ein richtig gutes Unternehmen, man möchte es weltweit ausbauen und man möchte es optimal nutzen. Man kann zwar eine Rendite ermitteln, aber meiner Meinung nach ist das Zeitverschwendung, weil man es sowieso tun wird. Man weiß, dass man diese Märkte langfristig dominieren will.«

CM: »Ich habe Warren schon sehr früh in seinem Leben sagen hören, dass der Unterschied zwischen einem guten und einem schlechten Unternehmen darin besteht, dass ein gutes Unternehmen eine einfache Entscheidung nach der anderen trifft, während ein schlechtes Unternehmen einen vor eine schreckliche Wahl stellt, bei der sich die Entscheidung nur schwer treffen lässt. Wird das wirklich funktionieren? Ist es das Geld wert? Wenn Sie ein System suchen, um zu bestimmen, wobei es sich um ein gutes und wobei um ein schlechtes Geschäft handelt, schauen Sie einfach, welches der Führungsebene immer wieder einfache Entscheidungen abverlangt. Es ist nicht sehr schwer für uns zu entscheiden, einen neuen See's-Candy-Laden in einem neuen Einkaufszentrum in Kalifornien zu eröffnen, wenn er doch offensichtlich erfolgreich sein wird. Dagegen gibt es viele Unternehmen, in denen die Entscheidungen, die auf Ihrem Schreibtisch landen, einfach grauenhaft sind. Und die betreffenden Unternehmen funktionieren im Großen und Ganzen nicht sonderlich gut.«

WB: »Ich bin seit zehn Jahren im Aufsichtsrat von Coca-Cola, und wir haben ein Projekt nach dem anderen umgesetzt, und es gibt immer einen ROI. Aber für mich macht das keinen großen Unterschied, denn letztlich ist fast jede Entscheidung, die die weltweite Dominanz von Coca-Cola in einer Branche festigt und ausbaut, die mit einem erheblichen Prozentsatz wächst und eine hohe Rentabilität mit sich bringt, die richtige Entscheidung, und man hat die Leute, die sie gut umsetzen.«

»Dann saßen Charlie und ich im Aufsichtsrat von USAir, und diverse Entscheidungen standen an ... Das ist qualvoll, weil man keine wirkliche Wahl hat, aber auch nicht wirklich überzeugt ist, dass

[12] Anmerkung der Übersetzerin: Als Maintenance CapEx gelten die sogenannten Ersatz-, Instandhaltungs- oder Erhaltungsinvestitionen.

diese Entscheidungen – oder das Fehlen von Entscheidungen – später das erhoffte Geld bringen werden. In so manchem Spiel muss man einfach mehr Geld auf den Tisch legen, ohne zu wissen, welche Karten man auf der Hand hat, und im anderen kann man beruhigt mehr Geld setzen, weil man einfach weiß, dass man ein Gewinnerblatt hat.«

DIE SCUTTLEBUTT-METHODE (INFORMATIONEN AUS ERSTER HAND SAMMELN)

1998 Aktionärsversammlung (04:27:09)

WB: »Ein Vorteil der Kapitalallokation besteht darin, dass ein Großteil deiner bisherigen Aktivitäten sich kumuliert, sodass du von deinen früheren Maßnahmen kontinuierlich profitierst. Mittlerweile bin ich mit den meisten Unternehmen, die für eine Investition bei Berkshire in Frage kommen, recht gut vertraut. Aber als ich anfing, habe ich lange viel Zeit mit dem zugebracht, was Phil Fisher als die Scuttlebutt-Methode[13] beschrieben hat …«

»Die Grundüberlegung, warum ein Investment interessant erscheint, sollte 80 Prozent der ganzen Analyse ausmachen. Man sollte nicht jeder Idee auf diese Weise nachjagen, sondern eine starke Vermutung haben. Man sollte wie ein Basketballtrainer vorgehen, der auf der Straße einen 2,10 Meter großen Burschen trifft. Zunächst ist man interessiert; nun gilt es herauszufinden, ob er die Schule fortsetzen kann, eine gute Koordination hat und all das. Das ist der Scuttlebutt-Ansatz. Aber wenn Sie sich Wissen über einzelne Branchen im Allgemeinen und bestimmte Unternehmen im Speziellen aneignen, gibt es wirklich nichts Besseres, als sich zunächst einmal darüber zu informieren und dann hinauszugehen und mit Wettbewerbern, Kunden, Lieferanten, ehemaligen Mitarbeitern, aktuellen Mitarbeitern und allen möglichen Leuten zu sprechen. Sie werden viel lernen. Aber das sollten nur die letzten 10 oder 20 Prozent sein. Lassen Sie sich davon nicht zu sehr beeindrucken, denn Sie wollen erstmal mit einem Unternehmen beginnen, dessen Wirtschaftlichkeit Sie von vornherein für gegeben halten, das Ihnen vielversprechend erscheint. Und dann wenden Sie die Scuttlebutt-Methode an, mit der Sie Ihre ursprüngliche Hypothese möglicherweise sogar widerlegen. Und falls sich Ihre Vermutung doch bestätigt, setzen Sie sie noch konsequenter ein.«

»Das habe ich in den 1960er-Jahren mit American Express gemacht; im Wesentlichen hat der Scuttlebutt-Ansatz meine Meinung bestätigt, so dass ich im Laufe der Zeit immer mehr Aktien gekauft habe. Wenn Sie mit einer Reihe von Leuten aus einer Branche sprechen und sie fragen, welchen Konkurrenten sie am meisten fürchten und warum, und gegen wen sie ihre Geheimwaffe einsetzen würden, werden Sie eine Menge darüber erfahren. Wenn Sie damit fertig sind, wissen Sie wahrscheinlich mehr über die Branche als die meisten Leute, die darin arbeiten, denn Sie bringen eine unabhängige Perspek-

[13] Anmerkung der Übersetzerin: Bei der Scuttlebutt-Methode werden so viele Informationen wie möglich über ein Unternehmen gesammelt, indem mit Anteilseignern oder Mitarbeitern gesprochen wird, die mit dem Unternehmen verbunden sind.

tive mit und hören allen zu, anstatt mit vorgefassten Meinungen anzukommen und nach einer Weile nur noch auf Ihre eigene Wahrheit zu hören. Ich kann das nur empfehlen …«

»So habe ich das damals auch gemacht, als ich Lorimer Davidson in Washington besucht habe, weil ich herausfinden wollte, warum sich Menschen bei GEICO versichern und nicht bei den Unternehmen, bei denen sie bereits versichert waren, und wie dauerhaft dieser Wettbewerbsvorteil war. Was könnte man mit diesem Vorteil noch anstellen? Ich hatte viele Fragen an ihn, und er hat mir herausragende Antworten gegeben. Das hat mein Leben grundlegend verändert.«

BEWERTUNG VON ENTSCHEIDUNGEN (RÜCKSCHAU)

1999 Aktionärsversammlung (04:50:18)

WB: »Wir bei Berkshire glauben an eine Bewertung in der Rückschau. Als ich die Partnership[14] leitete, verglich ich alle Verkaufsentscheidungen mit allen Kaufentscheidungen. Es reichte nicht aus, dass die Kaufentscheidungen gut ausgegangen waren; sie mussten besser ausfallen als die Verkäufe. Manager befassen sich tendenziell nur ungern mit den Ergebnissen von Kapitalprojekten oder Akquisitionen, die sie ein oder zwei Jahre zuvor dem Vorstand detailliert vorgestellt haben. Sie wollen nicht die Zahlen offenlegen, die zeigen, wie die Realität im Vergleich zu den Prognosen ausgefallen ist. Das ist menschlich. Aber ich glaube, man ist ein besserer Arzt, wenn man gelegentlich in der Pathologie vorbeischaut. Und ich glaube, man ist ein besserer Manager oder Investor, wenn man alle wichtigen Entscheidungen, die man getroffen hat, überprüft und feststellt, welche funktioniert haben und welche nicht, und wie hoch die Trefferquote ist. Und wenn die Trefferquote zu schlecht ist, sollte man die Entscheidungsfindung besser jemand anderem überlassen.«

INVESTMENT RESEARCH UND DIE SILBERKUGEL

1999 Aktionärsversammlung (04:54:53)

CM: »Ich glaube, wir beide lernen aus den großen Wirtschaftsmagazinen mehr als aus jeder anderen Quelle. Es ist eine so einfache und schnelle Möglichkeit, eine Vielzahl von Geschäftserfahrungen zu sammeln, indem man einfach eine Ausgabe nach der anderen durchliest und sich mit einer Vielzahl von Unternehmen beschäftigt. Wenn man sich angewöhnt, das Gelesene mit der Grundstruktur der

---

[14] Anmerkung der Redaktion: Bevor Warren Buffett die Beteiligungsgesellschaft Berkshire Hathaway leitete, führte er die Buffett Partnership, eine Art Kommanditgesellschaft mit zahlreichen Teilhabern, die nicht börsennotiert war. Auf diese nimmt er hier Bezug.

dargestellten Ideen in Verbindung zu bringen, sammelt man nach und nach Wissen über das Investieren. Ich glaube nicht, dass man ohne umfangreiche Lektüre zu einem wirklich guten Investor mit einem breiten Spektrum werden kann.«

WB: »Sie könnten sich beispielsweise fünf bis zehn Unternehmen aussuchen, deren Produkte Sie gut kennen, deren Finanzlage et cetera Ihnen aber nicht unbedingt bekannt ist. Wenn Sie die Produkte verstehen, wissen Sie, was in dem Unternehmen vor sich geht. Besorgen Sie sich dann viele Geschäftsberichte und alle Zeitschriftenbeiträge, die in den vergangenen zehn Jahren über diese Unternehmen geschrieben wurden, und vertiefen Sie sich in diese Informationen, als würden Sie entweder für das Unternehmen arbeiten, als CEO eingestellt werden oder das gesamte Unternehmen kaufen wollen.«

»Vor vielen Jahren bin ich herumgereist und habe immer mit Wettbewerbern gesprochen. Ich habe mit Mitarbeitern gesprochen … Wenn ich mich für das Unternehmen ABC interessiert habe, bin ich zum Unternehmen XYZ gegangen und habe versucht, viel herauszufinden. Man bekommt natürlich nicht immer die ganze Wahrheit zu hören, aber man lernt, das zu erkennen. Im Grunde genommen ist man ein Reporter. Das ist so ähnlich wie im Journalismus.«

»Andy Grove hat in seinem Buch über die ›Silberkugel‹ gesprochen. Man spricht mit dem Konkurrenten und fragt ihn: ›Wenn Sie eine Silberkugel hätten und nur einem Ihrer Konkurrenten in den Kopf schießen könnten, welchen würden Sie wählen und warum?‹ Wenn man solche Fragen über einen längeren Zeitraum stellt, lernt man eine Menge. Und man fragt jemanden aus einer bestimmten Branche: ›Wenn Sie für zehn Jahre weggehen würden und Ihr gesamtes Geld in die Aktien eines Ihrer Konkurrenten investieren müssten statt in Ihre eigenen, welche wären das und warum?‹ Man fragt einfach immer weiter. Man muss die Antworten, die man bekommt, in gewisser Weise relativieren, aber man bekommt eine Menge Informationen, die man dann übertragen und für das eigene Denken nutzen kann.«

»Am wichtigsten ist es herauszufinden, wie Unternehmen funktionieren. Wenn wir GEICO leiten, um wen machen wir uns Sorgen und warum? Wen würden wir gern mit der Silberkugel erschießen? Stellen Sie immer wieder solche Fragen. Dann gehen Sie zu demjenigen, den Sie mit der Silberkugel erschießen wollen, und finden Sie heraus, wen er mit der Silberkugel erschießen will. So geht man vor und lernt dabei ständig dazu. Man kann mit aktuellen Mitarbeitern, ehemaligen Mitarbeitern, Verkäufern, Lieferanten, Händlern, Einzelhändlern, Kunden und allen möglichen anderen Leuten sprechen. Es ist ein investigativer und journalistischer Prozess. Und am Ende will man die Geschichte schreiben; sechs Monate später will man sagen: ›Die Firma XYZ ist diesen Betrag wert, weil …‹, und dann schreibt man die Geschichte. Über manche Unternehmen lässt sich leicht schreiben, bei anderen ist es viel schwieriger. Wir versuchen, die zu finden, über die man leicht schreiben kann.«

CM: »Was die Geschichte der tausend größten Unternehmen in kompakter Form angeht, ist *Value Line* eine Klasse für sich. Dieser eine Band sagt wirklich viel über die Geschichte unserer besten Unternehmen aus.«

WB: »Wenn man sich jede Seite ansieht und sich anschaut, was in Bezug auf die Eigenkapitalrendite, das Umsatzwachstum und alle möglichen anderen Kennzahlen passiert ist, und dann fragt: ›Warum ist das passiert? Wer hat das zugelassen? Wie wird diese Grafik in den nächsten zehn Jahren aussehen?‹ Das will man doch wirklich herausfinden – nicht die Kursentwicklung, sondern die Entwicklung des Geschäftsbetriebs. Man versucht, sich die nächsten zehn Jahre von *Value Line* im Kopf auszudrucken. Bei einigen Unternehmen kann man das ganz gut, bei anderen ist es einfach zu schwierig. Aber darum geht es ja in diesem Spiel. Wenn man einen gewissen Hang dazu hat, kann das viel Spaß machen. Ich bin der Meinung, der Prozess macht genauso viel Spaß wie das Ergebnis, zu dem man kommt.«

CM: »Was Warren hier sagt, wenn er über das ›Warum‹ spricht, ist die wichtigste Frage überhaupt. Und das gilt nicht nur für Investitionen, sondern für die gesamte menschliche Erfahrung. Wenn man klug werden will, muss man sich immer wieder die Frage stellen: ›Warum?‹ Und man muss die Antworten mit einer tiefgreifenden Theorie in Verbindung bringen. Und man muss die wichtigsten Theorien kennen. Das ist etwas mühsam, macht aber auch viel Spaß.«

UNTERLASSUNGSFEHLER

2001 Aktionärsversammlung (00:22:58)

CM: »Die größten Fehler in der Geschichte von Berkshire sind Unterlassungsfehler. Sie schlagen sich nicht in unseren Zahlen nieder, sondern in Opportunitätskosten. Mit anderen Worten: Wir haben eine Chance und ergreifen sie auch fast. Im Nachhinein können wir sagen, dass es ein großer Fehler war, sie nicht zu ergreifen. Für die Aktionäre sind das die Fehler, die am meisten kosten. Und nur sehr wenige Führungskräfte denken über Opportunitätskosten nach oder sprechen darüber. Ich möchte keine konkreten Unternehmen nennen, da wir sie zu gegebener Zeit vielleicht wieder kaufen wollen und das möglichst zu unserem Preis. Aber praktisch überall im Leben, auch im Unternehmensleben, verursachen die verpassten Chancen im Vergleich zu dem, was leicht hätte sein können, wirklich Kosten. Da geht es einfach um eine unglaubliche Summe Geld.«

»Als ich etwas jünger war, wurden mir dreihundert Aktien von Belridge Oil angeboten. Jeder Idiot hätte erkennen können, dass es keine Möglichkeit gab, Geld zu verlieren, aber eine große Chance, Geld zu verdienen. Ich habe sie gekauft. Der Mann rief mich drei Tage später zurück und bot mir 1500 weitere Aktien an. Aber dieses Mal hätte ich etwas verkaufen müssen, um die verdammten Belridge-Aktien zu kaufen. Dieser Fehler [nicht mehr Aktien zu kaufen], hat mich, wenn man es genau nimmt, 200 Millionen gekostet. Und das alles wegen der kleinen Unannehmlichkeit, dass ich etwas hätte verkaufen müssen. Auch Berkshire passieren solche Dinge. Das fuchst uns heute noch.«

WB: »Wenn wir von Unterlassungsfehlern sprechen, von denen wir viele und einige sehr große gemacht haben, meinen wir nicht, dass wir keine Aktien von Unternehmen gekauft hätten, die von einem Freund geführt werden oder deren Namen wir kennen und die von eins auf hundert gestiegen sind. Das bedeutet nichts. Wir betrachten nur Dinge als Fehler, die in unserem Kompetenzbereich liegen. Wenn also jemand weiß, wie man mit Kakaobohnen oder einer Softwarefirma Geld verdienen kann, wenn wir jedoch diese Gelegenheit auslassen, ist uns kein Fehler unterlaufen. Ein Fehler ist es nur, wenn wir von etwas Ahnung haben, davorstehen und es anstarren, ohne etwas zu tun. Oder noch schlimmer: Was mich wirklich stört, ist, wenn wir nur ganz wenig unternehmen. Wir arbeiten mit der Pipette, statt die Gießkanne zu nehmen. Charlie bezeichnet das elegant als ‚Daumenlutschen‹. Wir haben manchmal bei Unternehmen, von denen wir wirklich Ahnung hatten, Daumen gelutscht. Das lag vielleicht daran, dass wir zu kaufen begannen, dann aber der Preis ein wenig stieg und wir abgewartet haben in der Hoffnung, der Preis würde zu dem ursprünglichen zurückkehren. Das sind riesige Fehler. Die herkömmliche Buchhaltung erfasst solche Fehler nicht. Aber sie stehen in unserem Ergebnisbuch.«

BESCHRÄNKUNGEN AUFGRUND DER GRÖSSE

2007 Aktionärsversammlung (02:18:06)

WB: »Wenn ich mit sehr kleinen Summen arbeiten würde, würde ich fast ausschließlich andere Dinge tun als derzeit. Ihr Universum erweitert sich. Wenn Sie sich umschauen, gibt es Tausende und Abertausende mehr Wahlmöglichkeiten, wenn Sie 10.000 Dollar investieren, als wenn Sie 100 Milliarden Dollar investieren. Sie haben alle Wahlmöglichkeiten, die Sie für 100 Milliarden Dollar haben, außer dem Kauf ganzer Unternehmen, und Sie haben all diese anderen Gelegenheiten. Man kann also mit sehr kleinen Beträgen sehr hohe Renditen erzielen, und das wird immer so bleiben.«

»Ich meine damit nicht, dass jeder das kann, aber wenn man etwas über Werte und Investitionen weiß, findet man auch mit kleinen Summen Chancen, und zwar nicht mit dem Portfolio, das Berkshire besitzt. Wir können keine phänomenalen Renditen erzielen, indem wir 3 Milliarden in eine Aktie stecken. So funktioniert das nicht. Das würde nicht einmal annähernd funktionieren. Aber wenn Charlie oder ich in der Lage wären, mit 1 Million zu arbeiten, würden wir hier und da kleine Investments finden, mit denen wir sehr hohe Kapitalrenditen erzielen könnten – und das wären nicht immer Aktien.«

2008 Aktionärsversammlung (00:38:16)

WB: »Wir wären sehr glücklich, wenn wir Aktien kaufen könnten, bei denen wir langfristig eine Rendite von 10 Prozent vor Steuern durch Dividenden und Kapitalgewinne erwarten könnten; und wir würden uns wahrscheinlich auch mit etwas weniger zufrieden geben. Es steht außer Frage, dass die Renditen aus dem Besitz von Berkshire in Zukunft geringer ausfallen werden als in der Vergangenheit … Wir agieren derzeit in einem Universum marktfähiger Aktien von Unternehmen mit einer Marktkapitalisierung von mindestens 10 Milliarden Dollar. Um einen maßgeblichen Effekt für Berkshire zu erzielen, brauchen wir ein Vielfaches davon, vielleicht 50 Milliarden Dollar und mehr. Da bietet sich kein so profitables Universum an wie das gesamte Universum mit Tausenden und Abertausenden von Unternehmen … Unser Universum ist enorm geschrumpft, und wir werden in diesem Universum bei weitem nicht so gut abschneiden wie in einem viel größeren Universum, in dem wir alles Mögliche probieren könnten … Wir werden mit der Zeit ordentliche Ergebnisse erzielen, aber keine unanständig hohen Ergebnisse. Wir würden unanständig hohe Ergebnisse vorziehen, aber wir werden sie nicht erzielen.«

CM: »Sie können sich auf Warrens Versprechen verlassen. Wir sind sehr zufrieden damit, in Zukunft Geld zu verdienen, und zwar zu einer deutlich geringeren Verzinsung als in der Vergangenheit. Und ich schlage vor, dass Sie sich an den Gedanken gewöhnen.«

WB: »Na ja, ich würde sie nicht dazu verdammen. Wenn Sie mit kleinen Geldbeträgen arbeiten, können Sie mit Ihrem Geld vielleicht etwas viel Besseres anfangen, als Berkshire zu kaufen. Das heißt, wenn Sie mit kleinen Geldbeträgen arbeiten und viel Zeit investieren und Tausende von Wertpapieren prüfen wollen, werden Sie Investments finden, die intelligenter sind als Berkshire. Wir halten Berkshire nach wie vor für eine attraktive Anlage über einen langen Zeitraum. Wir glauben, dass unser Unternehmen im Vergleich zu anderen sehr großen Unternehmen recht gut abschneidet. Aber wir glauben nicht, dass es die attraktivste Anlage der Welt ist, wenn man bedenkt, was man finden kann, wenn man bereit ist, Tausende von Möglichkeiten zu prüfen, wie Charlie und ich es vor vielen Jahren getan haben. Das ist für uns heute nicht mehr machbar und würde Berkshire auch nicht weiterbringen.«

»An Berkshire gefällt uns vor allem, dass wir große bis sehr große erstklassige Unternehmen mit erstklassigem Management finden, kaufen und dann einfach abwarten können. Das Schöne daran ist, dass man nicht von Blume zu Blume flattern muss. Man kann einfach dasitzen und zusehen, wie sie jedes Jahr mehr und mehr produzieren und einem Kapital einbringen, und man kann weitere Unternehmen kaufen. Das ist eine schöne Formel. Ich glaube, dass diese Formel für uns künftig funktioniert – aber sie wird nicht die gleichen Renditen bringen wie in der Vergangenheit.«

TEIL ZWEI

BEWERTUNG UND INNERER WERT

»Der älteste Investitionsleitfaden, den ich kenne, und zwar ein ziemlich guter, wurde etwa 600 vor Christus von Aesop formuliert: ›Ein Vogel in der Hand ist besser als zwei Vögel im Gebüsch.‹«

»Investieren, indem man ein paar großartige Unternehmen findet und dann einfach nur auf seinem Hintern sitzt, weil man die Zukunft richtig vorausgesagt hat. Darin gut zu sein, das ist echt schön.«

»Im Zusammenhang mit einer Übernahme hat einmal jemand unsere Personalakten angefordert. Wir hatten nicht nur keine Personalakten, sondern auch kein Personal.«

»Es ist die alte Geschichte: Fragen Sie nicht den Friseur, ob Sie einen Haarschnitt brauchen. Genauso wenig sollten Sie einen Investmentbanker fragen, wie hoch seiner Meinung nach in fünf Jahren die Gewinne eines Unternehmens sein werden, das er verkaufen will.«

»Ein Unternehmen mit einer unterirdischen Goldgrube, die verdeckt ist durch schlechte Zahlen, welche in den Köpfen anderer Leute Ausschlusskriterien darstellen: Das ist ideal für uns, wenn wir so etwas herausfinden.«

Einleitung

Den Wert eines Unternehmens richtig einzuschätzen – seinen intrinsischen oder inneren Wert – steht im Mittelpunkt des Investment-Research-Prozesses. Wenn Sie den Wert richtig einschätzen können, sind Sie auf dem Weg, auf lange Sicht attraktive Anlagerenditen zu erzielen. Doch während diese Frage im Nachhinein exakt beantwortet werden kann, führt das Justieren der Annahmen im Vorfeld dazu, dass die Schätzungen stark schwanken, wenn bei den Berechnungen noch nicht alle Daten fix sind. Und da es sich etwa bei der Frage nach der Kompetenz der Führungsebene um immaterielle Werte handelt, fällt bei der Gewichtung der Variablen einiges in den Bereich der Spekulationen. Nehmen wir als Beispiel Berkshire. Da hätte man über die vergangenen sechs Jahrzehnte bei den richtigen Annahmen zur Bewertung des Unternehmens zu jedem beliebigen Zeitpunkt berücksichtigen müssen, dass der CEO (Buffett) ein einzigartiger Investor und Asset-Allocator ist.

Wie Sie in Teil zwei sehen werden, wirft das spannende Fragen zum »richtigen« Verständnis des inneren Werts auf. So waren beispielsweise Buffett und Munger im Laufe der Zeit immer mehr bereit, sich bei der Beteiligung an großen Unternehmen von den Preisen abzukoppeln; das kam ihnen in bestimmten Fällen zugute, führte aber auch regelmäßig zu Fehlern. (Aktionärsversammlung 2006: »Coca-Cola ist in unseren Augen ein super Unternehmen, das vor einigen Jahren zu einem sehr dummen Preis verkauft wurde. Sie können mir sicher vorwerfen, dass ich nicht verkauft habe.«)

Wie bei vielen anderen Dingen im Bereich der Geldanlage denke ich, dass die wichtigste Erkenntnis mit den Kompromissen zusammenhängt, die jedem Ansatz innewohnen. In der Theorie ist die Rolle der Bewertung bei Investitionen unparteiisch und endgültig. In der Praxis wird sie von persönlichen Vorlieben bestimmt – dem Risiko, das Sie einzugehen bereit sind. Eine vernünftige Verknüpfung dieser beiden Ideen bietet einen Weg zu einem soliden langfristigen Portfoliomanagement.

Aktionärsversammlungen und Themen

INNERER WERT

1994 Aktionärsversammlung (03:18:11)

WARREN BUFFETT: »Der wirtschaftliche Wert eines Assets ist der Barwert aller künftigen Zahlungsströme, die dem Unternehmen zufließen oder abfließen, unter Zugrundelegung eines angemessenen Zinssatzes. Es gibt alle möglichen Unternehmen, bei denen Charlie und ich nicht die geringste Ahnung haben, wie diese zukünftigen Geldströme aussehen werden. Und wenn wir davon nicht die leiseste Ahnung haben, dann haben wir auch keinen Schimmer, was das Unternehmen aktuell wert ist. Wenn Sie glauben, Sie wüssten, welcher Preis einer Aktie heute angemessen wäre, aber zugleich nicht glauben, dass Sie eine Ahnung davon haben, wie der Geldstrom in den nächsten zwanzig Jahren aussehen wird: Dann liegt bei Ihnen eine kognitive Dissonanz vor. Wir suchen nach Gelegenheiten, bei denen wir das Gefühl haben – mit ziemlich hoher Wahrscheinlichkeit – über einen bestimmten Zeitraum in die Nähe dieser Zahlen kommen zu können, und dann zinsen wir sie ab. Und uns ist die Verlässlichkeit dieser Zahlen wichtiger, als das absolut billigste Angebot zu bekommen, das auf Zahlen basiert, in die wir kein großes Vertrauen haben.«

»Die Zahlen in einem Finanzbericht sagen per se nichts über den wirtschaftlichen Wert aus. Das sind Leitlinien, die Ihnen verraten, wie sich der wirtschaftliche Wert ermitteln lässt. Aber die Jahresabschlüsse enthalten keine Antworten, sondern nur Leitlinien, mit denen Sie die Antwort herausfinden können. Und um an diese Antwort zu kommen, müssen Sie etwas von Wirtschaft verstehen. Sie müssen nicht viel von Mathematik verstehen; die Mathematik ist nicht kompliziert. Aber Sie müssen Ahnung von dem Geschäft haben. Genauso läuft es, wenn Sie ein Wohnhaus, eine Farm oder ein kleines Geschäft kaufen würden. Sie würden versuchen herauszufinden, was Sie jetzt investieren müssten, was Sie mit der Zeit zurückbekommen würden, wie sicher es nach ihrem Bauchgefühl ist, dass sie es bekommen, und wie dieses Investment im Vergleich zu den möglichen Alternativen dasteht. Wir tun nichts anderes, nur eben bei großen Unternehmen.«

»Die Geschäftszahlen sind sehr hilfreich, denn sie weisen uns üblicherweise darauf hin, worüber wir uns Gedanken machen sollten. Und wenn wir auf Zahlen stoßen, die den Verdacht aufkommen lassen, die Situation sei so optimistisch dargestellt, wie es nach GAAP[15] nur irgend möglich ist, beunruhigt uns das natürlich. Wir machen uns Sorgen, dass jemand die Zahlen in irgendeiner Weise manipuliert – und es gibt viele Leute, die das machen.«

[15] Anmerkung von Übersetzerin und Redaktion: Generally Accepted Accounting Principles, kurz GAAP, eine Reihe von Rechnungslegungsstandards, an die sich Unternehmen in den USA bei der Erstellung ihrer Geschäftsberichte halten müssen. Anders als deutsche HGB-Standards ermöglicht die Rechnungslegung nach US-GAAP eine Bewertung nach aktuellen Marktwerten statt nach dem (weitaus vorsichtigeren) Beschaffungswert. Das heißt: Die Bewertung von Betriebsvermögen kann übertrieben hoch ausfallen, ohne dass dies ein Verstoß gegen die Vorschriften zur Rechnungslegung wäre.

1997 Aktionärsversammlung (02:33:27)

WB: »Wenn wir bei Betrachtung eines Unternehmens sehen könnten, wie viel Geld in den nächsten hundert Jahre oder bis zum Ende von dessen Geschäft von den Eigentümern eingezahlt oder herausgenommen wird, und wenn wir diesen Betrag dann mit dem entsprechenden Zinssatz diskontieren würden, würden wir die Zahl für den intrinsischen Wert erhalten. Mit anderen Worten: Es wäre wie bei einer Anleihe, die mit einem ganzen Bündel von Zinskupons ausgestattet ist, mit einer Laufzeit von hundert Jahren. Wenn Sie sehen könnten, wie hoch diese Kupons sind, könnten Sie den Wert dieser Anleihe im Vergleich zu Staatsanleihen ermitteln, wenn Sie ein zum Risiko passenden Zinssatz verwenden wollen. Oder Sie könnten eine Staatsanleihe mit 5 Prozent Zinsen mit einer anderen Staatsanleihe mit 7 Prozent Zinsen vergleichen. Jede dieser Anleihen hat einen anderen Wert, weil sie unterschiedliche Zinskupons haben. Unternehmen haben auch Zinskupons, die in Zukunft ausgezahlt werden. Das Problem ist jedoch, dass der Ertrag für den Anleger nicht auf dem Wertpapier aufgedruckt ist. Der Anleger muss schätzen, wie viel die Kupons im Laufe der Zeit wert sein werden. Bei Hightech-Unternehmen haben wir nicht die leiseste Ahnung, wie hoch die Kupons ausfallen werden. Wenn wir in Unternehmen einsteigen, die wir nach unserer Auffassung einigermaßen verstehen, versuchen wir, die Kupons abzubilden. Wir versuchen herauszufinden, was ein Unternehmen in zehn oder zwanzig Jahren wert sein wird.«

»Als wir 1972 See's Candies kauften, mussten wir uns ein Urteil darüber bilden, wie das Unternehmen im Wettbewerb dasteht, wo seine Stärken und Schwächen liegen, und wie das über zehn, zwanzig oder dreißig Jahren aussehen würde. Und wenn man versucht, den inneren Wert zu schätzen, dann bezieht sich alles auf Cashflows. Der einzige Grund, Geld zu investieren, besteht in der Erwartung, in der Zukunft Geld zu erhalten, und zwar nicht durch den Verkauf an jemand anderem – denn das ist nur ein Spiel, bei dem es darum geht, wer wen schlägt –, sondern durch das, was die Anlage im Laufe der Zeit selbst generiert. Das gilt gleichermaßen für den Kauf einer Farm, eines Wohnhauses oder eines Unternehmens. Es gibt eine Reihe von Filtern, mit denen wir Unternehmen ausschließen können, bei denen wir zum Wert in zehn oder zwanzig Jahren nicht einmal eine vorsichtige Schätzung abgeben können. Natürlich bilden wir uns nicht ein, auf zwei oder drei Dezimalstellen genau ermitteln zu können, wie viel es uns bringen wird. Aber wir vertrauen in hohem Maße darauf, dass wir es bei bestimmten Unternehmen ungefähr sagen können. Die Filter sollen sicherstellen, dass wir uns genau in diesen Geschäftsfeldern bewegen und nirgends sonst.«

»Wir verwenden grundsätzlich langfristige, risikofreie Zinssätze wie die von Staatsanleihen, um zu überlegen, mit welchem Zinssatz wir zukünftige Cashflows diskontieren sollten. Und genau darum geht es beim Investieren. Investieren bedeutet, Geld auszugeben, um später mehr zurückzubekommen – und zwar nicht durch den Verkauf an jemand anderen, sondern durch das, was der Vermögenswert selbst künftig einbringt. Wenn Sie Investor sind, schauen Sie darauf, was der Vermögenswert (das Unternehmen) künftig macht. Wenn Sie Spekulant sind, konzentrieren Sie sich in erster Linie darauf, was der Kurs unabhängig vom Unternehmen künftig macht. In diesem Spiel spielen wir nicht mit. Wenn wir mit dem Unternehmen richtig liegen, verdienen wir in Zukunft eine Menge Geld. Und wenn wir uns in Bezug auf das Geschäft irren, erwarten wir nicht, dass wir Geld verdienen.«

CHARLIE MUNGER: »Ein nützlicher Filter bei Investitionen ist die einfache Vorstellung von den Opportunitätskosten. Wenn bereits eine Gelegenheit in großer Menge für Sie greifbar ist, die Ihnen besser gefällt als 98 Prozent der anderen Wahlmöglichkeiten, die verfügbar sind, können Sie die anderen 98 Prozent ausblenden: Sie kennen bereits etwas Besseres. Menschen mit vielen verfügbaren Wahlmöglichkeiten investieren in der Regel besser als Leute, die keine haben.«

»Und Menschen, die sehr gute Wahlmöglichkeiten haben, können nach dem Konzept der Opportunitätskosten eine bessere Kaufentscheidung treffen. Mit dieser Einstellung bekommt man ein konzentriertes Portfolio, wogegen wir ganz und gar nichts haben. Diese für uns typische Vorgehensweise, die so einfach ist, wird nicht oft nachgemacht. Keine Ahnung, warum. Sie ist nicht üblich bei der Vermögensverwaltung, nicht einmal an renommierten Universitäten und anderen angesehenen Forschungseinrichtungen. Aber wenn wir richtig liegen, warum liegen dann so viele angesehene Institutionen so falsch?«

WB: »Wenn uns jemand ein Unternehmen zeigt, geht uns als Erstes durch den Kopf: Wollen wir dieses Unternehmen lieber besitzen als zusätzliche Aktien von Coca-Cola oder Gillette? Es wäre verrückt, es nicht mit Dingen zu vergleichen, derer man sich sehr sicher ist. Es gibt nur sehr wenige Unternehmen, bei denen wir uns über die künftige Entwicklung so sicher sind wie bei Coca-Cola oder Gillette. Wir suchen Unternehmen, die uns ähnlich sicher erscheinen. Und dann überlegen wir, ob wir mit diesen Unternehmen besser dran sind, als einfach mehr Aktien von den Unternehmen zu kaufen, von denen wir bereits Anteile haben … In der Regel kommen die Neuentdeckungen nicht an das heran, was wir als quasi perfekt ansehen.«

1998 Aktionärsversammlung (02:19:31)

WB: »Per definitionem ist der innere Wert der Barwert des Geldstroms, den ein Asset zwischen heute und dem Jüngsten Tag generiert. Das ist leicht gesagt und unmöglich zu beziffern, aber über solche Fragen denken wir nach, wenn wir uns Coca-Cola ansehen, wo es unserer Meinung nach viel einfacher ist, diesen einzuschätzen, als bei einem Unternehmen wie Intel, so toll es auch sein mag. Für uns ist es einfacher … Berkshire ist kompliziert, dass wir kein Geschäftsmodell haben, bei dem das gesamte Kapital, das zu uns fließt, auf natürliche Weise eingesetzt wird. Deshalb sind wir, wenn dieses Geld hereinkommt, in gewissem Maße von den sich bietenden Möglichkeiten und unserem Einfallsreichtum abhängig. Im Verhältnis zu den verfügbaren Ressourcen müssen wir neue Wege finden, um den Bargeldbestand zu nutzen. Dadurch wird die Bewertung schwieriger … Manchmal haben wir gute Ideen, wie sich dieses Geld investieren lässt, und manchmal eben nicht. Das macht die Aufgabe für Sie schwieriger, wenn es darum geht, Berkshires inneren Wert zu berechnen.«

WACHSTUM UND WERT

2000 Aktionärsversammlung (00:11:56)

WB: »Growth und Value sind keineswegs unterschiedliche Kategorien bei Unternehmen. Wenn Sie wüssten, wie viel ein Unternehmen zwischen heute und dem Jüngsten Tag an Cash ausschütten kann, könnte man den Wert eines Unternehmens genau beziffern. Dazu gehört auch die Fähigkeit, zusätzliches Kapital zu guten Konditionen einzusetzen, und die meisten Unternehmen, die als Wachstumsunternehmen bezeichnet werden, haben diese Eigenschaft. Unserer Meinung nach gibt es jedoch keinen Unterschied zwischen Growth und Value. Wir betrachten jedes Unternehmen als ein Versprechen von Value. Das Potenzial für Wachstum und die Wahrscheinlichkeit, dass dieses Wachstum mit einer guten Wirtschaftlichkeit verbunden ist, sind Teil der Gleichung. Aber das sind alles Value-Entscheidungen … Sie müssen entscheiden, wie viel Wert Sie künftig erhalten.«

»Der älteste Investitionsleitfaden, den ich kenne und der zudem ziemlich gut ist, wurde etwa 600 vor Christus von Aesop formuliert: ›Ein Vogel in der Hand ist besser als zwei Vögel im Gebüsch.‹«

»Übrigens wusste Aesop nicht, dass es 600 vor Christus war – er war klug, aber nicht so klug. Aesop war auf der richtigen Spur, aber er hat es nicht zu Ende gedacht, denn damit gehen noch ein paar andere Fragen einher. Er vergaß nicht nur zu sagen, wann Sie die beiden Vögel aus dem Busch holen sollten, sondern auch, welche Zinssätze Sie zugrunde legen müssten. Aber wenn er diese beiden Faktoren genannt hätte, hätte er für die nächsten 2600 Jahre definiert, was Investieren bedeutet.«

»Sie tauschen den Vogel in der Hand gegen eine Investition ein – Sie geben heute Geld aus und müssen dann einschätzen, wie viele Vögel im Busch sind und wann sie herauskommen werden. Wenn der Zinssatz 5 Prozent beträgt und Sie in fünf Jahren zwei Vögel aus dem Busch holen, ist das viel besser als heute einen Vogel in der Hand zu haben. Wenn Sie die Vögel in fünf Jahren bekommen, entspricht das einer jährlichen Rendite von rund 14 Prozent, bei einem Zinssatz von nur 5 Prozent. Würde der Zinssatz jedoch bei 20 Prozent liegen, würden Sie sich nicht dafür entscheiden, die beiden Vögel im Busch in fünf Jahren zu nehmen. Das ist nicht gut genug, denn bei 20 Prozent werde ich in fünf Jahren mehr Vögel haben, wenn ich diesen einen Vogel einfach in der Hand behalte und ihn vermehre …«

»Was hat das alles mit Wachstum zu tun? Nun, normalerweise assoziieren die Leute Wachstum mit viel mehr Vögeln im Busch, aber man muss immer noch entscheiden, wann man sie dort herausholt. Außerdem muss man die Zinssätze berücksichtigen und die anderen Büsche (Opportunitätskosten). Genau das macht das Investieren aus: Es ist eine Value-Entscheidung, die darauf basiert, was etwas wert ist, wie viele Vögel im Busch sind, wann man sie bekommt und wie hoch die Zinssätze sind.«

»Wenn wir eine Aktie kaufen, denken wir immer an den Kauf des gesamten Unternehmens. Das kennzeichnet unser Denken – als Geschäftsleute und nicht als Aktienspekulanten. Nehmen wir zum Beispiel ein Unternehmen, für das die Prognosen ausgezeichnet aussehen, das Ihnen aber derzeit nichts einbringt. Sie kaufen es heute zu einem Wert von 500 Milliarden Dollar. Wenn Sie 10 Prozent für die angemessene Rendite halten, muss das Unternehmen, wenn es Ihnen in diesem Jahr nichts zahlt, aber im nächsten Jahr damit anfängt, in der Lage sein, Ihnen auf unbegrenzte Zeit jährlich 55 Milliarden Dollar auszuschütten. Wenn es aber erst im dritten Jahr Geld ausschüttet, müssen es jährlich schon 60,5 Milliarden Dollar sein, um den heutigen Preis zu rechtfertigen. Mit jedem Jahr mehr, das man wartet, um einen Vogel aus dem Busch zu holen, müssen Sie später mehr Vögel entnehmen. So einfach ist das.«

»Ich frage mich manchmal, ob Leute, die blindlings 500 Milliarden Dollar für ein Unternehmen zahlen, indem sie zehn Aktien zu einem bestimmten Preis kaufen, wirklich an die Rechnung denken, die in ihrem Handeln steckt. Nehmen wir einfach an, dass es nur ein Jahr dauert, bis das Unternehmen anfängt, Geld auszuzahlen, und Sie wollen 10 Prozent Rendite bei einer Bewertung von 500 Milliarden Dollar. Das bedeutet, dass es dann bereits 55 Milliarden an Cash sein müssen, Jahr für Jahr. Dafür müssen Sie vielleicht 80 Milliarden Dollar vor Steuern verdienen. Schauen Sie sich im Universum der Unternehmen dieser Welt um, wie viele von ihnen 80 Milliarden Dollar vor Steuern, oder 70 Milliarden, 60 Milliarden, 50 Milliarden, 40 Milliarden oder auch nur 30 Milliarden erwirtschaften. Sie werden nicht viele finden. Es bedarf also einer ziemlich außergewöhnlichen Rentabilitätssteigerung, um genug Vögel aus diesem speziellen Busch zu bekommen, damit es sich lohnt, denjenigen aufzugeben, den Sie in der Hand haben.«

CM: »Ich bin auch der Meinung, dass intelligentes Investieren immer Value Investing ist. Man muss für sein Geld mehr bekommen, als man zahlt, und das ist eine Wertentscheidung. Aber man kann auf vielen verschiedenen Wegen nach etwas suchen, bei dem man mehr für sein Geld bekommt, als man dafür zahlt. Sie können das Anlageuniversum mithilfe von Filtern sichten. Wenn Sie sich an Aktien halten, die Sie nicht einfach für vierzig Jahre in den Tresor legen können, weil sie unterbewertet sind, dann müssen Sie ständig umschichten und diese verkaufen, sobald Sie denken, dass sie sich ihrem tatsächlichen Wert nähern. Und dann müssen Sie sich neue Aktien suchen. Das ist eine aktive Art des Investierens. Aber schöner ist es, gut zu sein bei dem Investment-Ansatz, bei dem man ein paar großartige Unternehmen ausfindig macht und dann einfach nur auf seinem Hintern sitzt, weil man die Zukunft richtig vorausgesagt hat.«

2001 Aktionärsversammlung (00:55:02)

WB: »Value und Growth sind untrennbar miteinander verbunden. Growth – Wachstum – ist Teil der Wertgleichung. So etwas wie Growth-Aktien oder Value-Aktien, welche die Wall Street gemeinhin als gegensätzliche Anlageklassen definiert, gibt es nicht. Wachstum ist in der Regel positiv für den Wert, aber nur, wenn das eingesetzte Kapital später mehr Auszahlungen bringt, und zwar zu einem Zinssatz, der deutlich über dem aktuellen Zinssatz liegt. Wir überschlagen bei jedem Unternehmen, das wir kaufen, unsere Erwartungen, sowohl in Bezug auf die Cashflows, die das Unternehmen generiert, als auch in Bezug auf das Geld, das in das Unternehmen fließt.«

»Bei FlightSafety werden wir in diesem Jahr wahrscheinlich Simulatoren im Wert von 200 Millionen Dollar kaufen. Die Höhe unserer Abschreibungen wird vermutlich bei 70 Millionen Dollar liegen, also investieren wir 130 Millionen Dollar darüber hinaus in dieses Geschäft. Das kann gut oder schlecht sein. Es dient dem Wachstum, keine Frage. Aber ob das gut oder schlecht ist, hängt davon ab, was wir mit diesen zusätzlichen 130 Millionen Dollar im Laufe der Zeit verdienen. Wenn Sie mir also sagen, dass Sie ein Unternehmen besitzen, das extrem wachsen wird, weiß ich nicht, ob das so toll ist oder nicht. Das kann ich erst beurteilen, wenn ich weiß, wie sich dieses Wachstum wirtschaftlich darstellt. Wie viel Sie heute investieren müssen und wie viel Sie später aus dieser Investition herausbekommen werden.«

»Ein klassisches Beispiel ist das Fluggeschäft. Seit Orville Wright abhob, ist das Fluggeschäft ein Wachstumsgeschäft. Aber Wachstum war das Schlimmste, was dieser Branche passieren konnte. Für die amerikanische Öffentlichkeit war es klasse, aber für das Fluggeschäft war das Wachstum ein Fluch, weil immer mehr Kapital zu unzureichenden Renditen investiert wurde. Bei See's Candies ist Wachstum hingegen etwas Tolles, weil es relativ wenig zusätzliche Investitionen erfordert, um pfundweise mehr Süßigkeiten zu verkaufen. Wachstum ist Teil der Gleichung, aber jeder, der Ihnen sagt: ›Sie sollten Ihr Geld in Growth-Aktien oder Value-Aktien investieren‹, hat keine Ahnung vom Investieren.«

CM: »Aus meiner Sicht lässt sich mit Fug und Recht behaupten, dass wir bei Berkshire mit einer sehr begrenzten Anzahl an Mitarbeitern in der Zentrale – und diese Mitarbeiter sind ziemlich alt – besonders daran interessiert sind, große Summen in Gelegenheiten zu investieren, bei denen wir später nicht noch einmal clever sein müssen. Mit anderen Worten: Wenn wir gute Unternehmen, die von guten Leuten geführt werden, zu vernünftigen Preisen kaufen, stehen die Chancen gut, dass wir viele Jahrzehnte lang erfolgreich sind, ohne dass wir in der Zentrale dafür besonders clever sein müssten. In gewisser Weise kann man das als Growth-Investment bezeichnen.«

WB: »Wenn Sie die Börsianer an der Wall Street gebeten hätten, Berkshire seit 1965 – Jahr für Jahr – zu klassifizieren: ›Ist dies eine Growth-Aktie oder eine Value-Aktie?‹ – wer weiß, was diese gesagt hätten. Aber der springende Punkt ist: Wir geben jetzt Geld aus, um später mehr Geld zurückzubekommen. Wenn man das tut, wächst das Geschäft. Man kann das als Value- oder als Growth-Ansatz bezeichnen, aber es handelt sich nicht um zwei verschiedene Kategorien.«

FINANZMODELLIERUNG AND -BEWERTUNG

1995 Aktionärsversammlung (01:41:56)

WB: »Wir beurteilen Unternehmen danach, wie viel Cashflow sie generieren können, wenn wir sie vollständig kaufen, oder wie viel sie künftig generieren, wenn wir sie teilweise kaufen – und da gibt es einen Unterschied. Dann fragen wir uns, mit welcher Diskontierungsrate wir unsere Investition zurückbekommen. Wie weit schauen wir in die Zukunft et cetera? Das könnten wir natürlich mittels einer einfachen Gleichung definieren, aber wir haben uns nie hingesetzt und eine Reihe von Zahlen aufgeschrieben, die in dieser Gleichung auftauchen. Wir machen das gewissermaßen im Kopf. Es gibt kein Blatt Papier. Es gab kein Blatt Papier, auf dem unsere Berechnungen zu Helzberg, See's Candies oder *The Buffalo News* standen. Es würde unserer Analyse etwas mehr wissenschaftliche Qualität verleihen, als sie tatsächlich hat, wenn ich Ihnen auf Kauderwelsch irgendwas erzählen würde wie: ›Wir machen das seit achtzehn Jahren so und nehmen diesen und jenen Terminal Value[16] an et cetera.‹ Wir sitzen im Büro und denken bei jeder Investition über diese Frage nach. Und wir haben allgemeine Diskontierungszinssätze im Kopf. Aber wir möchten, dass die Entscheidung für uns so offensichtlich ist,

16 Anmerkung der Übersetzerin: Der Terminal Value (auch Endwert genannt) entspricht der Summe aller Cashflows vom ersten Jahr nach der Planungsperiode bis in die Ewigkeit.

dass sie gar keine detaillierten Berechnungen erfordert. Das ist der Rahmen, aber er wird nicht in dem Sinne angewendet, dass wir tatsächlich alle Variablen genau beziffern.«

CM: »Berkshire wird so geführt, wie Thomas Hunt Morgan, der große Nobelpreisträger, die Biologieabteilung am Caltech geleitet hat. Er verbot den Friden-Rechner, den Computer jener Zeit. Und die Leute sagten: ›Wie kannst du das tun? Überall sonst am Caltech gibt es Friden-Rechner.‹ Und er antwortete: ›Na ja, wir sammeln diese großartigen Goldklumpen einfach durch organisierten gesunden Menschenverstand. Die Ressourcen sind knapp, und wir werden nicht auf verdammten Seifenbergbau zurückgreifen, solange wir solche großen Goldvorkommen abbauen können.‹ So arbeitet Berkshire. Und ich hoffe, dass die Ära des Seifenbergbaus niemals kommen wird. Im Zusammenhang mit einer Übernahme hat einmal jemand Unterlagen zu unserer Personalausstattung verlangt. Wir hatten nicht nur keine Unterlagen, sondern auch kein Personal.«

2011 Aktionärsversammlung (04:14:13)

WB: »Wachstum ist Teil der Investitionsgleichung, und selbstverständlich lieben wir profitables Wachstum. … Wenn wir ein Unternehmen betrachten und in die Zukunft blicken, freuen wir uns natürlich, wenn wir Wachstum sehen und dieses Wachstum eine hohe Rendite auf das eingesetzte Kapital bringt. Aber wir schließen Unternehmen, bei denen wir nur wenig oder gar kein Wachstum erwarten, nicht aus, wenn der Preis im Verhältnis zur Ertragskraft attraktiv ist. … Das ist ein Faktor bei jeder Investitionsentscheidung, denn wir schauen zwar auf die zukünftige Ertragskraft, aber auch auf den zukünftigen Kapitalbedarf. Und wir denken intensiv darüber nach, ob ein Unternehmen, in das wir einsteigen, wahrscheinlich profitabel wachsen wird … aber wir schließen Unternehmen mit sehr langsamem Wachstum oder ohne Wachstumschancen nicht aus.«

CM: »Das Interessante daran ist, dass den Studenten an den Wirtschaftsfakultäten in unserem Land beigebracht wird, solche Prognosen für die ferne Zukunft zu erstellen, und dass sie Computer programmieren, um diese Prognosen auszuarbeiten. Diese Prognosen werden dann für geschäftliche Entscheidungen herangezogen. Ich habe solche Prognosen immer für eher schädlich denn nützlich gehalten. Warren hat meines Wissens noch nie eine solche Prognose erstellt, und wenn ein Investmentbanker eine solche Prognose erstellt, werfen wir sie in der Regel ungelesen in den Papierkorb. Ich glaube, dass eine falsche Präzision ins Spiel kommt, wenn man Computer programmiert, um Prognosen für einen langen Zeitraum zu erstellen. Wir erstellen ständig grobe Prognosen in unserem Kopf. Wir erstellen keine formellen Prognosen, denn die Tatsache, dass sie auf Papier stehen und aus einem Computer kommen, lässt manche Leute glauben, dass sie wichtig sein müssen. Ich bin voll und ganz der Meinung, dass sie mehr schaden als nützen.«

WB: »Als wir im Jahr 1986 die Scott & Fetzer Company (Scott Fetzer) kauften, war sie von der First Boston mehr als dreißig Interessenten angeboten worden. Uns haben sie nie angerufen. … Ich hatte davon in der Zeitung gelesen und schickte einen Brief an Ralph Schey. Ich hatte den Mann noch nie getroffen und auch nicht mit ihm gesprochen, aber ich dachte mir, ich riskiere 21 Cent, oder was auch immer die Briefmarke damals kostete. Ich schrieb: ›Wir bieten 60 Dollar pro Aktie. Wenn Ihnen der Vorschlag gefällt, treffen wir uns am Sonntag in Chicago, und falls Ihnen die Idee nicht gefällt, zerreißen Sie diesen Brief.‹«

»Ralph traf sich mit mir, wir schlossen den Vertrag und einigten uns auf 60 Dollar pro Aktie. Charlie und ich gingen zusammen hin, um den Vertrag zu unterschreiben, und der Mann von der First Boston war auch da; er war etwas verlegen, weil er uns nicht angesprochen hatte, als sie einen Käufer suchten. Aber natürlich hatte er einen Vertrag, der eine Provision von mehreren Millionen Dollar vorsah, obwohl wir den Deal selbst abgeschlossen hatten. Also, in einem Moment des Überschwangs, als er seine paar Millionen Dollar kassierte, sagte er zu Charlie: ›Wir haben da dieses Buch in Bezug auf Scott Fetzer erstellt, und da Sie uns ein paar Millionen Dollar bezahlen und bisher nichts dafür bekommen haben, möchten Sie es vielleicht haben.‹ Charlie antwortete mit seinem üblichen Taktgefühl: ›Ich zahle Ihnen 2 Million Dollar, wenn Sie mir das Buch nicht zeigen.‹«

»Wegen [des Spezialchemieunternehmens] Lubrizol traf sich Dave Sokol mit James Hambrick, und Lubrizol hatte bereits Prognosen bis zum Jahr 2013 veröffentlicht. Dave erzählte mir, dass James ihm Prognosen bis 2015 gegeben hätte und ob ich die sehen wolle. Ich lehnte ab. Ich möchte mir nicht die Prognosen anderer Leute ansehen. Ich habe noch nie eine Prognose eines Investmentbankers gesehen, in der die Gewinne im Laufe der Zeit nicht gestiegen wären – und glauben Sie mir, sie steigen nicht immer. Es ist wie immer: Fragen Sie den Friseur nicht, ob Sie einen Haarschnitt brauchen. Sie sollten einen Investmentbanker nicht fragen, wie er die Gewinne eines Unternehmens, das er verkaufen will, für in fünf Jahren einschätzt. Ich schenke solchen Dingen keine Beachtung.«

»Aber wie Charlie sagt, erstellen wir Prognosen in unserem Kopf, wenn wir uns ein Unternehmen ansehen. Wenn wir uns ein Unternehmen oder eine Aktie als potenziellen Kaufkandidaten ansehen, haben wir eine Vorstellung im Kopf, wie dieses Unternehmen in einigen Jahren aussehen könnte. Und dann haben wir auch eine Vorstellung im Kopf, wie weit wir davon entfernt sein könnten. Es gibt einige Dinge, bei denen wir weit davon entfernt sein können, und andere, bei denen wir wahrscheinlich in einem relativ engen Bereich liegen werden. All das spielt eine Rolle – aber wir wollen uns ganz sicher nicht auf die Prognosen anderer verlassen.«

CM: »Denjenigen von Ihnen, die kurz vor dem Studium an einer Wirtschaftsfakultät stehen oder sich bereits dort eingeschrieben haben, empfehle ich, es so zu machen wie wir. Aber zumindest bis zum Abschluss sollten Sie so tun, als würden Sie es so machen, wie die es dort machen.«

DISCOUNTED-CASHFLOW-VERFAHREN (DCF-VERFAHREN)

1996 Aktionärsversammlung (04:18:46)

CM: »Warren spricht über die sogenannten Discounted Cashflows[17], aber ich habe noch nie gesehen, dass er einen berechnet hat. Wenn nicht offensichtlich ist, dass etwas gut funktionieren wird, es sei denn, man berechnet es, neigt er dazu, zur nächsten Idee überzugehen.«

---

[17] Anmerkung der Übersetzerin: Der diskontierte Cashflow (DCF) ist ein abgezinster Zahlungsstrom und wird als Bewertungsmethode verwendet, mit der der Wert einer Investition auf der Grundlage der erwarteten künftigen Cashflows (Zahlungsstrom, Geldfluss, Kassenzufluss oder Einzahlungsüberschuss) geschätzt wird.

WB: »Das stimmt: Wenn man tatsächlich mit spitzem Bleistift und Papier rechnen muss, sind die Gewinnchancen zu knapp, um darüber nachzudenken. Es sollte einem einfach ins Auge springen, dass man diese enorme Sicherheitsmarge hat.«

GEWINNWACHSTUM UND BEWERTUNGEN

2001 Aktionärsversammlung (02:10:28)

WB: »Ich halte es für einen Fehler, wenn Unternehmen ein jährliches Gewinnwachstum von 15 Prozent vorhersagen, aber viele machen das gleichwohl. Zum einen wird jede Prognose irgendwann eingeholt, wenn die US-Wirtschaft nicht um 15 Prozent pro Jahr wächst. Von daher ist das unrealistisch. Nur sehr wenige Großunternehmen können ihre Gewinne um 15 Prozent steigern. Schauen Sie sich die Fortune-500-Liste an – wenn Sie ein Unternehmen mit derzeitigen Rekordgewinnen auswählen und zehn Unternehmen auswählen möchten, die in den nächsten zwanzig Jahren durchschnittlich 15 Prozent oder mehr erzielen, wette ich mit Ihnen: Mehr als die Hälfte auf Ihrer Liste wird es nicht schaffen. Ich halte das also für einen Fehler; es verleitet die Leute dazu, bei der Buchhaltung zu schummeln, ihre Geschäftspraktiken zu ändern. Wenn Sie sich die Unternehmen ansehen, die es geschafft haben, finden Sie zahlreiche Beispiele von Leuten, die solche Fehler gemacht haben.«

CM: »So etwas passiert ständig. Es wird auch weiterhin passieren. Das ist einfach Teil des Systems. Ich sehe mehr Prognosen für ein hohes zukünftiges Gewinnwachstum, nicht weniger. Ein paar wenige Leute haben sich zu einer Art Abstinenz verpflichtet, aber das sind nur sehr wenige. Wachstum ist nun mal das, was die Analysten hören wollen.«

WB: »Es ist das, was die Investor-Relations-Abteilungen vom Management hören wollen. Das macht ihnen das Leben leichter. Aber sie müssen nicht in fünf oder zehn Jahren noch dort sein und dasselbe tun. Wenn wir 15 Prozent für Berkshire prognostizieren, bedeutet das in fünf Jahren 200 Milliarden Dollar. In zehn Jahren 400 Milliarden Dollar. In fünfzehn Jahren wären es 800 Milliarden Dollar. In zwanzig Jahren 1,6 Billionen. Die Werte werden absurd hoch. Und wenn Sie ein Unternehmen mit einem Marktwert von 500 Milliarden haben – und davon gab es vor nicht allzu langer Zeit einige –, überlegen Sie mal, was Sie an zukünftigen Cashflows bei einer Diskontierungsrate von 15 Prozent liefern müssten, um solche Prognosen zu rechtfertigen. Ein Unternehmen, das für 500 Milliarden verkauft wird und Ihnen heute keinen Cashflow liefert, müsste Ihnen, damit Sie 15 Prozent auf Ihr Geld zu erhalten, in diesem Jahr 75 Milliarden Dollar bringen. Aber wenn es in diesem Jahr keine 75 Milliarden erzielt, muss es Ihnen im nächsten Jahr 86,25 Milliarden zahlen. Und wenn es das im nächsten Jahr nicht schafft, muss es Ihnen im dritten Jahr fast 100 Milliarden Dollar zahlen. Diese Zahlen sind schwindelerregend.«

»Die Auswirkungen bestimmter Marktbewertungen gehören eigentlich in *Gullivers Reisen*. Aber die Leute nehmen sie sehr ernst. Vor einem Jahr wurden bestimmte Unternehmen noch mit 500 Milliarden Dollar bewertet; es gibt fast keine mathematische Berechnung, mit der man solche Bewertungen rechtfertigen könnte, wenn man eine Rendite von 15 Prozent auf sein Geld verlangen würde.«

CM: »In gewisser Weise verkaufen sich Aktien wie Bilder von Rembrandt. … Sie verkaufen sich aufgrund der Tatsache, dass Rembrandt-Bilder in der Vergangenheit an Wert gewonnen haben. Wenn man bei Aktien auf solche Bewertungen kommt, können verrückte Dinge passieren. Anleihen sind viel rationaler, denn niemand kann glauben, dass eine Anleihe mit einem festen, moderaten Zinssatz in die Höhe schnellen kann, aber Aktien verhalten sich teilweise wie Rembrandt-Bilder.«

»Angenommen, Sie würden alle Pensionsfonds in Amerika ausschließlich mit Rembrandt-Bildern bestücken? Natürlich würden die Preise der Rembrandt-Bilder immer weiter steigen, da die Leute immer mehr Rembrandt-Bilder oder Teile davon zu immer höheren Preisen kaufen würden. Würde das nach zwanzig Jahren nicht zu einem riesigen Chaos führen? Und in dem Ausmaß, in dem Aktienkurse allgemein irrational werden: Ist das nicht so, als würde man die Hälfte der Pensionsfonds mit Rembrandt-Bildern füllen? Ich finde, das sind gute Fragen.«

BUCHWERT

1994 Aktionärsversammlung (02:14:59)

WB: »Der Buchwert spielt bei unserer Analyse von Wertpapieren praktisch keine Rolle. Die besten Unternehmen sind per definitionem solche, die im Laufe der Zeit eine sehr hohe Kapitalrendite erzielen. Wenn wir also gute Unternehmen besitzen wollen, werden wir naturgemäß auf solche Unternehmen setzen, die im Vergleich zu unserem Kaufpreis relativ wenig Kapital binden. Das wäre nicht Ben Grahams Ansatz gewesen, aber Ben arbeitete nicht mit allzu großen Summen. Er hätte diesen Ansatz nicht in Frage gestellt, sondern einfach gesagt, sein Ansatz sei einfacher. Und vielleicht ist es tatsächlich einfacher, vorausgesetzt, man arbeitet mit kleinen Geldbeträgen.«

»Mein Freund Walter Schloss hat eine absolut sensationelle Erfolgsbilanz vorzuweisen und hat sich viel stärker auf die Art von Wertpapieren fokussiert, die Ben ausgewählt hätte, aber er hat mit kleineren Geldbeträgen gearbeitet. Das überrascht mich überhaupt nicht; als Walter Graham-Newman verließ, war ich davon überzeugt, er würde gut abschneiden. Aber ich sehe die wichtigste Botschaft von Graham nicht in Formeln. Es gibt drei wichtige Aspekte. Der Erste ist Ihre Einstellung zum Aktienmarkt. Das wird in Kapitel acht von *The Intelligent Investor* [auf Deutsch erschienen unter dem Titel *Intelligent Investieren*] behandelt. Wenn Sie die richtige Einstellung zum Markt haben, sind Sie 99 Prozent der Menschen, die auf dem Markt agieren, einen Schritt voraus. Sie haben einen enormen Vorteil. Der zweite Grundsatz ist die Sicherheitsmarge, die Ihnen ebenfalls einen enormen Vorteil verschafft und sogar weit über die Welt der Investitionen hinaus Anwendung findet. Und der dritte Grundsatz besteht darin, Aktien als Unternehmen zu betrachten, was Ihnen eine völlig andere Sichtweise verschafft, als die meisten Marktteilnehmer an den Tag legen. Mit diesen drei philosophischen Maßstäben ist die genaue Bewertungsmethode, die Sie anwenden, nicht wirklich wichtig, weil Sie nicht weit vom Ziel abweichen.«

CM: »In dem Ausmaß, in dem die Schätzung zukünftiger Cashflows Prognosen erfordert, würde ich sagen, dass Prognosen zwar logischerweise aufgrund der Umstände erforderlich sind, im Durchschnitt jedoch mehr Schaden als Nutzen bringen. Die meisten Prognosen werden von Personen erstellt, die ein Interesse an einem bestimmten Ergebnis haben. Die unbewusste Voreingenommenheit, die in diesen Prozess einfließt, und seine nur scheinbar vorhandene Präzision machen ihn irreführend, unredlich und schlichtweg unklug oder so. Mark Twain sagte einmal, eine Mine sei ein Loch im Boden, das einem Lügner gehört. Und eine Prognose, die in Amerika von jemandem mit einem Verkaufsauftrag erstellt wird oder von einem Manager, der eine bestimmte Vorgehensweise rechtfertigen will, ist häufig eine Lüge. In den meisten Fällen handelt es sich nicht um eine absichtliche Lüge; der Mann glaubt selbst daran, und das ist das Schlimmste. Prognosen sind mit großer Vorsicht zu genießen, vor allem wenn jemand ein Interesse daran hat, Sie in die Irre zu führen.«

WB: »Charlie und ich, das kann man wohl so sagen, haben noch nie eine Prognose im Zusammenhang mit einem Wertpapier oder einem Unternehmen angesehen, das wir gekauft haben. Prognosen wurden uns angeboten, und wir haben sie bewusst abgelehnt, wenn man sie uns aufdrängen wollte. Die Tatsache, dass sie von den Leuten, die das Unternehmen verkaufen, oder von den Führungskräften, die sie ihren Vorständen präsentieren, so akribisch vorbereitet werden, bedeutet, dass entweder wir uns irren oder sie sich irren.«

»In neun von zehn Fällen ist es ein Ritual, das Manager durchlaufen, um das zu rechtfertigen, was sie ohnehin vorhaben. Ich habe noch nie einen Vorstand getroffen, der etwas kaufen wollte und gesagt hat: ›Na ja, ich musste ablehnen, weil die Prognosen nicht gepasst haben.‹ Das kommt nie vor. Es wird immer jemanden geben, der Prognosen erstellt, die denjenigen zufriedenstellen, der ihm das Gehalt zahlt oder seine Provisionen bewilligt. Und all diese Leute geben die Prognosen an alle weiter, die sie brauchen, die Banker oder den Vorstand, um sie durchzuwinken. Das ist völliger Unsinn. Ich war kürzlich bei einer Veranstaltung, bei der Prognosen Teil der Präsentation waren. Ich habe darum gebeten, dass die Aufzeichnungen der Personen, die die Prognosen erstellt haben, sowie ihre früheren Prognosen ebenfalls vorgelegt werden. Das war sehr unhöflich, aber glauben Sie mir, es hat sich als richtig erwiesen.«

1998 Aktionärsversammlung (03:52:48)

WB: »Der Wert wird durch die Erträge bestimmt, nicht durch den Buchwert. Der Buchwert ist für uns kein Faktor. Wir berücksichtigen vielmehr die zukünftigen Erträge. Und die Erträge vieler japanischer Unternehmen sind schlecht. Wenn Sie nun davon ausgehen, dass die Eigenkapitalrendite japanischer Unternehmen drastisch steigen wird, und Sie damit Recht haben, werden Sie mit japanischen Aktien viel Geld verdienen. Aber die Eigenkapitalrendite japanischer Unternehmen ist recht niedrig, und das macht ein niedriges Kurs-Buchwert-Verhältnis sehr angemessen, da die Gewinne anhand des Buchwertes gemessen werden. Wenn ein Unternehmen 5 Prozent seines Buchwertes als Gewinn erzielt, möchte ich es nicht zum Buchwert kaufen, wenn ich davon ausgehe, dass es 5 Prozent auch weiterhin erzielen wird. Ein niedriges Kurs-Buchwert-Verhältnis sagt uns also nichts. Es interessiert uns nicht. Tatsächlich schauen wir uns eher Unternehmen an, die zu einem hohen Kurs-Buchwert-Verhältnis gehandelt werden, als solche mit einem niedrigen Kurs-Buchwert-Verhältnis, da wir im ersten Fall eher ein schlechtes Unternehmen vor uns haben und im zweiten Fall ein gutes.«

MINIMUM-ZINS AUF DEN FREIEN CASHFLOW

1994 Aktionärsversammlung (00:19:02)

WB: »Ich glaube nicht, dass wir das machen würden, aber wir könnten uns vorstellen, ein Unternehmen ohne aktuellen Cashflow nach Steuern zu kaufen; wir müssten davon ausgehen, dass es eine hervorragende Zukunft hat. Die aktuellen Zahlen, vor allem für die Art von Unternehmen, die wir kaufen, sind unserer Meinung nach repräsentativ für die zukünftige Entwicklung. Das muss aber nicht unbedingt der Fall sein. Wir haben GEICO gekauft, als das Unternehmen erhebliche Verluste schrieb. Wir gingen nicht davon aus, dass diese Verluste anhalten würden. Wenn wir den Barwert der zukünftigen Ertragskraft im Vergleich zum Kaufpreis für attraktiv genug halten, würden wir uns von den Zahlen des ersten Jahres nicht abschrecken lassen.«

CM: »Es ist uns egal, wie unser Bericht in den ersten ein oder zwei Jahren nach dem Kauf aussieht.«

WB: »Ich würde sagen, dass wir in einer Welt mit langfristigen Anleihezinsen von 7 Prozent sicherlich davon ausgehen würden, dass wir zukünftige Cashflows nach Steuern mit einem Zinssatz von mindestens 10 Prozent diskontieren. Das hängt jedoch davon ab, wie sicher wir uns in Bezug auf das Geschäft sind. Je sicherer wir uns fühlen, desto eher sind wir bereit, uns darauf einzulassen. Wir müssen uns über ein Geschäft ziemlich sicher sein, bevor wir überhaupt Interesse zeigen. Aber es gibt immer noch verschiedene Sicherheitsstufen. Wenn wir davon ausgehen würden, dass wir in den nächsten dreißig Jahren einen aus unserer Sicht extrem sicheren Cashflow erhalten, würden wir einen Diskontierungszins verwenden, der etwas unter demjenigen für ein Szenario liegt, bei dem wir davon ausgehen, dass es in fünf oder zehn Jahren zu Überraschungen kommen könnte.«

BEWERTUNG VON BERKSHIRES VERSICHERUNGSGESCHÄFTEN

1994 Aktionärsversammlung (00:22:03)

WB: »Wie wir bereits mehrfach in dem Bericht erwähnt haben, ist das sehr schwer zu quantifizieren. Aber selbst bei recht pessimistischen Annahmen ist aus meiner Sicht klar, dass der Überschuss des inneren Wertes über den Buchwert bei unserem Versicherungsgeschäft um einiges höher ist. Und die Tabelle im Bericht, die unseren [attraktiven] Float im Vergleich zu den Kosten im Laufe der Jahre zeigt und auch darlegt, wie sich diese Zahlen entwickelt haben, veranlasst Sie wohl – sofern Sie nicht der Meinung sind, dass diese Tabelle für die Zukunft keine Gültigkeit hat – eher zu der Aussage, dass im Versicherungsgeschäft ein erheblicher Überschuss des inneren Wertes über dem Buchwert besteht. Wir haben mit 20 Millionen Dollar Float begonnen und sind jetzt fast bei 3 Milliarden Dollar. Und dieser Float ist uns im Durchschnitt im Laufe der Jahre zu äußerst attraktiven Kosten zugeflossen. Um nur ein Beispiel zu nennen: Letztes Jahr, als wir einen versicherungstechnischen Gewinn erzielt haben, lag der Wert dieses Floats bei über 200 Millionen Dollar. Und dieser Wert war viel höher als vor zehn oder zwanzig Jahren. Das ist eine sehr maßgebliche Einnahmequelle und wir glauben, dass wir hier recht gute Aussichten haben. Wir sind also sehr zuversichtlich, was das Versicherungsgeschäft angeht.«

ÖFFENTLICHE MEINUNG UND KOMMENTARE VON ANALYSTEN

1994 Aktionärsversammlung (00:50:30)

WB: »Jeden Tag verkauft jemand ein paar Berkshire-Aktien und jemand anderes kauft ein paar Berkshire-Aktien, und wahrscheinlich kommen sie zu unterschiedlichen Meinungen über die Bewertung. ... Uns ist das egal. Wir achten auch nicht darauf, was die Leute über Coca-Cola oder Gillette sagen. An jedem beliebigen Tag werden zwei Millionen Coca-Cola-Aktien gehandelt. Es gibt eine Menge Leute, die verkaufen und kaufen. Sie sollten Ihre Entscheidungen in Bezug auf Wertpapiere nicht davon abhängig machen, was andere Leute denken. Wenn Sie das tun, sollten Sie lieber darüber nachdenken, etwas anderes zu machen. Mit einer öffentlichen Meinungsumfrage werden Sie an der Wall Street nicht reich. Sie sollten sich an Unternehmen halten, die Sie selbst einschätzen können. Wir beide lesen nichts darüber, wie sich die Wirtschaft oder der Markt entwickeln werden. Wenn ich einen Artikel lese, in dem Analysten dies oder jenes über ein Unternehmen sagen, hat das für uns keinerlei Bedeutung. Mit einer Wetterfahne wird man nicht reich.«

ZINSSÄTZE UND BEWERTUNGEN

1994 Aktionärsversammlung (02:04:19)

WB: »Der Wert eines Unternehmens, eines landwirtschaftlichen Betriebs, eines Mehrfamilienhauses oder eines anderen wirtschaftlichen Vermögenswerts reagiert zu 100 Prozent empfindlich, was die Zinssätze betrifft, da Sie beim Investieren nichts anderes tun, als Geld an jemanden zu übertragen, um im Gegenzug über einen bestimmten Zeitraum hinweg einen Geldstrom zu erhalten. Je höher die Zinssätze sind, desto geringer ist der Barwert. Der innere Wert jedes Unternehmens ist naturgemäß zu 100 Prozent von den Zinssätzen abhängig.«

2010 Aktionärsversammlung (04:07:00)

WB: »Sehr niedrige Zinsen sind für jeden, der sein Geld kurzfristig angelegt hat, sehr hart. Wenn Sie nur 0,1 Prozent in einem Geldmarktfonds bekämen, in den Sie investiert hätten, als Kolumbus 1492 Amerika entdeckte, und keine Steuern gezahlt hätten, hätten Sie Ihr Geld inzwischen fast verdoppelt.«

»Die Leute reden von einer lockeren Geldpolitik, aber für diejenigen, die von dem Geld leben müssen, ist das gar nicht so einfach. Das wird nicht ewig so bleiben, aber für Menschen mit festem Einkommen kann es sich wie eine Ewigkeit anfühlen. Sie tun mir sehr, sehr leid. Viele von ihnen bekamen Angst, als Ende 2008 die Welt zusammenzubrechen schien. Der Preis, den sie zahlen, ist in Bezug auf ihre Renditen wirklich schrecklich, und ihre Kaufkraft wird künftig aufgefressen. Ich weiß nicht wie, aber irgendwann hat das ein Ende. Es kann nicht ewig so weitergehen, riesige Haushaltsdefizite anzuhäufen und eine sehr lockere Geldpolitik zu betreiben. Wenn wir in Schwierigkeiten geraten, sollte die Schuld dafür beim Kongress liegen, nicht bei der Fed.«

CM: »In gewisser Weise ist unsere wirkliche Situation fast schon auf lustige Weise deprimierend. Die Aktienkurse steigen, weil die Renditen, die man erhält, wenn man sein Geld auf sichere Weise gegen Zinsen verleiht, so miserabel sind. Eine Antwort darauf ist natürlich, dass dies nicht von Dauer sein kann. In diesem Fall werden Aktien relativ gesehen nicht mehr so viel Wert haben. Und wenn es doch von Dauer ist, wie in Japan, wird uns das auch nicht gefallen, weil wir dann in einer schrecklichen Stagnation versinken würden. Das ist doch eine aufmunternde Botschaft.«

WB: »Der Druck, den extrem niedrige kurzfristige Zinsen auf den Wert aller anderen Vermögenswerte ausübten, kann gar nicht hoch genug eingeschätzt werden. Die Menschen legen ihr Geld zu 0,1 Prozent an, weil sie Angst vor allem anderen haben. Aber wenn ihre Angst nachlässt, wie es in den vergangenen Jahren der Fall war, entsteht ein enormer Druck, die Aktien- und Immobilienpreise wieder nach oben zu treiben. Das verstehen natürlich alle, die mit solchen Entwicklungen zu tun haben. Aber ich glaube, man sollte nicht unterschätzen, inwieweit die Aktienkurse des letzten Jahres das Ergebnis der Qualen sind, die den Menschen zugemutet wurden, die ihr Geld in kurzfristigen Geldanlagen geparkt haben. Sofern sie keine Angst vor der Welt haben, werden sie zu anderen Investitionen gedrängt, und ich denke, das haben wir schon oft gesehen. Wir werden sehen, was passiert, wenn diese Geldmarktzinsen steigen, falls sie das tun.«

MARKET VALUE ADDED (MVA), ECONOMIC VALUE ADDED (EVA) UND CAPITAL ASSET PRIVING MODEL (CAPM)

1995 Aktionärsversammlung (01:06:29)

CM: »Wenn Warren den Economic Value Added (EVA) [Residualgewinn] genauso verwendet, wie er derzeit an den Wirtschaftsfakultäten gelehrt wird, hat er mir davon jedenfalls nichts erzählt. Das Modell hat natürlich seine Berechtigung. Aber die genauen formalen Methoden verwenden wir nicht, soviel ich weiß. Oder, Warren, stellst du heimlich solche Berechnungen an?«

WB: »In gewisser Weise versuchen die Wirtschaftsfakultäten der Unis dasselbe wie wir, aber aus meiner Sicht weist das Modell einige Mängel auf. Zwar meine ich, dass man im Allgemeinen zu den richtigen Antworten kommt, aber es ist, als würde man sich selbst zu den richtigen Antworten zwingen. Ich glaube nicht, dass man so etwas braucht. Ich halte es nicht für besonders kompliziert herauszufinden, wo es sinnvoll ist, Geld zu investieren. Was die mentalen Gedankenspiele angeht, die man dabei durchläuft, finde ich das Thema nicht besonders kompliziert. Die Leute, die in der Unternehmensberatung die eine oder andere Modeerscheinung vermarkten, machen sie tendenziell etwas komplizierter als nötig, damit man den Hohepriester unbedingt hinzuziehen muss. Wenn wirklich nur die Zehn Gebote zählen, ist das für religiöse Seelsorger sehr schwierig, es macht die Sache einfach nicht kompliziert genug. Das gibt es ziemlich oft in der Unternehmensberatung und in den Büchern, die man so liest.«

CM: »Es ist um einiges weniger albern als das Capital Asset Pricing Model (CAPM) [Kapitalgutpreismodell]. Zumindest in der Wissenschaft gibt es also Fortschritte.«

WB: »Das CAPM schwankte enorm in Sachen Popularität. Das sieht man im Management und im Investmentbereich. ... Man kann die Zeitschrift *Pensions & Investment* lesen, die ziemlich gut ist, aber man erkennt darin solche Modeerscheinungen. Dann gibt es Seminare und alles Mögliche, und die Investmentbanker entwickeln Produkte, um die Nachfrage zu befriedigen. Diese Modeerscheinungen gibt es auch im Management. Natürlich sollte man seinen Kunden zuhören und so weiter – aber es ist schwer, ein 300-seitiges Buch zu schreiben, in dem nur steht: ›Hören Sie Ihren Kunden zu.‹ Das ist eines der Dinge, die mir an Grahams Buch gefallen haben. Alles, was er geschrieben hat, erschien irgendwie sinnvoll. Er hat nicht versucht, die Dinge komplizierter zu machen, als sie sind.«

BEWERTUNG VON BANKEN

1995 Aktionärsversammlung (02:23:31)

WB: »Wir wenden auf Banken dieselben Kriterien an wie auf andere Unternehmen. Wir haben keinerlei Theorien zur Kapitalallokation nach Bereichen. Wir beurteilen Banken nach denselben Kriterien wie jedes andere Unternehmen auch. ... Wir haben 1969 für Berkshire eine Bank gekauft, die Illinois National Bank and Trust of Rockford. Wir haben uns schon immer für das Bankgeschäft interessiert. Wir sind der Meinung, dass eine derartige Bewertung in unseren Kompetenzkreis fällt. Das bedeutet nicht, dass wir immer richtig liegen, aber wir glauben nicht, dass das Bankgeschäft für uns ein Buch mit sieben Siegeln ist.«

KURS-GEWINN-VERHÄLTNIS (KGV)

1995 Aktionärsversammlung (04:27:46)

WB: »Ein KGV auf Basis des heutigen Gewinns ist nicht in erster Linie ausschlaggebend. Wir haben beispielsweise Coca-Cola-Aktien in den Jahren 1988 und 1989 und im Schnitt zu einem Preis von 11 Dollar gekauft, der Tiefstwert lag bei 9 Dollar der Höchstpreis bei 13 Dollar, aber im Schnitt waren es etwa 11 Dollar je Aktie. Die meisten Schätzungen gehen für dieses Jahr von einem Gewinn zwischen

2,30 und 2,40 Dollar aus. Das ist also weniger als das Fünffache des diesjährigen Gewinns, aber als wir die Aktie gekauft haben, war das ein ziemlich gutes KGV. Was zählt, ist die Zukunft. Es ist wie Wayne Gretzky sagt: Man muss dort hinlaufen, wo sich der Puck hinbewegt, nicht dahin, wo er gerade ist. Das aktuelle KGV interagiert mit der Reinvestition von Kapital und dem Zinssatz, zu dem dieses Kapital investiert wird, um die Attraktivität einer Sache zum aktuellen Zeitpunkt zu bestimmen.«

»Wir sind in diesem Bewertungsprozess in erheblichem Maße von Zinsen beeinflusst, aber nicht dahingehend, ob sie bei 7,3 Prozent, 7,0 Prozent oder 7,5 Prozent liegen. Wir würden ganz anders denken, wenn die langfristigen Zinsen bei 11 Prozent statt bei 5 Prozent lägen. Aber wir haben keine magischen KGVs im Kopf. Wir wollen in einem Geschäft tätig sein, das in zehn Jahren viel mehr Geld einbringt als heute und bei dem wir auch dann noch überzeugt sind, dass die Aussichten gut sind. Entsprechende Unternehmen wollen wir vollständig kaufen, oder wir versuchen, einen Teil davon zu kaufen.«

CM: »Wir halten uns nicht an starre Formeln.«

WB: »Es gibt einen allgemeinen Rahmen, den man als Formel bezeichnen könnte. Aber wir machen uns nicht vor, dass wir so viel über die Einzelheiten wissen, dass wir tatsächlich eine Berechnung in Form einer Gleichung anstellen könnten. Als wir 1988 und 1989 Coke gekauft haben, hatten wir eine Vorstellung davon, wie sich das Geschäft im Laufe der Zeit entwickeln würde, aber wir haben das nie in eine Berechnung einfließen lassen. Vielleicht sollten wir eine solche anstellen, aber wir glauben nicht, dass sie so präzise möglich wäre. Wir halten es für richtig, allgemein zu denken, aber wir glauben auch, dass man sich etwas vormacht, wenn man glaubt, dass man das genau bestimmen könnte. Daher sind wir der Meinung, dass eine Entscheidung mit einer solchen Sicherheitsmarge getroffen werden sollte – sie sollte so attraktiv sein –, dass man sie nicht auf drei Dezimalstellen genau ausrechnen muss.«

2000 Aktionärsversammlung (01:08:09)

WB: »Wir haben keinerlei Obergrenze. Wir denken nicht in solchen absoluten Kategorien, weil wir versuchen, zu überlegen, wie viele Vögel im Busch sitzen. Und manchmal kann die aktuell angezeigte Zahl negativ sein.«

»Einer unserer besten Käufe war 1976 der Erwerb von GEICO, der durch Rückkäufe zu einem Anteil von 50 Prozent wurde – zu einer Zeit, als das Unternehmen viel Geld verlor und auch in naher Zukunft mit hohen Verlusten zu rechnen hatte. Die Tatsache, dass dieser Versicherer Geld verlor, war uns nicht entgangen, aber wir sahen dort eine Zukunft, die sich deutlich von der aktuellen Situation unterschied. Es würde uns also überhaupt nicht stören, in ein Unternehmen zu investieren, das aus Gründen, die wir verstehen, derzeit Verluste macht, dessen Zukunft aber nach unserer Überzeugung ganz anders aussehen wird. Wir haben kein Kurs-Gewinn-Verhältnis im Kopf, das für uns eine Grenze darstellt. Man könnte ein kleines Geschäft betreiben, mit dem man einen winzigen Gewinn erzielt, für den man ein sehr, sehr hohes Kurs-Gewinn-Verhältnis zahlen würde. Wir betrachten all diese Unternehmen als Unternehmen. Bei [dem Privatjet-Unternehmen] NetJets beispielsweise machen wir in Europa Verluste. Wir rechnen damit, dass wir in Europa Verluste machen werden, bis wir uns dort etabliert haben. Heißt das, dass es eine schlechte Idee wäre, das Unternehmen zu kaufen? Nein.«

»Es gibt alle möglichen Entscheidungen, bei denen die Zukunft in wichtiger Hinsicht anders aussieht als die Gegenwart. Die meisten unserer Entscheidungen beziehen sich auf Dinge, bei denen wir davon ausgehen, dass sich die Zukunft nicht wesentlich ändern wird. American Express war ein gutes Beispiel dafür. Als wir das Unternehmen 1964 kauften, hatte ein Mann namens Tino De Angelis dem Unternehmen unglaublichen Schaden zugefügt; eine Zeit lang sah es so aus, als könnte dies das Unternehmen zerstören. Hätten Sie das, was Tino dem Unternehmen gestohlen hatte, mit den Einnahmen dieses Jahres verrechnet oder die damit verbundenen Rechtsverfolgungskosten berücksichtigt, hätten Sie einen erheblichen Verlust hinnehmen müssen. Aber die eigentliche Frage war, wie American Express in zehn oder zwanzig Jahren aussehen würde. Wir waren da sehr zuversichtlich.«

»Es gibt also keine willkürlichen Grenzwerte. Aber es gibt einen Fokus darauf, wie viel Cash dieses Geschäft bis zum Sankt-Nimmerleins-Tag einbringen wird. Praktisch gesehen verlieren die Endwerte an Bedeutung, wenn man sie für etwa zwanzig Jahre schätzt. Aber man möchte im Kopf einen Zahlungsstrom haben, der über einen Zeitraum von beispielsweise zwanzig Jahren anfällt und der, zu einem angemessenen Zinssatz abgezinst, sinnvoll erscheint im Vergleich zu dem, was man heute zahlt.«

CM: »Die Antwort ist fast das genaue Gegenteil von dem, worauf Sie hinauswollten. Ein Unternehmen mit einer unterirdischen Goldgrube, die verdeckt ist durch schlechte Zahlen, welche in den Köpfen anderer Leute Ausschlusskriterien darstellen: Das ist ideal für uns, wenn wir so etwas herausfinden.«

WB: »Und wir hatten in unserer Geschichte schon einige solcher Unternehmen, die uns viel Geld eingebracht haben.«

DISKONTIERUNGSRATEN[18]

1996 Aktionärsversammlung (02:07:37)

WB: »Wir setzen grundsätzlich den langfristigen Zinssatz von Staatsanleihen an. Und es kann Zeiten geben, in denen wir einen etwas höheren Zinssatz verwenden, wahrscheinlich in einer Phase, in der die Zinsen sehr niedrig erscheinen. Aber wir berücksichtigen keinen Risikofaktor an sich, denn im Wesentlichen geht es um die reine Idee, dass man zukünftige Cashflows diskontiert. Dabei spielt es keine Rolle, ob die Cashflows aus einem risikoreichen oder einem sogenannten sicheren Geschäft stammen. Der Wert der Cashflows eines Wasserversorgungsunternehmens, das seit hundert Jahren besteht, unterscheidet sich nicht vom Wert der Cashflows eines Hightech-Unternehmens. Die Schätzung mag Ihnen vielleicht schwerer fallen. Daher möchten Sie vielleicht bei der Berechnung ein höhere Diskontierungsrate ansetzen.«

[18] Anmerkung der Übersetzerin: Zinssatz, der zur Berechnung des Barwerts von zukünftigen Geldflüssen verwendet wird. Der Diskontierungszins ist vor allem bei der Bewertung von Investitionen gemäß der Discounted Cashflow-Methode von großer Bedeutung.

»Aber wir glauben an die Verwendung eines Zinssatzes, der dem einer Staatsanleihe entspricht. Wir glauben daran, uns an Unternehmen zu halten, deren Zukunft wir einigermaßen gut einschätzen können – natürlich nie perfekt –, aber bei denen wir nach unserer Überzeugung die Sache einigermaßen im Griff haben. Wir wollen eine bestimmte Schwelle des Verstehens nicht unterschreiten. Wir wollen uns an Unternehmen halten, die wir recht gut verstehen, und nicht versuchen, das gesamte Spektrum mit allen möglichen Risikoklassen abzudecken, denn ehrlich gesagt halten wir das für Zahlenspielerei. Ich glaube nicht, dass man Zahlen auf ein hochspekulatives Geschäft anwenden kann, bei dem sich die gesamte Branche innerhalb von fünf Jahren verändert und man nicht weiß, ob die Zahlen dann noch irgendeine Bedeutung haben. Wenn Sie jetzt sagen, ich schlage einfach 6 Prozent auf den Zinssatz drauf, um dieser Tatsache Rechnung zu tragen, halte ich das für Unsinn. Das mag mathematisch fundiert aussehen, aber meiner Meinung nach ist es mathematischer Unsinn. Sie sollten sich besser an Unternehmen halten, die Sie verstehen, und den Zinssatz für Staatsanleihen verwenden. Und wenn Sie etwas, was Sie gut verstehen, mit einem erheblichen Abschlag kaufen können, sollten Sie sich freuen.«

1997 Aktionärsversammlung (03:20:25)

WB: »Der risikofreie Zinssatz wird lediglich verwendet, um einen Posten mit einem anderen zu vergleichen. Mit anderen Worten: Wir suchen nach dem attraktivsten Angebot. Aber um einen aktuellen Wert zu beziffern, verwenden wir eine Zahl. Wir können immer Staatsanleihen kaufen, weswegen diese zum Referenzzinssatz werden. … Unserer Ansicht nach ist dies der geeignete Maßstab, um alle möglichen Anlagechancen miteinander zu vergleichen: Ölquellen, landwirtschaftliche Betriebe und so weiter. Nun kommt es auch auf den Sicherheitsgrad an. Aber das ist der Referenzzinssatz. Er dient als Konstante im gesamten Bewertungsprozess.«

CM: »Unter die Opportunitätskosten beim Aktienkauf fällt auch der Vergleich mit dem Kauf einer Anleihe. Möglicherweise stellen Sie fest, dass Ihnen die Hälfte der Aktien in Amerika nicht geheuer ist, Sie so wenig darüber wissen oder Sie als so schlecht einschätzen, dass Sie womöglich lieber Staatsanleihen kaufen. Auf der Grundlage der Opportunitätskosten werden diese Aktien also herausgefiltert. Nun suchen Sie nach Unternehmen, deren Aktien Ihnen viel besser gefallen als Staatsanleihen. Sie müssen beide miteinander vergleichen. Und wenn Sie ein Unternehmen finden, das Ihnen als beste Gelegenheit erscheint, dann haben Sie eine Aktie gefunden, die Sie kaufen können. Das ist eine sehr einfache Idee. Sie basiert auf nichts anderem als den elementarsten Ideen der Wirtschaftswissenschaften oder der Spieltheorie. Es ist schwierig, Unternehmensbewertungen vorzunehmen, aber der mentale Prozess ist ein Kinderspiel.«

WB: »Wenn Charlie und ich die Wahl hätten, zwischen den Aktien A, B, C oder D aller an der NYSE notierten Aktien oder einer zehnjährigen Staatsanleihe und wenn wir die Aktien oder die Anleihe zehn Jahre lang halten müssten, würden wir wahrscheinlich in mindestens 80 Prozent der Fälle die Staatsanleihe nehmen. In vielen Fällen, weil wir das Geschäft nicht gut genug verstehen, oder auch, weil wir es verstehen und trotzdem die 10-Prozent-Staatsanleihe bevorzugen. Aber wir würden alles auf diese Weise bewerten.«

CM: »Das Leben ist eine ganze Abfolge von Opportunitätskosten. Man muss die beste Person heiraten, die man finden kann und die einen auch will. Bei Investitionen ist es ähnlich.«

2007 Aktionärsversammlung (03:15:14)

WB: »Wir haben keine formellen Diskontierungszinssätze. Jedes Mal, wenn ich dieses Thema anschneide, erinnert mich Charlie daran, dass ich noch nie eine Tabelle erstellt habe. Aber eigentlich mache ich das im Kopf. Wir wollen natürlich im Vergleich zu einer Staatsanleihe eine deutlich höhere Rendite erzielen in Bezug auf den Cashflow im Verhältnis zu den Ausgaben, die wir derzeit für ein Unternehmen tätigen. Das muss der Maßstab sein. Wie viel mehr wollen wir? Nun ja: Wenn die Zinsen für Staatsanleihen 2 Prozent betragen, werden wir kein Unternehmen kaufen, um über die Jahre eine Rendite von 3,5 Prozent zu erzielen. Wir wollen unser Geld einfach nicht so binden, sondern lieber abwarten und etwas Geduld haben. Wenn sie bei 4,75 Prozent liegen, was hoffen wir dann im Laufe der Zeit zu erzielen? Wir wollen einen fairen Betrag, der darüber liegt. Aber ich setze mich nicht jeden Morgen hin, rufe Charlie an und frage: ›Wo liegt heute unsere Hurdle Rate[19]?‹ Wir haben diesen Begriff noch nie verwendet. Wir wollen genug, damit wir uns sehr wohl fühlen, wenn die Börse für ein paar Jahre geschlossen wird oder die Zinsen um weitere 100 oder 200 Basispunkte steigen, und damit wir immer noch mit dem zufrieden sind, was wir gekauft haben. Darüber hinaus ist mir klar, dass dies etwas vage klingt, aber es ist nun einmal vage.«

CM: »Das Konzept einer Hurdle Rate ist absolut sinnvoll, und dennoch machen die Leute, die diesen Begriff benutzen, große Fehler. Nur weil man etwas messen und schätzen kann, heißt das noch lange nicht, dass dies die entscheidende Variable im Umgang mit einer chaotischen Welt sein sollte. Ich glaube nicht, dass es einen Ersatz dafür gibt, über eine Vielzahl von Anlageoptionen nachzudenken und zu überlegen, warum eine besser ist als die andere und welche Renditen jeweils zu erwarten sind. Das Problem mit dem Konzept der Hurdle Rate – die wir in gewisser Weise wohl auch haben – besteht darin, dass sie als System für das Vergleichen verschiedener Dinge nicht so gut funktioniert. Mit anderen Worten: Wenn ich etwas habe, das mir meiner Meinung nach sicher 8 Prozent einbringt, und ich davon so viel kaufen kann, wie ich will, und Sie mir eine gute Investition anbieten, die meiner Meinung nach 7 Prozent einbringt, muss ich keine fünf Minuten mit Ihnen verschwenden … Ich kann zu einem anderen Thema übergehen. … In der realen Welt sind Opportunitätskosten das, worauf Sie Ihre Entscheidungen stützen sollten.«

DAUERHAFTE BETEILIGUNGEN / NIE VERKAUFEN?

1996 Aktionärsversammlung (04:42:59)

WB: »Es gibt für uns Dinge, die keinen Preis haben. Wir wurden schon manchmal auf die Probe gestellt, haben jedoch nicht verkauft. Bill Gates sagt, dass es irgendwann unlogisch sein muss, etwas zu behalten. Ab einem bestimmten Preis muss man bereit sein, ein marktfähiges Wertpapier zu verkaufen

[19] Anmerkung der Übersetzerin: Die Hurdle Rate ist eine festgelegte Rendite oder Renditeschwelle, die ein Investment oder Projekt erreichen muss, um als rentabel oder akzeptabel zu gelten.

und die Kontrolle über das Unternehmen aufzugeben. Aber ich bezweifle, dass wir je in Versuchung kommen. Es gibt nur wenige Unternehmen in dieser Kategorie. Wir verkaufen sehr ungern, wenn wir das Unternehmen und die Menschen mögen. Ich glaube nicht, dass ich mit vielen Verkäufen rechnen würde. Aber wenn Sie jemals an einer Sitzung hier teilnehmen und der Preis beim 60- oder 70-Fachen des Gewinns liegt, sollten Sie genau hinsehen, was ich tue.«

CM: »Wenn Sie mit Ihrer Einschätzung der Unternehmen richtig liegen, können Sie sie zu ziemlich hohen Werten halten.«

WB: »Man kann sie wirklich auf einem außergewöhnlich hohen Kursniveau halten … sie sind zu schwer zu finden. Man wird keine Unternehmen finden, die so gut sind. Dann muss man sich fragen: ›Werde ich die Chance bekommen, dasselbe Unternehmen zu einem viel niedrigeren Preis zurückzukaufen? Oder kann ich etwas kaufen, was fast genauso gut ist, aber zu einem viel niedrigeren Preis?‹ Wir glauben nicht, dass wir darin besonders gut sind. Wir warten lieber einfach ab, halten das Unternehmen und tun so, als gäbe es den Aktienmarkt nicht. Das hat für uns tatsächlich viel besser funktioniert, als ich es vor zwanzig Jahren erwartet hätte. Dadurch haben wir eine ganze Menge Glück gehabt, was ich wirklich nicht habe vorhersehen können.«

1997 Aktionärsversammlung (00:14:16)

WB: »Ich habe im Jahresbericht über Coca-Cola und Gillette als ›die Unvermeidlichen‹ gesprochen und darüber, was für tolle Unternehmen beide sind. Ich hielt es für angebracht, darüber zu sprechen, damit die Leute das nicht als uneingeschränkte Kaufempfehlung verstehen; es sind richtig tolle Unternehmen, die von hervorragenden Managern geführt werden, aber man kann für solche Unternehmen zumindest kurzfristig zu viel bezahlen.«

»Egal, wie supertoll ein Unternehmen ist, es besteht immer das Risiko, dass man dafür einen Preis zahlt, bei dem es einige Jahre dauert, bis das Unternehmen den Aktienkurs einholt. Die Aktie kann dem Unternehmen voraus sein. Ich weiß nicht, wo dieser Punkt bei diesen oder anderen Unternehmen liegt, aber ich habe gesagt, dass ich das Risiko für die meisten Wertpapiere auf dem Markt, einschließlich Unternehmen wie den »Unvermeidlichen«, für ziemlich hoch halte. Ich wollte sicherstellen, dass meine Äußerungen zu diesen Unternehmen nicht als uneingeschränkte Kaufempfehlung unabhängig vom Kurs verstanden werden. Wir haben nicht die Absicht, diese beiden Aktien zu verkaufen; wir würden sie noch nicht einmal verkaufen, wenn sie zu deutlich höheren Kursen als derzeit gehandelt würden. Aber ich wollte nicht, dass relativ unerfahrene Anleger diese Namen sehen und denken: ›Dieser Kerl preist diese Aktien als wunderbare Kaufgelegenheit an.‹«

»Generell denke ich: Wenn man ein Unternehmen für gut hält, ist es wichtiger, sich davon zu überzeugen, dass es wirklich ein tolles Unternehmen ist, als sich davon zu überzeugen, dass der Preis um 5 oder 10 Prozent zu hoch ist. Zu dieser Philosophie bin ich erst nach und nach gekommen.«

»Früher war ich unglaublich preisbewusst. Wir haben gemeinsam die reinsten Gebetsrunden abgehalten, bevor wir unser Gebot auch nur um ein paar Cent erhöht haben. Aber das war ein Fehler. Und in einigen Fällen war es ein großer Fehler; wir haben dadurch Chancen verpasst. Wir versuchen nie, den Aktienmarkt vorherzusagen. Wir versuchen, Wertpapiere zu bewerten. Wir versuchen, Unternehmen zu bewerten. Und wir finden es schwierig, tolle, gute, durchschnittliche oder unterdurchschnittliche Unternehmen zu finden, die uns derzeit günstig erscheinen. Aber man bekommt nicht immer die Chance, etwas günstig zu kaufen.«

CM: »Das Einzige, was wir mit Sicherheit garantieren können, ist, dass die inflationsbereinigten Renditen aus Investitionen in einen Standardaktienindex künftig langfristig niedriger sein werden als in den vergangenen fünfzehn Jahren. Wir haben eine beispiellose Phase hinter uns, und es wird eine gewisse Rückkehr zum Mittelwert bei den durchschnittlichen Renditen aus Aktieninvestitionen geben.«

WB: »Die amerikanische Wirtschaft hat sich in den vergangenen zehn Jahren außerordentlich gut entwickelt. Die Zinsen sind in den vergangenen fünfzehn Jahren gesunken, was für Aktien ein großer Vorteil ist. Wenn die Zinsen sinken, steigt in einer sinnvollen Kalkulation der Wert aller Finanzanlagen. Diese Faktoren haben in den letzten Jahren zu Bedingungen geführt, die den wahren Wert amerikanischer Unternehmen steigern – aber das ist mittlerweile allgemein anerkannt.«

»Ben Graham sagte einmal, dass man mit einer guten Prämisse mehr Probleme bei Investitionen haben kann als mit einer schlechten, weil eine schlechte Prämisse sofort als falsch erkannt wird, während eine gute Prämisse eine Zeit lang funktioniert. Unternehmen sind mehr wert, wenn die Zinsen sinken; aber letztendlich schafft die Marktentwicklung der Wertpapiere ihre eigene Begründung für eine große Zahl von Käufern, und die Menschen vergessen die Gründe und die mathematischen Grenzen, die ihre Begeisterung ursprünglich ausgelöst haben. Und nach einer Weile halten allein die steigenden Preise die Menschen in ihrer Begeisterung und bringen immer mehr Menschen dazu, in das Spiel einzusteigen. Die gute Prämisse gerät nach einer Weile in Vergessenheit, abgesehen von der Tatsache, dass sie die besagten steigenden Preise hervorgebracht hat. Und die Preise selbst bestimmen dann das Geschehen.«

»Edgar Lawrence Smith hat 1924 ein gutes Buch darüber geschrieben, warum Aktien besser sind als Anleihen, und das war so etwas wie die Bibel des Bullenmarktes der 1920er-Jahre. Das war stichhaltig, wenn man auf einige Vorbehalte in seinem Buch achtete, die sich auf den Preis bezogen. Aber die Menschen neigen dazu, die Bedeutung des Preises, den sie zahlen, zu vergessen, da die Erfahrung eines Bullenmarktes die Sinne üblicherweise abstumpft.«

1997 Aktionärsversammlung (05:05:59)

WB: »Ich halte es in der Regel für einen großen Fehler, Anteile an richtig guten Unternehmen zu verkaufen. Ich glaube nicht, dass man solche Unternehmen oft findet. Und ich glaube, dass sie anschließend durchdrehen, denn wenn sie das Unternehmen zu X verkauft haben, wollen sie es anschließend zu 90 Prozent von X oder 85 Prozent von X zurückkaufen, sodass sie nie wieder bei 105 Prozent von X zuschlagen können. Unterm Strich sollte man, wenn man das Unternehmen versteht und als hervorragend einschätzt, es einfach halten und sich keine Sorgen machen. Und wenn der Preis um 25 oder 30 Prozent fällt und mehr Geld zur Verfügung steht, sollte man mehr kaufen. Und wenn nicht, na und? Schauen Sie sich einfach das Unternehmen an und beurteilen Sie, wie es läuft.«

1998 Aktionärsversammlung (00:25:50)

WB: »Am besten kauft man eine Aktie, die man niemals verkaufen möchte – und genau das versuchen wir. Das gilt auch, wenn wir ein ganzes Unternehmen wie GEICO, See's Candies oder *The Buffalo News* kaufen. Wir kaufen solche Unternehmen nicht, um sie wieder zu verkaufen. Wir versuchen, ein Unternehmen zu kaufen, mit dem wir für den Rest unseres Lebens zufrieden sind, und von dieser Erwartung gehen wir zunächst einmal aus.«

»Das gleiche Prinzip gilt für Aktien. Mit marktfähigen Wertpapieren erhalten Sie zusätzliche Wahlmöglichkeiten: Sie können Ihre Bestände aufstocken. Wir können nie mehr als 100 Prozent eines Unternehmens besitzen, aber wenn wir 2 Prozent eines börsennotierten Unternehmens besitzen und uns der Preis zusagt, können wir unseren Anteil auf 4 oder 5 Prozent erhöhen. Das ist also ein Vorteil. ... Wir halten sie für großartige Unternehmen, sonst würden wir sie nicht besitzen. ... Das Wichtigste bei einem großartigen Unternehmen ist, daran festzuhalten.«

CM: »Verkäufe sind ideal, wenn man etwas gefunden hat, was einem noch besser gefällt. Ist das nicht offensichtlich die ideale Motivation für einen Verkauf?«

WB: »Übrigens ist der Idealfall beim Kaufen, dass etwas, das man ohnehin schon gern besitzt, plötzlich zu einem Preis angeboten wird, bei dem man Lust bekommt, noch mehr davon zu kaufen. Das hätten wir in der Vergangenheit in einigen Situationen wahrscheinlich öfter tun sollen. Aber das ist das Schöne an marktfähigen Wertpapieren. Wenn man in einem richtig guten Unternehmen investiert ist, bekommt man regelmäßig die Chance, seinen Einsatz vielleicht zu verdoppeln oder etwas in dieser Art. Wenn die Aktienmärkte viel günstiger bewertet wären als jetzt, würden wir wahrscheinlich mehr von den Unternehmen kaufen, deren Anteile wir bereits besitzen. Das wären sicherlich die Ersten, an die wir denken würden. Es sind die Unternehmen, die uns am besten gefallen.«

QUALITÄT LOHNT SICH

1998 Aktionärsversammlung (04:43:24)

CM: »Bei Investitionen muss man immer sowohl die Qualität als auch den Preis berücksichtigen. Der Trick besteht darin, mehr Qualität zu bekommen, als man bezahlt. So einfach ist das – aber leicht ist es nicht.«

TEIL DREI

KAPITALALLOKATION

»Es ist ein bisschen so, als würde man als Geigenspieler in die Carnegie Hall kommen, auf die Bühne gehen, und dann an ein Klavier gesetzt werden. Berkshire würde nicht gut abschneiden, wenn jemand eingestellt würde, der zwar über viele Fähigkeiten in anderen Bereichen verfügt, aber keine Kenntnisse in der Kapitalallokation hat.«

»Wir suchen beim Kauf nach einfachen Geschäftsmodellen. Wir müssen unsere Männlichkeit nicht durch etwas unglaublich Schwieriges beweisen. Und ich glaube, viele Führungskräfte verspüren eine Art Zwang, das zu tun.«

»Wer will schon so viel Geld anhäufen, dass es ein Loch in die eigene Tasche brennt? Man sagt, ein voller Geldbeutel sei ein bisschen wie eine volle Blase: Man verspürt schnell den Drang, ihn zu leeren, und das wollen wir nicht.«

Einleitung

Kapitalallokation, insbesondere wenn es sich um anorganisches Wachstum (Fusionen und Übernahmen) und Kapitalrückflüsse an die Aktionäre (Dividenden und Aktienrückkäufe) handelt, ist ein Thema, das die Aufmerksamkeit verschiedener Interessengruppen, darunter auch Politiker, auf sich zieht. Leider wird deren Sichtweise oft missverstanden, was die Gründe für bestimmte Entscheidungen zur Kapitalallokation angeht. In vielen Fällen gilt dieses Missverständnis auch für die Führungsebene: Die Erfolgsbilanz der amerikanischen Unternehmen bei Aktienrückkäufen ist historisch gesehen schlecht. Das spiegelt die negativen Auswirkungen von kurzfristigem Druck, falsch ausgerichteten Anreizen und einem unzureichenden Verständnis wider, welche möglichen Handlungsalternativen es hierbei gibt. Dies kann zu einer erheblichen Wertvernichtung führen. Aus diesem Grund war dies bei den Aktionärsversammlungen über Jahrzehnte hinweg ein häufiges Diskussionsthema für Buffett und Munger.

Die folgende Bemerkung von Munger auf der Aktionärsversammlung von 2018 trifft den Kern der Sache: »Die Leute wollen eine Formel finden. Ich nenne das ›Physikneid‹. Das sind Akademiker, die wollen, dass die Welt funktioniert wie in der Physik. Aber außerhalb der Physik funktioniert die Welt nicht wie in der Physik. Und eine solche falsche Präzision bringt einen Anleger nur in Schwierigkeiten. Ich würde sagen, man muss die allgemeinen Ideen beherrschen und daran arbeiten, das eigene Urteilsvermögen langsam zu verbessern, so wie wir alle das lernen mussten.«

Aktionärsversammlungen und Themen

KAPITALALLOKATION

2017 Aktionärsversammlung (02:40:39)

WARREN BUFFETT: »Wer auch immer Berkshire künftig führen soll – der Vorstand wird vor allem darauf achten, dass diese Person sich beim Thema Kapitalallokation erwiesenermaßen gut auskennt. … Kapitalallokation ist bei Berkshire unglaublich wichtig. Derzeit verfügen wir über ein Eigenkapital von 290 Milliarden Dollar. Allein in den kommenden zehn Jahren wird der nächste Manager 400 Milliarden Dollar oder sogar noch mehr investieren müssen. Das ist mehr, als bisher investiert wurde. In zehn Jahren wird Berkshire ein Zusammenschluss von Unternehmen sein, in die in diesem Jahrzehnt mehr Geld investiert wurde als in den gut fünfzig Jahren zuvor. Daher braucht man als CEO von Berkshire einen Menschen, der die Kapitalallokation sehr vernünftig vornimmt, und wir werden einen haben. Wir brauchen jemanden in dieser Position, dessen Haupttalent in der Kapitalallokation liegt. Wir haben bei Berkshire den Vorteil, dass wir wissen, wie wichtig das ist, und dass wir uns darauf konzentrieren.«

»In sehr vielen Unternehmen gelangen Menschen durch ihre Fähigkeiten im Vertrieb, im Rechtswesen oder in anderen Bereichen an die Spitze – und dann werden sie mit der Kapitalallokation betraut. Sie richten dazu vielleicht Abteilungen für strategisches Denken ein, hören auf Investmentbanker oder sowas in dieser Art – aber es wäre besser, sie könnten das selbst. Und wenn sie aus einem anderen Bereich kommen oder das noch nie gemacht haben, ist das ein bisschen so, als würde man als Geigenspieler in die Carnegie Hall kommen, auf die Bühne gehen und dann an ein Klavier gesetzt werden. Berkshire würde nicht gut abschneiden, wenn jemand eingestellt würde, der zwar über viele Fähigkeiten in anderen Bereichen verfügt, aber keine Kenntnisse in der Kapitalallokation hat.«

»Ich habe über etwas gesprochen, was ich ›Geldverstand‹ nenne. Menschen können einen hohen IQ haben und bei Intelligenztests gut abschneiden. Ich kenne sehr kluge Leute, die kein Gespür für Geld haben und in dieser Hinsicht sehr unkluge Entscheidungen treffen. Sie beherrschen alle möglichen Dinge, welche die meisten Menschen nicht können. Aber das mit dem Geld liegt einfach nicht in ihrer Natur. Und ich kenne andere Leute, die bei einem SAT-Test[20] oder Ähnlichem nicht besonders gut abschneiden würden. Aber sie haben in ihrem Leben noch keine einzige dumme finanzielle Entscheidung getroffen. Wir wollen jemanden, der hoffentlich viele Talente hat – aber wir wollen ganz sicher niemanden, dem es an Geldverstand mangelt.«

CHARLIE MUNGER: »Es gibt auch die Möglichkeit, Aktien zurückzukaufen. Es ist also keineswegs ein hoffnungsloses Problem. So oder so wird das Kapital künftig intelligent eingesetzt.«

WB: »Wer ein Gespür für Geld hat, erkennt, wann es sinnvoll ist, Aktien zurückzukaufen, und wann nicht. Tatsächlich lassen sich Menschen damit ziemlich gut auf die Probe stellen; es zeigt, wie die Führungsebene über sowas wie einen Aktienrückkauf denkt. Wer dabei einen klaren Kopf behält, für den ist es keine sehr komplizierte Gleichung. Aber manche Menschen denken so, und andere eben

[20] Anmerkung der Übersetzerin: Der SAT (Scholastic Assessment Test) ist ein standardisierter Test, mit dessen Hilfe die Studierfähigkeit von Bachelorbewerbern an US-amerikanischen Universitäten und Colleges gemessen wird.

nicht. … Man hört manchmal sehr dumme Aussagen, wenn es um etwas geht, das eigentlich doch so klar zu beantworten ist wie die Frage, ob es sinnvoll ist, Aktien zurückzukaufen.«

2018 Aktionärsversammlung (04:41:48)

CM: »Die Leute wollen eine Formel finden. Ich nenne das ›Physikneid‹. Das sind Akademiker, die wollen, dass die Welt funktioniert wie in der Physik. Aber außerhalb der Physik funktioniert die Welt nicht wie in der Physik. Und eine solche falsche Präzision bringt einen Anleger nur in Schwierigkeiten. Ich würde sagen, man muss die allgemeinen Ideen beherrschen und daran arbeiten, das eigene Urteilsvermögen langsam zu verbessern, so wie wir alle das lernen mussten.«

KAPITALRÜCKFLÜSSE AN ANTEILSEIGNER

1995 Aktionärsversammlung (03:59:56)

WB: »Wenn Sie das Geld nicht brauchen, sollten Sie Aktien zurückkaufen. Das kann von der Unternehmensführung abhängen: Einige Vorstandsteams haben möglicherweise Verwendung für das Geld, wenn ihr Feld groß genug ist, das Kapital sinnvoll einzusetzen. Im Gegensatz dazu gibt es andere, die stärker auf ihr Kerngeschäft spezialisiert sind. Sobald ein Unternehmen jedoch alles Notwendige oder Vorteilhafte für das aktuelle Geschäft getan hat, halten wir den Rückkauf von Aktien für eine sehr folgerichtige Maßnahme, solange ein Unternehmen dafür nicht mehr als den inneren Wert bezahlt. Und natürlich ist diese Verwendung des Geldes umso attraktiver, je größer der Abschlag auf den inneren Wert ist.«

1997 Aktionärsversammlung (03:28:30)

WB: »Was den Verzicht auf Dividendenausschüttungen angeht: Wir zahlen keine Dividenden, weil wir davon überzeugt sind, dass wir jeden Dollar, den wir einbehalten, in mehr als 1 Dollar Marktwert umwandeln können. Wir behalten Ihr Geld nur aus einem einzigen Grund ein: weil wir glauben, es für Sie besser vermehren zu können, als Sie es selbst könnten. Wenn wir für jeden Dollar, den wir behalten, mehr als 1 Dollar Marktwert schaffen können, sind Sie besser dran, egal ob Sie diesen Dollar durch den Verkauf eines kleinen Teils Ihrer Aktien herausnehmen oder ihn weiterhin bei uns lassen. Daran zeigt sich, ob unser Vorgehen sich lohnt.«

»Wir sind in bestimmten Geschäftsbereichen tätig, in denen wir nicht die Möglichkeit haben, das gesamte erwirtschaftete Geld sinnvoll einzusetzen – zum Beispiel bei See's Candies. Wäre See's ein eigenständiges Unternehmen, würde es sehr hohe Dividenden zahlen. Wir hätten keine Möglichkeit, 30 Millionen Dollar pro Jahr sinnvoll für den Ausbau dieses Geschäfts zu verwenden …«

»Wir hoffen, dass wir im Gesamtkonzept von Berkshire Hathaway das Geld, das die Unternehmen insgesamt erwirtschaften, sinnvoll einsetzen können ... Die Dividendenpolitik sollte nach diesem Kriterium festgelegt werden, wobei auch die Möglichkeit zum Aktienrückkauf in Betracht gezogen werden muss. Dies sollte jedoch davon abhängen, ob ein im Unternehmen verbleibender Dollar für den Aktionär mehr wert ist als ein ausgezahlter Dollar.«

2000 Aktionärsversammlung (01:34:25)

WB: »Wenn wir 1 Dollar behalten können und er auf Basis des Barwerts mehr als 1 Dollar wert ist, wäre es dumm, das Geld auszuzahlen. Bis heute sind wir der Meinung: Wenn wir den Dollar behalten und für den Kauf anderer Unternehmen oder sonstige Zwecke verwenden, ist er mehr wert als 1 Dollar nach heutigem Maßstab. Das ist subjektiv, aber jede Entscheidung dieser Art ist subjektiv. Mit der Zeit erhält man eine objektive Messlatte dafür, ob wir tatsächlich einen zusätzlichen Wert für jeden einbehaltenen Dollar Gewinn schaffen. Wenn sich das ändern würde – und das könnte passieren –, würden wir das Geld an die Aktionäre ausschütten. Das könnte durch Rückkäufe oder Dividenden geschehen, aber es gibt keinen Grund, 1 Dollar im Unternehmen zu behalten, wenn er dort nur 0,90 Dollar wert ist, solange man ihn einbehält ...«

»Meiner Ansicht nach würden wir ziemlich objektiv beurteilen, ob wir durch den Einbehalt von Gewinnen Wert schaffen oder vernichten. Wir würden niemals eine konventionelle Dividendenpolitik verfolgen. Die Idee, 20 oder 30 Prozent des Gewinns als Dividende auszuschütten, erscheint uns verrückt. Man kann sich zwar in eine Lage bringen, in der man das tun muss, weil man solche Erwartungen in den Köpfen der Menschen geweckt hat, aber plausibel ist das nicht. Wenn man mehr als 1 Dollar Wert für jeden einbehaltenen Dollar schafft, warum um alles in der Welt sollte man dann etwas davon ausschütten? Diejenigen, die eine Dividende erhalten möchten, können stattdessen 1,10 Dollar bekommen, indem sie einfach die Aktien verkaufen.«

»Es handelt sich also um eine sehr einfache Dividendenphilosophie, und ich sehe nicht, das sich an diesen Grundsätzen etwas ändern würde. ... Natürlich werden wir nicht jede Woche oder jeden Monat entscheiden, ob wir das Geld in dieser Woche zu einem höheren Zinssatz anlegen können. Aber im Hinblick auf eine vernünftige Erwartung über einen Zeitraum von einigen Jahren, ob wir die einbehaltenen Gewinne vorteilhaft nutzen können, ist das unser Maßstab.«

CM: »Das Interessante an Warrens Aussage zur stichhaltigen Dividendenpolitik ist: So wird dies an keiner der führenden Wirtschaftsfakultäten der Vereinigten Staaten, an keinem der führenden Wirtschaftsinstitute und an keinem der Lehrstühle für Unternehmensfinanzierung gelehrt. Mit anderen Worten: Wir sagen im Grunde genommen, dass wir Recht haben und dass alle anderen in der Wissenschaft falsch liegen.«

FUSIONEN UND ÜBERNAHMEN BEI GROSSUNTERNEHMEN

2002 Aktionärsversammlung (02:16:42)

WB: »Gillette hat bei Übernahmen nicht so gut abgeschnitten, das ist klar. Die Übernahme von Duracell führte dazu, dass etwa 20 Prozent des Geschäfts an ein anderes Unternehmen abgegeben wurden, und dieses Geschäft hat bei weitem nicht so gut abgeschnitten, wie es der Vorstand oder die Investmentbanker erwartet hatten.«

CM: »So läuft das eben. Wenn man ein richtig gutes Unternehmen hat und neue Aktien davon ausgibt, um ein anderes Unternehmen zu kaufen, handelt es sich in mindestens zwei von drei Fällen um eine schlechte Idee.«

WB: »In den vergangenen zwanzig Jahren ist GEICO in mindestens drei andere Versicherungsunternehmen eingestiegen, die mir einfallen … alle waren katastrophal. Ich weiß nicht, warum die Führungsebene das getan hat. Sie hatte ein großartiges Versicherungsgeschäft, und es gibt nicht so viele großartige Versicherungsunternehmen. Warum sollte man, wenn man ein supertolles Unternehmen hat, andere kaufen, die offensichtlich mittelmäßig sind und keine großen Gewinne erwirtschaften? Aber dieses Verhalten ist menschlich … wir beobachten das immer wieder.«

»Aber ich kann Ihnen Folgendes sagen: Charlie und ich haben dieses Verlangen nicht. Wir wollen einfache Unternehmen kaufen. Wir suchen beim Kauf nach einfachen Geschäftsmodellen. Wir müssen unsere Männlichkeit nicht durch etwas unglaublich Schwieriges beweisen. Und ich glaube, viele Führungskräfte verspüren eine Art Zwang, das zu tun. Die Zigarettenhersteller haben das getan; sie hatten so tolle Unternehmen, und das hat sie nur durcheinandergebracht. Sie gefielen sich in der Rolle der Business-Genies, also gingen sie los und kauften andere Unternehmen; das lief üblicherweise nicht gut. Ich sage nicht, dass sie bei ihrem Zigarettengeschäft hätten bleiben sollen. Aber sie waren keine Business-Genies, nur weil sie mit dem Verkauf eines Suchtmittels viel Geld verdient hatten. Also wollten sie sich auf andere Weise beweisen – und sind in vielen Fällen auf die Nase gefallen.«

CM: »Viele Menschen, die in einem börsennotierten Unternehmen an die Spitze gelangen, die im Vertrieb, in der Technik oder in der Arzneimittelentwicklung oder sonstwas Karriere machen, gehen ganz selbstverständlich davon aus, dass sie, sobald sie in der Führungsetage sitzen, so ziemlich alles wissen. Oder zumindest, dass sie wissen, wie sie aus dieser supertollen Position und all den externen Beratern, die ihnen zur Verfügung stehen, Weisheit schöpfen können. Und so ist es nur natürlich, dass bei Übernahmen oft völlig falsche Entscheidungen getroffen werden.«

AKTIENRÜCKKÄUFE

2015 Aktionärsversammlung (03:56:26)

WB: »Es wurde viel Blödsinn geschrieben und Blödsinn gemacht, wenn es um etwas so Einfaches wie Aktienrückkäufe geht. Meiner Meinung nach ist die Entscheidung, ob man eigene Aktien zurückkauft, ganz einfach: Das ist sinnvoll, um das eigene Unternehmen voranzubringen, vorausgesetzt, die Aktien werden unter ihrem inneren Wert gehandelt. Ich weiß nicht, was noch einfacher sein könnte.«

»Wenn Sie eine Beteiligungsgesellschaft hätten, und Ihr Partner wollte Ihnen seinen Anteil zu 120 Prozent des Unternehmenswertes verkaufen, würden Sie ablehnen. Und wenn er zu 80 Prozent des Unternehmenswertes verkaufen wollte, würden Sie zuschlagen. Das ist nicht kompliziert. Aber bei der Entscheidung, ob ein Aktienrückkauf sinnvoll ist, kommen plötzlich so viele andere Beweggründe zum Tragen. In vielen Fällen wird daraus eine verworrene und irgendwie alberne Diskussion.«

»Sieht man sich die Geschichte der Aktienrückkäufe an, sieht man: Sie brechen massiv ein, wenn die Aktien gerade billig sind, und steigen tendenziell dramatisch, wenn die Kurse hoch sind. Genau das werden wir bei Berkshire nicht tun. Wir würden die Aktien gern für 120 Prozent des Buchwertes zurückkaufen, weil wir wissen, dass sie viel mehr wert sind; wir wissen nicht, wie viel mehr, aber wir wissen, dass es deutlich mehr ist. Wir haben nicht oft die Gelegenheit dazu, aber wenn wir sie bekommen, nutzen wir sie, und zwar im großen Stil. Aber wir werden nicht für 200 Prozent des Buchwertes kaufen, weil sie das nicht wert sind. Das ist keine komplizierte Frage, aber ich habe viele Führungskräfte erlebt, die ankündigen, dass sie etwas im Wert von X kaufen wollen, und dann kaufen sie es unabhängig vom Preis. Oft ist der Preis sinnvoll – aber wenn er es nicht ist, hören sie offenbar nicht auf, und es scheint sie auch niemand davon abhalten zu wollen.«

2023 Aktionärsversammlung (02:35:56)

WB: »Aktienrückkäufe können das Dümmste sein, was man tun kann, oder das Klügste. Natürlich muss man tun, was das Unternehmen braucht, wenn sich die Gelegenheit dazu bietet. Das bestehende Geschäft ausbauen, zusätzliche Unternehmen kaufen, was sonst so ansteht. Dann trifft man die Entscheidung über Dividenden. Aber diese Entscheidung ist dann ziemlich unwiderruflich, denn man kürzt keine Dividenden, ohne dass dies erhebliche Auswirkungen auf die Aktionärsbasis und vieles andere hat. Wenn Sie über ausreichend Kapital verfügen und Ihre Aktien so attraktiv sind, dass Rückkäufe den inneren Wert für die verbleibenden Aktionäre steigern, ist es ein Kinderspiel, Aktien zurückzukaufen. Und wenn der Preis über dem inneren Wert liegt, ist es ein Kinderspiel, es nicht zu tun.«

RÜCKKÄUFE BEI BERKSHIRE HATHAWAY

1994 Aktionärsversammlung (02:18:36)

WB: »Wir sind generell der Meinung, dass Marktbedingungen, unter denen Berkshire zu einem attraktiven Preis zu haben ist, wahrscheinlich auch andere Unternehmen preislich sogar noch attraktiver machen würden, weil wir unsere Aktionäre für rationaler halten als die vieler anderer Unternehmen. Es ist wahrscheinlicher, dass wir ein richtig tolles Unternehmen zu einem lächerlichen Preis finden, als dass wir Berkshire-Aktien zu einem lächerlichen Preis kaufen können. Das schließt Rückkäufe nicht aus, erklärt aber, warum sich Situationen, in denen Rückkäufe sinnvoll erscheinen, nicht sehr oft ergeben werden.«

1995 Aktionärsversammlung (02:57:50)

WB: »In den 1960er-Jahren haben wir tatsächlich einige Aktien zurückgekauft, aber ansonsten haben wir das eigentlich nie getan, obwohl es viele Gelegenheiten gab, bei denen das durchaus attraktiv gewesen wäre. Wir fanden jedoch, wenn wir einen Marktwert von über 1 Dollar schaffen könnten – und vielleicht sogar deutlich über 1 Dollar – indem wir den Dollar behalten, wäre das auf lange Sicht die bessere Lösung. Solange wir Möglichkeiten finden, das Geld zu verwenden, um Dollarscheine in etwas zu verwandeln, das mehr wert ist als Dollarscheine, behalten wir das Geld. Wir messen das nicht daran, ob wir diese Woche oder diesen Monat eine Gelegenheit finden, um das Geld einzusetzen, sondern daran, ob wir in ein paar Jahren etwas Geeignetes finden.«

»Wir hatten in den vergangenen zwanzig Jahren viele Durststrecken. Ich habe meine Partnership während einer Durststrecke aufgelöst. Es kommt also zum Teil darauf an, was gerade passiert, und zum Teil auf die Erwartungen. Ob unsere Aktien derzeit zu 100 Prozent von X oder zu 75 Prozent von X verkauft werden, spielt keine große Rolle. Aber es würde eine Rolle spielen, wenn wir der Meinung wären, wir könnten extern keine Verwendungsmöglichkeiten für das ganze Geld finden.«

1997 Aktionärsversammlung (02:51:26)

WB: »Wenn der Markt einbrechen würde, würde auch die Berkshire-Aktie einbrechen. Es sollte niemand in diesem Raum sein, der es nicht angenehm fände oder sogar begeistert wäre, wenn die Berkshire-Aktie um 50 Prozent fallen würde. Charlie und mich würde das jedenfalls nicht stören, denn wir wüssten clevere Dinge mit dem Kapital zu tun, das uns zur Verfügung stünde. … Eine der intelligenten Maßnahmen könnte möglicherweise der Kauf unserer eigenen Aktien sein. Das würde jedoch bedeuten, dass unsere eigenen Aktien im Verhältnis zu ihrem Wert billiger wären als alle anderen Möglichkeiten, die wir finden könnten – aber die Chancen stehen gut, dass wir attraktivere Möglichkeiten finden würden.«

»Damals, 1973 oder 1974, als wir die *Washington Post* zu einem Bruchteil ihres Wertes kauften, waren die Berkshire-Aktien vielleicht billig, aber nicht so billig wie die *Washington Post.* In den Jahren 1988 und 1989 waren die Berkshire-Aktien vielleicht günstig, aber nicht so günstig wie Coca-Cola. Es ist unwahrscheinlich, dass Berkshire unter Tausenden von möglichen Investitionen zu jedem Zeitpunkt die attraktivste ist. Aber wenn es so wäre, würden wir natürlich unsere eigenen Aktien kaufen. Wenn der Dow Jones um 50 Prozent fallen würde, hätten wir in jedem Fall viele interessante Möglichkeiten zum Investieren – und wir wären nicht unglücklich.«

CM: »Wir haben keine Regeln, die das verbieten. Opportunitätskosten sind hier das A und O.«

1998 Aktionärsversammlung (02:00:01)

WB: »Ich halte es für eine berechtigte Kritik, dass wir es mehrfach versäumt haben, Aktien zurückzukaufen. Wir werden sehen, wie wir in Zukunft vorgehen. Wenn das die beste Verwendung für unser Geld ist, sollten wir es tun. In der Vergangenheit war ich wahrscheinlich nicht optimistisch genug, was Berkshire im Vergleich zu anderen Investitionen betraf. Wir wollten nie unsere Verschuldung erhöhen. Das entspricht nicht unserer Strategie. Wir wollten uns nie Geld leihen, um Aktien zurückzukaufen. Wir würden anderen vielleicht dazu raten, aber unser Stil ist das nicht. … Wir wollten den Fremdkapitalanteil dieses Unternehmen nie so erhöhen, als wäre es nur eine von hundert Aktien in einem Portfolio. Aber es ist eine berechtigte Kritik, dass wir keine Aktien zurückgekauft haben, als wir es hätten tun sollen. Und es ist auch eine berechtigte Kritik, dass wir einige Aktien ausgegeben haben, die wir nicht hätten ausgeben sollen.«

CM: »Ich stimme beiden Aussagen zu.«

1999 Aktionärsversammlung (04:04:25)

WB: »In der Vergangenheit, als Berkshire ineffizient bewertet erschien, hatten wir immer den Eindruck, dass es andere Wertpapiere gab, die noch weniger effizient bewertet waren – aber in einigen Fällen haben wir uns geirrt. Als die Berkshire-Aktie 1974 für 50 Dollar gehandelt wurde, hielt ich sie vielleicht für günstig – aber ich sah auch, dass die gesamte Washington Post Company für 80 Millionen Dollar verkauft wurde, obwohl sie meiner Meinung nach eindeutig 400 Millionen Dollar wert war. Es gab Zeiten, in denen ich Berkshire für unterbewertet hielt, sogar für deutlich unterbewertet. Aber gleichzeitig fand ich andere Möglichkeiten, die mir noch attraktiver erschienen. Und wie gesagt: Ich habe mich oft geirrt. Wir hätten besser daran getan, unsere eigenen Aktien zurückzukaufen anstatt der Aktien, die ich dann gekauft habe …«

»Meiner Ansicht nach ist es für die meisten Unternehmen in diesem Markt schwierig, auch wenn die Rückkäufe – fast – auf einem Allzeithoch sind, einen Aktienrückkauf zu tätigen, der durchweg sinnvoll ist. Ich glaube nicht, dass sie viel für ihr Geld bekommen, denn wir selbst wollen diese Aktien nicht kaufen. Und ich spreche hier von Aktien verschiedenster Unternehmen in Amerika. Und dennoch sind die Unternehmen heute mit viel größerer Begeisterung zum Rückkauf von Aktien bereit als vor zwanzig Jahren, als sie weitaus höhere Renditen erzielten. … Wir werden unsere Aktien wahrscheinlich nicht zurückkaufen, es sei denn, wir halten sie für deutlich unterbewertet, weil wir bei einer solchen Entscheidung einen großen Spielraum für Fehler haben möchten. Wir würden für 1 Dollar nicht 0,95, 0,94 oder 0,93 Dollar zahlen. Aber es gibt eine Grenze, ab der wir interessiert wären, vorausgesetzt, dass wir keine andere Verwendung für das Geld hätten.«

2012 Aktionärsversammlung (00:29:19)

WB: »Rückkäufe zum 1,1-Fachen des Buchwertes – das ist eine Zahl, mit der wir uns sehr wohl fühlen. Wir würden uns wahrscheinlich auch mit einer etwas höheren Zahl wohlfühlen, aber wir möchten, dass die Aktien, die wir zurückkaufen, deutlich unterbewertet sind, und wir möchten ganz sicher sein, dass jeder Aktionär, der an uns verkauft, weiß, dass wir die Aktien zum Zeitpunkt des Rückkaufs für deutlich unterbewertet halten. … Wenn wir die Möglichkeit dazu haben, würden wir unverzüglich zum 1,1-Fachen des Buchwertes kaufen, solange unsere Cashreserven nicht unter 20 Milliarden Dollar sinken. Wir wissen, dass wir auf diesem Niveau für die verbleibenden Aktionäre erhebliche Gewinne erzielen. Der Wert pro Aktie steigt, wenn wir zu 110 Prozent des Buchwertes kaufen, und das ist für uns so offensichtlich, dass wir dies in großem Umfang tun würden, wenn wir die Möglichkeit dazu hätten. … Wir werden dies nur aus einem Grund tun, nämlich um den Wert pro Aktie gleich am Tag nach der Transaktion zu steigern. Wenn wir die Möglichkeit haben, dies in großem Stil zu tun, werden wir das auch machen. Als Finanzfachmann würde ich mir wünschen, dass wir die Chance dazu oft bekommen. Als Treuhänder für Tausende von Menschen möchte ich nicht sehen, dass sie verkaufen.

CM: »Wir hoffen, dass sich diese Gelegenheit nie ergibt.«

WB: »Ja – aber wenn doch, werden wir sie nutzen.«

2016 Aktionärsversammlung (02:41:47)

WB: »Charlie, ich und der übrige Verwaltungsrat sind der Meinung, dass die Aktie deutlich mehr wert ist als das 1,2-Fache des Buchwertes, aber sie sollte auch deutlich mehr wert sein, sonst hätten wir die Rückkaufgrenze nicht auf diesem Niveau festgelegt. Andererseits haben wir sie vom 1,1-Fachen auf das 1,2-Fache angehoben, weil wir im Laufe der Zeit weitere Unternehmen übernommen haben, bei denen sich die Differenz zwischen unserem Carrying Value[21] und dem Buchwert seit der Festlegung des 1,1-Fachen vergrößert hat.«

»Ich habe gemischte Gefühle bei der ganzen Sache. Rein finanziell und aus Sicht der verbleibenden Aktionäre finde ich die Idee, beim 1,2-Fachen zu kaufen, super. Das bedeutet, dass ich wahrscheinlich auch die Idee super fände, für etwas mehr als das 1,2-Fache zu kaufen. Es ist der sicherste Weg, um an jeder Aktie Geld zu verdienen. Wenn man Dollar-Scheine für weniger als 1 Dollar kaufen kann, gibt es keinen sichereren Weg, um Geld zu verdienen.«

---

[21] Anmerkung der Übersetzerin: Der Carrying Value ist ein in Geldeinheiten ausgerückter, bilanzieller Betrag, der sowohl das Anlagevermögen im Gesamten als auch die einzelnen Sach-, Finanzanlagen und immateriellen Vermögensgegenstände wertmäßig erfasst.

»Andererseits gefällt mir der Gedanke nicht besonders, meine Partner zu einem Preis aufzukaufen, der weit unter dem liegt, was ich für den Wert der Aktie halte. Aber wir werden mit ziemlicher Sicherheit Aktien kaufen … Würden wir den Aufschlag auf den Buchwert erhöhen? Vielleicht. Wenn uns die Ideen ausgehen – ich meine damit nicht tagesabhängig –, aber wenn wirklich klar wird, dass wir das Kapital innerhalb des Unternehmens nicht effektiv einsetzen können, in den Mengen, in denen es erwirtschaftet wird, dann könnte irgendwann die Schwelle ein wenig angehoben werden, weil ein Rückkauf womöglich immer noch attraktiv ist. Man will nicht so viel Geld anhäufen, dass es einem ein Loch in die Tasche brennt. Man sagt, ein voller Geldbeutel sei ein bisschen wie eine volle Blase: Man verspürt schnell den Drang, ihn zu leeren, und das wollen wir nicht. Bislang ist das aber noch nicht vorgekommen.«

»Sollten wir jemals 100 oder 120 Milliarden Dollar ungenutzt herumliegen haben, müssen wir vielleicht die Schwelle erhöhen. Jedes Mal, wenn man Aktien unter ihrem Wert kaufen kann, ist das für die bestehenden Aktionäre von Vorteil, aber es sollte sich um einen nachweisbaren Betrag handeln. Der innere Wert lässt sich nicht so exakt berechnen, dass man ihn auf vier Dezimalstellen oder so bestimmen kann.«

CM: »Sie werden feststellen, dass diese Rückkaufpläne in anderen amerikanischen Unternehmen ein Eigenleben entwickeln und es mittlerweile durchaus üblich ist, Aktien zu sehr hohen Preisen zurückzukaufen, was den Aktionären überhaupt nichts bringt. Ich weiß nicht, warum die Leute das machen. Ich glaube, es ist einfach in Mode gekommen.«

WB: »Es ist in Mode und sie lassen sich von Beratern überzeugen. Können Sie sich vorstellen, dass jemand sagt, wir kaufen ein Unternehmen und der Preis ist uns egal? Aber genau das tun Unternehmen, wenn sie keine Kennzahlen für Rückkäufe festlegen. Zu sagen, dass sie Aktien im Wert von 5 Milliarden Dollar zurückkaufen werden – vielleicht wollen sie die Kennzahl nicht veröffentlichen, aber sie sollten auf jeden Fall sagen, dass sie Aktien im Wert von 5 Milliarden Dollar zurückkaufen werden, wenn es vorteilhaft ist. Wenn sie sagen, dass sie die Firma XYZ kaufen werden, sagen sie, dass sie sie zu diesem Preis kaufen werden, aber nicht zu 120 Prozent dieses Preises.«

»Jamie Dimon von J.P. Morgan sagt ganz klar, dass er die Aktien zurückkaufen wird, wenn er der Meinung ist, dass sie unter ihrem inneren Wert liegen. Aber ich habe Hunderte von Rückkaufankündigungen gesehen und in Vorständen gesessen, in denen über Rückkäufe abgestimmt und gesagt wurde, dass man dies tue, um eine Verwässerung oder Ähnliches zu verhindern. Das hat nichts mit der Verhinderung einer Verwässerung zu tun. Verwässerung an sich ist negativ – und der Rückkauf eigener Aktien zu einem zu hohen Preis ist ebenfalls negativ. Es muss einen Bezug zur Bewertung geben. Und wie gesagt, man findet nicht viele Pressemitteilungen über Rückkäufe, in denen auch nur ein Wort über die Bewertung verloren wird.«

CM: »Oft verhalten wir uns ein bisschen so, wie man es aus einem anglikanischen Gebet kennt. Wir danken dem Herrn im Gebet, dass wir nicht so sind wie andere Religionen, die minderwertig sind. Ich fürchte, diese Haltung ist bei Berkshire wahrscheinlich allzu verbreitet, aber wir können wohl nicht anders.«

2019 Aktionärsversammlung (00:42:03)

WB: »Wir haben das Geld, um Aktien im Wert von 100 Milliarden Dollar zu kaufen. Und bedenken Sie, dass bei Akten im Wert von 100 Milliarden das Unternehmen wahrscheinlich nicht für 500 Milliarden verkauft würde. Es könnte also sein, dass wir weit über 20 Prozent kaufen. Wir werden viel Geld ausgeben. Wir waren schon an Unternehmen beteiligt, bei denen die Anzahl der Aktien im Laufe der Zeit um 70 oder 80 Prozent reduziert wurde. Und uns gefällt die Idee, Aktien mit einem Abschlag zu kaufen. Und wenn wir Aktien von Aktionären, die Partner sind, zurückkaufen wollen und den Preis für günstig halten, müssen wir sicher sein, dass diesen Partnern die nötigen Fakten vorliegen, damit sie bewerten können, was sie besitzen. … Es ist sehr wichtig, dass unsere Offenlegung dieselbe ist, die ich meinen Schwestern geben würde – sie sind die Aktionäre, an die ich jedes Jahr den Geschäftsbericht schicke. Denn wenn Sie Ihre Aktien verkaufen wollen, sollten Sie über dieselben Informationen verfügen, die für Charlie und mich wichtig sind. Aber wenn unsere Aktien im Verhältnis zum inneren Wert günstig werden, werden wir nicht zögern. Wir wären wahrscheinlich nicht in der Lage, in sehr kurzer Zeit so viel zu kaufen. Aber wir wären sicherlich bereit, 100 Milliarden Dollar auszugeben.«

CM: »Ich denke, wenn es wirklich offensichtlich wird, werden wir das sehr gut hinbekommen.«

WB: »Wir haben keine Probleme damit, entschlossen zu handeln. … Wenn Sie und ich Partner sind und unser Unternehmen 1 Million Dollar wert ist und Sie sagen, Sie würden Ihre Hälfte für 300.000 Dollar verkaufen, dann werden Sie diese 300.000 Dollar sehr schnell bekommen.«

2023 Aktionärsversammlung (04:05:49)

WB: »Wenn Berkshire-Aktien unter ihrem Wert gehandelt werden, könnte das eine gute Möglichkeit sein, Geld auszugeben. Wir kaufen gern richtig gute Unternehmen. Wenn wir ein Unternehmen für 50 oder 100 Milliarden Dollar kaufen könnten, würden wir das machen. Aber bei börsennotierten Unternehmen ist das schwierig, denn wenn man ein Angebot für ein Unternehmen macht, stimmen die Aktionäre Monate später darüber ab – man gibt ihnen eine Option. Dann hat jemand anderes die Möglichkeit, dieses Angebot zu überbieten, et cetera. Wenn sie aussteigen, erhältst du eine Gebühr in Höhe von 2 Prozent oder so, was kein angemessener Preis ist. … Mit einem Privatunternehmen ist das einfacher, aber es gibt nicht viele, die so groß sind. Andererseits gibt es niemanden, der unter den richtigen Umständen einen Deal wie wir machen könnte. Und es könnte eine Situation eintreten, in der eine Reihe sehr solider Unternehmen eine sehr ungünstige Finanzierungsstruktur hat und Kredite genau zum falschen Zeitpunkt fällig werden. Dann greifen sie zum Telefon, wie es Harley-Davidson und eine ganze Reihe anderer Unternehmen 2008 getan haben.«

»So etwas wird wieder passieren, und die Anzahl der Anrufe, die man (als Kreditnehmer) in einer solchen Situation tätigen kann, ist sehr, sehr begrenzt, und es kann sich um gute Unternehmen handeln. Der Vorstand will vielleicht nicht unbedingt das Unternehmen verkaufen, aber er braucht vielleicht 5 Milliarden, 10 Milliarden oder 20 Milliarden Dollar, je nachdem, um welches Unternehmen es sich handelt. Unsere eigenen Aktionäre können die Aktien zu billig verkaufen – und wir werden niemals etwas tun, um sie zu einem billigen Verkauf zu bewegen, aber wenn die Marktbedingungen es uns ermöglichen, 50 Milliarden Dollar unserer eigenen Aktien zu kaufen, werden wir sie kaufen. Wir werden also einfach abwarten, was sich so ergibt. Es tun sich nicht mehr so viele Möglichkeiten wie früher auf, aber wir verdienen Geld. Es bringt uns nicht um, im Wert von 130 Milliarden Treasury Bills[22] mit einer Anleihenrendite von über 5 Prozent zu halten. Ich habe nicht die geringste Ahnung, wie sich die Renditen in Zukunft entwickeln werden. 1981 lag der Leitzins bei 21,5 Prozent, und die Leute waren besorgt, dass er völlig außer Kontrolle geraten würde. Wenn Volcker nicht da gewesen wäre, wer weiß, was passiert wäre. Aber wir führen Berkshire so, dass wir gut zurechtkommen, vielleicht sogar ein bisschen besser als gut.«

RÜCKKÄUFFE BEI RICHTIG GUTEN UNTERNEHMEN

1997 Aktionärsversammlung (02:01:20)

WB: »Gillette hat seit vielen Jahren keine nennenswerten Aktienrückkäufe getätigt. Coca-Cola kauft regelmäßig eigene Aktien zurück. Wir befürworten generell die Politik von Unternehmen, deren Geschäfte sehr gut laufen, eigene Aktien zurückzukaufen. Es gibt nicht so viele Superunternehmen auf der Welt, und die Idee, im Laufe der Zeit immer mehr Anteile an einem solchen Unternehmen zu erwerben, hat für uns einen Reiz, der fast unabhängig vom Preis ist. Das Problem ist, dass die meisten Unternehmen, die ihre Aktien zurückkaufen, oft nur mittelmäßige Geschäfte machen. Die Aktienrückkäufe werden aus anderen Gründen als den Interessen der Aktionäre an einem richtig guten Unternehmen getätigt. Aber wenn man wirklich weiß, dass man ein tolles Unternehmen hat – und wir glauben, dass die meisten unserer Unternehmen toll bis supertoll sind –, dann ist das in der Regel sehr sinnvoll.«

1997 Aktionärsversammlung (03:28:30)

WB: »Die Aktionäre von Coca-Cola hätten wahrscheinlich noch bessere Ergebnisse erzielt, wenn das Unternehmen keine Dividenden gezahlt, sondern einfach Aktien zurückgekauft, das Abfüllsystem weiterentwickelt und all das getan hätte, was es getan hat. Es ist zwar schon sensationell gut gelaufen, aber mit einer anderen Dividendenpolitik wäre das Ergebnis wahrscheinlich noch besser ausgefallen. Das gilt auch für Gillette und Disney und ähnliche Unternehmen, die diese tollen Möglichkeiten haben, Kapital innerhalb des Unternehmens einzusetzen oder Aktien eines Unternehmens zurückzukaufen, das einfach nicht ersetzt werden kann. Das ist in der Regel die beste Verwendung von Kapital. Es ist wahrscheinlich besser als Dividenden auszuschütten.«

---

[22] Anmerkung der Übersetzerin: Treasury Bills (T-Bills) sind Instrumente zur Finanzierung der US-Staatsverschuldung in kurzen Laufzeiten.

1998 Aktionärsversammlung (01:04:55)

WB: »Das klingt nach einem sehr hohen Preis, für das 40-Fache des KGV oder in dieser Größenordnung Aktien zurückzukaufen. Aber Coca-Cola gibt es seit etwa 112 Jahren, und es gibt nur sehr wenige Jahre, wenn überhaupt, in denen es für Coca-Cola nicht klug gewesen wäre, eigene Aktien zurückzukaufen. Unter den Unternehmen, von denen ich etwas verstehe, ist Coca-Cola meiner Meinung nach das beste Großunternehmen der Welt. Es ist ein hervorragendes Unternehmen. Und wir finden es klasse, wenn Coke Aktien zurückkauft und unser Anteil steigt. Als wir im Jahr 1988 einstiegen, gehörten uns 6,3 Prozent von Coca-Cola. Ein paar Jahre später haben wir unseren Anteil sogar noch etwas erhöht. Hätte es keine Aktienrückkäufe gegeben, würden wir jetzt etwa 6,7 oder 6,8 Prozent von Coke besitzen. So wie es ist, besitzen wir durch Rückkäufe aber etwas mehr als 8 Prozent. Heute werden weltweit etwa eine Milliarde 250-Milliliter-Gebinde von Coca-Cola-Produkten verkauft. Folglich entsprechen 8 Prozent 80 Millionen Gebinden und 6,8 Prozent sind 68 Millionen Gebinde. Das bedeutet, dass weltweit 12 Millionen Gebinde mehr verkauft werden, die Berkshire Hathaway zufließen. Und sie verdienen etwas mehr als 1 Cent pro Gebinde, was mich ziemlich begeistert. Ich kann Ihnen nur sagen, dass ich den Rückkauf von Aktien durch Coca-Cola befürworte. Ich würde es viel lieber sehen, wenn das Unternehmen Aktien zum 15-Fachen des Gewinns zurückkaufen würde, aber wenn ich mir andere Möglichkeiten der Kapitalverwendung anschaue, halte ich es immer noch für eine sehr gute Verwendung des Kapitals. Vielleicht kommt der Tag, an dem das Unternehmen zum 20-Fachen des Gewinns zurückkaufen kann – und wenn das möglich ist, hoffe ich, dass der Vorstand sich viel Geld leiht, um eine Menge Aktien zu diesem Preis zu kaufen.«

»Aus meiner Sicht werden wir in zehn Jahren besser dastehen, wenn Coca-Cola einen konsequenten Rückkaufkurs verfolgt. Ich glaube nicht, dass das für viele Unternehmen gilt. Ich denke, Aktienrückkäufe sind in Mode gekommen und werden aus vielerlei unsinnigen Gründen durchgeführt. Ich glaube nicht, dass alle Rückkäufe gut begründet sind. Wir sehen Unternehmen, die Optionen in großen Mengen emittieren und dann Aktien zu viel höheren Preisen zurückkaufen. Ich habe mit sechs Jahren angefangen, mich mit Investitionen zu beschäftigen, und das Erste, was ich gelesen habe, war: günstig kaufen, teuer verkaufen. Aber die betreffenden Unternehmen verkaufen über Optionen günstig und kaufen teuer. Sie haben eine andere Formel als die, die mir beigebracht wurde. Daher gibt es einige, deren Vorgehen wir nicht gutheißen. Wenn wir Aktien eines richtig guten Unternehmens besitzen, finden wir die Idee von Rückkäufen gut, selbst zu Preisen, bei denen einem die Tränen in die Augen schießen. Im Allgemeinen erweist sich das als eine ziemlich gute Strategie.«

CM: »Ich denke, dass die Aktien eines jeden Unternehmens einen so hohen Preis erreichen können, dass es für das Unternehmen dumm wäre, seine Aktien zurückzukaufen. Das kann sogar dazu führen, dass man sich selbst Schaden zufügt. Vor dem Crash von 1929 kauften die Versorgungsunternehmen von Sam Insull wie verrückt ihre eigenen Aktien, um den Aktienkurs in die Höhe zu treiben. Am Ende war es wie ein riesiges Schneeballsystem. Alle möglichen Exzesse sind möglich, aber wirklich herausragende Unternehmen, die zu einem hohen Kurs-Gewinn-Verhältnis kaufen, können damit klug handeln.«

WB: »Unser Anteil an GEICO stieg von 33 auf 50 Prozent, ohne dass wir einen Cent investiert hätten, weil GEICO seine eigenen Aktien zurückgekauft hat. Und wir haben erheblich davon profitiert. Aber natürlich haben wir viel mehr profitiert, als die Preise niedriger waren. Unser Anteil an der

Washington Post stieg im Laufe der Jahre von 9 auf 17 Prozent, ohne dass wir eine einzige Aktie gekauft hätten. Aber die *Post*, Coca-Cola oder eine Reihe anderer Unternehmen erzielen mit dem Rückkauf ihrer Aktien nicht mehr die gleichen Schnäppchen wie früher. Wir halten den Rückkauf in vielen Fällen aber immer noch für die wahrscheinlich beste Verwendung von Geld.«

RÜCKKÄUFE BEI BANKEN

1994 Aktionärsversammlung (00:52:40)

WB: »Es gibt viel mehr Rückkäufe [bei Banken], und das ist einfach eine Ermessensentscheidung der Führungsebene hinsichtlich des künftig benötigten Kapitalbedarfs, der Höhe des Kapitals, mit dem sie die ihrer Meinung nach angemessene Eigenkapitalrendite (ROE) erzielen kann, und des Preises, den sie für ihre eigenen Aktien zu zahlen bereit ist. Daher muss man meiner Meinung nach jeden Fall einzeln betrachten. Wenn wir Anteile an einer Bank halten, finden wir es natürlich gut, wenn sie Aktien zu einem Preis zurückkauft, den wir für attraktiv halten. Wir gehen davon aus, dass der Vorstand seine eigene Bank wahrscheinlich besser kennt als irgendeine andere Bank, die er kaufen könnte, und wenn die Zahlen stimmen, ist dies eine attraktive Möglichkeit, Kapital einzusetzen.«

1996 Aktionärsversammlung (04:33:23)

WB: »Wells Fargo sollte seine Aktien zurückkaufen, wenn das Unternehmen der Meinung ist, dass sie unter ihrem inneren Unternehmenswert liegen. … Das wird darüber entscheiden, ob das Rückkaufprogramm sinnvoll ist oder nicht.«

RÜCKKÄUFE BEI COCA-COLA

1995 Aktionärsversammlung (00:04:04)

WB: »Ich lobe Vorstände, die ein hervorragendes Geschäft betreiben, dafür, dass sie ihr Geld in dieses hervorragende Geschäft investieren oder in Geschäfte, von denen sie wissen, dass sie ebenfalls hervorragend laufen werden, und den Rest an die Aktionäre zurückgeben. Coca-Cola macht meiner Meinung nach genau das Richtige mit seinem Geld, wenn es alles, was es kann, effektiv im Unternehmen einsetzt, um in neue Märkte zu expandieren und so weiter – aber darüber hinaus zahlt es Dividenden, Bargeld, das an die Aktionäre ausgeschüttet wird, und kauft dann in großem Stil Aktien zurück, wodurch Cash selektiv an die Aktionäre zurückfließt, aber auf eine Weise, die allen zugutekommt.«

1996 Aktionärsversammlung (01:24:41)

WB: »Wenn Sie Aktien über einem rational berechneten inneren Wert zurückkaufen, schaden Sie Ihren Aktionären, genauso wie Sie Ihren Aktionären schaden, wenn Sie Aktien unter diesem Wert ausgeben. Das ist eine Binsenweisheit. Das Schwierige daran ist natürlich, den inneren Wert zu ermitteln. Ein gutes Beispiel dafür ist Coca-Cola.«

»Ich glaube, viele Leute dachten, Coca-Cola würde Aktien zu einem sehr hohen Preis zurückkaufen, weil sie sich den Buchwert oder das Kurs-Gewinn-Verhältnis angesehen haben. Aber der innere Wert umfasst viel mehr als den Buchwert und das Kurs-Gewinn-Verhältnis. … Das Management hat über die Jahre hinweg sehr offen erklärt, dass es durch den Rückkauf eigener Aktien den Wert pro Aktie für die verbleibenden Aktionäre steigert. Wer Coca-Cola nicht verstanden hat oder mechanistische Bewertungsansätze bevorzugte, hat den Wert dieser Rückkäufe wirklich falsch eingeschätzt.«

»Wenn man ein richtig gutes Unternehmen hat, bevorzugen wir es, die mit diesem Unternehmen generierten Mittel zu verwenden, um das Unternehmen noch viel besser zu machen. Und wir bevorzugen den Rückkauf von Aktien, wenn sie unter ihrem inneren Wert liegen. Und ich würde sagen, dass wir bei einem wirklich tollen Unternehmen wahrscheinlich einen höheren inneren Wert ermitteln als die meisten Leute. Charlie und ich – und ich glaube, das hat sich über die Jahre entwickelt – haben enormen Respekt vor der Kraft eines wirklich herausragenden Unternehmens. Und wir wissen, wie selten solche Unternehmen sind. Wenn ein Vorstand unsere Beteiligung durch den Rückkauf von Aktien weiter ausbauen möchte, begrüßen wir das. … Unser prozentualer Anteil an Coca-Cola ist durch dessen Rückkäufe deutlich gestiegen. Und wir sind besser dran, weil das Unternehmen diese Aktien zu Preisen gekauft haben, die manchen Leuten vielleicht hoch erschienen. Wir hielten [die Kritiken] damals für falsch, und das hat sich inzwischen bestätigt, denke ich. Man bemisst die Sinnhaftigkeit von Rückkäufen nicht an einem bestimmten Kurs-Gewinn-Verhältnis. Man denkt nicht in kleinen Modellen. Man denkt daran, was man wirklich bezahlen würde, um in diesen Unternehmen investiert zu sein. Das zählt wirklich im Laufe der Zeit: ob die Rückkäufe mit einem Abschlag auf diesen Wert getätigt werden oder nicht.«

1997 Aktionärsversammlung (02:01:20)

WB: »Coca-Cola hat sein Kapital sehr intelligent eingesetzt, um sein weltweites Netz von Abfüllbetrieben zu stärken und zu verbessern. Das Unternehmen hat hervorragende Arbeit geleistet. Dieser Bereich wurde lange Zeit vernachlässigt. … Aber damit kommt man nur bis zu einem bestimmten Punkt. Als wir 1988 unsere ersten Coca-Cola-Aktien kauften, erwarben wir etwa 6,2 Prozent des Unternehmens. Damals wurden vielleicht 600 Millionen Gebinde pro Tag verkauft. Wir hatten also einen Anteil an 37 Millionen Getränken. Jetzt haben wir 8 Prozent an über 900 Millionen Getränken. Wir haben also einen Anteil an etwa 75 Millionen Gebinden pro Tag … Und der Gewinn pro Getränk ist ein wenig gestiegen. Das ist ziemlich attraktiv. … Das Unternehmen hat Kapital über [Investitionen in das Abfüllernetz] hinaus für den groß angelegten Rückkauf von Aktien verwendet, und das war sehr klug. Wahrscheinlich kauft Coca-Cola gerade Aktien zurück, während wir hier sprechen – und das ist für mich in Ordnung.«

TEIL VIER

FÜHRUNGSEBENE UND VERWALTUNGSRAT

»Wenn Sie jemanden ohne Integrität einstellen, wollen Sie doch, dass er dumm und faul ist, nicht wahr? Das Letzte, was man von jemandem mit mangelnder Integrität will, ist, dass er intelligent und tatkräftig ist.«

»Wir haben keine Personalabteilung, keine Rechtsabteilung, keine Investor-Relations-, keine Public-Relations-Abteilung, wir haben nichts von alledem. Wir haben einen Haufen Top-Leute da draußen, die alle ein Unternehmen führen. Wir bitten sie, das Geld nach Omaha zu schicken. Alles darüber hinaus wäre überflüssig.«

»Unsere wichtigste Handlung im Hinblick auf die Führungsebene besteht darin, die Schlagmänner zu finden und ihnen dann nicht vorzuschreiben, wie sie ihren Baseballschläger schwingen sollen.«

»Eine Reihe von Leuten, die für uns arbeiten, haben es aus finanzieller Sicht überhaupt nicht nötig zu arbeiten. Aber sie arbeiten wahrscheinlich mehr als mindestens 95 Prozent der Menschen auf dieser Welt, und sie machen das, weil sie es einfach lieben, den Ball zu schlagen.«

»Viele der Vergütungspläne von Unternehmen der Neuzeit wirken sich in etwa so aus, als würde man einem Farmer eine Rattenkolonie in den Kornspeicher setzen.«

Einleitung

Auf ähnliche Weise, wie Buffett und Munger die Bedeutung der Unternehmensqualität als Faktor für den langfristigen Anlageerfolg predigen, haben sie sich auch über den diesbezüglichen Einfluss der Führungsebene geäußert.

Im Laufe der Zeit bringt die Interaktion von Führungsebene und Unternehmensqualität beides enger zusammen; anders ausgedrückt haben die besten Vorstände ein Händchen dafür, ihre Unternehmen im Laufe der Zeit gut zu positionieren (indem sie sich von unerwünschten Geschäften trennen beziehungsweise ihr Engagement in diesen Geschäften verringern, während sie ihr Engagement in wünschenswerten Geschäften ausbauen beziehungsweise maximieren).

Wie bei vielen der wichtigsten Investitions- und Geschäftslektionen in diesem Buch gibt es nur wenige Beispiele, die dies stärker verdeutlichen als Berkshire selbst: Was mit einem verlustbringenden, zum Scheitern verurteilten Textilhersteller begann, hat sich über sechs Jahrzehnte zu einem florierenden Mischkonzern mit einer Marktkapitalisierung von über 1 Billion Dollar entwickelt.

Da sie diese Beziehung aus verschiedenen Blickwinkeln beobachtet haben – als Minderheitsaktionäre im Umgang mit den Verwaltungsräten von Aktiengesellschaften, als Mitglieder des Verwaltungsrats in verschiedenen Unternehmen im Laufe der Jahrzehnte, im Umgang mit den Verwaltungsräten von Berkshires Tochtergesellschaften und in ihrer Funktion als Verwaltungsratsmitglieder – sind Buffett und Munger einzigartig in ihrer persönlichen Erfahrung mit den Anreizen und anderen Überlegungen, die in das Prinzipal-Agent-Problem einfließen, das zwischen Eigentümern und der Führungsebene entstehen kann. In diesem Abschnitt erörtern sie die wichtigsten Lektionen, die sie im Laufe der Zeit darüber gelernt haben, wie man am besten mit diesem Problem umgeht.

Aktionärsversammlungen und Themen

BEURTEILUNG DER FÜHRUNGSEBENE

1994 Aktionärsversammlung (00:28:30)

WARREN BUFFETT: »Sie beurteilen die Führungsebene vermutlich nach zwei Maßstäben. Der eine ist, wie gut ihre Mitglieder das Unternehmen führen. Darüber kann man viel lernen, wenn man nachliest, was die Führung erreicht hat und was im Vergleich dazu die Konkurrenz erreicht hat, und sich ansieht, wie es die Kapitalallokation im Laufe der Zeit vorgenommen hat.«

»Man muss sich in dem Spiel auskennen, um nachzuvollziehen, wie die Führungsebene mit dem zurechtkommt, was ihr zur Verfügung steht. Aber wenn man etwas von dem Geschäft versteht, in dem sie tätig ist – und man kann sich nicht mit jedem Geschäft auskennen –, dann will man einfach sehen, wie gut sie das einsetzt, was sie zur Verfügung hat.«

»Zweitens sollte man herausfinden, wie gut die Führungsebene die Eigentümer behandelt. Oftmals kann man diese Dinge herausfinden, aber in vielen Fällen auch nicht. Es gibt eine ganze Reihe von Unternehmen, die irgendwo zwischen 20 und 80 Prozent erfüllen, und es ist schwierig, das genauer einzuschätzen. Aber es ist nicht schwer herauszufinden, dass Leute wie Bill Gates [bei Microsoft], Tom Murphy [bei Capital Cities], Don Keough [bei Coca-Cola] hervorragende Führungskräfte sind. Und es ist nicht schwer herauszufinden, für wen sie arbeiten.«

»Ich kann Ihnen auch einige Fälle am anderen Ende des Spektrums nennen. Es ist interessant, wie oft diejenigen, die meiner Meinung nach schlechte Unternehmenslenker sind, sich auch als diejenigen entpuppen, die nicht übermäßig viel an die Aktionäre denken; beides geht oft Hand in Hand. Wenn man die Berichte der Konkurrenz liest, kann man das in einigen Fällen feststellen. Man muss nicht fünfzig oder hundert richtige Einschätzungen in diesem Geschäft treffen, sondern nur einige wenige. Und das ist alles, was wir zu tun versuchen. Im Allgemeinen sind die Schlussfolgerungen, zu denen ich in Bezug auf Führungskräfte gekommen bin, auf dieselbe Weise entstanden, wie Sie Ihre treffen können. Sie ergeben sich aus der Lektüre von Berichten und nicht aus persönlichem Wissen über die Führungskräfte. Lesen Sie die Proxy Statements[23], achten Sie darauf, wie sie sich selbst und die Aktionäre behandeln, schauen Sie sich an, was sie erreicht haben, und überlegen Sie, welche Spielkarten sie in die Hand bekamen, als sie übernahmen, verglichen mit dem, was in der Branche vor sich geht. Manchmal lässt sich das herausfinden. Sie müssen es aber nicht sehr oft herausfinden.«

2005 Aktionärsversammlung (00:16:54)

WB: »Wir wollen von jemandem kaufen, der nicht wirklich verkaufen will. Wenn wir jemandem 1 Milliarde Dollar für sein Unternehmen geben, besteht für ihn keine finanzielle Notwendigkeit zu arbeiten. Derjenige muss arbeiten wollen, wir können uns nicht mit der Peitsche danebenstellen. Bei

[23] Anmerkung der Übersetzerin: Ein Proxy Statement ist ein juristisches Dokument, das börsennotierte Unternehmen vor ihrer jährlichen Aktionärsversammlung bei der Securities and Exchange Commission (SEC, der U.S.-amerikanischen Börsenaufsicht) einreichen müssen.

Berkshire arbeiten wir nicht mit Verträgen; meiner Meinung nach funktionieren sie nicht. Wir hoffen, dass die Unternehmenslenker ihr Geschäft lieben, und dann vermeiden wir alles, was diese Liebe auslöschen oder in irgendeiner Weise dämpfen würde.«

»Was wir über diese Leidenschaft hinaus suchen, sind Intelligenz, Energie und Integrität – und wenn jemand diese letztgenannte Eigenschaft nicht hat, werden die ersten beiden Sie umbringen. Wenn Sie jemanden ohne Integrität einstellen, wollen Sie doch, dass er dumm und faul ist, oder? Das Letzte, was Sie von jemandem mit mangelnder Integrität wollen, ist, dass er intelligent und tatkräftig ist …«

BERKSHIRES TOCHTERGESELLSCHAFTEN MANAGEN

1998 Aktionärsversammlung (02:51:33)

WB: »Wir treffen uns ein oder zweimal jährlich mit einigen unserer Führungsleute, aber wir haben kein formelles System und werden das auch nie einführen. Wir verlangen keine Treffen mit unseren Managern. Wir haben keinen Betriebsplan, der der Zentrale vorgelegt wird. Unsere Unternehmen werden alle von Menschen geleitet, die hervorragende Ergebnisse vorweisen können, und sie haben jeweils einen unterschiedlichen Schlagstil. Wir haben nicht vor, an jemandem herumzupfuschen, der den Ball gut schlägt, nur weil er den Baseballschläger ein wenig anders hält oder einen Schläger mit einem anderen Gewicht verwendet. Wir sind der Meinung, dass die Führungskräfte das tun sollten, was für sie in der Vergangenheit erfolgreich war. Verschiedene Leute haben nun mal sehr unterschiedliche Stile. Wir haben Führungskräfte, die Dinge gern durchsprechen, andere Manager, die lieber ihren eigenen Weg gehen. Es gibt Führungskräfte, die sich an die Regeln halten, was gut funktioniert, und andere Führungskräfte, die nicht im Traum daran denken würden. Die meisten Führungskräfte arbeiten wahrscheinlich mit monatlichen Finanzberichten, andere nicht. Das ist kein Problem.«

»Wir wollen gute Führungskräfte. Es gibt mehr als einen Weg, um in den Geschäftshimmel zu gelangen, und wir haben einige Führungskräfte, die jeweils verschiedene Wege gefunden haben, um dorthin zu gelangen. Wir haben bestimmte Anforderungen, weil wir ein börsennotiertes Unternehmen sind; SEC-Vorschriften und IRS-Vorgaben[24]. Aber wir haben den operativen Führungskräften nie etwas aufgezwungen. Wir haben MBAs, die Unternehmen leiten; wir haben Leute, die noch nie eine Business School gesehen haben. Talente sind ein knappes Gut, und wenn man Talente findet, die ihre eigene Art haben, die Dinge anzugehen, dann freuen wir uns, dass sie es tun. Wir wollen, dass sie es auf ihre Weise machen.«

CHARLIE MUNGER: »In Wahrheit haben wir die Macht in den Betrieben bis zu einem Punkt dezentralisiert, der kurz vor dem völligen Kontrollverzicht steht. Wir glauben nicht, dass unser System für alle richtig ist. Es passt zu uns und zu der Art von Menschen, die sich uns angeschlossen haben.

---

[24] Anmerkung der Redaktion: SEC-Vorschriften sind die Vorschriften der U.S.-Börsenaufsicht. IRS-Vorgaben beziehen sich auf die Internationalen Rechnungslegungsstandards.

Aber wir kritisieren niemanden, der operative Pläne hat und die erzielten Leistungen vierteljährlich mit den Vorgaben abgleicht und derlei Dinge. Unser Stil ist das jedoch nicht.«

WB: »Wir zentralisieren das Geld. Alles andere dezentralisieren wir größtenteils. … Unsere Führungskräfte kennen ihr Geschäft und wissen, wie sie es führen müssen. Und wenn sie das nicht täten, würden wir etwas hinsichtlich der Führungsebene unternehmen und nicht versuchen, einen Haufen Kontrollsysteme einzuführen.«

1998 Aktionärsversammlung (03:32:27)

WB: »Wir sagen jeder Tochtergesellschaft, dass sie ihr Geschäft so führen soll, wie es ihrer Meinung nach am besten für ihr Unternehmen ist. Borsheims akzeptiert American Express, See's akzeptiert American Express, der Furniture Mart nicht. Aber das wird auch in anderen Bereichen so sein … Wir werden dem Vorstand einer Tochtergesellschaft niemals vorschreiben, welchen Lieferanten er bevorzugen soll oder etwas in der Art. Sobald wir anfangen, derartige Entscheidungen für unsere Führungskräfte zu treffen, werden wir für den Betrieb verantwortlich, und sie sind nicht mehr für den Betrieb verantwortlich. Sie sind für ihren Betrieb verantwortlich, und das bedeutet, dass sie alle Entscheidungen treffen dürfen. Sie sollten das tun, was für die jeweilige Tochtergesellschaft am besten ist, und es liegt an jedem anderen Unternehmen, das mit ihnen Geschäfte machen möchte, zu beweisen, warum das für sie am besten ist. So gehen wir bei Berkshire an die Dinge heran. Und ich denke, im Großen und Ganzen gefällt es unseren Führungsleuten. Ihre Entscheidungen werden nicht hinterfragt und niemand kann sich über ihren Willen hinwegsetzen. Ich bekomme ständig Briefe von Leuten, die versuchen, sich über den Willen unserer Führungskräfte hinwegzusetzen. Das funktioniert bei Berkshire nicht. Diese Leute haben mit der Führungsebene der jeweiligen Unternehmen zu tun und werden sie nicht übergehen.«

2011 Aktionärsversammlung (02:15:19)

CM: »Wenn man sich die größten Institutionen der Welt anschaut, dann suchen die sich vertrauenswürdige Leute aus und setzen dann auch ihr ganzes Vertrauen in diese. Es macht so viel Spaß, wenn man das Vertrauen anderer hat. Man bekommt so viel Selbstachtung, wenn man Vertrauen genießt und sich dieses Vertrauens als würdig erweist, dass ich glaube, dass die besten Compliance-Kulturen diejenigen sind, die diese Einstellung zum Thema Vertrauen haben. Einige der Unternehmen mit den größten Compliance-Abteilungen, wie die Wall Street, haben die meisten Skandale. Anscheinend kann man sein Verhalten nicht automatisch dadurch verbessern, dass man die Compliance-Abteilung immer größer und größer macht. Was funktioniert, ist eine allgemeine Vertrauenskultur. Berkshire hatte bislang nicht so viele folgenschwere Skandale, und ich glaube auch nicht, dass das in Zukunft der Fall sein wird.«

TOP-FÜHRUNGSKRÄFTE IM UNTERNEHMEN HALTEN

1994 Aktionärsversammlung (00:31:47)

WB: »Sollte [Ajit Jain] ein Angebot über 200 Millionen Dollar erhalten, werden wir auf dem Niveau vielleicht nicht mehr so heftig gegenhalten. Charlie und ich haben zwei Aufgaben: Wir müssen gute Führungskräfte finden und sie dann bei der Stange halten. Das läuft hier oft etwas anders, denn die Mehrheit unserer Führungskräfte ist finanziell unabhängig und geht nicht zur Arbeit, weil sie sich Sorgen machen, das College der Kinder sonst nicht bezahlen oder das Essen nicht auf den Tisch bringen zu können. Sie brauchen einen anderen Grund, um zur Arbeit zu gehen. Sie müssen fair behandelt werden, was die Vergütung angeht, aber sie müssen auch zu der Überzeugung gelangen, dass es besser ist, als jeden Tag Golf zu spielen, oder was auch immer sie sonst tun könnten. Das ist also eine unserer Aufgaben. Und wir betrachten das, was sie tun, auf die gleiche Weise wie das, was wir tun.«

»Bevor ich dieses Unternehmen hier leitete, hatte ich eine Partnership. Ich hatte eine tolle Gruppe von Partnern. Und, im Wesentlichen mochte ich es, in Ruhe gelassen zu werden, um das zu tun, was ich tat. Ich mochte es, am Ende des Jahres nach dem Spielstand beurteilt zu werden und nicht nach jedem Schlag – und nicht unangemessen kontrolliert zu werden. Ich mochte es, Leute zu haben, die das Umfeld verstanden, in dem ich tätig war.«

»Unsere wichtigste Handlung im Hinblick auf die Führungsebene besteht darin, die Schlagmänner zu finden und ihnen dann nicht vorzuschreiben, wie sie ihren Baseballschläger schwingen sollen. Die zweite Sache, die wir machen, ist die Zuteilung von Kapital. Wir versuchen also, bei jeder Führungskraft dafür zu sorgen, dass es für sie interessant ist und ihr Spaß macht, ihr Geschäft zu betreiben. Wir versuchen, eine Vergütungsregelung zu finden, die für die Art des Geschäfts angemessen ist, in dem sie tätig sind. Wir haben keinen unternehmensweiten Vergütungsplan. Wir würden nicht im Traum daran denken, dass irgendein Vergütungsexperte oder Berater kommt und es vermasselt. Einige Unternehmen erfordern viel Kapital, andere erfordern kein Kapital. Einige Unternehmen sind einfach und es ist ein Kinderspiel, gute Margen zu erzielen, aber eigentlich zahlen wir für das, was darüber hinausgeht. In anderen Bereichen ist es sehr schwierig, Geld zu verdienen. Es wäre verrückt, einen riesigen Rahmen zu haben, in den wir alle reinquetschen wollen, damit eine Größe für alle passt. Im Allgemeinen werden die Führungskräfte in irgendeiner Weise entsprechend der Geschäftsentwicklung ihres Unternehmens vergütet. Es gibt keinen Grund, irgendjemanden danach zu bezahlen, wie Berkshire abschneidet, denn dafür ist niemand außer Charlie und mir verantwortlich. Wir versuchen, sie für ihre eigenen Einheiten verantwortlich zu machen und sie danach zu entlohnen, wie sich diese Einheiten entwickeln. Wir versuchen, die Geschäftsbereiche zu verstehen, in denen sie tätig sind, damit wir den Unterschied zwischen guter und schlechter Leistung erkennen. Und so arbeiten wir mit den Menschen. Wir hatten im Laufe der Jahre großes Glück, dass wir die Führungskräfte behalten haben, die wir behalten wollten. Ich denke, das liegt vor allem daran, dass sie es – vor allem dann, wenn sie uns ihr Unternehmen verkauft haben – am nächsten Tag genauso weiterführen wie am Tag zuvor. Und sie haben genauso viel Spaß daran, ihr Unternehmen zu führen, wie ich bei der Leitung von Berkshire.«

CM: »Ich glaube an das Konzept, den anderen so zu behandeln, wie man selbst an dessen Stelle behandelt werden möchte – es ist so einfach, wenn man einmal darüber nachdenkt. Es gibt kaum einen

Abend, an dem Ajit und Warren nicht miteinander telefonieren. Es ist mehr als eine reine Geschäftsbeziehung, zumindest kommt es mir so vor. … Wir möchten, dass unsere Beziehungen mehr als nur eine Geschäftsbeziehung sind.«

WB: »Charlie und ich arbeiten mit Leuten zusammen, die wir mögen. Das macht das Leben sehr viel einfacher.«

CM: »Und wir neigen dazu, Leute zu mögen, die wir bewundern.«

1998 Aktionärsversammlung (02:27:45)

WB: »Wenn wir Unternehmen kaufen, haben wir keine Führungsleute parat, die wir dort einsetzen können; so gehen wir nicht vor. Wir haben nicht viele MBAs in unserem Büro.«

CM: »Gott sei Dank.«

WB: »Wenn wir kaufen, brauchen wir also ein Unternehmen mitsamt Führungsebene. Und in drei von vier Fällen ist die Top-Führungskraft der Eigentümer und erhält mehrere zehn, vielleicht sogar Hunderte von Millionen Dollar für sein Unternehmen und bräuchte somit nicht mehr arbeiten. Wenn wir solche Leute kennenlernen, müssen wir herausfinden, ob sie die Firma oder das Geld lieben. Ich urteile nicht moralisch darüber, ob es besser ist, die Firma oder das Geld zu lieben, aber für mich ist entscheidend, was von beidem den Betreffenden in erster Linie motiviert.«

»Wir hatten sehr viel Glück bei der Suche nach Menschen, die ihr Unternehmen lieben. Wir müssen dann lediglich alles vermeiden, was diese Liebe schmälert oder derart unerträgliche Rahmenbedingungen schafft, dass sie diese Liebe zum Geschäft verlieren. Eine Reihe von Leuten, die für uns arbeiten, haben es aus finanzieller Sicht überhaupt nicht nötig zu arbeiten. Aber sie arbeiten wahrscheinlich mehr als mindestens 95 Prozent der Menschen auf dieser Welt, und sie machen das, weil sie es einfach lieben, den Ball zu schlagen. In dieser Hinsicht haben wir praktisch keine Fehler gemacht.«

»Wir haben auch eine Reihe von Leuten getroffen, bei denen wir aufgrund ihrer Vorschläge das Gefühl hatten, Geld sei ihnen wichtiger als das Unternehmen. Offenbar waren sie des Unternehmens überdrüssig. Sie hätten uns zwar versprechen können, dass sie das Unternehmen weiterführen, und hätten es auch in gutem Glauben getan, aber nach sechs Monaten oder einem Jahr würde irgendetwas passieren und sie würden sich sagen: ›Warum mache ich das für Berkshire Hathaway?‹ Sie könnten schließlich tun, zu was auch immer sie Lust hätten. Ich kann Ihnen nicht genau sagen, welchen Filter wir sie mental durchlaufen lassen, aber wenn Sie schon eine Weile dabei sind, haben Sie eine ziemlich hohe Trefferquote, wenn es darum geht, zu solchen Schlussfolgerungen zu kommen – wie auch bei anderen Aspekten des menschlichen Verhaltens. … Wenn man die extremen Fälle sieht, diejenigen, die einem nichts als Ärger bereiten, oder diejenigen, die einem nichts als Freude bringen, dann kann man Letztere ziemlich gut erkennen.«

CM: »Es ist recht einfach. Diese Leute verfügen über Integrität, Intelligenz, Erfahrung und Hingabe. Das ist es, was ein Unternehmen braucht, um gut zu laufen, und wir hatten sehr viel Glück mit dieser wunderbaren Gruppe von Mitarbeitern, mit denen wir all die Jahre zusammenarbeiten konnten. Ich denke, dass man es nur schwer besser machen könnte, als wir es in dieser Hinsicht getan haben. Schauen Sie sich an, wie viel Befriedigung in dieses Leben kommen kann, das größtenteils damit verbracht wurde, die Befriedigung aufzuschieben. Ihr Aktionäre seid eine sehr komische Gruppe von Menschen.«

BÜROKRATIE

1994 Aktionärsversammlung (01:29:35)

CM: »Ich habe immer das System des Ruhestands bevorzugt, bei dem man von außen nicht genau sagen kann, ob der Betreffende arbeitet oder im Ruhestand ist. Ein Problem in vielen Unternehmen, vor allem in denen mit viel Bürokratie, ist, dass ihre Mitarbeiter in den Ruhestand gehen, es dem Unternehmen jedoch nicht sagen.«

AKTIENOPTIONEN FÜR FÜHRUNGSKRÄFTE

1995 Aktionärsversammlung (00:18:06)

CM: »Es gab eine Bank, bei der eines der Vorstandsmitglieder Aktienoptionen wollte, und derjenige wies die Führungsebene darauf hin, dass sie Aktien ausgeben könnte und das nichts kosten würde. Stellen Sie sich vor, Sie stellen eine Führungskraft ein, die so denkt, und zahlen ihr Geld dafür, dass sie sich in Ihrer Mitte wie ein Judas aufführt.«

WB: »Wir haben Gespräche mit Führungskräften geführt, in denen sie uns sagten, wie glücklich sie sich fühlen, weil die Aktie gefallen ist und sie Kaufoptionen [für Unternehmensangehörige] billiger emittieren können. Ich bin mir nicht sicher, ob sie genau die gleiche Einstellung hätten, wenn sie diese an Dritte ausgeben würden.«

CEOs UND KAPITALALLOKATION

1994 Aktionärsversammlung (03:24:10)

WB: »Die Kapitalallokation ist in der Regel eine sehr wichtige Aufgabe in der Mehrzahl der Führungsebenen. Wenn Sie einen CEO nehmen, der zehn Jahre im Amt ist und ein Unternehmen führt, das 12 Prozent auf das Eigenkapital verdient, und er zahlt ein Drittel aus, bedeutet das, dass er 8 Prozent pro Jahr auf das Eigenkapital hat. Wenn man bedenkt, wie lange er im Amt ist und wie viel Kapital er zugeteilt bekommen hat, dann ist das ein enormer Faktor im Laufe der Zeit. Und dennoch werden wahrscheinlich relativ wenige CEOs nach ihrer Fähigkeit, Kapital zuzuteilen, ausgebildet oder ausgewählt. … Es ist eine ganz andere Aufgabe als die sonstigen, die auf dem Weg zur Position als CEO in den meisten Unternehmen existieren.«

»Wenn viele CEOs in dieser Position ankommen, denken sie, dass sie das Problem lösen können, indem sie entweder Mitarbeiter haben, die sich darum kümmern, oder indem sie Berater anstellen, oder was auch immer für Leute. Unserer Ansicht nach ist das ein schrecklicher Fehler. Wenn es nicht die eine Hauptaufgabe des CEO ist, dann ist es doch eine der zwei oder drei Hauptaufgaben bei 80 bis 90 Prozent aller Unternehmen. Und wenn man das nicht kann, macht man künftig jede Menge Fehler. … Sie würden nicht wollen, dass irgendjemand in einer anderen wichtigen Position im Unternehmen quasi sagt: ›Ich weiß nicht, wie man das macht, also werde ich jemand anderen damit beauftragen.‹ wenn es ihre Hauptaufgabe ist. Aber so läuft das in der Geschäftswelt. Charlie und ich tragen die Verantwortung für alle Entscheidungen bei der Kapitalallokation, mit Ausnahme der routinemäßigen Ausgaben im operativen Geschäft.«

SCHLECHTE SPIELER MEIDEN

1995 Aktionärsversammlung (03:37:50)

WB: »Wir vertreten grundsätzlich die Haltung, dass man mit schlechten Menschen keine guten Geschäfte machen kann, also vergessen wir sie einfach. Wir versuchen nicht, uns mit Verträgen oder allerlei Due-Diligence-Prüfungen zu schützen, wir vergessen sie einfach. Mit Menschen, die wir mögen, bewundern und denen wir vertrauen, kommen wir auf Dauer gut zurecht. Schlechte Akteure werden versuchen, dich auf die eine oder andere Weise zu provozieren, und du kannst nicht gewinnen. Es lohnt sich, sie zu meiden. Mit dieser Einstellung haben wir angefangen, und vielleicht haben uns ein oder zwei Erfahrungen noch mehr als zuvor davon überzeugt, dass dies die richtige Vorgehensweise ist.«

UMGANG MIT SCHLECHTEN NACHRICHTEN

1995 Aktionärsversammlung (02:01:40)

WB: »Charlie und ich interessieren uns immer mehr für schlechte Nachrichten als für gute; wir gehen davon aus, dass sich die guten Nachrichten von selbst erledigen. Wir geben unseren Mitarbeitern nur wenige Anweisungen, wenn sie bei uns anfangen. Eine davon lautet, wie ein Eigentümer zu denken, und die zweite, uns schlechte Nachrichten sofort mitzuteilen; wir können schlechte Nachrichten verkraften, aber wir mögen es nicht, wenn sie uns zu spät erreichen.«

2017 Aktionärsversammlung (00:16:13)

WB: »Es stimmt, dass wir bei Berkshire sicherlich dezentraler arbeiten als jedes andere Unternehmen, das auch nur annähernd unsere Größe hat. Wir verlassen uns sehr stark auf Verhaltensgrundsätze und weniger auf eine Vielzahl von Regeln. Das ist einer der Gründe, warum Sie bei jeder Aktionärsversammlung Salomons Aussage lesen können: ›Verliert Geld bei einem Unternehmen, und ich werde mit Verständnis reagieren; verliert aber auch nur einen Funken vom guten Ruf eines Unternehmens, und ich werde gnadenlos sein.‹ Ich schreibe nur sehr selten Mitteilungen an unsere Führungskräfte, aber alle zwei Jahre sende ich ihnen eine, in der im Wesentlichen steht, dass wir alles Geld haben, das wir brauchen. Wir hätten gern mehr, aber das ist keine Notwendigkeit. Aber wir haben keinen solchen Puffer bei unserem Ansehen, da haben wir nicht im Geringsten mehr als wir brauchen, und unser Ansehen bei Berkshire liegt in ihren Händen.«

»Charlie und ich glauben, wenn man die richtige Kultur etabliert, dass diese Kultur dann bis zu einem gewissen Grad selbst auswählt, wer als Verwaltungsrat und operative Führungskraft eingestellt wird. Wir glauben auch, dass man auf diese Weise bessere Ergebnisse in Bezug auf das Verhalten erzielt, als wenn man einen tausendseitigen Leitfaden hat …«

»Bei Wells Fargo gab es drei sehr schwerwiegende Fehler, von denen jedoch einer alle anderen in den Schatten stellte. In fast jedem Unternehmen gibt es Anreizsysteme. An Anreizsystemen ist nichts auszusetzen, aber man muss sehr vorsichtig bei der Frage sein, wofür man Anreize schafft. Man darf schlechtes Verhalten nicht belohnen. Daher sollte man besser ein System haben, um solches Verhalten zu erkennen. Bei Wells Fargo gab es eindeutig ein Anreizsystem, das auf Cross-Selling und der Anzahl der Dienstleistungen pro Kunde [Girokonto, Sparkonto, Autokredit und so weiter] basierte. Das Unternehmen hob in jeder vierteljährlichen Investorenpräsentation hervor, wie viele Dienstleistungen pro Kunde erbracht wurden. Das war also ein wichtiger Schwerpunkt des Unternehmens. Und zweifellos wurden die Mitarbeiter zumindest teilweise auf der Grundlage dieser Zahl bezahlt, bewertet und befördert. Tja, und es stellte sich heraus, dass damit das falsche Verhalten gefördert wurde.«

»Wir haben ähnliche Fehler gemacht. Jedes Unternehmen macht bei der Gestaltung eines Systems Fehler. Und irgendwann wird man davon erfahren. (Ich werde noch näher darauf eingehen, wie wir davon erfahren haben.) Natürlich kenne ich nicht alle Fakten darüber, wie die Informationen bei Wells Fargo weitergegeben wurden – aber wenn es ein großes Problem gibt, bekommt der CEO irgendwann Wind davon. Und in diesem Moment ist das der Schlüssel zu allem, denn der CEO muss handeln.«

»Der Vorfall bei Salomon, die Sie mitbekommen haben, ereignete sich, als am 28. April 1991 der CEO von Salomon, der Präsident von Salomon und der General Counsel von Salomon in einem Raum saßen und von einem Mann namens John Meriwether über einige schreckliche Praktiken eines Mitarbeiters namens Paul Mozer informiert wurden. Paul Mozer betrog das US-Finanzministerium, was sehr dumm war. Er tat dies teilweise aus Bosheit, weil er das Finanzministerium nicht mochte und es ihn nicht mochte. Er gab falsche Gebote für US-Staatsanleihen ab und Ähnliches. Und im April wussten der CEO und all diese Leute nun, dass etwas extrem schiefgelaufen war, und sie mussten dies der Federal Reserve Bank of New York melden. Der CEO, John Gutfreund, sagte, er würde sich darum kümmern, tat es dann aber nicht. Er hat es zweifellos aufgeschoben, weil es eine unangenehme Aufgabe war. Am 15. Mai fand dann eine weitere Auktion des Finanzministeriums statt, und Paul Mozer gab wieder eine Reihe gefälschter Gebote ab. An diesem Punkt war alles vorbei, denn die oberste Führungsebene hatte es im Voraus gewusst, und nun hatte ein Pyromane ein weiteres Feuer gelegt. Und er legte es, obwohl man die Unternehmensleitung vor ihm gewarnt hatte. Von da an ging es bergab. Es muss aufhören, sobald der CEO davon erfährt.«

»Dann machte die Führung von Wells Fargo einen dritten Fehler: Sie unterschätzte völlig die Auswirkungen seiner Handlungen, als diese aufgedeckt wurden, denn die Strafe betrug nur 185 Millionen Dollar. Im Bankengeschäft werden Menschen wegen unlauterer Hypothekenpraktiken und allen möglichen anderen Dingen mit Strafen in Milliardenhöhe belegt. … Also beurteilten die Chefs die Schwere des Problems anhand der Höhe der Strafe. Sie dachten, eine Strafe in Höhe von 185 Millionen Dollar sei ein Zeichen für einen weniger schwerwiegenden Verstoß, als einen, der mit 2 Milliarden Dollar geahndet würde. Doch damit lagen sie völlig falsch. Das Hauptproblem war jedoch, dass sie nichts unternahmen, als sie davon erfahren hatten. Es war schon schlimm genug, dass das System schlecht war, aber sie unternahmen nichts.«

»Bei Berkshire ist die Hotline meine wichtigste Informationsquelle für alles, was in einer Tochtergesellschaft falsch läuft. Wir haben etwa 4000 Hotline-Meldungen pro Jahr. Die meisten davon sind belanglos – der Kollege neben mir hat Mundgeruch oder etwas in dieser Art. Aber es gibt auch ein paar ernste Fälle, die alle von Becki Amick, der Leiterin unserer internen Revision, geprüft werden. … Über alles, was ernst zu sein scheint, werde ich informiert, und das zieht Maßnahmen nach sich. Wir haben viel Geld in die Untersuchung einiger dieser Fälle investiert. Manchmal haben wir sogar Sonderermittler eingeschaltet. Und wie gesagt, dabei sind bestimmte Praktiken ans Licht gekommen, die wir in der Muttergesellschaft keinesfalls dulden. Ich halte das für ein gutes System. Ich glaube nicht, dass es perfekt ist. Ich bin mir sicher, dass es bei Wells Fargo eine interne Revision gibt und dass das Unternehmen eine Whistleblower-Hotline hat. Ich kenne die Fakten nicht, aber ich würde einfach darauf wetten, dass viele Meldungen eingegangen sind, und ich weiß nicht, wie das System funktioniert, um diese an die richtige Person weiterzuleiten. … Es war ein riesiger Fehler, wenn das Unternehmen einige Meldungen erhalten und ignoriert hat oder wenn es sie an jemanden weitergeleitet hat, der unter ihnen steht.«

CM: »Wenn man in einem Unternehmen tätig ist, in dem viele Mitarbeiter Anreize bekommen, die sehr wahrscheinlich zu Fehlverhalten führen, braucht man natürlich eine große Compliance-Abteilung. Jede große Wertpapierhandelsgesellschaft und jedes große Wertpapiermaklerunternehmen hat eine riesige Compliance-Abteilung. Wenn wir eine hätten, wäre sie vermutlich auch sehr groß – aber das bedeutet nicht, dass jeder versuchen sollte, seine Probleme mit immer mehr Compliance zu lösen. Ich glaube, wir hatten im Laufe der Jahre weniger Probleme, weil wir bei der Auswahl der Personen, denen wir Macht übertragen, sehr sorgfältig vorgegangen sind und eine Kultur des Vertrauens geschaffen haben.«

WB: »Ben Franklin, den Charlie verehrt, sagte: ›Eine Unze Prävention ist so viel wert wie ein Pfund Therapie.' Er hat noch untertrieben. Eine Unze Prävention ist sogar mehr wert als ein Pfund Therapie. Ich würde sagen, ein Pfund Therapie, das sofort angewendet wird, ist eine Tonne Therapie wert, die sich verzögert. Probleme verschwinden nicht einfach. John Gutfreund sagte den Mitarbeitern von Salomon, dass es sich lediglich um eine Verwarnung handele, und dann hätte es Salomon fast ruiniert … Man muss sofort handeln. Und ehrlich gesagt kenne ich kein besseres System als Whistleblower-Hotlines und anonyme Briefe, die an mich geschickt werden können. In den vergangenen sechs oder sieben Jahren habe ich wahrscheinlich drei oder vier davon erhalten, die zu großen Veränderungen bei Berkshire geführt haben. … Ich sage Ihnen, während wir hier sitzen, machen wahrscheinlich einige Leute bei

Berkshire etwas falsch, und normalerweise hält es sich in Grenzen. Vielleicht stehlen sie kleine Geldbeträge oder so etwas. Aber wenn es um bestimmte Verkaufspraktiken geht, wie das, was bei Wells Fargo passiert ist, sieht man, welchen Schaden so etwas anrichten kann.«

2018 Aktionärsversammlung (00:49:19)

WB: »Wells Fargo ist ein Unternehmen, das die Wirksamkeit von Anreizen bewiesen hat, nur dass es die falschen Anreize gesetzt hat. Das war schlecht. Dann beging das Unternehmen einen noch viel größeren Fehler, indem es die Tatsache ignorierte, dass es ein fehlerhaftes Anreizsystem hatte, das die Mitarbeiter zu verrückten Dingen veranlasste, wie zum Beispiel das Eröffnen von Scheinkonten … Wichtig ist, dass man solche Anreize nicht schafft, wenn sich das vermeiden lässt. Und wenn man herausfindet, das etwas Unheilvolles im Gange ist, muss man etwas dagegen unternehmen. Das ist absolut entscheidend. Wells Fargo hat das nicht getan.«

»Wir haben einige unserer größten Investitionen dort getätigt, wo andere ähnliche Fehler gemacht hatten. Wir haben 1964 American Express gekauft – die beste Investition, die ich in meiner gesamten Partnerschaft getätigt habe – weil jemand einen Anreiz hatte, das Falsche zu tun, und zwar in einer Firma namens American Express Field Warehousing Company. Wir haben für 40 Millionen Dollar einen sehr großen Anteil an GEICO (der durch Aktienrückkäufe schließlich die Hälfte von GEICO ausmachte) gekauft, weil jemand einen Anreiz hatte, die Wall-Street-Gewinn- und Wachstumsprognosen zu erfüllen, und sich nicht um angemessene Rücklagen gekümmert hat. Das hat American Express 1964 viel Leid gebracht. Das hat GEICO 1976 viel Leid gebracht. Es hat unter anderem dazu geführt, dass ein erheblicher Teil der Belegschaft entlassen werden musste. Aber diese Unternehmen haben das Problem gelöst, und sehen Sie nur, wohin sich American Express und GEICO seitdem entwickelt haben.«

»Die Tatsache, dass es bei einigen sehr großen Institutionen Probleme geben wird, ist also nichts Besonderes. Tatsächlich hatten alle großen Banken Probleme der einen oder anderen Art. Und ich sehe keinen Grund, warum Wells Fargo als Unternehmen sowohl aus Investitionssicht als auch aus moralischer Sicht in irgendeiner Weise schlechter dasteht als die anderen großen Banken. Sie haben einen großen Fehler gemacht. Wir haben einen großen unrealisierten Gewinn darin, aber das hat nichts mit unserer Entscheidung zu tun. Ich mag es als Investition. Ich mag Tim Sloan als Unternehmenslenker. Er korrigiert Fehler, die andere gemacht haben. …

»Man sollte alles sofort angehen. Charlie hat mich mein ganzes Leben lang dazu gedrängt, unangenehme Probleme, die auftauchen, anzugehen. Und das ist manchmal nicht einfach, wenn alles andere gut läuft. Und bei Wells Fargo haben sie eindeutig das getan, was Menschen in jeder Organisation manchmal tun, aber das wurde bis zum Äußersten getrieben. Ich sehe jedoch keinen Grund zu der Annahme, dass Wells Fargo in Zukunft etwas anderes sein wird als eine sehr große, gut geführte Bank, die eine Episode in ihrer Geschichte hatte, die sie lieber nicht gehabt hätte. GEICO ist gestärkt daraus hervorgegangen, American Express ist gestärkt daraus hervorgegangen. Die Frage ist, was man tut, wenn man Probleme entdeckt.«

CM: »Da stimme ich zu. Ich glaube, Wells Fargo wird in Zukunft besser dastehen, als es der Fall gewesen wäre, wenn diese Vorfälle nie aufgedeckt worden wären. Aber [Hollywood-Produzent] Harvey Weinstein hat auch viel zur Verbesserung des Verhaltens beigetragen. Es war eindeutig ein Fehler, und sie sind sich dessen sehr bewusst und zutiefst beschämt. Sie wollen nicht, dass so etwas noch einmal passiert. Wenn ich sagen müsste, welche Bank sich in Zukunft am besten verhalten wird, wäre es vielleicht Wells Fargo.«

WB: »American Express hat mit dem Lagerunternehmen im Jahr 1963 nur ein paar Dollar verdient. Und dann kursierte dort die Angst, dass dies das Unternehmen ruinieren könnte. Ich war nach dem Skandal auf der Aktionärsversammlung von American Express, und jemand fragte, ob der Wirtschaftsprüfer nach vorn kommen könne. Der Wirtschaftsprüfer einer der großen Gesellschaften, die ich nicht nennen werde, kam ans Mikrofon, und jemand fragte: ›Wie viel haben wir Ihnen letztes Jahr bezahlt?‹ Der Wirtschaftsprüfer antwortete, und dann sagte der Fragesteller: ›Wie viel hätten Sie uns zusätzlich berechnet, um nach Bayonne zu fahren, das zehn Meilen entfernt ist, und zu überprüfen, ob sich Öl in den Tanks befindet?‹ Es handelte sich um einen winzigen Betrieb – irgendein Typ rief aus einer Bar in Bayonne an und erzählte ihm von diesem Schwindel, aber niemand wollte davon etwas hören. Die Führungsriege hielt sich die Ohren zu. Aber im Laufe der Zeit entstand aus dieser Beinahe-Katastrophe für American Express ein richtig tolles Unternehmen. Wir machen auch künftig Fehler. Ich garantiere Ihnen, dass wir bei Berkshire unerfreuliche Nachrichten erhalten werden. Ich weiß nicht, was es sein wird. Aber das Wichtigste ist, dass wir etwas dagegen unternehmen. Es gab Zeiten, in denen ich gezögert habe. Charlie war derjenige, der mich dann zum Handeln gedrängt hat. Er hat viel für uns getan, von dem Sie nichts wissen.«

VERGÜTUNG VON FÜHRUNGSKRÄFTEN UND MITARBEITERN

1995 Aktionärsversammlung (00:43:12)

WB: »Wenn wir einer Tochtergesellschaft Kapital zur Verfügung stellen oder es abziehen, hängt das in der Regel mit dem Vergütungsplan zusammen. Wir möchten, dass unsere Führungskräfte verstehen, wie hoch wir das Kapital schätzen – und nichts schafft ein besseres Verständnis dafür, als ihnen die Kosten dafür in Rechnung zu stellen. Manchmal basiert dies auf der Geschichte des Unternehmens oder der Branche. Es kann sich auch nach den Zinssätzen zu dem Zeitpunkt richten, an dem wir das Geld zur Verfügung stellen. Wir haben Vereinbarungen, die sich nach diesen und möglicherweise weiteren Variablen sowie unserer Einschätzung zum Zeitpunkt der Auszahlung richten und zwischen 14 und 20 Prozent des vorgestreckten Kapitals liegen. Manchmal schließen wir eine Vereinbarung ab, wonach wir einem Unternehmen, das saisonal für einige Monate Bedarf hat, das Kapital sehr günstig zum LIBOR[25] zur Verfügung stellen. Wenn es darüber hinaus mehr Kapital benötigt, sagen wir: ›Das ist ein dauerhafter Kredit‹, und berechnen ihm einen deutlich höheren Zinssatz.«

---

[25] Anmerkung der Übersetzerin: Der LIBOR (London Interbank Offered Rate) ist ein Referenzzinssatz, der zur Berechnung des Durchschnittszinssatzes herangezogen wird, zu dem sich die Banken gegenseitig kurzfristige Kredite anbieten.

»Wenn wir nun ein Unternehmen kaufen, das ein paar Hundert Millionen Kapital verwendet, und wir eine Bonusvereinbarung ausarbeiten, und der Vorstand einen Weg findet, das Geschäft mit weniger Kapital zu betreiben, können wir ihm den gleichen Zinssatz gutschreiben, den wir ihm berechnen würden, entsprechend seiner Bonusvereinbarung.«

»Wir möchten, dass unsere Führungskräfte wissen, dass Geld seinen Preis hat. Meine Erfahrung in der Geschäftswelt ist, dass die meisten Führungskräfte verstehen, dass Geld etwas kostet, wenn sie ihr eigenes Geld ausgeben. Aber manchmal, wenn sie das Geld anderer Leute ausgeben, fangen sie an, es wie geschenktes Geld zu betrachten. Und das ist eine Angewohnheit, die wir bei Berkshire nicht fördern wollen. Indem wir solche Zinssätze für das Kapital festlegen, sagen wir ihnen, wie viel das Kapital für uns wert ist. Ich halte das für eine nützliche Richtlinie für ihre Entscheidungen, da wir nicht sehr viele Entscheidungen über unser operatives Geschäft treffen. Wir treffen nur sehr, sehr wenige Entscheidungen. In den meisten Fällen sehe ich keine Kapitalbudgets von unseren Tochtergesellschaften, an denen wir beteiligt sind. Und wenn ich sie nicht sehe, sieht sie auch niemand anderes; wir haben keine Mitarbeiter in der Zentrale, die sich um solche Dinge kümmern. Wir übertragen den Führungskräften große Verantwortung, aber wir möchten, dass sie wissen, wie wir den Einsatz von Kapital kalibrieren. Bislang hat das gut funktioniert. Unsere Führungskräfte haben nichts dagegen, gemessen zu werden, und ich glaube, sie freuen sich über die Veröffentlichung ihrer Trefferquote – und eine Trefferquote, die nicht die Kapitalkosten berücksichtigt, ist eine irreführende Trefferquote.«

1995 Aktionärsversammlung (03:28:50)

WB: »Wir haben unterschiedliche Bonusregelungen in verschiedenen Unternehmen. Bei Unternehmen mit so unterschiedlichen wirtschaftlichen Merkmalen wie bei Berkshire wäre es ein großer Fehler zu versuchen, Führungskräfte in all diesen unterschiedlichen Unternehmen nach einer einfachen Formel zu bezahlen. … Für einige Unternehmen ist das eingesetzte Kapital unerheblich. Es gibt einfach keine Möglichkeit, viel Kapital einzusetzen, daher haben wir in diesen Unternehmen nicht einmal Kapitalkosten. Wir halten es nicht für sinnvoll, viel Aufwand zu betreiben, wenn am Ende nur Peanuts dabei herauskommen. Einige Unternehmen haben Kapitalkosten, andere nicht. Wenn sie viel Kapital einsetzen, fallen Kapitalkosten an, so einfach ist das. Einige Unternehmen sind einfach, andere sind schwieriger. Deshalb haben wir unterschiedliche Schwellenwerte, ab denen bestimmte Regeln greifen. Wir setzen uns einfach zusammen und versuchen, für jedes Unternehmen herauszufinden, was sinnvoll ist. Das ist in der Regel nicht sehr schwer.«

»Wir werden das Verhalten der besten Führungskräfte durch Vergütungen nicht wesentlich ändern. Wir können vielleicht ein wenig Einfluss nehmen, indem wir ihnen vermitteln, wie wir über eingesetztes Kapital denken. Aber was ihre Begeisterung für das Geschäft, ihre Vorstellungskraft, ihr Marketing und alles Weitere angeht, kaufen wir in der Regel Unternehmen, in denen diese Leute bereits arbeiten. Es wäre falsch, Menschen nicht fair zu behandeln, und sie würden es uns verständlicherweise übelnehmen, wenn sie nicht fair behandelt würden. Wir versuchen, ein System zu etablieren, das die Verhaltensweisen belohnt, die wir belohnen wollen, und das die Mitarbeiter so fair behandelt, dass sie das auch erkennen.«

»Ich glaube nicht, dass bei uns auch nur zwei Unternehmen die gleiche Regelung haben. Das gilt übrigens auch für ihre Richtlinien. Nur sehr selten, vielleicht ein- oder zweimal, mischen wir uns in die unterschiedlichen Regelungen zur Vergütung der Mitarbeiter ein. Einige unserer Unternehmen haben Budgets, andere nicht. Wir haben keine Budgets, die an die Zentrale berichtet werden. Wir lassen treffsichere Schlagmänner so Schwung holen, wie sie es wollen. Einige von ihnen haben einen etwas anderen Arbeitsstil als andere, aber insgesamt sind sie äußerst effektiv. Sie fühlen sich, als wären sie ihr eigener Chef, und das ist auch unser Ziel. Wenn uns jemand, der unabhängig und wohlhabend ist, ein Unternehmen verkaufen würde und wir ihm dann vorschreiben würden, wie er zu arbeiten hat, würde er uns sehr schnell sagen, was wir damit machen können, denn das braucht er in seinem Leben nicht. Wir müssen dafür sorgen, dass die Führungskräfte mehr Spaß an ihrer Arbeit haben als an allem anderen, was sie im Leben tun können, und genau darauf ist unser Konzept ausgerichtet. Und wir müssen sie diesbezüglich fair behandeln.«

1996 Aktionärsversammlung (04:06:49)

WB: »Wir werden in der Regel etwa 15 Prozent als Vergütung für das eingesetzte Kapital berechnen. Nun entsprechen 15 Prozent vor Steuern, abhängig von der staatlichen Einkommenssteuer, nur 9 bis 9,5 Prozent nach Steuern. Man könnte also sagen, dass das nicht einmal genug ist, um den Betrag auszurechnen, aber wir finden, dass 15 Prozent immerhin ihre Aufmerksamkeit weckt. Und es sollte ihre Aufmerksamkeit erregen, aber es sollte keine so hohe Hürde sein, dass Dinge, die wir tun wollen, nicht umgesetzt werden. Unsere Führungskräfte erwarten, dass sie ihre Unternehmen über einen langen Zeitraum führen werden. Wir machen uns also keine Sorgen, dass sie etwas tun, was im nächsten Jahr funktioniert, aber in fünf Jahren nicht mehr. … Sie sehen sich als Miteigentümer des Unternehmens. Wir möchten, dass sie Eigentümer sind, deren Kapital mit Kosten verbunden ist.«

»Wir finden es ehrlich gesagt schrecklich, wie Unternehmen Führungskräfte belohnen, ohne die Kapitalkosten zu berücksichtigen. Ich denke an eine Festpreisoption über zehn Jahre – stellen Sie sich vor, Sie geben jemandem einen zinslosen Kredit für zehn Jahre; das würden Sie doch nicht tun. Und wenn ein Unternehmen einen erheblichen Teil seiner Gewinne einbehält und Sie eine Festpreisoption für zehn Jahre vergeben, kann es damit nichts anderes tun, als sie auf ein Sparkonto zu legen und damit etwas Geld zu verdienen.«

»Angenommen, Sie hätten Aktienoptionen für uns beide – was wir nicht verlangen werden, das versichere ich Ihnen –, dann würden wir sagen, dass es fair wäre, eine Option zu einem Preis zu vergeben, der nicht unter dem aktuellen inneren Wert liegt. Vergessen Sie den Marktpreis; die Vorstellung, dass Ihr Optionspreis umso besser sein sollte, je niedriger Ihr Marktpreis ist, ergibt keinen Sinn. Wir würden also einen Preis von mindestens dem inneren Wert festlegen. Und dann würden wir ihn jährlich erhöhen auf der Grundlage von etwas, das mit den Kapitalkosten zusammenhängt. Warum sollten wir das Kapital der Aktionäre kostenlos nutzen dürfen? Und wir könnten einen fairen Aktienoptionsplan ausarbeiten. Das wäre eine vollkommen angemessene Art der Vergütung, die eine Ausgabe zu einem Ausgabepreis von mindestens dem inneren Wert und der Übernahme der Kosten beinhaltet. Dann wären wir immer noch nicht ganz mit den Aktionären gleichgestellt, da wir nicht die gleichen Nachteile hätten wie sie, aber wir würden zumindest die gleichen Kosten tragen, die ihnen als Eigentümer entstehen. Wir lassen dies in unsere Vergütungspläne für Mitarbeiter einfließen, indem wir Kapitalkosten von etwa 15 Prozent berücksichtigen. Und wenn die Leute uns Geld geben können, sollten wir in der Lage sein, einen Weg zu finden, damit etwas Besseres zu erreichen als 15 Prozent vor Steuern. Das gehört auch zu unserer Aufgabe. Also bezahlen wir sie dafür, dass sie uns Geld zurückgeben.«

CM: »Wir haben sogar ein noch extremeres System erfunden: Führungskräfte können Berkshire Hathaway-Aktien auf dem Markt gegen Cash kaufen. Das ist ein sehr altmodisches System. Man braucht dafür keine Anwälte oder Vergütungsberater ... Die meisten von ihnen haben das gemacht, und die meisten haben damit sehr gute Erfahrungen gemacht. Ich weiß nicht, warum dieses Vorgehen nicht weit verbreitet ist.«

WB: »Die Leute sagen, sie wollen, dass ihre Manager wie Aktionäre denken. Es ist sehr einfach, wie ein Aktionär zu denken, wenn man einer ist; man denkt dann genau wie ein Aktionär. Das ist psychologisch keine große Hürde, die es zu überwinden gilt, wenn man erst mal das Geld aufgebracht hat, um die Aktien zu kaufen.«

1998 Aktionärsversammlung (02:37:41)

WB: »Meiner Meinung nach sind die exorbitantesten Vergütungspakete nicht unbedingt die mit den höchsten Zahlen. Wirklich stört es mich, wenn Unternehmen viel für Mittelmäßigkeit bezahlen, und das kommt nur allzu oft vor. Wir haben beispielsweise in unseren Tochtergesellschaften kein Problem damit, viel Geld für herausragende Leistungen auszugeben. Wir bekommen das Zehnfache, Zwanzigfache oder Fünfzigfache zurück. Ebenso gibt es unserer Meinung nach in börsennotierten Unternehmen Führungskräfte, die den Marktwert ihres Unternehmens um viele, viele Milliarden erhöht haben, was mit kaum jemand anderem möglich gewesen wäre. Und dafür nehmen sie manchmal viel Geld.«

»Manchmal, wie im Fall von Tom Murphy bei Cap Cities, war es ihm einfach egal. Er hat Leistungen erbracht, die enorme Summen gerechtfertigt hätten, aber er würde Ihnen sagen, dass er alles Geld hatte, das er brauchte, und es ihm einfach egal war, was der Markt hergab.«

»Aber mich stören irrationale Vergütungssysteme, vor allem, wenn durchschnittliche Manager wirklich große Summen erhalten. Es stört mich, wenn sie ein System entwickeln (oder entwickeln lassen), das für das Unternehmen sehr kostspielig ist – vielleicht teilweise, um sich selbst gut darzustellen, weil sie selbst riesige Optionen wollen und glauben, dass sie diese dann im ganzen Unternehmen vergeben können [um das zu rechtfertigen]. Sie entwickeln ein System, das für das gesamte Unternehmen unlogisch ist, weil sie eines wollen, das für sie persönlich unlogisch ist.«

»Aber große Summen an sich stören mich nicht. Ich habe nichts dagegen, für Leistung viel zu bezahlen. Das ist im Sport so, das ist in der Unterhaltungsbranche so, aber in der Wirtschaft sind es die Leute, die durchschnittliche Schlagmänner sind und die als Entertainer keine Massen anziehen würden – das System hat sich so entwickelt, dass viele von ihnen riesige Summen kassieren, und ich finde das obszön. Leider kann man dagegen nicht viel machen. Das System nährt sich selbst. Und Unternehmen schauen sich die Proxy Statements anderer Unternehmen an, das macht jeder CEO. Und sie sagen: ›Na ja, wenn Joe Smith X wert ist, dann muss ich mehr wert sein.‹ Und sie sagen zu den Aufsichtsräten: ›Sie würden doch sicher niemanden einstellen, der unterdurchschnittlich ist, warum bezahlen Sie mich dann unterdurchschnittlich?‹ Und dann kommen die Berater und treiben die Vergütungen in die Höhe. Das wird sich nicht ändern. Diejenigen, die die Fäden in der Hand halten, sind die Nutznießer des Systems. Und es ist sehr schwer, das System zu ändern, wenn derjenige, der die Fäden in der Hand hält, enorm und vielleicht sogar unverhältnismäßig davon profitiert.«

CM: »Cornelius Vanderbilt, der Begründer der Vanderbilt-Familie, verhielt sich sogar noch besser als die Leute bei Berkshire Hathaway. Er nahm überhaupt kein Gehalt. Er hielt es für unter seiner Würde als Eigner eines sehr großen Aktienpakets, ein Gehalt zu beziehen. Dieses Ideal ist leider mit ihm gestorben.«

WB: »Unsere Aufsichtsräte erhalten jährlich 900 Dollar Gehalt, aber ich sage ihnen, dass sie auf Stunden umgerechnet ein Vermögen verdienen, weil wir sie nicht so hart arbeiten lassen. Als wir das jährliche Gehalt von 900 Dollar festlegten, haben Charlie und ich jedoch nicht bedacht, dass sie auch unsere Gehälter festlegen. Wir haben uns nicht an das übliche Verfahren gehalten, wonach wir es den Aufsichtsräten aufbürden und die es dann an Sie weitergeben.«

CM: »Wenn sich diese Entwicklung fortsetzt, wird das schädliche Auswirkungen auf das gesamte Land haben, weil die Meinung um sich greift, dass die Gehälter an der Spitze der amerikanischen Unternehmen zu hoch seien. Es ist aber nicht gut für eine Zivilisation, wenn die Führungskräfte als unfair gegenüber den Institutionen angesehen werden, denen sie vorstehen. Was die Unternehmensberater angeht, die im Hinblick auf die Gehälter beraten, kann ich nur sagen, dass Prostitution für sie ein Aufstieg wäre.«

1999 Aktionärsversammlung (00:44:22)

WB: »Die Vergütungsregelungen für unsere Führungsleute variieren extrem zwischen den verschiedenen Tochtergesellschaften. Wir haben bestehende Unternehmen gekauft und ihre Unternehmenskultur nach der Übernahme so wenig wie möglich verändert – und im Einzelnen unterscheiden sich diese Kulturen sehr stark voneinander. Wir haben eine Reihe sehr talentierter Führungskräfte, die Systeme entwickelt haben, die sich ihrer Einschätzung nach für ihre Unternehmen am besten eignen. Wenn es nun einen Aktienoptionsplan gibt, ersetzen wir ihn durch einen leistungsorientierten Plan, der viel klarer an die Leistung des Unternehmens gekoppelt ist als jeder Optionsplan. Und wir entwerfen für die Zukunft einen Plan, dessen zu erwartende Kosten den zu erwartenden Kosten des Optionsplans entsprechen. Und wir versuchen, ihn sowohl aus Sicht des Eigentümers als auch aus Sicht der Mitarbeiter viel sinnvoller zu gestalten, was die Art und Weise betrifft, wie er sich je nach Geschäftsentwicklung auszahlt.«

»Sie haben wahrscheinlich in unserem Jahresbericht gelesen, wie wir bei GEICO einen einheitlichen Plan eingeführt haben, der mit unseren Zielen verknüpft ist. Aber im Grunde war das die Arbeit von CEO Tony Nicely, der diesen Plan entwickelt hat. Wir waren uns einig darüber, was wichtig ist, und er entwickelte ein Vergütungssystem, das für alle Mitarbeiter von GEICO gilt und auf der Erreichung der Ziele basiert, die er für wichtig hielt und die auch wir für wichtig hielten.«

»Wenn Sie zu einer beliebigen Tochtergesellschaft von Berkshire gehen, werden Sie wahrscheinlich feststellen, dass diese über ein Vergütungssystem verfügt, das bis auf die Optionen dem System ähnelt, das vor der Übernahme galt. Diese Unternehmen sind erfolgreich. Sie erreichen ihre Ziele auf unterschiedliche Weise. Manche schlagen den Ball mit der linken Hand, andere mit der rechten. Manche stehen weit hinten in der Schlagbox, andere drängen sich dicht an die Platte. Sie alle haben unterschiedliche Stile. Und die Stile unserer Manager haben sich in ihrem jeweiligen Geschäftsbereich bewährt. Daher versuchen wir nicht, allen von oben ein einheitliches System aufzuzwingen, mit Ausnahme dessen, was ich bereits erwähnt habe. Wir bezahlen gern für Leistung. Das ist sozusagen ein Grundprinzip. Alle sagen, dass sie das gut finden, aber dann entwickeln sie Systeme, bei denen die Mitarbeiter in vielen Fällen unabhängig von ihrer Leistung bezahlt werden. Davon halten wir nichts.«

CM: »Ich halte es für wichtig, dass die Aktionäre erkennen, dass wir in Bezug auf unser Personalmanagement wahrscheinlich dezentraler sind als jedes andere Unternehmen unserer Größe oder größere Unternehmen in Amerika. Wir haben keine Hauptsitzkultur, die den operativen Unternehmen aufgezwungen wird. Die operativen Unternehmen haben ihre eigene Kultur. Und in jedem Fall, den ich mir vorstellen kann, ist unsere eine wunderbare Kultur. Wir lassen sie einfach gewähren. Das ist für mich selbstverständlich.«

WB: »Wir haben keine Personalabteilung, keine Rechtsabteilung, keine Investor-Relations-, keine Public-Relations-Abteilung, nichts. Wir haben eine Reihe von Top-Leuten da draußen, die die Geschäfte führen. Wir bitten sie, das Geld nach Omaha zu schicken. Alles darüber hinaus wäre überflüssig. Interessant finde ich, dass ich zu Beginn meiner Karriere viele vorgefasste Meinungen darüber hatte, was Menschen motiviert. Aber es gibt bestimmte Organisationen, die sich dagegen wehren, Stars individuell zu bezahlen. Sie sehen sich gern als Team und bevorzugen ein Teamkonzept für die Bezahlung. Und dann gibt es andere, die viel individueller ausgerichtet sind.«

CM: »Ich kann mich nicht daran erinnern, dass jemals jemand von einer operativen Tochtergesellschaft von Berkshire zu einer anderen gewechselt ist. Das passiert sehr selten.«

WB: »Wir versuchen nicht, uns gegenseitig zu beeinflussen. Wir glauben, dass wir in jedem Bereich gut aufgestellt sind, und gehen davon aus, dass jeder am besten arbeitet, wenn man ihn sich selbst überlässt.«

2000 Aktionärsversammlung (01:46:47)

WB: »Für die beiden Unternehmen, deren Übernahme ich kürzlich zugestimmt habe, werden wir rationale Vergütungspläne aufstellen. … Ich denke, es war ein großer Vorteil für GEICO, einen Plan zu haben, der weitaus rationaler ist als der vorherige. Und ich glaube, dass dieser Vorteil mit der Zeit nur noch stärker werden wird, denn die Vergütung ist letztlich unsere Art, mit den Mitarbeitern zu kommunizieren. Und in einem so großen Unternehmen wie GEICO kann man nicht mit allen direkt sprechen. Aber so spricht man ständig mit allen. Man sagt ihnen, was aus unserer Sicht eine rationale Messung von Produktivität und Leistung in diesem Unternehmen ist. Und mit der Zeit wird das von Tausenden und Abertausenden von Menschen aufgenommen. Das ist der beste Weg, um sie für die eigenen Ziele zu gewinnen. Wenn man hingegen die Entwicklung des Aktienmarktes als Maßstab nimmt, wissen die Menschen meiner Meinung nach von vornherein, dass sie ein Lotterielos haben. Das hat man in den letzten Monaten bei den Tech-Aktien gesehen … Die betreffenden Leute wissen im Grunde genommen, dass sie Lotterielose kaufen, und die Haltung des Marktes gegenüber Tech-Aktien wird die Ergebnisse weitaus stärker beeinflussen als ihre eigenen individuellen Ergebnisse.«

»Es ist lächerlich zu glauben, dass jemand, der bei Berkshire mit einem Gesamtmarktwert von 90 Milliarden Dollar einen sehr kleinen Job macht, die Aktie bewegen kann. Aber seine Bemühungen können sehr wohl die Zahl der Versicherungsnehmer, die wir gewinnen, oder deren Zufriedenheit beeinflussen. Und wenn wir Wege finden, den Mitarbeiter danach zu bezahlen, stimmt unser Handeln viel besser mit dem überein, was er leisten kann – und er weiß, dass das sinnvoller ist. Ich hoffe also, dass unsere Konkurrenten alle möglichen verrückten Dinge in Bezug auf Vergütungen und alles andere tun. Je mehr Dummheiten sie machen, desto besser ist das für uns. Wir sind unglaublich erfolgreich darin, Führungskräfte zu halten. Ich glaube nicht, dass es in den USA ein Unternehmen dieser Größe gibt, das in dieser Hinsicht mehr Glück hatte als Berkshire. Das liegt zum Teil daran, dass wir Führungskräfte, die hervorragende Arbeit für uns leisten, in Bezug auf die Vergütung und auch insgesamt sehr wertschätzen.«

CM: »Auch hier weichen wir stark von den weltweiten Konventionen ab. Wenn ich Jahresberichte lese, und ich lese viele davon, ärgere ich mich sehr oft über Dinge, die im Jahresbericht von Berkshire Hathaway völlig fehlen. … Im Bereich der Vergütung gibt es bei konventionell geführten Unternehmen viel Unsinn. Aber wenn Konventionen darüber entscheiden würden, was vernünftig und was unsinnig ist, wären wir die Sonderlinge. Ich meine, wir sind das ungewöhnliche Beispiel.«

WB: »Ich denke, es passiert unbewusst, aber manchmal werden die Wünsche der Spitzenleute nach unverschämten Summen durch die Organisation weitergereicht, denn wenn sie ein System haben, das sie auf der Grundlage eines Lotterieloses belohnt, haben sie das Gefühl, dass sie allen anderen auch Lotterielose geben müssen, wenn auch in viel geringerem Umfang. Das wird akzeptiert, und dann engagiert man Berater, die kommen und sagen: ›Die anderen bekommen woanders mehr Lotterielose, wir haben ein paar neue Pläne.‹ Das verstärkt sich dann sehr.«

»Aber was auf der obersten Ebene passiert ist, ist wirklich unglaublich. Wenn eine Führungskraft zu seinem Unternehmen sagen würde: ›Allein dafür, dass ich hier arbeite, möchte ich eine Option auf S&P-500-Futures im Wert von 300 Millionen Dollar für die nächsten zehn Jahre‹, würden die Leute das als unverschämt betrachten. Aber wenn sie eine Option auf ihre eigenen Aktien erhalten und diese aufgrund der Wertsteigerung des S&P 500 über zehn Jahre steigen, halten sie das für völlig akzeptabel.«

»Ich würde sagen, es wurde viel über das enorme Lohngefälle gesprochen. Aber meiner Meinung nach ist die größte Kluft, die die amerikanischen CEOs zerfrisst, die Kluft zwischen den Reichen und den Superreichen. Das scheint zur Einführung vieler Pläne anzuregen. Es ist außer Kontrolle geraten, aber daran wird sich nichts ändern. Der CEO hat praktisch das Heft in der Hand. Ich kenne Leute in Vergütungsausschüssen und war selbst Mitglied in einem solchen Ausschuss – praktisch gesehen hat man keine Chance.«

CM: »Viele der Vergütungspläne von Unternehmen der Neuzeit wirken sich in etwa so aus, als würde man einem Farmer eine Rattenkolonie in den Kornspeicher setzen.«

2002 Aktionärsversammlung (02:50:37)

CM: »Wenn man allgemein über Aktienoptionspläne in Amerika spricht, sieht man jede Menge schlechtes Verhalten … Vor allem, wenn man ein Unternehmen betrachtet, in dem ein Mann zum CEO aufgestiegen ist und er nun Aktien dieses Unternehmens im Wert von Hunderten Millionen Dollar besitzt. Bislang war er dem Unternehmen treu und das Unternehmen hielt ihm wiederum jahrzehntelang die Treue. Und dann lässt er sich von seinen Aufsichtsräten jedes Jahr eine großzügige Zuteilung von Aktienoption gewähren, um seine Loyalität und seinen Enthusiasmus für das Unternehmen zu erhalten, obwohl er schon alt ist – ich finde, das ist Irrsinn. Und ich halte es auch für unmoralisch. Ich glaube nicht, dass man das Verhalten der Chirurgen in der Mayo-Klinik oder der Partner von Cravath, Swaine & Moore verbessern würde, wenn man den Spitzenkräften in ihren Sechzigern Aktienoptionen geben würde. Zu diesem Zeitpunkt sollten die Betreffenden sich loyal verpflichtet fühlen und mehr darüber nachdenken, wie sie ein gutes Vorbild für das Unternehmen sein können, als darüber, ob sie weitere 100 Millionen Dollar für sich selbst einstreichen können.«

WB: »Bei Berkshire hat jeder, der mich und Charlie beerbt und eine Spitzenposition bei Berkshire innehat, die Aufgabe, die Ressourcen für das gesamte Unternehmen zu verteilen. Es könnte einen logisch aufgebauten Optionsplan für diese Person geben, und das wäre auch sinnvoll, da sie für das Gesamtgeschehen verantwortlich ist. Aber ein logisch aufgebauter Plan würde Kapitalkosten für jedes Jahr enthalten, in dem wir keine Dividenden zahlen. Warum sollten wir Geld von Ihnen umsonst bekommen? Wir könnten es auf ein Sparkonto legen, und es würde an Wert gewinnen, ohne dass wir etwas tun müssten. Und eine Festpreisoption über zehn Jahre würde für denjenigen, der das Unternehmen leitet, einen dramatischen Wertzuwachs bedeuten, wenn er eine große Option hätte, um das Geld auf ein Sparkonto oder in Staatsanleihen zu legen.«

»Meiner Meinung nach muss ein Kapitalkostenfaktor berücksichtigt werden, um Optionen fair zu gestalten. … Sie sollten nicht unter dem inneren Wert des Unternehmens gewährt werden. Was ich meine: Angenommen ein CEO sagt, ›Meine Aktien stehen lächerlich niedrig‹, wenn jemand das Unternehmen kaufen will; aber dass er dann sich selbst eine Option zu dem Preis gewährt, den er gerade als lächerlich niedrig bezeichnet hat, das stört mich. Wenn also jemand sagt, wir wollen dieses Unternehmen in diesem Jahr nicht für weniger als 30 Dollar pro Aktie verkaufen, weil es später viel mehr wert sein wird, dann sollte die Option von 30 Dollar meiner Meinung nach auch dann gelten, wenn die Aktie nur 15 Dollar wert ist. Andernfalls zahlt man tatsächlich einen Aufschlag dafür, dass der Aktienkurs im Verhältnis zum Wert niedrig ist. Das hat mich noch nie sonderlich begeistert.«

CM: »In der Vergütung amerikanischer Unternehmen läuft vieles schrecklich schief. Das System, Aktienoptionen auf der Grundlage der Theorie zu verwenden, dass sie eigentlich nichts kosten, hat zu vielen groben Exzessen beigetragen. Und diese Exzesse sind nicht gut für das Land. Aristoteles sagte, dass Systeme besser funktionieren, wenn die Menschen die unterschiedlichen Ergebnisse betrachten und sie im Grunde als fair ansehen. Und wenn ein großer Prozentsatz der Menschen sich die Vergütungspraktiken von Unternehmen anschaut und als unfair einstuft, ist das nicht gut für das Land.«

WB: »Es wird jedoch schwer sein, das zu ändern … Ich war in neunzehn Aufsichtsräten börsennotierter Unternehmen und Charlie war in vielen davon. Letztendlich bekommen die CEOs in der Regel ziemlich genau das, was sie wollen. Und was sie wollen, wird in der Regel jedes Jahr mehr, weil sie sehen, dass andere jedes Jahr mehr bekommen. Es gibt einen Ratscheneffekt[26], und die Berater schüren das Feuer. Es ist sehr schwierig, das zu ändern.«

---

[26] Anmerkung der Übersetzerin: Der Ratscheneffekt ist ein Konzept aus der Soziologie und Ökonomie, das die Schwierigkeit veranschaulicht, eine Handlung umzukehren, wenn etwas Bestimmtes bereits geschehen ist.

2003 Aktionärsversammlung (04:26:42)

CM: »Wenn ein Unternehmen praktisch kein Kapital benötigt, neigen wir dazu, die Führungsebene auf der Grundlage der Erträge zu vergüten. Sobald das Unternehmen Kapital benötigt, beziehen wir einen Kapitalfaktor in dieses Vergütungssystem ein. Wir haben kein einheitliches System. Alle Systeme unterscheiden sich aufgrund historischer Zufälle und Umstände. Aber wenn Kapital ein wichtiger Faktor ist, berücksichtigen wir ihn natürlich. Was die Auswirkungen auf die Arbeitsmoral angeht, so ist diese meiner Erfahrung nach in den Berkshire-Tochtergesellschaften recht gut. Die Führungskräfte von Berkshire verlassen das Unternehmen praktisch nie. Ich schätze, dass wir eine ebenso niedrige Fluktuationsrate haben wie alle anderen Unternehmen auch.«

WB: »Wir hatten noch nie große Probleme mit der Vergütung, weil unsere Regelungen meiner Meinung nach vernünftig sind. Wir glauben nicht daran, Dinge unnötig kompliziert zu machen. … Wir haben sehr einfache Vergütungssysteme. Aber einige unserer Unternehmen sind hervorragend, und daher haben wir sehr hohe Leistungsstandards, bevor Mitarbeiter Leistungsprämien erhalten. Einige unserer Unternehmen sind sehr hart, und die Schwelle ist viel niedriger, aber das Führungstalent, das erforderlich ist, um diese Schwelle zu erreichen, ist genauso hoch wie bei anderen Unternehmen mit höheren Schwellen. Vergütung ist keine Raketenwissenschaft … In achtunddreißig Jahren hat uns noch nie ein CEO verlassen, um zu einem anderen Unternehmen zu wechseln, außer in sehr wenigen Fällen, in denen wir selbst diese Entscheidung getroffen haben. … Bei Berkshire gibt es nicht viel Bürokratie. … Erwartungsgemäß werden wir trotz unserer vielen Tochtergesellschaften vielleicht alle achtzehn Monate mit einem Nachfolgeproblem im Vorstand konfrontiert sein. Das ist also keine große Sache bei Berkshire.«

2004 Aktionärsversammlung (00:49:14)

WB: »Bei Berkshire könnte man viel Geld verdienen. Nicht als Vorsitzender oder stellvertretender Vorsitzender, aber es gibt die Möglichkeit, viel Geld zu verdienen. Das hängt von der Leistung ab; bei Berkshire wird niemand mit durchschnittlichen Leistungen viel Geld verdienen. Sie haben [das Energieunternehmen] MidAmerican erwähnt; ich habe mir überlegt, was für die beiden Personen, die für den Erfolg von MidAmerican entscheidend sind, angemessen wäre. Ich habe einen gelben Notizblock zur Hand genommen und in etwa drei Minuten einen Vorschlag entworfen. Ich ging zu Walter Scott, unserem Partner in diesem Geschäft, der jetzt auch den Vergütungsausschuss leitet, und sagte: ›Das ist meine Idee dazu, was halten Sie davon?‹ Er sah sich das an und sagte, es sehe gut aus. Wir haben mit den beiden Vorständen darüber gesprochen und uns darauf geeinigt, dass etwas über 50 Prozent an den CEO Dave Sokol und etwas unter 50 Prozent an die Nummer zwei, Greg Abel, gehen sollte. Als wir den Vorschlag David vorlegten, sagte er: ›Das gefällt mir gut, aber lassen Sie uns 50/50 machen.‹ Das war's auch schon.«

»Wie Sie bereits erwähnt haben, unterscheidet sich das stark von der Vorgehensweise anderer Unternehmen. Die meisten Unternehmen durchlaufen sehr aufwendige Verfahren, um die Vergütung ihrer Führungskräfte festzulegen. Ich glaube nicht, dass Charlie und ich jemals mehr als fünf Minuten darüber nachgedacht haben. Wir haben bei See's Candies eine Vereinbarung mit Chuck Huggins; wir haben sie ausgearbeitet und sie ist immer noch in Kraft. John Holland hat vor ein paar Jahren Fruit of the Loom übernommen. Ich habe mich mit ihm getroffen, ihm einen Vorschlag gemacht, der ein, zwei Absätze umfasst, und das gilt dann für John für den Rest seines Lebens. Es ist nicht besonders komplex. Aber man muss das Geschäft verstehen.«

»Wir haben bei Berkshire keine Formel, die wir bei all unseren Unternehmen anwenden könnten, das wäre absurd. Man will es nicht kompliziert machen. Wir haben nichts, was sich über mehrere Seiten erstreckt. Das ist nicht nötig. Es würde nur eine ungute Stimmung zwischen uns und dem Vorstand schaffen. Unsere Unterlagen sind alle sehr einfach … Wir holen keine Vergütungsberater hinzu, wir haben keine Personalabteilung … Wir haben solche Einrichtungen nicht, weil sie das Leben viel komplizierter machen und jeder darin ein persönliches Interesse daran hat, an Treffen teilzunehmen, andere Berater anzurufen, und das entwickelt dann ein Eigenleben. In einem typischen Großunternehmen gibt es einen Vergütungsausschuss. In der Regel werden keine Dobermänner in Vergütungsausschüsse berufen, sondern eher Chihuahuas, die vorher sediert wurden. Ich war in neunzehn Aufsichtsräten. Ich wurde in einen Vergütungsausschuss berufen, war Vorsitzender und wurde trotzdem überstimmt … Für Aufsichtsräte ist es schwierig, viel zu erreichen. Sie bekommen ein Blatt Papier mit Vergleichszahlen, und jeder denkt, sein CEO gehört zu den gezählten wenigen Top-Leuten. Es entsteht ein Ratscheneffekt. Und jetzt, da Aktienoptionen in Ungnade gefallen sind, kommen Restricted Stocks[27] auf den Markt.«

CM: »Ich würde mir lieber eine Viper ins Hemd stopfen, als einen Vergütungsberater einzustellen.«

2004 Aktionärsversammlung (03:57:57)

WB: »Wir legen großen Wert darauf, die Vergütung einfach zu gestalten. Wir konzentrieren uns auf die für uns wichtigen Variablen und versuchen dann, diese vor dem Hintergrund des Wettbewerbs und der tatsächlichen wirtschaftlichen Lage des Unternehmens zu betrachten und die Belohnung dorthin zu leiten, wo ein Mehrwert geschaffen wird, auch wenn dieser Mehrwert in einem schlechten Geschäft ausgehend von einer sehr niedrigen Basis entsteht. Und wir legen die Basis sehr hoch, wenn sie in einem sehr einfachen Geschäft tätig sind. … Wenn Sie eine Gruppe von Fernsehsendern hätten, alle von einer angemessenen Größe, würden Sie wahrscheinlich denken, dass ein Schimpanse den Laden schmeißen könnte und Sie eine Vorsteuermarge von 35 Prozent erzielen würden. Und vielleicht möchten Sie für Leistungen, die über einem bestimmten Wert liegen, eine zusätzliche Vergütung zahlen. Aber es ist unsinnig, dabei mit 10 oder 15 Prozent anzufangen.«

»Charlie und ich haben alle möglichen Vergütungsmodelle gesehen, bei denen man im Grunde genommen dafür bezahlt wird, dass man einfach nur anwesend ist, aber sie versuchen – indem sie irgendwelche mathematischen Konstrukte aufbauen –, es aussehen zu lassen, als müsste man wirklich etwas leisten. Letztendlich möchte man eine gute Führungskraft sehr gut bezahlen. Man möchte ihr einen großen Anreiz bieten, wenn sie die von Ihnen festgelegten Ergebnisse erzielt.«

CM: »Wenn Sie ein Buch lesen möchten, das wirklich clevere Vergütungssysteme in einer ganzen Bandbreite von Kleinunternehmen aufzeigt, lesen Sie *Pride in Performance: Keep It Going* von Les

---

27 Anmerkung der Übersetzerin: Dies sind Aktien, die erst nach Ablauf einer mehrjährigen Sperrfrist gehandelt werden können.

Schwab, der eine Reihe von Reifenläden im gesamten Nordwesten der USA besitzt. Er hat mit cleveren Systemen ein Vermögen in einer der weltweit schwierigsten Branchen gemacht. Er kann Ihnen das viel besser erklären als wir.«

2006 Aktionärsversammlung (00:40:46)

WB: »Wenn wir ein Kupferbergbauunternehmen besitzen würden, würden wir es eher anhand der Produktionskosten bewerten als anhand des Preises pro Gewichtseinheit, zu dem das Kupfer verkauft wird. Die Führungsebene hat – abhängig von der Art der Erzvorkommen und anderen Faktoren – die Kontrolle über die Betriebsbedingungen. Sie hat jedoch keinen Einfluss auf die Marktpreise. Wir beziehen uns auf etwas, das der einzelne Vorstand unserer Meinung nach in der Hand hat. Und genau das versuchen wir zu messen. Wir versuchen, die Branche zu verstehen sowie das, worauf der Manager Einfluss nehmen kann und wie gut er das macht. … Wir wollen nicht für etwas bezahlen, über das er keine Kontrolle hat.«

»Ich bin wahrscheinlich für das Vergütungssystem von vierzig Führungskräften verantwortlich; ich kann mich an niemanden erinnern, den wir in vierzig Jahren aufgrund unterschiedlicher Ansichten zur Vergütung verloren hätten. Wir haben noch nie einen Vergütungsberater zu Berkshire geholt. Wir verbringen nicht viel Zeit damit. Das ist keine Raketenwissenschaft. …«

»Die SEC will noch mehr Transparenz bei der Vergütung von Führungskräften. Das halte ich für eine gute Idee, bis auf die Tatsache, dass das dann zu einer Wunschliste für alle anderen CEOs wird. Wenn sie sehen, dass jemandem die Friseurkosten vom Unternehmen bezahlt werden, dann beschließen sie, dass auch sie wollen, dass ihr Unternehmen ihnen den Friseur bezahlt.«

2007 Aktionärsversammlung (00:27:12)

WB: »Es gibt mehr Probleme mit dem falschen Vorstand als mit dem falschen Vergütungssystem. Es ist enorm wichtig, wer Procter & Gamble, Coca-Cola oder American Express leitet; jegliche Fehler bei der Vergütung sind im Vergleich zu dem Fehler, jemanden an der Spitze zu haben, der ein großes Unternehmen nur mittelmäßig leitet, in der Regel von untergeordneter Bedeutung.«

2016 Aktionärsversammlung (04:02:53)

CM: »Die Grundregel für Anreize lautet: Man bekommt das, was man belohnt. Wenn man also ein dummes Anreizsystem hat, bekommt man dumme Ergebnisse. Eines unserer interessanten Anreizsysteme gibt es bei GEICO, weil wir dort keine normalen gewinnorientierten Anreize für die Mitarbeiter haben. Warren, erzähl ihnen davon, denn das ist wirklich interessant.«

WB: »Bei GEICO haben wir zwei Variablen, die für weit über 20.000 Mitarbeiter gelten. Diese beiden Variablen bestimmen die Bonuszahlungen. Je höher man auf der Karriereleiter steigt, desto größer ist der Multiplikatoreffekt. Es sind immer noch dieselben zwei Variablen, aber sie werden immer größer im Hinblick auf den Bonus als Prozentsatz des Grundgehalts, aber maßgeblich ist der Aufschlag immer. Und diese beiden Variablen sind sehr einfach. Mir ist es wichtig, das Geschäft zu vergrößern, und mir ist es wichtig, es mit einem profitablen Geschäft auszubauen. Deshalb haben wir eine Tabelle, die sich aus dem Wachstum der bestehenden Policen (PIFs) zusammensetzt – nicht aus dem Wachstum in Dollar, denn das spiegelt sich in den durchschnittlichen Prämien wider, die außerhalb der Kontrolle der Mitarbeiter liegen, sondern aus dem Wachstum der bestehenden Policen. Und dann haben wir in der anderen Tabelle die Rentabilität des bestehenden Geschäfts.«

»Der Abschluss von Neugeschäft kostet viel Geld. Wir geben viel Geld für Werbung und all das aus. Im ersten Jahr wird jedes Geschäft, das wir abschließen, den Gewinn erheblich schmälern, und ich möchte nicht, dass sich die Leute Sorgen darüber machen, dass der Gewinn durch das schnelle Wachstum des Unternehmens beeinträchtigt werden könnte. Deshalb der Gewinn aus dem bestehenden Geschäft und das Wachstum der bestehenden Policen. Ganz einfach. Seit 1995 machen wir das so … Jeder versteht es. Im Februar ist ein wichtiger Tag, an dem die beiden Variablen bekannt gegeben werden und die Leute erfahren, wie sie abgeschnitten haben. Das bringt die Ziele des Unternehmens in Bezug auf die Vergütung vollständig in Einklang mit den Zielen des Eigentümers.«

CM: »Es ist einfach, aber andere Leute belohnen vielleicht nur Gewinne, und dann streben die Leute keine neuen Geschäfte an, die sie eigentlich anstreben sollten, weil das den Gewinn schmälert. Man muss solche Dinge gut durchdenken, und Warren kann das natürlich gut, ebenso wie Tony Nicely, der CEO von GEICO.«

WB: »Man sollte nicht nur Gewinne belohnen. Das wäre das Dümmste, was man tun könnte. Man würde einfach die Werbung einstellen und das Geschäft ein wenig schrumpfen lassen. Die Mitarbeiter von GEICO wissen, dass die obersten Führungskräfte auf der Grundlage derselben beiden Variablen bewertet werden wie sie selbst. Sie glauben nicht, dass die Leute an der Spitze im Vergleich zu ihnen einen bequemen Job haben und so weiter. Es ist einfach ein sehr logisches System.«

»Das Interessante daran ist, dass ein Vergütungsberater, den wir hinzuziehen würden, Pläne für das gesamte Unternehmen Berkshire ausarbeiten würde, um uns alle auf eine Linie zu bringen. Die Idee, eine koordinierte Regelung für die leistungsbezogene Vergütung in siebzig oder acht oder jeder beliebigen Zahl von Unternehmen einzuführen, ist total verrückt. Und doch würde ich fast garantieren, dass jemand, den wir hinzuziehen würden, einen Masterplan mit kleinen Teilplänen und all diesen Dingen ausarbeiten und ihn mit allen möglichen Zielen erklären würde.«

»Wir versuchen herauszufinden, was in jedem unserer Geschäftsbereiche sinnvoll ist … Wir versuchen, sinnvolle Pläne zu entwerfen … Wir haben so viele verschiedene Geschäftsbereiche. Einige davon sind sehr schwierig. Andere sind sehr einfach. Einige sind kapitalintensiv. Andere benötigen kein Kapital. Man geht einfach die ganze Reihe durch und denkt, man hätte eine einfache Formel, die man für den gesamten Betrieb anwenden kann, und wenn man dann noch einige allgemeine Vorgaben für die Unternehmensergebnisse darüberlegt, verschwendet man eine Menge Geld und setzt falsche Anreize. Deshalb denken wir alles einzeln durch, und das scheint ziemlich gut zu funktionieren.«

CM: »Viele schlechte Beispiele für Anreize kommen aus dem Bankwesen und dem Investmentbanking. Wenn man jemanden mit einem Anteil am Gewinn belohnt und die Gewinne nach Rechnungslegungsgrundsätzen ausgewiesen werden, die dazu führen, dass Gewinne auf dem Papier existieren, die in der realen Wirtschaft nicht wirklich vorhanden sind, dann machen die Leute etwas falsch. Das gefährdet die Bank und schadet dem Land und allem anderen. Und das war ein wesentlicher Grund für die große Finanzkrise von 2007 bis 2008: Die Banken haben hohe Gewinne ausgewiesen, die sie nicht erzielt haben, und die Investmentbanken auch. Die Rechnungslegung erlaubte es einem Kreditgeber lange Zeit, seine bisherigen historischen Verlustquoten als Rückstellungen für uneinbringliche Forderungen zu verwenden. So konnte jeder Idiot viel Geld verdienen, indem er einfach riskantere Kredite zu hohen Zinsen vergab, hohe Zinsen einstrich und sagte: ›Ich werde damit kein Geld mehr verlieren, weil ich in der Vergangenheit mit anderen Krediten kein Geld verloren habe.‹ Es war irrsinnig, dass die Buchhalter das zugelassen haben. Das war buchstäblich verrückt. Das ist nicht übertrieben. Und doch schämt sich niemand dafür. Ich habe noch nie einen Buchhalter getroffen, der sich dafür geschämt hätte.«

WB: »... Da gibt es viele Schurkereien. Das hat man bei der Preisgestaltung von Aktienoptionen gesehen. Ich habe in Aufsichtsratssitzungen Gespräche mitbekommen, in denen man hoffte, die Optionen zu einem extrem niedrigen Preis ausgeben zu können. Na ja, wenn man Leute hat, die daran interessiert sind, Optionen zu einem extrem niedrigen Preis auszugeben, dann tun sie gelegentlich etwas, was dazu führen könnte. Was könnte dümmer sein, als dass ein Unternehmen nach einer Möglichkeit sucht, Aktien zum niedrigsten Preis auszugeben? Die Vergütung ist nicht so kompliziert, wie die Welt es gern hätte, aber wenn man Berater wäre, würde man die Leute denken lassen, dass es sehr kompliziert ist und dass nur die Berater dieses schreckliche Problem für sie lösen können.«

CM: »Wir wollen etwas Einfaches und Richtiges, und wir wollen vermeiden, dass etwas belohnt wird, was wir nicht wollen. Diejenigen unter Ihnen, die Kinder haben: Stellen Sie sich einmal vor, wie es in Ihrem Haushalt laufen würde, wenn Sie jedes Kind ständig für schlechtes Benehmen belohnen würden. Bei Ihnen ginge es nach kurzer Zeit drunter und drüber.«

VERTRÄGE MIT FÜHRUNGSKRÄFTEN

2009 Aktionärsversammlung (03:23:52)

WB: »Wir halten nicht viel von Verträgen. Wir geben Leuten Hunderte Millionen oder Milliarden Dollar, damit sie uns ihr Unternehmen verkaufen. Die Entscheidung, die wir treffen müssen, lautet: Werden die Leute nach Übergabe der Aktien und der Auszahlung des Geldes noch dieselbe Leidenschaft für das Unternehmen hegen? Werden sie noch dieselbe Leidenschaft an den Tag legen wie zuvor? Und wenn wir uns darin irren, wird uns kein Vertrag retten können. Wir wollen keine Beziehungen, die auf Verträgen basieren. Ich kann mich an keinen formellen Vertrag von uns erinnern. ... Wir versuchen nicht, Menschen durch Verträge zu binden. Das würde auch nicht funktionieren. Wir mögen solche Verträge grundsätzlich nicht.«

CM: »Unser Modell ist ein nahtloses Netz des Vertrauens, dessen sich beide Seiten als würdig erweisen. Das ist unser Ziel. Das Hollywood-Modell, bei dem jeder einen Vertrag hat und keine Seite vertrauenswürdig ist, entspricht überhaupt nicht dem, was wir wollen.«

WB: »Wir wollen nicht über die Größe der Toiletten für Führungskräfte verhandeln. Das ist nicht unser Ding.«

FÜHRUNGSQUALITÄT UND UNTERNEHMENSQUALITÄT

1996 Aktionärsversammlung (02:39:50)

WB: »Ein wirklich tolles Unternehmen ist eines, das keine guten Führungskräfte benötigt. Und ein schlechtes Unternehmen ist eines, das nur mit einer hervorragenden Führungsmannschaft erfolgreich sein oder sogar überleben kann. Wir suchen Menschen, die ihr Geschäft kennen, ihr Geschäft lieben, ihre Aktionäre lieben und sie wie Partner behandeln wollen. Wir schauen aber immer noch auf das zugrunde liegende Geschäft. Wenn wir jemanden haben, den wir für außergewöhnlich halten, der aber in einem dieser schrecklichen Unternehmen feststeckt, ist es wahrscheinlich das Beste, auszusteigen und etwas anderes zu suchen.«

»Aber es gibt, offen gesagt, einen enormen Unterschied bei der Frage, was amerikanische Führungskräfte können. Die CEOs der Fortune-500-Unternehmen werden nicht so ausgesucht wie die Mitglieder der olympischen Leichtathletikmannschaft. Das ist nicht dasselbe. Es gibt keine einheitliche Spitzenqualität wie bei der amerikanischen Olympiamannschaft. Man hat einige sehr fähige, großartige Leute wie Bill Gates, aber auch viele mittelmäßige. In einigen Fällen ist es ziemlich leicht zu erkennen, wer außergewöhnliche Arbeit geleistet hat – wir mögen Leute, die einen Schlagdurchschnitt von .350 oder .360 haben und in Zukunft vermutlich auch so gute Schlagmänner sein werden. Wenn jemand sagt: ›Ich hatte letztes Jahr einen schwachen Schlagdurchschnitt, aber jetzt habe ich einen neuen Schläger oder einen neuen Trainer‹, und dann kommt ein Managementberater und sagt ihm, wie er es machen soll – dann sind wir sehr misstrauisch. Wir mögen keine Banjo-Hitter[28], die behaupten, plötzlich Power-Hitter[29] werden können.«

»Dann versuchen wir herauszufinden, welche Einstellung sie gegenüber den Aktionären haben, und auch das ist in der amerikanischen Unternehmenswelt nicht einheitlich. Wir wollen immer noch, dass sie in einem guten Geschäft tätig sind, das möchte ich betonen. Ich habe im Jahresbericht das Beispiel von Tom Murphy angeführt: Niemand konnte seine Fähigkeiten oder seine Integrität übertreffen, was die Art und Weise angeht, wie er [das Medienunternehmen] Capital Cities jahrzehntelang geführt hat. Und das ließ sich auf zig verschiedene Arten erkennen. Er dachte an die Aktionäre. Und er dachte nicht nur an sie, sondern wusste auch, was zu tun war, um ihre Interessen zu vertreten. Was den Aufbau des Unternehmens betraf, so trieb er diesen nur voran, wenn es sinnvoll war, nicht, um sein Ego zu befriedigen oder nur um das Vergrößern als Selbstzweck zu verfolgen. Er tat es, wenn es im Interesse seiner Aktionäre war. Es gibt nicht nur Tom Murphys da draußen. Aber wenn man sie findet und sie in einem soliden Unternehmen tätig sind, sollte man alles darauf setzen und nicht denselben Fehler machen, den ich gemacht habe, indem ich ein- oder zweimal aus solchen Unternehmen ausgestiegen bin.«

---

28 Anmerkung der Übersetzerin: Baseball-Slang für einen Schlagmann mit wenig Kraft.

29 Anmerkung der Übersetzerin: Im Gegensatz dazu, ein Schlagmann mit außergewöhnlichen Fähigkeiten.

2001 Aktionärsversammlung (00:17:36)

CM: »Ich denke, dass es in fast allen guten Unternehmen Situationen gibt, in denen Führungskräfte bereit sind, die heutigen Ergebnisse etwas schlechter darzustellen, als sie eigentlich sind, um die Zukunft zu sichern.«

2007 Aktionärsversammlung (02:53:37)

CM: »Es gibt zwei Dinge: die Qualität des Unternehmens und die Qualität der Führung. Wenn das Unternehmen gut genug ist, kann es auch einen schlechten CEO verkraften. Im umgekehrten Fall, wenn ein wirklich guter CEO in ein wirklich schlechtes Unternehmen kommt, wird er in der Regel eine mangelhafte Bilanz vorweisen. Mit anderen Worten: Es gibt nur wenige Menschen, die ein völlig zum Scheitern verurteiltes Textilunternehmen übernehmen können, wie Warren es in seiner jugendlichen Torheit getan hat, und es zu dem machen, was es heute ist. Man sollte nicht nach anderen Warrens suchen, nur weil man glaubt, dass sie überall zu finden wären.«

WB: »Wenn Sie aus allen CEOs in Amerika mich auswählen und mir sagen, es sei meine Aufgabe, Ford Motor zu leiten, oder ein Unternehmen in einer extrem schwierigen Branche auszuwählen, würde ich das nicht tun; es ist einfach zu schwierig. Vielleicht schaffen sie es, wenn sie sich die Zusammenarbeit der Gewerkschaften sichern und eine ganze Reihe anderer Faktoren auf ihrer Seite haben, aber es liegt nicht allein in der Hand des CEOs, der diesen Job hat. Er ist von zu vielen positiven Faktoren außerhalb seines Einflussbereichs abhängig, um diese Aufgabe zu bewältigen, selbst wenn er der Beste der Welt wäre.«

2016 Aktionärsversammlung (04:34:58)

WB: »Es gab viele Führungskräfte, die für Berkshire Milliarden und Abermilliarden Dollar an Wert geschaffen haben. Vielleicht kann man sogar auf mehrere Dutzend Milliarden kommen. Einen fantastischen Vorstand zu haben, der über ein großes Geschäftspotenzial verfügt und es optimal nutzt, ist auf lange Sicht enorm wichtig. Das sieht man nicht unbedingt innerhalb einer Woche oder eines Monats. Aber wenn man Kapitalwert aufbaut, denken Sie nur an den Wert von Jeff Bezos für Amazon: Ohne ihn wäre das nicht möglich gewesen, und wir sprechen hier von enormen Werten. Der Wert von Tom Murphy und [seinem langjährigen Geschäftspartner] Dan Burke war der Unterschied zwischen null und dem, was sie am Ende erreicht haben. Sie haben das Unternehmen aus einem bankrotten UKW-Sender in Albany aufgebaut. Sie haben weder das Fernsehen noch etwas Ähnliches erfunden, sie haben es nur so gut gemanagt. Wirklich herausragende Manager sind also von unschätzbarem Wert. Charlie und ich können das nicht allein schaffen, aber wir wollen uns mit ihnen zusammenschließen und ihnen vermitteln, dass sie Berkshire genauso sehen wie wir. Wenn wir das schaffen, haben wir einen enormen Vorteil, so wie wir ihn mit Ajit und einer Reihe anderer Manager haben.«

VERGÜTUNG DER FÜHRUNGSEBENE (AKTIENOPTIONEN)

1997 Aktionärsversammlung (02:14:33)

WB: »Ich würde sagen, dass die meisten Aktienoptionen aus Sicht des Eigentümers schlecht konstruiert sind, aber aus Sicht des Empfängers sehr gut. Das ist nicht völlig unerklärlich, denn es ist eine sehr seltsame Form der Verhandlung, wenn der Begünstigte auch derjenige ist, der die gesamte Gestaltung übernimmt und Experten hinzuzieht, die sagen sollen, was gut für das Unternehmen ist, obwohl die Experten wissen, dass derjenige, der den Scheck unterschreibt, auch sehr daran interessiert ist zu hören, was gut für ihn ist. An Optionen an sich ist nichts auszusetzen; im Falle von Berkshire wäre es völlig angemessen gewesen, wenn mir oder Charlie eine richtig gestaltete Option angeboten worden wäre. Wir tragen die Verantwortung für das gesamte Unternehmen und sind der Meinung, dass jede Art von Leistungsanreiz mit dem Bereich in Verbindung stehen sollte, für den man verantwortlich ist. Wenn Sie möchten, dass eine Schreibkraft hundert Wörter pro Minute tippt, sollten Sie sie für das Tippen von hundert Wörtern pro Minute bezahlen und nicht für den Gewinn pro Aktie des letzten Jahres. Wir glauben daran, dass Anreize an die Leistung geknüpft sein sollten, für die man verantwortlich ist. Es ist völlig angemessen, die Personen, die für das gesamte Ergebnis des Unternehmens verantwortlich sind, mit Optionen zu vergüten, wenn diese in irgendeiner Weise die Leistung des gesamten Unternehmens widerspiegeln. Das Problem ist, dass Aktienkurse andere Dinge widerspiegeln als die Leistung des Unternehmens. Zum einen spiegeln sie über einen bestimmten Zeitraum die Reinvestition von Gewinnen wider. Wenn Sie mir eine Option zur Verwaltung Ihres Sparkontos geben und Sie alle Zinsen reinvestieren, würde ich nach zehn Jahren eine beträchtliche Zahlung einbehalten, nur weil Sie die Zinsen nicht ausgezahlt haben. Bei einem Unternehmen wie Berkshire, das keine Dividenden zahlt, würde ich, wenn Sie Ihr gesamtes Kapital jedes Jahr dort belassen, mit einer Festpreisoption für zehn Jahre eine Art Lizenzgebühr für das Geld erhalten, das Sie bei mir belassen haben, und ich habe mich dafür entschieden, dass Sie es bei mir belassen. Das erscheint mir nicht gerecht.«

»Ich denke, jede Option sollte eine Preiserhöhung beinhalten, die der Tatsache Rechnung trägt, dass das Geld jährlich von den Aktionären reinvestiert wird. Wenn jemand jedes Jahr einen Prozentsatz des Gewinns auszahlen möchte, kann man eine Option mit festem Preis vereinbaren. Wenn Sie mir jedes Jahr das Geld geben und mit dem ursprünglichen Betrag mehr erreichen, ist das in Ordnung. Aber wenn [die kumulierten Gewinne] zehn Jahre lang bei jemandem verbleiben, wird es einen Wertzuwachs geben, selbst wenn er jeden Tag Golf spielen geht. Einen Teil davon abzugeben – eine Art Lizenzgebühr für den Zeitablauf – ist ein Fehler.«

»Ich denke, Optionen sollten zum Zeitpunkt ihrer Emission zum fairen Wert des Unternehmens gewährt werden; manchmal ist das der Marktpreis, manchmal nicht. Sicherlich würde der Vorstand eines Unternehmens keine Option auf ihr Unternehmen an Dritte zu einem Marktpreis vergeben, den sie für viel zu niedrig hält. Ich finde es etwas unaufrichtig, wenn Vorstände ein Übernahmeangebot erhalten und sagen, dass das Unternehmen eigentlich doppelt so viel wert ist, aber dann bereit sind, Optionen an sich selbst zu einem Preis auszugeben, den sie selbst für völlig unzureichend halten.«

»Aber Optionen, die richtig strukturiert sind, können für Personen sinnvoll sein, die Verantwortung für das Unternehmen tragen. Und ich denke, wenn mir und Charlie etwas zustoßen sollte, hätte ich hinsichtlich des uns nachfolgenden Vorstands bei einer angemessenen Strukturierung nichts gegen eine Optionsvereinbarung. Wir übertragen diese Philosophie auch auf unsere Tochtergesellschaften, wo sie in der Regel Anreizsysteme erhalten, die sich auf den Betrieb ihres Unternehmens beziehen, aber nicht auf Berkshire insgesamt. Es ist unsinnig, Führungskräfte für etwas zu bestrafen oder ihre Vergütung an etwas zu knüpfen, worauf sie keinen Einfluss haben. Was die Gesamtvergütung angeht, ist es ein echter Fehler, mittelmäßige Führungskräfte zu haben. Das kostet die Eigentümer im Laufe der Zeit sehr viel Geld. Wenn eine mittelmäßige Führungskraft relativ wenig verdient, ist das immer noch ein großer Fehler – und wenn sie viel verdient, ist es eine Farce. In einem großen Unternehmen ist es fast unmöglich, einer herausragenden Führungskraft ein Gehalt zu zahlen, das in keinem Verhältnis zu seinem Wert steht. Coca-Cola hatte einen Marktwert von 4 Milliarden Dollar, als Roberto Goizueta das Unternehmen übernahm. Unter der vorherigen Führung war das Unternehmen trotz des gleichen Produkts in den vergangenen zehn Jahren stagniert. Hätten wir die gesamte Coca-Cola Company für 4 Milliarden Dollar gekauft, als Roberto kam, und würden wir jetzt ein Unternehmen im Wert von 150 Milliarden Dollar besitzen, dann hätte Roberto bei uns mehr Geld verdient als unter den derzeitigen Bedingungen.«

»Die richtige Person am richtigen Platz zu haben, ist enorm wichtig. Wie viel derjenige verdienen sollte, ist eine andere Frage von eher philosophischer Natur. Tom Murphy, der weltbeste Manager, hatte einfach keine Lust, viel Geld daraus zu schlagen. Ich ziehe meinen Hut vor ihm, aber ich finde nicht, dass es deshalb falsch ist, wenn jemand anderes mehr Geld für diese Arbeit verlangt … Als ich in den 1960er-Jahren eine Beteiligungsgesellschaft leitete, nahm ich ein Viertel des Gewinns über 6 Prozent pro Jahr. Ich bekam kein Gehalt, aber ich konnte damit viel Geld verdienen. Dieser Gedanke kam mir, als ich den Betrieb Tag für Tag leitete, und ich glaube, das hat wahrscheinlich ein wenig geholfen. Ich finde es also nicht schlimm, wenn jemand dafür bezahlt wird, dass er Geld für die Aktionäre verdient, aber er sollte dafür bezahlt werden, dass er es wirklich verdient, und nicht einfach, weil die Aktionäre ihr Geld wieder in ihn investieren. Die Führungskräfte sollten ihr Gehalt auf der Grundlage des fairen Werts dessen erhalten, was sie bei ihrer Übernahme hatten, und sie sollten es wirklich nur für hervorragende Leistungen bekommen.«

CM: »Wir haben in früheren Aktionärsversammlungen bereits angemerkt, dass wir die derzeit vorgeschriebene Rechnungslegung bei Unternehmen in Bezug auf Aktienoptionen für schwach, korrupt und verachtenswert halten. Und das ist sie auch … Wenn etwas so wunderbar ist wie eine Standardvergütungstechnik, warum muss es dann unter einer schwachen, korrupten und verachtenswerten Rechnungslegung versteckt werden? Es spricht nicht für unsere Zivilisation, dass wir uns in diese besondere Form hineingesteuert haben. Wenn man Aktienoptionen übermäßig einsetzt, kann es dazu kommen, dass das Ganze zu einer Art Kettenbrief wird. Im Silicon Valley gibt es ein Unternehmen, das praktisch alle Mitarbeiter mit Optionen bezahlt hat, und solange der Kettenbrief weiterlief, funktionierte das auch in der Gewinn- und Verlustrechnung, weil nichts als Aufwand verbucht wurde. Und wenn erst einmal alle Aktienoptionen ausgeben, fühlen sich alle anderen dazu verpflichtet, das auch zu tun, und diese Praxis greift um sich. Ich bin also nicht gerade begeistert von der extremen Verbreitung von Aktienoptionen im amerikanischen Unternehmertum.«

»Ich persönlich würde ganz andere Modelle bevorzugen, die wahrscheinlich Aktien anstelle von Aktienoptionen beinhalten würden. Ich bin durchaus dafür, mit den Menschen zu teilen, die in Unternehmen wie Costco, Coca-Cola oder ähnlichen Firmen wichtige Arbeit leisten, aber ich mag das derzeitige System nicht besonders, in das die Zivilisation hineingeraten ist.«

»Wir haben einige erbärmliche Exzesse bei der Vergütung in amerikanischen Unternehmen. Ich glaube nicht, dass derjenige, der am meisten Geld bekommen hat, unbedingt derjenige ist, der es am meisten verdient hat. In vielen Fällen stimme ich Warren zu, dass das Geld verdient wurde. Aber der Neid ist so groß, dass sich diese Praxis auf alle anderen ausbreitet. Und dann fangen Taxifahrer und alle anderen an, das System für irrational, unfair und verrückt zu halten. Und ich glaube, aus diesem Grund fangen manche Menschen, wenn sie in amerikanischen Unternehmen aufsteigen und eine gewisse Macht und einen gewissen Reichtum erlangen, damit an, extreme Zurückhaltung als eine Art moralische Pflicht walten zu lassen. Und ich würde behaupten, dass Tom Murphys Haltung die richtige ist. Das reicht weit zurück in die Geschichte der Zivilisation … Wenn man ein wichtiger Bürger Athens war, war das ähnlich, wie eine wichtige Person in der jüdischen Kultur zu sein. Man hatte die Pflicht, etwas zurückzugeben und als Vorbild zu fungieren, und die Kultur übte sozialen Druck aus, um diese Pflichten durchzusetzen. Wenn man bedenkt, was Leute an der Spitze von Unternehmen bereits haben, und sich dann das Vergütungssystem von Berkshire Hathaway ansieht, wäre es besser, wenn mehr Unternehmen unserem Beispiel folgen würden. Ich denke, Warren und ich machen das ganz gut.«

WB: »Ein zusätzliches Problem in Bezug auf die Rechnungslegung ist die Heuchelei, zu der die Menschen dadurch verleitet werden. Sie wird dann als eine Art Norm akzeptiert, vor allem, wenn Führungskräfte so handeln. Vor einigen Jahren gab es eine Situation, in der kein Vorstand bezweifelte, dass Aktienoptionen eine Form der Vergütung sind, dass Vergütung eine Form von Aufwand ist und dass dieser Aufwand in der Gewinn- und Verlustrechnung zu verbuchen sei. Aber sie wollten nicht, dass Aktienoptionen berücksichtigt werden, weil sie befürchteten, dass dies deren Verwendung einschränken könnte. Als dann das Financial Accounting Standards Board (FASB) einen Vorschlag vorlegte, der die Realität umfänglich abbilden sollte, strömten die Unternehmenschefs nach Washington, um den Gesetzgeber unter Druck zu setzen, damit der Kongress mit der Verabschiedung von Rechnungslegungsstandards beginnt. … Wenn Unternehmenschefs so auftreten und dort argumentieren, Schwarz sei Weiß, um sich selbst zu bereichern und vielleicht die Aktienkurse ein wenig in die Höhe zu treiben, verlieren sie in gewisser Weise das Recht, ernst genommen zu werden, wenn sie behaupten, zum Wohle der Republik zu handeln. Eine Organisation, deren Führungskräfte auch führend im Bereich der Heuchelei sind, erleidet schnell einen Verfall.«

2003 Aktionärsversammlung (00:58:25)

CM: »Unser System unterscheidet sich von dem der meisten großen Unternehmen; wir glauben, bei uns herrscht weniger Willkür. Durch das Aktienoptionssystem bekommen einige Leute eher zufällig außerordentlich großzügige Prämien. Und anderen wird zu einem anderen Zeitpunkt jegliche Belohnung vorenthalten, obwohl sie viel zum Ergebnis beigetragen haben. Deshalb verwenden wir es nicht, außer wenn wir es erben.«

WB: »Wir haben einige Aktienoptionen geerbt, vor allem im Rahmen der Gen-Re-Transaktion [im Jahr 1998]. Diese Optionen erwiesen sich als sehr wertvoll. Sie wären nicht wertvoll gewesen, wenn Gen Re als eigenständiges Unternehmen weitergeführt worden wäre; sie profitierten davon, dass andere Teile von Berkshire gut liefen, und das Geld ging an Leute mit diesen Optionen, die eine Zeit lang nichts zur Leistung von Berkshire beigetragen hatten. Damit wollen wir keineswegs irgendjemanden bei Gen Re anklagen. Die Anklage richtet sich gegen ein Optionssystem, das einem Lotterielos und einer Lizenzgebühr für den Zeitablauf gleicht, da ein Optionsinhaber von einbehaltenen Gewinnen profitiert und überhaupt nicht von Dividenden. Und das bringt seine Interessen möglicherweise in einen Widerspruch zu denen der Aktionäre.«

»Wir glauben an leistungsorientierte Bezahlung, aber wir glauben auch daran, dass die Leistung an das geknüpft sein sollte, was die Person, die bewertet wird, auch tatsächlich hinreichend beeinflussen kann. Und jemandem, der ein Unternehmen leitet, das nur ein 1 Prozent des Gesamtunternehmens ausmacht, ein Lotterielos auf die Gesamtergebnisse von Berkshire Hathaway zu geben, ist verrückt. Ich würde sagen, dass Sie in den vergangenen fünf Jahren mehr fehlgeleitete Vergütungen in amerikanischen Unternehmen gesehen haben als in den hundert Jahren davor. Das war außergewöhnlich. In den 1990ern wurde Wohlstand geschaffen. Genauso in den 1950er-, 1960er-, 1970er- und 1980er-Jahren – aber es gab einen Wohlstandstransfer, wie es ihn noch nie zuvor gegeben hatte.«

CM: »Wenn wir mit unserem allgemeinen Ansatz richtig liegen, hat dies erhebliche Auswirkungen. Die natürliche Konsequenz ist, dass mehr als 99 Prozent der Vergütungssysteme in amerikanischen Unternehmen mehr als nur ein bisschen bescheuert sind. Ich möchte betonen, dass es Berkshire nicht an einer liberalen Haltung mangelt. Wir haben verschiedene Anreizsysteme, bei denen einzelne Menschen zig Millionen und vielleicht sogar Hunderte Millionen Dollar verdienen können. Wir sind nicht gegen eine Belohnung für Menschen, die viel zum Erfolg beitragen. Aber ein System, das im Grunde willkürlich ist und die Ergebnisse nicht sehr gut auf die einzelnen Personen und Tätigkeiten abstimmt, halten wir für bescheuert.«

WB: »Wir freuen uns, wenn Menschen, die mit Berkshire zu tun haben, Geld verdienen, solange sie gleichzeitig Geld für Sie verdienen. Das ist ganz einfach. Wir wollen nicht, dass sie sich auf Ihre Kosten bereichern. … Die Vergütung ist der Lackmustest für Unternehmensreformen. … In den vergangenen zwanzig Jahren gab es enorme Unterschiede zwischen den Vergütungen der Spitzenverdiener und denen der einfachen Mitarbeiter, und es gab auch eine Diskrepanz zwischen der Vergütung der Unternehmenslenker und den Ergebnissen der Eigentümer, die ihnen das Geld gegeben haben. Dagegen solltet ihr protestieren, ihr Aktionäre!«

INSTITUTIONELLE INVESTOREN UND VERGÜTUNG IN AMERIKANISCHEN UNTERNEHMEN

2000 Aktionärsversammlung (02:31:36)

CM: »Generell halte ich es für einen Fehler, dass in der amerikanischen Unternehmenskultur so viel Feindseligkeit geschürt wird gegen die Art und Weise, wie ihre Führungskräfte vergütet werden. Es ist einfach wahnsinnig, mit einer kleinen Klausel dafür zu sorgen, dass ein Unternehmen seinem Chef für ein paar Kleinigkeiten den Rücken kratzt, die einfach schlecht aussehen. Für mich ist das extrem dumm. Und ich sehe das auch daran, dass das Unternehmen ihm nach seinem Ausscheiden noch zehn Jahre lang bei der Steuererklärung hilft und so weiter. Ich denke, das hinterlässt generell einen schlechten Eindruck bei den Aktionären. Ich finde es verrückt, dass amerikanische Unternehmen das machen. Sie lassen sich von diesen verdammten Beratern so etwas aufschwatzen.«

WB: »Ich stimme zu … Ich kann mich nicht daran erinnern, dass jemals jemand, der bei uns war, einen Anwalt hinzugezogen hätte oder dass wir überhaupt etwas hätten schriftlich festhalten müssen. Es funktioniert aber gut. Es ist ein wenig ärgerlich, wenn ein CEO mit einem Anwalt und einem 20-seitigen Vertrag auftaucht. Das ist mittlerweile ein Standardverfahren, und sobald man ein großes, börsennotiertes Unternehmen mit Ausschüssen und Beratern für die Ausschüsse hat, die von den Führungskräften des Unternehmens ausgewählt werden, schauen sie sich um, was alle anderen machen, und sagen: ›Tja, so läuft das eben bei den anderen. Also mache ich es auch.‹ Ich denke, die Proxy Statements der vergangenen zwanzig Jahre haben dazu geführt, dass Mitarbeiter in vergleichbaren Unternehmen, die sich die Proxy Statements ihrer Konkurrenten ansehen, zu ihrem Anwalt sagen: ›Joe Blow hat das bekommen. Warum sollte mir das nicht auch zustehen?‹ Das eskaliert immer weiter und hört nicht auf.«

»Ich habe noch nie erlebt, dass ein Vergütungsberater in ein börsennotiertes Unternehmen gekommen ist und einen Plan ausgearbeitet hat, der unter dem Strich die Vergütungskosten senkt … Die Vergütung von CEOs ist kein Marktsystem und unterliegt keinen Markttests. Und ich weiß nicht, was man dagegen tun kann. Aber es scheint die Aktionäre nicht sonderlich zu stören.«

CM: »Oh, ich glaube, es stört sie sehr, Warren. Sie fühlen sich nur machtlos.«

WB: »Ja, aber institutionelle Aktionäre könnten das ändern. Ich schätze, dass die dreißig größten Institutionen wahrscheinlich die beherrschende Mehrheit über zwei Drittel der großen Unternehmen des Landes hat. Das scheint ihnen nicht sonderlich wichtig zu sein. Tatsächlich verbringen sie ihre Zeit meist mit Dingen, die ich für nebensächlich halte. Sie reden über andere Sachen. Sie beschäftigen sich mit Ritualen der Unternehmensführung, die, offen gesagt, für die Leistung des Unternehmens keinerlei Rolle spielen. Und sie scheinen die anderen Themen zu ignorieren. Aber wir haben genug damit zu tun, Berkshire zu leiten, daher können wir nicht die ganze Welt reformieren. Wir werden Berkshire auf vernünftige Weise führen, und wir haben noch keinen Vergütungsberater engagiert.«

GUTE UNTERNEHMEN UND SCHLECHTE FÜHRUNG

2001 Aktionärsversammlung (04:37:29)

WB: »Charlie und ich haben in der Vergangenheit wenig Erfolg damit gehabt, anständige, intelligente Menschen, die unserer Meinung nach unkluge Entscheidungen getroffen haben, davon zu überzeugen, ihren Kurs zu ändern.«

CM: »Noch weniger als wenig Erfolg.«

WB: »Wenn Sie wirklich glauben, dass Sie mit Leuten zu tun haben, die ein gutes Geschäft betreiben, aber weiterhin dumm mit Ihrem Geld umgehen, sollten Sie sich wahrscheinlich besser zurückziehen. Sie können sich mit Leuten zusammentun, die ein gutes Geschäft betreiben und die damit Ihrer Meinung nach vernünftige Dinge tun. Diese Möglichkeit haben Sie. Sie können auch versuchen, sie umzustimmen, aber das ist sehr, sehr schwierig. Damit haben wir seit fünfzig Jahren zu kämpfen. Anfangs standen wir vor dieser Herausforderung aus einer Position heraus, in der niemand wusste, wer wir waren oder was wir wollten. Mit der Zeit haben wir uns einen gewissen Ruf erarbeitet, vielleicht durch Vorträge und Veröffentlichungen zu diesem Thema – und trotzdem kommen wir nicht wirklich voran.«

»Wenn Menschen etwas machen wollen, dann lassen sie sich nicht aufhalten. Und sie sind nicht CEO eines Unternehmens geworden, um sich von irgendwelchen Aktionären sagen zu lassen, dass ihre neueste Idee dumm ist. Wer so drauf ist, schafft es nicht an die Spitze. Aus Sicht der Anlagestrategie und vielleicht auch, um Stress in Ihrem Leben zu vermeiden und mit kleineren Aktienstückzahlen zu handeln, die sich leichter kaufen und verkaufen lassen, würde ich sagen, dass es besser ist, mit einem Vorstand zusammenzuarbeiten, mit dem Sie sich gut verstehen, als in einem tollen Unternehmen zu sein, dessen Führungsebene auf Dinge setzt, die für Sie wenig Sinn ergeben.«

DER INSTITUTIONELLE IMPERATIV

2009 Aktionärsversammlung (00:30:03)

WB: »Was die Moody's-Aktie angeht, stehen die Chancen gut, dass das Ratinggeschäft weiterhin gute Gewinne abwirft … Es handelt sich um ein Geschäft mit sehr wenigen Mitarbeitern, das einen großen Teil der Wirtschaft beeinflusst; die Kapitalmärkte sind riesig. Ich denke, es wird auch in Zukunft Ratingagenturen geben. Und dafür ist kein Kapital erforderlich. Das sind schon mal die Grundlagen für ein ziemlich gutes Geschäft.«

»Wir haben in dieser Sitzung bereits mehrfach gesagt, dass Charlie und ich den Ratings keine Beachtung schenken. Wir glauben nicht daran, Investitionsentscheidungen auszulagern. Wenn wir eine Anleihe kaufen, ist das Rating für uns irrelevant, abgesehen davon, dass es uns helfen kann, sie zu einem attraktiven Preis zu kaufen, wenn wir der Meinung sind, dass sie schlechter bewertet ist, als sie sein sollte. Aber wir sind nicht der Meinung, dass die Leute bei Moody's, Standard & Poor's, Fitch oder sonstwo uns die Bonität eines Unternehmens mitteilen sollten. Das finden wir selbst heraus. Und manchmal stimmen wir mit dem Markt überhaupt nicht überein. Auf diese Weise haben wir schon einiges verdient.«

CM: »Ich glaube, die Ratingagenturen, die gut in mathematischen Berechnungen sind, haben eifrig nach dummen Annahmen gesucht, die ihnen clevere Berechnungen ermöglichten. Das ist ein Beispiel dafür, dass man sich mit seinem eigenen Wissen überholt hat. Es gibt ein altes Sprichwort: ›Für jemanden mit einem Hammer sieht jedes Problem wie ein Nagel aus.‹ Und genau das ist bei den Ratingagenturen passiert.«

WB: »Das Interessante an all diesen Triple-A-Ratings ist, dass diejenigen, die sie geschaffen haben, am Ende viele davon besaßen. Sie haben also ihren eigenen Unsinn geglaubt … Diese Leute haben das Kool-Aid[30] angerührt und dann selbst getrunken. Dafür haben sie einen hohen Preis bezahlt. Aus mei-

[30] Anmerkung der Übersetzerin: Softdrink-Pulver mit verschiedenen Geschmacksrichtungen.

ner Sicht war das Dummheit und die Tatsache, dass alle anderen es auch getan haben. ... Der einzige Grund, den man meiner Meinung nach für ein Vorgehen bei Berkshire nicht anführen kann, ist, dass alle anderen es auch tun. Wenn das das Beste ist, was man vorbringen kann, stimmt etwas nicht. Aber das passiert an den Wertpapiermärkten ständig. Es ist sehr schwierig, einem großen Unternehmen zu sagen, dass es etwas nicht tun soll, was angesehene Wettbewerber tun, vor allem wenn damit viel Geld zu verdienen ist. Es ist also sehr schwer, solche Dinge zu stoppen, wenn sie erst einmal in der Branche anerkannt sind.«

DER VERWALTUNGSRAT

2004 Aktionärsversammlung (00:34:08)

WB: »Die eigentliche Aufgabe des Verwaltungsrats besteht darin, den richtigen CEO zu finden und die betreffende Person daran zu hindern, sich zu übernehmen. Wenn er diese Aufgabe gut erfüllt, erledigt sich der Rest von selbst. Aber man muss schon etwas nachdenken, um festzustellen, ob das der Fall ist. Das lässt sich nicht einfach anhand einer kleinen Checkliste überprüfen. ... Wenn Berkshire Hathaway 200 Millionen Aktien von Coca-Cola (im Wert von 10 Milliarden Dollar) besitzt, wäre es ein wenig albern zu glauben, dass das Interesse von Berkshire Hathaway am Verkauf einiger Schulungsstunden bei FlightSafety mich dazu bringen würde, etwas zu tun, was den Interessen der Aktionäre zuwiderläuft, wenn wir Milliarden auf dieser Seite des Tisches haben ... Wer zu einer solchen Schlussfolgerung kommt, hat keine Ahnung von Verhältnismäßigkeit. ... Daher ermutige ich institutionelle Aktionäre und Großaktionäre, sich wie Eigentümer zu verhalten – aber ich ermutige sie auch, logisch zu denken, wie Eigentümer denken sollten, wenn sie entscheiden, für welche Anliegen sie sich einsetzen und wie sie abstimmen. ... Bleibt zu hoffen, dass sie in nicht allzu langer Zeit tatsächlich darüber nachdenken, was für die Aktionäre des Unternehmens gut ist.«

2007 Aktionärsversammlung (04:06:23)

WB: »Ich würde sagen, die meisten Investoren haben wahrscheinlich eine etwas verzerrte Sicht darauf, wie die Mehrzahl der großen Unternehmen über die Jahre hinweg geführt wurde. Lange Zeit waren Aufsichtsräte meiner Meinung nach eher eine Art Zierpflanze. Der Vorstand hatte seine eigene Agenda und wollte bei wichtigen Entscheidungen nicht wirklich ihre Meinung hören. Charlie und ich können aus eigener Erfahrung bestätigen, dass wir selbst als größter Aktionär eines Unternehmens kaum Erfolg hatten, wenn es darum ging, Dinge anzusprechen, die wirklich wichtig waren. Ja klar, wenn jemand 25 bis 30 Jahre lang auf den Posten des CEO hinarbeitet, will er natürlich Chef sein, das kann man ihm nicht verübeln – und das einzige Hindernis ist dabei der Aufsichtsrat. Deshalb wollen Vorstände nicht, dass sich die Aufsichtsratsmitglieder zu sehr in das Geschäft einmischen.«

»Durch die neuen Vorschriften gibt es jetzt viel mehr Prozesse. Aber ich würde trotzdem sagen, dass Sie, wenn man die Realität des Geschäftsalltags und die Diskussionen betrachtet, womöglich überrascht wären, wie hoch das Niveau in amerikanischen Unternehmen ist. Die Aufgabe des Aufsichtsrats besteht überwiegend darin, den richtigen CEO zu finden. Wenn man den richtigen CEO hat, erledigen sich 90 Prozent der Arbeit von selbst. … Und wenn man einen solchen CEO hat, ist der Aufsichtsrat verpflichtet, dafür zu sorgen, dass der CEO seine Kompetenzen nicht überschreitet, da er noch andere Interessen haben kann.«

»Eine weitere Aufgabe des Aufsichtsrats besteht meiner Meinung nach darin, bei größeren Übernahmen ein unabhängiges Urteil einzubringen. Menschen, die CEO werden – mit großem Ego und großem Tatendrang –, neigen von Natur aus dazu, Großes zu leisten und mehr von dem Geld auszugeben, das anderen gehört. Und normalerweise, wenn große Abschlüsse anstehen, ist die Entscheidung bereits gefallen, wenn sie vor den Aufsichtsrat kommt. Da sitzen dann Investmentbanker, die ein kleines Ritual durchlaufen. Ich habe noch nie erlebt, dass jemand hereinkam und vorbrachte, etwas sei eine dumme Idee. Sie wissen, wie die Antwort lauten soll, und es wird zu einem kleinen Spiel. … Was ich im Laufe der Jahre gesehen habe, war wirklich ziemlich schlimm. Aber ich kann es verstehen, denn der CEO würde den Deal nicht vorlegen, würde er ihn nicht wollen. Und sobald er ihn vorlegt, wird er die Karten so zurechtlegen und die Präsentation so gestalten, dass es fast unmöglich ist, ein unabhängiges Urteil zu fällen.«

CM: »Ich glaube, dass große, wirklich große Deals in Amerika im Durchschnitt den Interessen der Aktionäre zuwiderlaufen. Darauf kann man wetten. Auf der Seite des Käufers sind die Aktionäre in der Regel schlechter gestellt.«

WB: »Bei den meisten Aktiengeschäften denken die Leute darüber nach, was sie bekommen, und nicht darüber, was sie aufgeben. Ich habe immer wieder erlebt, dass Leute einen erheblichen Prozentsatz ihres Unternehmens abgeben, den sie zum aktuellen Marktpreis nicht verkaufen würden, aber sie geben einen Teil des Unternehmens ab, weil sie etwas anderes besitzen wollen. Daran ist nichts auszusetzen; man muss nur sicher sein, dass man genauso viel bekommt, wie man gibt. Ich habe sehr selten eine Diskussion erlebt – eigentlich glaube ich, noch nie –, in der abgewogen wurde, was man bei einem Aktiengeschäft tatsächlich abgibt und was man dafür bekommt.«

»Ich habe viele Diskussionen über Verwässerung und darüber verfolgt, wann sie überstanden ist, aber das ist nicht die Frage. Die eigentliche Frage lautet, ob mehr Wert geschaffen wird und wie er zwischen den beiden Unternehmen aufgeteilt wird. Und wenn kein zusätzlicher Wert geschaffen wird, bekommt man dann mehr, als man gibt?«

»Als ich 2 Prozent von Berkshire Hathaway abgab, um [den Schuhhersteller] Dexter Shoe zu erwerben, war das einer der dümmsten Deals in der Geschichte der Welt. Es waren nicht nur 2 Prozent dessen, was wir damals bei Berkshire hatten, es waren 2 Prozent des heutigen Unternehmens Berkshire Hathaway. Sie wären alle um 2 Prozent reicher, wenn ich das nicht gemacht hätte. … Der Punkt ist, dass das in der herkömmlichen Rechnungslegung überhaupt nicht auftaucht. Es wird unter den Teppich gekehrt. Bei Gillette hatten wir zehn Geschäfte in Folge, die nicht annähernd die Erwartungen erfüllten, die dem Aufsichtsrat vorgelegt worden waren. Wurde das jemals gegenüber den Aktionären erwähnt? Ist das im Finanzbericht aufgetaucht? Niemals – und das ist in amerikanischen Unternehmen gang und gäbe.«

»Wenn Aktionäre mit der Führungsebene unzufrieden sind, beschweren sie sich leider darüber, dass es nicht genügend Diversität im Vorstand gibt oder Ähnliches. Aber wenn man den Wert des Unternehmens in den Sand setzt, ist das für mich viel wichtiger … Wir hatten einmal Aktien der Third National Bank in Nashville. Das sind wunderbare Leute, aber sie hatten die Möglichkeit, andere Banken zu übernehmen. Sie gingen zu einer sehr kleinen Bank, und der Mann in der sehr kleinen Bank sagte: ›Ich will Aktien.‹ Er sagte: ›Ich will, dass Sie Ihre Aktien zum Marktwert und meine zu diesem enormen Aufschlag bewerten.‹ Und dann sagte er: ›Es gibt noch eine weitere Bedingung. Da ich mein gesamtes Vermögen in Ihre Aktien investiere, möchte ich, dass Sie mir versprechen, dass Sie in Zukunft nie wieder einen so dummen Deal machen.‹ Dieser Mann war etwas offener, als das normalerweise der Fall ist.«

2016 Aktionärsversammlung (02:35:00)

WB: »Bei der Auswahl der Aufsichtsratsmitglieder suchen wir nach Personen, die sich in der Wirtschaft auskennen, die Interessen der Aktionäre vertreten und ein besonderes Interesse an Berkshire haben. Wir legen dies klar dar, tun dies seit Jahren und ich denke, wir sind dabei viel offener als die meisten anderen Unternehmen. Wir haben solche Menschen gefunden, und ich glaube, dass wir dadurch den bestmöglichen Aufsichtsrat haben. Es geht ihnen eindeutig nicht ums Geld. Ich werde von Beratungsfirmen angerufen, die Kandidaten für Aufsichtsräte anderer Unternehmen suchen sollen. An den Fragen, die sie stellen, merkt man, dass sie etwas anderes im Sinn haben als das, was wir von einem Aufsichtsrat erwarten. Sie wollen jemanden, dessen Name das Ansehen des Unternehmens stärkt, also einen prominenten Namen. Ein Unternehmen, das kürzlich Blutproben mit minimalen Einstichen entnommen hat [Theranos], hat einige sehr prominente Gestalten in ihren Aufsichtsrat geholt. Die Namen waren großartig, aber wir sind nicht an Leuten interessiert, die im Aufsichtsrat sitzen wollen, weil sie pro Jahr mit 10 Prozent ihrer Zeit 200.000 oder 300.000 Dollar verdienen können. Und wir sind nicht an Leuten interessiert, für die das eine Frage des Prestiges ist und die nur ihre Checkliste abhaken wollen oder sowas. Wir werden uns weiterhin an unsere Kriterien halten: Geschäftssinn, Sichtweise der Aktionäre und ein starkes persönliches Interesse an Berkshire. Und jede Aktie von Berkshire, die unsere [Aufsichtsratsmitglieder] besitzen, haben sie genau wie alle anderen in diesem Raum gekauft. Wir möchten, dass unsere Aufsichtsräte sich in die Lage der Aktionäre versetzen. Wir möchten, dass sie sich sehr für das Unternehmen interessieren, und wir möchten, dass sie klug genug sind, um genug über das Geschäft zu wissen, damit sie wissen, wo sie sich einmischen sollten und wo nicht.«

CM: »Vor Jahren habe ich für den römisch-katholischen Erzbischof von Los Angeles gearbeitet, und mein Seniorpartner sagte großspurig: ›Sie brauchen uns dafür nicht zu engagieren, es gibt genug gute katholische Steueranwälte.‹ Der Erzbischof sah ihn an, als wäre er ein Idiot, und sagte: ›Herr Peeler, ich hatte letztes Jahr eine sehr schwere Operation und habe nicht nach dem besten katholischen Chirurgen gesucht.‹ So sehe ich das auch bei Aufsichtsratsmitgliedern.«

2022 Aktionärsversammlung (05:03:17)

WB: »Die Aufsichtsräte von Berkshire haben keine Manager-Haftpflichtversicherung (D&O). Praktisch jedes Unternehmen an der New Yorker Börse hat eine solche Versicherung, aber wir bei Berkshire schließen keine ab … Es ist sehr interessant, dass Menschen in Museumsbeiräte oder Hochschulbeiräte gehen und von ihnen erwartet wird, dass sie Geld spenden. Ihnen wird gesagt: ›Es ist eine große Ehre, in einem Hochschulbeirat oder einem Museumsbeirat oder was auch immer zu sitzen, und deshalb sollen sie Geld für uns sammeln.‹ Nun, ehrlich gesagt finde ich unseren Aufsichtsrat interessanter als einen Hochschulbeirat oder einen Krankenhausbeirat oder so etwas. Aber die Leute haben herausgefunden, dass sie damit 300.000 Dollar im Jahr verdienen können, was für manche Menschen enorm wichtig ist.«

»Wenn die Mitglieder des Aufsichtsrats überhaupt kein Gehalt bekämen, gäbe es wahrscheinlich trotzdem viele Leute, die in den Aufsichtsrat wollten. … Die ganze Vorstellung, es gäbe ein unabhängiges Mitglied des Aufsichtsrats, ergibt für mich ehrlich gesagt keinen Sinn.«

CM: »Sie glauben doch nicht etwa, dass ein Aufsichtsrat, der 300.000 Dollar pro Jahr braucht, unabhängig ist? Er ist so unabhängig wie ein Sklave.«

WB: »Ich werde ein paar Sätze aus einem Brief vorlesen, den ich vor vielen Jahren erhalten habe, allerdings in abgewandelter Form, da ich natürlich nicht möchte, dass jemand erkannt wird. Aber es handelt sich um einen wortwörtlichen Auszug. Darin stand: ›Ich schreibe Ihnen mit großer Zurückhaltung, da es mir persönlich peinlich ist. Ich habe alle herkömmlichen Mittel ausgeschöpft, um das Geld aufzutreiben.‹ Ich kenne die Person nicht, aber sie schrieb, sie brauche ein paar Millionen Dollar. Und dann kommt der Punkt, den Sie vielleicht interessant finden. ›Mein Einkommen besteht zu 100 Prozent aus meinen Beiratshonoraren.‹«

»Ich habe recherchiert und festgestellt, dass der Mann zu jener Zeit im Aufsichtsrat von fünf renommierten Unternehmen saß und außerdem noch in anderen tätig war. Aber er brauchte dringend Geld und sagte: ›Ich bekomme 100 Prozent meines Einkommens aus Beiratshonoraren.‹ Und er war unabhängiges Mitglied des Aufsichtsrats. Er wurde in jedem dieser Unternehmen als unabhängiger Aufsichtsrat eingestuft. Im Jahr 2006 besaßen wir 9 Prozent der Coca-Cola Company. Natürlich lag uns die Coca-Cola Company am Herzen. Und in diesem Jahr empfahlen CalPERS [das kalifornische Rentensystem für öffentliche Angestellte] und einige andere, gegen uns zu stimmen. Zwei große institutionelle Investoren stimmten so, weil sie mich für nicht unabhängig hielten, da die Leute mit unseren Dairy-Queen-Franchises[31] Coca-Cola gekauft hatten. Das ist einfach verrückt. In einem Jahr sank die Zustimmung für meine Person von 98 auf 84 Prozent, weil sie entschieden hatten, dass ich nicht die richtige Person für diese Aufgaben sei.«

»Wenn ein Aufsichtsratsmitglied viele andere gute Dinge tun möchte, bedeutet das nicht, dass es Probleme hat. Aber wenn die Person ohne diese Aufsichtsratsmandate pleitegehen könnte, wie kann man sie dann als unabhängiges Mitglied des Aufsichtsrats bezeichnen? Das ist lächerlich. Aber so sind die Regeln nun einmal.«

CM: »Sie wollen nicht, dass sie einfach nur unabhängig sind. Sie wollen ein Pferd, ein Kaninchen, eine Kuh, was auch immer. Unabhängigkeit reicht nicht aus. Man braucht eine sehr weit gefächerte Art von Unabhängigkeit.«

WB: »Wer das Geld dringend braucht – 100 Prozent des Einkommens für diesen Mann – und in fünf der renommiertesten Aufsichtsräte des Landes sitzt, die ihn alle als unabhängiges Mitglied einstufen, dann hofft derjenige nur noch, dass, wenn einer seiner CEOs von einem anderen CEO ange-

31 Anmerkung der Übersetzerin: Dairy Queen ist eine US-amerikanische Schnellrestaurantkette.

rufen wird, der fragt: ›Ist dieser Typ in Ordnung?‹, dieser antwortet: ›Natürlich‹, was bedeutet, dass er keinen Ärger macht. So wird er in den sechsten Aufsichtsrat aufgenommen. Das ist alles ein bisschen bekloppt.«

UNTERNEHMENSKULTUR

2015 Aktionärsversammlung (00:58:16)

WB: »Ich denke, Kultur muss von oben kommen. Sie muss konsistent sein, sie muss Teil der schriftlichen Kommunikation sein, sie muss gelebt werden, und sie muss belohnt werden, wenn sie eingehalten wird, und bestraft, wenn sie nicht eingehalten wird. Und dann dauert es sehr, sehr lange, bis sie wirklich fest verankert ist. Natürlich ist es viel einfacher, wenn man eine Kultur erbt, die man mag, und in kleineren Unternehmen ist es meiner Meinung nach auch einfacher … Es ist wie mit einem Sandkorn. … Wir arbeiten ständig daran, uns anderen Menschen gegenüber so zu verhalten, als wären wir an ihrer Stelle. Das hat Charlie uns bei all unseren Aktivitäten immer geraten, und wir haben versucht, uns daran zu halten. Wir sind sicherlich noch lange nicht perfekt, aber wenn man daran arbeitet, erzielt man Ergebnisse.«

CM: »Ich glaube, das Beste, was wir getan haben, war, dass wir immer unzufrieden mit dem waren, was wir bereits wussten, und immer mehr wissen wollten. Berkshire wäre ein schreckliches Unternehmen geworden, wenn Warren und ich in der Vergangenheit stehen geblieben wären, vor allem Warren. Es ist das ständige Lernen, das uns erfolgreich gemacht hat, und ich bezweifle, dass wir jemals damit aufhören werden.«

2022 Aktionärsversammlung (03:00:11)

WB: »Wir haben 1.470.000 Aktien der Klasse A im Umlauf, weniger als vor einem Jahr. Diese Plätze sind besetzt. Die Aktionäre stehen fest. Wir sind mit unserer Gruppe zufrieden. Warum sollten wir also, wenn wir eine feste Anzahl von Plätzen haben, andere Leute rekrutieren, um Sie zu ersetzen? Die ideale Aktionärsgruppe, die wir haben können, ist die Gruppe, die wir heute haben. Wenn wir eine Kirche hätten, würden wir wollen, dass die Leute Woche für Woche wiederkommen. Wenn wir eine begrenzte Anzahl von Plätzen hätten und wunderbare Gemeindemitglieder, würden wir nicht losziehen und hundert neue Leute rekrutieren, wenn wir dafür hundert der alten rauswerfen müssten.«

»Doch praktisch jedes Unternehmen, das ich kenne, wirbt um neue Leute, unabhängig davon, ob sie die Gruppe verbessern oder nicht. Das erscheint uns im Grunde genommen verrückt. Wir wollen niemanden, der anders ist als die, die wir jetzt haben. Wenn Sie in ihrer Nachbarschaft zehn Nachbarn hätten, und alle wären großartige Nachbarn, warum um alles in der Welt würden Sie sie ersetzen wollen? Es ist seltsam, aber es gibt sehr viele Menschen, die ihren Lebensunterhalt damit verdienen und das nie hinterfragen.«

»Der verrückte Prozess, der sich entwickelt hat, besteht darin, dass Menschen mit Analystengruppen sprechen. Einige Unternehmen tun dies mehr als einmal im Monat. Stellen Sie sich vor, Sie arbeiten für so ein Unternehmen; Monat für Monat wiederholen die Mitarbeiter dieselben Aussagen über ihr Unternehmen, dass es wichtig sei, einen bestimmten Prozentsatz Wachstum zu erzielen oder ähnliches. Das wird zu einem Glaubensbekenntnis. Wie kann man dann im nächsten Monat sagen: ›Übrigens: Wir haben uns geirrt.‹ Das sagt man nicht. Für einen neuen CEO, der nach seinem Vorgänger antritt, ist es ein schreckliches Problem, wenn ihm gesagt wird: ›Das Wichtigste ist, dass Sie Ihre Gewinnziele erreichen.‹ Aller Wahrscheinlichkeit nach wurden diese Ziele von Zeit zu Zeit durch Betrug erreicht. Wird derjenige, der den Stab übernommen hat, jetzt vortreten und sagen: ›Tja, wir haben tatsächlich ein wenig betrogen, und es ist kontraproduktiv für die Entwicklung des Unternehmens, Gewinnprognosen aufzustellen und nicht einfach die Ergebnisse zu präsentieren, wie sie sind, anstatt ein paar Dinge in der Rechnungslegung zu fälschen.‹? Das kann er nicht tun. Das liegt nicht in der Natur des Menschen … Das ist eine völlig destruktive Eigenschaft.«

»Im Rahmen der GAAP-Vorgaben kann ich im Geschäftsbericht die Zahlen ganz unterschiedlich präsentieren. Wenn man einmal damit anfängt, gibt es kein Zurück mehr. Man kann nicht mehr aufhören. Es ist wie bei der Entnahme von Geld aus der Kasse. Das erste Mal sagt man noch: ›Ich lege es zurück.‹ Aber nach ein paar Malen hört man nicht mehr auf. … Wenn etwas destruktiv ist, sollte man nicht damit anfangen – und ich kann mir nichts Destruktiveres vorstellen als Gewinnprognosen … Wenn man anfängt zu lügen, hat man ein großes Problem. So einfach ist das. … Wenn Sie als Mensch gesagt haben, ›Wir werden 3,59 Dollar pro Aktie verdienen‹, lassen sich die 3,59 Dollar pro Aktie oftmals sogar erreichen. Wer aber eine Kultur des Lügens hat, bei dem treten die Prozesse in den Hintergrund.«

CM: »Ich glaube, dass die Kultur von Berkshire noch lange nach unserem Tod Bestand hat und sich künftig ziemlich gut entwickeln wird. Der Rest der amerikanischen Unternehmenswelt ist ganz anders. Und mit jedem Jahrzehnt wird der Unterschied vermutlich größer. Es wird sehr seltsam. Bald werden alle Aktionärsversammlungen online stattfinden … Und Indexfonds werden bei Abstimmungen immer wichtiger. Es ist wie alles im Leben: Es verändert sich, und nicht immer in einer Weise, die überzeugt.«

TEIL FÜNF

BERKSHIRE HATHAWAY

»Es ist nicht unser Ziel im Leben, unsere Zeit mit Menschen zu verbringen, die von uns enttäuscht sind. Es ist unsere eigene Schuld, wenn wir falsche Signale aussenden. Deshalb versuchen wir, uns so zu präsentieren, wie wir sind, und dann versuchen wir, das auch entsprechend zu erfüllen.«

»Ich finde es erstaunlich, dass wir beim Kauf begehrter Immobilien so erfolgreich waren. Die Abneigung der Menschen hat uns geholfen, denn viele der Verkäufer sind so klug, dass sie fast alles andere ablehnen.«

»Wir legen großen Wert auf die Nachfolgeplanung, weil wir beide einen sehr großen Teil unseres Vermögens in Berkshire investiert haben. Keiner von uns weiß, wie wir das alles verkaufen sollen, wenn wir fünfzehn Minuten vor unserem Tod von einem Lkw überfahren werden.«

»Ich glaube, unser wichtigster Beitrag zum Erfolg der Unternehmen, die wir erwerben, ist das, was wir nicht tun.«

»Warren hat schon immer vorgehabt, hohe Dividenden auszuschütten; er tut dies nach dem Vorbild des Heiligen Augustinus, der sagte: ›Gott, gib mir Keuschheit, aber jetzt noch nicht.‹«

»Wir mögen Dinge, die man nicht auf drei Dezimalstellen genau ausrechnen muss. Wenn man etwas auf drei Dezimalstellen genau ausrechnen muss, ist das nichts Gutes.«

Einleitung

Berkshire ist Buffetts Werk. Es ist der Ort, an dem er seine eigenen Ideen zur intelligentesten Art der Kapitalallokation und Unternehmensführung über sechs Jahrzehnte hinweg umgesetzt hat. In finanzieller Hinsicht ist das Endergebnis ein Aktienkurs, der um fast das 100.000-Fache (Stand: Oktober 2024) gestiegen ist, seit Buffett anfing, diese Aktie im Jahr 1962 für damals 7,625 Dollar zu kaufen – kein schlechtes Ergebnis, wenn man bedenkt, dass Buffett die Investition in Berkshire als »schrecklichen Fehler« bezeichnet hat. Für vieles, was in den vorangegangenen Abschnitten dieses Buches diskutiert wurde – beispielsweise die wichtigsten Faktoren für den inneren Wert und den Einfluss der Führungsqualität darauf –, ist Berkshire selbst ein hervorragendes Fallbeispiel. Wie Munger betont, bietet die Geschichte von Berkshire zahlreiche Lehren darüber, wie man beim Investieren und im Geschäftsleben erfolgreich sein kann, wobei eine wichtige Variable die Fähigkeit ist, periodische Schwierigkeiten zu überstehen und frühere Fehler letztendlich zu überwinden: »Es ist interessant, dass eine falsche Entscheidung so gut funktioniert hat. Wir haben das oft gemacht, uns aus falschen Entscheidungen herausgewunden. Ich würde sagen, das ist ein wichtiger Teil einer vernünftigen Lebensbilanz. Man kann falsche Entscheidungen nicht vermeiden. Aber wenn man sie schnell erkennt und etwas dagegen unternimmt, kann man oft aus Zitronen Limonade machen, so wie es hier passiert ist. Warren hat viel Kapital aus dem Textilgeschäft herausgeholt und es klug investiert, und deshalb sind wir alle hier.«

Aktionärsversammlungen und Themen

BUFFETTS URSPRÜNGLICHE INVESTITION IN BERKSHIRE

1997 Aktionärsversammlung (00:32:59)

WARREN BUFFETT: »Wir haben 1962 angefangen, Berkshire zu kaufen. Ich glaube, der erste Kaufpreis pro Aktie betrug 7,525 Dollar. Ich habe die Trading Card an der Wand hängen – es waren 2000 Aktien, und ich habe eine Provision von 10 Cent pro Aktie gezahlt. Ich kann nicht glauben, dass ich eine Provision von 10 Cent gezahlt habe; heute zahlen wir 5 Cent für viel teurere Aktien. Gut, dass ich mich nicht mit einem Broker gestritten habe, ob ich die Provision zahlen soll, sonst hätte ich vielleicht diese 2000 Aktien nie bekommen. Die Beteiligungen von Ken Chase und seiner Familie an Berkshire reichen bis in die 1920er-Jahre zurück. Die Buffett Partnership, welche ich in den 1960er-Jahren leitete, kaufte etwa 70 Prozent des Unternehmens. Das bedeutet, dass etwa 300.000 Aktien nicht in unserem Besitz waren. Abgesehen von der Familie Chase gibt es sicher noch fünfzig oder hundert Aktionäre aus dieser Zeit, und ich bin froh, dass sie noch da sind.«

2000 Aktionärsversammlung (03:24:58)

WB: »Der ursprüngliche Kauf von Berkshire war ein schrecklicher Fehler. Ich habe das Unternehmen gekauft, weil es sich um eine Art Zigarrenstummel-Anlage handelte, bei der wir nach etwas gesucht haben, das noch einen Restwert hatte. Es war feucht und irgendwie eklig, aber es war kostenlos. Und Berkshire verkaufte zu einem Preis unter dem Betriebskapital und hatte in der Vergangenheit regelmäßig Aktien im Rahmen von Übernahmeangeboten zurückgekauft. … Ich hatte den Eindruck, dass sie regelmäßig ein Übernahmeangebot machen würden. Der Preis würde wahrscheinlich näher am Nettoumlaufvermögen liegen, was vielleicht einem Aktienkurs von 11 oder 12 Dollar entsprochen hätte, und wir hätten bei diesem Angebot verkauft.«

»Dann traf ich Seabury Stanton, der Berkshire leitete, und er erzählte mir, dass er über ein Übernahmeangebot nachdachte. Das machte mich zu einem Insider, sodass ich nichts tun konnte. Er fragte mich, zu welchem Preis wir die Aktien anbieten würden. Ich glaube, ich sagte: ›11 und 3/8.‹ Er sagte zu mir: ›Also, wenn wir ein Angebot von 11 und 3/8 machen, würden Sie dann Ihre Aktien anbieten?‹ Und ich sagte: ›Ja, das würde ich.‹ Ich war dann natürlich für eine Weile daran gehindert, irgendetwas mit den Aktien zu tun. Aber dann kam er mit dem Übernahmeangebot. Ich öffnete den Umschlag, und es waren 11,25 Dollar; das lag 1/8 unter dem, was er mir gesagt und dem ich zugestimmt hatte. Das fand ich so dreist, dass ich ihm die Aktien nicht anbot. Stattdessen kaufte ich eine Menge Aktien, mehrere Pakete, und bald hatten wir die Kontrollmehrheit in dem Unternehmen.

»Zu einem anderen Zeitpunkt hätten wir das Unternehmen zu 1/8 weniger nicht gekauft. Wir wären viel besser dran gewesen, wenn wir nicht gekauft hätten, denn dann kam es zu Dingen wie der Übernahme von [dem Versicherer] National Indemnity und all dem, und statt ihn als börsennotiertes Unternehmen mit vielen anderen Aktionären zu kaufen, hätten wir ihn außerbörslich durch die Beteiligungsgesellschaft gekauft, und unsere Partner hätten einen größeren Anteil gehabt. Berkshire war also genau das falsche Vehikel für dieses Geschäft. Im Laufe der Zeit habe ich eine Reihe toller Unternehmen gekauft, aber ich bin irgendwie zufällig darauf gestoßen. Und als ich die Beteiligungsgesellschaft auflöste, habe ich Berkshire verteilt, weil mir das am einfachsten und besten erschien. Ich bin froh, dass alles so gekommen ist. Wirtschaftlich gesehen war es wahrscheinlich nicht die beste Lösung. Es war die falsche Grundlage, um ein Unternehmen aufzubauen.«

CHARLIE MUNGER: »Es ist interessant, dass eine falsche Entscheidung so gut funktioniert hat. Wir haben das oft gemacht, uns aus falschen Entscheidungen herausgewunden. Ich würde sagen, das ist ein wichtiger Teil einer vernünftigen Lebensbilanz. Man kann falsche Entscheidungen nicht vermeiden. Aber wenn man sie schnell erkennt und etwas dagegen unternimmt, kann man oft aus Zitronen Limonade machen, so wie das hier passiert ist. Warren hat viel Kapital aus dem Textilgeschäft herausgeholt und es klug investiert, und deshalb sind wir alle hier.«

GEEIGNETE EIGENTÜMER

1999 Aktionärsversammlung (02:25:20)

WB: »Die Leute fragen: ›Wollt ihr private Eigentümer oder institutionelle Eigentümer?‹ Was wir wollen, sind informierte Eigentümer, die mit unseren Zielen, Maßstäben, Anlagehorizonten und all diesen Dingen im Einklang stehen. Wir wollen Menschen, die sich mit dem Besitz von Berkshire wohlfühlen, und wir wollen keine Menschen, die aus anderen Gründen daran beteiligt sind als wir. Wir wollen keine Leute, die sich um Quartalsergebnisse sorgen. Wir wollen keine Leute, die sich über Aktiensplits Gedanken machen. Wir wollen keine Leute, die regelmäßig mit der Aktie aufgeputscht werden müssen. Das interessiert uns nicht, weil wir auch in Zukunft so weiterleben müssen. Und wenn wir jetzt nicht auf diese Art und Weise leben wollen, dann wollen wir auch in Zukunft nicht auf diese Art und Weise leben.«

»Was wir wirklich wollen, sind Menschen wie die hier im Publikum, die sich hinsetzen, lesen, nachdenken und verstehen, dass sie eine Investition tätigen. Es geht nicht nur um ein kleines Börsenkürzel. Sie kaufen einen Teil eines Unternehmens. Sie wissen, worum es in diesem Unternehmen geht. Sie wissen, wie wir denken, sie wissen, welche Maßstäbe wir an uns selbst anlegen. Sie fühlen sich damit wohl. Und sie können als Einzelpersonen oder als Institutionen zu uns kommen. Wenn wir sie gewinnen, möchten wir sie behalten. Unsere Haltung dazu hat sich also nicht geändert. Es gibt eine begrenzte Berichterstattung an der Wall Street, was für ein Unternehmen mit einem Marktwert von 120 Milliarden Dollar wohl auch angemessen ist.«

2010 Aktionärsversammlung (04:00:45)

WB: »Das Interessante an marktfähigen Wertpapieren ist, dass sie im Grunde jeder kaufen kann. … Wenn Sie ein börsennotiertes Unternehmen führen, kann jeder, von Osama bin Laden bis zum Papst, Ihr Aktionär sein. Sie suchen sich nicht die Aktionäre aus, sondern die Aktionäre entscheiden sich für

Sie. Wenn Sie aber Aktionäre wollen, die mit Ihnen auf einer Linie liegen, ist es meiner Meinung nach wichtig, ihnen genau mitzuteilen, welche Art von Unternehmen Sie führen wollen. Wir haben Jahresberichte, Fernsehinterviews und verschiedene andere Möglichkeiten, den Menschen zu vermitteln, was für ein Unternehmen Berkshire ist. Für manche bedeutet das ›Komm rein‹, für andere ›Bleib draußen‹. Phil Fisher hat diese Situation einmal so beschrieben: ›Sie können ein Restaurant haben, das mit französischer Küche wirbt. Wenn Sie französisches Essen servieren, werden Sie zufriedene Stammgäste haben. Und Sie können ein anderes Restaurant haben, das mit Hamburgern wirbt. Aber Sie können nicht auf der Speisekarte Hamburger anbieten und dann französisches Essen servieren.‹ Viele Unternehmen versuchen, allen alles zu versprechen. Ihre Investor-Relations-Abteilung sagt ihnen, dass sie jeden Aktionär wollen, dessen Interesse Sie potenziell wecken können. Wir dagegen wollen Menschen, die so denken wie wir. Und wir glauben, dass wir sie insgesamt nicht allzu sehr enttäuschen werden.«

»Es ist nicht unser Ziel im Leben, unsere Zeit mit Menschen zu verbringen, die irgendwann von uns enttäuscht sind. Es ist unsere eigene Schuld, wenn wir falsche Dinge versprechen. Deshalb versuchen wir, damit zu werben, wie wir sind, und dann versuchen wir, das Versprechen auch einzuhalten. Und ich glaube, dass wir unter den großen börsennotierten Unternehmen die besten Aktionäre der Welt haben. Das liegt vermutlich daran, dass wir Menschen angezogen haben, die im Grunde genommen daran interessiert sind, ein Unternehmen zu kaufen, über Jahre hinweg unsere Partner zu werden, und die wissen, dass wir sie wie Partner behandeln. Im Gegenzug geben sie uns ein hohes Maß an Sicherheit durch eine stabile Aktionärsbasis und ein gutes Gefühl bei der Leitung des Unternehmens.«

CM: »Was hier passiert ist, beruht bis zu einem gewissen Grad auf Zufall. Warren und ich haben angefangen, Geld für unsere Familien und Freunde zu investieren, und zu den Menschen, die uns vertrauten, als wir noch jung und unbekannt waren, haben wir natürlich eine starke Bindung aufgebaut. Von dieser Basis aus haben wir uns zu einem starken börsennotierten Unternehmen entwickelt, und deshalb neigen wir dazu, unsere Aktionäre, auch die neuen, als Familie zu betrachten. Das ist nicht aufgesetzt, sondern entspricht unserer Einstellung. Andere können das nicht, weil sie auf andere Weise in ihre jeweilige Situation gekommen sind.«

»Wenn Sie CEO wären und mit durchschnittlichen institutionellen Anlegern zu tun hätten, die daran interessiert sind, dass ihr Portfoliomanagement in den nächsten sechs Monaten gut aussieht, fänden Sie es schwer, Ihre Aktionäre zu lieben. Sie sind eine Art feindliche Kraft, die unzumutbare Erwartungen an Sie stellt. Ich glaube also nicht, dass Warren und ich so viel Lob dafür verdienen, dass wir bessere Beziehungen zu unseren Aktionären haben. Wir sind auf ganz andere Weise zu unserem Erfolg gekommen. Als wir sahen, dass es gut lief und uns so viel Befriedigung verschaffte, waren wir klug genug, dabei zu bleiben. Aber wir sind eher zufällig dazu gekommen.«

WB: »Wir sind eher zufällig dazu gekommen und hatten außerdem das Glück, dass wir keine Investor-Relations-Abteilung hatten. Ich habe solche Abteilungen bei Dutzenden von Unternehmen in Aktion erlebt … Es ist wirklich lächerlich, dass man dort versucht, die Ansprüche von Menschen zu erfüllen, die Dinge erwarten, die sich zwar nicht operativ, aber vielleicht für einen kurzen Zeitraum durch entsprechende Rechnungslegung erreichen lassen. Das führt zum schlimmsten Verhalten. Am Ende wird jemand all Ihre Anteile besitzen … warum also nicht eine Gruppe von Menschen zusammenbringen, die mit Ihnen auf der gleichen Wellenlänge sind? Diese gemeinsame Wellenlänge ist erreichbar, wenn Sie ihnen ziemlich genau sagen, was Sie erwarten, wie Sie es erwarten und ihnen auch sagen, wenn Sie Fehler gemacht haben.«

BERKSHIRES OPERATIVE STRUKTUR

1994 Aktionärsversammlung (02:36:17)

CM: »Berkshire ist extrem dezentral, was die Machtverteilung und die Entscheidungen in den operativen Bereichen angeht. Was die marktfähigen Wertpapiere betrifft, ist das Unternehmen extrem zentralisiert. Und bisher haben wir keine großen Nachteile dadurch erlitten, dass wir nicht mehr das tun können, was wir in unseren Anfängen getan haben. Irgendwann werden wir dafür aber bezahlen müssen.«

RISIKOMANAGEMENT BEI BERKSHIRE

2012 Aktionärsversammlung (03:21:29)

WB: »Wir teilen die Denkweise, dass wir immer vom schlimmsten Fall ausgehen und dann eine große Sicherheitsmarge anzusetzen ... Wir bauen zweifellos Sicherheitsreserven ein, die andere vielleicht für dumm halten, aber wir haben 600.000 Aktionäre, und ich habe Familienmitglieder, die 80 oder 90 Prozent ihres Vermögens in das Unternehmen investiert haben. Ich habe kein Interesse daran, ihnen zu erklären, dass wir pleitegegangen sind, weil eine Wahrscheinlichkeit von 0,01 Prozent bestand, dass wir pleitegehen würden, und die verbleibende Wahrscheinlichkeit durch die Chance auf Verdopplung unseres Geldes ausgeglichen wurde, und ich entschieden habe, dass es das Risiko wert sei. Das werden wir nicht tun. Wir riskieren niemals das, was wir haben und brauchen, für etwas, das wir nicht haben und nicht brauchen. Wir werden weiterhin Investments finden, mit denen wir Geld verdienen können, aber wir müssen uns dafür nicht verausgaben ... Das steht bei Berkshire immer an erster Stelle. In 99 von 100 Jahren werden Ihre Renditen wahrscheinlich dadurch beeinträchtigt werden, dass wir übermäßig konservativ sind – und in einem von hundert Jahren werden wir überleben, während andere Menschen das nicht schaffen.«

»Als ich 1962 unser Büro im Kiewit Plaza einrichtete, hängte ich sieben Gegenstände an die Wand. Unser Budget für Kunst betrug 7 Dollar, also ging ich in die Bibliothek und kopierte Seiten für 1 Dollar pro Seite aus der Finanzgeschichte. Eine davon war von Mai 1901, als die Northern Pacific Corner stattfand; Harriman versuchte, die Kontrollmehrheit über die Northern Pacific [Eisenbahn] zu erlangen, und James J. Hill [der größte Aktionär] wollte die Kontrolle behalten. Und ohne voneinander zu wissen, kauften beide mehr als 50 Prozent der Aktien. Wenn nun zwei Personen jeweils mehr als 50 Prozent der Aktien kaufen und beide diese wirklich haben wollen, werden sie diese nicht einfach wieder verkaufen – dann passieren interessante Dinge. Und laut diesem Zeitungsbericht vom Mai 1901 brach der gesamte Markt zusammen, weil die Northern-Pacific-Aktie an einem Tag von 170 Dollar auf 1000 Dollar stieg und gegen Bargeld gehandelt wurde, weil die Leerverkäufer das Geld brauchten. Und weiter oben auf der Seite stand eine kurze Meldung, die noch immer in unserem Büro hängt, dass ein Brauer in Troy, New York, Selbstmord beging, indem er in einen Bottich mit heißem Bier sprang, weil er eine Nachschussforderung erhalten hatte. Er wusste wahrscheinlich, wie nahezu unmöglich es war, dass eine Aktie an einem Tag von 170 auf 1.0000 steigen und entsprechende Margin Calls verursachen konnte – aber er landete in einem Bottich mit heißem Bier, und das wollte ich nie. Das Leben an den Finanzmärkten hat nichts mit Sigma-Regeln zu tun. Wenn alle, die an den Finanzmärkten tätig sind, nie etwas von Standardabweichungen und so weiter gehört hätten, wären sie viel besser dran.«

CM: »Das hat viel falsche Zuversicht geschaffen. Jetzt ist sie verschwunden. Wie ich bereits gesagt habe, haben sich die Wirtschaftsfakultäten verbessert. Das Gleiche gilt für das Risikomanagement an der Wall Street. Sie haben die Gaußsche Kurve genommen und ihre Form geändert; sie haben einfach eine andere Form als Gauß gewählt, und jetzt ist die Kurve besser, auch wenn sie weniger präzise ist.«

WB: »Sie sprechen von überdurchschnittlich häufigen Extremwerten, aber sie wissen immer noch nicht, wie oft diese auftreten. Sie haben keine Ahnung.«

CM: »Sie haben schmerzhaft durch eigene Erfahrung gelernt, dass sie die Auftrittswahrscheinlichkeit in ihren Modellen zu niedrig eingeschätzt haben.«

WB: »Sie haben gelernt, dass ihre Annahmen falsch waren, aber sie wissen nicht, was richtig ist.«

CM: »Wir wussten immer, dass starke Ausreißer häufiger vorkommen. Warren und ich sahen uns in den Salomon-Aktionärsversammlungen an und verdrehten die Augen, wenn die Leute vom Risikocontrolling redeten.«

BERKSHIRES LANGFRISTIGE BETEILIGUNGEN UND AKQUISITIONEN

1995 Aktionärsversammlung (00:38:55)

WB: »Wenn ich heute Nacht sterbe, gehen meine Aktien an meine Frau, die Mitglied im Aufsichtsrat ist. Sie wird diese Aktien bis zu ihrem Tod besitzen, danach gehen sie an eine Stiftung. Es besteht also der Wunsch nach einer möglichst langfristigen und dauerhaften Eigentümerstruktur. … Wir haben Unternehmen wie [den Juwelier] Helzberg Diamonds eingeladen, sich Berkshire anzuschließen, da wir glauben, dass dies für Unternehmen wie seines eine besonders vorteilhafte Möglichkeit ist, ihr Geschäft zu betreiben und die Zukunft planbarer zu machen, für die sie jetzt die Weichen stellen. Zu dieser Weichenstellung für die Zukunft gehört auch das Wissen, dass die Eigentumsverhältnisse stabil sind. Und sie werden bei Berkshire für einen sehr langen Zeitraum stabil bleiben, wahrscheinlich so lange, wie man es in dieser Welt überhaupt planen kann.«

»Nach meinem Tod wird die Familie nicht mehr im Vorstand involviert sein, aber sie gehört weiterhin zu den Eigentümern des Unternehmens. Ihre Eigentümerposition wird sogar stark konzentriert sein, weil sie sich bis weit in die Stiftung hinein erstreckt und sehr darauf bedacht ist, die beste Führungsstruktur zu etablieren. Um sich darauf vorzubereiten, halte ich es für ratsam, dass sich Familienmitglieder, die nicht im Vorstand involviert sind, aber als Eigentümer eine wichtige Rolle spielen, mit dem Unternehmen und seiner Philosophie zunehmend vertraut machen.«

»Wenn Sie ein Unternehmen aufgebaut haben [wie Helzberg Diamonds] und es Ihnen sehr am Herzen liegt, und Sie sich um die Menschen kümmern, die Sie gefördert haben, aber in Ihrem Leben noch etwas anderes erreichen möchten, dann ist mehr nötig, als nur eine Anzeige in der Zeitung zu schalten, um Ihr Auto zu verkaufen. Es ist eine sehr wichtige Transaktion für Sie – nicht nur in Bezug auf den Geldbetrag, den Sie erhalten, sondern auch in Bezug darauf, mit wem es die Tausende von Menschen zu tun haben, die einst mit Ihnen verbunden waren. Nichts ist für die Ewigkeit, aber wir haben eine Struktur, die den Menschen so gut wie möglich die Gewissheit gibt, worauf sie sich einlassen, wenn sie einen Vertrag mit uns abschließen. Diese können sich darauf verlassen, dass die zum Zeitpunkt des Vertragsabschlusses geltenden Bedingungen auch in Zukunft über einen langen Zeitraum hinweg Bestand haben.«

2002 Aktionärsversammlung (01:29:20)

CM: »Wenn man einmal darüber nachdenkt, ist der Kauf eines Unternehmens durch ein großes börsennotiertes Unternehmen in vielleicht zwei Dritteln der Fälle ein schlechtes Geschäft für das kaufende Unternehmen. Und dennoch haben die Leute enorm viel Zeit dafür aufgewendet. Wir haben unsere vielen Unternehmen praktisch ohne Zeitaufwand gekauft, und in Summe haben sie sich wunderbar entwickelt. Warum ist das so? Weil wir auf die Selbstläufer warten. Wir versuchen nicht, schwierige Dinge in Angriff zu nehmen, und wir haben die Geduld zu warten. Und dann sind wir so besonders, dass tatsächlich eine ganze Reihe von Unternehmen in Amerika lieber an uns verkaufen als an andere. Das hilft uns schon weiter.«

WB: »Ich habe gerade einen Bericht über ein großes Unternehmen gelesen. Es hat in den vergangenen fünf Jahren zehn Übernahmen getätigt. Jeder dieser Übernahmen ging eine Due-Diligence-Prüfung und all der andere Unsinn voraus, der dann üblich ist. Keine einzige Übernahme entsprach auch nur annähernd den Erwartungen, die zum Kaufzeitpunkt geweckt wurden. Insgesamt haben die zehn Unternehmen ein Viertel dessen verdient, was für 2001 prognostiziert worden war. Mit anderen Worten: Die Prognosen waren viermal so hoch wie die tatsächlichen Gewinne. Das ist ein Unternehmen mit einer Abteilung für strategische Akquisitionen, einer Vielzahl von Mitarbeitern, die eine Due Diligence durchführen, und mit Investmentbankern, die ihnen dabei ›helfen‹. Und zehn von zehn sind kläglich gescheitert. Man muss sich fragen, wie man zu einem solchen Ergebnis kommen kann. Schließlich ist währenddessen nicht die Welt untergegangen. Sie haben gekauft, was ihnen verkauft wurde, und haben damit einige Mythen umgesetzt, die der Vorstand gern von sich selbst glaubt. Und Vorstände glauben viele Mythen über sich selbst. Es ist gar nicht so kompliziert, wenn man nur auf den richtigen Moment wartet. Der richtige Moment muss auch nicht unbedingt darin bestehen, dass jemand anderes eine Dummheit macht oder so, denn das geschieht meistens nicht.«

»Wer zu uns kommt, hat einen guten Grund dafür. Er will in der Regel eine Transaktion, die mit Sicherheit zustande kommt, wenn wir uns handelseinig geworden sind, und die jene Menschen glücklich macht, die im betreffenden Unternehmen arbeiten. Als bei [dem Isolier- und Dachdeckerunternehmen] Johns Manville bekannt gegeben wurde, dass Berkshire der Käufer ist, gab es, wie ich gehört habe, Standing Ovations … Wenn man zwanzig Jahre lang in einem Unternehmen gearbeitet hat und weiß, dass die Eigentümerfamilie älter wird und einige Probleme zu bewältigen hat … Glauben Sie mir, darüber wird in den Fluren gesprochen. Was wird passieren, wenn die Familie verkauft? Die Leute machen sich deswegen Sorgen. Und ihnen eine Antwort zu geben, mit der alle in der Nacht, in der der

Eigentümerwechsel bekannt gegeben wird, ruhig schlafen können, das bedeutet einigen Eigentümern sehr viel. Andere Eigentümer wiederum kümmert das nicht. Ich glaube nicht, dass wir jemals ein Unternehmen von einem Finanzinvestor gekauft haben.«

2010 Aktionärsversammlung (04:25:17)

WB: »Das Telefon klingelt nicht sehr oft. Wenn wir sagen, dass wir Unternehmen kaufen wollen, die mindestens 75 bis 100 Millionen Dollar Gewinn vor Steuern machen, fallen viele Anrufe weg. Wenn wir drei oder vier ernsthafte Anrufe pro Jahr erhalten, die unseren Kriterien entsprechen und infrage kommen, ist das ein gutes Jahr. Ich glaube nicht, dass sich die Häufigkeit, mit der etwas Interessantes auftaucht, wesentlich verändert hat. Was unser Interesse angeht, besteht es genauso wie eh und je. Wir haben einen großen Scheck ausgestellt und Aktien im Zusammenhang mit [dem Güterbahnnetz] BNSF ausgegeben. Aber ich würde mich freuen, wenn am Montagmorgen mein Telefon klingelt und sich eine große Übernahme ankündigt. Wir werden einen Weg finden, sie umzusetzen.«

CM: »Ich finde es erstaunlich, dass wir beim Kauf begehrter Unternehmen so erfolgreich waren. Die Abneigung der Menschen hat uns geholfen, denn viele der Leute, die an uns verkaufen, sind so klug, fast alles andere abzulehnen. Sie wollen nicht an ein System verkaufen, das nur am Geld interessiert ist und sich nicht um ihre Mitarbeiter oder ihr Geschäft kümmert. Und wenn sie sich erst einmal für uns entscheiden, wollen sie nicht mehr zu einem potenziell anderen Unternehmenskäufer wechseln. Das ist natürlich klasse für uns. Wir haben ein Auswahlverfahren, das uns bis zu einem gewissen Grad vor den falschen Leuten schützt. Wir bekommen Angebote von Leuten, die an niemanden sonst verkaufen würden. Es ist wirklich seltsam, aber das gab es schon oft.«

WB: »Das gab es, und zwar bei bedeutenden Unternehmen. Als ich von [dem Metallschneidwerkzeughersteller] ISCAR erfuhr – ich hatte noch nie von ISCAR oder [seinem Gründer] Eitan Wertheimer gehört– sagte er mir im Grunde, dass er das Unternehmen an Berkshire Hathaway verkaufen wollte oder gar nicht. Wir trafen uns und schlossen einen Vertrag.«

NACHFOLGEREGELUNG BEI BERKSHIRE

1995 Aktionärsversammlung (01:36:51)

WB: »Wir legen großen Wert auf die Nachfolgeplanung, weil wir beide einen erheblichen Teil unseres Vermögens in Berkshire investiert haben. Keiner von uns weiß, wie wir das alles verkaufen sollen, wenn wir plötzlich von einem Lkw überfahren werden. Wir haben also keine bessere Ausgangsposition als Sie. Daher wird unsere finanzielle Beteiligung weit über unseren Tod hinaus bestehen bleiben. Um über Stiftungen zu sprechen: Unser Vermögen geht künftig an Organisationen, die uns sehr am Herzen liegen und die über maximale Ressourcen verfügen sollen. Wir haben also einige Pläne. Wir nennen jedoch keine Namen oder so.«

»Es ist nicht ganz so schwierig, wie man vielleicht denkt, denn wir verfügen über eine Reihe toller Unternehmen. Einige davon gehören uns vollständig, andere teilweise. Ich glaube nicht, dass der Verkauf von Rasierklingen bei Gillette oder der Absatz von Coca-Cola dramatisch zurückgehen wird, wenn Charlie oder ich sterben. Das Gleiche gilt für die Unternehmen, die sich vollständig in unserem Besitz befinden. Die Frage lautet also eher, wie das Kapital in Zukunft verteilt werden soll. Und das ist für Charlie und mich derzeit ein Problem, einfach aufgrund unserer Größe; es ist nicht leicht, sinnvolle Verwendungszwecke für so viel Geld zu finden. Manchmal vergeht ein Jahr, ohne dass wir etwas finden, und manchmal vergeht ein Jahr, und wir glauben, etwas gefunden zu haben, aber dann stellt sich heraus, dass wir uns geirrt haben. Aber wir sind sicher, bei uns werden einige sehr kluge Leute daran arbeiten, und wir bezweifeln, dass es das Ende der Welt wäre, wenn sie im ersten Jahr nichts fänden, denn die Unternehmen werden auch künftig sehr gut laufen.«

»Wir haben einen großen Vorteil gegenüber fast allen anderen Unternehmen, da wir bereit sind, Teile von tollen Unternehmen oder gleich ganze Unternehmen zu kaufen. Die meisten Investoren sind darauf beschränkt, Teile von Unternehmen zu kaufen, und die meisten Vorstände sind psychologisch darauf ausgerichtet, alles zu besitzen, was sie selbst leiten können. Es ist wie Woody Allen gesagt hat: Der Vorteil, bisexuell zu sein, ist, dass man doppelt so viele Chancen auf ein Date am Samstagabend hat. In dieser Hinsicht können wir beide Wege gehen, und unsere Nachfolger auch.«

CM: »Ich glaube, es gibt nur wenige Unternehmen, die so aufgebaut sind, dass sie derart geringe kontinuierliche Intelligenz in der Unternehmenszentrale erfordern. Ein Idiot, der bereit wäre, einfach nur hier zu sitzen, könnte noch lange nach dem Tod der derzeitigen Amtsinhaber eine sehr gute Bilanz vorweisen.«

WB: »Ich glaube, das stimmt.«

CM: »Es wäre allerdings etwas besser, wenn Warren am Leben bliebe, um zu entscheiden, wohin das neue Kapital fließen soll. Ich glaube nicht, dass wir Warren so leicht ersetzen können. Aber wir müssen nicht unbedingt weiterhin im gleichen Tempo reich werden wie bisher.

1999 Aktionärsversammlung (01:56:26)

WB: »Wir haben heute die Leute, die Berkshire übernehmen können. Das ist überhaupt kein Problem. Sie wurden in Briefen genannt, die den Aufsichtsräten vorliegen. Wer genau das sein wird, hängt davon ab, wann Charlie und ich nicht mehr da sind. Hätten wir den Brief vor zehn Jahren geschrieben, wäre es vielleicht anders gewesen als heute. In fünfzehn Jahren könnte es wieder anders sein. Der Zeitpunkt unseres Todes oder unserer Handlungsunfähigkeit wird darüber entscheiden, wer genau im betreffenden Brief genannt wird. Aber wir haben die entsprechenden Leute, und sie müssen ab jetzt nicht mehr weiter ausgebildet werden. Sie wären bereit, Berkshire gleich ab morgen früh zu leiten. Ich glaube, Sie wären mit ihrer Arbeit sehr zufrieden. Ich habe 99,99 Prozent meines Nettovermögens in Berkshire investiert. Wenn ich wüsste, dass ich nächste Woche sterben würde, würde ich nicht verkaufen wollen, und ich möchte auch nicht, dass nach meinem Tod verkauft wird. Ich bin mit den Unternehmen, der Führungsebene und den Nachfolgern in der Unternehmensleitung zufrieden – ich möchte nur nicht, dass sie zu früh übernehmen.«

CM: »Ich glaube tatsächlich, dass die Aussicht auf Beständigkeit in der Unternehmenskultur, soweit wir eine solche bei Berkshire haben, besser ist als die Aussicht auf Beständigkeit in der Unternehmenskultur bei den meisten anderen großen börsennotierten Unternehmen. Ich kann mir nicht vorstellen, dass Berkshire seine Arbeitsweise ändern würde, selbst wenn Warren heute Nacht sterben würde. Aus meiner Sicht würde das Kapital, das frische Geld, weniger gut investiert werden. Und wie ich bereits auf früheren Aktionärsversammlungen gesagt habe, wäre das sehr schade. Ich glaube aber nicht, dass die Arbeit schlecht gemacht würde, nur bezweifle ich, dass sie so gut gemacht würde wie von Warren.«

2001 Aktionärsversammlung (04:21:06)

WB: »Etwa alle zwei Jahre schicke ich unseren Vorständen einen Brief und frage sie: ›Wenn Sie heute Nacht sterben würden, was würde ich morgen früh wünschen, das Sie es mir gesagt hätten?‹ Ich möchte, dass sie mir alle paar Jahre schriftlich mitteilen, wie sie über ihre Nachfolge denken, wer ihrer Meinung nach ihre Nachfolge antreten sollte oder ob es dafür einige Kandidaten gibt, oder wo deren Stärken und Schwächen liegen. Ich habe diese Informationen zur Verfügung, und Sie haben ebenfalls Anspruch auf diese Informationen, was die Nachfolge bei Berkshire angeht; das gehört dazu, wenn man sich in dieses Unternehmen einkauft. Ich kann Ihnen versichern, dass niemand größeres Interesse daran hat als ich. Charlie hat ein ähnlich großes Interesse daran, weil ein sehr hoher Prozentsatz unseres Nettovermögens in diesem Unternehmen steckt. Außerdem haben wir unser ganzes Leben in dieses Unternehmen investiert. Und wir wollen, dass es erfolgreich ist, zumindest in meinem Fall, um den ultimativen Lohn, meine Stiftung, zu erhalten. Aber auch, weil uns gefällt, was bisher erreicht wurde, und wir beweisen wollen, dass es nicht von ein paar Leuten wie uns abhängt, sondern dass das Geschäftsmodell institutionalisiert werden kann.«

»Wir wissen, wer meine Nachfolge in voraussichtlich zwei Jobs antreten wird, erstens im Bereich der marktfähigen Wertpapiere und zweitens im operativen Geschäft. Wir möchten ganz sicher sein, dass die Unternehmenskultur erhalten bleibt. Und ich glaube, sie ist so stark, da wäre es sehr schwer, sie zu ändern. Aber darüber hinaus ist die Situation mit dem Aktienbesitz bei mir so, dass jegliche Bestrebungen, sie zu ändern, sich verhindern ließen … Wer meine Nachfolge antritt, entscheidet sich abhängig davon, wann ich sterbe. Es ist nicht sinnvoll, Ihnen das heute zu sagen. Vor zwanzig Jahren wäre es natürlich Charlie gewesen, aber aufgrund seines Alters wird es jetzt nicht mehr Charlie sein. Es wird jemand anderes sein. Aber wir sind sehr zuversichtlich, was die Nachfolge angeht. Wir sind auch sehr zuversichtlich, was die Stabilität des Unternehmens im Hinblick auf den Aktienbesitz betrifft, da die Besitzverhältnisse für sehr lange Zeit gesichert sind. Wir könnten mit unserer Führungsebene und unserer Unternehmenskultur nicht zufriedener sein.«

CM: »Die wichtigste Verteidigungsstrategie besteht darin, Vermögenswerte zu haben, die mehr oder weniger automatisch gute Ergebnisse erzielen. Und davon haben wir eine Menge. In dem Maße, in dem man das durch sehr gute Führungskräfte und sehr gute individuelle Systeme zur Einarbeitung neuer Führungskräfte weiter verbessert, entsteht eine Eigendynamik, die auch nach dem Ausscheiden des derzeitigen Vorstands sehr gut weiterlaufen würde. …«

WB: »Die Vorstände brauchen mich nicht. Wir müssen dafür sorgen, dass sie fair behandelt werden. Aber wir treffen keine Entscheidungen, außer über die Verteilung unserer Mittel. Und das wird wichtig sein. Aber einiges davon läuft fast automatisch. Anderes erfordert etwas Fantasie … Wir sind heute sehr viel stärker als vor zehn Jahren. Daher fühle ich mich sehr wohl damit, dass 99 Prozent meines Vermögens in Berkshire stecken. Ich halte es für eine kluge Ausrichtung mit Blick auf die Stiftung, da ich weiß, dass ich irgendwann nicht mehr da sein werde, bevor die Stiftung das Vermögen erhält.«

2007 Aktionärsversammlung (01:16:11)

CM: »Was um alles in der Welt hat dazu geführt, dass Berkshire so lange einen so extremen Rekord aufrechterhalten konnte? Ich würde sagen, Warren, der mit zehn Jahren alles las, was er in die Finger bekam, wurde zu einer Lernmaschine und hatte dann eine sehr lange Phase, in der er ständig weiterlernte. Hätte Warren nicht die ganze Zeit weitergelernt, dann wäre dieser Rekord, das sage ich Ihnen, nachdem ich den Prozess genau beobachtet habe, nur ein blasser Abklatsch dessen, was er ist. Und Warren hat sich noch verbessert, seit er das Rentenalter erreicht hat. Mit anderen Worten: Zumindest in diesem Bereich kann man sich im Alter noch verbessern. Die meisten Unternehmen versuchen gar nicht erst, eine solche Bilanz aufzustellen. Sie geben die Macht von einem 65-Jährigen an einen 59-Jährigen weiter und wiederholen das immer wieder. Aber in diesem Bereich hat man durch Übung einen enormen Vorteil … Unser System sollte öfter kopiert werden. Diese Idee, die Macht auf festgelegte Weise von einem alten Knacker an den nächsten weiterzugeben, ist nicht unbedingt das richtige System.«

2009 Aktionärsversammlung (00:52:43)

WB: »Wenn wir eine gute Möglichkeit hätten, jemanden in eine Position zu bringen, die ihn zu einem besseren CEO von Berkshire machen würde, würden wir es versuchen. Aber in Wahrheit leiten die Kandidaten, die wir haben, selbst ein Unternehmen. Sie treffen die Entscheidungen, wohin das Geld fließen soll. Sie erledigen jeden Tag operative Aufgaben. Und es handelt sich um große Unternehmen. Wenn sie in der Zentrale sitzen, während ich dort sitze und lese und telefoniere und noch alles Mögliche mache, gäbe es nichts zu tun … Das wäre eine Verschwendung von Talenten. … Das sind Leute, die wissen, wie man große Unternehmen führt. Sie sind zu 100 Prozent bereit für diese Aufgabe. Sie wissen, wie man Kapital einsetzt. Ihre größte Aufgabe wird darin bestehen, Beziehungen zu potenziellen Verkäufern von Unternehmen, zur Welt im Allgemeinen, zu Ihnen, den Aktionären, und zu anderen Führungskräften aufzubauen. Das braucht Zeit.«

»Die größte Herausforderung besteht wahrscheinlich darin, dass alle operativen Führungskräfte bei Berkshire unterschiedliche Stile und zu einem gewissen Grad auch unterschiedliche Bedürfnisse haben. Sie haben unterschiedliche Arbeitsweisen. Einige sind Linkshänder, andere Rechtshänder, einige stehen weit hinten in der Batter's Box, andere dicht am Schlagmal. Sie alle unterscheiden sich ein wenig [in der Art und Weise, wie sie ihre Unternehmen führen]. Der CEO von Berkshire muss die einzelnen Persönlichkeiten kennen. Wer arbeitet gern völlig selbstständig? Wer möchte gelegentlich nach dem Rechten sehen? Und so weiter. Aber das ist kein Grund, einen talentierten Mitarbeiter, der ein Unternehmen sehr erfolgreich führt und den Wert desselben steigert, neben mich in mein Büro zu setzen und mit ihm die Ereignisse des Tages zu besprechen. Charlie und ich arbeiten nun schon seit Jahrzehnten zusammen. Ich habe viel von Charlie gelernt – aber nicht dadurch, dass er neben mir saß und wir stündlich Besprechungen abhielten oder Ähnliches.«

CM: »Im Durchschnitt ist man eher qualifiziert für den Posten des CEO, wenn man eine Tochtergesellschaft mit enormem Entscheidungsspielraum leitet, als wenn man in der Zentrale sitzt und einem anderen Menschen dabei zusieht, wie er es macht. Viele der Modelle, die weltweit gut funktionieren, ähneln dem von Berkshire, da sie dezentralisiert sind und Mitarbeiter aus den Tochtergesellschaften einen Aufstieg ermöglichen. Sie versuchen nicht, CEOs in einer Art Brutstätte in der Zentrale zu züchten.«

WB: »Wir haben bei Berkshire eine ungewöhnliche Situation, da die meisten Leute an der Spitze das machen, was sie machen wollen. Sie leiten ihr Unternehmen gern. Nichts anderes haben sie erwartet, als sie hier angefangen haben. Und das machen sie auch, und wir lassen es sie so machen, wie sie das möchten. Wir haben also keine fünfzig Leute, die alle glauben, sie müssten sich in einer Pyramide durchsetzen, um an die Spitze zu gelangen. Wenn wir Namen nennen würden, könnte sich das in Zukunft ändern und Probleme verursachen. Das haben wir bei General Electric gesehen: Als Jeff Immelt aus drei internen Kandidaten zum CEO ernannt wurde, sind die beiden anderen gegangen. Ich sehe wirklich keinen Vorteil darin, einen Kronprinzen zu haben.«

2013 Aktionärsversammlung (00:23:32)

WB: »Die Kultur ist das Wichtigste … und der Schlüssel liegt darin, diese Kultur zu bewahren und einen Nachfolger als CEO zu finden, der noch mehr Hirn, Energie und Leidenschaft mitbringt als ich. Das ist das Thema Nummer eins, das unser Vorstand bei jeder Sitzung bespricht, und wir sind uns einig, wer diese Person sein soll. Ich glaube, dass sich die Kultur Jahr für Jahr weiterentwickelt hat … Das hat Zeit gebraucht, aber aus meiner Sicht ist sie jetzt wirklich einzigartig und wird auch einzigartig bleiben. Jedes seltsame Verhalten würde sofort abgelehnt, da sich die Mitarbeiter selbst für dieses Unternehmen entschieden haben, und jemand, der nicht zu uns passt, wie ein Fremdkörper wäre. Wir haben einen Vorstand, der sich ganz besonders für Berkshire engagiert … Das wird auch so bleiben. Darauf können Sie sich verlassen.«

CM: »Meine Gedanken sind ganz einfach. Ich möchte den vielen Mungers im Publikum sagen: Seien Sie nicht so dumm, diese Aktien zu verkaufen.«

WB: »Das gilt auch für die Buffetts.«

2023 Aktionärsversammlung (01:17:47)

WB: »Greg Abel [stellvertretender Vorsitzender des Nichtversicherungsgeschäfts von Berkshire] wird, sofern keine außergewöhnlichen Umstände eintreten, meine Nachfolge antreten. Er wird eine Position bekleiden, in der er jemanden braucht, der ihm ebenbürtig ist … er wird einen Stellvertreter brauchen. Wir kennen die Meinung von Ajit Jain [stellvertretender Vorsitzender des Versicherungsgeschäfts von

Berkshire] dazu, aber Greg wird wahrscheinlich die endgültige Entscheidung treffen. Das liegt in seiner Verantwortung. Ajit wird ihn bestmöglich beraten, und ich denke, die Chancen stehen sehr, sehr gut, dass Greg seinem Rat folgen wird. Aber das sind keine einfachen Fragen. Alle reden über die Führungsriege und solche Dinge, aber das ist Unsinn. Es gibt nicht viele Leute, die das Unternehmen mit dem größten Nettovermögen des Landes nach GAAP und alle möglichen unterschiedlichen Geschäftsbereichen leiten können – aber man braucht auch nicht fünf Leute dafür. Man braucht viele gute operative Führungskräfte und man braucht jemanden an der Spitze, der das Kapital gut verteilt und dafür sorgt, dass man die richtigen operativen Führungskräfte hat. Wir haben ein System entwickelt, bei dem wir das Versicherungsgeschäft und die übrigen operativen Geschäftsbereiche voneinander trennen, und ich halte das für eine sehr gute Lösung. Aber es wäre nicht klug, jetzt schon eine Entscheidung über die beiden unterschiedlichen Geschäftsbereiche zu treffen, weil sich bis dahin noch viel ändern kann. Und die wahrscheinlichste Veränderung ist, dass sich dieser Job verändert.«

CM: »Wir haben viele gute Leute, die in den Berkshire-Tochtergesellschaften aufgestiegen sind. Es gibt einen Grund, warum unsere Betriebe im Großen und Ganzen besser abschneiden als andere große Konglomerate. Einer davon ist, dass wir Führungskräfte viel seltener austauschen als andere. Das hat uns geholfen.«

WB: »Vor kurzem ist einer unserer Vorstände verstorben, Seymour Lichtenstein von [dem Bekleidungshersteller] Garan. Als Seymour achtzig Jahre alt war, schrieb ich ihm einen Brief und sagte: ›Ich freue mich, dass Sie achtzig geworden sind, und ich werde Ihnen wieder schreiben, wenn Sie neunzig sind.‹ Und ich schrieb ihm wieder, als er neunzig war. Er wurde nicht hundert. Aber er hatte einen tollen Nachfolger, und gemeinsam haben sie es im Laufe der Jahre wirklich gut hinbekommen. Aber das muss man von Fall zu Fall entscheiden. Das Wichtigste ist, dass die richtige Person den Laden schmeißt.«

BERKSHIRES STRATEGISCHE VISION

1998 Aktionärsversammlung (00:30:02)

WB: »Wir wissen, dass unser Hauptgeschäft die Versicherung ist; es wird in den nächsten zehn Jahren bis zu einem gewissen Grad Zufall sein, welches Geschäft am Ende das zweit-, dritt- oder viertgrößte ist. Das wird sich nach den sich bietenden Gelegenheiten richten … Wir haben bei Berkshire keinerlei vorgefertigte Vorgehensweise. Wir haben keine Abteilung für strategische Planung. Wir haben keinen strategischen Plan. Wir reagieren auf die Chancen, die wir wahrnehmen. Und wenn es sich um ein Geschäft handelt, das wir verstehen, vor allem wenn es groß ist, würden wir es gern zur Nummer zwei machen.«

CM: »Ich weise auch mit Stolz darauf hin, dass wir kein Mission Statement haben.«

WB: »Wir hatten noch nie einen Berater. Und wir versuchen, die Dinge ziemlich einfach zu halten. Wir haben immer noch zwölf Mitarbeiter in der Zentrale … Wir hoffen, dass wir stark wachsen, aber nicht, dass die Zentrale wächst.«

2001 Aktionärsversammlung (01:07:24)

WB: »Vor mindestens zwanzig Jahren haben wir tatsächlich gesagt, dass wir davon ausgehen, dass Versicherungen im Laufe der Zeit unser wichtigstes Geschäftsfeld sein würden. Wir hatten keine Ahnung, dass es einmal so bedeutend werden würde. Aber wir waren immer davon überzeugt, dass Versicherungen wahrscheinlich unser größtes Geschäftsfeld sein würden. Gemessen am Umsatz sind sie unser größtes Geschäftsfeld, und wir hoffen, dass es im Laufe der Zeit noch viel größer wird. Aber wir haben keinen Masterplan. Charlie und ich sitzen nicht herum und schmieden Strategien oder diskutieren über die Zukunft verschiedener Branchen oder Ähnliches. Das machen wir nicht … Wir versuchen, den gesamten Finanzsektor zu überblicken. Wir schauen uns an, was auf uns zukommt, und suchen nach Gelegenheiten, die wir verstehen, bei denen wir einen dauerhaften Wettbewerbsvorteil sehen, deren Management uns gefällt und deren Preis angemessen ist. Vor drei Jahren hätten wir nie gedacht, dass wir zu 87 Prozent Eigentümer des weltweit größten Herstellers von Teppichböden [Shaw Industries] sein würden. Wir planen solche Dinge nicht.«

»In etwa zwanzig Jahren werden wir weitaus mehr Unternehmen besitzen. Ich bin sicher, dass das Versicherungsgeschäft in zwanzig Jahren für uns zu einem größeren Geschäft wird als heute, wahrscheinlich sogar zu einem viel größeren. Und ich halte es auch für wahrscheinlich, dass es dann immer noch unser größtes Geschäftsfeld sein wird. Aber das könnte sich auch ändern. Uns könnte morgen ein 20-Milliarden-Dollar-Deal angeboten werden, und dann hätten wir plötzlich viel Geld in der betreffenden Branche. Wir haben also heute genauso wenig einen Masterplan wie 1965, als wir die Textilfabrik kauften. Das war ein miserables Geschäft. Als ich einstieg, war mir nicht klar, wie mies es war. Wir mussten anfangen, unser Kapital intelligent einzusetzen … Das ist unser Geschäft, und es macht uns Spaß. Und wir bekommen die Gelegenheit dazu. Aber je größer man ist, desto weniger Gelegenheiten tun sich auf.«

CM: »Ich halte es fast für sicher, dass jede Berkshire-Aktie in zwanzig Jahren viel mehr Stärke und Wert haben wird. Ich halte es aber auch für absolut sicher, dass die jährliche Wachstumsrate deutlich unter das bisherige Niveau sinken wird.«

2012 Aktionärsversammlung (02:42:35)

WB: »Unternehmen, die viel Geld verbrauchen, sind naturgemäß unattraktiv, es sei denn, sie erzielen mit dem eingesetzten Kapital eine angemessene Rendite. Im Geschäft der Stromversorger können wir davon ausgehen, dass die einbehaltenen Mittel eine durchschnittliche Rendite von etwa 12 Prozent erzielen, was wir als recht zufriedenstellend ansehen. Das ist natürlich nicht so spannend wie ein Geschäftsmodell, das jährlich um 20 Prozent wächst und kein Kapital erfordert. Es gibt wenige tolle Unternehmen dieser Art, aber es sind genügend. Das Gleiche gilt für das Eisenbahngeschäft: Wir werden in den nächsten zehn Jahren viel Kapital in Eisenbahnen investieren. Jedes Jahr werden unsere Ausgaben die Abschreibungen deutlich übersteigen. Ich denke, die Aussichten auf angemessene Renditen sind wahnsinnig gut.«

»Aber wenn ich viel Geld in ein kapitalintensives Geschäft stecken müsste, in dem wir nur mit diesem Geld überleben würden, wären wir in einer schrecklichen Lage. Wir haben keine nennenswerten kapitalintensiven Geschäfte, bei denen sich das abzeichnet. Wenn man zurück in eine Welt geht, in der wir dachten, wir könnten 20 Prozent Rendite auf das Eigenkapital erzielen oder etwas in einer vergleichbaren Größenordnung, dann gibt es nur sehr wenige kapitalintensive Geschäfte, in denen man mit enormen zusätzlichen Kapitalinvestitionen eine Rendite von 20 Prozent erzielen kann. Das wäre also nachteilig. Wir wissen nicht, wie wir in Zukunft mit den Summen, mit denen wir derzeit arbeiten, 20 Prozent auf das Eigenkapital erwirtschaften können. Wir wären sehr glücklich, wenn wir 12 Prozent oder etwas in dieser Größenordnung auf das Eigenkapital erwirtschaften könnten, insbesondere wenn ein Teil des verbrauchten Kapitals durch Float generiert wird, der uns nichts kostet. Hier haben wir einen kleinen Vorteil.«

2016 Aktionärsversammlung (00:14:59)

WB: »Das ideale Unternehmen ist eines, das kein Kapital benötigt und dennoch wächst. Es gibt einige wenige Unternehmen dieser Art, und wir besitzen einige davon. Wir würden gern eines finden, das wir für 10, 20 oder 30 Milliarden Dollar kaufen könnten und das nicht kapitalintensiv ist, aber das ist schwieriger.«

»Wenn Sie ein Unternehmen haben, das wächst und Ihnen jedes Jahr viel Geld einbringt, und wenn zudem dieses Geld nicht für weiteres Wachstum benötigt wird, profitieren Sie doppelt: zum einen von dem Gewinnwachstum, das intern ohne Kapitaleinsatz erzielt wird, und zum anderen von dem Kapital, das Sie damit in den Kauf anderer Unternehmen investieren können. See's Candies ist ein gutes Beispiel dafür. Als das Zeitungsgeschäft noch gut lief, erzielte unsere Zeitung in Buffalo jährlich 40 Millionen Dollar und hatte keinen Kapitalbedarf, sodass wir diese 40 Millionen Dollar nehmen und davon etwas anderes kaufen konnten.«

»Aber Kapitalerhöhungen wirken in vielerlei Hinsicht als Bremse für die Rendite. Ein Grund dafür ist, dass sie uns – allein schon aufgrund ihrer Verfügbarkeit – in viel kapitalintensivere Geschäfte treiben. Bei Berkshire Hathaway Energy haben wir gerade eine Investition in Höhe von 3,6 Milliarden Dollar in die Windenergie angekündigt. Und wir haben insgesamt 30 Milliarden Dollar für erneuerbare Energien zugesagt. Alles, was BH Energy tut, alles, was BNSF tut, kostet viel Geld. Wir erzielen eine ordentliche Kapitalrendite, aber nicht die außergewöhnlich hohen Kapitalrenditen, die wir in einigen der von uns übernommenen Unternehmen erzielen konnten, die eben nicht kapitalintensiv sind. Wie ich im Jahresbericht erwähnt habe, haben wir einige Unternehmen, die tatsächlich 100 Prozent pro Jahr auf das tatsächlich investierte Kapital verdienen. Das ist natürlich etwas ganz anderes als bei Berkshire Hathaway Energy, bei dem sich das eingesetzte Kapital vielleicht mit 11 oder 12 Prozent verzinst; das ist eine sehr ordentliche Rendite, aber es ist etwas ganz anderes als ein Geschäft mit sehr geringer Kapitalintensität.«

CM: »Als sich unsere Umstände änderten, änderten wir unsere Meinung.«

WB: »Langsam und widerwillig.«

CM: »In der Anfangszeit haben wir ziemlich oft ein Unternehmen gekauft, das bald 100 Prozent pro Jahr auf den Kaufpreis erzielte und keine großen Reinvestitionen erforderte. Das hätten wir gern fortgesetzt – aber als es nicht mehr möglich war, sind wir zu Plan B übergegangen. Und Plan B funktioniert ziemlich gut. In vielerlei Hinsicht finde ich ihn mittlerweile sogar besser.«

WB: »Wenn einem etwas aufgezwungen wird, kann man es auch gleich bevorzugen. Aber wir wussten, dass es passieren würde. Es führt einen von einem scheinbar sensationellen Ergebnis zu einem zufriedenstellenden Ergebnis. Wir sind mit einem zufriedenstellenden Ergebnis sehr zufrieden. Die Alternative bestünde darin, wieder mit sehr kleinen Summen zu arbeiten, und das haben wir beide nicht ernsthaft in Betracht gezogen.«

2022 Aktionärsversammlung (00:00:37)

WB: »Die Vorstellung, das Geld von Menschen, die uns vertrauen, dauerhaft zu verlieren, ist nichts, was ich in Zukunft haben will. Wie Charlie sagt: ›Ich will nur wissen, wo ich sterben werde, damit ich nie dorthin gehe.‹ Bisher hat das funktioniert. Wir würden psychisch zugrunde gehen, wenn wir das Geld anderer Leute verlieren würden … Ich kann nicht vorhersagen, wie hoch unsere Einnahmen sein werden, und ich kann nicht vorhersagen, wie sich die Aktie künftig entwickelt. Wir wissen nicht, wie sich die Wirtschaft entwickeln wird und all das. Aber jeden Morgen, wenn wir aufwachen, möchten wir Ihre Investition noch sicherer wissen … Bei Berkshire kann sich alles ändern, aber eines wird sich nicht ändern: Wir werden immer viel Bargeld zur Verfügung haben. Und wenn ich Bargeld sage, meine ich keine Commercial Paper[32]; als die Finanzkrise kam, besaßen wir keine Commercial Papers von irgendjemandem. Wir hatten keine Geldmarktfonds. Wir hatten Treasury Bills[33]. Wir halten es für sinnvoll, Barreserven zu haben. Es gab schon einige Vorfälle in der Geschichte und es wird noch öfter vorkommen, dass man am nächsten Tag nicht mehr mitspielen kann, weil man kein Bargeld hat. Es ist wie Sauerstoff. Es ist immer da – aber wenn es für ein paar Minuten verschwindet, ist alles vorbei.«

2022 Aktionärsversammlung (02:16:54)

WB: »Ich würde sagen, dass die Zukunft von Berkshire auf lange Sicht so sicher ist, wie es in dieser Welt nur möglich ist. Wir haben eine Kultur, die sich bewährt hat; die Aktien und die Aktionäre werden uns noch weit bringen. Wir haben einen Vorstand, der versteht, dass unsere Kultur zu 99,9 Prozent aus der Führung des Unternehmens besteht … Berkshire ist einfach anders. Wir sind ein Unternehmen, das für Menschen existiert, die uns vertrauen. Wir müssen nur dieses Vertrauen rechtfertigen. Wir haben die Leute, die das können. Wir haben unglaubliche Ressourcen, um das zu tun. Es ist nicht so schwer, solange man die Freiheit hat, es zu tun.«

»Wir würden uns wünschen, dass die Welt vielleicht etwas besser versteht, wie überlegen diese Kultur ist. Wenn wir diese Kultur beibehalten, werden wir auch in hundert Jahren noch da sein. Berkshire wird für die Ewigkeit gebaut. Es gibt keine Ziellinie. Niemand wartet darauf, in Rente zu gehen oder seine Aktienoptionen auszuüben. Wir haben niemanden, der ernsthaft überlegt, einen anderen Job anzunehmen … Ich weiß nicht, ob wir das noch einmal schaffen könnten, aber wir haben es geschafft.

---

32 Anmerkung der Übersetzerin: kurzfristige, unbesicherte Schuldtitel

33 Anmerkung der Übersetzerin: Treasury Bills sind Instrumente zur Finanzierung der U.S. -Staatsverschuldung in kurzen Laufzeiten. In Deutschland werden vergleichbare Instrumente unter der Bezeichnung »Unverzinsliche Schatzanweisung« ausgegeben.

Wir wussten nicht, dass wir so etwas aufbauen würden, als wir eine miserable Textilfabrik hatten. Keineswegs haben Charlie und ich uns hingesetzt und einen Plan ausgearbeitet – wir betreiben zwanzig Jahre lang dieses dumme Textilgeschäft, dann müssen wir es endlich aufgeben, dann machen wir dies und das und alles Mögliche sonst noch. Wir haben einfach einen Schritt nach dem anderen gemacht.«

»Wir wussten, wie wir über die Führung eines börsennotierten Unternehmens dachten. Wir wollten immer Menschen um uns haben, die auf einer Wellenlänge mit uns waren. Wir wollten Menschen, die uns vertrauten. Das galt auch für unsere Beteiligungsgesellschaften ... Wir setzten uns mit den Leuten zusammen, und in meinem Fall gab ich ihnen ein kleines Blatt Papier mit den Grundregeln. Ich wollte sichergehen, dass wir alle auf derselben Wellenlänge waren. Sie müssen den Vertrag unserer Beteiligungsgesellschaft nicht lesen. Ich würde Sie niemals ausnutzen. Wenn Sie das glauben, sind Sie hier falsch. Aber ich möchte, dass wir auf derselben Wellenlänge sind und Sie mich nach demselben Maßstab beurteilen, nach dem ich mich selbst beurteile. Diese Leute sind mir treu geblieben; ihre Kinder und Kindeskinder sind Aktionäre von Berkshire. Sie sind Partner. Das wäre schwer zu wiederholen. Aber wenn ich wieder in diesem Bereich tätig wäre, würde ich versuchen, dasselbe zu tun. Ich würde versuchen, Menschen zu finden, die mir vertrauen. Ich möchte nicht mit Menschen zusammenarbeiten, die fragen, wie ich letzten Monat im Vergleich zum S&P 500 abgeschnitten habe. Ich habe drei Jahre lang Wertpapiere verkauft und wollte einfach nicht in einer Position sein, in der man mir im Grunde genommen Dinge zutraute, die ich nicht konnte.«

»Ich habe endlich einen Weg gefunden, ein paar Leute zu finden. Ich bin eher zufällig darauf gestoßen. Aber ein paar Leute haben mir vertraut und mir ihr Geld gegeben, und seitdem leben wir glücklich und zufrieden. Der neue Vorstand bei Berkshire [nach Warren und Charlie] und die Vorstände nach ihnen werden nur Hüter einer fest verankerten Kultur sein. Die Eigentümer glauben daran. Die Menschen, die hier arbeiten, glauben daran. Wir haben die Aufsichtsratsmitglieder. Wir haben den Aktienbesitz und eine hinreichende Größe, mit der sich im Wesentlichen jeder Versuch, die Kultur zu verändern, abwehren lässt ... Wir führen das Unternehmen für eine Gruppe von Menschen, die uns vertraut, und wir schätzen dieses Vertrauen.«

CM: »Ich erinnere mich, als du eine Textilfabrik hattest, und Textilien sind ja eigentlich nur geronnene Elektrizität, so wie moderne Technologie funktioniert. Und die Strompreise waren anderswo 60 Prozent niedriger als in Neuengland. Es war eine absolut aussichtslose Situation, und du warst klug genug, sie aufzugeben.«

WB: »Fünfundzwanzig Jahre später.«

CM: »Na ja, du hast kein Geld mehr hineingesteckt. Die Realität zu erkennen, wenn sie wirklich schlimm ist, und die entsprechenden Maßnahmen zu ergreifen, erfordert oft nur den elementarsten gesunden Menschenverstand. Wie um alles in der Welt kann man in Neuengland eine Textilfabrik betreiben, wenn die Konkurrenz viel niedrigere Strompreise zahlt?«

WB: »Ein weiteres Problem bestand darin, dass der Mann, den ich mit der Leitung beauftragt hatte, ein wirklich guter Kerl war. Er war zu mir in jeder Hinsicht zu 100 Prozent ehrlich. Er war ein anständiger Mensch und kannte sich mit Textilien aus. Wäre er ein Idiot gewesen, wäre es viel einfacher gewesen. Ich hätte wahrscheinlich anders darüber gedacht. Aber wir stolperten eine Weile vor uns hin und hatten Glück, dass Jack Ringwalt beschloss, uns seine Versicherungsgesellschaft [National Indemnity] zu verkaufen. Aber ich kaufte sogar sieben oder acht Jahre später eine zweite Textilfabrik in New Hampshire. Es ist unglaublich, wie viele dumme Entscheidungen wir getroffen haben. Charlie, ich und [der frühe Berkshire-Investor] Sandy Gottesman kauften im Jahr 1966 das Kaufhaus … Die ganze Idee war verrückt. Aber schließlich haben wir es kapiert …«

CM: »Wir haben eine Wende vollzogen.«

WB: »Ja – aber warum zum Teufel haben wir das überhaupt gemacht?«

CM: »Weil wir dumm waren.«

WB: »Das muss man sich klar machen. Wir haben 6 Dollar für diese Aktie bezahlt. Wenn das Kaufhaus erfolgreich gewesen wäre, wäre die Aktie heute vielleicht 30 Dollar wert. Aber wir haben andere Dinge gemacht und haben mit Berkshire fusioniert … da ist der Aktienpreis von 6 Dollar auf 150.000 Dollar gestiegen. Wenn es also erfolgreich gewesen wäre, hätten wir vielleicht ein paar Dollar verdient. Weil es gescheitert ist, haben wir Hunderttausende Dollar pro Aktie verdient. Aber so ist das Leben. Man macht einfach weiter.«

CM: »Weiterlernen. Das ist das Geheimnis. Immer schön weiterlernen.«

2023 Aktionärsversammlung (01:29:02)

WB: »Das Wichtigste ist, dass Berkshire als nationales Kapital und nicht als nationale Belastung angesehen wird. Wir müssen mit unserer Arbeitsweise ein Gewinn für das Land sein … Ich glaube, wir werden gewinnen, wenn wir das auch verdienen. Und ich glaube, die Chancen dafür stehen sehr, sehr, sehr gut …«

»Wir haben einen Plan. Ich habe ein Modell im Kopf, wie Berkshire bisher war. Natürlich wurde dieses Modell in den letzten 58 Jahren mehrfach modifiziert. Ganz wichtig war mir, dass es kein Textilunternehmen sein sollte. Das war eine wichtige Entscheidung. Dann haben wir einfach die Karten gespielt, die uns ausgeteilt wurden. Wir haben einige wirklich gute Entscheidungen getroffen und werden niemals eine Entscheidung treffen, die uns ruiniert.«

»Wir halten uns besser in Form als alle anderen; wir werden künftig einfach keine großen Schulden haben, die fällig werden. Wir werden keine Versicherungspolicen haben, die massenhaft eingelöst werden können. Und wir werden über ein offenbar riesiges Kapital verfügen. Nun, es ist ein riesiges Kapital, aber es gibt auch eine riesige Ertragskraft und eine riesige Vielfalt – einfach alles. Ich bin also überzeugt, dass wir den zukünftigen Vorständen etwas sehr Sicheres übergeben. Und ich meine, wir haben eine Aktionärsbasis, wie sie sonst niemand hat. Das ist das Ergebnis von 58 Jahren, in denen wir die Aktionäre als Eigentümer betrachtet haben. Was bedeutet das? Es bedeutet, zufriedene Kunden zu haben. Es bedeutet, von der Gesellschaft willkommen geheißen zu werden, anstatt von ihr abgelehnt zu werden. Es bedeutet, dass die Regierung in einer Finanzkrise besser zu Ihnen steht, weil Sie etwas zu bieten haben, was das Land unter bestimmten Umständen nicht bietet, und dass Sie da sind, was gleichzeitig gut fürs Geschäft ist. Wir werden Krisen der einen oder anderen Art erleben. Aber wir werden ein Plus für die Vereinigten Staaten sein. Und wenn wir ein Plus für die Vereinigten Staaten sind, werden wir überleben.«

BERKSHIRES BESTE INVESTITIONEN

2005 Aktionärsversammlung (02:59:17)

WB: »Die beste Investition war wahrscheinlich, Charlie als Partner zu gewinnen – und er kostet nicht viel ... See's war enorm wichtig; es trägt zwar derzeit nicht wesentlich zu unserem Nettogewinn bei, aber es hat uns in der Vergangenheit Einnahmen beschert, mit denen wir andere Dinge kaufen konnten, und uns viel über das Geschäft beigebracht. ... Was die bisherigen Erfolge und die Zukunftsaussichten angeht, kann ich nur sagen: Wir haben uns auf den Weg gemacht und wir machen weiter. Die beste Investition war wahrscheinlich, die ersten 50 Prozent an GEICO für 40 Millionen Dollar zu kaufen. Die zweite Hälfte hat uns 2 Milliarden Dollar gekostet; ich bin froh, dass ich das Unternehmen nicht in Dritteln gekauft habe.«

CM: »Was es uns gekostet hat, Ajit Jain zu uns zu holen, war eine Investition, die sich wirklich ausgezahlt hat. Ich kann mir keine Investition vorstellen, die eine höhere Rendite gebracht hätte als diese. Und ich denke, das ist eine gute Lektion fürs Leben: Mit anderen Worten, die richtigen Leute in Ihr System zu holen, kann oft wichtiger sein als alles andere.«

VERKÄUFE AN BERKSHIRE

2008 Aktionärsversammlung (01:35:35)

WB: »Ich sage den Eigentümern immer, dass es das Beste ist, ein richtig tolles Unternehmen einfach zu behalten. Es wird nächstes Jahr und im Jahr danach noch mehr wert sein. Es gibt keinen Grund, ein richtig tolles Unternehmen zu verkaufen, außer wenn äußere Faktoren dagegensprechen. ... Wir drängen niemanden, ein gutes Unternehmen zu verkaufen. Wir raten ihnen sogar, das Unternehmen zu behalten. Aber es gibt Zeiten, in denen jemand aus dem einen oder anderen Grund verkaufen will; und wenn derjenige ein Unternehmen hat, auf das er enorm stolz ist – wenn es ein wirklich gutes Unternehmen ist –, kann er durch den Verkauf an Berkshire weitaus mehr von den Eigenschaften, die er an diesem Unternehmen liebt, erhalten als durch den Verkauf an jemand anderen. Wir sind die logische Wahl als Käufer.«

CM: »Ich habe mal erlebt, dass ein Mann in Südkalifornien ein richtig tolles Unternehmen aufgebaut und ihm sein ganzes Leben gewidmet hat. Als dann die Zeit kam zu verkaufen, verkaufte er es – nur weil er dadurch einen etwas höheren Preis erzielen konnte – an einen bekannten Gauner, der das Unternehmen offensichtlich ruinieren würde. Ich finde, das ist eine verrückte Art, sein Leben zu leben, wenn man ein florierendes Unternehmen besitzt. Ich halte es für besser, es an jemanden zu verkaufen, von dem man weiß, dass das, was man geschaffen hat, dann in guten Händen ist.«

DAS WIDERSTREBEN, UNTERNEHMEN ZU VERKAUFEN, DIE VOLLSTÄNDIG IM BESITZ VON BERKSHIRE SIND

1995 Aktionärsversammlung (02:09:35)

WB: »Unsere Abneigung gegen Unternehmensverkäufe hat eine lange Tradition. Wenn diese Einstellung die Performance beeinträchtigt, ist das Pech. Das ist einfach Teil der Einstellung von Charlie und mir und entspricht unserer Lebensauffassung.«

»Es kommt selten genug vor, dass wir Menschen in einem Unternehmen finden, mit denen wir zusammenarbeiten möchten, und wenn wir sie finden, genießen wir es. Wir sehen keinen Grund, Unternehmen zu verkaufen, um pro Jahr 0,5 oder 1 Prozent mehr Gewinn zu machen – bringen Sie uns nicht mit höheren Zahlen in Versuchung. Aber wir sehen keinen Grund, herumzulaufen und Freundschaften, Kontakte und Beziehungen zu Menschen zu beenden. Ein solches Vorgehen ergibt für uns keinen Sinn. Auf so etwas lassen wir uns nicht ein. Wir wissen, dass wir das nicht machen würden, wenn wir ein privates Unternehmen wären. Bei Berkshire haben wir diese Position klar zum Ausdruck gebracht, und wir wollen dies allen vermitteln, die sich uns anschließen möchten, denn wir wollen nicht, dass sie etwas anderes von uns erwarten. Wir wollen, dass sie erwarten, dass wir hart arbeiten, um ein gutes Ergebnis zu erzielen, dass die Aktionäre das gleiche Ergebnis erhalten wie wir und all das. Aber wir möchten keine impliziten Verträge mit anderen Aktionären eingehen, die uns zu einem Verhalten zwingen, das wir eigentlich ablehnen. Wenn das der Preis für mehr Geld ist, dann wollen wir diesen Preis nicht zahlen. Es gibt noch andere Dinge, auf die wir verzichten, aber das ist das Einzige, worüber man mit uns vielleicht nicht einer Meinung ist. Wir möchten also ganz sicher sein, dass alle das von Anfang an verstehen. Ich glaube nicht, dass dies die Performance sonderlich beeinträchtigen wird. Aber in dem Maße, in dem das doch der Fall ist, muss man mit uns diese Einschränkung eben in Kauf nehmen.«

CM: »Ich glaube nicht, dass man das genau messen kann. Aber wenn man das bewerten könnte, was man wohl den Charakter der Menschen nennen würde, die die operativen Geschäfte bei Berkshire leiten, von denen viele an der Gründung der Unternehmen beteiligt waren und die wie die Helzbergs führende Persönlichkeiten in ihrer Gemeinde sind, dann gibt es meiner Ansicht nach in Amerika kein anderes Unternehmen, das so gut abschneidet wie wir, wenn man die menschlichen Eigenschaften der dort handelnden Personen bewertet. Man könnte sagen, wir haben hochkarätige Leute zusammengetrommelt, weil wir sie ganz sicher nicht selbst erschaffen konnten, aber so oder so ist dies ein bemerkenswertes System. Warum sollten wir daran herumdoktern?«

WB: »Wenn man hochkarätige Leute anziehen will, sollte man sich wohl auch selbst ziemlich gut benehmen. Außerdem würde es keinen Spaß machen, sich anders zu verhalten. Ich war ein wenig in dieser Situation, als ich in den 1950er-Jahren die Partnership leitete. Die Leute kamen zu mir, und meine Aufgabe bestand darin, den bestmöglichen Ertrag zu erzielen. Ich stellte jedoch fest, dass mir bestimmte Möglichkeiten, die sich bei den Geschäften ergaben, nicht gefielen. In dieser Hinsicht ist Berkshire viel befriedigender.«

2000 Aktionärsversammlung (01:40:08)

WB: »Was die Unternehmen in unserem Besitz betrifft, haben wir die Eigenart, unseren Aktionären klar machen zu wollen, dass wir selbst dann nicht verkaufen möchten, wenn uns ein Preis angeboten wird, der weit über dem wirtschaftlichen Wert liegt. Wir brechen keine Beziehungen ab, die wir aufgebaut haben, nur weil wir einen hohen Preis für etwas geboten bekommen. Und wir hatten schon einige Male die Gelegenheit dazu. Das kann uns tatsächlich beim Erwerb von Unternehmen helfen. Die beiden Unternehmen, zu deren Kauf ich mich in den letzten Wochen verpflichtet habe, sind sehr besorgt darüber, ob ihr Standort dauerhaft erhalten bleibt. Menschen, die ihr Unternehmen über dreißig, vierzig oder fünfzig Jahre lang mit viel Liebe aufgebaut haben, legen häufig Wert darauf. Vielen Menschen ist das egal, und das ist einer der Punkte, die wir beim Kauf eines Unternehmens bewerten. Wir schauen uns den Eigentümer an und fragen uns: ›Liebt er das Unternehmen oder liebt er das Geld?‹«

»Es ist nichts Falsches daran, Geld zu mögen; tatsächlich wären wir ein wenig enttäuscht, wenn die meisten von ihnen Geld nicht mögen würden. Aber für uns ist es wichtig herauszufinden, ob das Geld an erster Stelle steht oder das Unternehmen. Wenn wir jemanden finden, der Geld mag, aber sein Unternehmen liebt, sind wir ein sehr attraktiver Arbeitgeber, denn wir sind so ziemlich die Einzigen in dieser Größenordnung, die diesem Menschen versprechen können, dass er für immer Teil dieses Unternehmens sein wird, und die dieses Versprechen auch einhalten können.«

»Ich sage Verkäufern, dass ich der Einzige bin, der sie aufs Kreuz legen kann. Es wird niemals eine Übernahme von Berkshire geben. Es wird niemals einen Unternehmensberater geben, der hereinkommt und sagt: ›Ich denke, Sie sollten besser so vorgehen.‹ Es wird niemals eine Reaktion auf die Wall Street geben. Nichts davon wird passieren. Wir können ihnen mit hundertprozentiger Sicherheit sagen, dass ihre Entscheidung, sich für Berkshire zu entscheiden, für sehr lange Zeit die endgültige Entscheidung darüber sein wird, wo ihr Unternehmen ansässig ist … Wir werden kein operatives Geschäft verkaufen, auch wenn uns jemand weit mehr bieten würde, als es logischerweise wert ist. Was Aktien angeht, stimmen wir nicht ganz mit Phil Fisher überein, aber wir sind sehr nah dran. Wir finden es klasse, Aktien zu kaufen, bei denen wir glauben, dass so solide Unternehmen dahinterstecken und dass sie einen solchen wirtschaftlichen Vorteil haben, dass wir im Grunde genommen für immer dort investiert bleiben können.«

»Vor zwanzig oder fünfundzwanzig Jahren hätten wir gedacht, dass eine Tageszeitung in einer Stadt mit nur einer Zeitung oder ein regionaler Fernsehsender, der an einen landesweiten Sender angeschlossen ist, die solideste Investition ist, die man finden kann. Und beides war auch sehr solide – aber durch die Ereignisse der vergangenen beiden Jahrzehnte hat sich das sicherlich zu einem gewissen Grad, vielleicht sogar in sehr hohem Maße, geändert. Deshalb werden wir gelegentlich die wirtschaftlichen Umstände, die wir vor zehn Jahren wahrgenommen haben, neu bewerten und vielleicht zu einem etwas anderen Ergebnis kommen.«

»In den ersten gut zwanzig Jahren als Investor kam meine Verkaufsentscheidung fast immer dadurch zustande, dass ich etwas anderes gefunden hatte, das ich unbedingt kaufen wollte. Ich verkaufte Aktien zum dreifachen Gewinn, um Aktien zum doppelten Gewinn zu kaufen, weil das Geld knapp war. Jetzt werden die Ideen knapp. Ich habe viel Geld, aber weniger Ideen.«

CM: »Wir verkaufen fast nie ein operatives Geschäft. Wenn es doch einmal vorkommt, dann meist, weil wir ein Problem haben, das wir nicht lösen können.«

BERKSHIRES INNERER WERT

1995 Aktionärsversammlung (03:15:02)

WB: »Der innere Wert ist mehr als nur die Summe dessen, was man glaubt, zu einem bestimmten Zeitpunkt für die einzelnen Teile erzielen zu können, denn es handelt sich um einen auf die Zukunft ausgerichteten Wert. Es ist der auf den Gegenwartswert abgezinste zukünftige Cashflow. Und die Kapitalallokation ist ein wichtiger Teil davon.«

»Was man beispielsweise vom Float einer Versicherung im Laufe der Zeit erwartet, würde zu einer starken Schwankung der möglichen Zahlen im Verhältnis zum Wert führen. Als wir im Jahr 1967 National Indemnity kauften, hatte das Unternehmen eine Marktkapitalisierung (in Float) von 15 oder 20 Millionen Dollar. Das konnten wir damals nicht sehen, aber hätten wir die Entwicklung der Marktkapitalisierung von Versicherungsunternehmen im Laufe der Zeit vorhersehen können, hätte sich der innere Wert von National Indemnity möglicherweise als vielfach höher herausgestellt, als die meisten Menschen und wahrscheinlich auch wir damals dachten.«

1996 Aktionärsversammlung (01:19:34)

WB: »In einer bestimmten Größenordnung haben die Menschen in der Vergangenheit einen Fehler bei der Bewertung von Berkshire gemacht – und diesen Fehler haben sie immer wieder gemacht, darunter viele Finanzkommentatoren und einige Institutionen. Der Irrtum besteht darin, dem Unternehmen einfach den Liquidationswert unserer Geschäftsbereiche zuzuweisen. Das Gleiche könnte man mit General Electric machen, einem von Jack Welch hervorragend geführten Unternehmen. Aber ich glaube nicht, dass man ein Unternehmen wie General Electric so betrachten sollte, dass man sich überlegt, was passieren würde, wenn man heute jeden einzelnen Geschäftsbereich verkaufen, die Steuern zahlen und dann den Erlös ausschütten würde. Das war bei vielen Leuten, die sich mit Berkshire befasst haben, der Fall: Sie haben das Unternehmen statisch betrachtet. Charlie und ich haben Berkshire nie auf diese Weise gesehen.«

»Berkshire ist eine Sammlung von Unternehmen, von denen wir einige vollständig und andere teilweise besitzen. Und einige dieser Unternehmen weisen eine sehr interessante Dynamik auf. Nehmen wir zum Beispiel den Wert unseres Versicherungsgeschäfts. Vor 29 Jahren haben wir Jack Ringwalt 8,7 Millionen Dollar für zwei Unternehmen gezahlt, an denen Jack die Kontrollmehrheit hatte [National Indemnity und National Fire and Marine]. Hätte man damals die Weitsicht gehabt – die ich nicht hatte – zu erkennen, wie sich dieses Versicherungsgeschäft entwickeln würde, wäre man zu dem Schluss gekommen, dass ihr Wert für uns weitaus größer sein würde als der Wert, mit dem sie damals in unserer Bilanz standen. Sie waren Teil eines Unternehmens mit enormem Potenzial. Das war wahrscheinlich der bedeutendste Vermögenswert, der bei Berkshire entstanden ist … Es wäre ein großer Fehler gewesen, den Buchwert dieses Unternehmens als repräsentativ für seinen tatsächlichen Wert für uns im Laufe der Zeit anzusehen, wenn es vernünftig geführt wird. Und das hält wahrscheinlich bis heute an.«

»Berkshire ist eine Gruppe von insgesamt sehr guten Unternehmen, die wir hoffentlich noch erweitern können. Der innere Wert wird von unserer Arbeit bei der Entscheidung beeinflusst, wohin das Geld fließen soll. Er wird von der Arbeit unserer Manager bei der Führung ihrer Unternehmen beeinflusst. Er wird von einigen Faktoren beeinflusst, die wir nicht vorhersehen können und auf die wir möglicherweise keinen Einfluss haben. Aber er wird im Wesentlichen nicht daran gemessen, für wie viel wir heute jedes einzelne Unternehmen verkaufen könnten und die Einnahmen versteuern würden. So gehen wir nicht vor. Wir achten darauf, dass wir viel Kapital zu sehr niedrigen Kosten nutzen können. Zwischen latenten Steuern und dem Float bei unseren Versicherungen haben wir auf der Passivseite etwa 12 Milliarden Dollar, was wir für sehr kostengünstig halten. Das wird nicht als Vermögenswert ausgewiesen, kann aber sehr wertvoll sein.«

2001 Aktionärsversammlung (04:44:39)

WB: »Wir kennen den genauen inneren Wert von Berkshire natürlich nicht. Hätten wir seit 1965 insgeheim Zahlen notiert, würden einige davon angesichts der tatsächlichen Entwicklungen heute lächerlich aussehen … Die wichtigste Entscheidung, die Sie treffen müssen, ist, wie gut das Kapital in Zukunft eingesetzt wird. Es ist relativ einfach, den aktuellen Wert der meisten unserer Unternehmen zu ermitteln, aber die Frage lautet: ›Was machen wir mit dem Geld, wenn es hereinkommt?‹ Das wird einen enormen Einfluss auf den Wert in zehn Jahren haben. Und es wird stark von dem Umfeld abhängen, in dem wir in den nächsten zehn Jahren tätig sind. Dabei wird viel Glück im Spiel sein. Ich denke, die Chancen stehen gut, aber wer weiß das schon?«

2009 Aktionärsversammlung (01:10:18)

WB: »Ich halte es für völlig vernünftig, Berkshire als die Summe zweier Teile zu betrachten: auf der einen Seite marktfähige Wertpapiere – zumindest fair bewertet, vielleicht sogar unterbewertet – und auf der anderen Seite eine hohe Ertragskraft. Wenn man es so betrachtet, kommt man zu dem Schluss, dass Berkshire Ende 2008 im Verhältnis zu seinem inneren Wert am Ende günstiger war als Ende 2007, aber man kommt auch zu dem Schluss, dass dies für die meisten Wertpapiere galt.«

»Jede Aktie wird davon beeinflusst, zu welchem Preis alle anderen Aktien verkauft werden. Wenn der Wert der ABC-Aktie sinkt, ist XYZ, sofern keine anderen Variablen vorliegen, weniger wert. Wenn man gute Unternehmen zu einem KGV von acht kaufen kann, verringert dies den Wert von Berkshire im Gegensatz zu einer Situation, in der Aktien zu einem KGV von 18 verkauft werden. In der Finanzwelt wird alles von allem anderen beeinflusst. Wenn man sagt, dass ein Vogel in der Hand besser ist als zwei im Gebüsch, muss man dies mit jedem anderen Gebüsch vergleichen, das verfügbar ist. Sie haben also Recht, dass Berkshire im Verhältnis zum inneren Wert Ende 2008 billiger war als Ende 2007 … Wir hoffen, dass die Gewinne aus dem operativen Geschäft im Lauf der Zeit steigen, denn das ist unser Hauptaugenmerk. Wir möchten im Laufe der Zeit Geld in gute operative Geschäfte investieren und diese Zahl deutlich steigern.«

CM: »Ich würde argumentieren, dass das letzte Jahr ein schlechtes Jahr für das Float-Geschäft war. Das hat natürlich dazu geführt, dass die Eigentümer von Floats kurzzeitig im Nachteil waren. Langfristig ist es jedoch ein großer Vorteil, über einen großen Float zu verfügen, den man zu einem Preis von unter null erhält. Ich würde mich über den Kursrückgang nicht allzu sehr aufregen. Ich kenne zufällig einen Käufer, der etwa 10.000 Aktien ausgerechnet dann gekauft hat, als Berkshire seinen absoluten Höchststand erreicht hatte. Wie viel Bedeutung hat das langfristig im Gesamtkontext?«

»Was zählt, sind Dinge wie diese: Unser Unfallversicherungsgeschäft ist wahrscheinlich das beste große Unfallversicherungsgeschäft der Welt. Unsere Versorgungsgesellschaft – falls es eine bessere gibt, kenne ich sie nicht. Und wenn ich auf ein Karbid-Schneidwerkzeugunternehmen in der Welt wetten müsste, würde ich auf ISCAR gegen alle anderen wetten. Ich könnte diese Aufzählung weiterführen. Die Liste ist lang. Ich glaube, dass diese Dinge langfristig eine große Rolle spielen werden. Und wenn Sie der Meinung sind, dass es einfach ist, eine solche Position zu erreichen – eine Position, wie sie Berkshire innehat –, dann leben Sie in einer anderen Welt als ich.«

WB: »Unser Versicherungsgeschäft ist ein bemerkenswertes Geschäft – und es hat einige bemerkenswerte Führungskräfte.«

UMSCHLAGSHÄUFIGKEIT VON BERKSHIRE-AKTIEN

2006 Aktionärsversammlung (02:17:36)

WB: »Ich denke, Berkshire hat, was seine Aktien angeht, mit Abstand die niedrigste Umschlagshäufigkeit aller großen Unternehmen in den Vereinigten Staaten. ... Dies spiegelt die Tatsache wider, dass wir eine wirklich ungewöhnliche Aktionärsstruktur haben, weil sich unsere Aktionäre als Eigentümer betrachten und nicht nur als Leute, die jede Woche oder jeden Monat kleine Zettel hin und her schieben. Meiner Meinung nach haben wir die ehrlichste Eigentümerhaltung unter unseren rund 400.000 Aktionären im Vergleich zu anderen großen börsennotierten Unternehmen in den Vereinigten Staaten.«

»Die Leute kaufen Berkshire, um das Unternehmen zu besitzen und zu halten, und das spiegelt sich in der Umschlagshäufigkeit unserer Aktien wider. Das bedeutet zwar, dass wir, wenn unsere Aktien aus irgendeinem Grund sehr billig werden, nicht in der Lage wären, viele Aktien zu kaufen. Aber wir sind nicht darauf aus, unseren Partnern die Aktien mit einem Abschlag abzukaufen. Wenn sie verkauft werden und wir den Aktionären sagen, dass wir sie kaufen, dann tun wir das auch. Aber wir versuchen nicht, gerade auf diese Art und Weise Geld zu verdienen.«

VORTEILE DURCH BERKSHIRE HATHAWAY

1995 Aktionärsversammlung (03:48:11)

WB: »In einem Unternehmen, das eine hohe Kapitalrendite erzielt – und keine originären Möglichkeiten hat, dieses Geld innerhalb des Unternehmens einzusetzen –, können wir durch die Entnahme des Kapitals einen erheblichen Beitrag zu den langfristigen Ergebnissen dieses Unternehmens leisten. ... Wir haben die ganze Welt, um dieses Geld zu verteilen [um es anderswo zu investieren]. Wir können das in einem operativen Geschäft verdiente Geld verwenden, um Aktien von Coca-Cola zu kaufen oder in ein anderes tolles Unternehmen investieren, was wahrscheinlich nur sehr wenige Vorstände tun würden. Das ist ein Vorteil.«

»Auf der anderen Seite wird beispielsweise Helzberg Diamonds wahrscheinlich sehr stark wachsen. Das Unternehmen wird wahrscheinlich sein gesamtes erwirtschaftetes Kapital verwenden. Vielleicht sogar noch mehr. Dafür braucht dieses Unternehmen uns nicht wirklich; das hätte es in jedem Fall getan. Wir könnten ihm sogar die Möglichkeit geben, etwas schneller zu wachsen, denn wenn ein Unternehmen 20 Prozent Eigenkapitalrendite erzielt, aber um 25 Prozent pro Jahr wachsen kann, wird es irgendwann Eigenkapitalengpässe spüren. Und natürlich würden wir es begrüßen, zusätzliches Kapital zur Verfügung zu stellen, um 20 Prozent Eigenkapitalrendite zu erzielen. Es hat also einige Vorteile, uns als Muttergesellschaft zu haben, sowohl was die Zuführung von Kapital zum Unternehmen als auch die Entnahme von Kapital aus dem Unternehmen betrifft.«

»Wir sind auch in manchen Situationen nützlich. Viele der Rituale in börsennotierten Unternehmen – viele Dinge, mit denen die Leute in der Wirtschaft Zeit verschwenden – gibt es bei uns nicht. In manchen Unternehmen wird unglaublich viel Zeit damit verbracht, sich auf Ausschusssitzungen, Vorstandssitzungen und ähnliche Dinge vorzubereiten: Es ist wie das Referate halten und Geschichten erzählen in der Grundschule. Bei uns ist das alles nicht nötig. Wir halten uns da raus. Wir lassen ihnen 100 Prozent ihrer Zeit, um darüber nachzudenken, was langfristig gut für das Unternehmen ist. Wenn sie zusätzliches Geld haben, müssen sie sich keine Gedanken darüber machen, was sie damit anstellen sollen. Wenn sie zusätzliches Geld für ein gutes Geschäft benötigen, wird es bereitgestellt. Das hat einige Vorteile.«

CM: »Aus meiner Sicht ist unser wichtigster Beitrag zum Erfolg der Unternehmen, die wir übernehmen, das, was wir nicht tun.«

2001 Aktionärsversammlung (00:51:10)

WB: »Als Käufer von Unternehmen bieten wir im Laufe der Zeit einige Vorteile. Vermutlich wären wir für eine ganze Reihe privater Unternehmen und auch für börsennotierte Unternehmen der bevorzugte Käufer. Unsere Schecks sind gedeckt. Wir werden immer das Geld haben. Die Leute wissen, dass wir, wenn wir einen Deal machen, ihn auch durchziehen, und zwar schnell. Wir ändern nicht plötzlich unsere Meinung und es gibt auch keine Finanzierungsschwierigkeiten. Wir haben Johns Manville gekauft, weil der Mitbieter Finanzierungsschwierigkeiten hatte. Die Leute wissen, dass sie ihre Unternehmen so weiterführen können, wie sie es bisher getan haben, wenn ihnen das wichtig ist, und das ist bei vielen Menschen der Fall. Andere interessiert das nicht. Wir haben eine Eigentümerstruktur, die wahrscheinlich stabiler ist als die jedes anderen Unternehmens in unserem Land, das auch nur annähernd so groß ist wie wir. Das ist für die Leute attraktiv. Und wir stehen nicht unter dem Druck, irgendeine Dummheit zu machen … Das sind bedeutende Vorteile.«

»Der größte Nachteil, den wir haben, ist unsere Größe. Es ist schwieriger, den Marktwert eines 100-Milliarden-Dollar-Unternehmens zu verdoppeln als den eines 1-Milliarden-Dollar-Unternehmens, wenn man bedenkt, was wir in unserem Arsenal haben. Ich hoffe sogar, dass wir die Qual erleiden, ein noch viel größeres Unternehmen zu werden.«

CM: »Für Berkshire ist dies keine Zeit des Überflusses. Das Investmentgeschäft wird immer wettbewerbsintensiver. Und ich sehe keinerlei Anzeichen, dass sich daran künftig etwas ändert.«

WB: »Aber die Menschen werden auch in Zukunft Dummheiten machen. Ich garantiere Ihnen, dass die Menschen in den nächsten zwanzig Jahren einige außergewöhnlich große Dummheiten an den Aktienmärkten machen werden. Die Frage ist, ob wir dann in der Lage sind, etwas zu unternehmen.«

2009 Aktionärsversammlung (01:47:57)

WB: »Unser nachhaltiger Wettbewerbsvorteil besteht darin, dass wir eine Kultur und ein Geschäftsmodell haben, die für andere sehr schwer auch nur teilweise zu kopieren sind.«

»Wir haben eine ungewöhnliche Gruppe von Aktionären. Wir haben ein Unternehmen, das sich im Besitz von Personen befindet, bei denen die Umschlagshäufigkeit unserer Aktien 20 Prozent pro Jahr betragen kann, während praktisch alle Aktien im S&P 500 auf 100 Prozent im Jahr kommen. Wir haben eine andere Aktionärsstruktur. Wir haben Menschen, die ihr Geschäft anders verstehen. Und wir haben ein Geschäft, das Menschen, die privat ein Unternehmen besitzen, die Möglichkeit bietet, dieses Unternehmen so weiterzuführen wie bisher und Probleme mit Anwälten, Bankern und all den anderen Dingen loszuwerden. Mir ist kein anderes Unternehmen in den Vereinigten Staaten bekannt, das derzeit dazu in der Lage ist oder dieses Modell in großem Stil nachahmen könnte.«

»Das ist nichts Besonderes für mich und Charlie. Wir haben vielleicht dazu beigetragen, das zu schaffen, aber es ist eine tief verwurzelte Kultur, mit der alle CEOs, die nach uns kommen, bestens vertraut sind, wenn sie ihren Job antreten. … Ich bin überzeugt, jeder, der Berkshire kopieren will, wird es sehr schwer haben. Und ich bin überzeugt, dass unsere Vorteile sehr lange Bestand haben. Sie sind nicht darauf beschränkt, dass Charlie und ich hier sitzen. Das mag ursprünglich der Fall gewesen sein, aber jetzt nicht mehr. Unsere Führungskräfte schließen sich dieser Kultur an, unsere Aktionäre schließen sich dieser Kultur an. Diese wird ständig gefestigt. Sie sehen ja, dass sie funktioniert … Es gibt auch künftig Unternehmen, wie vor einiger Zeit ISCAR, genauso wie die Führungsebene von GEICO Mitte der 1990er-Jahre, wo sich die Leute uns anschließen wollen. Es gibt für sie keine gleichwertige Alternative. Es wird auch viele geben, die das nicht tun, aber das ist ja auch in Ordnung. Wir müssen nur einige der richtigen Leute für uns gewinnen. Das kann sehr lange so weitergehen.«

CM: »Viele Unternehmen in Amerika werden von der Zentrale ausgehend dumm geführt, weil sie versuchen, die Abteilungen zu zwingen, Quartal für Quartal Gewinne zu erzielen, die besser sind als die Gewinne des Vorjahresquartals. Viele grauenhaft schlechte Entscheidungen und Praktiken schleichen sich in solche Unternehmen ein. Im Berkshire Hathaway-Modell passiert das nicht. Warren und ich werden zwar bald nicht mehr da sein – in meinem Fall nicht allzu bald, aber um Warren mache ich mir ein wenig Sorgen –, aber die Dummheit der Führungspraktiken in der übrigen Unternehmenswelt wird wahrscheinlich groß genug bleiben, um diesem Unternehmen auch in Zukunft einen Wettbewerbsvorteil zu verschaffen.«

2014 Aktionärsversammlung (02:22:48)

WB: »Eine Gruppe guter Unternehmen zu besitzen, ist kein schlechtes Geschäftsmodell. Viele der früheren Konglomerate wurden gegründet, um die eine oder andere finanzielle Zauberei zu vollbringen. Sie basierten auf der Idee der seriellen Aktienemissionen, bei denen man Aktien zu einem KGV von 20 ausgab, um Unternehmen zu kaufen, die auf ein KGV von 10 kamen. Wenn man sich Litton Industries und Gulf and Westerns ansieht, könnte man Hunderte davon nennen. Das Konzept bestand darin, dass man die Leute dazu bringen konnte, sich kontinuierlich an einem Kettenbrief-System zu beteiligen, ohne dass man sich Gedanken darüber machte, was man tatsächlich auf der Führungsebene aufbaute.«

»Ich halte unseren Geschäftsplan für absolut sinnvoll: eine Gruppe toller diversifizierter Unternehmen mit hervorragenden Managern und einer soliden Kapitalausstattung zu besitzen. Und mit einem enormen Vorteil, den die Leute nicht wirklich verstehen. Im Wesentlichen geht es im Kapitalismus um die Allokation von Kapital. Und wir haben bei Berkshire ein System, mit dem wir Kapital ohne steuerliche Konsequenzen umverteilen können. Wir können es von See's Candies, wo wir Überschüsse erwirtschaften, in andere Bereiche verschieben. Das schadet See's nicht, und wir können das Geld, wie es im Lehrbuch steht, dorthin umleiten, wo Kapital sinnvoll eingesetzt werden kann, wie zum Beispiel in Windparks oder sonst etwas. Niemand ist dafür besser aufgestellt als Berkshire Hathaway, und es erscheint absolut sinnvoll.«

»Aber man muss nach geschäftlichen Grundsätzen vorgehen, nicht nach dem Prinzip, Aktien verkaufen zu wollen. Ich würde sagen, dass sehr viele Konglomerate als Grundprämisse den Aktienverkauf vorantreiben wollten. Das war bei Tyco gut zu beobachten; die Serienübernehmer waren in der Regel daran interessiert, möglichst viele Aktien auszugeben. Einer der wichtigsten Indikatoren dafür, um welche Art von Unternehmen es sich handelt, ist, ob sie kontinuierlich Aktien ausgeben; wenn ja, haben sie wahrscheinlich auf die eine oder andere Weise ein Kettenbrief-System am Laufen. Und das geht bekanntlich schlecht aus. Ich halte unsere Methode, mit Cashreserven gute Unternehmen zu erwerben, und viele Quellen für wachsende Ertragskraft aufzubauen, für ein hervorragendes Modell.«

2016 Aktionärsversammlung (02:30:17)

WB: »Der mit Abstand wichtigste Faktor für den Erhalt der Kultur von Berkshire ist, dass es einen Vorstand und Nachfolger für den Vorstand gibt, dass es Führungskräfte und Nachfolger für die Führungskräfte gibt und dass es Aktionäre gibt, die alle klar die Besonderheit dieser Kultur erkennen und sie auch begrüßen. Als sie ihre Unternehmen an uns verkauften, wollten sie Teil dieser Kultur werden.

Das schließt Menschen aus, die nicht wirklich dazu passen, und davon gibt es nur sehr wenige. Und sie heißt diejenigen willkommen, die sie genießen und schätzen. In gewisser Weise haben wir in dieser Hinsicht nicht viel Konkurrenz. Das macht uns einzigartig, und es funktioniert. Ich bin überzeugt, die Wahrscheinlichkeit, dass wir in kultureller Hinsicht aus der Bahn geraten, ist sehr gering. … Ich sehe keine Anzeichen dafür, dass irgendetwas uns wirklich von dem abbringen könnte, was wir seit vielen Jahrzehnten machen.«

CM: »Ich bin sogar noch optimistischer als du.«

WB: »Das ist mir noch nie aufgefallen.«

CM: »Ich glaube wirklich, dass die Kultur alle überraschen wird – wie beständig sie ist, und wie gut es allen geht. Sie werden sich fragen, warum sie sich anfangs so viele Gedanken gemacht haben. Das wird sehr gut funktionieren.«

WB: »Wir haben so viele gute Voraussetzungen, allein schon was die Unternehmen und die Leute angeht, die bereits hier in den Firmen arbeiten.«

CM: »Genau das meine ich. Es steckt einfach so viel Kraft in diesem Unternehmen.«

WB: »Interessant ist auch, wie gering bei uns die Fluktuation ist. Die Zahl der Führungskräfte, die wir in den letzten zehn Jahren ersetzen mussten, ist sehr gering. Wir haben keine Altersgrenze – ich erwähne das gern in jeder Besprechung, um diesen Gedanken zu unterstreichen. Ohne Altersgrenze und mit Mitarbeitern, die ihre Arbeit ausgesprochen gern machen, haben wir eine lange Betriebszugehörigkeit bei unseren Führungskräften. Sie mögen zwar auch das Geld, aber ihr Hauptmotiv ist, dass sie das, was sie in ihrem Job tun, wirklich gerne machen. Auch die Aufsichtsratsmitglieder sind nicht des Geldes wegen hier, und auch bei den Aufsichtsratsmitgliedern haben wir eine lange Amtszeit. Ich würde sagen, das ist ein riesiger Pluspunkt.«

MCLANE

2017 Aktionärsversammlung (04:47:11)

WB: »McLane [Großhändler für Lebensmittel und Non-Food-Artikel an Kioske, Schnellrestaurants und so weiter] ist ein Unternehmen, das im Verhältnis zu seinem inneren Wert oder Nettogewinn einen außergewöhnlich hohen Umsatz erzielt. Im Grunde genommen handelt es sich um einen Distributor; das Unternehmen ist beispielsweise ein riesiger Kunde von Lebensmittelherstellern, Süßwarenherstellern, Zigarettenherstellern und allen anderen der gesamten Produktpalette, die in Kiosken verkauft wird. Wir haben das Unternehmen von Walmart gekauft, und Walmart ist unser größter Kunde. Wenn man Walmart und Sam's zusammennimmt, erhält man mehr als 20 Prozent des Umsatzes von McLane. Das Unternehmen arbeitet mit einer Bruttomarge von etwa 6 Prozent und Betriebskosten von 5 Prozent, sodass es eine Vorsteuermarge von 1 Prozent erzielt. Und natürlich funktioniert eine Marge von 1 Prozent nur dann in Bezug auf die Kapitalrendite, wenn man seinen Lagerbestand außerordentlich schnell umschlägt. Genau das macht McLane: Das Unternehmen schlägt Waren sehr schnell und sehr effizient um … Wir haben Tausende und Abertausende von Lkws und großen Vertriebszentren im ganzen Land. Wenn Sie Mars Inc. oder ein anderes Unternehmen dieser Art sind, dann sind wir Ihr größter Kunde. Es ist ein Geschäft, das gute Renditen im Verhältnis zum investierten Kapital und im Verhältnis zu unserem Kaufpreis erzielt. Jeder Zehntel Cent ist in diesem Geschäft wichtig …«

»Das war ein interessanter Deal. Walmart wollte verkaufen. Der Finanzvorstand kam zu uns, und wir haben uns geeinigt. Wir haben eine Weile geredet. Er ging in den anderen Raum, rief den CEO an, kam zurück und sagte: ›Der Deal steht.‹ Walmart hat mir später erzählt, dass sie noch nie einen Deal so schnell abgeschlossen haben wie den von McLane mit Berkshire. Wir haben gesagt, was wir zahlen würden, und wir haben es sehr schnell über die Bühne gebracht. Die Verkäufer waren ihrerseits großartig.«

CM: »Übrigens hat uns dieser Ruf, schnell und unkompliziert zu sein und zu halten, was wir versprechen, bei Berkshire immer wieder geholfen.«

WB: »Ohne diesen Ruf hätten wir diese Übernahme nicht getätigt.«

CM: »Du hast die Northern Natural Gas Company an einem Wochenende gekauft. Sie wollten das Geld am Montag haben. Es war über die Bühne, noch bevor die Anwälte die Schriftsätze fertigstellen konnten.«

WB: »Sie wollten das Geld nicht nur am Montag, sie brauchten es sogar am Montag. Außerdem musste wohl noch etwas in Washington geklärt werden. Ich glaube, ich habe einen Brief geschrieben und gesagt, dass wir den Deal rückgängig machen könnten, wenn sie nach Prüfung der Unterlagen zu der Entscheidung kämen, dass sie die Freigabe doch nicht erteilen wollen. Aber diese Leute brauchten das Geld so dringend, dass wir ihnen das Geld im Wesentlichen auf der Grundlage der Absprachen zu diesem Deal gaben. Es gab keinen Grund, warum er nicht genehmigt werden sollte, es war nur ein Verfahrensproblem. Aber die meisten Unternehmen können so etwas nicht machen. Wir können es. Wir haben eine Flexibilität, die in den meisten großen Unternehmen einfach nicht vorhanden ist. Zu viele Leute müssen unterschreiben oder so etwas. Die Northern-Natural-Übernahme wäre nicht zustande gekommen, wenn wir uns an die übliche Vorgehensweise hätten halten müssen.«

2018 Aktionärsversammlung (03:49:14)

WB: »Ich halte die Kultur von Berkshire für sehr stark. Und ehrlich gesagt glaube ich, dass sie durch unsere Aktionäre noch verstärkt wird. Ich meine, bei uns gibt es eine ganz andere Zusammensetzung von Aktionären, und wir betrachten diese Aktionäre meiner Meinung nach etwas anders als viele andere Unternehmen das tun. Es gibt vermutlich eine ganze Reihe börsennotierter Unternehmen, die sich wünschen, sie hätten keine Aktionäre. Wir freuen uns, dass wir Aktionäre haben. Und wir freuen uns, dass wir Privatanleger als Aktionäre haben. Wir bevorzugen keine institutionellen Anleger. Und wir werden keine Leitlinien herausgeben und nicht speziell mit ihnen sprechen, wenn wir Investorenkonferenzen abhalten und all das. Wir möchten, dass unsere Aktionäre sich selbst informieren. Wir wollen Aktionäre, die im Grunde genommen Partner sind. Und damit fängt es an. Das gilt auch für die Aufsichtsratsmitglieder. Ich war Mitglied in neunzehn Aufsichtsräten und habe noch nie einen wie den unseren gesehen. Ich finde es super, dass wir Leute haben, die in vielen Fällen selbst viele Aktien besitzen. Sie haben keine Sonderkonditionen erhalten. Es handelt sich um eine Gruppe von eigentümerorientierten, mit Berkshire vertrauten, geschäftstüchtigen Eigentümern. Wir haben niemanden im Aufsichtsrat, nur weil er zu den führenden Pädagogen gehört oder so.«

»Wir wollen Menschen, die im Grunde genommen darüber nachdenken, wie man ein Unternehmen gut für sich selbst und für seine Partner führt. Und wir haben Führungskräfte, die zu dieser Kultur passen und sich für diese Kultur entschieden haben, indem sie zu uns gekommen sind. Manchmal teilt schon die zweite, dritte oder vierte Generation diese Kultur mit uns, wie beim Nebraska Furniture Mart. Ist das nicht perfekt? Nein, es ist weit davon entfernt. Man kann nicht alle dazu bringen, gleich zu denken. Wir haben Leute, die bei der Führung des Unternehmens sehr unabhängig denken. Und sie sehen die Dinge in gewisser Weise mit anderen Augen als wir. Aber was eine gemeinsame, starke und positive Unternehmenskultur angeht, gibt es meiner Meinung nach kein großes börsennotiertes Unternehmen, das es besser macht als Berkshire. Und ich bin überzeugt, dass das auch so bleiben wird, weil sich die Menschen sehr dafür engagieren. Eine Unternehmenskultur wird weitergegeben.«

»Man tut Dinge, die mit der Kultur im Einklang stehen; man tut, was man sagt. Man findet keine Leute, die sagen: ›Wir sind eine super Beteiligungsgesellschaft‹, und sich dann selbst riesige Aktienoptionen bewilligen. Dann sagt eine ganze Reihe anderer Leute, Optionen seien unter ihrer Würde, weil sie nicht so aussehen wollen, als würden sie sich alles unter den Nagel reißen. Aber wir haben eine Kultur, wie man sie sich nur wünschen kann. Und ich würde sagen, sie wird sogar immer stärker. Wir haben ein paar Leute, die nicht ganz davon überzeugt sind. Es sind also nicht 100 Prozent, aber fast. Und ich bin der Meinung, wir kommen dieser Marke mit der Zeit immer näher. Und wir werden versuchen, uns weiterhin so zu verhalten, dass wir die Unternehmenskultur stärken und nicht etwa verwässern. Aus meiner Sicht wird das nicht nur für Charlie und mich, sondern auch für unsere Nachfolger gut funktionieren. Es wird aber nicht perfekt sein.«

CM: »Jedes Mal, wenn ich zu einer dieser Sitzungen komme und mit den Führungskräften zusammensitze, bin ich am Ende noch mehr überzeugt, dass die Kultur und die Werte von Berkshire Hathaway noch lange nach dem Ausscheiden des derzeitigen Vorstands weiterleben werden. Ich glaube sogar, dass beides weiterleben wird, nachdem alle derzeitigen Führungskräfte ausgeschieden sind. Wir haben hier etwas ins Leben gerufen, das so gut funktioniert, dass es Bestand haben wird. Und einer der Gründe dafür ist, dass es nicht so wahnsinnig leicht nachzuahmen ist. Das, was vorhanden ist, wird also wahrscheinlich einfach weiterbestehen. Denken Sie daran, wie wenig das Berkshire-System direkt nachgeahmt wurde. Ich glaube, es wird aus einem ganz einfachen Grund lange Bestand haben: Es verdient es, lange Bestand zu haben. Das wird funktionieren.«

2018 Aktionärsversammlung (01:05:01)

WB: »Es steht außer Frage, dass die Margen von McLane unter Druck geraten sind. Sie waren mit etwa 1 Cent pro Dollar vor Steuern schon sehr gering und sind seitdem noch weiter gesunken. Es handelt sich um ein Geschäft mit sehr knapp bemessenen Margen. Die Situation ist tatsächlich noch schlechter, als sie dargestellt wird, denn innerhalb von McLane betreiben wir in einigen Bundesstaaten einen Spirituosenvertrieb, dessen Gewinne moderat gestiegen sind. Wir haben dieses Geschäft ausgebaut, sodass in den Zahlen von McLane etwa 70 Millionen Dollar vor Steuern aus dem Spirituosengeschäft enthalten sind, was aber nichts mit den riesigen Bereichen zu tun hat, von denen man im Zusammenhang mit dem Lebensmittelvertrieb spricht. Dort ist der Rückgang sogar noch größer. Der Wettbewerb ist dort einfach viel härter geworden.«

»Wenn Sie sich unsere Konkurrenten ansehen, verdienen die auch nicht viel Geld. So ist der Kapitalismus. Es kommt ein Punkt, an dem der Kunde sagt: ›Ich zahle nur X‹, und dann muss man gehen. Es ist sehr verlockend, insbesondere wenn man Tausende von Mitarbeitern beschäftigt und Vertriebszentren und all das aufgebaut hat, sich auf einen, wie man es nennen könnte, irrationalen Wettbewerb einzulassen, aber so ist der Kapitalismus. …«

»Die Einnahmen sind seit dem Kauf deutlich gestiegen. Wir erwirtschaften immer noch mehr als damals und haben im Laufe der Zeit viel Geld erwirtschaftet. Aber wie gesagt, ein großer Teil davon stammt tatsächlich aus dem Spirituosenvertrieb, aus Aktivitäten in etwa vier Bundesstaaten, die sehr gut laufen. Wir werden unser Bestes tun, um die Margen zu steigern. Aber ich habe genauso wenig Ahnung wie Sie, welche Margen in dieser Art von Vertrieb in fünf Jahren möglich sind. Es handelt sich um eine sehr wichtige Dienstleistung. Wir erzielen einen Umsatz von ungefähr 40 Milliarden Dollar. Und wir transportieren mehr Produkte von allen möglichen Unternehmen, die Sie namentlich kennen, mehr als jeder andere. Aber wenn Sie Kraft Heinz, Philip Morris oder wen auch immer auf der einen Seite des Geschäfts haben und Walmart und 7-Eleven auf der anderen Seite, bleibt Ihnen dazwischen manchmal nicht viel Spielraum.«

BERKSHIRES MEHRWERT FÜR TOCHTERGESELLSCHAFTEN

1999 Aktionärsversammlung (05:04:51)

WB: »Unser größter Vorteil besteht darin, dass wir es hervorragenden Führungskräften in vielen Fällen ermöglichen, einen größeren Teil ihrer Zeit und Energie für das einzusetzen, was sie am besten können, was ihnen am meisten Spaß macht und was für die Eigentümer am produktivsten ist, als dies ohne unsere Beteiligung der Fall wäre. Mit anderen Worten: Wir geben den Führungskräften einen vernünftigen Eigentümer, der von ihnen erwartet, dass sie ihre gesamte Zeit auf das konzentrieren, was für das Unternehmen wichtig ist, und der die Ablenkungen beseitigt, die mit der Führung eines Unternehmens, insbesondere eines börsennotierten Unternehmens, oft einhergehen.«

»Ich schätze, die CEOs der meisten börsennotierten Unternehmen verschwenden mindestens ein Drittel ihrer Zeit mit allen möglichen Dingen, die dem Unternehmen nichts bringen – und in vielen Fällen sogar schaden, weil sie versuchen, für verschiedenste Interessengruppen Zeit aufzuwenden, um sie zufriedenzustellen. Wir beseitigen all das. Wir glauben, dass wir das beste Eigentümerumfeld schaffen können, das es gibt – nur davon übertroffen, dass man 100 Prozent des Unternehmens selbst besitzt – für jedes Unternehmen.«

»Das passt auch zu der Art und Weise, wie wir leben möchten, denn wir wollen nicht herumrennen, an vielen Aktionärsversammlungen teilnehmen und all das machen, was andere Leute machen. Das kann ein erheblicher Vorteil sein. Ich bin überzeugt, GEICO ist als Tochtergesellschaft von Berkshire wahrscheinlich schneller gewachsen, als dies als unabhängiges Unternehmen möglich gewesen wäre, obwohl es auch als unabhängiges Unternehmen wahnsinnig gut war und das auch weiterhin gewesen wäre. Aber ich bin überzeugt, dass der Wert von GEICO um Milliarden und Abermilliarden

Dollar steigen wird, mehr als es der Fall gewesen wäre, wenn es ein börsennotiertes Unternehmen geblieben wäre. Wir haben der Führungsebene nichts über die Klassifizierung von Versicherungsrisiken oder die Schaltung besserer Anzeigen beigebracht. Wir haben ihnen einfach erlaubt, sich in 100 Prozent ihrer Zeit auf das Wesentliche zu konzentrieren. Und das ist in der amerikanischen Wirtschaft eine Seltenheit.«

CM: »Tochtergesellschaften, die wir kaufen, sind so gestrickt, dass sie nicht wollen, dass ihnen viele Leute von der Zentrale aus über die Schulter schauen und dass unnötig hin- und hergeflogen wird und so weiter. Ich würde sagen, ein großer Teil unserer Arbeit besteht darin, sich nicht auf kontraproduktive Weise einzumischen. Diese Nichteinmischung hat einen enormen Wert, zumindest für die Art von Führungskräften und Unternehmen, die sich uns angeschlossen haben.«

WB: »In vielen Unternehmen hängt die Bedeutung einer großen Zahl von Menschen davon ab, wie sehr sie sich in die Angelegenheiten anderer einmischen, die die Arbeit vor Ort erledigen. Wir halten uns da raus. Wir sind dankbare Eigentümer und wir sind sachkundige Eigentümer. Wir wissen, wann jemand gute Arbeit geleistet hat, vor allem wenn die Branchenbedingungen extrem schwierig sind. Wir können uns zum Beispiel unsere Schuhproduktion ansehen. Die Branche befindet sich derzeit in einer schwierigen Lage. Wir haben einige absolut hervorragende Mitarbeiter. Und wir kennen uns gut genug aus, um nicht einfach anhand von Zahlen zu entscheiden, ob die Leute das Richtige tun.«

»Wir haben niemanden in der Zentrale, dessen Aufgabe es ist, unseren Führungskräften vorzuschreiben, wie sie ihre Personalabteilung, ihre Rechtsabteilung oder Dutzende anderer Bereiche zu führen haben. Und die Mitarbeiter haben nicht nur mehr Zeit, sich um produktive Dinge zu kümmern, sondern ich glaube auch, dass sie es sogar schätzen, wenn man sie in Ruhe lässt. Meiner Meinung nach kann man aus ihnen sogar mehr herausholen, als man anhand der eingesparten Zeit erwarten würde, weil man zusätzlich Begeisterung für die Arbeit weckt. Dass die Mitarbeiter in einem großen Unternehmen wirklich begeistert von dem sind, was sie machen, kommt nicht immer vor. Aber bei Berkshire ist das in hohem Maße der Fall.«

BERKSHIRES BEWERTUNG (HERAUSGABE VON B-AKTIEN)

1996 Aktionärsversammlung (03:48:11)

WB: »Zum aktuellen Kurs halten Charlie und ich die Berkshire-Aktie nicht für unterbewertet. Das klang in der Berichterstattung anders; manchmal wurde gesagt, wir hielten sie für überbewertet. Wenn Sie sich den Prospekt ansehen, werden Sie feststellen, dass wir klar gesagt haben, dass wir sie nicht für unterbewertet halten. Ich finde es etwas amüsant, dass die Leute das als eine erstaunliche Aussage von jemandem betrachten, der Aktien an die Börse bringt.«

»Können Sie sich etwa eine Unternehmensleitung vorstellen, das hinausgeht und der Welt verkündet: ›Wir verkaufen Ihnen etwas, das stark unterbewertet ist.‹ Was sagen Sie Ihren derzeitigen Aktionären, wenn Sie verkünden: ›Wir verkaufen etwas, das 1 Dollar wert ist, aber wir verkaufen es für 0,80 Dollar.‹ Das würde mich sehr unglücklich machen. Daher bin ich der Meinung, dass jede

Unternehmensleitung, die davon spricht, ihre Aktien zu verkaufen, und behauptet, diese seien stark unterbewertet, entweder nicht weiß, was gut für ihre derzeitigen Aktionäre ist, oder es nicht ernst meint.«

»Wir würden nicht Anteile Ihrer Beteiligung an Berkshire zu einem Preis verkaufen, den wir für die derzeitigen Aktionäre nicht für angemessen halten. So einfach ist das. Wenn wir 1 Prozent des Unternehmens verkaufen, verkaufen wir 1 Prozent Ihrer Beteiligung an See's Candies, 1 Prozent Ihrer Beteiligung an GEICO, 1 Prozent Ihrer Beteiligung an The Buffalo News – das sind alles wertvolle Assets. Wir haben nicht die Absicht, 1 Prozent oder 10 Prozent oder 100 Prozent von einem dieser Unternehmen zu einem Preis zu verkaufen, der für die derzeitigen Aktionäre nicht fair wäre ... Wir würden die Aktien nicht verkaufen, wenn wir sie für unterbewertet hielten.«

BERKSHIRES AKTIENKURS

1996 Aktionärsversammlung (01:50:21)

WB: »Was den Kurs ihrer Aktien angeht, sind die meisten Vorstände der Meinung, je höher, desto besser. Das ist verständlich – aber das Problem ist, dass das Spiel zu keinem Zeitpunkt vorbei ist. Wir sind der Meinung, je fairer, desto besser. Unser Ziel besteht darin, dass jeder Aktionär an den Fortschritten teilhat, die Berkshire als Unternehmen während seiner Haltedauer erzielt. Mit anderen Worten, wir wollen nicht, dass eine Partei reich wird und die andere arm. Am Wertzuwachs des Unternehmens sollen alle beteiligt werden. Und wenn die Aktie stark über- oder unterbewertet ist, kann das zwar eine Partei – im ersten Fall den Verkäufer, im zweiten Fall den Käufer – sehr glücklich machen. Aber es gibt auch jemanden auf der anderen Seite der Transaktion.«

»In der Wirtschaft sollte man sich immer, wenn jemand etwas sagt, als Erstes fragen: ›Und dann?‹ Der Anstieg der Aktienkurse ist kein Selbstzweck, denn die nächste Frage lautet: ›Und dann?‹ Und in dem Maße, in dem die Aktienkurse steigen, weil der innere Wert steigt, erhält jeder seinen fairen Anteil am Kuchen. In dem Maße, in dem dieser in irgendeiner Weise überschritten wird, erhält der verkaufende Aktionär einen Vorteil, aber die neuen Aktionäre sind im Nachteil. Wir finden die Vorstellung, dass der Kurs im Laufe der Zeit dem inneren Wert folgt, wirklich gut. Und wir glauben, dass wir mit den richtigen Aktionären, einer guten Kommunikation mit ihnen und der richtigen Politik diesem Ziel so nahekommen können, wie es in einer Welt der relativ volatilen Märkte möglich ist.«

»Eines sollte man nicht vergessen: Letztendlich können die Eigentümer von Unternehmen insgesamt nicht besser abschneiden als die Unternehmen selbst. Und ich spreche nicht nur von unseren Unternehmen, sondern von allen amerikanischen Unternehmen; die Rentabilität amerikanischer Unternehmen bestimmt die Rentabilität dessen, was die Eigentümer amerikanischer Unternehmen besitzen, und dabei kann man die Börsenkurse und alles andere vergessen. Die Eigentümer leiden in dem Maße, in dem ihnen zusätzliche Kosten auferlegt werden. Maklerprovisionen, Gebühren, alle möglichen Dinge; das schmälert den Ertrag aus dem Geschäft.«

»Noch hat niemand herausgefunden, wie man dafür sorgen kann, dass Eigentümer dauerhaft besser abschneiden als ihre Unternehmen. Wir haben die Vorstellung, dass die Gewinne im Laufe der Zeit proportional zu den Gewinnen steigen, die während ihrer Zeit als Aktionäre erzielt werden. Das ist nicht einfach und auch nicht perfekt umsetzbar – aber das ist das Ziel, auf das wir hinarbeiten.«

KAPITALALLOKATION BEI TOCHTERGESELLSCHAFTEN

1997 Aktionärsversammlung (02:57:49)

CM: »Es gibt eine große Gruppe von Unternehmen in Amerika, die sehr stark sind und im Verhältnis zu ihrer Größe große Geldsummen ausgeben, aber rational betrachtet nicht sehr stark expandieren können. Und wenn man versucht, mit ganz bestimmten Unternehmen zu expandieren, wirft man das Geld zum Fenster hinaus. Das Schöne am Berkshire-Hathaway-System ist, dass solche Unternehmen hier sehr willkommen sind, denn das Geld fließt in die Zentrale und wird von dort aus verteilt. Wenn auf der Ebene der Tochtergesellschaften eine sinnvollere Einsatzmöglichkeit besteht, wollen wir stets, dass sie auch genutzt wird. Aber es gibt viele Unternehmen, bei denen es kaum Möglichkeiten gibt, das Geld anderweitig einzusetzen.«

BERKSHIRES CHANCEN

1998 Aktionärsversammlung (04:12:30)

WB: »Wir sind wahrscheinlich so gut auf Widrigkeiten vorbereitet wie jedes andere Unternehmen auch, denn Berkshire wurde auf Dauer angelegt. Unterm Strich würden wir über einen Zeitraum von zwanzig Jahren von einigen Phasen mit schlechten Märkten profitieren. Das bedeutet nicht, dass wir uns solche Phasen wünschen würden oder dass sie definitiv eintreten. Wir erwirtschaften unser Geld durch eine gute Kapitalallokation, und je niedriger der allgemeine Aktienmarkt ist, desto besser können wir Kapital dahin lenken, wo es benötigt wird.«

CM: »Wir werden niemals alles verkaufen, auf Bargeld umsteigen und auf einen Crash warten, um dann wieder einzusteigen. Andererseits sind wir so aufgestellt, dass uns viele Turbulenzen in den nächsten zwanzig Jahren helfen und nicht etwa schaden werden. Ich meine damit nicht, dass es angenehm sein wird, den Abschwung zu durchlaufen, aber das gehört nun einmal dazu.«

BERKSHIRES BESCHRÄNKUNGEN (GRÖSSE)

2010 Aktionärsversammlung (01:19:24)

WB: »Wir investieren viel Geld in gute Unternehmen, aus wirtschaftlicher Sicht, aber sie sind nicht so gut wie einige, die wir kaufen könnten, wenn wir mit kleineren Beträgen arbeiten würden. Nehmen Sie zum Beispiel See's Candies: Das Unternehmen benötigt etwa 40 Millionen Dollar Kapital und verdient deutlich mehr als das. Wenn wir nun weitere 40 Millionen Dollar investieren könnten und damit eine ähnliche Rendite erzielen würden wie mit den ersten 40 Millionen, hätten wir das Geld bis heute Nachmittag zusammen. Leider verschlingen richtig gute Unternehmen kein Kapital, das ist einer der Gründe, warum sie so gut sind.«

»Bei unserer Größe – der Betriebsgewinn lag im ersten Quartal bei 2,2 Milliarden Dollar – besteht unsere Aufgabe darin, dieses Geld so intelligent wie möglich zu investieren. Wir finden kein Unternehmen wie See's Candies, das so viel Geld verschlingen würde. Sollten wir eines finden, werden wir es kaufen, aber es würde nicht so viel Geld verschlingen, wie wir erwirtschaften.«

»Dann stellt sich die Frage: Können wir es intelligent, wenn schon nicht genial einsetzen? Bislang lautet die Antwort unserer Meinung nach ja. Wir halten es für sinnvoll, in die kapitalintensiven Geschäftsbereiche einzusteigen, in denen wir tätig sind. Bisher war das sinnvoll und es hat recht gut funktioniert. Aber es kann nicht auf geniale Weise funktionieren. Die Welt ist nicht so aufgebaut, dass man zig Milliarden Dollar und im Laufe der Zeit sehr, sehr viele Milliarden reinvestieren und damit enorme Renditen erzielen kann. Das funktioniert nicht. Und wir versuchen, das so klar wie möglich zum Ausdruck zu bringen, damit die Aktionäre verstehen, wo unsere Grenzen liegen. Nun könnte man sagen: ›Dann wäre es doch besser, das Geld auszuzahlen.‹ Wir halten es aber nicht für besser, das Geld auszuzahlen, solange wir es in etwas umwandeln können, das etwas mehr als 1 Dollar an Gegenwert hat, und wir werden weiter nach Möglichkeiten suchen, dies zu erreichen. Unserer Meinung nach haben wir das mit BNSF geschafft, aber das wird sich erst in zehn oder zwanzig Jahren zeigen. Wir haben es mit MidAmerican Energy geschafft. Wir sind in ein sehr kapitalintensives Geschäft eingestiegen und haben uns bisher in Bezug auf die Kapitalvermehrung sehr gut geschlagen. Aber es kann kein Coca-Cola sein, was das Kerngeschäft angeht, wo man wirklich nicht viel Kapital braucht, wenn überhaupt, um mit etwas Glück weiterzuwachsen. See's ist kein wachsendes Unternehmen. Es ist ein supertolles Unternehmen, aber es lässt sich nicht weltweit vermarkten wie Coca-Cola. … Ich hoffe, wir enttäuschen Sie nicht, wenn es darum geht, Geld zu investieren und angemessene Renditen zu erzielen. Aber wenn jemand mehr als exzellente Renditen von dieser Basis erwartet, haben wir keine Ahnung, wie wir das erreichen sollen.«

CM: »Ich bin in dieser Ahnungslosigkeit genauso gut wie du.«

GESCHÄFTSETHIK

2008 Aktionärsversammlung (00:29:29)

WB: »Wir lassen unsere Führungskräfte ihre Geschäfte führen. Und wir haben einige hervorragende Führungskräfte, nicht nur was ihre Fähigkeiten angeht; auch ihre ethischen Standards haben uns im Laufe der Jahre immer wieder beeindruckt. Das heißt nicht, dass es hier und da nicht auch mal Ausrutscher gäbe. Aber insgesamt bin ich sehr zufrieden, ihnen seit Jahrzehnten nicht nur die Verantwortung für die finanzielle Performance des Unternehmens zu übertragen, sondern auch, was ihr Verhalten betrifft. Ich sage ihnen auch, dass wir über alle finanziellen Mittel verfügen, die wir brauchen. Es ist schön, mehr Geld zu haben, aber bei Berkshire wird es uns nie an Geld mangeln. Wir haben nicht mehr Ansehen, als wir brauchen, und wir würden niemals unser Ansehen für Geld eintauschen. Wir vermitteln ihnen also eine einheitliche Botschaft: Sie sollen sich nicht nur gesetzeskonform verhalten, sondern auch so, dass sie keine Probleme mit ihren Nachbarn und Familien haben, wenn ein intelligenter Reporter mit feindlicher Gesinnung einen Artikel schreibt, der am nächsten Morgen in ihrer Lokalzeitung erscheint.«

»Es gibt keinen Druck seitens der Unternehmenszentrale von Berkshire, in einem bestimmten Quartal einen bestimmten Gewinn zu erzielen. Sie legen mir keine Budgets vor, sodass ich nicht das Gefühl habe, dass sie eine bestimmte Zahl erreichen müssten, weil ich sonst bei der Veröffentlichung der Gewinne oder Ähnlichem in der Öffentlichkeit bloßgestellt würde. Bei uns gibt es keine Anreize, Menschen zu etwas zu bewegen, was nicht mit ihrem Gewissen vereinbar ist, Spielchen zu spielen oder Kurven auf gefährliche Weise zu schneiden oder Ähnliches. Und insgesamt bin ich der Meinung, dass es gut funktioniert hat. Es ist nicht perfekt. Man kann keine 250.000 Mitarbeiter wie wir bei Berkshire haben, ohne dass nicht irgendwann etwas passieren würde. Aber ich bin mit unserer Erfolgsquote nicht unzufrieden.«

BERKSHIRES STRUKTUR UND BESTEUERUNG

1998 Aktionärsversammlung (05:17:51)

WB: »Wir sind sehr schlecht strukturiert. Wenn Sie noch einmal von vorn anfangen und das meiste von dem machen würden, was wir gemacht haben, würden Sie es wahrscheinlich nicht in Form eines Unternehmens machen oder exakt so, wie wir es machen … Wenn wir Coca-Cola mit einem Anschaffungswert von 1,2 Milliarden Dollar und einem Marktwert von 15 Milliarden Dollar besitzen und es verkaufen würden, müssten wir darauf eine Kapitalertragssteuer von 5 Milliarden Dollar zahlen. Das bedeutet, dass aus 15 Milliarden Dollar 10 Milliarden werden. Wenn nun 10 Milliarden im Wert von Berkshire enthalten sind und Sie Ihre Aktien gekauft haben, als wir Coca-Cola gekauft haben, zahlen Sie eine zweite Steuer, die sich wiederum aus der Wertsteigerung von Coca-Cola nach Steuern ergibt.

Es ist also von Nachteil, wenn beim Besitz von Wertpapiern eine Gesellschaft zwischen Ihnen und den Wertpapieren steht. Wenn wir als Partnership[34] geführt würden, wäre das nicht der Fall.«

»Ich habe die Buffett Partnership viele Jahre lang geleitet, und wir hatten nur eine Steuer auf Ebene der Gesellschafter. In dem Maße, in dem wir marktfähige Wertpapiere besitzen – und wir besitzen jede Menge davon – und in dem Maße, in dem wir damit hohe Gewinne erzielen, besitzen wir diese Wertpapiere in einer nachteiligen Form. Nun haben wir auch einen Float, der uns dabei hilft, sie zu besitzen, und das ist von großem Vorteil. Aber der Besitz von Wertpapieren durch eine Aktiengesellschaft ist nachteilig, wenn man stattdessen die Möglichkeit hat, sie direkt oder über eine Partnership zu besitzen.«

»Wir sitzen damit fest und haben keinen Plan, daran etwas zu ändern. Wir könnten wahrscheinlich auch nichts tun, selbst wenn wir wollten. Das ist ein Nachteil für unsere Performance im Vergleich zu der Situation, wenn wir eine Partnership wären. Einige Versicherungsgesellschaften, die auf den Bermudas tätig sind, haben dieses Problem möglicherweise nicht in gleichem Maße. Partnerships haben dieses Problem sicherlich nicht, soweit sie Wertpapiere besitzen. Aber für uns ist es eine Tatsache, und wir werden eine Menge Steuern zahlen müssen.«

CM: »Wir haben keine Lösung für die Körperschaftsteuer, und sie ist ein großer Nachteil für den indirekten Eigentümer von Wertpapieren. Bisher haben wir das recht gut gemeistert, aber es ist eine Belastung für uns.«

WB: »Seit der Senkung des individuellen Einkommenssteuersatzes auf 20 Prozent und unseres Unternehmenssteuersatzes auf 35 Prozent ist dieser Nachteil noch größer geworden. Wenn wir mit einer Aktie 1 Dollar Gewinn erzielen, werden daraus 0,65 Dollar, und in dem Umfang, in dem Sie Berkshire-Aktien besitzen, werden diese besteuert, also gehen von 0,65 Dollar 20 Prozent ab und es bleiben 0,52 Dollar. Wenn Sie also GEICO-Aktien besitzen, werden diese besteuert, und wenn Sie Berkshire-Aktien besitzen, werden diese besteuert. Wohingegen Ihnen 0,80 Dollar bleiben, wenn Ihnen die Aktie direkt gehört. Als wir GEICO noch besaßen und es nicht bei uns konsolidiert war, war das noch extremer: GEICO hatte Kapitalgewinne und wir hatten anteilig Kapitalgewinne in GEICO und so weiter. Die Struktur macht also einen großen Unterschied. Aber wenn man sich einmal für eine bestimmte Struktur entschieden hat, ist man in der Regel daran gebunden.«

CM: »Da wir auf Unternehmensebene stets eine sehr lange Haltedauer haben, schrumpft der tatsächliche mathematische Nachteil.«

WB: »Und wir hätten vielleicht nicht den Float erzielen können, den wir haben, wenn wir nicht in einer Unternehmensstruktur operiert hätten, das mildert die Wirkung also auch ab. Aber wir möchten mildernde Faktoren haben, ohne dass etwas abzumildern wäre, wenn wir die Wahl haben.«

[34] Anmerkung der Redaktion: Das ist eine Art Personenunternehmen in den USA, bei der die Besteuerung nur auf Ebene der einzelnen Gesellschafter nach dem Einkommenssteuertarif erfolgt.

DUE DILIGENCE BEI FUSIONEN UND ÜBERNAHMEN

1998 Aktionärsversammlung (05:22:12)

WB: »Wir haben [bei Fusionen und Übernahmen] nur insofern Verluste erlitten, als wir Fehler bei der Einschätzung der zukünftigen Wirtschaftlichkeit eines Unternehmens gemacht haben. Das hatte aber nichts mit der Due Diligence zu tun. Was man normalerweise als Due Diligence bezeichnet, betrachten wir in den meisten Fällen als reine Routine. Es ist ein Prozess, den große Unternehmen durchlaufen und den sie für notwendig halten. Unserer Meinung nach lassen sie dabei oft das außer Acht, was wirklich zählt, nämlich die Beurteilung der Menschen, mit denen sie zusammenarbeiten, und die Bewertung der Wirtschaftlichkeit des Unternehmens. Das jedoch macht 99 Prozent des Geschäfts aus.«

»Man kann einmal in hundert Fällen auf ein Problem mit Umwelthaftung stoßen oder einen schlechten Mietvertrag abschließen. Ich frage: ›Haben Sie schlechte Mietverträge?‹ Das ist der einfachste Weg. Ich könnte sie alle lesen und versuchen, jede Klausel oder so zu finden, aber das ist nicht das Problem. Wir haben viele schlechte Deals gemacht. Ein Beispiel: Wir haben einen schlechten Deal gemacht, als wir 1966 das Kaufhausunternehmen Hochschild Kohn gekauft haben. Die Leute waren in Ordnung, aber wir haben uns in der Wirtschaftlichkeit des Geschäfts getäuscht. Die Mietverträge spielten keine Rolle, so etwas war einfach nicht wichtig. Ich kann mich an keinen Fall erinnern, in dem das, was andere als Due Diligence bezeichnen, einen schlechten Deal für uns verhindert hätte. Und das in über dreißig Jahren. Ich war in neunzehn Aufsichtsräten börsennotierter Unternehmen tätig. Deren Vorstellung von Due Diligence besteht darin, Anwälte loszuschicken und eine Reihe von Investmentbankern einzuladen, die Präsentationen halten und all das. Meiner Meinung nach ist das eine furchtbare Ablenkung, weil der Vorstand dann fasziniert dasitzt und alle berichten, wie super das Ganze ist und wie sie Patente geprüft haben und vieles mehr. Und niemand konzentriert sich wirklich darauf, wo das Unternehmen in fünf bis zehn Jahren stehen wird.«

»99 Prozent der Geschäftsabschlüsse sind unternehmerische Entscheidungen in Bezug auf wirtschaftliche Aspekte und bis zu einem gewissen Grad auch auf Menschen. Den Rest machen die Menschen vielleicht zu ihrem eigenen Schutz. Ich glaube, sie nutzen das zu oft als Krücke, um einen Deal durchzuziehen, den sie ohnehin abschließen wollen. Natürlich wissen das alle Fachleute – glauben Sie mir, sie greifen auf die Prüfung zurück, ob diese nun nötig ist oder nicht. Wir sind keine großen Fans davon. Ich weiß nicht, wie viele Übernahmen wir im Laufe der Jahre abgeschlossen haben, aber ich kann mich an keine einzige erinnern, bei der die traditionelle Due Diligence eine Rolle gespielt hätte. Die Leute, mit denen wir in der Regel zu tun haben, erzählen uns normalerweise zuerst die schlechten Dinge und die guten erst, nachdem wir den Deal abgeschlossen haben.«

UNTERNEHMENSKAUF VERSUS AKTIENKAUF

1999 Aktionärsversammlung (01:29:06)

WB: »Wir wollten schon immer ganze Unternehmen erwerben. Als wir See's Candies, The Buffalo News oder National Indemnity gekauft haben, schien das niemand wirklich zu glauben. Aber das war schon immer unsere erste Wahl. Wir haben nur festgestellt, dass wir in den meisten Fällen viel mehr für unser Geld bekommen konnten, gerade bei richtig guten Unternehmen, wenn wir Teile über die Börse kauften, anstatt mit dem Vorstand zu verhandeln …«

»Es ist fast unmöglich, bei Verhandlungen einen supergünstigen Kauf zu tätigen. Bei Verhandlungen wird man nie so billig kaufen können wie in einem schwachen Aktienmarkt. Das wird einfach nicht passieren. Die Person auf der anderen Seite hat ein zu großes Eigeninteresse. An der Börse von 1973 oder 1974 hingegen hat man es mit einem Verkäufer mit geringem Aktienbestand zu tun, und egal, welchen Preis er für das Unternehmen festlegt, man kann es kaufen. Ich hätte 1974 die gesamte Washington Post Company nicht für 80 Millionen kaufen können – aber ich konnte 10 Prozent davon von einer Gruppe von Leuten kaufen, die das Beta berechneten oder Ähnliches. Sie befanden sich in einer richtig üblen Marktlage. Und es war möglich, einen Teil davon zu dieser Bewertung zu kaufen. Bei einem Kauf, den man aushandelt, bekommt man so etwas nie.«

»Wir sind immer mehr an großen, ausgehandelten Geschäften interessiert als an Aktienkäufen. Aber wir werden wahrscheinlich keine Möglichkeit finden, das gesamte Geld auf diese Weise zu verwenden. Gelegentlich ergibt sich vielleicht die Chance, über die Börse große Summen in attraktive Unternehmen zu investieren, um 5 oder 10 Prozent eines Unternehmens zu kaufen.«

BERKSHIRES LANGFRISTIGER ERFOLG

1999 Aktionärsversammlung (04:12:34)

WB: »Die Erfolgsbilanz von Berkshire Hathaway ist nicht darauf zurückzuführen, dass wir geniale Dinge gemacht haben, sondern darauf, dass wir weniger dumme Dinge gemacht haben als die meisten anderen. Warum kluge Menschen Dinge tun, die ihren eigenen Interessen zuwiderlaufen, ist mir ein Rätsel.«

2012 Aktionärsversammlung (02:17:24)

CM: »Wir haben ein sehr eigenartiges Modell, das für uns sehr gut funktioniert. Ich glaube, es ist für andere sehr schwer, das gleiche Ergebnis zu erzielen.«

WB: »Ich halte es für fast unmöglich, Berkshire zu kopieren. Es hat sehr lange gedauert, bis wir hier angekommen sind. Außerdem war eine große Portion Beständigkeit erforderlich, die wir uns leisten konnten, weil wir während dieser Zeit im Wesentlichen einen Anteilseigner hatten, der die Kontrollmehrheit hatte. Wir mussten uns nicht den Forderungen der Wall Street oder der Modeerscheinung des Tages beugen. Wir hatten vor über dreißig Jahren eine Kultur, in der wir dreizehn oder vierzehn Grundsätze aufschreiben konnten, und wir haben uns daran gehalten. Das ist für die meisten amerikanischen Unternehmen sehr schwer, und meiner Meinung nach ist es sehr schwer, wenn Führungsleute kommen und gehen und nur kleine Anteile besitzen. Ich glaube, es braucht eine sehr ungewöhnliche Struktur, um das zu schaffen.«

»Es hat lange gedauert, bis die Menschen mit großen Privatunternehmen in diesem Land sich wirklich darum gekümmert haben, wo diese Unternehmen angesiedelt sind, nachdem sie ihre Leitungsposition abgegeben haben. Es hat lange gedauert, bis so viele dieser Menschen zuerst an Berkshire gedacht haben. Und das Schöne daran ist: Wenn sie zuerst an Berkshire denken, denken sie an niemanden anderen, also erhalten wir den Anruf … Die großen privaten Übernahmen kommen zu Berkshire, weil sie zu Berkshire kommen wollen. Und das ist ein maßgeblicher Wettbewerbsvorteil, und ich sehe nicht, dass uns da jemand wirklich ernsthaft Konkurrenz machen könnte.«

CM: »Ich bin nicht nur überzeugt, dass es anderen schwerfallen würde, das effektiv nachzumachen, sondern meiner Meinung nach hätte es auch Warren, wenn er wieder dreißig Jahre alt wäre und nur über bescheidenes Kapital und sonst nicht viel verfügen würde, wahnsinnig schwer, das noch einmal zu schaffen.«

2015 Aktionärsversammlung (00:39:39)

WB: »Ich hatte dreimal außergewöhnlich großes Glück in Bezug auf das Versicherungsgeschäft. Beim ersten Mal, als ich 1951 im Alter von zwanzig Jahren einen Samstagnachmittag mit einem Mann namens Lorimer Davidson [CEO bei GEICO] verbrachte. Er nahm sich vier Stunden Zeit für einen zwanzigjährigen Jungen, von dem er noch nie zuvor gehört hatte, und erklärte mir das Versicherungsgeschäft. Mit zwanzig Jahren erhielt ich eine Ausbildung, die ich an keiner Wirtschaftsfakultät in den Vereinigten Staaten hätte bekommen können. Das war reines Glück … Dann hatte ich 1967 wieder Glück. Jack Ringwalt wollte jedes Jahr für etwa fünf Minuten sein Unternehmen verkaufen, weil er sich über etwas aufregte, etwa über eine Schadensmeldung, die ihm nicht gefiel. Ich sagte zu meinem Freund Charlie Heider: ›Wenn Jack das nächste Mal in dieser Stimmung ist, schick ihn zu mir ins Büro.‹ Charlie brachte ihn eines Tages vorbei, und wir kauften National Indemnity … Und dann hatte ich Mitte der 1980er-Jahre wirklich Glück, als eines Samstags ein Mann ins Büro kam und sagte: ›Ich habe noch nie in der Versicherungsbranche gearbeitet, aber vielleicht kann ich Ihnen helfen.‹ Das war Ajit Jain. Wie viel Glück kann man haben? Wenn Sie mich also fragen, ob wir so einen Dreifachtreffer in Zukunft noch einmal schaffen können, würde ich sagen, dass die Chancen dafür sehr gering sind.«

»Im Geschäftsleben kommt es darauf an, offen für Ideen zu sein, wenn sie auftauchen, und Versicherungen waren zufällig etwas, das sich mir erschloss. Das war genau mein Ding … Im Leben gibt es sehr viele Zufälle, aber wenn man offen für gute Zufälle ist und die schlechten hinter sich lässt, passieren irgendwann auch gute Dinge.«

CM: »Meistens haben wir richtig gute Unternehmen gekauft und sie gefördert. Aber die Rückversicherungssparte wurde hier in Omaha gerade erst aus dem Nichts geschaffen … Versicherungen waren für uns schon immer etwas Besonderes.«

BERKSHIRE HATHAWAY ENERGY (MIDAMERICAN ENERGY)

2003 Aktionärsversammlung (02:11:58)

WB: »MidAmerican ist ein wichtiger Teil von Berkshire, und ich würde sagen, dass es künftig wahrscheinlich noch viel größer wird. Das wäre einfacher, wenn das Gesetz über öffentliche Versorgungsunternehmen (Public Utility Holding Company Act) aufgehoben würde.[35] Dieses Gesetz mit dem wohlklingenden Namen PUHCA wurde 1935 als Reaktion auf die Machenschaften von Sam Insull und seinesgleichen in den 1920er-Jahren erlassen. Das war damals durchaus verständlich. Aber ich halte es heute für veraltet. Und ich glaube, dass wir etwas in den Versorgungsbereich einbringen. Das haben wir im letzten Jahr bewiesen: Ohne unser schnelles Handeln wären jetzt vielleicht einige Unternehmen insolvent. Aber unabhängig davon, ob das Gesetz aufgehoben wird – und ich halte das für durchaus möglich –, wird das Unternehmen MidAmerican, das jetzt schon groß ist, noch deutlich größer werden, vielleicht sogar sehr viel größer.«

»Was die Art der Vermögenswerte angeht, die wir künftig kaufen, haben wir keine klaren Präferenzen, ob es sich beispielsweise um eine Erdgas-Pipeline, ein inländisches Versorgungsunternehmen oder möglicherweise einen Versorger in einem anderen Land handelt. Wir werden die Dinge so betrachten, wie sie sich entwickeln. Wir sind immer bereit zu handeln … Die Energiebranche ist nun einmal von großen Summen geprägt; hier geht es nicht um Limonadenstände. Wir sprechen hier oft von Milliardenbeträgen für die betreffenden Vermögenswerte. Mit Dave Sokol und Greg Abel haben wir zwei hervorragende Geschäftsleute. Übrigens haben sie Sachen gemacht, die Berkshire viel Geld eingebracht haben und die nichts mit MidAmerican zu tun hatten. Sie haben ihre Zeit und Energie darauf verwendet, einige Dinge auf die Beine zu stellen, die MidAmerican selbst nicht konnte, aber Berkshire schon. Und MidAmerican hat dafür keinen Cent als Ausgleich bekommen. Sie haben also über ihre Tätigkeit als Manager von MidAmerican hinaus zum Wohlstand von Berkshire beigetragen. Es handelt sich also um eine hervorragende Anlage. Wir finden die Idee super, Geld in sie zu investieren, und Sie werden sehen, dass etwas passieren wird.«

CM: »Wirklich interessant daran ist die Tatsache, dass das Feld so groß ist, geradezu riesig. Wenn eine moderne Zivilisation eines braucht, dann ist das Energie. Wir wären also sehr enttäuscht, wenn es da nicht noch mehr Aktivitäten gäbe.«

2009 Aktionärsversammlung (03:08:06)

WB: »Ich glaube, wir sind der größte Energieversorger des Landes, was unsere Kapazität im Bereich Windenergie angeht. Und Iowa hat den höchsten Anteil an Strom, der aus Windenergie erzeugt wird. Aber natürlich weht der Wind in Iowa nur etwa 35 Prozent der Zeit, sodass man sich nicht für die Grundlast oder Ähnliches darauf verlassen kann. Aber Iowa war sehr aufgeschlossen und, wie ich sagen würde, fortschrittlich, was die Förderung von Windenergiekapazitäten angeht – und wir haben sie im

[35] Das PUHCA wurde im Jahr 2005 aufgehoben.

Gegenzug dazu ermutigt. Wir sind in Iowa ein Nettoexporteur von Strom. Iowa ist in unserem Versorgungsgebiet weit mehr als autark in Bezug auf die Stromerzeugung. Und das kommt den Menschen in Iowa zugute. Wie Sie vielleicht wissen, haben wir unsere Tarife seit mehr als einem Jahrzehnt nicht erhöht. Das wurde durch Effizienzsteigerungen erreicht. Es wurde durch Windkraft erreicht. Wir haben eine Rendite, die fair für uns und fair für die Menschen in Iowa ist. Ein Teil dieser Rendite kommt in Form einer Steuergutschrift – ich glaube, es sind 1,8 Cent pro Kilowattstunde –, die jedem in den USA gewährt wird, der Windkraftanlagen baut. Wir finden die Idee toll, mehr Wind zu nutzen. Wir tun das und ich glaube, dass wir auch künftig weiterhin eine führende Rolle dabei spielen.«

»Gegenüber einigen anderen haben wir vielleicht den Vorteil, ein großer Steuerzahler zu sein, sodass wir uns keine Gedanken darüber machen müssen, ob Steuergutschriften sinnvoll sind. Ich denke, solche Steuergutschriften könnten auch verkauft werden, aber das ist in unserer speziellen Situation gar nicht nötig. Sie werden also in Zukunft immer mehr Windstromerzeugung durch MidAmerican-Unternehmen erleben. Als wir PacifiCorp an der Westküste in sechs Bundesstaaten übernommen haben, gab es dort praktisch keine Windenergie. Wir haben viel aufgebaut und da wird noch mehr kommen.«

CM: »In praktisch allen Bereichen, die für Versorgungsunternehmen sinnvoll sind, werden die Berkshire Tochtergesellschaften eine führende Rolle spielen. Wir können alle sehr stolz auf MidAmerican und seine beiden Führungskräfte sein.«

WB: »Wir sind enorm stolz auf MidAmerican und werden im Laufe der Zeit noch viel mehr im Versorgungsbereich tun. Constellation Energy hat nicht funktioniert. Ich wünschte, es hätte geklappt. Wir erfuhren an einem Dienstagmittag von den Problemen dieses Unternehmens; Dave Sokol und Greg Abel waren an diesem Abend in Baltimore, um mit einem festen Bargeld-Gebot die Probleme von Constellation zu lösen. Constellation drohte innerhalb von 24 bis 48 Stunden eine Herabstufung, und das Unternehmen hätte im Zusammenhang mit verschiedenen Derivatgeschäften eine Meldepflicht gehabt, die es wahrscheinlich nicht hätte erfüllen können. Das Unternehmen stand vor der Insolvenz. Wir haben ihnen buchstäblich innerhalb einer Stunde, nachdem Dave mich mittags angerufen hatte, ein verbindliches Angebot unterbreitet. Das ist einer der Vorteile von Berkshire und wird vermutlich ein dauerhafter Wettbewerbsvorteil sein. Es gibt nur sehr wenige Unternehmen, die so handeln würden, wo man Talente hat, hinter denen man als CEO mit solchen Geldsummen stehen kann, ohne sich Sorgen machen zu müssen. Das ist ein Pluspunkt von Berkshire, auch wenn es in diesem Fall nicht funktioniert hat. Wir werden mehr im Versorgungsgeschäft mitmischen.«

CM: »Du hast doch mal eine Pipeline gekauft, oder? Innerhalb von zwei Stunden?«

WB: »Ja, das haben wir, und es hat sich sehr gut entwickelt. In diesem speziellen Fall brauchte das Unternehmen Dynegy – damals im Jahr 2002 – dringend Geld. Sie hatten die Pipeline von Enron übernommen. Es war eine sehr komplizierte Transaktion. Sie brauchten das Geld, und wir brauchten die Genehmigung der Federal Trade Commission (FTC) für den Deal, so wie jeder andere auch, der sie gekauft hätte. Ich schrieb einen Brief an die Kommission und sagte: »Diese Leute brauchen das Geld. Sie brauchen es, bevor die dreißigtägige Frist abgelaufen ist. Lassen Sie uns das frühzeitig durchziehen, und wir werden anschließend alles tun, was Sie uns sagen.«

»Berkshire kann eine solche Transaktion durchführen. Wir fragen nicht erst die Anwälte, bevor wir etwas unternehmen, wir machen es einfach. Und das ist ein Vorteil. Und es war ein Vorteil für Dynegy. Es hat ihnen durch eine Zeit geholfen [im Juli 2002], die sie sonst vermutlich nicht überstanden hätten. Wir können also bei Bedarf schnell handeln. Und es gibt mehrere Gründe, warum wir das können.

Zum einen haben wir immer das Geld; und wir haben die richtige Geisteshaltung. Aber wir wissen auch, dass wir die Führungskräfte haben, die entsprechend liefern können, sobald wir die Unternehmen besitzen. Das ist ein enormer Vorteil.«

2011 Aktionärsversammlung (04:33:17)

WB: »Windkraft ist super, aber nur, wenn der Wind auch weht. Man kann sich nie auf Windkraft als Grundlastversorgung verlassen, was eine echte Einschränkung darstellt. Andererseits ist Windkraft im Grunde die sauberste Energie, die man sich vorstellen kann … Wirtschaftlich ist das nur mit einem finanziellen Anreiz sinnvoll – einer Steuergutschrift von der Bundesregierung, die sie seit geraumer Zeit gewährt. … Unsere Regierung hat beschlossen, dass sie Windkraft subventionieren will … Und das ist irgendwie interessant: Einer der Vorteile von Berkshire ist, dass es hohe Steuern zahlt. Das klingt nicht nach einem großen Vorteil, aber viele Versorgungsunternehmen … zahlen nicht genug Steuern, um die steuerlichen Vergünstigungen nutzen zu können. Sie befinden sich in einer anderen Lage als Berkshire, wo wir hohe Steuern zahlen.«

»Wir haben in den vergangenen fünf Jahren wahrscheinlich etwa 2 Prozent aller Unternehmenssteuern in den Vereinigten Staaten gezahlt. Wir haben ein hohes Steuervolumen. Wir können mehr Windprojekte bauen. Ich halte es für sehr wahrscheinlich, dass wir dies künftig auch weiterhin tun. Das kommt unseren Kunden in Iowa zugute. Dank des Erfolgs dieser Projekte konnten wir die Preise seit mehr als einem Jahrzehnt unverändert lassen, was unter Stromversorgern in den Vereinigten Staaten sehr ungewöhnlich ist.«

2012 Aktionärsversammlung (01:02:53)

WB: »Wir beschäftigen uns schon seit geraumer Zeit mit Windenergie, und ich glaube, die Subvention beträgt 2,2 Cent pro Kilowattstunde für zehn Jahre, und das ist eine Subvention des Bundes … Durch diese Subvention in Höhe von 2,2 Cent hat die Regierung die Entwicklung der Windenergie stark gefördert. Ohne diese Subventionen hätte es meiner Meinung nach keine Windkraftentwicklung gegeben. Ich glaube nicht, dass eines unserer Projekte ohne diese Subventionen sinnvoll wäre.«

CM: »Letztendlich werden wir einen Großteil unseres Stroms aus erneuerbaren Energiequellen beziehen müssen, und natürlich müssen wir diesen Prozess mit Subventionen unterstützen. Ich halte es für sehr klug, dass die verschiedenen Regierungen genau das tun.«

WB: »… Ich würde schätzen, dass vielleicht 80 Prozent der Versorgungsunternehmen in den Vereinigten Staaten nicht alle oder vielleicht gar keine Steuervorteile aus den Maßnahmen ziehen können, über die wir gerade gesprochen haben, weil sie gar keine Bundessteuern zahlen. Sie haben die im letzten Jahr beschlossene Sonderabschreibung genutzt, bei der man im ersten Jahr 100 Prozent abschreiben kann. Damit wird ihr steuerpflichtiges Einkommen auf null gesetzt. Und wenn sie ihr steuerpflichtiges Einkommen auf null gesetzt haben, haben sie danach kein Interesse mehr an Windprojekten, bei denen sie Steuergutschriften erhalten, und auch nicht an Solarprojekten. Als Teil von Berkshire Hathaway, einem riesigen Steuerzahler, hat MidAmerican zusätzliche Möglichkeiten, viele

Projekte umzusetzen, ohne sich Gedanken darüber machen zu müssen, ob sie ihr Steuersparpotenzial ausgeschöpft haben.«

2015 Aktionärsversammlung (01:08:16)

WB: »Die Sicherheitsbilanz von BH Energy ist im Bereich der Versorgungsunternehmen außergewöhnlich. Bei jedem neuen Versorgungsunternehmen, das wir bei BH Energy erwerben, verbessern sich die Sicherheitsstatistiken erheblich, nachdem Greg Abel die Leitung übernommen hat.«

2015 Aktionärsversammlung (01:27:30)

CM: »Natürlich werden wir viel mehr erneuerbare Energien nutzen, weil die fossilen Brennstoffe nicht ewig reichen werden. Und natürlich ist Berkshire sehr aggressiv und sehr gut positioniert, was diese Entwicklung angeht ... Dass [> 50 Prozent der] Energie von Berkshires Versorgungsunternehmen in Iowa aus Windkraft stammt, halte ich für eine enorme Leistung. Und natürlich ist es in einem windigen Bundesstaat wie Iowa, wo die Landwirte dieses zusätzliche Einkommen schätzen, sehr wünschenswert, viel Strom aus Wind zu gewinnen.«

»Es wird künftig viel bessere Speichermöglichkeiten geben, und die Technologie hat sich verbessert. Das ist keine Bedrohung, sondern ein enormer Vorteil für die Menschheit. Das wird für Berkshire von großem Vorteil sein. Alles läuft gut für uns. Ich finde es toll, MidAmerican in einer Zeit zu besitzen, in der wir mehr Speicher, mehr Wind, mehr Sonne und mehr Netze haben werden. Wir haben wohl großes Glück. Was würden wir tun, wenn die fossilen Brennstoffe zur Neige gehen und wir die Sonne nicht indirekt in dieser Form nutzen könnten? Es wird künftig viel mehr Speicherplatz geben. Und natürlich wird es einige Störungen in der Versorgungswirtschaft geben, aber da gibt es künftig sicherlich mehr Chancen als Störungen.«

2016 Aktionärsversammlung (00:55:42)

»Jede Entscheidung, die wir über neue Wege der Stromerzeugung oder einen Wechsel bei der Stromerzeugung treffen, muss durch eine sogenannte öffentliche Versorgungskommission gehen; diese kann in einigen Bundesstaaten unterschiedliche Namen haben. Die Versorgungsindustrie ist überwiegend auf staatlicher Ebene reguliert, und wir können keine Änderungen vornehmen, die nicht von der öffentlichen Versorgungskommission genehmigt sind. Wir hatten beispielsweise mehr Probleme mit der Einführung erneuerbarer Energien in unserem westlichen Versorgungsunternehmen PacifiCorp, da es von sechs Bundesstaaten reguliert wird, die sich nicht unbedingt darüber einig sind, wie die Kosten und die Vorteile aufgeteilt werden sollten, wenn wir in größerem Umfang erneuerbare Energien einführen, und wir müssen uns an ihre Anweisungen halten.«

»Iowa hat dies auf allen Ebenen wunderbar gefördert – Verbraucherschützer, der Gouverneur, einfach alle – sie haben die Vorteile erkannt. In Iowa haben wir einen großen Konkurrenten namens Alliant, und ich weiß nicht, warum, aber er hat die erneuerbaren Energien nicht so vorangetrieben wie wir, sodass unsere Strompreise deutlich niedriger sind als seine. Wenn man sich seine Budgetprognosen ansieht, obwohl er bereits jetzt deutlich höhere Preise hat als wir, so muss er möglicherweise innerhalb eines Jahres oder so die Preise erhöhen. Bei unserer jüngsten Expansion haben wir erklärt, dass wir frühestens 2029 – also in 13 Jahren – eine Preiserhöhung benötigen werden. Es gibt also große Vorteile, wenn man eine funktionierende Regulierung hat, aber diese Entscheidung wird auf staatlicher Ebene getroffen.«

»Die Bundesregierung hat die Entwicklung erneuerbarer Energien durch diese Production Tax Credit (PTC)[36] in großem Umfang gefördert … Wir würden erneuerbare Energien nicht in diesem Umfang erzeugen, wenn diese Projekte nicht von der Bundesregierung subventioniert worden wären. Die Vorteile der Reduzierung von CO2-Emissionen kommen der ganzen Welt zugute, und daher wird es als angemessen angesehen, dass sich die Bürger als Ganzes an den Kosten für die Reduzierung dieser Emissionen beteiligen. Und das hat dazu geführt – und es sogar ermöglicht –, dass Entwicklungen wie in Iowa sich anstoßen ließen. Es wird von der Politik der Regierung abhängen. Ich denke, bisher war es ziemlich vernünftig, die Kosten in Form von verringerten Steuereinnahmen der Gesellschaft als Ganzes aufzubürden. Der Vorteil, nämlich weniger Kohlendioxid in der Atmosphäre, beschränkt sich nicht nur auf die Menschen in Iowa. Dieser Nutzen kommt der ganzen Welt zugute. … Eine Sache, die für Sie vielleicht interessant ist: Nebraska hat nicht viel mit Windkraft gemacht. Zwei Meilen von hier, direkt auf der anderen Seite des Flusses, kaufen die Menschen ihren Strom in Council Bluffs, Iowa, billiger als in Omaha. Und dabei sitzt in Nebraska ein vollständig staatlicher Stromversorger, es gibt also keine Aktionäre, die Gewinne erzielen müssen, die Anleihen werden steuerfrei ausgegeben, und dennoch ist der Strom auf der anderen Seite des Flusses erheblich billiger … Die eigentliche Ironie besteht darin, dass es in Iowa, weil der Strom so viel billiger ist, diese riesigen Serverstandorte von Unternehmen wie Google gibt. Es ist zu einem Technologieparadies für solche Betriebe geworden, die nur Strom verschlingen. Iowa hat eine Anlage nach der anderen bekommen und damit Arbeitsplätze geschaffen und mehr Grundsteuer eingenommen. Google ist in Iowa, weil es dort billigen Windstrom gibt … Nebraska war stolz auf seine öffentliche Stromversorgung. Ich glaube, das geht zurück auf die 1930er-Jahre, als George Norris ein sehr mächtiger Senator war. Das war eine Quelle des Stolzes, aber in letzter Zeit ist es auch zur Kostenquelle geworden.«

2017 Aktionärsversammlung (04:41:46)

WB: »Ich wäre überrascht, wenn wir in zehn Jahren nicht deutlich mehr Geld nicht nur in Wind- und Solarenergie investiert hätten, sondern wahrscheinlich auch mehr Versorgungsnetze besitzen würden als heute. Wir sind ein Lieblingskäufer für viele Versorgungsunternehmen. Greg Abel und sein Team leisten hervorragende Arbeit. Sie haben viel in Bezug auf Sicherheit, Zuverlässigkeit, Preis und erneuerbare Energien erreicht. Es ist schwer vorstellbar, dass ein Unternehmen besser geführt würde als Mid-

[36] Anmerkung der Übersetzerin: Production Tax Credit (PTC) ist ein US-amerikanisches Fördermodell zum Ausbau der erneuerbaren Energien, das auf Steuergutschriften basiert.

American Energy. Und mit dieser Erfolgsbilanz möchten viele Menschen, dass wir in ihren Bundesstaat kommen.«

CM: »Unsere Versorgungsunternehmen sind ungewöhnlich. So wie Greg Abel sie führt, sind sie in jeder Hinsicht viel besser geführt als normale Versorger. Sie werden von den zahlenden Kunden als besser angesehen. Sie werden von den Regulierungsbehörden als besser angesehen. Sie haben eine bessere Sicherheitsbilanz. Alles daran ist viel besser. Es ist eine Freude, mit solchen Menschen zusammenzuarbeiten und über Vermögenswerte dieser Qualität zu verfügen.«

WB: »Wir haben hier in Nebraska eine öffentliche Stromversorgung. Das ist seit vielen Jahrzehnten so etwas wie der Stolz Nebraskas. Es gibt keine privaten Versorgungsunternehmen, die Stromversorgung ist vollständig in öffentlicher Hand. Und solche Versorgungsunternehmen müssen keine Eigenkapitalrendite erzielen. Sie können zu steuerfreien Zinsen Kredite aufnehmen. Wir können das nicht. Der Wind in Nebraska unterscheidet sich nicht wesentlich von dem in Iowa. Und wir verkaufen Strom auf der anderen Seite des Flusses, nur wenige Kilometer von hier entfernt, zu niedrigeren Preisen als in Nebraska. Es handelt sich also um ein außergewöhnliches Versorgungsunternehmen. Ich danke Walter Scott [CEO der Kiewit Corporation], unserem Aufsichtsrat, dass er mich vor fast achtzehn Jahren darauf aufmerksam gemacht hat. Aber das Versorgungsgeschäft ist nicht … – ich glaube, wenn ich jetzt ein Aktienportfolio zusammenstellen würde, würde ich keine Versorgungsunternehmen in diese Gruppe aufnehmen. Aber ich finde es toll, dass wir Berkshire Hathaway Energy besitzen.«

CM: »Aber es ist anders, komplett anders. Und besser.«

WB: »Viel besser.«

2019 Aktionärsversammlung (03:27:13)

WB: »Wir haben drei Eigentümer von Berkshire Hathaway Energy. Wir sind zu 91 Prozent Eigentümer. Und es gibt keine drei Eigentümer, die mehr daran interessiert wären, Geld in sinnvolle Geschäfte in der Versorgungsbranche zu investieren, oder die besser aufgestellt wären, was die Mitarbeiter angeht, um alle Chancen zu maximieren. Andere Versorgungsunternehmen zahlen hohe Dividenden; wir haben in fast zwanzig Jahren, in denen wir MidAmerican Energy besitzen, noch nie einen Cent Dividende gezahlt. Die anderen haben nun mal nicht so einen Kapitalhunger wie wir. Es geht also nur darum, sinnvolle Projekte zu finden. Ich würde sagen, dass es keine Gruppe gibt, die so klug und motiviert ist wie unsere.«

CM: »Kurz gesagt, wir sind so gut, wie man nur sein kann. Um uns müssen sie sich also keine Sorgen machen.«

WB: »Wir werden viel Geld in Energie investieren.«

CM: »In dieser Hinsicht sind wir wirklich in einer ausgezeichneten Verfassung.«

WB: »Übrigens ist Walter Scott ganz begeistert von all diesen Projekten und besucht sie sogar vor Ort. Er weiß mehr darüber, als ich jemals wissen werde. Aber wir haben eine supertolle Beteiligungsgesellschaft. Wir verfügen über unbegrenztes Kapital, und in der Branche besteht ein enormer Kapitalbedarf. Ich bin also überzeugt, dass man in zehn oder zwanzig Jahren auf unsere Bilanz zurückblicken wird und es nichts Vergleichbares in der Energiebranche geben wird.«

CM: »Greg, gibt es in Iowa jemanden, der uns in Sachen Energie überrundet hat?«

GREG ABEL: »Charlie, realistisch gesehen gibt es in den USA, ganz zu schweigen von Iowa, niemanden, der uns überrundet hat. Wenn man die von uns produzierte Energiemenge im Verhältnis zum Verbrauch unserer Kunden betrachtet, sind wir führend in den USA und in Iowa.«

CM: »Und liegen unsere Preise nicht etwa bei der Hälfte der Preise unseres führenden Konkurrenten in Iowa?«

GA: »Genau. Wir liegen exakt in diesem Bereich.«

CM: »Wenn Ihnen das nicht genügt, können wir Ihnen nicht helfen.«

NEBRASKA FURNITURE MART

2014 Aktionärsversammlung (00:56:18)

WB: »Wir haben wahrscheinlich das Elf- oder Zwölffache des Nachsteuergewinns für Nebraska Furniture Mart bezahlt. Wir haben 80 Prozent des Unternehmens gekauft. Der Kauf erfolgte, wenn ich mich recht erinnere, zu einem Preis von 60 Millionen Dollar. Es gab noch eine zweite Transaktion. Aber 60 Millionen entsprachen 100 Prozent des Wertes; wir erhielten am Ende 80 Prozent. Die 60 Millionen wären mehr als der damalige Buchwert gewesen. Nicht viel mehr, aber doch mehr als der Buchwert. Der Umsatz betrug etwa 100 Millionen Dollar und die Vorsteuermargen lagen im 7-Prozent-Bereich, es waren etwa 7 Millionen Dollar vor Steuern und wahrscheinlich 4,5 oder 5 Millionen Dollar nach Steuern – in dieser Größenordnung. Das war kein Schnäppchenkauf. Es war aber ein super Geschäft. Es war eine ausgezeichnete Gelegenheit einzusteigen. Und ich habe noch nie eine so nette Familie kennengelernt.«

»Übrigens gab es noch ein anderes Unternehmen, ich glaube aus Deutschland, das zu dieser Zeit ebenfalls daran interessiert war, das Unternehmen zu kaufen. Ob Sie es glauben oder nicht, mein Freund Erskine Bowles von Simpson-Bowles vertrat dieses Unternehmen – das wusste ich damals noch nicht. Ich fuhr an meinem Geburtstag los, dem 30. August 1983. Ich hatte den Vertrag, der im Jahresbericht steht, und gab ihn Mrs B. Sie las ihn nicht, aber ihr Sohn Louie sagte ihr, was darin stand. Ich habe sie nie um eine Buchprüfung gebeten. Ich habe sie nur gefragt, ob sie Schulden hat. Ich fragte sie, ob ihr das Gebäude gehört, und sie sagte ja. Und wir haben den Deal gemacht. Aber es war kein Schnäppchenkauf.«

NETJETS

2003 Aktionärsversammlung (00:38:10)

WB: »NetJets[37] hat im ersten Quartal erhebliche Verluste verzeichnet. Ein Großteil davon ist auf die Abschreibung von Flugzeugen zurückzuführen … In der Branche werden sie als Vorbesitzerflugzeuge bezeichnet, ich nenne sie gebrauchte Flugzeuge. Wie auch immer – lässt man alle Schönfärberei weg, ist der gesamte Markt für Geschäftsflugzeuge sehr schwach. Auf dem Markt für gebrauchte Flugzeuge stehen weit mehr Flugzeuge zum Verkauf als noch vor vier oder fünf Jahren. Das wirkt sich auf die Produktion neuer Flugzeuge aus. Und es wirkt sich auf die Preise für gebrauchte Flugzeuge aus; wir haben Flugzeuge von Leuten zurückgekauft, die aus den Programmen ausgestiegen sind, was wir auch weiterhin tun werden. Aber wir haben in einem rückläufigen Markt gekauft und wir haben Abschreibungen im Zusammenhang mit diesen Flugzeugen vorgenommen … Es ist ein beliebtes Produkt, es ist ein wachsendes Geschäft, und meiner Meinung nach wird es in den kommenden Jahren zu einem sehr großen Geschäft werden.«

»Es gibt drei Hauptkonkurrenten. Man kann mit Fug und Recht behaupten, dass das Unternehmen erhebliche Verluste macht, wenn man die Abschreibungen auf seine eigenen Bestände außer Acht lässt. Unser Marktanteil – wir beziehen unsere Zahlen von der FAA zu Registrierungen und Verkäufen von Flugzeugen – ist in den letzten paar Jahren dramatisch gestiegen. Er liegt bei etwa 75 Prozent gemessen am Wert der Flugzeuge. Wir sprechen hier von 75 Prozent eines Marktes mit vier Unternehmen … Aber die Preise, die wir in den USA erzielen, sind nur minimal profitabel.«

»In Europa haben wir erhebliche Verluste gemacht und machen weiterhin Verluste. Die Gesamtzahl der Geschäftsflugzeuge in Europa beträgt etwa ein Zehntel der Zahl in den Vereinigten Staaten, obwohl die Bevölkerung ähnlich groß ist. Wir sind also von einer kleinen Basis aus dort recht schnell gewachsen. Niemand sonst wird uns angreifen.«

»Meiner Meinung nach wird dies im Laufe der Jahre Teil eines sehr großen weltweiten Geschäfts. Ich glaube nicht, dass nach uns noch sonst jemand in diesen Markt einsteigen kann. Daher halte ich dies für einen wesentlichen Bestandteil unseres Geschäfts. Etwa die Hälfte der in Europa geflogenen Meilen entfällt auf amerikanische Eigentümer. Und dieser Anteil wird im Laufe der Jahre noch steigen, weil die Zahl unserer Eigentümer jeden Monat deutlich zunimmt. Wir haben hier Leute von Marquis, die im Grunde genommen zu unseren Kunden geworden sind und dann Karten für 25 Stunden weiterverkaufen; in den letzten Monaten haben sie 40 bis 50 Kunden hinzugewonnen. Es ist also ein beliebter Service. Das Geschäft wird noch viel größer werden.«

»Irgendwann wird es zu einer Marktbereinigung kommen, vielleicht sogar schon recht bald. Ich weiß nicht, wann diese Bereinigung stattfinden wird, aber ich kann Ihnen versichern, dass wir nicht zu den Konkurrenten gehören werden, die davon betroffen sein werden … Das langfristige Geschäftsmodell basiert im Wesentlichen darauf, dass wir davon ausgehen, dass in einigen Jahren vielleicht zehnmal so viele Menschen mit uns fliegen wie heute. Dass wir über den besten Service, die beste Bilanz und

37 Anmerkung der Übersetzerin: NetJets ist ein Unternehmen, das im Bereich der privaten Luftfahrt tätig ist und Flugzeuganteile, Leasing und Jet-Cards anbietet.

die besten Richtlinien in puncto Sicherheit und Gefahrenabwehr verfügen, wird uns eine sehr dominante Position in diesem Bereich sichern, und die Kunden werden einen angemessenen Preis für diese Dienstleistung zahlen. Dafür gibt es aus unserer Sicht zahlreiche Anzeichen. Allerdings rechne ich für dieses Jahr nicht mit einem Gewinn bei NetJets.«

2010 Aktionärsversammlung (01:56:30)

WB: »Wir werden von Zeit zu Zeit Fehler machen, und einige unserer Manager können Fehler machen. Und manchmal stößt man auf wirklich außergewöhnliche Umstände. Der größte Fehler, den wir bei NetJets gemacht haben, war im Wesentlichen, dass wir Flugzeuge zu Preisen gekauft haben, die im Hinblick auf die Preise, zu denen wir sie später verkaufen konnten, utopisch waren. Und beim Kauf von Aktienbruchteilen gibt es eine gewisse zeitliche Verzögerung. Dafür gibt es viele Erklärungen, aber letztendlich haben wir uns nicht richtig auf das vorbereitet, was offensichtlich passieren würde. Und wir haben viel Geld verloren, einen Großteil davon durch die Abschreibung von Flugzeugen, unserem Bestand, den wir zu X gekauft hatten und nicht zu X oder 90 Prozent von X verkaufen konnten. Bei einigen davon handelte es sich um neue Flugzeuge, die wir nicht hätten anschaffen sollen, und viele andere waren Flugzeuge, die von ihren Eigentümern zurückgegeben wurden.«

»Irgendwann passten auch unsere Betriebskosten nicht mehr zu den wiederkehrenden Einnahmen. Aber ich habe viele Fehler gemacht. Ich war zwanzig Jahre lang in der Textilbranche tätig. Ich wusste, dass es ein mieses Geschäft war. Charlie sagte mir, dass es ein mieses Geschäft war; zwanzig Jahre später bin ich aufgewacht. Ich war wie Rip Van Winkle … Das Einzige, was wir garantieren können: Wir werden immer wieder Fehler machen. Bei NetJets war der Fehler groß, 711 Millionen Dollar lautet die Größenordnung. Wir arbeiten jetzt bei NetJets mit einem sehr ordentlichen Gewinn, einem Vorsteuergewinn von weit über 50 Millionen Dollar im ersten Quartal, und das ohne großen Boom bei den Flugzeugverkäufen oder sonst etwas in der Art. Es ist einfach ein Geschäftsmodell, das keine Einschränkung der Sicherheit oder des Services vorsieht, sondern nur Dinge in Ordnung gebracht hat, die in Ordnung gebracht werden mussten. Und ich spreche Dave Sokol dafür meine enorme Anerkennung aus. Er hat diesen Laden wie kein anderer auf Vordermann gebracht, und alle Aktionäre schulden ihm dafür großen Dank.«

CM: »Ich glaube, dass diese Phase im richtigen Zusammenhang betrachtet werden muss. Wenn wir dreißig große Unternehmen kaufen und die Leute, die sie zuvor erfolgreich geführt haben, mit sehr wenig Einmischung von der Zentrale weiterarbeiten lassen, und das in 95 Prozent der Fälle sehr gut funktioniert, und wir einen einzigen Fall haben, in dem das Grundgeschäft geschützt war, wir aber für eine Weile Gewinnchancen verloren haben, ist das kein großer Misserfolg. Es bedeutet auch nicht, dass wir aufhören sollten, ziemlich großzügig mit den bemerkenswerten Menschen zu sein, die mit ihren Unternehmen zu uns kommen.«

WB: »Nein, das ändert nichts an unserem Führungsansatz. Ich bin überzeugt, dass wir insgesamt von den Führungskräften Leistungen erhalten haben, die die kühnsten Träume übertreffen, die ich bei Gründung dieses Unternehmens hatte. Wir lassen die Führungskräfte ihre Arbeit machen, und das hat für uns insgesamt sehr gut funktioniert. Wir werden so weitermachen.«

BERKSHIRE HATHAWAY HOME SERVICES (REAL ESTATE BROKERAGE)

2005 Aktionärsversammlung (04:32:58)

WB: »Wir hoffen, ein Unternehmen von der heutigen Schlagkraft aufzubauen; mit anderen Worten, wir erwarten keine großen Veränderungen in der Vermittlung von Wohnimmobilien ... Wir sind das zweitgrößte Maklerunternehmen des Landes in diesem Bereich. Wir gehen davon aus, dass das Geschäft in Zukunft ähnlich wie in der Vergangenheit abgewickelt werden wird. Nun gibt es Leute, die das anders sehen und glauben, dass künftig viel mehr über das Internet passieren wird. Aber der Kauf eines Hauses ist für die meisten Menschen die wichtigste Transaktion in ihrem Leben. Das kann teilweise emotional sein, und bei so etwas schätzen sie es, wenn man sie begleitet. Ich bin überzeugt, dass der persönliche Kontakt auch in Zukunft sehr wichtig ist, so wie es bisher auch der Fall war.«

»In diesem Land werden Jahr für Jahr Millionen und Abermillionen von Häusern verkauft; die Vermittlung von Immobilien ist künftig ein sehr, sehr großer Markt. Und ich denke, es wird sich eher um einen sehr lokalen Markt handeln. Wir haben in einer Reihe von Märkten führende lokale Unternehmen gekauft, die ihre individuelle Identität behalten haben. Wir haben uns nicht für einen Century-21-Ansatz entschieden, bei dem wir alle unter einer einzigen Marke zusammenfassen. Vielmehr haben wir diese einzelnen Marken in bestimmten Städten oder Gemeinden, und es handelt sich in der Regel um sehr starke Marken. Aber wir haben erst an der Oberfläche gekratzt. ... Wir möchten in diesem Geschäft sehr groß werden.«

»Wir sind bereits groß, aber aus meiner Sicht ist fast sicher, dass wir in fünf bis zehn Jahren noch weitaus größer sein werden. Es ist eine Frage der Akquisition dieser Firmen. In der Regel handelt es sich um Einzelunternehmen, die einer einzelnen Person oder einer Familie gehören. Und sie werden regelmäßig aufgrund familiärer oder individueller Umstände zum Verkauf angeboten. Es gibt viele davon, und wir sind ein naheliegender Käufer. Wir haben uns als guter Eigentümer erwiesen. Das wird also ein gutes Feld für uns sein.«

BERKSHIRES DIVIDENDENPOLITIK

2008 Aktionärsversammlung (04:04:57)

WB: »Ich glaube in vielen Situationen an Dividenden, auch bei vielen Unternehmen, an denen wir beteiligt sind. Die Entscheidung, ob man Dividenden zahlt, sollte davon abhängen, ob man weiterhin mehr als 1 Dollar Wert für jeden einbehaltenen Dollar schaffen kann. Nehmen wir See's Candies, an dem wir beteiligt sind. See's hat praktisch alles, was das Unternehmen verdient hat, an uns ausgeschüttet, weil das Unternehmen nicht in der Lage ist, die großen Summen, die es in seinem Geschäft verdient, intelligent einzusetzen. Es wäre also ein großer Fehler von See's Candies, das Geld einzubehalten.

Sie schütten es an Berkshire aus, und wir hoffen, dass wir es in einen anderen Bereich verlagern können, wo dieser 1 Dollar nach aktuellen Maßstäben einen Wert von 1,10 Dollar oder 1,20 Dollar hat.«

»Wenn wir das machen, sind die Aktionäre besser dran, wenn wir das Geld behalten, denn wenn sie 1 Dollar als Dividende erhalten würden, anstatt einen Marktwert von 1,10 Dollar nach Maßstäben des aktuellen Wertes, wären sie besser dran, einen kleinen Prozentsatz ihrer Aktien zu verkaufen und auf diese Weise den erforderlichen Betrag einzunehmen; sie haben dann mehr Geld, als wenn wir es in Form von Dividenden auszahlen würden. Aber wenn der Zeitpunkt kommt – und er wird irgendwann kommen –, an dem wir nicht glauben, dass wir das Geld effektiv einsetzen können, um mehr als 1 Dollar Marktwert pro einbehaltenem 1 Dollar zu schaffen, dann sollte es ausgezahlt werden. Und wie gesagt, das tun wir individuell innerhalb von Berkshire. Aber weil wir diese Möglichkeit haben, Geld auf steuerlich effiziente Weise innerhalb des Unternehmens umzuverteilen, gibt es für uns mehr Gründe, all unsere Gewinne einzubehalten. Wäre See's ein eigenständiges Unternehmen, würden wir praktisch alle Gewinne als Dividenden ausschütten – genau wie wir es jetzt tun, nur dass sie eben an Berkshire gehen.«

»Wir haben Unternehmen gern, in die wir investiert haben und die uns das Geld zahlen, das sie selbst nicht effizient in ihrem eigenen Geschäft verwenden können. In einigen Fällen sind das 100 Prozent ihres Gewinns, in anderen Fällen sind es 0 Prozent. Wir besitzen einige Aktien, die keine Dividenden zahlen. Hat Costco eine Zeit lang überhaupt Dividenden gezahlt, Charlie?«

CM: »Während das Untenrehmen sehr schnell gewachsen ist, hat es keine Dividenden gezahlt. Jetzt zahlt es eine. Die Politik von Berkshire ist ähnlich. Warren hat immer geplant, hohe Dividenden zu zahlen; er tut dies nach dem Vorbild des Heiligen Augustinus, der sagte: ›Gott, gib mir Keuschheit, aber noch nicht jetzt.‹«

WB: »Diese Einstellung habe ich immer bewundert.«

2011 Aktionärsversammlung (01:32:40)

WB: »Wer weiß, wie schnell es dazu kommen wird, denn die Zahlen werden immer größer, aber es wird eine Zeit kommen, in der wir nicht mehr davon ausgehen können, dass wir jährlich 15 bis 20 Milliarden Dollar ausgeben und im Gegenzug etwas erhalten, das für unsere Aktionäre sofort mehr wert ist. Wenn der Zeitpunkt gekommen ist an dem wir für einen Dollar nur noch 90 Cent an Wert bekommen, hören wir auf, diesen Dollar intern zu investieren. Wir werden ihn an die Aktionäre ausschütten. Aber meine Prognose lautet: An dem Tag, an dem Berkshire eine Dividende ausschüttet, wird die Aktie fallen – und das sollte sie auch, denn es ist im Grunde das Eingeständnis, dass eine Zinseszinsmaschine ihre Fähigkeit verloren hat, diesen Kurs fortzusetzen.«

BORSHEIMS (SCHMUCKBRANCHE)

1998 Aktionärsversammlung (04:50:40)

WB: »Borsheims arbeitet mit deutlich geringeren Bruttomargen als es Tiffany oder ein börsennotiertes Schmuckunternehmen tut. Wir bieten unseren Kunden deutlich mehr für ihr Geld. Wir haben viel niedrigere Betriebskosten als die börsennotierten Unternehmen. Unsere Betriebskosten liegen um 15 bis 20 Prozentpunkte und in einigen Fällen sogar noch weiter unter denen unserer börsennotierten Wettbewerber. Wir haben also viel zu bieten.«

»Die große Frage, die sich die Leute immer stellen, wenn es um Juweliere geht, lautet: ›Woher weiß man, wer vertrauenswürdig ist?‹ Es handelt sich um eine Ware (Schmuck), deren Kauf den meisten Menschen nicht leichtfällt. Und ich bin der Meinung, dass die Identifikation mit Berkshire Hathaway den Menschen helfen kann, ein gutes Gefühl dabei zu haben. Ich meine, dass die Erfahrungen von Kunden im ganzen Land, die dieses Gefühl haben, hilfreich ist. Es handelt sich um eine hochpreisige Ware, daher ist es genau wie bei einer Kfz-Versicherung sehr wichtig, Geld zu sparen. Daher bin ich überzeugt, dass sich Borsheims guter Ruf mithilfe des Internets landesweit ausbreiten und festigen wird. Borsheims könnte ein großes Wachstum verzeichnen, und das Internet könnte einen großen Teil dazu beitragen.«

»Unsere Aufgabe besteht darin, den Menschen im ganzen Land zu vermitteln, dass sie sich ein halbes Dutzend Artikel von uns zusenden lassen können, die sie sich ohne jeglichen Verkaufsdruck oder Ähnliches ansehen können. Sie können sich die Preise ansehen und entscheiden, was sie für ihr Zuhause möchten, und sie werden mit uns sehr gut fahren. Es gibt derzeit viele Leute, die das jetzt nutzen, aber im Laufe der Jahre könnten es zehn-, zwanzig- oder fünfzigmal so viele werden. Meiner Meinung nach sollten wir sehr hart daran arbeiten. … Bei allem, wo man dem Verbraucher ein tolles Angebot macht, jedoch das Problem hat, wie man diesen Verbraucher ansprechen soll, bietet das Internet Möglichkeiten. Die Sache ist nur, dass jeder auf der Welt dort sein wird. Und warum sollte man Ihre Webseite anklicken und nicht die von jemand anderem?«

OCCIDENTAL PETROLEUM

2020 Aktionärsversammlung (03:22:10)

WB: »Wenn man sich an einem großen Ölförderunternehmen beteiligt, hängt es in hohem Maße vom Ölpreis ab, wie sich das Ganze entwickelt. Es kommt nicht nur auf geologische Volltreffer oder Superfehler oder Ähnliches an. Es ist eine Investition, die vom Ölpreis abhängt. Und wenn der Ölpreis auf minus 37 Dollar rutscht, wie es neulich bei den Mai-Kontrakten der Fall war, dann ist es vorbei.«

»Man sollte Öl nur besitzen, wenn man davon ausgeht, dass die Preise deutlich steigen werden. Ich weiß nicht, ob sie deutlich steigen werden oder nicht. Wir befinden uns mitten in der Transaktion.

Unsere Verpflichtung wurde an einem Sonntag eingegangen, als das Management von Anadarko sich für Chevron entschied und Chevron eine Ausstiegsgebühr von 1 Milliarde Dollar zahlte. Die Leute von Occidental hatten mehrere Jahre daran gearbeitet, und bei den damals vorherrschenden Ölpreisen war es attraktiv. Und es funktioniert offensichtlich nicht. Bei minus 37 Dollar pro Barrel funktioniert es sicherlich nicht, aber bei 20 Dollar pro Barrel funktioniert es auch nicht. Und alles, was die Ölkonzerne getan haben – Exxon, Occidental oder alle anderen –, funktioniert bei solchen Ölpreisen nicht. Deshalb wird die Ölförderung in den nächsten Jahren stark zurückgehen, weil es sich derzeit nicht lohnt zu bohren. Das gab es schon in der Vergangenheit. Aber man weiß nicht, wo man die zusätzlichen Barrel Öl lagern soll, und die Ölnachfrage ist dramatisch zurückgegangen.«

»Eine Zeit lang haben die Russen und die Saudis versucht, sich gegenseitig darin zu übertrumpfen, wer mehr Öl fördern kann. Und wenn man zu viel auf Lager hat, lässt sich das nicht so schnell absetzen. Jetzt wird die Ölförderung in den Vereinigten Staaten deutlich zurückgehen. Es lohnt sich nicht mehr, in allen Formationen zu bohren, bei denen das früher profitabel war, und es lohnt sich nicht, den Preis zu zahlen, zu dem Öl vor ein oder zwei Jahren gehandelt wurde. Insofern werden Sie mir zustimmen, wenn Sie Aktionär von Occidental oder eines anderen Ölförderunternehmens sind, dass wir uns bisher in Bezug auf die Entwicklung der Ölpreise geirrt haben. Wer weiß, wie es in Zukunft weitergeht.«

PRECISION CASTPARTS

2021 Aktionärsversammlung (00:28:35)

WB: »Berkshire hat bei Precision Castparts [einem Hersteller von Präzisions-Gussteilen für Industrieanwendungen] keinen Fehler gemacht. Ich habe den Fehler gemacht. Wenn wir den Kauf eines Unternehmens in Betracht ziehen, bewerten wir immer die Wettbewerbsvorteile, den Preis, die Führung, einfach alles. Wir haben bei der Führung keinen Fehler gemacht, aber ich habe mich in Bezug auf die durchschnittliche Ertragskraft getäuscht. So etwas kann passieren, wie bei Boeing mit der MAX. Wir haben einige solcher Fälle erlebt. Aber ich habe im Verhältnis zum durchschnittlichen Gewinn zu viel bezahlt. Es ist ein tolles Unternehmen, und ich bin mit dem Management zufrieden, aber General Electric braucht nicht so viele Triebwerke, wie wir dachten … Andere Unternehmen, die wir gekauft haben, entwickeln sich manchmal besser als erwartet. Ich werde weiterhin Fehler machen.«

»Aber wir haben auch einige supergute Deals gemacht. Und wenn wir von einem Geschäft enttäuscht sind, wird sein prozentualer Anteil an unserem Geschäft in der Regel immer weiter sinken, das liegt in der Natur der Sache, weil es nicht vorankommt. Und wenn wir ein erfolgreiches Unternehmen wie GEICO haben, macht es jetzt 15-mal so viel Umsatz wie 1990, als wir die Kontrollmehrheit übernommen haben. Solche Unternehmen werden zu einem viel wichtigeren Teil unseres Portfolios. Durch natürliche Kräfte verdient man also mehr Geld mit den Bereichen, die sich besser entwickelt haben als gedacht. Am Ende konzentriert man sich stärker auf die Bereiche, die funktionieren. Charlie würde sagen, es ist nicht wie mit Kindern, wo die schlechten mehr Probleme machen.«

DEXTER SHOE

2002 Aktionärsversammlung (04:34:38)

WB: »Wir haben mit Dexter Shoe sehr viel Geld verloren, aufgrund einer dummen Entscheidung, die ich getroffen habe, und vielleicht waren es sogar mehrere dumme Entscheidungen. Das ist ein Unternehmen, das in großem Stil ins Ausland abgewandert ist. In diesem Land werden fast 1,2 Milliarden Paar Schuhe getragen, vier pro Mann, Frau und Kind. Und ich weiß nicht, ob es jetzt 5 Prozent sind, aber in dieser Größenordnung werden sie in diesem Land hergestellt, und damit sind Hunderttausende von Arbeitsplätzen ins Ausland verlagert worden. Die Textilindustrie ist, wie Sie wissen, in diesem Land fast zerstört worden … Letztendlich ist es sehr schwer, so gut zu sein, wenn man zehnmal so viel pro Stunde für Arbeitskräfte bezahlt wie jemand anderes.«

»Dexter gehört jetzt zu H.H. Brown und verkauft Produkte, die überwiegend im Ausland hergestellt werden. Und H.H. Brown verkauft eine ausgesprochen große Menge von Produkten, die außerhalb der Vereinigten Staaten hergestellt werden, obwohl das Unternehmen immer noch viele Produkte in den Vereinigten Staaten herstellt. Aber Dexter wird ein beträchtliches Geschäft mit Schuhen machen … Ich denke, unser Schuhgeschäft wird hinreichend groß sein. Es wird nicht zur Goldgrube werden, aber wir haben eine sehr gute Führungsriege … Ich würde erwarten, dass wir in Zukunft ein bedeutendes und recht profitables Schuhgeschäft haben, aber wir schaffen das nicht mit 100 Prozent oder 90 Prozent oder 80 Prozent von Schuhen, die im Inland hergestellt werden. Und in dieser Hinsicht habe ich einen großen Fehler gemacht, als ich so viel bezahlt habe wie damals, nämlich mit Aktien im Fall von Dexter, für einen inländischen Schuhhersteller.«

CM: »Das zeigt …, dass man immer noch Fehler macht, egal wie hart man daran arbeitet, Systeme zur Fehlervermeidung und Praktiken zur Einhaltung des eigenen Kompetenzbereichs zu entwickeln. Und ich bin überzeugt, ich kann mit Sicherheit versprechen, dass das nicht unser letzter Fehler gewesen sein wird.«

2003 Aktionärsversammlung (02:50:56)

WB: »Ich habe es noch nie im Prospekt eines Investmentbankers gesehen – ich hoffe, dass mir das eines Tages passiert, und ich hoffe, dass ich den Schock überlebe, wenn ich das sehe – dass die Gewinne des angebotenen Unternehmens sinken. Aber die Gewinne vieler Unternehmen sinken sehr wohl … Die Prognose erstreckt sich über zehn Jahre, und die Gewinne steigen immer. Das entspricht nicht der Realität. Einige Unternehmen werden künftig einem enormen Wettbewerbsdruck ausgesetzt sein, der heute noch nicht existiert. Ich habe diesen Fehler zum Beispiel bei Dexter Shoe gemacht. Wir haben ein Unternehmen mit einem Vorsteuergewinn von 40 Millionen Dollar gekauft und sind davon ausgegangen, dass die Zukunft genauso rosig sein würde wie die Vergangenheit, aber ich hätte mich nicht mehr irren können. Das gehört zum Geschäft. Wahrscheinlich werden 20 Prozent der Fortune-500-Unternehmen in fünf Jahren deutlich weniger Geld verdienen als heute – aber ich weiß nicht, welche 20 Prozent. Darum geht es in diesem Spiel.«

LUBRIZOL

2011 Aktionärsversammlung (01:03:13)

WB: »Erdöl-Zuschlagstoffe erschienen mir zunächst als ein Geschäft, von dem ich keine Ahnung hatte. Ich würde die Chemie dahinter nie verstehen, aber das ist auch nicht wichtig. Wichtig ist, die wirtschaftliche Dynamik der Branche zu verstehen. Gibt es Wettbewerbsvorteile? Ist der Markteintritt einfach? All diese Dinge … Was Dave Sokol mir nach einem Abendessen mit James Hambrick [CEO von Lubrizol] erklärte und was ich später bei einem Mittagessen bestätigen konnte, als James am 8. Februar hierherkam, vermittelte mir ein gutes Verständnis, wie die Dynamik der Branche aussieht und wie sich das Geschäft im Laufe der Zeit entwickelt hat, und welche Rolle die Ölgesellschaften in Bezug auf chemische Zuschlagstoffe jetzt und in Zukunft spielen. Die Ölgesellschaften sind die größten Kunden. Sie verkaufen Öl an Lubrizol, aber sie sind auch große Kunden; sie haben sich zu einem gewissen Grad aus dem Geschäft zurückgezogen, obwohl zwei von ihnen noch in diesem Geschäft tätig sind. Diese Branche hat sich also im Laufe der Zeit konsolidiert.«

»Jedes Mal, wenn ich mir ein Unternehmen anschaue, stelle ich mir die Frage nach den Eintrittsbarrieren. Als wir 1972 See's Candies gekauft haben, habe ich mir gesagt: Wenn ich 100 Millionen Dollar hätte und das Geschäft von See's Candies nachahmen wollte, ob ich das schaffen würde. Ich kam zu dem Schluss, dass das nicht möglich wäre, also haben wir See's Candies gekauft … Nach einem zweiten Gespräch mit James kam ich zu dem Schluss, dass es für andere nicht unmöglich ist, in dieses Geschäftsmodell einzusteigen. Aber angesichts des Services und der relativ niedrigen Kosten für das, was Lubrizol leistet, und angesichts der Tatsache, dass es sich um einen Markt handelt, der nicht riesig ist (der wahrscheinlich insgesamt nur etwa 10 Milliarden Dollar umfasst), kam ich zu dem Schluss, dass es hier einen ziemlich großen Burggraben gibt. Das Unternehmen hat viele Patente, aber mehr noch hat es eine Verbindung zu seinen Kunden. Es arbeitet mit den Kunden zusammen, wenn neue Motoren auf den Markt kommen, um die richtigen Zuschlagstoffe zu entwickeln.«

»Ich verstand also nicht mehr von Chemie als zu Beginn, aber ich hatte das Gefühl, die Wirtschaftlichkeit des Geschäfts zu verstehen, genauso war es, als die Leute von ISCAR mit mir sprachen … Charlie und ich kamen zu dem Schluss, dass Lubrizol in diesem Geschäft die Nummer eins in Bezug auf den Marktanteil ist, dass es sich um eine nachhaltige Position handelt und dass es sich wahrscheinlich um ein sehr gutes Geschäft handelt, das sich im Laufe der Zeit bewähren wird. Dieses Unternehmen trägt dazu bei, dass Motoren länger und reibungsloser laufen; wenn Metall auf Metall einwirkt, sind Schmierstoffe wichtig, und die wird es immer geben. Ich denke, Lubrizol wird noch sehr lange das führende Unternehmen sein … Es wird sich als sehr gute Ergänzung für Berkshire erweisen. Trotz der Turbulenzen sind sie ausgesprochen begeistert davon, Teil von Berkshire zu werden; sie betrachten es als ihr ideales Zuhause.«

CM: »ISCAR und Lubrizol haben in gewisser Weise unter der Oberfläche Gemeinsamkeiten. Sie bedienen einen sehr kleinen Markt, der für niemanden mit Verstand wirklich attraktiv ist, und sie bieten einen ausgezeichneten Service. Sollten Sie noch ähnliche Unternehmen dieser Art haben, rufen Sie Warren bitte an.«

PETROCHINA

2004 Aktionärsversammlung (03:20:32)

WB: »PetroChina ist anderen großen Ölkonzernen weltweit sehr ähnlich. Im vergangenen Jahr war es das viertprofitabelste Ölunternehmen der Welt. Es fördert täglich 80 bis 85 Prozent so viel Rohöl wie Exxon. Es handelt sich um ein sehr großes Unternehmen, das nicht kompliziert ist. Was dieses Geschäft wirtschaftlich ausmacht, ist relativ leicht zu verstehen. Und was die fehlende Transparenz angeht, sagt Ihnen der Jahresbericht vielleicht mehr über das Geschäftsmodell, als Sie in den Jahresberichten anderer Ölriesen finden. Das Unternehmen macht eine Sache, die mir besonders gefällt: Es gibt bekannt, dass es 45 Prozent seiner Gewinne ausschütten wird, sofern es keine Änderungen in der Unternehmenspolitik gibt. Mir gefällt die Idee, dass in einem so großen Unternehmen 45 Prozent der Gewinne an Berkshire gehen und der Rest wieder investiert wird. Das Unternehmen wurde einfach gekauft, weil es im Verhältnis zu den Gewinnen, den Reserven, der täglichen Ölförderung, der Raffineriekapazität – egal, welche Kennzahl man heranzieht – sehr günstig war. Es war weitaus günstiger als Exxon, BP oder Shell. Nun könnte man sagen, dass es auch billiger sein sollte, weil schließlich 90 Prozent im Besitz der chinesischen Regierung sind, und das ist natürlich ein Faktor, den man in seine Bewertung einbezieht. Aber ich war nicht der Meinung, dass gerade dieser Faktor den enormen Preisunterschied rechtfertigt, zu dem es erhältlich war … Wir sind nicht dort, weil es chinesisch ist, aber wir meiden es auch nicht, weil es chinesisch ist. Wenn Sie den Jahresbericht lesen, werden Sie das Unternehmen genauso gut verstehen, wie wenn Sie den Jahresbericht eines der anderen großen Ölkonzerne lesen würden.«

CM: »Wenn etwas billig genug ist, kann man sich ein wenig mehr Länderrisiko oder Regulierungsrisiko leisten.«

2005 Aktionärsversammlung (00:46:47)

WB: »Wir haben PetroChina vor einigen Jahren gekauft, nachdem wir den Jahresbericht gelesen hatten. Glücklicherweise war er auf Englisch. Es war die erste chinesische Aktie, die wir besaßen. Wir haben etwa 400 Millionen Dollar investiert. Letztes Jahr hat das Unternehmen 12 Milliarden Dollar Gewinn erwirtschaftet. Wenn Sie sich die Fortune 500 ansehen, werden Sie meiner Einschätzung nach nicht mehr als etwa fünf Unternehmen in den USA entdecken, die 12 Milliarden Dollar Gewinn machen. Es handelt sich also um ein großes Unternehmen. Als wir die Aktie gekauft haben, betrug der Gesamtmarktwert 35 Milliarden Dollar. Wir haben also etwa das Dreifache dessen bezahlt, was das Unternehmen im letzten Jahr verdient hat. Es ist nicht ungewöhnlich hoch verschuldet. Im Jahresbericht heißt es, dass etwa 45 Prozent des Gewinns ausgeschüttet werden sollen. Wenn Sie die Aktie also zum Dreifachen des Gewinns kaufen und 45 Prozent von 33 Prozent erhalten, erzielen Sie eine Barrendite von 15 Prozent auf Ihre Investition … Es handelt sich um ein sehr großes Unternehmen zu einem sehr attraktiven Preis.«

»Wir mussten unsere Beteiligung offenlegen; wir hätten mehr gekauft, aber der Preis ist gestiegen. … Vor dem Kauf der Aktien hatten wir keinen Kontakt zum Vorstand. Wir hatten nie an einer

Investorenpräsentation oder etwas Ähnlichem teilgenommen. Das heißt, es steht schwarz auf weiß in einem Bericht, den jeder einsehen kann. Wir sitzen im Büro und lesen solche Berichte, und konnten 400 Millionen Dollar investieren, die jetzt 1,2 Milliarden Dollar wert sind … Der Preis, zu dem PetroChina damals im Vergleich zu anderen internationalen Ölgesellschaften zum Verkauf stand, war meiner Meinung nach lächerlich; deshalb haben wir zugeschlagen.«

2008 Aktionärsversammlung (02:41:38)

WB: »Der Jahresbericht von PetroChina wurde veröffentlicht und ich habe ihn gelesen. Mehr als das habe ich nicht gemacht. Ich habe nie den Vorstand kontaktiert, einen Brokerbericht gelesen oder jemanden um seine Meinung gebeten … Ich kam zu dem Schluss, dass das Unternehmen 100 Milliarden Dollar wert war und für 35 Milliarden Dollar verkauft wurde. Was bringt es, mit dem Vorstand zu sprechen? Der Vorstand fast jeden Unternehmens wird sagen, dass seine Aktien ein hervorragender Kauf sind – da gibt es keine Unterschiede. Wenn ich nun der Meinung gewesen wäre, dass das Unternehmen 40 Milliarden Dollar wert ist, dann hätte ich zu diesem Zeitpunkt versuchen müssen, meine Analyse zu verfeinern. Aber ich musste nicht wissen, ob das Unternehmen 95 Milliarden oder 105 Milliarden Dollar wert war, wenn ich es für 35 Milliarden Dollar kaufen konnte.«

»Eine weitere Verfeinerung der Analyse wäre Zeitverschwendung gewesen, wenn die Aktie für mich nun mal ein so klarer Kauf war. Uns sind Dinge ausgesprochen lieb, die man nicht auf drei Dezimalstellen genau ausrechnen muss. Wenn man sie auf drei Dezimalstellen genau ausrechnen muss, sind sie meist keine gute Gelegenheit. Das ist so, als würde jemand zur Tür hereinkommen und zwischen 300 und 350 Pfund wiegen; ich weiß vielleicht nicht, wie viel der Betreffende wiegt, aber mir wäre sofort klar, dass er dick ist. Das ist alles, was ich suche, ein finanzielles Schwergewicht. … Es sollte einem förmlich ins Auge springen.«

CM: »Ich würde behaupten, dass wir geringere Due-Diligence-Kosten haben als jeder andere in Amerika und dass wir weniger Probleme hatten, weil unsere Ausgaben niedriger waren. … Ich bin überzeugt, unser Betrieb ist sicherer, weil wir wie Ingenieure denken. Wir wollen solche Zuverlässigkeitspuffer. Andere versuchen etwas wirklich Schwieriges, nämlich in sehr komplexen Bereichen fein abgestimmte Entscheidungen zu treffen und sich dabei auf andere zu verlassen, die dafür bezahlt werden … Ich denke, es ist viel sicherer, es so zu machen wie wir.«

WB: »Wenn Sie glauben, dass die Wirtschaftsprüfer mehr über Übernahmen wissen als Sie, sollten Sie selbst Wirtschaftsprüfer werden und ihnen die Leitung des Unternehmens überlassen. Wenn wir einen Anruf zu etwas wie [dem Süßwaren- und Kaugummihersteller] Mars/Wrigley bekommen … wenn der Wert von Wrigley von einem bestimmten Mietvertrag oder einem bestimmten Umweltproblem abhängt, vergessen Sie es. Es gibt bestimmte übergeordnete Überlegungen, die von enormer Wichtigkeit sind, und dann gibt es eine ganze Menge Kleinigkeiten, die keinerlei Bedeutung haben.«

»Ich habe viele große Investitionsfehler begangen. Meiner Meinung nach habe ich jedoch nie einen Fehler gemacht, der sich durch herkömmliche Due Diligence hätte vermeiden lassen. Und wir hätten viel Geld ausgegeben, viel Zeit verschwendet und in einigen Fällen Übernahmedeals verpasst, einfach weil wir uns nicht schnell genug entschieden hätten. Wir haben einen bedeutenden Vorteil, der mit unserem Wachstum noch größer wird, denn bei großen Deals verlassen sich die Leute immer mehr auf den Prozess; wenn sie eine Übernahme abschließen wollen, kommen sie zu uns.«

»Die Leute von Mars wollten – was die Finanzierung der Wrigley-Situation angeht – nur mit Berkshire verhandeln, weil sie wussten, dass wir keine Anwälte einschalten. Wir hatten nicht einmal einen Aufsichtsrat dabei. Wir erhielten einen Anruf, es erschien uns sinnvoll und wir sagten ja. Und wenn wir ja sagen, sagen wir nicht ja mit einer Klausel über wesentliche nachteilige Veränderungen. Wir sagen nicht ja unter der Voraussetzung, dass eine Finanzierung verfügbar ist. Wir sagen einfach ja. Wenn wir also einen Deal über 6,5 Milliarden Doller abschließen, kann ich den Leuten sagen, dass dieses Geld auch zur Verfügung steht, selbst wenn in New York City eine Atombombe explodiert, wenn eine Grippeepidemie ausbricht oder wenn Ben Bernanke mit Paris Hilton nach Südamerika flieht. Der Scheck ist dann gedeckt. Für jemanden, der 6,5 Milliarden Dollar will, ist diese Sicherheit etwas wert – und die bekommt man wirklich nirgendwo anders. Das ist ein echter Vorteil bei uns.«

EISENBAHNGESELLSCHAFTEN UND BNSF

2007 Aktionärsversammlung (03:50:15)

WB: »Die relative Wettbewerbsposition des Schienentransports hat sich etwas verbessert gegenüber der wirklich nicht sehr guten Wettbewerbsposition vor zwanzig oder fünfundzwanzig Jahren. Auf der Arbeitnehmerseite gab es große Fortschritte. Eisenbahnen profitieren in ihrer Wettbewerbsposition gegenüber dem Lkw-Verkehr, wenn die Ölpreise steigen. Höhere Dieselkraftstoffpreise erhöhen natürlich auch die Kosten für den Schienentransport, aber sie erhöhen auch die Kosten für ihre Konkurrenten, und zwar wahrscheinlich um das Vierfache. Und es werden nicht viele neue Kapazitäten in der Bahnindustrie geschaffen. Was also vor zwanzig bis fünfundzwanzig Jahren ein grauenhaft schlechtes Geschäft war, das unter Regulierung stand – und immer noch unter der Gefahr einer erneuten Regulierung steht, die sich dämpfend auf ihre Preissetzungsmacht auswirkt –, ist heute ein besseres Geschäft. Es wird nie ein sensationell gutes Geschäft sein. Es ist sehr kapitalintensiv. Und wenn man jedes Jahr tonnenweise Kapital investiert, ist es sehr schwer, wirklich außergewöhnliche Kapitalrenditen zu erzielen. Aber wenn sie eine angemessene Kapitalrendite erzielen, kann es im Laufe der Zeit ein gutes Geschäft sein – viel besser als in der Vergangenheit.«

2010 Aktionärsversammlung (02:14:04)

WB: »Ich glaube, der Service Transportation Board (STB) hat etwas wie 10,5 Prozent oder so für das investierte Kapital festgelegt. Und wenn es zu einer ausreichend großen Änderung der Zinssätze oder Ähnlichem käme, könnte man argumentieren, dass es eine Anpassung in die eine oder andere Richtung geben sollte.«

»Normalerweise spricht man bei regulierten Versorgungsunternehmen von der Eigenkapitalrendite; in einigen Bundesstaaten sind das vielleicht 11 Prozent, in anderen vielleicht 12 Prozent, das ist üblich in diesem Bereich. Bei den Eisenbahnen ist man zur Gesamtkapitalrendite übergegangen, die die Schulden zur Bereinigung dieser Angabe einbezieht. Ich halte diesen Standard für nicht so dumm. Bei den Stromversorgungsunternehmen erhält man eine zulässige Rendite, die man mit ziemlicher Sicherheit erzielen kann, wenn man sich benimmt. Die Nachfrage wird bei ihnen wahrscheinlich nie so stark zurückgehen, dass sie weit unter ihre Rendite fallen.«

»Die Eisenbahn hat mehr Abwärtspotenzial, wenn es zu einer schweren industriellen Rezession kommt, sodass man nicht so gut gegen Verluste abgesichert ist. Aber es sollte irgendeine Zahl geben, und ich würde sagen 10,5 Prozent oder sowas in dieser Art auf das investierte Kapital, was die vier großen Eisenbahnunternehmen in den letzten Jahren erzielt haben. Etwas in dieser Größenordnung ist sinnvoll. Man möchte, dass die Eisenbahnunternehmen viel mehr investieren als sie abschreiben, und für mich ist das sicherlich ein Anreiz, Geld in die Verbesserung des Verkehrssystems zu investieren. Andererseits wäre es verrückt, Geld zu investieren, wenn die Rendite viel niedriger wäre, denn man kann das Eisenbahnsystem nicht ändern und etwas komplett anderes damit machen. Ich bin also überzeugt, dass das Land und die Eisenbahnsysteme ein gemeinsames Interesse daran haben, keine exorbitanten Gewinne oder Ähnliches zu erzielen, sondern eine angemessene Rendite für die Investitionen zu erwirtschaften, die in den nächsten zehn, zwanzig, dreißig Jahren sicherlich dringend erforderlich sein werden. Wenn die STB 10,5 Prozent oder eine ähnliche Zahl nennt, halte ich diese Zahl nicht für verrückt.«

CM: »Die Eisenbahnen sind ein äußerst erfolgreiches System im Bereich der regulierten Unternehmen. Wenn man darüber nachdenkt, wurden die Eisenbahnen in Amerika in den vergangenen dreißig bis vierzig Jahren im Wesentlichen komplett neu aufgebaut. Die Gleise wurden verbessert, die Tunnel vergrößert und die Brücken verbessert. Der durchschnittliche Zug kann mehr als doppelt so lang und doppelt so schwer sein. Man kann sich kaum ein Unternehmen vorstellen, das sich besser an die Bedürfnisse der breiten Bevölkerung angepasst hat als die Eisenbahnindustrie. Im Großen und Ganzen handelt es sich um ein System mit klugen Vorschriften und einer klugen Verwaltung. Das war nicht immer so. Wenn man weit zurückblickt, waren weder die Verwaltung noch die Vorschriften besonders klug. Für uns alle hat es sehr gut funktioniert.«

2012 Aktionärsversammlung (03:06:35)

WB: »Es steht außer Frage, dass Eisenbahngesellschaften, Versorgungsunternehmen und Versicherungsgesellschaften alle vom politischen Prozess beeinflusst werden. Glücklicherweise haben wir in der Eisenbahnindustrie die Wirtschaft auf unserer Seite, und die Wirtschaft setzt sich in der Regel durch. Wir können mit 1 Liter Diesel eine Tonne Produkte 500 Meilen transportieren, was etwa dreimal so effizient ist wie bei einem Transport per Lkw. Und vielleicht machen die Eisenbahnen derzeit gerade deshalb etwa 42 Prozent des gesamten Überlandverkehrs aus. Ich glaube nicht, dass dieser Prozentanteil für die Eisenbahnindustrie insgesamt sinken wird, unabhängig davon, was die Politik macht. Es ist einfach zu überzeugend, schweren Verkehr über lange Strecken auf Stahlschienen zu transportieren. Wir haben also ein hervorragendes Produkt, und es wird immer Kämpfe in der politischen Arena zwischen Wettbewerbern und Eisenbahnbetreibern sowie zwischen Kunden und Eisenbahnbetreibern geben. Das liegt in der Natur der Sache, und das wird es auch im Versorgungsbereich geben. Aber insgesamt gefällt mir unsere Position in dieser Sparte.«

CM: »Es liegt in der Natur der Sache, dass es Phasen mit guten und schlechten Entwicklungen gibt. BNSF hat enorm davon profitiert, als das Unternehmen die Containerbeförderung verdoppeln konnte, weil die Tunnel etwas höher und die Brücken etwas stabiler gebaut wurden. Und es erhielt enorme Unterstützung, als all das Öl in North Dakota gefunden wurde und es noch keine Pipelines gab. Aber es wird auch gelegentlich Rückschläge erleiden. Im Durchschnitt ist es ein super Geschäft mit einer hervorragenden Unternehmensführung. Ich glaube nicht, dass unsere Hauptprobleme politischer Natur sind.«

WB: »Unmittelbar nach dem Zweiten Weltkrieg hatte die US-Eisenbahnindustrie wohl so 1.700.000 Mitarbeiter. Heute sind es weniger als 200.000. Die Eisenbahnen sind um ein Vielfaches effizienter geworden. Grundsätzlich stellen sie eine sehr gute Möglichkeit dar, um schwere Güter über große Entfernungen zu transportieren.«

2019 Aktionärsversammlung (00:22:03)

WB: »Das sogenannte Precision Scheduled Railroading (PSR) wurde von einem Mann namens E. Hunter Harrison erfunden. Ich glaube, er war damals bei der Illinois Central Railroad beschäftigt. Es gibt ein Buch über Hunter mit dem Titel *Railroader*, in dem seine Vorgehensweise im Eisenbahnwesen beschrieben wird. Es ist eine interessante Lektüre, wenn man sich für das Eisenbahnwesen interessiert. In Nordamerika gibt es sechs große Eisenbahnunternehmen, und er hatte sein Konzept bei Canadian National (CN) eingeführt und war damit sehr erfolgreich. Bill Gates ist wahrscheinlich der größte Anteilseigner von CN, und ich glaube, er hat an dieser Aktie sehr gut verdient.«

»Später geriet Canadian Pacific unter den Druck von Aktivisten. Im Laufe der Verhandlungen holte das Unternehmen Hunter an Bord und engagierte einen Mitarbeiter von ihm, Keith Creel, und dort wurde ein ähnliches Programm eingeführt. Nun ist das Gleiche bei CSX passiert. Alle diese Unternehmen haben ihre Gewinnmargen dramatisch verbessert und hatten bei der Umsetzung unterschiedliche Schwierigkeiten mit dem Kundenservice. Union Pacific verfolgt einen etwas modifizierten Ansatz.«

»Bei BNSF sind wir uns nicht zu fein, erfolgreiche Dinge nachzuahmen. Und ich bin überzeugt, wir haben viel von diesen vier Eisenbahnunternehmen gelernt, und wenn wir unserer Meinung nach unseren Kunden einen guten Service bieten und dabei effizienter werden können, werden wir übernehmen, was wir anderswo beobachten. Aber wir müssen das nicht gleich heute oder morgen tun. Wir müssen etwas finden, das mindestens die gleiche, hoffentlich aber sogar eine bessere Kundenzufriedenheit erzielt und unsere Eisenbahn effizienter macht. Und es gibt immer mehr Belege aus den Maßnahmen dieser vier anderen Eisenbahngesellschaften, dass wir von dem, was sie tun, etwas lernen können.«

CM: »Ich bezweifle, dass irgendjemand daran ein Interesse hat, dass der Eisenbahnverkehr unpünktlich ist.«

TEIL SECHS

DAS VERSICHERUNGS-GESCHÄFT

»Wenn Sie bereit sind, in der Versicherungsbranche Dummheiten zu machen, wird die Welt Sie finden. Sie könnten mitten im Atlantik in einem Ruderboot sitzen und flüstern: ›Ich bin bereit, dieses Geschäft abzuschließen‹, und dann einen dummen Preis nennen, und schon kämen die Makler wie die Haifische mit ihren Rückenflossen zu Ihnen geschwommen.«

»Mit einem Stift kann man in der Versicherungsbranche enormen Schaden anrichten. Sie müssen sehr vorsichtig sein, wem Sie Ihren Stift geben.«

»Wenn Sie in diesem Geschäft viel Kapital haben oder viel Kapital angezogen haben, werden Sie etwas machen; vielleicht möchten Sie etwas Kluges damit anstellen, aber wenn es sein muss, werden Sie auch etwas Dummes tun.«

»Es ist eine wunderbare Sache, Millionen und Abermillionen und dann Milliarden und Milliarden Dollar an Float zu Kosten weit unter dem Zinssatz von US-Staatsanleihen zu generieren. Es gibt Leute, die für solche Möglichkeiten einen Mord begehen würden.«

»Naturgemäß sind die Überraschungen im Versicherungsgeschäft eher unangenehm.«

Einleitung

Anfang des Jahres 1967 erwarb Warren Buffett für 8,6 Millionen Dollar das Versicherungsunternehmen National Indemnity. Dieser erste Legostein führte zur Gründung eines sehr großen und hochprofitablen Versicherungsgeschäfts bei Berkshire. Wie Buffett und Munger in diesem Abschnitt erläutern, war dieser langfristige Erfolg hart erkämpft. Die Natur des Versicherungsgeschäfts – heute Geld zu erhalten im Austausch für ein Stück Papier mit der Zusage, zukünftige Ansprüche zu begleichen – ist ein attraktives Modell, das viel Konkurrenz anzieht. Die zeitliche Lücke zwischen dem Erhalt der Gelder und der Begleichung der Ansprüche kann jedoch zu sehr teuren Fehlern führen. Zum Beispiel hat Buffett ein bemerkenswertes Beispiel von GEICO in den frühen 1980er-Jahren angesprochen: »Das Unternehmen nahm etwa 70.000 an Prämien für einige wenige Policen ein und dachte damals, es würde nur die Rosinen herauspicken … Bis heute haben wir 93 Millionen Dollar durch die betreffenden Policen verloren.«

Die Vermeidung solcher Fehler ist nicht nur eine Frage der Intelligenz oder der Fähigkeit, fundierte Underwriting-Entscheidungen zu treffen. Wie Sie im Abschnitt über Anreize im Versicherungs-Underwriting[38] lesen werden, ist die Erfahrung von National Indemnity in den 1980ern und 1990er-Jahren – in denen die jährlichen Prämieneinnahmen von 53 Millionen Dollar im Jahr 1982 auf 366 Millionen Dollar im Jahr 1986 stiegen, bevor sie 1999 wieder auf 55 Millionen Dollar zurückgingen – ein Lehrbuchbeispiel dafür, wie man ein Versicherungsunternehmen langfristig durch unangenehme Herausforderungen (durch harte und weiche Märkte) führt. Wie Munger abschließend feststellt, gibt es hier eine bemerkenswerte Erkenntnis: »Das Wichtigste ist, dass praktisch niemand sonst so handelt [wie National Indemnity von 1982 bis 1999]. Und doch ist es für mich offensichtlich, dass dieser Weg richtig ist. Das gibt es häufig bei Berkshire. Es unterscheidet sich ein wenig von der Vorgehensweise anderer; es ist teilweise der Luxus, einen Mehrheits-Aktionär mit einer starken Meinung zu haben. Es wäre für einen Ausschuss, dem viele Mitarbeiter angehören, schwierig, solche Entscheidungen zu treffen.« (Wenn Sie mehr über National Indemnity erfahren möchten: Auf dieses Thema bin ich bei TSOH Investment Research eingegangen – siehe Anhang: »Wie man ein Versicherungsunternehmen richtig führt.«)

---

[38] Anmerkung der Übersetzerin: Zeichnungsentscheidung im Erst- und Rückversicherungsgeschäft. Dazu gehören auch die Prüfung und Einschätzung von (Rück-)Versicherungsrisiken einschl. der Festsetzung einer angemessenen Prämie.

Aktionärsversammlungen und Themen

DIE ROLLE DER VERSICHERER UND RÜCKVERSICHERER

1995 Aktionärsversammlung (00:48:05)

WB: »Generell gibt es nur zwei Gründe für den Abschluss einer Versicherung. Der eine ist, sich gegen einen Verlust abzusichern, den man nicht selbst tragen kann oder will. Das ist teils objektiv, teils subjektiv. Ein Vorstand beispielsweise, der große Angst hat, dass der Aufsichtsrat ihn zur Rede stellt, wenn er einen unversicherten Schaden zu verzeichnen hat, wird wahrscheinlich in viel größerem Umfang Versicherungsschutz kaufen, als das Unternehmen tatsächlich ihn braucht … Er könnte aus Sicht des Unternehmens etwas sehr Unkluges tun, nur um seine eigene Position zu schützen. Der Grund für den Abschluss einer Versicherung ist jedoch, sich gegen Verluste abzusichern, die man selbst nicht tragen will oder kann.«

»Der zweite Grund tritt gelegentlich auf, wenn Sie der Meinung sind, dass die Versicherungsgesellschaft Ihnen eine Police verkauft, die zu günstig ist, sodass Sie tatsächlich davon ausgehen, über einen bestimmten Zeitraum hinweg durch den Abschluss der Versicherung einen rechnerischen Vorteil zu haben.«

»Wir versuchen, den Verkauf der zweiten Art zu vermeiden und uns auf den Verkauf der ersten Art zu konzentrieren. Ein Großteil der von uns verkauften Versicherungen geht an andere Versicherungsgesellschaften; wir verkaufen ihnen Versicherungen gegen Verluste, die sie entweder nicht tragen können oder wollen. Ein typischer Fall wäre ein Unternehmen, das viele Hausratversicherungen in Kalifornien abgeschlossen hat. Wenn darin eine Erdbebenversicherung enthalten ist, sind sie möglicherweise nicht in der Lage, die möglichen Schäden zu tragen, obwohl sie ein Vertriebssystem aufrechterhalten möchten, das massenhaft an Hausbesitzer in Kalifornien verkauft. Also schließen wir eine Police ab. Je nach ihren eigenen Möglichkeiten übernehmen sie vielleicht die ersten 5 oder 50 Millionen Dollar des Schadens, aber dann kommen sie zu uns. Und wir sind wirklich in einer einzigartigen Position, um Probleme zu lösen, die diese Unternehmen selbst nicht tragen können und für die sie keinen anderen Versicherer finden.«

»Aber wir wollen wirklich niemanden für einen Schaden versichern, den er selbst tragen kann. Das mag daran liegen, dass er dumm ist, aber es kann auch daran liegen, dass er eine Schadenserwartung hat, die die von uns berechnete Prämie übersteigt, und das ist nicht unser Ziel. Im Vergleich zu vor dreißig Jahren sind die Risikomanager in den Unternehmen meiner Meinung nach wahrscheinlich intelligenter, was die Art und Weise angeht, wie sie Versicherungen abschließen. Sie sind versierter. Aber es wird eine ganze Menge Versicherungsschutz gekauft, der nicht sinnvoll ist. Und es gibt eine ganze Menge Versicherungsschutz, der nicht gekauft wird, obwohl er gekauft werden sollte. Es gibt bestimmte Unternehmen in diesem Land, die sich Verlusten aussetzen, welche sie ruinieren würden. Sie ziehen es vor, keine Rückversicherung abzuschließen, weil diese ›teuer‹ ist. Aber in Wahrheit setzen sie darauf, dass etwas nicht sehr oft oder gar nie passieren wird. Wenn man sich einen gewaltigen Hurrikan auf Long Island oder ein großes Erdbeben in Kalifornien vorstellt, gibt es eine Reihe von Unternehmen, die nicht in der Lage wären, solche Verluste zu verkraften. Angenommen, Sie sind ein 63-jähriger CEO und denken: ›Ich werde in ein paar Jahren in Rente gehen‹, stehen die Chancen ziemlich gut, dass dies nicht in ihrer Amtszeit passieren wird. Aber es wird in der Amtszeit von irgendjemandem passieren.«

INTELLIGENTES UNDERWRITING

2003 Aktionärsversammlung (01:28:10)

WB: »Im Versicherungsgeschäft geben Ihnen die Leute viel Geld dafür, dass Sie ein kleines Stück Papier ausstellen – und was Sie auf dieses Stück Papier schreiben, ist enorm wichtig. Aber das Geld, das hereinkommt, scheint so leicht verdient zu sein, dass es Sie dazu verleiten kann, sehr, sehr große Dummheiten zu machen.«

»Wir hatten hier in Omaha Mitte der 1980er-Jahre eine Situation, in der Mutual of Omaha – einst der größte Kranken- und Unfallversicherer der Welt, beschloss, in das Schaden- und Unfallrückversicherungsgeschäft einzusteigen. Und innerhalb kürzester Zeit schloss das Unternehmen zwar nicht besonders viele Verträge ab – doch sie führten dazu, dass die Hälfte des Nettovermögens, das über viele Jahrzehnte aufgebaut worden war, vernichtet wurde.«

»Wenn Sie bereit sind, in der Versicherungsbranche dumme Dinge zu tun, wird die Welt Sie finden. Sie können in einem Ruderboot mitten auf dem Atlantik sitzen und flüstern: ›Ich bin bereit, das abzuschließen‹, und dann einen unsinnigen Betrag nennen, und schon werden Makler mit ihren Flossen zu Ihnen geschwommen kommen. Es ist brutal. Sie sehen viel Geld im Voraus und Sie sehen keine Verluste, und Sie machen weiter, weil Sie eine Zeit lang keine Verluste sehen. Man übernimmt immer mehr, und dann bricht irgendwann die Hölle los.«

»In den frühen 1980er-Jahren nahm GEICO etwa 70.000 an Prämien für einige wenige Policen ein und dachte damals, es würde nur die Rosinen herauspicken ... Bis heute haben wir 93 Millionen Dollar durch die betreffenden Policen verloren ... Wenn man ein solches Spiel spielt, darf man sich keine Fehler leisten ... Wenn man richtig liegt, verdient man ein paar Cent pro Dollar, aber wenn man falsch liegt, verliert man unglaubliche Summen.«

PREISGESTALTUNG BEI VERSICHERUNGEN GEGEN NATURKATASTROPHEN

1994 Aktionärsversammlung (01:11:46)

WB: »Ich bin überzeugt, dass die Versicherungsbranche das volle Potenzial eines Katastrophenereignisses – vielleicht jetzt nicht mehr, aber bis vor einigen Jahren – stark unterschätzt hat. Der Hurrikan Andrew und das Erdbeben in Los Angeles waren vielleicht so etwas wie ein Weckruf. Beides war jedoch weit entfernt von einem Worst-Case-Szenario. Ein wirklich großer Hurrikan der Kategorie 5 auf Long Island würde viele sehr große Versicherungsgesellschaften in erhebliche Schwierigkeiten bringen. Wir definieren unsere Verluste ... Unsere Policen unterliegen bestimmten Einschränkungen. Das gilt nicht für Menschen, die nur die Grundversicherungen für ihr Haus abschließen. Diese Verluste können ins Unermessliche gehen.«

»Es gab bestimmte Unternehmen, die nach dem Erdbeben in Los Angeles dachten, sie hätten die ›wahrscheinlichen Höchstverluste‹ für Erdbeben in Kalifornien berechnet. Und das Erdbeben in Los Angeles, das bei weitem nicht das schlimmste war, das man sich vorstellen kann, übertraf diese wahrscheinlichen Höchstverluste bei weitem. Ich bin daher überzeugt, dass die Branche in Bezug auf die möglichen Folgen – entweder ein Erdbeben in Kalifornien oder, was wahrscheinlicher ist, einen Hurrikan an der Ostküste – den Kopf in den Sand steckt. … Es ist ein Geschäft, das wir bei den richtigen Preisen mögen, weil es nur sehr wenige Leute gibt, die es sich leisten können, es auf dem Niveau einzugehen, das die zugrunde liegenden Unternehmen (die rückversicherten Unternehmen) benötigen. Wir sind in der Lage, bei richtigen Preisen richtig gute Geschäfte zu machen.«

1998 Aktionärsversammlung (01:25:34)

WB: »Im Versicherungsgeschäft bezüglich Katastrophen kann man sich bei der Preisgestaltung leicht vertun. Sie berechnen den Preis womöglich nur auf die Hälfte des eigentlichen Wertes. In meinem Bericht habe ich anhand eines Beispiels verdeutlicht, wie man eine Police falsch bewerten kann, bei der man beispielsweise 1,5 Millionen Dollar Jahresbeitrag für eine 50-Millionen-Dollar-Police für etwas verlangen sollte, das eine Eintrittswahrscheinlichkeit von 1:36 hat. Wenn Sie stattdessen nur 1 Million Dollar pro Jahr verlangen, werden Sie in 70 Prozent der Zeit glauben, dass sie nach zehn Jahren Geld verdienen. Das Interessante daran ist, dass Sie bei einem Preis von 1 Dollar pro Jahr in 70 Prozent der Fälle Geld verdienen würden. Wenn man Versicherungen für sehr seltene Ereignisse verkauft, kann man sie völlig falsch bepreisen, ohne es lange Zeit zu merken.«

»Katastrophenanleihen (Cat-Bonds) öffnen dieses Feld weit. Man hatte schon immer das Problem mit dummen Konkurrenten, aber die Wahrscheinlichkeit, dumme Konkurrenten zu haben, ist größer, wenn es … Hedgefonds gibt (die einige davon gekauft haben), bei denen der Manager 20 Prozent der Gewinne in einem Jahr erhält, in dem es Gewinne gibt und keinen Hurrikan, und er nicht den Verlust trägt, wenn es zufällig einen Hurrikan oder ein Erdbeben gibt. Stattdessen stehen seine beschränkt haftenden Gesellschafter dafür ein. Es ist sehr wahrscheinlich, dass dies ein Wettbewerbsfaktor ist, der unser Volumen stark reduziert, aber an unseren Preisen wird das nichts ändern.«

»Man muss bedenken, dass das Erdbeben nicht weiß, welche Prämie Sie erhalten haben. Das Erdbeben passiert unabhängig davon. Es steht niemand auf der San-Andreas-Verwerfung und sagt: ›Er hat nur eine Prämie von 1 Prozent verlangt, also darf das nur einmal in hundert Jahren passieren.‹ So funktioniert das nicht.«

»Wir werden also in den nächsten Jahren wahrscheinlich deutlich weniger Neuabschlüsse im Katastrophengeschäft tätigen. GEICO ist bei weitem der wichtigste Teil unseres Versicherungsgeschäfts. Das wird den größten Teil unseres Versicherungsgeschäfts ausmachen. Aber mit der Zeit werden wir vielleicht auch auf andere Weise im Versicherungsgeschäft tätig sein. In dieser Branche sollte man, wenn man diszipliniert vorgeht, immer Möglichkeiten finden, Geld zu verdienen, aber das wird nicht immer auf die gleiche Weise geschehen.«

DAS RÜCKVERSICHERUNGSGESCHÄFT

1994 Aktionärsversammlung (02:07:16)

WB: »Es ist für uns nie von Vorteil, wenn neue Mitspieler in ein Geschäftsfeld eintreten, in dem wir tätig sind, und das gilt ganz sicher auch für das Rückversicherungsgeschäft. Das Rückversicherungsgeschäft ist von Natur aus ein Geschäft, in dem regelmäßig massenhaft sehr große Dummheiten gemacht werden. In der Rückversicherung kann man Dummheiten machen, ohne es zu merken, und dann plötzlich aufwachen und feststellen, dass das Geld weg ist. Das mussten Leute, die mit niedrigen Margen auf Anleihen spekuliert haben, kürzlich erfahren: Man merkt erst, wenn die Flut zurückgeht, wer nackt gebadet hat. Im Wesentlichen ist das in der Rückversicherung genauso. Diejenigen, die nackt gebadet haben, sieht man erst, wenn sie im Wind stehen.«

1994 Aktionärsversammlung (02:24:30)

WB: »Der Unterschied zwischen unserem Rückversicherungsgeschäft und dem vieler anderer gleicht im Wesentlichen dem Unterschied, der zwischen unseren Wertpapiergeschäften und denen anderer bestehen kann: Wir bieten jederzeit Rückversicherungen in sehr großen Mengen zu Preisen an, die wir für sinnvoll halten. Aber wir machen keine Geschäfte, wenn wir sie nicht für sinnvoll halten. Genauso wie wir Wertpapiere kaufen, sofern wir über die entsprechenden Barmittel verfügen, wenn dies sinnvoll ist. Aber wir haben kein Interesse daran, nur um der Sache willen an der Börse zu sein. Wir wollen Wertpapiere besitzen, die für uns sinnvoll sind.«

»Ich bin überzeugt, den meisten Führungskräfte, die ausschließlich im Rückversicherungsgeschäft tätig sind, ist es vielleicht lieber, wenn die Preise sinnvoll erscheinen, aber sie neigen dazu, auch dann ziemlich viele Geschäfte zu machen, wenn die Preise keinen Sinn ergeben, weil es keine Alternative gibt, außer das Geld an die Eigentümer zurückzugeben – und das ist nichts, worüber sich die meisten Führungskräfte besonders freuen. Ich denke also, dass wir in einer günstigen Position sind, da wir über die Flexibilität bei der Kapitalallokation verfügen, die es uns ermöglicht, ausbleibende Geschäfte mit einer gewissen Gelassenheit hinzunehmen, die die meisten Vorstände aufgrund ihrer ausschließlichen Konzentration auf das Rückversicherungsgeschäft wahrscheinlich nicht aufbringen können.«

»Die Versicherungsprämien werden aller Wahrscheinlichkeit nach lächerlich klein werden, nachdem eine Zeit lang nicht viel passiert ist und man ein paar Jahre gute Erfahrungen gemacht hat. Wir legen unsere Preise an unserem Risikopotenzial fest, nicht an den Erfahrungen. Die Tatsache, dass es im vergangenen Jahr keinen großen Hurrikan gab, hat nichts mit den Prämien für das nächste Jahr zu tun … Wir bemessen unsere Preise an unserem Risikopotenzial. Das sagen zwar alle, aber der Markt neigt dazu, auf Erfahrungen zu reagieren, und zwar in der Regel auf die jüngsten Erfahrungen … Wir werden das niemals bewusst tun. Wir werden vielleicht unbewusst in irgendeiner Weise in diese Richtung beeinflusst, aber wir wollen das genauso wenig tun, wie wir die Normen des Aktienmarktes als die richtige Art und Weise akzeptieren, Geld in Aktien zu investieren. Wer Geld investiert oder Versicherungsrisiken übernimmt, muss selbst denken. Man kann nicht den Markt für sich denken lassen.«

CM: »Berkshire ist im Grunde genommen sehr altmodisch und versucht, die Disziplin aufzubringen, auch altmodisch zu bleiben. Und ich meine nicht altmodisch im Sinne von einfältig, sondern im Sinne ewiger Wahrheiten: grundlegende Mathematik, gesunder Menschenverstand, grundlegende Ängste, grundlegendes Urteilsvermögen in Bezug auf die menschliche Natur; alles sehr altmodisch. Wenn man das mit einer gewissen Disziplin angeht, wird es meiner Meinung nach wahrscheinlich ganz gut funktionieren.«

1999 Aktionärsversammlung (01:49:50)

WB: »Unser Ruf ist besser denn je. Die herausragende Position von Berkshire als Rückversicherer, der nach jeder denkbaren Naturkatastrophe mit größter Sicherheit zahlt, ist heute stärker denn je, und der Ruf von Gen Re steht dem in nichts nach. Der mit diesem Ruf verbundene wirtschaftliche Vorteil ist sehr wichtig. Ich kann Ihnen nicht genau sagen, wie er im Vergleich zu 1994 zu bewerten ist, aber ich kann Ihnen sagen, dass er wichtig ist. Er ist tendenziell wichtiger, wenn wir andere sehr große Unternehmen, entweder Erstversicherer oder große Rückversicherer, rückversichern, als das bei einem kleineren Unternehmen der Fall wäre. Das kleinere Unternehmen konzentriert sich wahrscheinlich weniger darauf. Aber wir übernehmen diese Woche vermutlich eine sehr große Deckung für einen sehr wichtigen Rückversicherer. Ich glaube nicht, dass er das auch bei jedem anderen abschließen würde. Vielleicht bei ein paar Leuten, aber ich glaube nicht, dass der Vorstand eine Liste mit zehn Leuten zusammenbekommen würde, bei denen er das abschließen würde. Dafür ist er zu clever, denn es handelt sich um eine sehr hohe Deckungssumme, und wenn sie in Anspruch genommen wird, wird es eine Reihe von Leuten geben, deren Schecks nicht gedeckt sind. Der Scheck von Berkshire wird zweifellos gedeckt sein. Unser Ruf war noch nie besser.«

»Der kommerzielle Vorteil ist erheblich. Wie viel das konkret bedeutet, kann von Jahr zu Jahr variieren. Aber ich denke, es ist ein dauerhafter Vorteil von Berkshire. In fünf bis zehn Jahren, insbesondere nach einer großen Katastrophe, wird es für Berkshire von großem Vorteil sein, im Wesentlichen als Fort Knox angesehen zu werden. Wir werden unter allen Umständen zahlen. Es gibt nicht viele Leute in der Branche, die das wirklich sagen können. Wenn eine sehr große Deckung erforderlich wird, sollten wir nur ausgesprochen wenige Konkurrenten haben.«

2000 Aktionärsversammlung (04:43:43)

WB: »Wir sind bei Berkshire Hathaway seit dreißig Jahren im Rückversicherungsgeschäft tätig. Wir haben dabei zwar manchmal einige Blessuren davongetragen, aber insgesamt haben wir uns sehr gut geschlagen. Der Grund dafür ist, dass wir mit Ajit Jain eine absolut sensationelle Top-Führungskraft haben. Er ist ein gutes Beispiel dafür, was jemand mit Verstand, Energie, Disziplin, dem richtigen Charakter und etwas Kapital im Rücken in einem Unternehmen erreichen kann.«

»Es ist nicht das effizienteste Geschäft der Welt und das wird es auch nie sein, weil es nicht allein auf Versicherungsmathematik beruht. Überschussrenditen werden durch Wettbewerb nicht gänzlich wieder auf ein normales Niveau gedrückt. Es wird immer Leute geben, die in diesem Geschäft sehr unterdurchschnittliche Renditen erzielen, und es wird Menschen geben, die untergehen. Und das bedeutet, dass es hinsichtlich der Ergebnisse einzelner Versicherer zu erheblichen Abweichungen vom Durchschnitt kommen wird. Wir glauben, dass sowohl National Indemnity unter Ajit als auch Gen Re Vorteile haben, sodass unsere Renditen künftig deutlich über dem Durchschnitt liegen.«

»Es gibt immer dumme Konkurrenten, und es gibt immer viel Kapital im Rückversicherungsgeschäft. In den Jahren 1985 und 1986 fühlten sich die Leute sehr unwohl, aber es war nicht wirklich ein Mangel an Finanzkapital, sondern es war das psychologische Kapital, das verschwunden war. Die Leute hatten einfach Angst. Und das war natürlich die beste Zeit, um Geschäfte zu machen. Aber es gibt immer Leute, die Risiken falsch einschätzen. Und wenn sie das tun, ist es unsere Aufgabe, ihnen das Geschäft zu überlassen. Das ist bei National Indemnity einfacher als bei Gen Re, weil Gen Re langfristige Beziehungen zu vielen Kunden hat. Was man tun soll, wenn ein Konkurrent einen etwas zu niedrigen Preis anbietet, und das bei jemandem, mit dem man seit fünfzig Jahren Geschäfte macht, ist eine schwierige Entscheidung. Manchmal macht man wahrscheinlich Geschäfte, die als ›notwendiges Übel‹ bezeichnet werden könnten. Charlie sagt immer, dass er nichts gegen gelegentliche Abschlüsse dieser Art einzuwenden hat, solange die Betonung auf ›Übel‹ und nicht auf ›notwendig‹ liegt … Gen Re hat im Laufe der Jahre hervorragende Arbeit geleistet. Er hat die Notwendigkeit, eine Beziehung aufrechtzuerhalten, in Einklang gebracht mit der Sicherstellung, dass die Absicherung auch ausreichend bezahlt wird … Mit Ajits Betrieb und mit Gen Re haben wir zwei Unternehmen, die sehr gut laufen – in Bezug auf das, was wir aus ihnen herausholen und im Vergleich zu ihrer Konkurrenz –, aber gelegentlich müssen wir auch ein sehr schlechtes Jahr hinnehmen … Dafür werden wir bezahlt. Wenn wir unsere Preise diszipliniert gestalten, können unsere Ergebnisse über zwanzig Jahre nicht schlecht sein, egal wie ein einzelnes Jahr ausfällt. Und wenn wir unsere Preise nicht diszipliniert gestalten, ist das mit der Zeit unser Untergang.«

CM: »Ich glaube nicht, dass das Rückversicherungsgeschäft so sehr einem Handelsgeschäft mit Standardprodukten entspricht, wie es auf den ersten Blick erscheinen mag. Es ist keine Ausführungstransaktion, bei der man Staatsanleihen oder Ähnliches verkauft und ein Händler in etwa so gut ist wie der andere. Zwischen der Zahlung der Prämie und dem Zeitpunkt der Leistungserbringung liegt eine so große zeitliche Lücke, dass der Kunde eine gewichtige Vorhersage treffen muss über die Bereitschaft und Fähigkeit des Versicherers, das zu zahlen, was er tatsächlich schuldet. Wir haben bei beiden Faktoren einen enormen Vorteil in Bezug auf unseren Ruf und die tatsächliche Situation.«

WB: »Ich kann mich an keinen Fall erinnern, in dem es jemals ein Problem damit gab, dass Berkshire oder Gen Re nicht zeitnah einen Scheck für eine geschuldete Summe ausgestellt hätte. Die Leute mussten uns noch nie verklagen und ihr Geld erst vor Gericht erstreiten. Das entspricht nicht unserer Natur oder unserer Einstellung zum Rückversicherungsgeschäft. Wir haben also einen Reputationsvorteil. Aber wie gesagt glaube ich nicht, dass dieser in bestimmten Fällen so groß ist, wie er sein sollte.«

»Dann haben wir einen enormen Vorteil durch unsere Einstellung, da wir keine Notwendigkeit sehen – überhaupt keine –, mehr Geschäft zu machen, das bisherige Geschäft im gleichen Umfang oder auch nur annähernd so viele Abschlüsse wie in diesem Jahr. Bei Berkshire Hathaway gibt es keine Ziele für das angestrebte Versicherungsvolumen. Das ist bei den meisten Versicherungsunternehmen anders. Wir geben die Ergebnisse bekannt, sobald sie vorliegen, was uns meiner Meinung nach auch den Vorteil verschafft, alle Aspekte unseres Geschäfts realistisch einschätzen zu können. Wir verfügen über enorme Kapitalreserven, sodass wir große Teile attraktiver Geschäfte übernehmen und vollständig für uns nutzen können.«

»Wir haben also viele Vorteile in diesem Geschäft, und diese werden sich in etwas Besserem niederschlagen als dem, was der Rest der Welt bekommt. Ich weiß nicht, wie viel besser. Und ich weiß nicht, wie viel der Rest der Welt bekommt. Aber die Vorteile, die wir in diesem Geschäft haben, sind nicht unbedeutend.«

2009 Aktionärsversammlung (01:05:49)

WB: »Es wäre unmöglich, Ajit Jain zu ersetzen; wir würden es nicht versuchen. Wir würden einem Nachfolger nicht die gleiche Freiheit geben, was das Ausmaß des Risikos oder solche Dinge angeht, die wir Ajit geben. Meiner Meinung nach haben wir hier ein einzigartiges Talent. Wenn man jemanden wie ihn findet, gibt man ihm enorme Macht, nachdem man erkannt hat, dass er sie verdient. Das bedeutet aber nicht, dass die Macht mit der Position einhergeht. Die Macht kommt mit der Person. In der Versicherungsbranche seinen Stift abzugeben, wie man so schön sagt, ist außerordentlich gefährlich.«

»In dieser Stadt haben wir den Versicherer Mutual of Omaha, der über 75 Jahre hinweg bis in die 1980er-Jahre sorgfältig zum größten Gesundheits- und Unfallversicherungsverbund der Welt aufgebaut wurde. Dann kam man dort auf die Idee, Kompositversicherungen[39] abzuschließen. Man gab jemandem innerhalb des Unternehmens einen Stift in die Hand, und mit nur wenigen Verträgen verlor das Unternehmen innerhalb kürzester Zeit die Hälfte seines Nettovermögens; es bestand die Befürchtung, dass es sogar noch mehr verloren hatte. Mit einem Stift kann man in der Versicherungsbranche enormen Schaden anrichten. Man muss sehr vorsichtig sein, wem man seinen Stift in die Hand drückt. Und wir haben unseren Stift Ajit auf eine Weise gegeben, wie wir ihn niemand anderem geben würden … Wir werden keinen Ersatz für ihn finden.«

CM: »Anders ausgedrückt: Wenn ein Unternehmen nicht ein wenig Missmanagement aushält, ist es kein gutes Geschäft. Natürlich bevorzugen wir ein Unternehmen, das auch dann recht gut läuft, wenn es nicht besonders gut geführt wird. Das heißt aber nicht, dass wir ein Geschäft, das hervorragend geführt wird, nicht noch besser fänden. Beide Faktoren sind wichtig. Wir suchen nicht nach Missmanagement. Wir schätzen Unternehmen mit der Fähigkeit, das auszuhalten, wenn wir darauf stoßen, aber wir suchen nicht danach.«

WB: »Wir werden niemandem Aufgaben übertragen, die unserer Meinung nach seine Fähigkeiten übersteigen. Ajit hat nun einmal enorme Fähigkeiten. Deshalb bekommt er auch einige sehr ungewöhnliche Aufgaben. Aber das ist nicht in unserem gesamten Versicherungsgeschäft der Fall. Und unsere Führungskräfte erwarten auch nicht, dass so gearbeitet wird. Das ist eine Ausnahmesituation mit Ajit, und ihm geht es prächtig.«

[39] Anmerkung der Übersetzerin: Unter dem Begriff Kompositversicherung werden Schadenversicherungen und Unfallversicherungen zusammengefasst.

2011 Aktionärsversammlung (04:45:03)

CM: »Versicherungen, vor allem Rückversicherungen, sind nicht so einfach. Wir haben lange gebraucht, um so gut zu werden, wie wir jetzt sind. Ohne Ajit wären wir im Versicherungsgeschäft viel kleiner.«

WB: »In den ersten fünfzehn Jahren waren wir im Rückversicherungsgeschäft überhaupt nicht erfolgreich. Wir haben um 1976 mit Rückversicherungen begonnen und hatten einen Mitarbeiter, George Young, von dem wir sehr viel hielten – aber unterm Strich, wenn man den Wert des Floats mit einrechnet, war es für uns fünfzehn Jahre lang kein gutes Geschäft, bis Ajit kam. Es ist kein einfaches Geschäft, aber meistens sieht es einfach aus.«

CM: »Das ist das Problem daran. Es sieht einfacher aus, als es ist.«

WB: »Es sieht viel einfacher aus, als es ist. Es ist, als hätte man zwei Würfel und würde auf ›Sechsen‹ setzen. Das kommt einmal in sechsunddreißig Fällen vor, also kann man mit falschen Quoten richtig viele Wetten gewinnen, aber wenn man das lange genug macht, verliert man eine Menge Geld. Diese seltenen Ereignisse sollte man besser in seine Preisgestaltung einkalkulieren und sich nicht davon täuschen lassen, ob man in einem bestimmten Jahr, in zwei Jahren oder auch in vier Jahren Geld verdient. Die meisten Menschen tun sich damit schwer, und auch wir haben uns etwa fünfzehn Jahre lang damit schwergetan.«

2016 Aktionärsversammlung (00:28:15)

WB: »Ich habe im Jahresbericht gesagt, dass ich es für sehr wahrscheinlich halte, dass das Rückversicherungsgeschäft in den nächsten zehn Jahren nicht so gut laufen wird wie in den vergangenen zehn Jahren; diese Einschätzung basiert auf der heutigen Wettbewerbsdynamik im Vergleich zu vor zehn bis zwanzig Jahren. Wir haben unsere gesamten beträchtlichen Beteiligungen an Munich Re und Swiss Re verkauft. Wir hielten etwa 3 Prozent an Swiss Re und mehr als 10 Prozent an Munich Re. Es sind gute, gut geführte Unternehmen, und ich mag die Leute, die sie leiten. Aber ich denke, dass das Geschäft der Rückversicherungsunternehmen im Allgemeinen in den nächsten zehn Jahren weniger attraktiv sein wird als in den vergangenen zehn Jahren. Das liegt zum Teil an der Entwicklung der Zinssätze.«

»Ein erheblicher Teil der Erträge aus dem Versicherungsgeschäft stammt aus der Investition des Floats. Beide Unternehmen und eigentlich fast die gesamte Rückversicherungsbranche sind etwas stärker eingeschränkt in dem, was sie mit ihrem Float machen können, weil sie nicht über das enorme Kapitalpolster von Berkshire verfügen und auch nicht über diese enorme ungebundene Ertragskraft. Wir haben einfach mehr Spielraum, weil wir über Kapital verfügen, das um ein Vielfaches höher ist als das unserer Wettbewerber, und bei uns gibt es auch Erträge aus einer Vielzahl von Bereichen, die nichts mit Versicherungen zu tun haben. Das war jetzt keine negative Beurteilung ihrer Unternehmensführung – aber zumindest eine leicht negative Beurteilung des Rückversicherungsgeschäfts.«

»Bei Berkshire sind wir natürlich von Branchenfaktoren abhängig – aber wir haben die Möglichkeit, uns bis zu einem gewissen Grad neu aufzustellen. Wir sind flexibler bei der Anpassung unseres Geschäftsmodells, im Versicherungswesen im Allgemeinen und insbesondere in der Rückversicherung. Alle großen Rückversicherungsunternehmen, mit Ausnahme von uns, sind ziemlich stark an ein bestimmtes Geschäftsmodell gebunden. Sie haben nicht wirklich viele Optionen, was den Einsatz ihres Kapitals angeht. Sie müssen den eingeschlagenen Weg weitergehen … Ich glaube nicht, dass wir besser abschneiden würden, wenn wir das Gleiche tun würden wie in den vergangenen zehn Jahren – aber wir sind wesentlich flexibler in der Art und Weise, wie wir unser Versicherungsgeschäft betreiben, vor allem in der Rückversicherung. Wir haben einen zusätzlichen Trumpf im Ärmel, den der Rest der Branche nicht hat.«

CM: »Es gibt viel neue Kapazität in der Rückversicherung und einen sehr starken Wettbewerb. Viele Leute aus dem Finanzbereich sind in die Rückversicherung gekommen, und die alten Konkurrenten sind alle dageblieben. Das ist anders als bei Precision Castparts, wo die meisten Kunden völlig verrückt wären, einen anderen Lieferanten zu beauftragen, weil Precision Castparts so viel zuverlässiger und besser ist. Natürlich bevorzugen wir den Ort mit dem größeren Wettbewerbsvorteil. Wir lernen dazu.«

WB: »In der Rückversicherung ist das Angebot gestiegen, die Nachfrage jedoch nicht. Ein Teil des Angebots wird von Investmentmanagern getrieben, die etwas im Ausland aufbauen möchten, wo sie keine Steuern zahlen müssen, und die Rückversicherung ist sozusagen die einfachste Möglichkeit, um in einem steuerfreundlichen Land Geldanlagen zu verwalten. Und man kann mit sehr wenig Personal ein Rückversicherungsgeschäft aufbauen, indem man einen großen Teil dessen übernimmt, was Makler anbieten. Das ist nicht die beste Rückversicherung der Welt, und einige der Unternehmen, die das gemacht haben, haben bewiesen, dass diese Aussage stimmt. Aber dennoch ist es eine sehr einfache Möglichkeit, um in einem steuerfreundlichen Land verdeckt einer Investitionstätigkeit nachzugehen. Dies führt jedoch zu einem Angebot im Rückversicherungsbereich, und das Angebot ist im Verhältnis zur Nachfrage gestiegen, und ich gehe davon aus, dass dies auch weiterhin so bleiben wird. In Verbindung mit den schlechten Renditen auf den Float ist das Geschäft nicht mehr so gut wie früher.

RÜCKWIRKENDE VERSICHERUNGEN

2002 Aktionärsversammlung (00:48:05)

WB: »Versicherungen sind unser Kerngeschäft. Das wird auch immer so bleiben. Es ist ein sehr großes Geschäft, das noch weiter wachsen wird … Unser Ziel besteht darin, immer mehr Float zu minimalen oder gar keinen Kosten zu erzielen. In den vergangenen Jahren haben wir mehrere Jahre lang einen versicherungstechnischen Gewinn erzielt, was bedeutet, dass wir dieses Geld im Wesentlichen kostenlos oder sogar besser als kostenlos nutzen können.«

»Wir haben eine ganze Reihe von rückwirkenden Versicherungen abgeschlossen. Bei einer rückwirkenden Versicherung kann ein Unternehmen, das mit einem anderen fusioniert, zu uns kommen und seine Verbindlichkeiten aus früheren Vorfällen begrenzen oder klarer bemessen. Die Führung kommt dann zu uns und sagt: Wir möchten, dass Sie alle Verluste übernehmen, die aus Ereignissen vor, sagen wir, 1990 bezahlt werden, und wir glauben, dass wir 1 Milliarde Dollar für Verluste aus diesem Zeitraum noch schulden, aber wir wollen uns bis zu 2 Milliarden Dollar absichern. Das nennt man rückwirkende Versicherung; sie stellt uns einen Scheck aus und wir übernehmen ihre Verluste aus der Vergangenheit für einen bestimmten Zeitraum und für einen bestimmten Betrag. Wenn wir das tun, wird in der Buchhaltung eine Rückstellung gebildet für Zahlungen, die im Laufe der Zeit in der Zukunft anfallen … Wenn also ein Unternehmen zu uns kommt und sagt, wir sollen es bis zu 1,5 Milliarden Dollar gegen Verluste absichern, die in der Vergangenheit entstanden sind, und es gibt uns dafür 1 Milliarde Dollar, dann schreiben wir 1 Milliarde Dollar als Barzahlung gut und weisen eine Verbindlichkeit in Höhe von 1,5 Milliarden Dollar aus. Die 500 Millionen Dollar, die wir als Rückstellung gebildet haben, schreiben wir über einen Zeitraum ab, in dem wir die Ansprüche voraussichtlich auszahlen. Es gibt viel Spielraum für Ermessensentscheidungen, wie schnell wir sie abschreiben; wir versuchen, konservativ zu sein. Wir schätzen, wann wir Ansprüche auszahlen werden und wie hoch diese ausfallen. … Ich möchte betonen, dass wir in all diesen Verträgen unsere Haftung begrenzen.«

WETTBEWERB BEI VERSICHERUNGEN

1995 Aktionärsversammlung (00:53:51)

WB: »Der Einstieg in das Katastrophengeschäft ist einfach. Es ist besonders attraktiv für gute Vertriebler, denn wenn man eine Versicherungsgesellschaft gründet, um Erdbebenversicherungen in Kalifornien abzuschließen, und ein paar Hundert Millionen Dollar aufbringt, hat man entweder so gut wie keine Verluste oder man geht pleite … Wenn man vorhat, seine Aktien in ein oder zwei Jahren an die Börse zu bringen, stehen die Chancen sehr gut, dass man ein paar Jahre lang eine hervorragende Bilanz vorweisen und das Geschäft dann verkaufen kann. Vielleicht in einem von zehn Fällen geht man pleite, und in neun von zehn Fällen verkauft man an jemanden, der irgendwann pleitegeht. Der Einstieg ist einfach. Das funktioniert nur dann nicht, wenn der Käufer versiert genug ist, die Lebensfähigkeit des Unternehmens unter wirklich extremen Bedingungen in Frage zu stellen, denn das sind die einzig entscheidenden Bedingungen, die beim Kauf einer Katastrophenversicherung eine Rolle spielen.«

»Keiner der Neugründer kann auch nur annähernd den Versicherungsschutz von Berkshire bieten. Berkshire ist in Bezug auf seine Kapitalstärke in dieser Branche einzigartig. Ich kann mich nicht erinnern, dass jemand auf den Bermudas[40] über ein Nettovermögen von 1 Milliarde Dollar verfügt. Derzeit haben wir ein Nettokapital von 13 Milliarden Dollar und einen deutlich höheren Wert. Wir können also Katastrophen verkraften, die andere nicht aushalten können. Und dafür versuchen wir, uns angemessen bezahlen zu lassen. Wir können einen Verlust von 1 Milliarde verkraften, und irgendwann werden wir einen Verlust von 1 Milliarde machen; jeder, der bei uns versichert ist, weiß, dass wir das verkraften können, oder sogar noch mehr. Und alle sollten wissen, dass nur sehr wenige unserer Konkurrenten dazu in der Lage sind.«

»Wir tätigen einen ungewöhnlich hohen Anteil unseres Geschäfts mit den zehn größten Rückversicherungs- und Versicherungsgesellschaften der Welt. Die Leute, die die wahren Risiken des Geschäfts

[40] Anmerkung der Übersetzerin: Bermuda steht seit Jahrzehnten im Zentrum der Rückversicherungen.

verstehen, gehen viel eher zu Berkshire als auf die Bermudas, weil sie wissen, dass wir zahlen werden, und sie sind lange genug dabei, um zu wissen, dass es allein darauf am Ende ankommt. Wenn es genügend Kapazitäten zu wirklich lächerlichen Preisen gäbe, würden wir kein einziges Geschäft abschließen. Ich glaube nicht, dass das passieren wird. Und wenn doch, dann ist es so; wir werden alle Golf spielen, bis der Verlust eintritt.«

1996 Aktionärsversammlung (02:58:03)

WB: »Es ist Kapital in das Rückversicherungsgeschäft geflossen, und das ist negativ für unser Geschäft, weil jedes Kapital, das hereinkommt, im Grunde genommen eingesetzt wird. Bei Berkshire sind wir bereit – und wir tun das auch –, uns im Rückversicherungsgeschäft zurückzuhalten. Wir werden Angebote machen, aber jemand wird die bestehenden Preise erheblich senken, wenn er über viel Kapital verfügt und beschäftigt bleiben will. Wenn Sie in diesem Geschäft viel Kapital haben oder viel Kapital angezogen haben, werden Sie etwas machen; vielleicht möchten Sie etwas Kluges damit anstellen, aber wenn es sein muss, werden Sie auch etwas Dummes tun. Sie werden eine rationale Erklärung finden, damit Sie es für klug halten. Sie werden nicht einfach dasitzen und am Ende des Jahres an die Aktionäre schreiben: ›Wir haben Sie im vergangenen Jahr um 300 Millionen Dollar gebeten. Wir möchten Ihnen mitteilen, dass alles sicher auf einem Bankkonto liegt.‹ So funktioniert das nicht. Also werden sie etwas unternehmen. Die Leute sitzen nicht gern den ganzen Tag herum und drehen Däumchen. Und das bedeutet, dass die Preise unter bestimmten Umständen gesenkt werden, und genau das passiert gerade.«

»Bei Berkshire haben wir eine Regel für Personalabbau. Wir haben allen Mitarbeitern im Versicherungsgeschäft versprochen, dass es niemals zu Entlassungen aufgrund eines Volumenrückgangs kommen wird. Wir wollen nicht, dass die Leute, die unser Versicherungsgeschäft betreiben, das Gefühl haben, sie müssten ein Mindestvolumen abschließen, um alle Mitarbeiter zu behalten. Wir können uns einen gewissen Überbau leisten, der uns ein wenig Geld kostet, weil er nicht voll ausgelastet ist, denn im Verhältnis zur Größe unseres Versicherungsgeschäfts sind diese Kosten nicht so hoch. Nicht leisten können wir uns hingegen, wenn die Leute unter Druck stehen, weiterhin Geschäfte abzuschließen, um ihren Arbeitsplatz zu behalten. Deshalb haben wir diesbezüglich eine strenge Richtlinie. Und wenn das Geschäft wegen sinkender Preise zurückgeht, werden wir das nicht mitmachen – aber wir werden weiterhin da sein, um wieder groß ins Geschäft einzusteigen, wenn sich die Umstände ändern.«

»So in etwa im Jahr 1985 gab es eine Zeit lang einen Rückgang im Unfallversicherungsgeschäft, und wir haben [bei National Indemnity] ein super Geschäft gemacht. Vor vier oder fünf Jahren kam es zu einer Umkehr in Richtung Katastrophenrückversicherung, und wir sind dort sehr aktiv geworden.«

»Wir werden Zeiten erleben, die für uns im Versicherungsgeschäft sehr gut sind. Es ist ähnlich wie bei Investitionen. Wenn man das Gefühl hat, jeden Tag investieren zu müssen, macht man viele Fehler. In diesem Geschäft muss man warten, bis sich die richtige Gelegenheit bietet. In der Versicherungsbranche ist das ähnlich. Wenn wir ein Budget für das Prämienvolumen unserer Versicherungsgesellschaften vorgeben würden, wäre das das Dümmste, was wir tun könnten; sie könnten jedes Budget einhalten, das ich vorgeben würde. Ich könnte einem Unternehmen, das im vergangenen Jahr 100 Millionen Dollar verzeichnete, sagen, dass es in diesem Jahr 500 Millionen Dollar sein müssen, und es würde das erfüllen – aber ich müsste die nächsten Jahrzehnte die Rechnung dafür bezahlen. Das ist eine sehr unlogische Art, ein Unternehmen zu führen.«

»Bei GEICO ist der Fall anders gelagert: Das Unternehmen ist ein Low-Cost-Anbieter und kann aus einem riesigen Kundenpool zu sehr guten Wachstumsraten Geschäfte an Land ziehen, indem es die Menschen einfach darüber informiert, was es zu bieten hat. Daher sehe ich für dieses Unternehmen unter fast allen Umständen Wachstumschancen. Aber unser Rückversicherungsgeschäft wird je nach dem Verhalten der Wettbewerber enorme Schwankungen beim Volumen erleben. Und was die Wettbewerber künftig tun, hängt in hohem Maße davon ab, wie viel Geld sie in der Kasse haben. Im Moment geht es klar in eine Richtung. Aber das wird sich ändern, so wie sich die Märkte ändern. Ich habe mindestens ein halbes Dutzend Phasen erlebt, in denen die Leute dachten, sie würden nie wieder die Chance bekommen, Wertpapiere zu vernünftigen Preisen zu kaufen, und es ändert sich immer etwas. Im Versicherungsgeschäft müssen diejenigen, die Policen falsch bewerten, den Preis dafür zahlen. Die Welt wird weiterhin Versicherungen brauchen, und wir werden da sein.«

2010 Aktionärsversammlung (02:17:48)

CM: »Ich würde sagen, der Hauptunterschied zwischen unserer Vorgehensweise und den meisten anderen in der Versicherungsbranche besteht darin, dass wir bewusst eine Arbeitsweise anstreben, die uns gelegentlich große Verluste in einem einzigen Jahr beschert – große Gesamtverluste. Und alle anderen versuchen, das zu vermeiden. Wir wollen einfach reich genug sein, sodass ein großer Verlust in einem einzigen Jahr nur eine kleine Delle ist. Und das ist ein großer Wettbewerbsvorteil, diese Bereitschaft, schwankende Jahresergebnisse in Kauf zu nehmen.«

WB: »Das ist ein riesiger Vorteil. Und es ist einer, den niemand sonst nutzen wird. Die Wettbewerber wissen, was wir tun; sie wollen es nur nicht tun oder sind finanziell nicht dazu in der Lage. Ich würde also sagen, dass dies einem dauerhaften und erheblichen Vorteil für Berkshire sehr nahekommt. Allein die finanziellen Auswirkungen des Hurrikans Katrina, als wir 3 Milliarden Dollar verloren haben, haben mich am nächsten Tag finanziell nicht berührt. Es macht einfach keinen Unterschied, weil wir in diesem speziellen Geschäft tätig sind. Solange wir im Laufe der Zeit die richtigen Entscheidungen in Bezug auf die Prämien treffen, die wir erhalten, und solange wir uns niemals einem Verlust aussetzen, der unsere Kapitalstruktur wirklich erschüttern würde, ist das ein Spiel, in dem wir einen enormen Wettbewerbsvorteil haben. Und er wird von Jahr zu Jahr größer. In der Versicherungsbranche nutzen wir den Wunsch anderer, ihre Gewinne zu glätten, und gehen davon aus, dass wir im Laufe der Zeit zwar unregelmäßige, aber dafür größere Gewinne erhalten.«

CM: »Ich wollte gerade sagen, dass Warren eine andere Position als viele Leute in der Versicherungsbranche vertritt. Nach einem Jahr, in dem Berkshire große Verluste erlitten hat, kann er in den Spiegel schauen und sagen: ›Deine Aktionäre lieben dich immer noch.‹ Andere Leute sind nicht in dieser Lage.«

FLOAT BEI VERSICHERUNGEN

1996 Aktionärsversammlung (01:54:47)

WB: »Das Versicherungsgeschäft verschafft uns Float[41], also Geld, das wir halten, das uns aber nicht gehört. Das ist wie bei einer Bank, die Einlagen hat. Das Geld gehört nicht der Bank, aber sie verwahrt es. Wenn eine Bank Einlagen hält, entstehen für alles außer Sichteinlagen explizite Kosten, nämlich Zinsen. Hinzu kommen die Kosten für den Betrieb des Systems und die Beschaffung des Geldes, die ebenfalls sowohl den Sichteinlagen als auch den Termineinlagen zuzurechnen sind. Es entstehen also Kosten für das, was sie Einlagen nennt und was wir Float nennen.«

»Im Versicherungsgeschäft findet ein ähnliches Phänomen statt: Die Versicherungsnehmer geben uns ihr Geld zu Beginn der Versicherungsperiode – wir erhalten also das Geld für das Produkt im Voraus. Und zweitens dauert es, bis Schäden reguliert werden müssen, insbesondere im Haftungsbereich. Wenn Sie die Stoßstange Ihres Autos beschädigen, wird die Leistung sehr schnell ausgezahlt. Aber wenn es sich um eine komplizierte Verletzung oder etwas Ähnliches handelt, kann die Regulierung sich über mehrere Jahre hinziehen. Und während dieser Zeit halten wir das Geld. Wir haben also im Grunde genommen etwas, das den Einlagen einer Bank entspricht. Bei den Einlagen einer Bank ist es jedoch recht einfach, die ungefähren Kosten zu berechnen. Beim Float einer Versicherungsgesellschaft kennt man die Kosten erst, wenn alle Policen abgelaufen und alle Schäden reguliert worden sind. Man kann nur im Laufe der Zeit schätzen, wie hoch die Kosten für den Float sind.«

»Bis heute, in den 29 Jahren, in denen wir mit Berkshire im Geschäft sind, hat uns unser Float im Durchschnitt nichts gekostet. Es gab Jahre, in denen wir einen versicherungstechnischen Verlust hatten, in denen Kosten entstanden sind. Es gab Jahre, in denen wir einen versicherungstechnischen Gewinn erzielt haben. Wir haben diesen Float also über die Jahre zu sehr vorteilhaften Konditionen erzielt. Wichtig ist auch, dass wir ihn dramatisch ausgebaut haben. So haben wir immer mehr Geld erhalten, ohne dass damit Kosten verbunden waren. Wenn wir noch unseren Float von 17 Millionen Dollar wie im Jahr 1967 hätten und er keine Kosten verursachen würde, wäre das sehr schön – 17 Millionen Dollar an kostenlosem Geld sind zwar einiges, aber nicht der Rede wert. Wenn wir 7 Milliarden Dollar als kostenloses Geld einnehmen können, ist das sehr viel wert. Und dieses Wachstum wurde wahrscheinlich im Zusammenhang mit Berkshire nicht vollständig gewürdigt, ebenso wenig wie das Zusammenspiel von kostenlosem Geld und unserem Wertzuwachs im Laufe der Zeit. Charlie und ich achten sehr darauf, und es ist kein Zufall, dass sich das Geschäft so entwickelt hat. Und wir wollen versuchen, dass es sich auch in Zukunft so weiterentwickelt.«

»Float an sich ist kein Segen. Wir können Ihnen viele Versicherungsgesellschaften zeigen, die es für wunderbar hielten, Float zu generieren, aber sie haben so viel Geld verloren bei der Risikoprüfung, dass sie besser dran wären, wenn sie noch nie etwas vom Versicherungsgeschäft gehört hätten. Die Aufgabe besteht darin, immer mehr davon zu bekommen, aber vor allem, es billig zu bekommen. Das erreicht man durch Wettbewerbsvorteile. Das schafft man nicht einfach mit einer gewöhnlichen Versicherungs-

---

41 Anmerkung der Übersetzerin: Die liquiden Mittel, die einer Versicherung im Zeitraum zwischen den Prämienzahlungen der Versicherten und der Auszahlung im Schadensfall zur Verfügung stehen.

gesellschaft. Eine gewöhnliche Versicherungsgesellschaft ist kein gutes Geschäft. Wir haben in gewisser Hinsicht Wettbewerbsvorteile aufgrund unserer Einstellung zu diesem Geschäft. Und weil unsere Finanzkraft uns bestimmte Wettbewerbsvorteile verschafft. Und wir haben sie im Fall von GEICO aufgrund unserer sehr kostengünstigen Betriebsführung. Und es liegt an uns, Wege zu finden, um jeden dieser Wettbewerbsvorteile im Laufe der Zeit zu maximieren. Wir haben diese Vorteile aufgebaut; im Jahr 1967 wurden wir in der Versicherungsbranche nicht so gesehen. Wir haben eine Position mit Wettbewerbsvorteilen aufgebaut. Bei GEICO hatte das Unternehmen diese auch ohne uns, aber wir haben uns da im Laufe der Zeit eingekauft. Das ist ein sehr wichtiger Vermögenswert. Und Sie sollten im Laufe der Jahre sehr genau darauf achten, was mit diesem Vermögenswert sowohl in Bezug auf das Wachstum als auch auf die Kosten geschieht. Das wird Ihnen helfen, den inneren Wert von Berkshire zu ermitteln.«

1996 Aktionärsversammlung (04:45:39)

WB: »Wir sind nicht an dem typischen Versicherungsgeschäft interessiert, weil wir glauben, dass uns der Float letztendlich zu viel kosten wird. Wir würden lieber Geld zu expliziten Konditionen aufnehmen, als die impliziten Kosten eines Versicherungsverlusts zu tragen.«

2000 Aktionärsversammlung (03:37:00)

WB: »Wir fügen manchmal bewusst Float zu bestimmten Kosten hinzu … Wir haben verschiedene Float-Ebenen, wenn man so will, die wir eingeführt haben. Wir haben kürzlich einige Transaktionen abgeschlossen, bei denen wir Float übernehmen, der nicht kostenlos, aber für uns akzeptabel ist. Wir wären bereit, Float zu Kosten zu übernehmen, die nur geringfügig unter der Rendite von US-Staatsanleihen liegen, wenn dies die einzige Möglichkeit wäre, diesen Float zu bekommen, und wenn es unsere Fähigkeit nicht beeinträchtigen würde, anderen Float zum Nulltarif zu bekommen … Es geht um die Kosten des Floats und um das Wachstum des Floats. Wenn Sie mir sagen würden, ich könnte 50 Milliarden Float hinzufügen und hätte dafür Kosten von 3 Prozent, würde ich das jederzeit vorziehen, anstatt 10 Milliarden zum Nulltarif hinzuzufügen.«

CM: »Ich bin erstaunt, wie gut wir mit dem Float abgeschnitten haben. Es ist eine wunderbare Sache, Millionen und Abermillionen, ja sogar Milliarden Dollar an Float zu Kosten weit unter dem Zinssatz von US-Staatsanleihen zu generieren. Es gibt Leute, die für solche Möglichkeiten einen Mord begehen würden.«

WB: »Es gibt viele andere Leute, die ähnlich denken. Wie alles andere im Kapitalismus ist auch dies ein Wettbewerb. Wir glauben, dass wir in mehreren sehr wichtigen Punkten einen Vorteil haben, und wir glauben, dass dieser Vorteil nachhaltig ist. Wir beabsichtigen, ihn so weit wie möglich auszubauen. Wir werden sehen, wohin das führt. Vor zehn oder zwanzig Jahren hätte ich keine Ahnung gehabt, dass wir heute in dieser Situation sein würden.«

»Hin und wieder sieht man etwas, was sinnvoll ist. Und wir finden solche Gelegenheiten ab und zu. Das Schwierige ist, sie dort zu finden, wo sie im Verhältnis zu unserer aktuellen Größe relevant sind.

Wenn wir ein sehr kleines Unternehmen hätten, würden wir viele Gelegenheiten finden, die sinnvoll wären. Wir finden einige wenige Gelegenheiten, die im Verhältnis zu unserer Größe derzeit sinnvoll sind. Und darauf gibt es wirklich keine Antwort, außer einer drastischen Verkleinerung, was wir aber nicht in Betracht ziehen.«

2010 Aktionärsversammlung (01:31:43)

WB: »Ajit Jains Unternehmen verfügt über Wettbewerbsvorteile, die über ihn hinausgehen, aber sie wurden von Ajit entwickelt, er hat sie maximiert und er weiß, wie man sie einsetzt, und zwar meiner Meinung nach weitaus besser als jeder andere auf der Welt. Aber sie werden nicht alle verschwinden. Er hat einen Stab von etwa dreißig Mitarbeitern, die in einer Weise geschult sind, die die Jesuiten in Bezug auf das, was sie ihren Mitgliedern erlauben, noch ziemlich liberal erscheinen lässt. Man kann sich keine diszipliniertere Organisation vorstellen als die von Ajit.«

»Aber Ajit ist nicht zu ersetzen. Das sage ich ganz klar und deutlich: Es wäre ein großer Verlust für Berkshire, wenn Ajit etwas zustoßen würde. Aber das würde nicht bedeuten, dass Berkshire als Rückversicherer nicht weiterhin ein ganz besonderes Unternehmen wäre, wo große Abschlüsse gemacht werden, die niemand sonst machen würde, und wo man schnell denken und handeln kann, wie es praktisch in keiner anderen Versicherungsgesellschaft möglich ist. Wir haben etwas ganz Besonderes in dieser Abteilung, und mit Ajit haben wir die herausragendste aller Führungskräfte.«

»Was unseren Float angeht, denke ich jedes Jahr, dass er seinen Höhepunkt erreicht hat. Ich sehe nicht, wie wir ihn noch erhöhen könnten. Er liegt derzeit bei 60 Milliarden Dollar, und wir haben Dinge wie den Equitas-Deal, die abgewickelt werden. Jeden Tag läuft ein Teil des Floats ab, aber wir fügen einfach mehr hinzu. Ich war bereit, bei 20 Milliarden Dollar aufzuhören, weil ich dachte, wir hätten den Höhepunkt erreicht. Berkshire hat sich meiner Meinung nach zum weltweit führenden Versicherungsunternehmen entwickelt, und das bringt viele Vorteile mit sich. Ich sehe keine Möglichkeit, wie wir mit einem Float von 60 Milliarden Dollar erheblich wachsen können, es sei denn, wir tätigen eine sehr bedeutende Akquisition. Wir werden den Float von Berkshire von hier aus nicht organisch schnell wachsen lassen. Das ist nicht machbar. Und wir werden vielleicht kämpfen müssen, um das bestehende Niveau zu halten. Aber vielleicht fällt uns auch aus heiterem Himmel etwas ein. Ich meine, wer hätte vor drei Jahren ahnen können, dass Equitas auf uns zukommen würde? Es gibt verschiedene Dinge, die passieren könnten, die für uns ausgesprochen positiv sind. Aber wenn ich Ihnen von dem Wert erzähle, den Ajit Jain für Berkshire geschaffen hat, dann habe ich eher noch untertrieben.«

2012 Aktionärsversammlung (02:45:20)

WB: »Der Float von Berkshire könnte schrumpfen, weil wir viele rückwirkende Verträge haben, die naturgemäß auslaufen, wenn auch nicht in rasantem Tempo. Der Float bei GEICO wird wachsen. Der Float bei unseren kleineren Versicherungsgesellschaften wird im Nettoergebnis wahrscheinlich im Laufe der Zeit ein wenig wachsen, aber es handelt sich um keine großen Summen. In Ajits Geschäft, wo wir viele rückwirkende Verträge haben, ist es sehr schwierig. Man hat immer einen schmelzenden

Eiswürfel, zu dem man etwas Wasser gießen muss. Als der Float bei 40 Milliarden Dollar lag, hatte ich das Gefühl, dass er wahrscheinlich nicht mehr sehr stark wachsen würde, und jetzt sind wir bei 70 Milliarden Dollar. Deshalb suchen wir nach Möglichkeiten, den Float kontinuierlich auf intelligente Weise zu steigern. Das ist so, seit ich 1967 in die Versicherungsbranche eingestiegen bin. Dieser Wunsch besteht immer.«

»Wir waren ziemlich einfallsreich, wie wir das erreichen können, ohne dass der Float uns mehr kostet, als er einbringt. Wir lassen die klügsten Köpfe der Branche daran arbeiten. Aber die Zahlen sind jetzt riesig, und es gibt natürlich Abgänge aus den rückwirkenden Verträgen. Deshalb hielt ich es für fair, den Aktionären zu sagen, dass sie sich zwar die Geschichte des Float-Wachstums ansehen, aber nicht daraus ableiten können, dass es sich so fortsetzen wird. Wenn wir Glück haben, könnten wir noch einiges hinzufügen, aber es ist auch möglich, dass sich der Float ein wenig verringert – wenn auch nicht schnell. Und es ist sicherlich mehr als wahrscheinlich, dass er von hier aus nicht mehr sehr stark wachsen wird.«

»Ajit sagte mir, es sei für ihn eine Herausforderung, wenn ich das in den Jahresbericht aufnehme, deshalb bin ich froh, dass ich es drin gelassen habe. Er will mich wie einen Idioten aussehen lassen, was manchmal nicht allzu schwer ist, und ich muss vielleicht nächstes Jahr einige Dinge in den Jahresbericht aufnehmen, um die Aufmerksamkeit der anderen Führungskräfte zu erregen. Wenn ich wetten müsste, ob der Float in fünf Jahren höher oder niedriger sein wird, würde ich wahrscheinlich auf einen leicht höheren Wert setzen, aber den Aktionären muss bewusst sein, dass er wieder etwas zurückgehen könnte. Wir arbeiten jeden Tag daran, Wege zu finden, um ihn zu steigern.«

CM: »Das Unfallversicherungsgeschäft ist von Natur aus kein besonders gutes Geschäft. Man muss zu den besten 10 Prozent gehören, um gut abzuschneiden. Wir haben großes Glück: Wir haben wahrscheinlich weltweit das beste große Unfallversicherungsgeschäft. Wenn man etwas sehr Gutes hat, das nicht rasant wächst, ist das nicht das Ende der Welt.«

2023 Aktionärsversammlung (00:00:04)

WB: »… Unser Float beträgt jetzt 165 Milliarden Dollar. Ajit Jain ist dafür verantwortlich, dass diese Zahl von einem Klacks im Jahr 1986 auf diese unglaubliche Zahl gestiegen ist, die uns in all den Jahren praktisch nichts gekostet hat. Es ist, als hätte man eine Bank ohne Mitarbeiter, ohne Zinsen und ohne die Möglichkeit, das Geld, das für uns arbeitet, schnell abzuheben. Und es ist ein sehr wertvoller Vermögenswert, der als Verbindlichkeit ausgewiesen wird.«

»Stellen Sie sich diesen Float wie eine Bilanz vor: Auf der einen Seite stehen die Verbindlichkeiten und auf der anderen Seite die Vermögenswerte. Die Verbindlichkeiten finanzieren die Vermögenswerte. Das ist ganz einfach. Das Eigenkapital finanziert sie, langfristige Verbindlichkeiten finanzieren sie und so weiter. Aber Eigenkapital ist im eigentlichen Sinne sehr teuer. Langfristige Verbindlichkeiten waren eine Zeit lang günstig, aber sie können teuer werden; außerdem werden sie irgendwann fällig und stehen dann möglicherweise nicht mehr zur Verfügung. Der Float ist jedoch ein weiterer Posten, der als Verbindlichkeit ausgewiesen wird, uns aber nichts gekostet hat und auch nicht so schnell verschwinden kann. Er finanziert die Vermögenswerte auf dieselbe Weise wie das Eigenkapital. Niemand sonst sieht das so. Aber wir haben das immer so gesehen, und es hat sich im Laufe der Zeit so entwickelt.«

NUTZUNG DES VERSICHERUNGS-FLOATS FÜR INVESTITIONEN

1995 Aktionärsversammlung (01:47:38)

WB: »Wir haben viel Flexibilität bei der Anlage von Float aus Versicherungen. Diese Geldmittel in Form von Float bringen uns gegenüber Eigenkapital in keiner Weise einen wesentlichen Nachteil. Wenn wir nur über sehr wenig Eigenkapital und sehr viel Float verfügen würden, würden wir uns selbst viele Beschränkungen auferlegen, wie wir damit umgehen, weil wir ganz sicher sein wollen, dass wir in der Lage sind, dieses Geld bei Bedarf an Versicherungsnehmer, Anspruchsteller oder andere auszuzahlen. Aber wir verfügen über ein so hohes Nettovermögen, dass dieser Float für uns fast genauso nützlich ist wie Eigenkapital, und das bedeutet, dass er sehr nützlich ist. Es ist ein großer Vorteil für Berkshire.«

2000 Aktionärsversammlung (04:02:53)

WB: »Der Float ist keineswegs auf festverzinsliche Wertpapiere beschränkt. Er steht für alles zur Verfügung, was wir zu einem bestimmten Zeitpunkt als die intelligenteste Verwendung ansehen. Im Gegensatz zu anderen Versicherungsgesellschaften können wir das sagen, weil wir über ein unglaubliches Kapitalpolster verfügen und darüber hinaus weitere Ertragsquellen haben, die nichts mit dem Versicherungsgeschäft zu tun haben. Wir könnten den Float vollständig in Aktien investieren – und das oder etwas Vergleichbares haben wir in der Vergangenheit auch schon getan. Wir können das Geld überall investieren, wo es am sinnvollsten ist. Aber das können wir nur, weil wir über außergewöhnlich viel Kapital verfügen und kaum Schulden haben.«

»Wir haben von diesem Geschäft andere Vorstellungen als wahrscheinlich 90 Prozent der Unternehmensvorstände. Wir betrachten die Vermögenswerte mit wenigen Ausnahmen auf konsolidierter Basis. Wir betrachten die Aktiv- und Passivseite völlig losgelöst von bestimmten Vermögenswerten und Verbindlichkeiten. Unsere Aufgabe bei Berkshire besteht darin, die Verbindlichkeiten so günstig wie möglich zu bekommen. Wir wollen alle Verbindlichkeiten so günstig wie möglich bekommen. Und dann wollen wir alle Vermögenswerte so intelligent wie möglich einsetzen. Wir gleichen nicht 1 Milliarde Dollar an Vermögenswerten mit 1 Milliarde Dollar an spezifischen Verbindlichkeiten auf der rechten Seite ab. Wenn Charlie und ich über Berkshire nachdenken, fragen wir uns: ›Wie bekommen wir so viel Geld wie möglich so günstig wie möglich, ohne jemals unsere Fähigkeit zu gefährden, unter irgendwelchen Umständen irgendjemanden zu bezahlen? Und wie setzen wir das Geld dann so ein, dass wir uns auf der Aktivseite am wohlsten fühlen und die besten Renditen erzielen?‹ Häufig sind das Aktien. Manchmal nicht. Aber das ist das Ziel. Und Float ist in praktisch allen Fällen verfügbar, genau wie Eigenkapital; wir unterscheiden in unserem Kopf nicht zwischen diesen beiden. Diese Flexibilität verschafft uns einen gewissen Vorteil und manchmal vielleicht sogar einen ganz großen Vorteil gegenüber unseren Wettbewerbern.«

CM: »Das sieht man an den bisherigen Ergebnissen. Wir haben diesen Vorteil in der Vergangenheit genutzt und hoffen, ihn auch in Zukunft nutzen zu können.«

2003 Aktionärsversammlung (00:44:37)

WB: »Unser Float beträgt 42,5 Milliarden Dollar; ich denke, der gesamte Float der amerikanischen Sach- und Unfallversicherungsbranche liegt bei etwa 500 Milliarden Dollar, also haben wir 8 bis 9 Prozent, irgendwas in dieser Größenordnung … Wir finden die Idee zu wachsen klasse, aber was wir wirklich wollen, ist ein kostenfreier Float. Das ist das Ziel. Ich mache unsere Führungskräfte nicht dafür verantwortlich, mehr Float zu liefern; ich mache sie dafür verantwortlich, profitablen Float zu liefern. Das ist für uns jederzeit von entscheidender Bedeutung. Wenn die 42,5 Milliarden Dollar ohne oder mit weniger Kosten erzielt werden können, hat es für uns den gleichen Nutzen wie Eigenkapital.«

»Man würde es bei einer Liquidation nicht erkennen und bei einem Verkauf nicht unbedingt wahrnehmen, daher sage ich Ihnen nicht, wie Sie ihn in Bezug auf den inneren Wert berechnen sollen. Diese Entscheidung müssen Sie treffen. Aber für uns hat er den Nutzen von 42,5 Milliarden Dollar an Mitteln, die aus Eigenkapital stammen, ohne Aktien auszugeben. Und das ist einer der Gründe, warum wir immer so begeistert davon waren; es ist ein großartiges Geschäft für uns … Wir haben einige außergewöhnliche Unternehmen und einige außergewöhnliche Führungskräfte, und ich bin fest davon überzeugt, dass wir unseren Float zu deutlich geringeren Kosten erhalten als in der Branche üblich … Wenn wir den Versicherungs-Float zu 0 Prozent oder zu geringeren Kosten erhalten, hat er einen sehr großen Nutzen als Eigenkapital.«

LLOYD'S OF LONDON

1995 Aktionärsversammlung (02:53:45)

WB: »Lloyd's ist keine Versicherungsgesellschaft. Ursprünglich war es ein Kaffeehaus, ein Ort, an dem eine Reihe von Einheiten (Syndikaten) tätig waren, von denen manche bereit waren, als Versicherungsgeber zu agieren. Und es hat eine Geschichte von größeren, exotischeren Risiken. Lloyd's hat seine relative Position in den letzten zehn Jahren in erheblichem Maße verloren, vor allem aufgrund schlechter Ergebnisse, die auch zu einem Abzug von Kapital und zur Unzufriedenheit bei den Menschen führten, die diese Einheiten unterstützt haben.«

»Lloyd's ist nach wie vor ein wichtiger Player im Rückversicherungsgeschäft. Und in bestimmten spezialisierten Bereichen der Erstversicherung ist es sogar ein sehr wichtiger Player – aber es ist nicht mehr der Player, der es vor zehn oder fünfzehn Jahren war. Ich bin mir nicht sicher, wie das Kapital von Berkshire im Vergleich zum Kapital all dieser Einheiten bei Lloyd's steht, aber seine relative Bedeutung hat sich in den letzten zehn Jahren sicherlich verändert. Und die Fähigkeit von Lloyd's, Kapital anzuziehen, hat aufgrund der Probleme dieses Versicherers abgenommen, obwohl dort daran gearbeitet wird. Wir betrachten Lloyd's als einen Konkurrenten wie jede andere Rückversicherungsgesellschaft. Aber wir arbeiten auch mit einer Reihe von Einheiten bei Lloyd's zusammen, und wir werden in den nächsten zehn Jahren wahrscheinlich viele Geschäfte mit verschiedenen Einheiten machen.«

CM: »Lloyd's ist eine sehr interessante Institution, weil sie den Ruf hatte, integer zu sein, aufgrund der ausgezahlten Versicherungsleistungen beim Großbrand in San Francisco und so weiter. Aber ich würde behaupten, dass vor zehn oder fünfzehn Jahren viel Schlamperei und Dummheiten bei Lloyd's Einzug gehalten haben, insbesondere in bestimmten Einheiten. Und es wurden zu viele überhöhte Provisionen gezahlt, während die gleichen Risiken im System zirkulierten. Zu viele Maßanzüge und dreistündige Mittagessen mit edlen Weinen. Das war nicht richtig, und das Unternehmen geriet in große Schwierigkeiten.«

WB: »In der Geschichte von Berkshire war das größte Versicherungsproblem, das wir jemals hatten, vor fast zwanzig Jahren mit bestimmten Einheiten von Lloyd's verbunden. Und wie Charlie sagte, hatte der Versicherer über Jahrhunderte hinweg einen hervorragenden Ruf, von dem er vermutlich eine Zeit lang profitiert hat. Wir hatten in einer Situation ein Problem mit seinem Verhalten, und das kam uns sehr teuer zu stehen. Vielleicht haben wir damit frühzeitig eine Lektion für die Zukunft gelernt.«

»Bei Lloyd's gibt es viele verschiedene Einheiten, die von unterschiedlichen Personen geleitet werden und die bis zu einem gewissen Grad unterschiedliche Verhaltensstandards haben. Und diejenigen, die davon ausgegangen sind, dass sie, weil sie es mit Lloyd's zu tun hatten, keinerlei Probleme haben würden, mussten feststellen, dass dem nicht so ist. Aber Lloyd's wird weiterhin eine wichtige Rolle in der Versicherungsbranche spielen, seine aktuellen Schwierigkeiten überwinden und wahrscheinlich besser strukturiert aus dieser Krise hervorgehen.«

1996 Aktionärsversammlung (04:00:49)

WB: »Man kann mit Fug und Recht sagen, dass die Probleme bei Lloyd's uns geholfen haben, denn Lloyd's hatte einen hervorragenden Ruf. Vor zwanzig Jahren war dieser Versicherer die erste und in der Regel auch die letzte Anlaufstelle für alle möglichen ungewöhnlichen und großen Risiken. Und die Tatsache, dass er seither etwas von ihrem Glanz verloren hat, hat uns geholfen. Es ist für uns als Wettbewerber natürlich von Vorteil, wenn Zweifel im Hinblick auf eine Organisation aufkommen, die in der Branche eine führende Rolle gespielt hat.«

»Berkshire verfügt wahrscheinlich über mehr Kapital als Lloyd's insgesamt und hat sich den Ruf erworben, sehr schnell Angebote für sehr große Risiken zu unterbreiten und auch zu halten, was es verspricht. Und es könnte durchaus sein, dass wir in vielen Fällen jetzt einen Anruf bekommen, bevor Lloyd's einen Anruf erhält. Wir haben also von deren Problemen profitiert … Und heute ist es für Lloyd's schwieriger, unsere Position zu untergraben, als noch vor zehn Jahren. Ich möchte das nicht überbewerten, aber wir haben eine herausragende Position in einem bestimmten Bereich der wirklich großen Rückversicherungen, die für andere nur schwer zu erreichen sein wird. Nun mögen manche vielleicht unsere Preise nicht. Möglicherweise gibt es keine Nachfrage für einige der Dinge, die wir anbieten. Aber wenn doch, dann werden wir aus dieser Position heraus wahrscheinlich einige sehr wesentliche Geschäfte abschließen können. Das konnten wir in den letzten Jahren teilweise schon sehen, und wir werden es in Zukunft noch häufiger sehen.«

BEWERTUNG VON BERKSHIRES VERSICHERUNGSGESCHÄFTEN

1996 Aktionärsversammlung (03:16:14)

WB: »Ich sage Ihnen Folgendes: Wir haben einen Float von 7 Milliarden. Das ist Geld, das wir verwalten, das jemand anderem gehört, über das wir aber verfügen können. Wenn man mich fragen würde, ob ich das gegen 7 Milliarden Dollar Gewinn eintauschen würde, ohne Steuern auf den Gewinn zahlen zu müssen, aber dafür für immer aus dem Versicherungsgeschäft aussteigen müsste, würde ich das Angebot annehmen? Die Antwort lautet nein. Nicht weil ich lieber 7 Milliarden Dollar Float hätte als 7 Milliarden Dollar Nettogewinn, sondern weil ich davon ausgehe, dass die 7 Milliarden Dollar wachsen werden. Hätte man mir diesen Tausch vor zwanzig Jahren angeboten – ›Nehmen Sie 17 Millionen für Ihren Float, keine Steuern, aber Sie müssen aus dem Versicherungsgeschäft aussteigen‹ –, hätte ich damals vielleicht ja gesagt.«

CM: »Ach, tatsächlich?«

WB: »Ja.«

CM: »Er lernt immer dazu. Das ist einer seiner Tricks.«

WB: »Es wäre ein schrecklicher Fehler gewesen. Es wäre ein Fehler gewesen, das vor zehn Jahren mit 300 Millionen Dollar zu tun. Die Summe von 7 Milliarden Dollar ist es uns nicht wert, dass Berkshire Hathaway für immer aus dem Versicherungsgeschäft aussteigt. Selbst wenn sich das Eigenkapital ohne Minderung um diese Summe erhöhen würde, würden wir das nicht annehmen. Wir würden nicht einmal lange darüber nachdenken. Vor einiger Zeit allerdings hätte ich diese Antwort nicht gegeben. Es ist ein sehr wertvolles Geschäft. Es muss richtig geführt werden … das läuft nicht von selbst. Aber unsere Versicherer haben die Mitarbeiter, die Vertriebsstruktur, den Ruf, die Kapitalstärke und die Wettbewerbsvorteile. Das haben sie alles. Und wenn man sie fördert, können sie mit der Zeit noch wertvoller werden.«

VORTEILE VON BERKSHIRES VERSICHERUNGSGESCHÄFTEN

1996 Aktionärsversammlung (04:20:20)

WB: »Wir wissen, dass wir im letzten Jahr in Bezug auf das Prämienvolumen der Größte sein mussten. Wir übernehmen einfach viel mehr als alle anderen; bei uns kamen die Anrufe zu den großen Risiken herein. Vor kurzem haben wir ein Angebot über 1 Milliarde Dollar für die [seismische] New-Madrid-Verwerfung abgegeben. Das würde niemand sonst versichern. Wir haben Marktanteile hinzugewonnen, weil wir bereit sind, große Volumina zu übernehmen, und weil die Leute wissen, dass wir im Bedarfsfall auch zahlen.«

»Wir wissen auch, dass unser Marktanteil derzeit sinkt, aber das macht für uns keinen Unterschied. Wir würden nur hellhörig, wenn wir in profitablen Märkten zurückfallen würden … Wir sind bereit, über eine Vielzahl von Maßnahmen im Versicherungsbereich nachzudenken. Wir werden in den kommenden zehn oder fünfzehn Jahren andere Dinge in der Versicherungsbranche machen. Was die Versicherungsbranche in den nächsten zehn bis fünfzehn Jahren erwartet, ist unvermeidlich, aber ich kann Ihnen nicht sagen, was genau das sein wird. Wir haben unser Geschäft im Bereich lebenslanger Rentenzahlungen etwas ausgebaut und sind der bevorzugte Anbieter solcher Rentenzahlungen. Dabei handelt es sich im Wesentlichen um Leibrenten, die an Personen gezahlt werden, die in der Regel Opfer eines schweren Unfalls sind. Sie sind sehr schwer verletzt und werden wahrscheinlich ihr Leben lang unter den Folgen leiden. Wir leisten künftig also Zahlungen an Menschen, die nicht in der Lage sind, ihren Lebensunterhalt zu verdienen, und die möglicherweise über viele Jahrzehnte hinweg erhebliche Arztrechnungen zu begleichen haben. Diese Renten werden in der Regel mit Zustimmung des Anwalts der geschädigten Person gewährt. Und wenn die Berater der geschädigten Person überlegen: ›Wer wird in fünfzig Jahren noch da sein, um dieser Person, die arbeitsunfähig ist, das Geld auszuzahlen?‹, denken sie häufig und unserer Meinung nach logischerweise an Berkshire.«

»Es ist kein großes Geschäft und es wird auch künftig kein großes Geschäft werden, aber es ist ein absolut solides Geschäft. Und es ist eines, in dem wir im Laufe der Zeit einen Wettbewerbsvorteil haben. Wir erzielen diesen Wettbewerbsvorteil nicht durch den Preis. Wir erzielen den Wettbewerbsvorteil durch die Gewissheit, die die geschädigte Partei hat, dass der Scheck auch in fünfzig Jahren noch in der Post liegt. Bei solcherlei Geschäften haben wir einen Vorteil. Und mit der Zeit werden wir noch andere Dinge finden, in denen wir tätig werden können. Wir sind uns generell dessen bewusst, was in der Versicherungsbranche vor sich geht. Wir sind bereit zu handeln, wenn die Zeit gekommen ist, etwas Sinnvolles zu machen.«

2017 Aktionärsversammlung (02:09:59)

WB: »Niemand könnte Ajit Jain ersetzen … Aber wir haben einen hervorragenden Versicherungsbetrieb. Auch ohne Ajit sind wir wirklich hervorragend, und mit Ajit sind wir doppelt so gut. Es gibt Dinge, die nur er kann. Aber es gibt auch viele Vorgänge, die institutionalisiert sind, viele Bereiche in unserem Versicherungsgeschäft, in denen wir ebenfalls über ein außerordentlich fähiges Führungsteam verfügen. Ajit hat beispielsweise vor einigen Jahren ein Unternehmen namens Guard Insurance gekauft, das hauptsächlich im Bereich der Arbeitsunfallversicherung tätig ist. Es hat seinen Sitz, unglaublicherweise, in Wilkes-Barre, Pennsylvania, und expandiert wie verrückt. Es ist ein Juwel. Ajit beaufsichtigt es, aber wir haben eine hervorragende Person, die es leitet. Wir haben vor einigen Jahren Medical Protective gekauft. Ajit beaufsichtigt es, aber Tim Kenesey kann eine hervorragende Versicherungsgesellschaft leiten, mit oder ohne Ajit. Aber er ist klug genug, um zu erkennen, dass es super ist, wenn man jemanden wie Ajit hat, der bereit ist, das Unternehmen bis zu einem gewissen Grad zu beaufsichtigen. Dabei ist Tim selbst ein richtig guter Versicherungsmanager, und Medical Protective ist ein tolles Geschäft für uns. Die meisten Leute wissen nicht, dass es uns gehört.«

»Ajit hat Berkshire wahrscheinlich mehr Geld eingebracht als ich. Aber wir haben auch ohne ihn immer noch das meiner Meinung nach weltweit beste Sach- und Unfallversicherungsgeschäft. Doch mit ihm kommt niemand auch nur annähernd an uns heran.«

CM: »Vor einigen Jahren hat Kalifornien eine kleine Änderung im Arbeitsunfallversicherungsgesetz vorgenommen, und Ajit erkannte sofort, dass dies zu einer drastischen Veränderung der Versicherungsergebnisse führen würde. Er stieg von einem winzigen Marktanteil auf 10 Prozent des Marktes, was enorm ist, und er hat einfach mindestens ein paar Milliarden Dollar aus der Luft gegriffen, als würde er mit den Fingern schnipsen. Und als es schwierig wurde, hat er sich zurückgezogen. Wir haben nicht viele Leute wie Ajit; es ist schwer, einfach mit den Fingern zu schnipsen und ein paar Milliarden Dollar aus der Luft zu greifen.«

WB: »Wir haben viele hervorragende Versicherungsmanager. Ich meine, es gibt nirgendwo eine bessere Auswahl. Ajit hat einige davon ausfindig gemacht. Ich hatte ein paar Mal Glück. Tom Nerney bei U.S. Liability, das liegt schon sechzehn Jahre zurück. Er hat einen hervorragenden Betrieb. Das Unternehmen ist nicht riesig, aber sehr gut geführt. Jetzt haben wir Peter Eastwood von Berkshire Hathaway Specialty angeheuert. Wenn man Versicherungsgewinne erzielen und obendrein noch mehr Float ausgeben kann – das sind supertolle Geschäfte. Wir haben 104 Milliarden Dollar, mit denen wir Geld verdienen können, während wir gleichzeitig wahrscheinlich noch etwas zusätzlich verdienen werden, weil wir sie verwalten [aus den Versicherungsabschlüssen]. Wenn man jemanden findet, der einem 104 Milliarden Dollar gibt und Sie dafür bezahlt, dass Sie das Geld verwalten, während Sie es investieren und die Erträge einstreichen, ist das ein gutes Geschäft.«

»Die meisten Leute sind darin nicht gut. Das Problem ist: Was ich gerade beschrieben habe, verleitet viele Leute dazu, in dieses Geschäft einzusteigen. In letzter Zeit sind Leute nur wegen des Investitionsmanagements eingestiegen. Es ist eine Möglichkeit, im Ausland Geld zu verdienen. Daher gibt es Konkurrenz. Aber wir haben in bestimmten Bereichen einige grundlegende Vorteile und wir haben auch absolut hervorragende Führungskräfte, die diese Vorteile maximieren können. Wir werden das Beste daraus machen.«

2019 Aktionärsversammlung (01:34:33)

WB: »Unser Versicherungsgeschäft verschafft uns Liquidität, die eigentlich aus dem Geld anderer Leute besteht, das wir vorübergehend halten, das aber ständig wieder aufgefüllt wird, sodass es praktisch eine sehr lange Lebensdauer hat und wahrscheinlich eher wachsen als schrumpfen wird. Wir haben derzeit 124 Milliarden Dollar. Das ist, als hätte man eine Bank, die nur aus einem einzigen Kunden besteht, der hereinkommt, 124 Milliarden Dollar einzahlt und verspricht, dieses Geld nie abzuheben.«

»Und wir haben ein sehr gutes Versicherungsgeschäft. Es hat sehr lange gedauert, es aufzubauen, wirklich sehr lange. Tatsächlich glaube ich, dass wir, alles in allem, wahrscheinlich das beste Schaden- und Unfallversicherungsgeschäft der Welt haben, unabhängig von der Größe. Es ist also viel Geld wert. Wir sind überzeugt, dass es für uns mehr wert ist, und wir sind insbesondere überzeugt, dass es innerhalb von Berkshire mehr wert ist. Wir würden dem einen sehr hohen Wert beimessen. Ich kenne die genaue Zahl nicht; jede Zahl, die ich Ihnen in der Vergangenheit genannt hätte, hätte sich als falsch erwiesen, als zu niedrig.«

»Wir haben es geschafft, mit Float – den wir umsonst bekommen haben – Geld zu verdienen und neben diesen hohen Erträgen aus unseren Investitionen auch Erträge aus dem Versicherungsgeschäft zu erzielen. Das ist ein wesentlicher Bestandteil von Berkshire. In der Versicherungsbranche gibt es einen gewissen Widerspruch, den sich die meisten Menschen nicht bewusst machen. Wenn Sie als diversifiziertes Schaden- und Unfallversicherungsunternehmen wirklich bereit sind, Ihre Schäden unter allen Umständen, die in den nächsten hundert Jahren eintreten können, zu begleichen, dann müssen Sie so viel Kapital in Ihrem Unternehmen haben, dass es kein sehr gutes Geschäft ist. Und wenn Sie wirklich an den schlimmsten Fall denken, dann könnte die Rückversicherung – die Versicherung, die Sie von anderen kaufen, um sich unter anderem gegen extreme Verluste abzusichern – ziemlich schlecht sein. Selbst wenn man also denkt, man würde einen Teil des Risikos abgeben, kann es bei den schlimmstmöglichen Beispielen durchaus sein, dass man das Risiko gar nicht abgibt. Und wenn man das erforderliche Kapital zur Absicherung gegen dieses schlimmste Beispiel vorhält, hat man so viel Kapital im Unternehmen, dass es sich nicht lohnt.«

»Berkshire ist wirklich die ideale Form für das Versicherungsgeschäft. Wir verfügen über ein enormes Vermögen, das in vielen Fällen weitgehend unabhängig von Naturkatastrophen ist. Und wir müssen keine Rückversicherungs-Leistungen von anderen kaufen. Außerdem können wir das Geld effizienter einsetzen als die meisten anderen Versicherungsgesellschaften. Es ist interessant: In den letzten dreißig Jahren standen die drei größten Rückversicherungsgesellschaften – wobei ich Lloyd's als ein einziges Unternehmen zähle, obwohl es sich eigentlich um eine Gruppe von Versicherern handelt, die an einem bestimmten Ort zusammengeschlossen sind – alle drei kurz vor dem Aus. Und während dieser Zeit gab es keine wirklich außergewöhnlichen Naturkatastrophen. Das Schlimmste war Katrina im Jahr 2005. Aber wir hatten kein Worst-Case-Szenario. Und von diesen Unternehmen, die alle in Bezug auf ihre Vermögenswerte als absolut gut angesehen werden, haben zwei von drei tatsächlich Vereinbarungen mit uns getroffen, damit wir ihnen in gewisser Weise helfen. Sie sind jetzt alle in guter Verfassung – aber es ist wirklich kein gutes Geschäft, wenn man als eigenständiger Versicherer genug Kapital vorhalten muss, um sicherzugehen, dass man alles bezahlen kann, was unter allen möglichen Bedingungen auf einen zukommt. Aber Berkshire kann das. Und es kann das Geld so verwenden, wie es möchte. Das ist also ein sehr wertvolles Vermögen. Wir würden es sicherlich nicht für seinen Float-Wert verkaufen wollen, der in der Bilanz als Verbindlichkeit ausgewiesen ist. Es ist außergewöhnlich. Ich glaube nicht, dass irgendjemand so etwas aufbauen könnte. Es dauert einfach so lange, und wir erschließen weiterhin Neuland.«

CM: »Warren, gibt es irgendjemanden auf der Welt, der ein großes Schadenversicherungsgeschäft betreibt, das du gegen unser Geschäft eintauschen würdest?«

WB: »O nein, denn es hat lange gedauert und dafür brauchte es einige außergewöhnliche Menschen. Bei GEICO hat Tony Nicely mit seinen Mitarbeitern – 39.000 und wahrscheinlich sind es mittlerweile noch mehr, da er dieses Jahr expandiert – einen Wert von mehr als 50 Milliarden Dollar für Berkshire Hathaway geschaffen.«

CM: »Es ist so ein einfaches Geschäft – man nimmt Geld in bar ein, führt die Bücher und gibt einen kleinen Teil des Geldes zurück –, dass sich hier viel Dummheit tummelt. Und wer darin nicht weit überdurchschnittlich gut ist, verliert am Ende Geld; für die meisten Menschen ist es ein mittelmäßiges Geschäft. Bei Berkshire ist es nur deshalb gut, weil wir darin viel besser sind. Und wenn wir jemals aufhören, viel besser zu sein, wäre es auch für uns kein sicheres Geschäft mehr.«

WB: »Jemand müsste mir mehr als 50 Milliarden Dollar geben, um alles rückgängig zu machen, was Ajit Jain für Berkshire geleistet hat. Ajit kam an einem Samstag Mitte der 1980er-Jahre in mein Büro und hatte zuvor noch nie etwas mit dem Versicherungsgeschäft zu tun. Ich glaube nicht, dass es in der Versicherungsbranche irgendjemanden gibt, der sich nicht wünschen würde, er wäre an diesem Samstag in sein Büro marschiert und nicht in das von Berkshire.«

»Vor vielen, vielen Jahren hatten wir zwei kleine Versicherungsunternehmen, die beide pleitegingen; das Underwriting war schlecht, aber wir sind für alle Schäden aufgekommen. Wir haben uns nicht gedrückt. Wir haben jeden Cent der Schäden bezahlt. Niemand macht sich Sorgen, mit Berkshire Finanzgeschäfte zu machen. An einem Samstag, gegen 9 Uhr morgens, erhielt ich einen Anruf, und am nächsten Tag schlossen wir einen Vertrag über die Zahlung von 10 Milliarden Dollar ab, komme, was wolle, ohne Ausstiegsklausel für wesentliche nachteilige Veränderungen oder Ähnliches. Die Leute wissen, dass wir mit den 10 Milliarden Dollar da sein werden. Sie wissen: Wenn wir eine Police ausstellen, die während der schlimmsten Katastrophe in der Geschichte oder auch erst in fünfzig Jahren fällig werden könnte, wird Berkshire leisten – und deshalb haben wir einen Float von 124 Milliarden Dollar.«

2023 Aktionärsversammlung (00:49:33)

WB: »Ajit war der Schlüssel dazu, er hat den AIG-Deal auf die Beine gestellt. Wir haben 10 Milliarden Dollar erhalten, aber wir waren nicht darauf beschränkt, sie in Anleihen zu investieren. Das Geld fließt in einen allgemeinen Vermögenspool … es wird nicht in einem kleinen Fach beiseitegelegt, wie die Leute gern denken. Keine andere Versicherungsgesellschaft könnte das. Andere Versicherer können nicht so denken, weil sie nicht über unsere Bilanz verfügen. Sie sind es nicht einmal gewohnt, so zu denken. Auf uns entfallen etwa 26 Prozent des Nettovermögens aller Sach- und Unfallversicherungsgesellschaften in den Vereinigten Staaten … Der Betrag, den wir im Rahmen des AIG-Deals zahlen mussten, lag etwas unter dem Betrag, den wir als unseren Anteil an den Verlusten einkalkuliert hatten. Aber es diente den Zwecken von AIG. Das Unternehmen kam zu uns, und wir waren in einer einzigartigen Position. Es gab niemanden sonst, der das hätte versichern können, genau wie damals bei Lloyd's. Lloyd's sagte, es gäbe keine andere Wahl als Berkshire Hathaway, als sie ihren Markt im Wesentlichen durch die Ablösung vieler Verbindlichkeiten durch Berkshire Hathaway wiederbelebten. Solche Deals werden wir künftig nicht oft sehen. Wenn ein Versicherer 500 Millionen Dollar wert ist, wird jemand anderes kommen und mehr Geld bieten. Aber wenn die Rede von einem Deal wie mit AIG ist, gibt es keine andere Anlaufstelle.«

AJIT JAIN: »Eine Möglichkeit, die Entwicklung des Deals seit Abschluss zu betrachten, besteht darin, dass wir zum Zeitpunkt des Abschlusses bestimmte Prognosen über die jährlichen Auszahlungen erstellt haben. Wir überwachen nun die tatsächlichen Zahlungen seit Beginn des Deals und vergleichen sie mit unseren Erwartungen. Konkret entsprechen die tatsächlichen Auszahlungen 96 Prozent unserer Prognosen für diesen Zeitpunkt, was gut, aber nicht umwerfend ist. Wir liegen immer noch im Plan. Wenn wir am Ende weniger auszahlen als prognostiziert, hätten wir nicht nur Geld zu einem sehr attraktiven Zinssatz aufgenommen, also zu deutlich weniger als 4 Prozent, sondern darüber hinaus auch noch eine Verwaltungsgebühr verdient, die einem Dollarwert von 1 Milliarde im Jahr 2015 entspricht. Unter dem Strich sind wir also sehr zufrieden mit dem Deal. Wir sind froh, dass wir ihn abgeschlossen haben. Aber das Spiel ist noch nicht vorbei. Die Verbindlichkeiten können jeden Tag relevant werden. Ich bin also vorsichtig optimistisch, dass der Deal sich als besser erweist, als wir erwartet hatten.«

CM: »Das wirklich Interessante daran ist, dass Berkshires Schadenversicherungsgesellschaften ein viermal so hohes Eigenkapital pro Dollar Prämienvolumen haben wie der Marktstandard. Und natürlich sehen wir große Abschlüsse auf uns zukommen – wem würden Sie denn vertrauen, wenn Sie eine große Verbindlichkeit loswerden wollten?«

WB: »Wir haben jedes Jahr 25 Milliarden Dollar oder mehr aus anderen Bereichen als dem Versicherungsgeschäft, die nicht mit dem Versicherungsgeschäft korrelieren. Wir zahlen keine Dividenden. Wenn Sie Dividenden zahlen und diese später dann kürzen, dann versuchen Sie mal, am nächsten Tag Versicherungen zu verkaufen. In dieser Branche verlassen sich die Leute darauf, dass man zahlt. Und wenn wir diese 10 Milliarden Dollar nehmen, stecken wir sie nicht in Anleihen mit einer festen Laufzeit von fünf oder zehn Jahren. Wir würden noch nicht einmal auf die Idee kommen.«

»Die Leute, die mit uns Geschäfte machen, wissen, dass sie niemanden wie uns haben, der 10 Milliarden Dollar zahlen kann, egal was mit der Wirtschaft passiert. Es ist nicht nur die enorme Stärke der Versicherungsgesellschaften, sondern auch die Tatsache, dass bei uns all diese Erträge vorhanden sind. Wir haben nicht viele Schulden. Wir haben Schulden im Eisenbahn- und Energiebereich, für die wir jedoch nicht einstehen müssen. Es gibt kein zweites Berkshire. Ajit ist sich dessen bewusst, wenn er verhandelt, und die andere Seite auch, wenn es um große Summen geht.«

UNANGENEHME ÜBERRASCHUNGEN BEI VERSICHERUNGEN

1999 Aktionärsversammlung (03:56:19)

WB: »Es liegt in der Natur der Versicherung, dass man von Zeit zu Zeit unangenehme Überraschungen erlebt. Loews hat CNA Anfang der 1970er-Jahre gekauft. Und erst in den letzten Jahren gab es eine Einigung in einer Rechtssache bezüglich einer in den späten 1950er-Jahren abgeschlossenen Police. Soweit ich mich erinnere, gab es einen Verlust von 1,5 Milliarden Dollar bei einer Schadenssache, in der sich die Prämien nur auf einige Tausend Dollar beliefen. GEICO hat, wenn ich mich recht erinnere, 60 Millionen Dollar bei einem Versicherungsbestand verloren, der Anfang der 1980er-Jahre abgeschlossen wurde und dessen Gesamtprämien weniger als 200.000 Dollar betrugen.«

»Naturgemäß sind die Überraschungen im Versicherungsgeschäft eher unangenehm. … Ich glaube, wir haben einen Schadensfall bei einer kleinen Arbeitsunfallversicherung, bei der die Police etwa 25 Jahre zurückreicht und erst im letzten Jahr zum Tragen kam. Und das kostet wirklich Geld. Es ist also ein Geschäft, in dem Überraschungen groß und spät kommen können. Und das passiert selbst bei gutem Management.«

ANREIZE BEIM VERSICHERUNGS-UNDERWRITING

2004 Aktionärsversammlung (03:10:56)

WB: »Falsche Anreize in der Versicherungsbranche können sehr schädlich sein … Bei National Indemnity belief sich das Prämienvolumen im Jahr 1980 auf 79 Millionen Dollar; im ›harten Markt‹ Mitte der 1980er-Jahre erreichten wir 366 Millionen Dollar. Und dann haben wir es heruntergefahren – nicht absichtlich, sondern einfach, weil das Geschäft weniger attraktiv wurde – von 366 Millionen auf 55 Millionen Dollar.«

»In den vergangenen Jahren ist der Markt wieder attraktiver geworden und auf fast 600 Millionen Dollar angestiegen. Ich glaube nicht, dass es in Amerika ein börsennotiertes Unternehmen gibt, das glaubt, einen solchen Rückgang beim Volumen überleben zu können, Jahr für Jahr für Jahr für Jahr [von 1986 bis 2000]. Aber das war die Kultur von National Indemnity.«

»… Als unser Prämienvolumen stark zurückging, haben wir in dieser Zeit nie einen Personalabbau vorgenommen. Andere hätten das getan, aber wir nicht … Unsere Kostenquote stieg dramatisch an, auf bis zu 41 Prozent im Jahr 1999 … Als wir noch viele Geschäfte abschlossen, lag unsere Kostenquote bei nur 26 Prozent. Einige Unternehmen hätten das als unerträglich empfunden – aber für uns ist es unerträglich, schlechte Abschlüsse zu tätigen. Wir können eine überhöhte Kostenquote ertragen, aber wir können es uns nicht leisten, schlechte Abschlüsse zu tätigen. Zum einen ist es fast unmöglich, eine Kultur schlechter Geschäftsabschlüsse wieder loszuwerden. Wir nehmen lieber zu hohe Gemeinkosten in Kauf, als unseren Mitarbeitern beizubringen, dass sie, um ihren Arbeitsplatz zu behalten, alles abschließen müssen, was ihnen unterkommt. Denn diese Gewohnheit lässt sich nur sehr schwer wieder ablegen, wenn man erst einmal damit angefangen hat.«

»Mit einer hohen Kostenquote haben wir praktisch jedes Jahr mit dem Versicherungsgeschäft Geld verdient. Wie Sie am Jahr 1986 sehen können, war das für uns ein unglaubliches Jahr mit einer Underwriting-Marge von 30 Prozent – und das Schöne daran ist, dass wir dies mit dem höchsten Volumen erreicht haben, das wir jemals hatten: 366 Millionen Dollar. Das war für uns eine Lizenz zum Gelddrucken, als wir riesige Abschlüsse getätigt haben, und wir haben ein bisschen Geld verdient, als wir kleine Abschlüsse getätigt haben. Ich glaube, wir sind fast die einzige Versicherungsgesellschaft auf der Welt, die den Menschen, die mit uns verbunden sind, die unmissverständliche Botschaft vermittelt, dass sie niemals wegen eines zu geringen Abschlussvolumens entlassen werden und dass wir deshalb nicht wollen, dass sie uns auch nur im geringen Umfang schlechte Abschlüsse einfahren.«

»Wir machen künftig Fehler, und wir werden uns mit einer hohen Kostenquote herumschlagen, wenn das Geschäft schleppend läuft, aber wir werden das Spiel trotzdem gewinnen. Das hat National Indemnity im Laufe der Zeit immer wieder bewiesen. Vor dreißig Jahren war National Indemnity ein unbekanntes Unternehmen, das über ein System von Bezirksdirektionen operiert hat, das alle für veraltet hielten; es hatte keine Patente, keine Immobilien, keine Urheberrechte, nichts, wodurch es sich im Wesentlichen von Dutzenden anderer Versicherungsunternehmen abhob. Aber dieser Versicherer hat eine Bilanz wie kaum ein anderes Unternehmen, weil er diszipliniert war. Seine Leute wussten wirklich, was sie taten. Und das hat sich im Laufe der Zeit noch verstärkt. Die Bilanz hat andere weit hinter sich gelassen … Sie haben den Finger auf das richtige Anreizsystem gelegt, um die richtigen Abschlüsse zu tätigen … Wir versuchen, diese Dinge zu durchdenken. Man kann ein Automobilunternehmen nicht ohne Entlassungen führen; man kann ein Stahlunternehmen nicht auf diese Weise führen. Aber für ein Versicherungsunternehmen ist das der richtige Weg. Und genau deshalb sind solche Schema-F-Ansätze bei Beschäftigungspraktiken ebenso unsinnig wie Boni. Man muss die Situation in einer bestimmten Branche mit ihren spezifischen Wettbewerbsbedingungen und ihren eigenen wirtschaftlichen Merkmalen berücksichtigen.«

CM: »Das Wichtigste ist, dass praktisch niemand sonst das so macht. Und doch ist es für mich offensichtlich, dass dies der richtige Weg ist. Bei Berkshire läuft vieles auf diese Weise. Es ist ein wenig anders als bei anderen; das liegt zum Teil daran, dass wir den Luxus haben, einen Mehrheitsaktionär mit einer starken Meinung zu haben. Ein Gremium, dem viele Mitarbeiter angehören, würde sich schwertun damit, solche Entscheidungen zu treffen.«

2013 Aktionärsversammlung (02:14:45)

WB: »Eines der Probleme, mit denen einige Versicherer zu kämpfen hatten, ist der Druck, der von der Wall Street ausgeht, jedes Jahr das Prämienvolumen zu steigern. Wir haben das Neugeschäft von National Indemnity sogar um 80 Prozent oder etwas in dieser Größenordnung reduziert, als es weniger attraktiv wurde. Ich bin mir nicht sicher, ob der Vorstand eines börsennotierten Unternehmens, der sich für Quartalsergebnisse und dergleichen verantworten muss, wirklich dem Druck standhalten könnte, dem er ausgesetzt wäre, wenn er eine ähnliche Politik verfolgen würde. Wenn wir eine Dummheit begehen, dann weil wir eben eine Dummheit begangen haben. Aber es gibt keine externen Faktoren, die uns entsprechend unter Druck setzen. … Wenn man als Vorstand 1 Prozent oder weniger von einem Unternehmen besitzt und andere Menschen [in vergleichbarer Position] tun Dinge, die die Wall Street begrüßt, dann kann man nur schwer dem Druck widerstehen, das nicht ebenfalls zu tun. … Man bekommt viele Gelegenheiten, Dummheiten zu begehen. Wir gehörten vor einigen Jahren, als die Preise noch stimmten, zu den größten Anbietern von Policen für Naturkatastrophen in den Vereinigten Staaten. Wir glauben nicht, dass die Preise derzeit stimmen, also bieten wir diese Versicherungen aktuell nicht an. Nicht wir haben den Markt verlassen, sondern der Markt hat uns verlassen; wir werden aber nichts tun, wofür wir 90 Cent bekommen und damit einen durchaus wahrscheinlichen Verlust von 1 Dollar decken müssen. Das ergibt einfach keinen Sinn, und wir machen das auch nicht – und wir üben keinen Druck auf andere aus, das zu machen, und deshalb hängt auch deren Einkommen nicht davon ab.«

CM: »Es ist sehr schwer, ein Versicherungsgeschäft um 80 Prozent zu verkleinern, wenn die Leute, die jeden Tag zur Arbeit kommen, nicht genug zu tun haben, und es widerspricht eigentlich auch der Intuition. Aber in einem Umfeld, in dem die Leute so bescheuert agieren wie in der Versicherungsbranche, ist das unbedingt notwendig.«

DIE AKQUISITION VON GEN RE (NACHBESPRECHUNG)

2009 Aktionärsversammlung (03:18:40)

WB: »Wir glauben fest an Nachbetrachtungen von Deals, die schiefgegangen sind. Wir sind der Meinung, dass sie in viel zu wenigen Unternehmen durchgeführt werden. Es ist leicht, einen Deal vorzuschlagen, aber viel schwieriger, ihn später zu rechtfertigen. Charlie ist ein großer Fan davon, anderen ihre Probleme unter die Nase zu reiben … Gen Re hat sich nach einem furchtbaren Start gut entwickelt. Ich lag völlig daneben, als ich das Unternehmen im Jahr 1998 kaufte und dachte, es sei die Gen Re von vor fünfzehn Jahren, mit einem absolut erstklassigen Ruf in der Versicherungswelt. Bestimmte Praktiken in Bezug auf Rückstellungen und Underwriting hatten sich etwas geändert. Aber dank der gemeinsamen Arbeit von Tad Montross und Joe Brandon, die im September 2001, genau zur Zeit der Terroranschläge auf das World Trade Center, das Ruder in die Hand nahmen, erholte sich Gen Re nach all den Problemen – Rückstellungen, Underwriting, was auch immer es war.«

»Und Gen Re ist jetzt ein Unternehmen, wie ich es mir vorgestellt hatte, als ich es im Jahr 1998 kaufte. … Das war eine sehr schwierige Aufgabe und keine, die sich von selbst erledigte. Wenn man eine Organisation strafft, bei der die Nachlässigkeit das Ruder übernommen hatte, ist das keine leichte Aufgabe. Jeder der Gen-Re-Leute hätte woanders hingehen und genauso viel Geld verdienen können, vielleicht sogar mehr, und hätte sich nicht mit den Problemen auseinandersetzen müssen, mit denen sie bei Gen Re konfrontiert waren. Aber sie sind geblieben. Jetzt haben wir ein Unternehmen, von dem wir voll und ganz überzeugt sind und das eine großartige Zukunft hat.«

CM: »Ich bin überzeugt, dass das stimmt. Aber es ist sehr wichtig, dass man die Fähigkeit besitzt, aus Zitronen Limonade zu machen. Und wir hatten großes Glück, dass Joe und Tad uns dabei geholfen haben. Das war nicht angenehm und das war nicht schön, aber es war sehr erfolgreich. Wahrscheinlich war es nichts, was gewöhnliche Führungskräfte getan hätten. Man musste sehr hartnäckig sein, um Gen Re zu sanieren, und sie haben es wirklich geschafft … Die wirklich geniale Entscheidung bei der Gen Re-Transaktion traf Joe Brandon. Er war derjenige, der entschied, dass Berkshire Gen Re kaufen sollte. … Ohne ihn wäre es meiner Meinung nach nicht dazu gekommen. Meinst du nicht auch?«

WB: »Ja, das stimmt.«

CM: »Und Joe war der Ansprechpartner für die Gen-Re-Aktionäre. Wir haben ein ordentliches Ergebnis erzielt, und Gen Re haben ein überragendes Ergebnis erzielt. Wenn es also bei dieser Transaktion Helden des Kapitalismus gibt, dann ist Joe der Held.«

2012 Aktionärsversammlung (02:34:18)

WB: »Gen Re war auf dem richtigen Weg. Das war wahrscheinlich schon so, als wir das Unternehmen übernommen haben, und mir ist das damals nicht aufgefallen. Das Unternehmen hatte sich mehr auf Wachstum und auf die Zufriedenheit bestimmter Mitarbeiter konzentriert, als auf die Steigerung der Rentabilität, und wir haben eine Weile gebraucht, um das zu erkennen. Als Joe Brandon hinzukam, konzentrierte er sich auf den Underwriting-Gewinn statt auf das Prämienvolumen, und Tad Montross hat dies mit hervorragenden Ergebnissen fortgesetzt. Allerdings mussten dafür auch viele Geschäfte aufgegeben werden, die nicht sinnvoll waren. Die beiden unternahmen sehr viel in einem Feld, das ich als ›Anpassungsgeschäft‹ bezeichnen würde.«

»Es stimmt durchaus, dass das Prämienvolumen in diesem Zeitraum sehr stark zurückgegangen ist, aber dieses Volumen vermissen wir keineswegs. Das Lebensversicherungsgeschäft ist in diesem Zeitraum kontinuierlich gewachsen, was aus meiner Sicht sehr, sehr gut ist. Es ist ein wenig Langzeitaufwand mit dabei, den wir lieber nicht hätten. Aber ich bin überzeugt, Gen Re hat die richtige Größe, was die Mitarbeiterzahl angeht. In diesem Unternehmen herrscht eine disziplinierte Underwriting-Politik. Und ich wäre nicht überrascht, wenn es in Zukunft mit einer angemessenen Rate wachsen würde. Aber in der Kultur von Gen Re musste eine große Veränderung vorgenommen werden. Und so eine Veränderung erfolgt nicht über Nacht, und man behält auch nicht einen Teil des Geschäfts, den man durch eine falsche Kultur gewonnen hat, wenn man sie wieder in Ordnung bringt. Für uns ist das ein enormer Gewinn. … Und wir fühlen uns damit sehr viel wohler als noch vor einigen Jahren.«

CM: »Das war eine große Aufräumaktion, aber wir haben es endlich geschafft.«

WB: »Wir suchen aber nicht nach weiteren Projekten dieser Art.«

TEIL SIEBEN

RECHNUNGSLEGUNG

»Es ist schon schlimm genug, dass Leute bei ihrer Buchhaltung betrügen wollen, und sie tun es auch. Aber es als System zu befürworten, ist widerlich.«
»Wenn mich die Rechnungslegung verwirrt, tendiere ich dazu, das Unternehmen einfach zu vergessen.«
»Ich weiß nicht, warum wir uns jemals darauf eingelassen haben, die buchhalterischen Ergebnisse so nah wie möglich an die Realität heranzubringen. Was ist falsch an einer Welt, in der alles ein bisschen unterbewertet ist?«
»Vieles, was wir am modernen Kapitalismus der Unternehmen nicht mögen, resultiert aus der unvernünftigen Erwartung der Unternehmenszentrale, dass die Unternehmensgewinne ohne Schwankungen und mit großer Stetigkeit steigen müssen. Diese Art von Erwartung ist nicht nur ein Cousin des Bösen. Sie ist sein Bruder.«

Einleitung

Wenn man sich über das Verhalten anderer äußert, so sollte man laut Buffett Lob namentlich aussprechen, Kritik jedoch allgemein formulieren. Zum Thema Rechnungslegung, wobei Ende der 1990er- und Anfang der 2000er Jahre vor allem die Verbuchung von aktienbasierten Vergütungen ein Thema war, zeigten Buffett und Munger keine Scheu, ihre Meinung klar zu äußern. Wie Munger auf der Versammlung im Jahr 2001 sagte: »Wir mögen die Rechnungslegung nicht, wir haben sie als korrupt bezeichnet oder zumindest ich habe das getan – und ich glaube nicht, dass dieser Ausdruck übertrieben ist. Es ist korrupt, eine falsche Rechnungslegung zu betreiben, weil man ein bestimmtes Ergebnis lieber hätte als ein anderes.«

Die Bilanzierung von Aktienoptionen ist ein Beispiel für die Zunahme von Non-GAAP-Ergebnissen[42] und Ertragsmanagement bei börsennotierten Unternehmen. Wie Buffett und Munger hervorheben, gibt es zahlreiche Möglichkeiten, mit den Zahlen zu spielen – beispielsweise durch geringfügige Anpassungen der Verlustannahmen bei Langzeitversicherungsverträgen. Das wird zum Problem, wenn Ertragsziele zusammen mit internem Druck – explizit oder impliziert – Unternehmen auf gefährliche Abwege führen. Wie Buffett es ausdrückt: »[Ergebnissteuerung] ist eine schnelle Lösung, aber sie ist wie Heroin. Man fängt damit an und kommt nicht mehr davon los. Das haben wir immer wieder beobachtet … Es holt einen ein. Man sollte sich lieber sofort der Realität stellen und alle notwendigen Schritte unternehmen, um die Probleme zu lösen … Was auch immer man tut: Mit Zahlen zu spielen funktioniert nie.«

Aktionärsversammlungen und Themen

[42] Anmerkung der Übersetzerin/Redaktion: Finanzielle Kennzahlen, die sich nach den allgemein anerkannten Rechnungslegungsgrundsätzen (GAAP) nicht angemessen in der Bilanz und Gewinn- und Verlustrechnung niederschlagen.

BILANZIERUNG VON AKTIENOPTIONEN

1995 Aktionärsversammlung (01:28:33)

WB: »Ich würde behaupten, dass sich die intelligenteste Form der Kapitalbildung aus der genauesten Form der Buchführung ergibt ... Ich glaube nicht, dass eine schlechte Buchführung der Kapitalbildung förderlich ist. Tatsächlich verzerrt sie im Laufe der Zeit wahrscheinlich die Kapitalbildung ... Ich habe privat mit einer Reihe von Führungskräften darüber gesprochen, und sie begreifen das durchaus, aber sie geben der derzeitigen Situation den Vorzug und haben in Washington viel Druck ausgeübt ... Das FASB [Financial Accounting Standards Board] ist bei der Bilanzierung von Aktienoptionen eingeknickt, und hat es gehasst; die Verantwortlichen wussten genau, dass das nicht richtig war. Die meisten der sechs großen Wirtschaftsprüfungsgesellschaften haben sich vor vielen Jahren auf ihre Seite gestellt. Meiner Meinung nach haben die Wirtschaftsprüfungsgesellschaften in dieser Hinsicht [letztendlich] vor ihren Kunden gekuscht ... Vor vielen Jahren hat ein Abgeordneter im Parlament von Indiana einen Gesetzentwurf eingebracht, um den Wert des mathematischen Symbols Pi auf 3 zu ändern, weil er sagte, dass es fur Schulkinder zu schwierig sei, mit diesem komplizierten 3,14159 zu arbeiten. Er hatte Recht, es war schwierig. Der Kongress stand im Zusammenhang mit der Frage der Aktienoptionen unter allerlei Druck, seinerseits Druck auf das FASB und die SEC auszuüben, damit diese die Kosten für Aktienoptionen nicht als Teil der Vergütung berücksichtigen. Ich habe noch nie jemanden getroffen, der der Meinung war, dass er mit seinem derzeitigen Gehalt plus einer Option nicht höher vergütet würde als mit seinem Gehalt allein. Er hielt es also sehr wohl für eine Vergütung.«

»Ich glaube wirklich, dass man ein wenig zynisch gegenüber der amerikanischen Wirtschaft wird, wenn man sieht, in welchem Ausmaß eine Gruppe von Leuten – sogar mit der Androhung, dem FASB keine finanzielle Unterstützung mehr zu geben – Druck ausgeübt hat, um sicherzustellen, dass der Wert von Pi bei 3 statt bei 3,13149 bleibt, nur weil sie selbst ein bisschen in die Mangel genommen wurden. Auf jeden Fall scheint es vorbei zu sein; jetzt üben sie sogar Druck aus, die festgelegten Standards weiter zu schwächen. Das Eigeninteresse ist also in der amerikanischen Unternehmenswelt erstaunlich vital und gut aufgestellt.«

CM: »Ich bin davon überzeugt: Die Unehrlichkeit hat gesiegt. Und ich halte es für sehr wichtig, dass eine Zivilisation über ein solides Ingenieurwesen und eine gute Rechnungslegung verfügt. Derzeit erleben wir eine sehr bedauerliche Episode für führende Politiker und führende Risikokapitalgeber. In gewisser Weise ist es meiner Meinung nach eine Anklage gegen das Bildungssystem, dass sich so etwas so weit verbreiten und so falsch angesehen werden konnte.«

WB: »Es ist schon schlimm genug, dass Leute bei ihrer Rechnungslegung betrügen wollen und das auch tun. Aber dies gleich als System zu befürworten, das ist widerlich.«

CM: »Die Korruption hat gesiegt.«

2001 Aktionärsversammlung (02:03:58)

CM: »Wir mögen die Rechnungslegung nicht, wir haben sie als korrupt bezeichnet oder zumindest ich habe das getan – und ich glaube nicht, dass dieser Ausdruck übertrieben ist. Es ist korrupt, eine falsche Rechnungslegung zu betreiben, weil man ein bestimmtes Ergebnis lieber hätte als ein anderes. Allerdings glaube ich nicht, dass wir viel Zeit damit verbringen, gegen das FASB zu kämpfen oder zu versuchen, eine bessere zu schaffen. Das ist, als würde man mit einer Lanze gegen einen Stein schlagen; das Lanzenende schlägt hart zurück. Man kann nicht von uns erwarten, dass wir alle Übel der Welt beseitigen.«

WB: »Der Druck, den die amerikanische Wirtschaft auf den Kongress ausgeübt hat, war unglaublich. Die Betreffenden haben versucht, Druck auf das FASB auszuüben, aber sie haben keine Ergebnisse erzielt, also sagten sie sich: ›Wir werden nicht zulassen, dass das FASB die Rechnungslegungsvorschriften festlegt. Wir werden stattdessen den Kongress die Rechnungslegungsvorschriften festlegen lassen.‹ Ich hielt das für eine schlechte Idee, aber die Befürworter fanden eine große Anzahl von Unterstützern. … Eines der Argumente war, dass es für Start-up-Unternehmen sehr schwierig sei, wenn sie diese Kosten verbuchen müssten; tja, es ist für sie auch schwierig, ihre Stromrechnung zu bezahlen. Aber solche Argumente bekam man da zu hören … Jeder Kunde würde Druck auf sie ausüben; sie wollen keine Ausgaben ausweisen. Sie wollen insbesondere keine Ausgaben ausweisen, die an sie selbst gezahlt werden, die maßlos sein können und sich als schädlich erweisen könnten, wenn sie nach herkömmlichen Rechnungslegungsvorschriften erfasst würden. Aber wenn diese in einer Tabelle im Proxy Statement untergehen, schenkt ihnen niemand große Beachtung.«

»Die einzige Möglichkeit, dass sich etwas ändert – und das ist die einzige Möglichkeit, wie Corporate-Governance-Probleme im Allgemeinen geändert werden können –, ist, wenn sich fünfzehn oder zwanzig große institutionelle Investoren in irgendeiner Form zusammenschließen. Aber einige von ihnen haben das gleiche Problem, weil sie selbst außerordentlich hohe Summen für etwas erhalten, das den Wert ihrer Organisation nicht nennenswert erhöht. Daher sind sie nicht geneigt, die Aufmerksamkeit auf das zu lenken, was Charlie als obszöne Ausschweifungen bei der Vergütung anderer Leute bezeichnen würde. Ich vermute mal, das wird so weitergehen.«

»Die institutionellen Investoren scheinen sich sehr auf Formfragen zu konzentrieren und nicht so sehr auf den Inhalt. Sie schimpfen viel über Kleinigkeiten, die nichts mit ihrer langfristigen Rendite zu tun haben, während Aktienoptionen eigentlich unglaublich wichtig wären. Sie tragen in Wirklichkeit die Kosten, und diese Kosten fallen an, ob sie nun verbucht werden oder nicht. Aber amerikanische Vorstände werden ihre Haltung nicht freiwillig ändern. Berater werden ihre Haltung ebenfalls niemals ändern; sie werden ja dafür bezahlt, die Leute dazu zu ermutigen, sich andere Unternehmen anzuschauen, und das führt dazu, dass es immer weiter eskaliert. Ich glaube also nicht, dass sich etwas ändern wird, solange die institutionellen Investoren nichts dagegen unternehmen.«

IRREFÜHRENDE RECHNUNGSLEGUNG

1995 Aktionärsversammlung (02:50:30)

WB: »Es gibt Leute, die versuchen, mit Hilfe der Rechnungslegung ein Bild zu zeichnen, das weit von der wirtschaftlichen Realität entfernt ist. Wenn die Rechnungslegung Sie verwirrt, dann vergessen Sie dieses Unternehmen einfach. Solche Verwirrung mag absichtlich gestiftet werden, aber in jedem Fall sollten Sie sich davon fernhalten. Wir haben noch nie gute Anlageergebnisse mit Unternehmen erzielt, deren Rechnungslegung wir für verdächtig hielten. Das ist ein sehr schlechtes Zeichen.«

»Die Rechnungslegung kann Ihnen viele Einblicke in den Charakter des Managements geben ... Einige Unternehmen haben ihre Wirtschaftsprüfer ganz schön an ihre Grenzen gebracht, und ich an Ihrer Stelle wäre sehr skeptisch bei allem, was Ihnen verdächtig erscheint ...«

»Wir sehen häufig eine fragwürdige Rechnungslegung bei Lebensversicherungen. Wenn Sie kein Produkt haben, bei dem Einnahmen und Ausgaben kurzfristig nahezu auf die Größenordnung des Bargeldbestandes abgeglichen werden, besteht immer die Möglichkeit, dass Leute mit Zahlen spielen. Einige Leute beherrschen das inzwischen hervorragend und haben mitunter dauerhafte Aktienmanipulations- oder Aufstiegsmaßnahmen entwickelt, mit denen sie sich selbst auf Kosten der Allgemeinheit bereichert haben oder die Vorstände oder diejenigen, die das alles erfunden haben. Wenn Sie jemals Verdacht in Bezug auf die Rechnungslegung schöpfen, gehen Sie einfach weiter und befassen Sie sich mit dem nächsten Unternehmen.«

VERNÜNFTIGE, EHRLICHE RECHNUNGSLEGUNG

1999 Aktionärsversammlung (00:56:05)

CM: »Ich würde sogar sagen, dass es grundsätzlich falsch ist, wenn es in großen amerikanischen Unternehmen keine rationale, ehrliche Rechnungslegung gibt. Und es ist sehr wichtig, keine kleinen Fälle von Korruption zuzulassen, denn die entwickeln sich weiter und werden zu großen Fällen von Korruption. Und dann gibt es Interessengruppen, die dafür kämpfen, dass diese bestehen bleiben. Es gibt viele richtig gute Unternehmen, die Aktienoptionen ausgeben, und diese Aktienoptionen gehen an viele ausgezeichnete Mitarbeiter, die das auch wirklich verdienen. Aber dennoch ist die Rechnungslegung in Amerika korrupt. Und es ist nicht gut, eine korrupte Rechnungslegung zu haben.«

»Man sieht, wie sich die Probleme einschleichen, sobald sie einmal begonnen haben. Es ist ähnlich wie bei der Reform der Wahlkampffinanzierung. Wenn man sie lange Zeit laufen lässt, wird das System so fest verankert und die Beteiligten werden so abhängig davon, dass eine riesige Wählerschaft entsteht, die wie der Teufel selbst dafür kämpfen wird, jede Veränderung zu verhindern, unabhängig davon, wie sinnvoll das Ganze ist. Sobald eine signifikante Anzahl wichtiger Akteure von irgendeiner

Art von Korruption in irgendeinem System profitiert, wird es sehr schwer sein, das zu ändern. Deshalb sollte es frühzeitig geändert werden. Es wäre einfacher gewesen, die Bilanzierung von Aktienoptionen vor vielen Jahrzehnten zu ändern, als sie erstmals vorgeschlagen wurde, statt heute, weil die amerikanische Unternehmenswelt inzwischen im Grunde davon abhängig ist.«

»Das bedeutet nicht, dass wir gegen Aktienoptionen an sich wären. Angenommen, Charlie und ich würden heute Nacht sterben und Sie hätten zwei neue Gesichter an der Unternehmensspitze, die nicht den Vorteil hätten, vor langer Zeit eine Menge Berkshire-Aktien gekauft zu haben. Und angenommen, diese beiden hätten die Verantwortung für das gesamte Unternehmen – dann wäre es nicht unangemessen, sie in einer Weise zu bezahlen, die den Wohlstand des gesamten Unternehmens widerspiegelt. … Ein richtig gestaltetes Optionssystem – das sich stark von den derzeitigen unterscheiden würde, weil es viel rationaler wäre – könnte durchaus sinnvoll sein für Menschen, die die Verantwortung für das Ganze hier tragen. …«

»Jedes Optionssystem sollte regeln, dass keine Option zu einem Preis unter dem heutigen Verkaufspreis – unabhängig vom Marktpreis – gewährt wird; es sollte die Kapitalkosten widerspiegeln. Aber nur sehr wenige Systeme spiegeln die Kapitalkosten tatsächlich wider. Wenn wir jedes Jahr das gesamte Geld wieder in das Unternehmen investieren und damit Ihre Erträge zinslos verwenden, um unseren eigenen zukünftigen Gewinn zu steigern, muss es Kapitalkosten geben, um ein gut durchdachtes Optionssystem zu haben. Optionsberater sind daran nicht interessiert, weil ihre Kunden das im Grunde nicht wollen.«

2003 Aktionärsversammlung (03:39:30)

CM: »Wir sind so entsetzt über die grauenvoll schlechten Geschäftsentscheidungen, die von Menschen getroffen werden, die sich auf eine überoptimistische Rechnungslegung verlassen, dass wir fast schon nach Möglichkeiten suchen, unsere Rechnungslegung überaus konservativ zu gestalten – viel konservativer als andere. Wir glauben, dass dies unsere Geschäftsentscheidungen und unsere finanzielle Integrität schützt. Ich weiß nicht, warum wir uns jemals darauf eingelassen haben, die Bilanzergebnisse so nah wie möglich an die Realität heranzubringen. Was ist falsch an einer Welt, in der alles ein bisschen unterbewertet ist?«

WB: »Im Allgemeinen sind die Menschen der Meinung, dass sich die Berichterstattung und Transparenz im Laufe der Jahre verbessert haben. Ich habe mich bei der Arbeit mit den Finanzberichten im Jahr 1960 viel wohler gefühlt als bei der Arbeit mit den Finanzberichten im Jahr 2000. In vielerlei Hinsicht habe ich das Gefühl, dass ich dabei mehr über das jeweilige Unternehmen erfahren habe als anhand der aktuellen Berichte, obwohl sie weit weniger detailliert waren.«

»Was wir wirklich bedauern, ist die Lösung operativer Probleme durch Buchhaltungstricks. Gen Re hatte in den 1980er-Jahren einige Probleme, wie alle anderen auch, und dort wurden die Rückstellungen für Arbeitnehmerabfindungen reduziert. Das war eine schnelle Lösung, aber es ist wie Heroin. Man fängt damit an und kommt nicht mehr davon los. Das haben wir immer wieder beobachtet … Es holt einen ein. Man sollte sich lieber sofort der Realität stellen und alle notwendigen operativen Maßnahmen ergreifen, um die Probleme zu lösen. Oder, wenn man sie nicht lösen kann, sie einfach aufgeben. Was auch immer man tut, mit Zahlen zu spielen funktioniert nie – obwohl, wenn man vierundsechzigeinhalb Jahre alt ist und mit fünfundsechzig in Rente geht, könnte das vielleicht verlockend sein.«

GEWINNMANAGEMENT

2005 Aktionärsversammlung (01:52:08)

WB: »Man sollte kein System haben, das die Leute dazu bringt, sich beispielsweise über Quartalsergebnisse Gedanken zu machen. Ich habe keine Ahnung, was wir im nächsten Quartal erwirtschaften werden. Und ich sende auch keine impliziten Signale an unsere Führungskräfte, dass ich im nächsten Quartal X Dollar pro Aktie verdienen möchte. Im Versicherungsgeschäft kann man im Grunde genommen jede beliebige Zahl angeben, wenn man für einen kurzen Zeitraum Abschlüsse tätigt, die sich erst langfristig auswirken. Wir haben 45 Milliarden Dollar an Verlustrückstellungen. Wer weiß schon, ob die richtige Zahl bei 45 Milliarden, bei 46 Milliarden oder bei 44 Milliarden liegt? Und wenn man unbedingt in einem Quartal eine bestimmte Zahl melden möchte, könnte man statt 45 Milliarden auch 44,75 Milliarden ansetzen … Wir versuchen, so etwas zu vermeiden.«

CM: »Vieles, was wir am modernen Kapitalismus der Unternehmen nicht mögen, resultiert aus der unvernünftigen Erwartung der Unternehmenszentrale, dass die Unternehmensgewinne ohne Schwankungen und mit großer Stetigkeit steigen müssen. Diese Art von Erwartung ist nicht nur ein Cousin des Bösen. Sie ist sein Bruder. Das brauchen wir in unserer Unternehmenszentrale nicht.«

WB: »Unternehmen erfüllen nicht Quartal für Quartal und Jahr für Jahr die Erwartungen. Das liegt einfach nicht in der Natur der Unternehmensführung. Und unserer Meinung nach halten Leute, die die Zukunft genau vorhersagen, entweder die Investoren oder sich selbst oder beide zum Narren. … Ein System einzurichten, das finanziellen oder psychologischen Druck auf die Menschen in deiner Umgebung ausübt, damit sie Dinge tun, die sie wahrscheinlich gar nicht tun wollen, nur um dich nicht zu enttäuschen, ist ein schrecklicher Fehler.«

GOODWILL: ANALYSE VON INVESTITIONEN UND UNTERNEHMENSQUALITÄT

2011 Aktionärsversammlung (03:21:29)

WB: »Goodwill[43] sollte nicht zur Bewertung der fundamentalen Attraktivität eines Unternehmens herangezogen werden. Man sollte sich die Rendite der materiellen Vermögenswerte ansehen, und selbst dann sollte man noch einige weitere Anpassungen vornehmen. Aber grundsätzlich gilt: Bei der Bewertung der Unternehmen, die wir besitzen – im Hinblick auf das, was das Management tut und wie die zugrunde liegenden wirtschaftlichen Rahmenbedingungen aussehen –, sollte man den Goodwill außer Acht lassen. Bei der Bewertung unserer Arbeit hinsichtlich der Kapitalallokation muss man den

---

43 Anmerkung der Übersetzerin/Redaktion: Aufschlag auf den Geschäfts- oder Unternehmenswert, der bei Übernahmen häufig gezahlt wird aufgrund des guten Rufs und der guten Ertragschancen des betreffenden Unternehmens.

Goodwill berücksichtigen, denn wir haben dafür bezahlt. Wenn Sie die gesamte Coca-Cola Company kaufen würden, würden Sie einen Goodwill von 100 Milliarden Dollar oder so etwas in die Bilanz einstellen. Das sollten Sie nicht abschreiben, und bei der Beurteilung der Wirtschaftlichkeit des Unternehmens sollten Sie das nicht berücksichtigen. Aber wenn man die Wirtschaftlichkeit des Unternehmens beurteilt, das es gekauft hat – im Hinblick auf seine Investitionsentscheidung –, muss man den Goodwill berücksichtigen, denn man setzt Kapital ein und zahlt viel dafür. Ich halte eine Abschreibung des Goodwills für unsinnig. Ich halte Abschreibungen auf den Goodwill für sinnvoll, wenn man feststellt, dass man einen Fehlkauf getätigt hat und das übernommene Unternehmen keine Gewinne erzielt, die den eingesetzten Sachanlagen und dem Firmenwert entsprechen. Aber wenn man Unternehmen danach beurteilt, ob sie gut, mittelmäßig oder schlecht sind, sollte man die Rendite auf das Nettoanlagevermögen betrachten.«

CM: »Das ist wohl richtig. Wenn wir ein ganzes Unternehmen kaufen, machen wir nie ein großes Schnäppchen; wir bekommen vielleicht 10 Prozent Vorsteuer-Gewinnrendite bezogen auf das, was wir bezahlen (das Zehnfache). Das ist nicht so schlimm, wie man denkt, wenn ein Großteil des Geldes aus Versicherungs-Float stammt, der nichts kostet. Mit anderen Worten: Wenn man 60 Milliarden Dollar Float hat und Gott einem jährlich 6 Milliarden Dollar Gewinn schenkt, ist das nicht so schlecht.«

WB: »Für Lubrizol zahlen wir fast 9 Milliarden Dollar für das Eigenkapital, und der aktuelle Gewinn liegt wahrscheinlich bei 1 Milliarde Dollar vor Steuern. Lubrizol selbst setzt 2,5 Milliarden Dollar Eigenkapital ein, um diese 1 Milliarde Dollar vor Steuern zu erwirtschaften, also ist es ein sehr gutes Geschäft in Bezug auf die eingesetzten Vermögenswerte. Aber wenn wir den Aufschlag für den Kauf zahlen, wird daraus 1 Milliarde Dollar vor Steuern auf 9 Milliarden Dollar. Sie müssen uns auf der Grundlage einer Investition von fast 9 Milliarden Dollar beurteilen. Sie müssen den CEO von Lubrizol, James Hambrick, bei der Führung des Unternehmens anhand des viel geringeren Kapitals beurteilen, das er eingesetzt hat. Es kann sich als ein sehr gutes Geschäft herausstellen, und wir könnten am Ende zumindest einen kleinen Fehler gemacht haben, wenn es nicht so gut ist, wie wir denken, aber dennoch ein sehr zufriedenstellendes Geschäft auf der Grundlage der eingesetzten materiellen Vermögenswerte ist.«

AKTIENSPLITS

1994 Aktionärsversammlung (00:24:17)

CM: »Ich halte die Idee, die Eigentumsanteile an einem Unternehmen in winzige 20-Dollar-Stücke aufzuteilen, für Irrsinn. Es ist ziemlich ineffizient, einen 20-Dollar-Kunden zu betreuen, und ich sehe keinen Grund, warum es keine Mindestanforderungen für den Beitritt zu einem Unternehmen geben sollte. Das würden wir sicherlich alle so sehen, wenn es um die Gründung eines Privatunternehmens ginge.«

WB: »Ja, wir würden es nicht in 20-Dollar-Einheiten aufteilen. Das ist interessant, denn jedes Unternehmen findet einen Weg, seine Liste der Stammaktionäre zu füllen. Jedes Unternehmen an der

NYSE hat auf die eine oder andere Weise eine bestimmte Gruppe von Aktionären angezogen. Und ehrlich gesagt können wir uns keine bessere Gruppe vorstellen als die Aktionäre in diesem Raum. Wir glauben nicht, dass wir in dieser Gruppe eine Verbesserung erzielen können, und wir haben bestimmte Richtlinien befolgt, die unserer Meinung nach einen bestimmten Typus von Aktionären angezogen und andere tatsächlich abgeschreckt haben. Und das ist Teil unseres Auslese-Programms hier bei Berkshire.«

CM: »Schauen Sie sich einfach in diesem Raum um, während Sie sich unterhalten. Das ist eine herausragende Gruppe von Menschen. Warum sollte jemand eine andere Gruppe wollen?«

WB: »Wenn wir eine Politik verfolgen, die dazu führt, dass eine ganze Reihe von Leuten Berkshire aus den falschen Gründen kaufen, können sie das nur tun, indem sie jemanden in diesem Raum ersetzen oder in diesem größeren metaphorischen Raum, den all unsere Aktionäre bilden. Dann steht jemand von seinem Platz auf und jemand anderes kommt herein. Die Frage ist: Hätten wir dann ein besseres Publikum? Ich glaube nicht.«

1994 Aktionärsversammlung (00:47:48)

WB: »Die meisten Menschen sind der Meinung, dass die Aktie [nach einem Aktiensplit] zu einem höheren Preis verkauft werden würde. Wir halten dies jedoch nicht unbedingt für ratsam, zum einen, weil wir nicht davon ausgehen, dass dies der Fall wäre, und zum anderen, weil wir nicht glauben, dass dies über einen längeren Zeitraum hinweg zwangsläufig der Fall wäre. Wir sind der Ansicht, dass unsere Aktie im Laufe der Zeit unter Beibehaltung der derzeitigen Politik eher zu einem rationalen Preis gehandelt werden wird als im Falle einer Aktienteilung. Und wir glauben nicht, dass der Durchschnittspreis zwangsläufig höher wäre; wir gehen davon aus, dass die Volatilität wahrscheinlich etwas größer wäre, und wir sehen keinen Grund, warum diese Volatilität unseren Aktionären als Gruppe helfen könnte.«

1995 Aktionärsversammlung (04:34:44)

WB: »Wir möchten möglichst investitionsorientierte Aktionäre mit einem langfristigen Anlagehorizont gewinnen. Wenn wir etwas hätten, das für jeden mit 500 Dollar viel einfacher zu kaufen wäre, würden wir eine Menge Leute dazu bringen, es zu kaufen, die nicht die geringste Ahnung hätten, was sie tun, aber den Namen irgendwo gehört hätten. Und zweitens, in dem Maße, in dem [die Maßnahme] jemals einen stärkeren Markt geschaffen hätte [allein der Split trieb den Aktienkurs in die Höhe], hätten Sie dann Leute, die einfach nur kaufen, weil der Kurs steigt … Wir wissen nicht, in welchem Umfang dies geschehen würde, aber wir sind fast sicher, dass wir eine Aktionärsbasis bekommen würden, die nicht über das Maß an Fachwissen und Zielübereinstimmung verfügt, das wir derzeit haben. Das ist fast schon eine ausgemachte Sache.«

»Im Idealfall würde der Aktienkurs genau den Veränderungen des inneren Wertes im Laufe der Zeit widerspiegeln, denn dann würden alle unsere Aktionäre fair behandelt. Sie würden genau wie das Unternehmen in der Zeit, in der sie die Aktien halten, Gewinne oder Verluste erzielen. Alles, was den Kurs in einem Zeitraum künstlich stimuliert, würde implizieren, dass die Aktionäre in einem anderen Zeitraum enttäuscht werden. Wir wollen nicht, dass die Aktie zum doppelten inneren Wert oder 50 Prozent über dem inneren Wert verkauft wird. Wir wollen, dass der innere Wert stark wächst. Und meiner Meinung nach gibt es keinerlei Zweifel daran, dass wir in dieser Hinsicht ein schlechteres Ergebnis erzielen würden, wenn wir Aktiensplits einführen würden.«

»Vor ein paar Monaten gab es in der *Businessweek* eine Tabelle über den Umsatz an der Börse. Wir lagen bei 3 Prozent, und ich glaube nicht, dass irgendjemand sonst auf der Liste unter 10 Prozent lag. Zweistellige Werte sind gleichzusetzen mit Aktionären, die häufig aussteigen, und mit neuen Aktionären, die mit kurzfristigeren Erwartungen kommen. Wir wollten, dass dies so weit wie möglich einer privaten Partnership ähnelt, bei der jeder die Möglichkeit hat, Anteile zu erwerben. Wir halten die Mindestinvestition in dieser Investitionswelt nicht für zu hoch. Es gibt alle möglichen Investitionsmöglichkeiten, die auf 25.000 oder 50.000 Dollar begrenzt sind … Ich glaube, wenn man einmal eine Aktionärsbasis mit unterschiedlichen Zielen oder Erwartungen hat, kann man diese nicht mehr loswerden. Man kann eine Aktionärsbasis wie Berkshire behalten, aber man kann sie nicht neu aufbauen, wenn man sie in irgendeiner Weise zerstört. Und für uns ist es wichtig, mit wem wir zusammenarbeiten. Ich denke, das hilft uns bei unserer Arbeit. In einigen Fällen kann es uns sogar bei Übernahmen helfen, je nachdem, wen wir anziehen.«

2004 Aktionärsversammlung (02:59:00)

WB: »Unsere Vorbehalte gegen Aktiensplits sind keine Religion. Wir halten Unternehmen, die sie durchführen, nicht für böse oder so. Wir sind davon überzeugt, dass wir die besten Aktionäre der Welt haben, und aus meiner Sicht ist eine Versammlung wie diese in gewisser Weise ein Beweis dafür. Bei uns stehen die Menschen meiner Meinung nach besser im Einklang mit der Unternehmenspolitik. Bei uns hegen die Menschen sicherlich langfristigere Absichten in Bezug auf Berkshire … Es gibt einen Selbstselektionsprozess, der darüber entscheidet, wer hereinkommt … Und nach meiner Einschätzung sind Menschen, die sagen, sie seien nicht an einer Aktie interessiert, die für Tausende von Dollar verkauft wird, nur weil sie für Tausende von Dollar verkauft wird, als Gruppe nicht so intelligent, so gut informiert, so langfristig orientiert und so im Einklang mit der Unternehmenspolitik wie unsere derzeitigen Aktionäre … Wir mögen unsere derzeitigen Aktionäre. Wir suchen niemanden, der denkt, es wäre attraktiver, wenn die Aktie statt für 90.000 Dollar für 9 Dollar verkauft würde. Diese Leute sind nicht verkehrt, aber wenn wir Partner auswählen, würden wir die Gruppe, die wir haben, den Leuten vorziehen, die eine 9-Dollar-Aktie für etwas Wunderbares halten.«

CM: »Ich halte die in der modernen Wissenschaft so häufig vertretene Auffassung, dass die Liquidität der handelbaren Aktien dem Kapitalismus Vorschub leistet, größtenteils für Unsinn. Das Bruttosozialprodukt der Vereinigten Staaten wies schon lange sehr hohe Wachstumsraten auf, bevor es bei uns hochliquide Märkte für Aktien gab. Ich weiß nicht, woher diese alberne Vorstellung kommt. Der hochliquide Aktienmarkt beschert uns diese verrückten Übertreibungen, die ebenso viele Probleme mit sich bringen wie Vorteile. Nach der South Sea Bubble verbot England für Jahrzehnte den Handel mit Aktien. Unternehmen waren absolut illegal, deren Anteile über so viele Menschen verstreut waren, dass es einen liquiden Handel damit geben konnte, und England ging es in dieser Zeit gut. Wenn Sie also glauben, dass Liquidität die Zivilisation wesentlich voranbringt, dann glauben Sie wahrscheinlich auch, dass alle Immobilien in Amerika, die ja relativ illiquide sind, nicht richtig entwickelt wurden.«

UNTERNEHMENSÜBERNAHMEN UND BILANZIERUNG

1995 Aktionärsversammlung (00:27:35)

WB: »Einige Unternehmen legen Wert darauf, das, was sie bieten, als eine Art Gegenleistung darzustellen, etwa in Form von Bargeld, Preferred Shares[44] oder Ähnlichem, weil ihnen die buchhalterische Behandlung wichtig ist … Das ist für uns völlig irrelevant. Die buchhalterische Behandlung ist uns völlig egal. Wir sind der Meinung, dass unsere Aktionäre intelligent genug sind, um die wirtschaftliche Realität einer Transaktion zu verstehen. Irgendwelche Spielchen zu spielen, was die Struktur angeht, und vielleicht einen Teil des Kaufpreises über die Gewinn- und Verlustrechnung zurückfließen zu lassen, ist etwas, was uns überhaupt nicht interessiert. Wir machen am liebsten das, was für uns und für den Verkäufer am sinnvollsten ist, und erklären Ihnen dann alle buchhalterischen Besonderheiten, die sich aus der Transaktion ergeben. Das unterscheidet uns wahrscheinlich von den meisten Unternehmen. Und es hilft uns wahrscheinlich gelegentlich, einen Deal abzuschließen.«

[44] Anmerkung der Redaktion: Preferred Shares in den USA sind nicht gleichzusetzen mit deutschen Vorzugsaktien. Es handelt sich um individuell zugeschnittene Wertpapiere, die meist nicht börsenhandelbar sind, sondern bestimmten Personen zugeteilt werden. Oft gewähren sie eine feste Verzinsung oder feste Dividendenzahlungen, ähnlich Genussscheinen in Deutschland.

TEIL ACHT

KOMPETENZKREIS

»Es ist sehr nützlich, die Grenzen seiner Kompetenz zu kennen. Und ich sage immer, dass es keine Kompetenz ist, wenn man die Grenzen nicht kennt.«

»Wir versuchen, ein Unternehmen zu finden, das von einem breiten und dauerhaften Burggraben umgeben ist, der eine richtig tolle wirtschaftliche Burg schützt, deren ehrlicher Herrscher die Burg verwaltet.«

»Wir versuchen, uns nicht auf Dinge einzulassen, die wir nicht verstehen. Wenn wir Ihr Geld verlieren, möchten wir Ihnen gegenübertreten und Ihnen sagen können, dass wir Ihr Geld verloren haben, weil wir dachten, es wäre so, sich aber später herausstellte, dass es anders war. Wir möchten nicht sagen müssen, dass uns jemand einen Bericht über einen uns unbekannten Bereich geliefert hat, und wir daraufhin Ihr Geld verloren haben.«

»Charlie und ich versuchen, zwischen Unternehmen zu unterscheiden, bei denen man einmal clever sein muss, und Unternehmen, bei denen man clever bleiben muss.«

»Wir sind durchaus bereit, einen hohen Profit gegen einen sicheren Profit einzutauschen. So sind wir einfach.«

»Für die große Masse der Menschheit ist es sicher eine hervorragende Strategie, sich zu spezialisieren. Niemand möchte zu einem Arzt gehen, der halb Darmspezialist und halb Zahnarzt ist.«

Einleitung

Während der späten 1990er-Jahre herrschte bezüglich einiger Fragen ein anderer Ton auf den Jahreshauptversammlungen. Vor allem fragten bestimmte Aktionäre (in einigen Fällen mit Nachdruck), warum Buffett und Munger trotz der anhaltend guten Performance an den Aktienmärkten Technologieunternehmen weiterhin mieden.

Wie Sie in diesem Abschnitt sehen werden, bot dies Buffett und Munger eine gute Gelegenheit, ihre Ansichten zur Wertpapierauswahl sowie bestimmter Filter zu bekräftigen, anhand derer sie entscheiden, welche Unternehmen in ihren Kompetenzkreis fallen. Mungers Antwort (aus der Aktionärsversammlung von 1999) an Aktionäre, die weiterhin auf Technologieinvestitionen drängten, war prägnant und klar: »Das ist keine einfache Investitionsentscheidung für uns – aber eine solche suchen wir.«

Bei einer näheren Betrachtung dieses Themas gewinnen wir wichtige Einblicke in die Denkweise von Buffett und Munger – nicht nur hinsichtlich der Wertpapierauswahl, sondern auch in Bezug auf die Positionsgröße (die Bereitschaft, umfangreiche langfristige Positionen einzugehen, die über Jahrzehnte gehalten werden, wie Berkshire es mit Unternehmen wie American Express und Coca-Cola getan hat). In diesem Zusammenhang ist ein Kommentar von Buffett entscheidend: »Wir sind durchaus bereit, einen großen Profit gegen einen sicheren Profit einzutauschen.«

Aktionärsversammlungen und Themen

BESTIMMUNG DES EIGENEN KOMPETENZKREISES

2002 Aktionärsversammlung (03:36:13)

WARREN BUFFETT: »Wenn Sie Zweifel haben, ob etwas in Ihren Kompetenzkreis fällt, dann lassen Sie die Finger davon. Ich würde darauf wetten, dass Sie im Großen und Ganzen in der Lage sind, ein Coca-Cola-Abfüllunternehmen, Coca-Cola, McDonald's, Walmart und Costco verstehen, auch wenn Sie nicht in der Lage sind, diese Unternehmen zu bewerten. Aber es gibt alle möglichen Unternehmen ... Wenn Sie auf etwas stoßen, das Ihr Freund kauft oder von dem alle sagen, dass man damit viel Geld verdienen kann, Sie jedoch unsicher sind, ob Sie dieses Unternehmen verstehen oder nicht, dann verstehen Sie es auch nicht. Es ist besser, sich innerhalb seines eigenen Kompetenzkreises zu bewegen, als sich vorsichtig an der Grenze entlangzuschleichen. Und Sie werden innerhalb des Kreises viele Möglichkeiten finden. Es ist nicht schlimm, einen kleinen Kompetenzkreis zu haben. Ich würde sagen, mein Kompetenzkreis ist ziemlich klein, aber er ist groß genug. Ich finde ein paar Möglichkeiten.«

CHARLIE MUNGER: »Ich bin überzeugt, wenn man über Kompetenz verfügt, hat man fast automatisch ein Gefühl dafür, wo die Grenzen der eigenen Kompetenz liegen. Denn schließlich würde es nicht von wahrer Kompetenz zeugen, wenn man nicht auch um ihre Grenzen wüsste ... Ich vermute, dass Sie genau wissen, was Sie in verschiedenen Bereichen perfekt beherrschen. Und es gibt alle möglichen anderen Bereiche, bei denen Sie wissen, dass Sie damit überfordert wären. Sie versuchen nicht, gegen Bobby Fischer Schach zu spielen oder Stunts auf dem Hochseil zu vollführen, wenn Sie dafür nicht entsprechend trainiert sind. Ich vermute, dass man ziemlich genau weiß, wo die Grenzen der eigenen Kompetenz liegen und auch, wo man diese Grenzen ausdehnen möchte. Man erweitert seine Grenzen, indem man daran arbeitet, dazu gehört auch das Üben.«

2019 Aktionärsversammlung (03:13:35)

WB: »Der Wettbewerb ist heute viel härter als zu Beginn meiner Karriere. Als ich anfing, konnte ich mir Moody's Industrial Manual und Moody's Banks and Financial Manual schnappen und Seite für Seite durchgehen oder zumindest alle Unternehmen überfliegen und mir überlegen, welche mir besonders interessant erschienen. Ich habe einfach sehr viel gelesen. Außerdem habe ich versucht, so viel wie möglich über so viele Unternehmen wie möglich herauszufinden und mir zu überlegen, bei welchen Unternehmen ich wirklich entscheidende Kenntnisse und ein Verständnis dafür entwickelt hatte, in dem ich mich wahrscheinlich von dem meiner meisten Konkurrenten unterschied. Und ich versuchte auch herauszufinden, welche Unternehmen ich nicht verstand. Ich konzentrierte mich darauf, einen möglichst großen Kompetenzkreis aufzubauen, und ich konzentrierte mich auch darauf, so realistisch wie möglich zu sein, was die Grenzen meines Kompetenzkreises anging.«

»Als ich im Januar 1951 Lorimer Davidson traf, wusste ich, dass sich das Versicherungsgeschäft mir erschließen würde. Was er mir erzählte in den drei oder vier Stunden, die ich mit ihm verbrachte, erschien mir plausibel. Ich beschäftigte mich damit und konnte es verstehen. In dieser Hinsicht funktionierte mein Verstand gut. Ich hätte nicht gedacht, dass ich auch den Einzelhandel verstehen könnte.

Ich hatte bisher nur mit demselben Lebensmittelgeschäft wie Charlie zu tun gehabt, und keiner von uns hatte viel über den Einzelhandel gelernt, außer dass dort härtere Arbeit erforderlich war, als uns lieb war. Man muss das Gleiche leisten, und die Konkurrenz ist heute viel größer. Aber wenn man selbst in einem relativ kleinen Bereich mehr weiß als andere und nicht den Zwang verspürt, zu oft zu handeln – wenn man einfach wartet, bis die Chancen deutlich zugunsten der eigenen Interessen stehen, ist es immer noch ein sehr interessantes Spiel. Es ist schwieriger als früher.«

CM: »Für die große Masse der Menschheit ist es sicher eine hervorragende Strategie, sich zu spezialisieren. Niemand möchte zu einem Arzt gehen, der halb Darmspezialist und halb Zahnarzt ist. Der übliche Weg zum Erfolg ist eine hochgradige Spezialisierung. Warren und ich haben das nicht getan. Und zwar deshalb nicht, weil wir lieber auf eine andere Art und Weise aktiv sind. Aber ich glaube nicht, dass wir dieses Vorgehen anderen Menschen empfehlen können.«

WB: »Ja, früher gab es etwas mehr Gelegenheit zur Schatzsuche, und es war leicht, die Schätze zu finden.«

CM: »Wir haben es geschafft, aber das war eher Glück. Das ist nicht der übliche Weg.«

WB: »Das Geschäft, das ich am besten verstand, war das Versicherungswesen, und ich hatte nur sehr wenig Konkurrenz. Einmal fuhr ich zur Versicherungsbehörde in Harrisburg, Pennsylvania, um mich über ein Unternehmen aus Pennsylvania zu informieren. Das war zu einer Zeit, als man all diese Informationen noch nicht im Internet finden konnte. Ich ging hinein und fragte nach dem Unternehmen, und der Mann sagte: ›Sie sind der Erste, der jemals nach diesem Unternehmen gefragt hat.‹ Und es gab nicht viele Unternehmen. Dann ging ich auf der Suche nach diesen schwer zugänglichen Informationen in die Bibliothek von Standard & Poor's. Dort war niemand. Es gab eine ganze Reihe von Tischen, an denen man die Unterlagen durchsehen konnte. Es gab also wenig Konkurrenz. Selbst wer sich nur mit einer Sache sehr gut auskennt, hat dadurch irgendwann einen Vorteil. Genau das hat Thomas J. Watson Sr. [Vorstandsvorsitzender und CEO] bei IBM gesagt: ›Ich bin kein Genie, aber ich bin in bestimmten Bereichen schlau und ich bleibe innerhalb dieser Bereiche.‹ Das ist im Grunde genommen das, was Charlie und ich versuchen, und ich bin mir sicher, das ist wahrscheinlich auch das, was Sie tun können.«

CM: »Wir haben das in verschiedenen Bereichen geschafft. Das ist schwer.«

WB: »Und ein paar Mal mussten wir auch Niederlagen einstecken.«

VERÄNDERUNG BEI PROGNOSEN

1996 Aktionärsversammlung (03:27:03)

CM: »Wenn Sie etwas haben, das Sie verstehen und das aus Ihrer Sicht attraktiv erscheint, halten wir es für klug, bei dem zu bleiben, was Sie verstehen. Hätten wir keine Unternehmen ausfindig gemacht, die zu unseren begrenzten Fähigkeiten passen, wären wir vielleicht bei Pfizer und Microsoft gelandet, aber wir mussten nie darauf zurückgreifen. Wir schätzen sie keineswegs gering. Andere Leute mit mehr Fähigkeiten haben festgestellt, dass dies ein hervorragendes Handlungsfeld ist.«

WB: »Wir vermuten, dass Veränderungen wahrscheinlich gegen uns arbeiten werden. Wir glauben nicht, dass wir gut vorhersagen können, wohin solche Veränderungen führen werden. Aber wir sind vermutlich in der Lage, Geschäftsbereiche zu finden, in denen Veränderungen unserer Meinung nach künftig keine große Rolle spielen. Bei Gillette wird das Produkt in zehn oder zwanzig Jahren besser sein als heute; die Rasiertechnologie wird immer besser. Aber Sie wissen, dass Gillette – trotz des Coups von Wilkinson in den 1960er-Jahren[45] – im Grunde genommen viel mehr Geld für die Entwicklung besserer Rasiersysteme ausgeben wird als alle anderen. Das Unternehmen hat das Vertriebssystem, es genießt das Vertrauen der Verbraucher. Wenn sie ein Produkt auf den Markt bringen und sagen: »Das sollten sich Männer ansehen«, dann schauen die Männer hin. Und sie haben vor einigen Jahren herausgefunden, dass dasselbe passiert ist, als sie Frauen aufgefordert haben, sich die Rasiersysteme anzuschauen. An anderer Stelle würde das Unternehmen nicht so viel Vertrauen genießen. Aber im Rasierwarenbereich schon. Das sind Vermögenswerte, die man nicht aufbauen kann. Und sie sind sehr schwer zu zerstören.«

»Wir glauben, dass wir im Großen und Ganzen wissen, wie die Softdrink-Branche, die Rasierwarenbranche und die Süßwarenbranche in zehn oder zwanzig Jahren aussehen werden. Wir halten Microsoft für ein sensationell gutes Unternehmen, das von den besten Managern geführt wird, aber wir haben keine Ahnung, wie diese Welt in zehn oder zwanzig Jahren aussieht. Wenn Sie nun auf jemanden setzen wollen, der das kann, wozu wir nicht in der Lage sind, würde ich lieber auf Bill Gates setzen als auf jemand anderen. Aber ich möchte auf niemand anderen setzen. Letztendlich möchten wir selbst verstehen, wohin sich ein Unternehmen entwickelt. An der Wall Street sehen die Leute eine große Chance darin, wenn sich ein Unternehmen stark verändert. Sie sehen es übrigens nicht als große Chance, wenn sich die Wall Street selbst stark verändert. Für uns bedeutet Veränderung nie eine Chance; sie macht uns große Angst, weil wir nicht wissen, wie sich die Dinge künftig verändern.«

»Wenn Menschen Kaugummi kauen, haben wir eine ziemlich gute Vorstellung davon, wie die Menschen vor zwanzig Jahren Kaugummi gekaut haben und wie sie das in zwanzig Jahren tun. Auf die Kunst des Kaugummikauens wirkt nach unserer Beobachtung nicht viel Technologie ein. Und solange wir uns nicht für so etwas anderes entscheiden müssen, warum sollten wir das dann tun? Warum sollten wir auf Dinge setzen, die wir nicht kennen, wenn wir stattdessen auf einfache Dinge setzen können?«

1999 Aktionärsversammlung (04:44:41)

WB: »Was die Auswahl von Unternehmen angeht, die sich künftig hervorragend entwickeln – nicht als Aktien auf absehbare Zeit, sondern als Unternehmen –, halte ich das in der Welt des Internets für nicht so einfach. Wenn man ein paar der ganz Großen im Investmentgeschäft bitten würde, die nächsten fünf bis zehn Unternehmen zu nennen, die aus den Startlöchern kommen, und vorherzusagen, welches davon in sechs oder sieben Jahren beispielsweise 200 Millionen Dollar Gewinn machen wird, bin ich mir nicht so sicher, ob sie auch nur ein einziges richtig benennen könnten. Das bedeutet nicht, dass sie als frühe Investoren nicht viel Geld verdienen können, denn sie können an die nächste Gruppe verkau-

[45] Anmerkung der Übersetzerin: Wilkinson brachte 1962 erstmals Klingen aus rostfreiem Stahl auf den Markt und konnte dadurch große Marktanteile gewinnen.

fen und so weiter. Aber am Ende müssen sie als Geschäftsleute erfolgreich sein. Einige wenige werden es schaffen und das Internet wird einen enormen Einfluss auf die Welt haben – aber ich bin mir nicht so sicher, dass es dadurch zu einer einfachen Anlageentscheidung wird.«

CM: »Es ist keine einfache Anlageentscheidung für uns – aber genau danach suchen wir.«

2019 Aktionärsversammlung (02:58:21)

WB: »Früher konnten wir den Wettbewerbsvorteil einer Zeitung identifizieren, weil es die einzige Zeitung in der Stadt war, oder bei einem Fernsehsender, wenn er unserer Ansicht nach eine beherrschende Position hatte und das Produkt in Bezug auf Werbung unterbewertet schien. Manchmal sahen wir das auch bei Marken. Und es ist zweifellos richtig, dass es in der Tech-Welt unglaublich wertvoll sein kann, wenn man einen Wettbewerbsvorteil aufbauen kann. Ich war mir nicht sicher, ob ich in vielen Fällen derjenige war, der das am besten beurteilen konnte.«

»Es war nicht schwer herauszufinden, wer zu einem bestimmten Zeitpunkt die Nase vorn hatte oder was das Geschäft der anderen ausmachte, aber es gab eine Vielzahl von Leuten, die mehr über das Spiel wussten als ich. Und wir wollen nicht versuchen, ein Spiel zu gewinnen, das wir nicht verstehen. Wir stellen vielleicht Leute wie Ted [Weschler] und Todd [Combs] ein, die bestimmte Bereiche des Investierens besser verstehen als Charlie oder ich. Aber an den Grundsätzen hat sich nichts geändert. Einige alte Unternehmen haben ihre Wettbewerbsvorteile verloren, und es wird in Zukunft Unternehmen geben, die diese Vorteile haben und dann enorm wertvoll sind. Wir hoffen, dass wir ab und zu eines davon identifizieren können. Aber wir werden weiterhin in dem Bereich bleiben, in dem wir uns auskennen.«

»Natürlich werden wir auch in diesem Bereich Fehler machen. Aber wir tun nichts, nur weil jemand anderes uns sagt, das sei gut. Wir vertrauen Ihr Geld nicht dem Urteil anderer an. Sie können Ihr Geld nehmen und direkt dem Urteil anderer folgen; wir sind nicht so naiv zu glauben, dass wir überdurchschnittliche Anlageergebnisse erzielen, wenn wir zehn Leute mit Spezialkenntnissen in diesem oder jenem Bereich einstellen. Wir befürchten eher, dass wir auf diese Weise viel Geld verlieren könnten.«

»Wir werden also unser Bestes tun, um den Kompetenzkreis der Mitarbeiter bei Berkshire zu erweitern, damit wir nicht viele Chancen verpassen. Aber wir werden in Zukunft viel verpassen, genau wie wir in der Vergangenheit viel verpasst haben. Das Wichtigste ist, Investments ausfindig zu machen, bei denen unsere Trefferquote hoch ist. Und wenn wir die größten Gelegenheiten verpassen, stört uns das wirklich nicht, solange das, worauf wir uns einlassen, gut läuft.«

CM: »Ich bin überzeugt, wir haben immer noch sehr viele Unternehmen mit großen Wettbewerbsvorteilen; bei einigen handelt es sich um Industriemarken, die in ihrer jeweiligen Nische unglaublich stark sind. Die Aktionäre von Berkshire müssen sich keine Sorgen machen, dass wir nur ein großer Sumpf an unrentablen Investments oder sowas sind. Aber wir haben uns im Bereich der neuen Technologien nicht gerade mit Ruhm bekleckert. … Wir versuchen, besser zu werden.«

AUSWIRKUNGEN TECHNOLOGISCHER VERÄNDERUNG

1999 Aktionärsversammlung (00:34:15)

CM: »Es ist schwierig vorherzusagen, ob technologischer Wandel bestimmte Unternehmen künftig zerstört oder nicht. Als ich jung war, hatten Kaufhäuser eine Reihe von monopolistischen Vorteilen. Sie lagen in der Innenstadt, wo die Straßenbahnlinien zusammenliefen. Sie hatten eine Art Monopol auf die Gewährung von wiederkehrenden Krediten. Und bei ihnen waren alle Waren an einem Ort, was das Einkaufen bei jedem Wetter leicht machte. Niemand sonst bot das an. Aber sie haben inzwischen alle drei Vorteile verloren. Dennoch haben sich viele von ihnen in den letzten Jahrzehnten gut behauptet. In anderen Fällen kommt es zu Veränderungen, deren Auswirkungen zerstörerisch sind. Unser Handelsmarkengeschäft wurde durch Veränderungen in der Wirtschaft zerstört. Unser World-Book-Geschäft wurde durch PCs, CD-ROMs und so weiter schwer beeinträchtigt. Wir sind uns einig, dass es ein großes Risiko ist – aber es ist nicht einfach, Prognosen zu treffen, bei denen man überaus zuversichtlich ist.«

WB: »Wenn Sie nach Omaha zur Straßenecke zwischen der 16th Road und Farnam gehen, wo sich früher die Straßenbahnschienen kreuzten, so war das einst die beste Immobilie der Stadt. Die Leute unterschrieben fünfzigjährige und hundertjährige Mietverträge dafür. Es schien nichts Sichereres zu geben, weil die Straßenbahnlinien definitiv nicht verlegt würden; aber stattdessen verschwanden die Straßenbahnen. Sie wurden verschrottet. Dabei hatte das doch so beständig und sicher ausgesehen.«

»Der Vorteil der großen Kaufhäuser – Marshall Field's in Chicago oder Macy's in New York – war diese unglaubliche Warenvielfalt. Man konnte 300 verschiedene Arten von Garnrollen finden, 500 verschiedene Brautkleider oder alles Mögliche. Und es gab solche 100.000 Quadratmeter oder sogar 200.000 Quadratmeter großen Geschäfte in der Innenstadt, solche riesigen Kaufhäuser. Dann kamen Einkaufszentren auf, das im Grunde genommen ein Geschäft mit vielen Läden bedeutete. Man hatte nun Hundertausende Quadratmeter, aber immer noch diese unglaubliche Auswahl.«

»Das Internet wird zu einem Geschäft auf Ihrem Computer und bietet ebenfalls eine unglaubliche Vielfalt an Angeboten. Einige davon eignen sich meiner Meinung nach nicht besonders gut für den Einzelhandel. Andere schon. Aber Charlie hat Recht: Es ist schwer, genau vorherzusagen, wie es sich künftig entwickelt. Ich gehe davon aus, dass sich der Automobilhandel in einigen wichtigen Punkten und zu einem sehr großen Teil unter dem Einfluss des Internets verändern wird. Ich glaube nicht, dass er in zehn oder fünfzehn Jahren noch genauso aussehen wird wie heute, aber ich kann nicht genau vorhersagen, wie sich das künftig entwickelt.«

1999 Aktionärsversammlung (02:44:26)

WB: »Wir halten all diese Aktivitäten [im Technologiebereich] aus gesellschaftlicher Sicht für sehr vorteilhaft. Aus Investmentsicht legen wir den Schwerpunkt darauf, Unternehmen ausfindig zu machen, bei denen es im Großen und Ganzen vorhersehbar ist, wo sie in zehn, fünfzehn oder zwanzig Jahren stehen. Das bedeutet, dass wir nach Unternehmen suchen, die im Allgemeinen nicht sehr anfällig für Veränderungen sind. Wir betrachten Veränderungen im Investitionsprozess eher als Bedrohung denn als Chance. Das steht im Gegensatz zu der Art und Weise, wie die meisten Menschen derzeit Aktien betrachten. Aber wir begeistern uns – mit wenigen Ausnahmen – nicht für Veränderungen als Mittel, um viel Geld zu verdienen. Wir suchen nach Bereichen, wo es an Veränderungen fehlt, um Wege zu schützen, die uns bereits viel Geld einbringen und es ermöglichen, in Zukunft noch mehr zu verdienen. Wir betrachten Veränderungen also als Bedrohung.«

»Wenn wir uns ein Unternehmen ansehen und viele Veränderungen kommen sehen, lehnen wir es in neun von zehn Fällen ab. Und wenn wir etwas sehen, von dem wir glauben, dass es in zehn oder zwanzig Jahren sehr wahrscheinlich noch genauso aussehen wird, sind wir viel zuversichtlicher bei der Prognose. Coca-Cola verkauft immer noch ein Produkt, das dem Produkt, das es vor über 110 Jahren verkauft hat, sehr, sehr ähnlich ist. Und die Grundlagen des Vertriebs und der Kommunikation mit den Verbrauchern und all diese Dinge haben sich überhaupt nicht verändert. Die Analyse von Coca-Cola vor fünfzig Jahren kann heute ziemlich gut als Analyse dienen. Mit solchen Unternehmen fühlen wir uns wohler. Das bedeutet, dass wir viele sehr große Gewinner verpassen, aber die hätten wir ohnehin nicht ausgewählt. Es bedeutet auch, dass wir nur sehr wenige große Verlierer haben, und das ist auf lange Sicht ungemein hilfreich.«

2000 Aktionärsversammlung (00:27:23)

WB: »Wir sollten ständig darüber nachdenken, ob technologische Entwicklungen unsere derzeitigen Geschäftsbereiche bedrohen, wie wir diesen Bedrohungen begegnen können und wie wir die sich daraus ergebenden Chancen nutzen können. Das ist heute ein sehr wichtiger Teil des Geschäfts und wird in den kommenden Jahren noch an Bedeutung gewinnen.«

»Wir besitzen eine Zeitung namens *The Buffalo News* in New York; glauben Sie mir, Stan Lipsey, der diese Zeitung leitet, und ich haben viele Stunden darüber gesprochen, was wir im Internet machen, was wir machen sollten, was andere machen, inwiefern uns das bedroht, wie wir diesen Bedrohungen begegnen können und all das. Zeitungen sind meiner Meinung nach eine Kategorie, die durch das Internet stark bedroht ist.«

»Das Internet ist hervorragend für die Verbreitung von Informationen. Wir haben ein Produkt, das *World Book*, das sich ausgezeichnet für die Bereitstellung von Informationen eignet. Und vor fünfzehn Jahren waren gedruckte Enzyklopädien das beste Werkzeug, nicht nur um kleine Kinder zu unterrichten, sondern auch für mich oder Charlie, wenn wir etwas zu einem Thema nachschlagen wollten. Und das *World Book* ist ein wunderbares Produkt. Aber dafür müssen Bäume gefällt, Papierfabriken betrieben, es muss gedruckt und gebunden und als 35 Kilogramm schweres UPS-Paket geliefert werden. Es war für 400 oder 500 Jahre lang die beste Technik, um diese Informationen von denen, die sie zusammengestellt hatten, zu denen zu bringen, die sie nutzen wollten. Dann hat das Internet das grundlegend verändert. Wir haben also aus erster Hand die geschäftlichen Folgen der Verbesserungen durch das Internet und die Bereitstellung von Informationen erlebt. Und Zeitungen sind zwar nicht so unmittelbar von diesem Problem betroffen, stehen aber dennoch vor dieser wahnsinnigen Herausforderung.«

»Wir zahlen einen erheblichen Prozentsatz unserer Vertriebserlöse bei *The Buffalo News* an unsere Zusteller, wir zahlen zusätzliche Gelder an die Bezirksleiter, wir bezahlen die Lkws für die Auslieferung der Produkte und wir bezahlen riesige Druckmaschinen und all diese Dinge. Und die Menschen fällen Bäume, um uns den Rohstoff zu liefern, damit wir in Buffalo darüber berichten können, was die Bills am Sonntag gemacht haben. Jetzt gibt es das Internet, das praktisch keine zusätzlichen Kosten verursacht und Informationen sofort liefern kann. Das ist also ein wichtiger Faktor für Zeitungen. Meiner Meinung nach wird die Zeitungswelt in nicht allzu ferner Zukunft ganz anders aussehen. … Es wird sich verändern, wie die Welt Unterhaltung konsumiert, es wird die Art und Weise verändern, wie die Welt Informationen erhält. Und es ist unglaublich kostengünstig im Vergleich zu den meisten Mitteln, mit denen bisher Unterhaltung und Informationen vermittelt worden sind.«

CM: »Wir wurden gefragt, ob wir befürchten, dass das Internet einem Teil unseres Geschäfts schaden könnte; die Antwort lautet ja.«

2009 Aktionärsversammlung (02:06:25)

WB: »Das aktuelle wirtschaftliche Umfeld hat die Probleme der Zeitungen verschärft, aber es ist nicht die eigentliche Ursache … Die meisten Zeitungen würden wir zu keinem Preis kaufen. Sie laufen Gefahr – an manchen Orten ist das schon passiert –, endlose Verluste zu machen. Vor zwanzig, dreißig, vierzig Jahren waren sie für einen sehr hohen Prozentsatz der amerikanischen Bevölkerung absolut unverzichtbar. Sie waren das ultimative Geschäft. Es war ein Geschäft, mit dem im Grunde genommen in fast jeder Stadt des Landes eine Person Gewinne machte. Es gab 1700 Zeitungen in den Vereinigten Staaten; etwa fünfzig davon gab es vor 20 Jahren in einer Stadt, wenn es dort mehrere Zeitungen gab. Das war also ein Produkt mit Preissetzungsmacht, das für den Kunden und den Werbekunden unverzichtbar war. Sie haben diesen wesentlichen Charakter verloren. Vor dreißig bis vierzig Jahren waren sie unverzichtbar, wenn man Sportergebnisse, Aktienkurse oder Nachrichten über internationale Ereignisse erfahren wollte. Und dann begann diese Eigenschaft, die Walter Annenberg als ›Essentiality‹ bezeichnete, zu erodieren. Diese Erosion hat sich dramatisch beschleunigt. Zeitungen waren für die Werbekunden nur so lange unverzichtbar, wie Zeitungen für die Leser unverzichtbar waren. Niemand schaltete gern Anzeigen in der Zeitung, aber sie funktionierten einfach. Das ändert sich nun Tag für Tag. Und ich sehe nichts, was diese Erosion aufhalten könnte.«

»Bei *The Buffalo News* begrüßte mich Stan Lipsey vor zehn Jahren und sagte: ›Warren, aus wirtschaftlicher Sicht solltest du diese Zeitung verkaufen.‹ Und ich sagte: ›Ich stimme dir zu 100 Prozent zu, aber wir werden es nicht tun.‹ Wir hätten *The Buffalo News* für viele Hundert Millionen Dollar verkaufen können; heute würden wir nicht einmal annähernd so viel dafür bekommen. Das ist eine unserer Richtlinien bei Berkshire für Unternehmen, die sich vollständig in unserem Besitz befinden. Wir haben eine Reihe von Gewerkschaften, die sehr kooperativ mit uns in den letzten Monaten ein Wirtschaftsmodell zu entwickeln versuchen, mit dem wir zumindest ein bisschen Geld verdienen können. Solange wir nicht davon ausgehen, dass wir mit endlosen Verlusten oder großen Gewerkschaftsproblemen konfrontiert sind, werden wir an den Unternehmen festhalten, auch wenn es ein Fehler wäre. Das ist einfach unsere Politik bei Berkshire. … Wir alle halten Ausschau nach jemandem, der uns die perfekte Lösung präsentiert; ich glaube, es gibt derzeit etwa 1400 Tageszeitungen in den Vereinigten

Staaten, und noch hat sie niemand gefunden. Wir sind in Buffalo, ob Sie es glauben oder nicht, meiner Meinung nach genauso gut aufgestellt wie alle anderen, um das Spiel zu spielen. Aber ob wir etwas finden, bevor wir unaufhaltsam in die roten Zahlen geraten, oder ob die Situation sich so entwickelt, dass wir unaufhaltsam in die roten Zahlen geraten, weiß ich nicht. Aber wir werden so lange spielen, wie wir können. Das lernt man nicht an einer Wirtschaftsfakultät. Aber so führen wir Berkshire.«

CM: »Ich bin überzeugt, das ist zu 100 Prozent richtig. Und es ist wirklich eine nationale Tragödie. Diese monopolistischen Tageszeitungen waren ein wichtiger Motor unserer Zivilisation. Im Großen und Ganzen waren sie immun gegen den Druck der Werbekunden. Im Großen und Ganzen war ihr redaktioneller Einfluss wünschenswert. Und im Großen und Ganzen haben sie bei der Regierung für mehr Ehrlichkeit gesorgt, als sonst üblich gewesen wäre. Wenn sie also künftig verschwinden, ist das, was an ihre Stelle tritt, meiner Meinung nach nicht so vorteilhaft wie das, was wir verlieren. Aber so ist das Leben.«

AUSWIRKUNGEN DES INTERNETS AUF DEN WETTBEWERB

2000 Aktionärsversammlung (03:03:34)

CM: »Wird das Internet durch die Steigerung der Effizienz des Wettbewerbs die Geschäftstätigkeit amerikanischer Unternehmen generell erschweren, was zu mehr Wettbewerb und geringeren Kapitalrenditen führen würde? Ich würde sagen, ja.«

WB: »Ich bin gleicher Meinung. Alles in allem ist das Internet für die Gesellschaft vermutlich eine tolle Sache. Für Kapitalisten ist es wahrscheinlich unterm Strich negativ.«

CM: »Sie können sich also alle darüber freuen, dass der Fortschritt der Menschheit Ihre wirtschaftliche Zukunft verschlechtern wird.«

WB: »Wenn man das Internet analysiert, muss man zu dem Schluss kommen, dass es die Rentabilität amerikanischer Unternehmen eher verringern als erhöhen wird. Es wird die Effizienz amerikanischer Unternehmen verbessern, aber es gibt viele Dinge, die die Effizienz amerikanischer Unternehmen verbessern, ohne sie rentabler zu machen. Und das Internet fällt wahrscheinlich in diese Kategorie. Bislang hat es den monetären Wert amerikanischer Unternehmen verbessert. Aber letztendlich werden die zugrunde liegenden wirtschaftlichen Mechanismen greifen, die das Internet in Gang setzt. Und ich halte es für viel wahrscheinlicher, dass amerikanische Unternehmen insgesamt weniger wert sein werden als ohne das Internet.«

CM: »Das ist übrigens völlig offensichtlich, wird aber nur von wenigen verstanden.«

INVESTITIONEN IN TECHNOLOGIEUNTERNEHMEN

1995 Aktionärsversammlung (00:57:42)

WB: »Wir versuchen, uns nicht auf Dinge einzulassen, die wir nicht verstehen. Wenn wir Ihr Geld verlieren, möchten wir Ihnen sagen können, dass wir Ihr Geld verloren haben, weil wir mit unseren Erwartungen falsch gelegen haben. Wir wollen nicht sagen müssen, dass jemand uns einen Bericht über einen Bereich geliefert hat, von dem wir keine Ahnung haben, und dass wir deshalb Ihr Geld verloren haben. Wir gehen also nicht so vor, aber ich bin überzeugt davon, dass die Prinzipien von Ben Graham auf Hightech-Unternehmen perfekt anwendbar sind. Wir haben keine Ahnung, wie man damit umgeht, aber das bedeutet nicht, dass niemand anderes das könnte.«

»Ich vermute, wenn Bill Gates über ein Unternehmen in einem Bereich nachdenken würde, den er versteht und ich nicht, würde er bei seiner Investitionsentscheidung ähnlich vorgehen wie ich; er will das Geschäft verstehen. Er hat vielleicht die Fähigkeit, viele andere Unternehmen zu verstehen, die für ihn so klar sind wie Coca-Cola oder Gillette für mich. Sobald er diese identifiziert hätte, würde er meiner Meinung nach bei seiner Entscheidung, wie er vorgehen soll, so ziemlich dieselben Maßstäbe anlegen wie ich. Er hätte vielleicht etwas andere Sicherheitsmaßstäbe, da ein Hightech-Unternehmen grundsätzlich mit einem höheren Risiko verbunden ist, aber er würde dennoch seine Sicherheitsmaßstäbe anwenden und sie an das mathematische Verlustrisiko in seinem Kopf anpassen. Er würde sein Investment als Unternehmen betrachten, nicht als Aktie. Er würde es nicht mit geliehenem Geld kaufen. Eine Reihe von Grundsätzen würde beibehalten werden. Aber es ist sehr unwahrscheinlich, dass sich der Kreis der Dinge vergrößert, von denen wir etwas verstehen; vielleicht hie und da ein kleines bisschen. Solange das Kapital nicht zu groß wird, ist der Kreis, den wir haben, in Ordnung. Wenn wir Schwierigkeiten haben, Dinge innerhalb unseres Kreises zu finden, werden wir den Kreis nicht vergrößern. Wir warten einfach. Das ist unser Ansatz.«

CM: »Da wir in unserer Jugend, als wir noch jung und stark waren, einige komplexe Geschäftsmodelle nicht verstanden haben, versuchen wir nicht, in unseren späteren Jahren das zu meistern, was uns schon früher nicht gelungen ist.«

WB: »Es geht darum, Unternehmen zu identifizieren, die man versteht und von denen man überzeugt ist. Wenn man Microsoft und Intel versteht, kann man sie ohne Weiteres bewerten. Und wenn man zu dem Schluss kommt, dass sie fair bewertet sind und hervorragende Aussichten haben, schneidet man sehr gut ab. Aber es gibt eine ganze Gruppe von Unternehmen, eine sehr große Gruppe, die Charlie und ich einfach nicht bewerten können – und das stört uns nicht … Es gibt alle möglichen Finanzinstrumente, bei denen wir bezweifeln, dass unser Wissen reicht, um sie zu bewerten. Und es wäre vielleicht etwas zu viel verlangt zu erwarten, dass jemand jedes Unternehmen auf der Welt versteht.«

»Wenn ich von Verstehen spreche, meine ich damit, dass man eine ziemlich gute Vorstellung davon hat, wo das Unternehmen in zehn Jahren stehen wird. Bei vielen Unternehmen kann ich mir das nicht vorstellen, bei relativ wenigen hingegen schon – aber mir reichen auch wenige. Man braucht nur sechs oder acht oder so.«

»Es wäre sicherlich besser für Sie gewesen, wenn wir Einblicke in die unserer Meinung nach etwas komplizierteren Unternehmen gehabt hätten, denn es gab und gibt möglicherweise immer noch die

Chance, viel mehr Geld zu verdienen, wenn es bei diesen Wachstumsraten bleibt. Ich glaube nicht, dass Sie bessere Vorstände als Andy Grove bei Intel und Bill Gates bei Microsoft finden werden, und ihre Unternehmen sind zweifellos hervorragend positioniert. Aber ich verstehe nicht genug von diesen Unternehmen, um mit so hoher Sicherheit sagen zu können, dass sie wirklich eine so hervorragende Position haben, wie ich es bei Gillette und Coca-Cola sagen kann. Vielleicht verstehen Sie diese Unternehmen aufgrund Ihres Hintergrunds oder Ihrer Denkweise besser als Coca-Cola und Gillette, aber bei mir ist das nicht der Fall. Deshalb muss ich mich an das halten, was ich zu verstehen glaube – und wenn es anderswo mehr Geld zu verdienen gibt, dann haben die Leute, die es verdienen, meiner Meinung nach auch ein Recht darauf.«

»Bob Noyce, einer der beiden Hauptgründer von Intel, wuchs in Grinnell, Iowa, auf ... Er war Vorsitzender im Kuratorium des Grinnell College, als ich Ende der 1960er-Jahre diesem Kuratorium beitrat. Und als er Fairchild [Transistoren und Schaltkreise] verließ, um zusammen mit Gordon Moore Intel zu gründen, kaufte Grinnell 10 Prozent der privat platzierten Aktien, was die Anfangsfinanzierung für Intel darstellte. Bob war ein großartiger Kerl; er war ein sehr bodenständiger Junge aus Iowa, der einem die Risiken und die Vorteile aufzeigen konnte, unglaublich sympathisch und in jeder Hinsicht 100-prozentig ehrlich. Wir haben bei Grinnell tatsächlich 10 Prozent der ursprünglichen Emission gekauft. Der geniale Leiter des Investitionsausschusses schaffte es tatsächlich, sie einige Jahre später zu verkaufen – ich werde seinen Namen nicht nennen [es war Warren], und es gibt keinen Preis für denjenigen, der den heutigen Wert dieser Aktien beziffert ... Intel erlebte Mitte der 1980er-Jahre eine totale Umwälzung, als dem Produkt, auf das das Unternehmen gesetzt hatte, die Puste ausging.«

»Andy Grove hat ein tolles Buch geschrieben, *Only the Paranoid Survive*, in dem er die strategischen Wendepunkte bei Intel beschreibt. Ich empfehle jedem von Ihnen, dieses Buch zu lesen, weil es super ist. Aber dort gab es einen Andy Grove, der diesen Wandel zusammen mit einigen anderen Menschen vollzogen hat. Das passiert nicht immer; Unternehmen bleiben mitunter auch auf der Strecke. Wir wollen nicht in Branchen aktiv sein, in denen wir das Gefühl haben, dass die betreffenden Unternehmen zurückbleiben können. Intel hätte in Schieflage geraten können und das wäre auch fast passiert. IBM besaß einen großen Teil von Intel und verkaufte ihn Mitte der 1980er-Jahre. Da waren also eine ganze Reihe Leute, die viel über dieses Geschäft wissen sollten, aber auch sie konnten die Zukunft nicht vorhersehen. Es ist wohl ausgesprochen schwierig, auf diese Weise Geld zu verdienen, aber ich bin überzeugt, dass manche Leute, die etwas von solchen Geschäften verstehen, viel Geld verdienen können.«

»Das stört mich überhaupt nicht. Aber es würde mich stören, wenn ich glauben würde, dass ich was von einem Geschäft verstehe, und das wäre nicht der Fall.«

1998 Aktionärsversammlung (01:57:51)

WB: »Ich bewundere Andy Grove und Bill Gates und wünschte, ich hätte diese Bewunderung in finanzielle Unterstützung umgewandelt. Aber ehrlich gesagt weiß ich nicht, wie diese Welt in zehn Jahren aussehen wird. Und ich möchte nicht in einem Spiel mitspielen, in dem die anderen vermutlich einen Vorteil im Vergleich zu mir haben. Ich könnte meine ganze Zeit damit verbringen, über die Technologie des nächsten Jahres nachzudenken, und würde trotzdem nicht zu den 100, 1000 oder 10.000

klügsten Köpfen im Land gehören, wenn es um diese Unternehmen geht. Diese Hürde ist zwei Meter hoch, und ich kann sie nicht überspringen – egal, wie sehr ich trainiere. Die Tatsache, dass jemand damit künftig viel Geld verdient, stört mich nicht. Vielleicht verdient auch jemand viel Geld mit Kakaobohnen, aber ich weiß nichts darüber. Es gibt eine ganze Reihe von Bereichen, von denen ich keine Ahnung habe. Aus meiner Sicht wäre es berechtigt, eine Verbesserung zu erwarten, wenn Charlie und ich uns ein Jahr lang mit einem Thema beschäftigen würden und dadurch so gut informiert wären, dass unser Urteil treffsicherer wäre als das anderer Leute, aber das würde nicht passieren. Es wäre Zeitverschwendung. Es ist viel besser, wenn wir uns auf das konzentrieren, was wir können.«

CM: »Was auch immer Sie über Technologie zu wissen glauben: Ich weiß vermutlich weniger.«

1999 Aktionärsversammlung (03:12:34)

WB: »Ich halte es für viel einfacher, die relative Stärke von Coca-Cola in der Welt der Erfrischungsgetränke vorherzusagen als die Stärke von Microsoft in der Welt der Software. Das soll Microsoft keineswegs abwerten. Wenn ich auf jemanden setzen müsste, wäre das sicherlich Microsoft – aber ich muss auf niemanden setzen. Und ich sehe jene Welt nicht so klar wie die Welt der Erfrischungsgetränke.«

»Na ja, jemand, der sich mit Software sehr gut auskennt, sieht das vielleicht so, und wenn das stimmt, hat derjenige ein besseres Wissen und handelt danach, dann hat er das Recht, mit diesem besseren Wissen Geld zu verdienen. Daran ist nichts auszusetzen. Ich weiß, dass ich dieses Wissen nicht habe. Ich glaube jedoch, dass jemand, der über jahrzehntelange allgemeine Geschäftserfahrung verfügt, die Branche, in der solche Menschen tätig sind, als weniger vorhersehbar einschätzen würde als die Softdrink-Branche.«

»Es kann auch sein, dass sich dort viel mehr Geld verdienen lässt, obwohl es weniger vorhersehbar ist, sodass der Profit viel höher ist, wenn man richtig liegt. Aber wir sind durchaus bereit, einen hohen Profit gegen einen sicheren Profit einzutauschen. So sind wir einfach. Das schmälert die Fähigkeit anderer Menschen nicht, solche Entscheidungen zu treffen … Verschiedene Menschen verstehen was von verschiedenen Geschäftsbereichen. Wichtig ist, dass man weiß, von welchen man etwas versteht und wann man sich in seinem Kompetenzkreis bewegt. Und das Softwaregeschäft gehört nicht zu meinem Kompetenzkreis.«

CM: »Interessant ist auch die Frage, wie weit das gesamte Feld gehen kann. Nehmen Sie zum Beispiel Reisen mit dem Düsenflugzeug unterhalb der Schallgeschwindigkeit. Was die Technologie angeht, ist das ziemlich unverändert geblieben. Das große Boeing-Passagierflugzeug hat sich seit zwanzig oder dreißig Jahren im Wesentlichen nicht verändert. Viele solche Unternehmen sind jedoch davon abhängig, dass sich die Technologie rasant entwickelt und immer mehr für die Menschen leistet … Ich weiß nicht, was passiert, wenn man unbegrenzte Bandbreite zu Hause hat und viel mehr Optionen bekommt et cetera. Ab einem bestimmten Punkt könnte das Interesse an diesem Bereich übersättigt sein. Ich weiß nicht, wann dieser Punkt kommt, ob in zwanzig oder dreißig Jahren, aber das würde mich ein wenig beunruhigen.«

WB: »In den Vereinigten Staaten, dem mit Abstand wohlhabendsten Land der Welt, gibt es wahrscheinlich 400 Unternehmen, die nach Steuern 200 Millionen Dollar Gewinn machen. Von diesen 400 können Sie wahrscheinlich 350 nennen. In fünf Jahren werden anstelle dieser 400 Unternehmen wahrscheinlich 450 oder 475 Unternehmen auf der Liste stehen. Bei vielen davon handelt es sich um Unternehmen, die jetzt schon 150 oder 200 Millionen Dollar Gewinn machen. Es wird also wahrscheinlich eine Zahl um die zwanzig sein, die aus dem Nichts auftauchen. Wenn Sie sich nun die Zahl der Unternehmen ansehen, die heute zu einem Preis gehandelt werden, der einen Gewinn von 200 Millionen Dollar oder mehr impliziert, werden Sie Dutzende und Aberdutzende im Hightech-Bereich finden. Aber ein sehr großer Prozentsatz dieser Unternehmen wird die Erwartungen der Menschen nicht erfüllen. Ich kann Ihnen nicht sagen, welche das sind, aber ich weiß, dass nicht Dutzende von Unternehmen mehrere Hundert Millionen Dollar pro Jahr verdienen. Und ich weiß, dass sie jetzt zu Preisen gehandelt werden, die voraussetzen, dass sie so viel Geld oder noch mehr verdienen. Aber das kommt nun mal nicht so oft vor.«

»Vor einigen Jahren war Biotechnologie der letzte Schrei. Wie viele der betreffenden Unternehmen machen heute mehrere Hundert Millionen Dollar Gewinn pro Jahr? So läuft das nicht. In einer kapitalistischen Gesellschaft ist es nicht so einfach, mit einem Geschäftsmodell viel Geld zu verdienen. Die Leute beobachten jeden Tag, was Sie tun, und versuchen, einen Weg zu finden, es besser zu machen, Sie zu unterbieten oder ein besseres Produkt auf den Markt zu bringen oder was auch immer. Und nur wenige Unternehmen schaffen es. Hier in den Vereinigten Staaten haben nach Jahrzehnten wunderbarer wirtschaftlicher Entwicklung etwa 400 Unternehmen das Gewinnniveau erreicht, das von einem Unternehmen mit einer Marktkapitalisierung von 3 Milliarden Dollar erwartet wird. Und einige Unternehmen erreichen praktisch am Tag ihrer Gründung eine Marktkapitalisierung von 3 Milliarden Dollar. Man sollte sich einmal die Zahlen dazu vor Augen führen.«

2006 Aktionärsversammlung (01:03:38)

WB: »Ich weiß genug, um zu wissen, dass ich nicht genug weiß, um eine Investitionsentscheidung im Bereich der Technologieunternehmen zu treffen. Charlie und ich haben Kompetenzkreise, die es möglich machen, eine Reihe von Unternehmen zu bewerten, aber es gibt auch eine ganze Reihe von Unternehmen, die wir nicht bewerten können. Einige davon können meiner Meinung nach nur sehr wenige Menschen bewerten. Man begibt sich dort in Unternehmen, deren Zukunft wahrscheinlich so anders aussehen wird als die Gegenwart, dass vielleicht ein paar Leute da tolle Einblicke haben, aber wir gehören sicher nicht dazu. Wir sind am besten bei den Unternehmen, in denen wir schlussfolgern, dass sie in fünf bis zehn Jahren noch ziemlich genauso aussehen werden wie heute.«

»Ich kann eine Reihe von Unternehmen nennen, die sich zwangsläufig dramatisch verändern werden. Wenn man bedenkt, wie sehr sich beispielsweise die Telekommunikationsbranche in den vergangenen fünfzehn oder zwanzig Jahren verändert hat, ist das erschreckend. Selbst im Nachhinein ist es schwer zu sagen, wer damals das große Geld gemacht hat und so weiter. Es gibt einfach Spiele, die zu schwierig sind. Charlie sagt: ›Wir haben drei Ablagen in der Firma: rein, raus und zu schwierig.‹ Und viele Dinge landen in der »Zu-schwierig«-Ablage, und das stört uns nicht; wir müssen nicht alles gut können …«

CM: »Einer der Auslandsreporter sagte letztes Jahr, nachdem er uns genau beobachtet hatte, sinngemäß: ›Ihr scheint nicht klug genug zu sein, um so viel besser zu sein als andere, dennoch seid ihr es. Habt ihr eine Erklärung dafür?‹ Und wir sagten: ›Wir kennen die Grenzen unserer Kompetenz besser als die meisten anderen.‹ Es ist sehr nützlich, die Grenzen seiner eigenen Kompetenz zu kennen. Und ich sage immer, dass es an Kompetenz fehlt, wenn man ihre Grenzen nicht kennt.«

2011 Aktionärsversammlung (01:00:07)

WB: »Das wird zwar nicht passieren – aber wenn ich wirklich Experte auf dem Gebiet der Technologie werden könnte und mehr als fast jeder andere über das Thema wüsste, fände ich das super. Das wird künftig ein riesiger Bereich. Es gibt wahrscheinlich einige wenige große Gewinner und viele Enttäuschungen. Die Fähigkeit, dort die Gewinner herauszupicken, steht in keinem Verhältnis zu der Fähigkeit, beispielsweise unter integrierten großen Ölkonzernen, die alle preislich gleichauf liegen, die Gewinner auszuwählen. Man hat keinen großen Vorteil, wenn man versucht, Chevron gegenüber Exxon gegenüber Continental und Occidental auszuwählen, um nur einige zu nennen. Aber die Unterschiede zwischen den Ergebnissen größerer Technologieunternehmen werden in Zukunft wahrscheinlich sehr drastisch ausfallen. Und wenn ich die Fähigkeit hätte, dort die künftigen Gewinner auszuwählen, wäre ich viel erfolgreicher, als wenn ich nur die Fähigkeit hätte, die künftigen Gewinner aus den großen integrierten Ölkonzernen auszuwählen.«

CM: »Ich meine, wenn wir das tun wollten, hätten wir es schon längst getan. Ich glaube zwar, dass wir jemanden finden könnten, der über die Fähigkeiten verfügt, die uns fehlen. Das war früher sehr schwierig für uns, aber in letzter Zeit sind wir da etwas besser geworden.«

2012 Aktionärsversammlung (03:03:43)

WB: »Google und Apple sind natürlich außergewöhnliche Unternehmen, und beide sind riesig. Sie verdienen viel Geld. Sie erzielen traumhafte Kapitalrenditen. Anscheinend sind sie sehr schwer zu verdrängen, da sie über große Stärken verfügen. Ich wäre nicht überrascht, wenn sie in zehn Jahren noch viel mehr wert wären, aber ich wollte keines der beiden Unternehmen kaufen. Ich bin von ihnen nicht so überzeugt, dass ich sie kaufen würde. Aber ich würde bei ihnen auch ganz sicher nicht auf fallende Kurse setzen.«

CM: »Wir können wohl mit Fug und Recht behaupten, dass andere diese beiden Unternehmen immer besser verstehen werden als wir. Wir haben das Gegenteil eines Vorteils. Und das ist auch nicht unser Ziel. Ich denke, IBM ist leichter zu verstehen.«

WB: »Die Wahrscheinlichkeit, mit IBM völlig falsch zu liegen, ist wahrscheinlich geringer als mit Google oder Apple, zumindest für uns. Das bedeutet aber nicht, dass die beiden letztgenannten Unternehmen nicht weit besser abschneiden werden als IBM. Aber wir hätten vor zehn Jahren nicht vorhersagen können, was mit Apple passieren würde. Und es fällt mir sehr schwer vorherzusagen, was in den nächsten zehn Jahren passiert. Das Unternehmen hat so geniale Produkte entwickelt. Es gibt andere Leute, die versuchen, geniale Produkte zu entwickeln. Ich weiß nur nicht, wie ich die Leute beurteilen soll, die da draußen arbeiten, sei es in großen Unternehmen oder in einer Garage, und die versuchen, etwas zu erfinden, was die Welt künftig so verändern wird, wie sie diese in den letzten Jahren verändert haben.«

2013 Aktionärsversammlung (02:45:23)

CM: »Wir sind fest davon überzeugt, dass BNSF in fünfzehn Jahren einen Wettbewerbsvorteil haben wird. Bei Apple hätten wir diese Zuversicht niemals, egal wie ihre Bilanz aussehen würde. Das ist einfach zu schwierig.«

2017 Aktionärsversammlung (00:50:49)

WB: »Ich sehe IBM und Apple unterschiedlich. Als ich vor sechs Jahren begann, IBM-Aktien zu kaufen, dachte ich natürlich, dass das Unternehmen besser abschneiden würde als das tatsächlich der Fall war. Ich betrachte Apple als völlig anderes Geschäftsfeld. Apple ist viel mehr ein Konsumgüterunternehmen, wenn man die Wettbewerbsvorteile, das Verbraucherverhalten und solche Dinge analysiert. Es handelt sich natürlich um ein Produkt, in das alle möglichen Technologien integriert sind. Aber wenn es darum geht, die Zukunft seiner potenziellen Kunden zu prognostizieren, ist das eine ganz andere Analyse als beispielsweise bei IBM. Das heißt nicht, dass sie richtig ist. Das wird sich mit der Zeit weisen. Aber IBM und Apple erfordern zwei Entscheidungen unterschiedlicher Art. Bei der Ersten habe ich mich geirrt, und bei der Zweiten werden wir sehen, ob ich Recht behalte oder nicht. Aber aus meiner Sicht ähneln sich beide nicht wie ein Apfel dem anderen, und ich betrachte sie auch nicht ganz als Äpfel und Birnen; sondern meine Sichtweise liegt irgendwo dazwischen.«

CM: »Wir haben Technologieaktien gemieden, weil wir der Meinung waren, dass wir dort keinen Vorteil hatten. Und ich halte es für ratsam, nicht dort mitzuspielen, wo andere besser sind. Aber wenn Sie mich rückblickend fragen, was unser schlimmster Fehler im Technologiebereich war, dann meine ich, dass wir eigentlich klug genug waren, Google zu erkennen. Diese Anzeigen funktionierten in der Anfangszeit so viel besser als alles andere. Ich würde also sagen, dass wir Sie dort im Stich gelassen haben. Wir waren im Grunde klug genug, dort zu investieren, und haben es nicht getan. Das machen wir übrigens ständig.«

WB: »Wir waren zum Beispiel mit GEICO sehr früh Kunde von Google. Soweit ich mich erinnere, haben wir dem Unternehmen pro Klick 10 oder 11 Dollar oder etwas in dieser Größenordnung bezahlt. Ob Sie nun jemanden jedes Mal bezahlen, wenn er etwas tut, oder jedes Mal, wenn jemand nur einen kleinen Knopf anklickt, ohne dass Ihnen dabei Kosten entstehen, ist das ein gutes Geschäft – es sei denn, jemand nimmt Ihnen das weg. Wir waren hautnah dabei und haben die Auswirkungen gesehen. … Und ich kannte die Gründer; sie haben ihren Prospekt selbst entworfen, als sie kurz nach Berkshire an die Börse gingen. Ich hatte also jede Menge Möglichkeiten, Fragen zu stellen oder mich zu informieren – aber ich habe es vermasselt.«

CM: »Wir haben auch bei Walmart Mist gebaut. Es war ein Kinderspiel, wir waren klug genug, das zu erkennen, und wir haben es versäumt.«

WB: »Meiner Meinung nach ist es schwieriger, die Gewinner in verschiedenen Bereichen vorherzusagen oder einzuschätzen, wie stark der Preiswettbewerb in Bereichen wie Cloud-Diensten oder so sein wird. Es ist bemerkenswert, dass eine Person in zwei sehr unterschiedlichen Branchen fast gleichzeitig aus dem Stand heraus eine außergewöhnliche Wirtschaftsmaschine aufgebaut hat, obwohl sie mit kapitalstarken Konkurrenten und allen möglichen anderen Herausforderungen zu kämpfen hatte.

Das im Einzelhandel und im Cloud-Bereich zu schaffen, wie Jeff Bezos das bei Amazon hinbekommen hat … Andy Grove von Intel sagte einmal: ›Wenn Sie eine Wunderwaffe hätten und einen Ihrer Konkurrenten ausschalten könnten, wer wäre das?‹ Nun, vermutlich gibt es viele Leute, die die Kugel auf Bezos richten würden … Es ist eine bemerkenswerte unternehmerische Leistung, dass er an der Umsetzung – nicht nur an der Finanzierung – von zwei Unternehmen beteiligt war, die von der Konkurrenz so gefürchtet sind wie kaum ein anderes … Uns ist das übrigens völlig entgangen. Wir haben nie eine Aktie von Amazon besessen.«

2017 Aktionärsversammlung (03:51:02)

WB: »Ich habe viel in IBM investiert, was sich nicht sonderlich rentiert hat. Wir haben zwar kein Geld verloren, aber angesichts der Hausse, in der wir uns befanden, ist das Unternehmen deutlich hinterhergehinkt. Und dann haben wir kürzlich eine große Position in Apple aufgebaut, ein Unternehmen, das ich aufgrund bestimmter wirtschaftlicher Merkmale eher als Konsumgüterunternehmen betrachte. Bei dem Unternehmen spielt die Technologie eine enorme Rolle, was die Leistungsfähigkeit seiner Produkte angeht. Dabei könnte es von anderen Unternehmen durchaus in irgendeiner Weise überrundet werden. Es gibt keine Garantie, aber meiner Meinung nach werde ich am Ende besser abschneiden, als ich es erwartet hätte. Wir werden sehen.«

»Ich gebe nicht vor, auf dem intellektuellen Niveau eines 15-Jährigen zu sein, der sich für Technologie interessiert. Ich glaube aber, ich habe einige Einblicke in das Verbraucherverhalten. Ich kann viele Informationen über das Verbraucherverhalten sammeln und versuchen, daraus Rückschlüsse auf das zukünftige Verbraucherverhalten zu ziehen. Aber ich garantiere Ihnen auch, dass ich bei marktfähigen Wertpapieren künftig Fehler mache, und ich habe sie auch in anderen Bereichen als der Technologie gemacht. … Man kann nicht immer alles richtig machen. Aber ich habe mir seit meiner Geburt keine nennenswerten Kenntnisse im Bereich Technologie angeeignet …«

CM: »Es ist doch ein sehr gutes Zeichen, dass du Apple gekauft hast. Das zeigt eines von zwei Dingen: Entweder bist du verrückt geworden oder du lernst dazu. Aus meiner Sicht ist die Erklärung, dass du dazulernst, treffender.«

WB: »Dieser Meinung bin ich eigentlich auch.«

2018 Aktionärsversammlung (04:49:13)

WB: »Für uns steht nicht der Gedanke im Mittelpunkt, ob wir in Technologieunternehmen investieren sollten oder nicht. Wir suchen nach … dauerhaften Wettbewerbsvorteilen und danach, ob unsere Einschätzung dazu, wie wahrscheinlich diese dauerhaft bestehen, besser ist als die Einschätzung anderer. Ich habe Amazon von Anfang an beobachtet und finde, dass Jeff Bezos nahezu ein Wunder vollbracht hat. Das Problem dabei: Wenn ich überzeugt bin, dass etwas nur durch ein Wunder möglich ist, neige ich dazu, nicht darauf zu setzen. Es wäre natürlich viel besser gewesen, wenn ich Einblicke in bestimmte Unternehmen gehabt hätte. Tatsächlich hat Bill Gates mir schon früh von Google erzählt. Das Problem war jedoch, dass ich sah, wie Google [die inzwischen nicht mehr existierende Suchmaschine] AltaVista aus dem Markt verdrängte, und ich mich dann fragte, ob nicht jemand Google aus dem Markt verdrängen könnte. Bei GEICO sah ich, dass wir Google viel Geld für etwas [Anzeigen] zahlten, was das Unternehmen nichts zusätzlich kostete. … Ich habe einen Fehler gemacht, weil ich nicht zu dem Schluss kam, dass die Aussichten bei den aktuellen Preisen weitaus besser waren als die Preise dies vermuten ließen.«

»Ich bin nicht bei Apple eingestiegen, weil es sich um ein Technologieunternehmen handelt. Ich bin bei Apple eingestiegen, weil ich zu bestimmten Schlussfolgerungen gekommen bin, sowohl bezüglich der Intelligenz, mit der das Kapital dort eingesetzt werden würde, als auch, weitaus wichtiger, bezüglich des Wertes, den ein solches Ökosystem hat, und bezüglich der Frage, wie beständig dieses Ökosystem sein kann und welchen Gefahren es ausgesetzt ist, und eine ganze Reihe weiterer Fragen. Ich glaube nicht, dass ich dafür ein iPhone hätte auseinandernehmen und herausfinden müssen, aus welchen Komponenten es besteht. Es geht vielmehr um die Natur des Verbraucherverhaltens.«

»Manche Dinge erscheinen mir viel beständiger als andere. Aber ich werde viele Dinge vermissen, von denen ich nicht genug verstehe. Und beim Investieren gibt es keine Strafe, wenn man einen Ball nicht schlägt, der in der Strike Zone ist; solange man irgendwann einmal den Schläger schwingt, findet man irgendwann die passenden Würfe. So werden wir auch weiterhin vorgehen. Wir werden versuchen, in unserem Kompetenzkreis zu bleiben. Charlie und ich sind uns im Großen und Ganzen einig, wo dieser Bereich endet und in welchen Situationen wir aufgrund unserer stichhaltigen Begründung, unserer Erfahrung oder Ähnlichem einen Vorteil haben und etwas anders bewerten als andere. Aber dennoch gilt: Wir werden dabei künftig vieles übersehen.«

CM: »Wir haben ein super System. Wenn einer von uns in einem Bereich dumm ist, ist der andere es auch. Und natürlich waren wir nicht ideal aufgestellt, um zu Hightech-Genies zu werden. Wie viele Menschen in unserem Alter sind mit Google schnell zurande gekommen? Ich war schon einmal in der Google-Zentrale, da sah es aus wie in einem Kindergarten.«

WB: »Ein sehr gut ausgestatteter Kindergarten. Es ist außerordentlich beeindruckend, was das Unternehmen da aufgebaut hat. Und wie ich schon sagte, bei GEICO haben wir viel Geld gezahlt, als dieser Versicherer an die Börse ging. Und alle drei Hauptakteure – Eric Schmidt, Larry Page und Sergey Brin – kamen, um mit mir zu sprechen. Sie waren daran interessiert, sich über den Börsengang und seine Mechanismen und verschiedene andere Dinge im Zusammenhang damit auszutauschen. Keineswegs war mir ihre Vorgehensweise ein Rätsel. Das Rätsel war die Frage, wie viel Konkurrenz kommen würde, wie schlagkräftig sie handeln würden und ob es ein Spiel werden würde, bei dem vier oder fünf Leute sich bis zum bitteren Ende gegenseitig bekämpfen würden, auch wenn das bedeuten würde, im Falle eines Sieges nicht so viel Geld zu verdienen, wie sie könnten. Solche Entscheidungen sind schwer zu treffen.

»Es gibt Branchen, in denen es nur zwei Akteure gibt, und die trotzdem nicht besonders gut abschneiden, weil sie sich gegenseitig bekämpfen. Das spielt in der Luftfahrtbranche eine Rolle. Heute ist das Geschäft besser als früher, aber früher war es Selbstmord. Der Wettbewerbsdruck in der Luftfahrt ist enorm, und wie viel besser ist das Geschäft mit vier Unternehmen, die zu 85 Prozent ausgelastet sind, als mit sieben oder acht, die zu 75 Prozent ausgelastet sind und mehr Flugzeuge einsetzen? Das sind schwierige Entscheidungen. Aber bei Google habe ich die falsche Entscheidung getroffen. Amazon halte ich wirklich für ein Wunder, dass man Webdienste anbieten und gleichzeitig den Einzelhandel verändern kann, ohne enorme Kapitalinvestitionen und mit der Geschwindigkeit und Effektivität, die Amazon an den Tag legt. Ich hatte eine sehr hohe Meinung von Jeffs Fähigkeiten, als ich ihn zum ersten Mal traf – und dennoch habe ich ihn unterschätzt.«

CM: »Ich würde sagen, dass unsere Aktionäre für eine Sache dankbar sein können. Einige der altersbedingten Dummheiten in der Unternehmenszentrale wurden durch den Eintritt von Todd und Ted gemildert. Wir betrachten die Welt jetzt mit Hilfe einiger jüngerer Augenpaare. Und sie haben einen Beitrag geleistet, der über ihre eigenen Investitionen hinausgeht. Sie können sich glücklich schätzen, die beiden zu haben, denn es besteht in der älteren Generation viel Unwissenheit, die beseitigt werden muss.«

2021 Aktionärsversammlung (00:43:04)

WB: »Wir haben immer gewusst, dass das Traumgeschäft dasjenige ist, dass nur sehr wenig Kapital erfordert und stark wächst. Apple, Google, Microsoft und Facebook sind hervorragende Beispiele dafür. Apple verfügt über 37 Milliarden Dollar an Immobilien, Anlagen und Ausrüstung, während Berkshire 170 Milliarden Dollar hat – und das Unternehmen wird viel mehr Geld verdienen als wir. Das ist ein viel besseres Geschäft als das unsere, und das Gleiche gilt für Microsoft und Google. Das haben wir 1972 anhand von See's Candies herausgefunden. See's benötigt einfach nicht so viel Kapital. Das Unternehmen hat ein paar Produktionsstätten, aber abseits saisonaler Schwankungen keine großen Lagerbestände und auch keine hohen Forderungen. Das sind die besten Unternehmen, aber dafür zahlt der Markt auch die besten Preise. Und es gibt nicht so viele davon, und sie bleiben auch nicht immer gleich. Deshalb sind wir ständig auf der Suche nach ihnen.

»Wir haben ein paar, die richtig gut sind, aber wir haben nichts, was so groß ist wie die großen Tech-Unternehmen. Aber genau das ist es, was alle wollen, darum geht es im Kapitalismus: Kapitalrendite zu erzielen. Und das erreicht man, indem man etwas hat, das nicht zu viel Kapital erfordert. Wenn man viel Kapital investieren muss, wie beispielsweise im Versorgungsgeschäft, ist das kein besonders renditestarkes Geschäft. Man erzielt damit zwar eine Rendite auf das Kapital, aber keine überragend hohe Rendite. Man erzielt damit keine Renditen wie bei Google, ja noch nicht einmal annähernd so hohe Renditen.«

INVESTITIONEN IN TELEKOMMUNIKATIONSUNTERNEHMEN

2003 Aktionärsversammlung (03:22:07)

WB: »Ich habe nicht die geringste Ahnung, wie man Telekommunikationsunternehmen bewertet. Das bedeutet nicht, dass ich überhaupt nicht verstehe, was sie machen. Ich verstehe wahrscheinlich ein bisschen davon. Aber wenn es darum geht, die zukünftige Wirtschaftlichkeit einzuschätzen, wie dieser oder jener Akteur in fünf bis zehn Jahren aussehen wird, habe ich keine Ahnung. Ich möchte hinzufügen, dass offenbar auch diejenigen, die vor drei oder vier Jahren glaubten, sie wüssten Bescheid, keine Ahnung hatten. Charlie, was weißt du?«

CM: »Noch ein bisschen weniger als du.«

WB: »Nimm einen Namen, BellSouth, Verizon – ich habe keine Ahnung, wie deren Geschäft in fünf bis zehn Jahren aussehen wird. Ich weiß, dass die Leute in fünf, zehn, fünfzehn oder zwanzig Jahren Wrigley-Kaugummi kauen oder Hershey-Schokoriegel essen werden. Sie werden Gillette-Rasierklingen verwenden und Coca-Cola trinken. Und ich habe eine gewisse Vorstellung davon, wie rentabel jedes dieser Produkte im Laufe der Zeit sein kann und so weiter. Ich habe keine Ahnung, wie sich die Telekommunikation entwickeln wird, und ich würde niemandem in dieser Branche glauben, der mir sagt, er könne das absehen, denn was hätte er mir vor fünf Jahren gesagt?«

»Das ist nur eines der Spiele, die ich nicht verstehe. Es gibt viele Dinge, die ich nicht verstehe. Ich weiß nicht, wie sich der Kakaopreis im nächsten Jahr entwickelt; wenn ich das wüsste, wäre es viel einfacher, ich könnte mein ganzes Geld mit Kakaobohnen verdienen und das wäre viel einfacher, als zu versuchen, eine ganze Reihe von Unternehmen von Berkshire aus zu führen. Aber ich mache mir keine Sorgen um das, was ich nicht weiß. Ich mache mir Sorgen, ob ich sicher weiß, was ich weiß. Und Telekommunikation fällt nicht in diese Kategorie.«

SCHWIERIGE PROGNOSEN

1998 Aktionärsversammlung (00:08:29)

CM: »Ich würde sagen, wenn unsere Prognosen etwas besser waren als die anderer, dann deshalb, weil wir versucht haben, weniger Prognosen zu machen.«

WB: »Es ist ja nicht wie beim olympischen Turmspringen, wo es einen Schwierigkeitsgrad gibt und man für einen sehr schwierigen Sprung mehr Punkte bekommt als für einen sehr einfachen. Bei Investitionen ist das nicht so. Man wird für den einfachsten Sprung genauso gut bezahlt, solange man ihn richtig ausführt … Wir suchen nach 30-Zentimeter-Hürden, über die wir springen können, anstatt nach 2- oder 2,5-Meter-Hürden, über die wir springen, um damit einen Rekord aufzustellen. Für die 30-Zentimeter-Hürden wird man genauso gut bezahlt.«

BURGGRÄBEN UND NACHHALTIGE WETTBEWERBSVORTEILE

1995 Aktionärsversammlung (01:51:03)

WB: »Wir versuchen, ein Unternehmen zu finden, das von einem breiten und langlebigen Burggraben umgeben ist, der eine großartige wirtschaftliche Burg schützt, deren aufrichtiger Herrscher die Burg leitet. Im Wesentlichen geht es darum, was ein Unternehmen ausmacht … Wir suchen nach einem Unternehmen, das aus dem einen oder anderen Grund über einen solchen Burggraben verfügt – sei es, weil es in einem bestimmten Bereich kostengünstig produziert, weil es aufgrund seiner für Kunden offensichtlichen Stärken über ein natürliches Monopol verfügt, weil es in den Köpfen der Verbraucher verankert ist, weil es einen technologischen Vorsprung hat oder aus einem ganz anderen Grund.«

»In einem kapitalistischen System sind alle Burggräben angreifbar; wenn man eine große Burg hat, werden die Leute versuchen, einen Weg zu finden, um dorthin zu gelangen. Und die meisten Burggräben sind im Kapitalismus nichts wert, das liegt in der Natur der Sache, und das ist auch gut so. Wir versuchen herauszufinden, warum die jeweilige Burg noch steht und was in fünf, zehn oder zwanzig Jahren noch dafür sorgt, dass sie stehen bleibt oder eben einstürzt. Was sind die Schlüsselfaktoren? Wie dauerhaft sind sie? Wie sehr hängen sie davon ab, dass der Burgherr so ein Genie ist? Und wenn wir mit dem Burggraben zufrieden sind, versuchen wir herauszufinden, ob der Burgherr versuchen wird, alles für sich zu beanspruchen, wie wahrscheinlich es ist, dass er irgendwelche Dummheiten mit dem Gewinn macht und so weiter. So betrachten wir ein Unternehmen.«

CM: »Er möchte, dass dies in die üblichen Begriffe der Wirtschaft übersetzt wird. Der aufrichtige Burgherr produziert geringe Kosten nur in seinem Eigeninteresse. Und die mikroökonomischen Geschäftsvorteile sind im Großen und Ganzen Skaleneffekte – Marktbeherrschung, von der beispielsweise ein Einzelhändler profitiert, weil er enorme Vorteile hat, weil er billiger einkaufen und höhere Umsätze pro Quadratmeter erzielen kann. Im Großen und Ganzen spricht man hier von Skaleneffekten. Sie können über eine gewisse Intelligenz verfügen, Sie können einen Burgherren mit so viel zusätzlicher Intelligenz haben, dass er einen großen Vorteil hat. Im Großen und Ganzen sprechen wir hier von Größenvorteilen und niedrigen Kosten für Dinge, die im Interesse des Burgherrn, aber nicht des Unternehmens stehen.«

WB: »Charlie und ich versuchen, zwischen Unternehmen zu unterscheiden, in denen man einmal klug sein muss, und Unternehmen, in denen man dauerhaft klug sein muss. Der Einzelhandel ist ein Geschäft, in dem man clever bleiben muss. Man ist ständig Angriffen ausgesetzt. Wenn Sie etwas erfolgreich betreiben, stehen am nächsten Tag Menschen in Ihrem Laden und versuchen herauszufinden, was Sie so erfolgreich macht, damit sie das Konzept übernehmen und vielleicht noch ein bisschen an ihre eigene Situation anpassen können. Im Einzelhandel kann man sich nicht ausruhen. Es gibt andere Unternehmen, in denen man nur einmal clever sein muss, zumindest für eine sehr lange Zeit. Es gab einmal einen Verleger im Süden, der mit seiner Zeitung sehr erfolgreich war, und jemand fragte ihn nach dem Geheimnis seines Erfolgs. Er antwortete: ›Monopol und Vetternwirtschaft.‹ Er war nicht dumm, er machte sich keine Illusionen über sich selbst. Wenn man vor dreißig Jahren ein großes Netzwerk von Fernsehsendern hatte – obwohl es immer noch einen großen Unterschied zwischen gutem und schlechtem Management gibt –, konnte man im Grunde genommen ein schlechter Manager sein und trotzdem ein Vermögen verdienen. Die eine Entscheidung, den Fernsehsender zu besitzen, glich fast alle Mängel aus, die ab diesem Zeitpunkt auftraten. Das wäre nicht der Fall, wenn man als Erster ein neues Konzept im Einzelhandel entwickelt hätte. Man müsste jeden Tag dafür kämpfen. Im Idealfall möchte man ein hervorragendes Management in einem hervorragenden Unternehmen. Danach suchen wir eigentlich. Aber wenn man sich zwischen beidem entscheiden muss, sollte man sich für das hervorragende Unternehmen entscheiden.«

1999 Aktionärsversammlung (04:12:34)

WB: »Es gibt keine Formel, um den Burggraben genau zu berechnen und herauszufinden, dass er 8,5 Meter breit und knapp 5 Meter tief ist oder so etwas in der Art. Man muss die Unternehmen verstehen. Und genau das macht Akademiker verrückt, denn sie wissen zwar, wie man Standardabweichungen und alle möglichen anderen Dinge berechnet, aber das sagt ihnen nichts. Wirklich Aufschluss gibt nur, wenn sich herausfinden lässt, wie breit der Burggraben ist und ob er mit der Zeit wahrscheinlich noch breiter oder wieder schmaler wird.«

2000 Aktionärsversammlung (00:40:23)

WB: »Wir betrachten Geschäftsrisiken unter dem Gesichtspunkt dessen, was in fünf, zehn oder fünfzehn Jahren passieren könnte, um die wirtschaftlichen Stärken, die wir derzeit in einem Unternehmen sehen zu zerstören, zu verändern oder zu verringern. In einigen Unternehmen lässt sich das unmöglich berechnen – zumindest nicht von uns – und dann denken wir auch gar nicht darüber nach. Wir sind extrem risikoscheu. Wir sind nicht risikoscheu, wenn es darum geht, 1 Milliarde Dollar zu verlieren, sollte es heute in Kalifornien ein Erdbeben geben. Das stört uns nicht, solange die Zahlen für uns sprechen. Aber wenn es darum geht, eine Reihe solcher Transaktionen durchzuführen, sind wir sehr risikoscheu. Mit anderen Worten: Wir wollen der Überzeugung sein, dass wir bei jeder Transaktion einen mathematischen Vorteil haben. Und wir werden im Laufe unseres Lebens so viele Transaktionen durchführen, dass unabhängig vom Ergebnis einer einzelnen Transaktion diese Erwartungshaltung für die Gesamtheit unserer Unternehmen nahezu sicher erfüllt wird.«

»Wenn wir uns Unternehmen ansehen, überlegen wir, was bei ihnen schiefgehen könnte. Wir suchen nach Unternehmen, die derzeit gut laufen, und überlegen, was bei ihnen schiefgehen könnte. Wenn uns viel einfällt, was da schiefgehen kann, vergessen wir das betreffende Unternehmen einfach. Wir sind nicht darauf aus, in Unternehmen große Risiken einzugehen. Das bedeutet nicht, dass wir nicht auch versehentlich Risiken eingehen und Fehler machen würden, denn das passiert natürlich. Aber wir begeben uns nicht absichtlich, willentlich oder freiwillig in Situationen, in denen wir das Risiko für beträchtlich halten, dass sich das Geschäft grundlegend ändern könnte.«

»Jedes Unternehmen, das wir uns ansehen, betrachten wir als wirtschaftliche Burg, und Burgen sind Raubzügen ausgesetzt. Im Kapitalismus gibt es für jede Burg, die man hat – egal, ob es sich um Rasierklingen, Softdrinks oder etwas anderes handelt –, Millionen von Menschen mit Kapital, die darüber nachdenken, wie sie einem diese Burg wegnehmen und für ihre eigenen Zwecke nutzen können. Die Frage ist dann, wie sieht der Graben um Ihre Burg herum aus, der sie schützt? See's Candies hat einen wunderbaren Graben um seine Burg herum. Chuck Huggins hat den Burggraben, für den er seit 1972 verantwortlich ist, jedes Jahr verbreitert. Er wirft Krokodile, Haie und Piranhas in den Graben, sodass es für die Leute immer schwieriger wird, ihn zu durchschwimmen und die Burg anzugreifen, also tun sie das auch nicht. … Forrest Mars Sr. hat das vor etwa zwanzig Jahren mit [Chocolatière] Ethel M versucht; ich mag mir gar nicht vorstellen, wie viel Geld ihn das gekostet hat, und er war ein sehr erfahrener Geschäftsmann.«

»Wir betrachten den jeweiligen Burggraben und die Fähigkeit, ihn in seiner Breite zu erhalten und unüberwindbar zu machen, als das wichtigste Kriterium für ein richtig gutes Unternehmen. Und unseren Führungskräften sagen wir, dass wir den Burggraben jedes Jahr verbreitern wollen. Das bedeutet nicht unbedingt, dass der Gewinn in diesem Jahr höher sein muss als im letzten Jahr, denn das wird manchmal nicht der Fall sein. Aber wenn der Burggraben jedes Jahr verbreitert wird, geht es dem Unternehmen künftig sehr gut. Wenn wir einen Graben sehen, der in irgendeiner Weise überbrück- oder überwindbar ist, ist das einfach zu riskant. Wir wissen nicht, wie wir das bewerten sollen, und lassen es daher lieber sein. Wir glauben, dass praktisch all unsere Unternehmen über richtig gute Gräben verfügen, und wir glauben, dass unsere Führungskräfte sie verbreitern.«

WETTEN AUF BRANCHENWACHSTUM

1999 Aktionärsversammlung (01:12:39)

WB: »Es gibt einen großen Unterschied zwischen Geld verdienen und eine tolle Branche entdecken. Die beiden wichtigsten Branchen in der ersten Hälfte des 20. Jahrhunderts in den USA und wahrscheinlich weltweit waren die Automobilindustrie und die Flugzeugindustrie. Diese beiden Entdeckungen wurden im Wesentlichen im ersten Jahrzehnt des 20. Jahrhunderts gemacht. Und wenn man damals im Jahr 1905 oder zu dieser Zeit vorausgesehen hätte, welche enormen Auswirkungen das Auto und das Flugzeug auf diese Welt haben würden, hätte man vielleicht gedacht, dass man damit eine großartige Möglichkeit hätte, um reich zu werden. Aber nur sehr, sehr wenige Menschen sind durch die Autoindustrie reich geworden. Und wahrscheinlich sind noch weniger Menschen in dieser Zeit durch die Beteiligung an der Luftfahrtindustrie reich geworden. Millionen Menschen fliegen jeden Tag umher, aber die Zahl der Menschen, die mit ihrem Transport Geld verdient haben, ist doch sehr begrenzt. Das Kapital, das in diesem Geschäft verloren gegangen ist, die Insolvenzen – es war ein desaströses Geschäft, aber eine super Branche. Man sollte also nicht unbedingt die Wachstumsaussichten einer Branche mit den Aussichten gleichsetzen, das eigene Vermögen durch eine Beteiligung an dieser Branche zu vermehren.«

TEIL NEUN

MR. MARKET

»Wir betrachten Aktien nicht als Kurzmeldungen, die durch die Tageszeitung geistern und mit Charts versehen sind, sondern als Teile von Unternehmen.«

»Bei Investitionen geht es darum, Unternehmen zu bewerten. Das ist alles. Man sitzt da und versucht herauszufinden, was ein Unternehmen wert ist, und wenn es unter diesem Wert verkauft wird, kauft man es.«

»Wer lange leben will, muss ständig dazulernen. Was Sie von früher wissen, reicht nie aus. Wenn Sie nicht lernen, Ihre einstigen Schlussfolgerungen ständig zu überdenken und sich zu verbessern, sind Sie wie ein Einbeiniger in einem Wettkampf für Arschtritte.«

Einführung

Einige Vorteile von börsengehandelten Unternehmen sind Liquidität und niedrige Handelskosten. Leider ermöglichen es genau diese Merkmale (die in den letzten Jahrzehnten mit dem Aufkommen von Online-Depots ein neues Niveau erreicht haben) den Marktteilnehmern, Benjamin Grahams Maxime zu ignorieren: »Investitionen sind am intelligentesten, wenn sie von unternehmerischem Denken zeugen.«

Angesichts des täglichen Handelsgeschehens kann es schwierig sein, eine langfristige Perspektive beizubehalten. Es erfordert die Fähigkeit, ruhig auf die Launen von Mr. Market zu reagieren. Dazu muss man ein klares Ziel vor Augen haben (eine klar definierte Anlagephilosophie und eine klar definierte Vorstellung von den Renditechancen) sowie grundlegende Prinzipien für die eigenen Entscheidungen (Anlagethese). Andernfalls drohen Probleme. Um Munger zu zitieren: »Eine ängstliche Veranlagung ist der Feind der langfristigen Performance.«

In diesem Abschnitt betonen Buffett und Munger, warum nicht nur der IQ, sondern auch der Charakter entscheidend für den langfristigen Anlageerfolg ist. Wie Buffett erklärt, ist ein Anleger, der lernt, mit den Stimmungsschwankungen von Mr. Market zu leben und zu erkennen, dass Mr. Market ihm dienen und ihn nicht beraten soll, auf dem besten Weg zu einem effektiveren Anlageansatz: »Sie müssen nur gelegentlich auf sein Angebot eingehen, wenn er Ihnen an einem x-beliebigen Tag ein x-beliebiges Wertpapier andient oder abkaufen will, und zwar zum selben Preis.«

Aktionärsversammlungen und Themen

MR. MARKET

2012 Aktionärsversammlung (01:27:03)

WARREN BUFFETT: »Wir führen Berkshire nun seit siebenundvierzig Jahren. Vier- oder fünfmal fanden wir, dass unser Unternehmen deutlich unterbewertet sei. Wir haben mindestens viermal erlebt, dass der Kurs innerhalb relativ kurzer Zeit um etwa die Hälfte gefallen ist. Ich würde sagen: Wenn man ein Unternehmen über einen langen Zeitraum führt, gibt es Zeiten, in denen es überbewertet ist, und Zeiten, in denen es unterbewertet ist.«

»Tom Murphy leitete mit Capital Cities eines der erfolgreichsten Unternehmen, das die Welt je gesehen hat, und Anfang der 1970er-Jahre wurde die Aktie für etwa ein Drittel dessen verkauft, was seine Immobilien wert waren. Als ich im Jahresbericht schrieb, dass wir auch Aktien zurückkaufen würden, wurde Berkshire im Jahr 2000 oder 2001 zu einem Preis verkauft, den ich für sehr niedrig hielt. Das Schöne an Aktien ist, dass sie von Zeit zu Zeit zu lächerlichen Preisen verkauft werden. So sind Charlie und ich reich geworden. Ben Graham schreibt darüber in Kapitel acht von *The Intelligent Investor*. Dort heißt es, dass man auf dem Markt einen Handelspartner namens ›Mr. Market‹ hat, und das Schöne an ihm als Handelspartner ist, dass er eine Art psychotischer Trinker ist; er macht im Laufe der Zeit sehr seltsame Sachen, und Ihre Aufgabe besteht darin, sich daran zu erinnern, dass er da ist, um Ihnen zu dienen und nicht, Sie zu beraten. Wenn Sie diese Einstellung beibehalten können, dann macht Mr. Market bei all den Tausenden von Preisen, die er Ihnen jeden Tag für praktisch jedes große Unternehmen der Welt anbietet, jede Menge Fehler, und zwar aus den kuriosesten Gründen. Sie müssen nur gelegentlich auf sein Angebot eingehen, wenn er Ihnen an einem x-beliebigen Tag ein x-beliebiges Wertpapier andient oder abkaufen will, und zwar zum selben Preis.«

»Dass Aktien falsch bewertet werden, ist systemimmanent, und Berkshire bildet da keine Ausnahme … Wichtig ist, dass Sie Ihre Entscheidungen auf der Grundlage dessen treffen, was Sie für den Wert des Unternehmens halten. Wenn Sie Ihre Kauf- und Verkaufsentscheidungen auf der Grundlage dessen treffen, was das Unternehmen Ihrer Meinung nach wert ist, und an Unternehmen festhalten, die Sie aus guten Gründen für wertvoll halten, dann schneiden Sie mit Aktien zwangsläufig gut ab. Der Aktienmarkt macht es Ihnen am leichtesten auf der ganzen Welt, Geld zu verdienen, weil Sie nichts tun müssen. Sie sitzen da und Tausende Unternehmen werden zum gleichen Preis, der sich jeden Tag ändert, zum Kauf oder Verkauf angeboten, Sie haben jede Menge Informationen über die meisten dieser Unternehmen und müssen nichts tun. Vergleichen Sie das mit jeder anderen Anlagealternative. Mit einem landwirtschaftlichen Betrieb geht das nicht: Wenn Sie eine Farm besitzen und der Nachbar möchte Ihren Betrieb kaufen, wird er Ihnen nicht jeden Tag einen Preis nennen, zu dem er Ihren Hof kaufen oder seinen Hof verkaufen würde. Aber mit Berkshire Hathaway oder IBM geht das. Es ist ein wunderbares Spiel. Die Regeln fallen zu Ihren Gunsten aus, wenn Sie diese Regeln nicht auf den Kopf stellen und sich nicht wie ein betrunkener Psychopath benehmen, sondern wie jemand, der sich die Situation zunutze macht.«

CHARLIE MUNGER: »Das Interessante an der Börse ist, dass wir viel mehr Spaß hatten und reich genug geworden sind, um Unternehmen und Aktien zu kaufen, die wir behalten können, anstatt sie wieder zu verkaufen. Das ist ein wesentlich konstruktiveres Dasein. Je schneller Sie sich also unsere Position erarbeiten können, desto besser geht es Ihnen.«

WB: »Sie sollten sich davon sehr ermutigt fühlen, dass er erst 88 ist und ich erst 81. Denken Sie nur daran, dass Sie dazu vielleicht eine Weile brauchen.«

DER MARKT

1999 Aktionärsversammlung (00:11:03)

WB: »Charlie und ich denken nicht über den Markt nach … Wir betrachten einzelne Unternehmen. Wir betrachten Aktien nicht als Kurzmeldungen, die durch die Tageszeitung geistern und mit Charts versehen sind, sondern als Teile von Unternehmen. Und es stimmt, dass wir derzeit große Schwierigkeiten haben, Unternehmen zu finden, die uns beiden gefallen, deren Führungsebene wir schätzen und die zu einem attraktiven Preis zu haben sind. In diesem Markt finden wir unter den größeren Unternehmen, die zu unserem Universum gehören, keine Schnäppchen. Das ist aber in keiner Weise eine Prognose für den Aktienmarkt. Wir haben keine Ahnung, ob der Markt heute, nächste Woche, nächsten Monat oder nächstes Jahr steigen wird. Wir wissen jedoch, dass wir nur kaufen werden, was wir für sinnvoll halten, gemessen an dem Wert, den wir für Berkshire erhalten. Und wenn wir nichts finden, sammelt sich das Geld eben an. Wenn wir etwas finden, investieren wir es. Aber ich kenne niemanden, der erfolgreich war und wirklich viel Geld damit verdient hat, die Entwicklung des Marktes vorherzusagen. Ich kenne viele Leute, die gute Unternehmen ausgewählt und zu vernünftigen Preisen gekauft haben. Und genau das tun wir hoffentlich auch.«

2020 Aktionärsversammlung (02:11:20)

WB: »Ich empfehle niemandem, heute, morgen, nächste Woche oder nächsten Monat Aktien zu kaufen. Das hängt ganz von den individuellen Umständen ab. Meiner Meinung nach sollten Sie keine Aktien kaufen, es sei denn, Sie beabsichtigen, diese über einen sehr langen Zeitraum zu halten, und Sie sind finanziell und psychologisch darauf vorbereitet, sie so zu halten, wie Sie einen landwirtschaftlichen Betrieb halten würden, ohne jemals auf die Kurse zu schauen – Sie müssen nicht darauf achten. Sie werden den Tiefpunkt nicht erkennen, und niemand sonst kann ihn für Sie erkennen. Wenn Sie eine Aktie kaufen, müssen Sie darauf vorbereitet sein, dass sie um 50 Prozent oder mehr fallen kann, und damit leben können, solange Sie mit dem Unternehmen zufrieden sind.«

»In der Geschichte von Berkshire ist der Kurs der Berkshire-Aktie dreimal um 50 Prozent gefallen. Wenn Sie sie mit geliehenem Geld gehalten hätten, hätten Sie Ihr gesamtes Vermögen verlieren können. Berkshire war in diesen drei Situationen nicht in Schieflage. Aber wenn Sie sich den Aktienkurs ansehen und denken, dass Sie handeln müssen, weil er sich so oder so entwickelt oder weil jemand anderes Sie fragt: ›Wie können Sie dabeibleiben, wenn andere Aktien steigen?‹, dann müssen Sie in der richtigen mentalen Verfassung sein. Und ehrlich gesagt sind manche Menschen anfälliger für Ängste als andere. Es ist wie mit dem Virus [Covid-19]. Manche Menschen trifft es viel härter als andere.«

»Angst habe ich finanziell wirklich nie gehabt, und ich glaube, Charlie auch nicht. Manche Menschen können damit umgehen. Wenn man psychisch nicht damit umgehen kann, sollte man keine Aktien besitzen, weil man dann zum falschen Zeitpunkt kauft und verkauft. Und man sollte sich nicht darauf verlassen, dass jemand anderes einem sagt, was zu tun ist. Man sollte etwas tun, wovon man selbst etwas versteht. Wenn man selbst nichts davon versteht, wird man von der nächsten Person beeinflusst, mit der man spricht. Man sollte in der Lage sein, daran festzuhalten. Ich weiß nicht, ob heute ein guter Tag ist, um Aktien zu kaufen. Ich weiß, dass es sich im Laufe von zwanzig bis dreißig Jahren auszahlen wird. Ich weiß aber nicht, ob es sich in zwei Jahren auszahlen wird.«

MARKTEFFIZIENZ

1999 Aktionärsversammlung (00:52:14)

CM: »Was wir vor vierzig Jahren gemacht haben, war in gewisser Hinsicht einfacher als das, was Sie heutzutage tun müssen. Wir hatten es im Vergleich zu Ihnen sehr leicht … Heute ist es schwieriger, man muss mehr wissen. Einfach nur Nachschlagewerke mit Finanzkennzahlen zu durchforsten, bis man etwas findet, was den doppelten Gewinn einbringt, das wird nicht funktionieren.«

WB: »Es ginge schon – aber dort finden Sie nichts.«

1999 Aktionärsversammlung (03:27:01)

WB: »Für mich ist es fast selbstverständlich, wenn man sich schon länger mit Märkten beschäftigt, dass der Markt im Allgemeinen recht effizient ist. Er ist recht effizient bei der Preisbildung zwischen Anlageklassen und recht effizient, wenn man bestimmte Branchen bewerten will. Aber eine relative Effizienz reicht nicht aus, um den Investmentansatz der Effizienzmarkttheorie zu verfolgen oder alle absonderlichen Ansätze zu rechtfertigen, die die akademische Welt daraus abgeleitet hat. Wenn Sie an die Effizienzmarkthypothese geglaubt, sie gelernt und vor zwanzig Jahren bei Ihrer Geldanlage übernommen hätten – damals erreichte ihre Beliebtheit wahrscheinlich ihren Höhepunkt –, hätten Sie einen wirklich schrecklichen Fehler gemacht; fast so, als hätten Sie gelernt, dass die Erde eine Scheibe ist … In der akademischen Welt wurde das jedoch unglaublich populär. Es wurde fast zu einer Pflichtvoraussetzung, um eine Position zu behalten. Die Effizienzmarkthypothese wurde in allen Fortgeschrittenenkursen gelehrt. Und um sie herum wurde eine mathematische Theorie aufgebaut, die auch andere Investitionsfragen betraf. Wäre man also zum Kern vorgedrungen und hätte diesen Teil zerstört, hätte das bedeutet: Für Menschen, die Jahre damit verbracht hatten, darüber ihren Doktor zu machen, wäre die ganze Welt zusammengebrochen.«

»In den vergangenen zehn bis zwanzig Jahren hat sie [die Effizienzmarkthypothese] erheblich an Glaubwürdigkeit verloren. Man hört nicht mehr dieselben Äußerungen wie noch vor fünfzehn oder zwanzig Jahren. Aber der Markt funktioniert im Allgemeinen recht effizient. Es ist schwierig, Wertpapiere zu finden, deren Preis nicht effizient ist … Ich glaube, dass die Hohepriester der Effizienzmarkthypothese heute nicht mehr so gefragt sind für Vorträge und Seminare wie noch vor zwanzig Jahren. Es ist schwer, eine Überzeugung zu erschüttern, die zum Dogma einer Finanzfakultät geworden ist. Mit dreißig oder vierzig Jahren ist es eine Herausforderung zurückzurudern und zu sagen: ›Was ich bis jetzt gelernt habe und was ich meinen Studenten beigebracht habe, ist Unsinn.‹ Das fällt den Menschen nicht leicht.«

CM: »Max Planck, der große Physiker, sagte, dass in der Physik die alte Garde neue Ideen nicht akzeptierte. Die neuen Ideen setzen sich mit der Zeit durch, weil die alte Garde verschwindet, die an den Dummheiten der Vergangenheit festhält. Genau das passiert auch mit den ganz strikten Anhängern der Effizienzmarkttheorie. Sie blamieren ihren Fachbereich und werden bald verschwunden sein. Diejenigen, die den Markt für weitgehend effizient halten, haben natürlich vollkommen Recht, und das wird auch langfristig so bleiben.«

WB: »Die Annahme, dass der Markt weitgehend effizient ist, bringt die Wissenschaft jedoch nicht weiter. Darauf kann man nichts aufbauen. Die Menschen wollen elegante Theorien … Bei Investitionen geht es darum, Unternehmen zu bewerten. Nur darum geht es: Man sitzt herum und versucht herauszufinden, was ein Unternehmen wert ist, und wenn es unter diesem Wert verkauft wird, kauft man es. Es gibt praktisch nirgendwo im Land ein Seminar, in dem man lernt, wie man Unternehmen bewertet. Man findet alle möglichen Seminare darüber, wie man das Beta berechnet oder was auch immer, weil der Dozent das kann, aber wie man ein Unternehmen bewertet, weiß er nicht. Das wichtige Thema wird also nicht gelehrt. Es ist auch schwer zu vermitteln.«

»Meiner Meinung nach hat Ben Graham genau das an der Columbia gut gemacht, und ich hatte das große Glück, ihn vor vielen Jahrzehnten kennenzulernen. Aber wenn man einen durchschnittlichen Doktor der Finanzwissenschaften bittet, ein Unternehmen zu bewerten, hat er ein Problem. Und wenn er es nicht bewerten kann, weiß ich nicht, wie er dort investieren kann. Daher ist es viel einfacher, sich auf die Effizienzmarkttheorie zu berufen und zu sagen, dass es keinen Unterschied macht, weil sowieso jeder alles darüber weiß. Und es ergibt keinen Sinn, über die Bewertung von Unternehmen nachzudenken; wenn der Markt effizient ist, hat er sie alle perfekt bewertet. Ich wusste nie, worüber man am zweiten Tag dieses Seminars sprechen würde. Man kommt herein und sagt: ›Alles ist perfekt bewertet, der Unterricht ist beendet.‹ Das irritiert mich. Aber ich ermutige Sie, nach den ineffizient bewerteten Unternehmen zu suchen. Berkshire war übrigens selbst lange Zeit ineffizient bewertet. Hätte man einen Akademiker gefragt, wie man das Unternehmen bewerten soll, hätte er nicht gewusst, worauf genau zu achten ist.«

2018 Aktionärsversammlung (04:24:52)

WB: »Wir sind keineswegs gegen Wirtschaftsfakultäten. Wir sind jedoch der Meinung, dass die dortige ›Priesterkaste‹ vor etwa dreißig oder vierzig Jahren, was Effizienzmarkttheorie und alles andere angeht, sich ziemlich weit von der Realität des Investierens entfernt hat … Was wir machen, ist eigentlich kein kompliziertes Geschäft. In diesem Geschäft nötig ist eine gewisse Disziplin, aber es erfordert keinen überdurchschnittlichen IQ. Es gibt ein paar Grundlagen, die unglaublich wichtig sind, und man muss sich mit Rechnungslegung auskennen. Es ist auch hilfreich rauszugehen und mit Verbrauchern zu sprechen, in vielerlei Hinsicht wie ein Verbraucher zu denken und so weiter. Aber dafür braucht man keine Ausbildung auf fortgeschrittenem Level.«

»Ich weiß nicht, ob ich besser oder schlechter geworden wäre, wenn ich nach der Highschool einfach aufgehört und die Bücher gelesen hätte, die ich gelesen habe. Wenn man ein paar richtig gute Lehrer hat, die die eigene Sicht auf die Welt ein Stück weit verändern, hat man Glück, meine ich. Man findet sie in der Wissenschaft und im normalen Leben. Ich hatte das außerordentliche Glück, richtig gute Lehrer zu haben, darunter Charlie. Er war ein wunderbarer Lehrer. Wo auch immer man jemanden findet, der einem Einblicke in Dinge gibt, die man vorher nicht verstanden hat, der einen vielleicht zu einem besseren Menschen macht, als man vorher war, hat man großes Glück, und das sollte man nutzen. Ob in der Wissenschaft oder im restlichen Leben: Man sollte das Beste daraus machen.«

CM: »Als du Ben Graham entdeckt hast, war er unkonventionell und sehr intelligent. Das hat dich natürlich gereizt. Und als du dann herausgefunden hast, dass es funktionierte und du viel Geld verdienen konntest, ohne einen Finger zu rühren, warst du sofort überzeugt. Aber die Welt hat sich verändert.«

»Vor seinem Tod erkannte Ben Graham, dass seine Methode, unterbewertete Unternehmen zu finden, nicht unbedingt unter allen Umständen funktionieren würde. Und genau so hat es auch bei uns funktioniert. Wir haben uns allmählich darauf verlegt, die besseren Unternehmen zu kaufen, wenn sie unterbewertet waren, anstatt die schlechten Unternehmen, wenn sie unterbewertet waren. Und das hat natürlich ziemlich gut für uns funktioniert. Ben Graham hat das Spiel zu Ende gehen sehen, das er selbst die meiste Zeit gespielt hat. Er hat miterlebt, wie das meiste davon verschwunden ist. Ein Unternehmen zu finden, das zu einem Drittel seines Betriebskapitals verkauft wird, und herauszufinden, dass es leicht liquidiert und verkauft werden kann und dabei 3 Dollar für jeden Dollar des Marktpreises einbringen kann – man braucht viel Glück, so etwas auf dem heutigen Markt zu finden. Und wenn man es findet, ist es so klein, dass Berkshire es ohnehin nicht gebrauchen könnte. Also mussten wir lernen, ein anderes Spiel zu spielen. Und das ist eine Lektion für alle jungen Leute hier im Raum. Wenn Sie lange leben wollen, müssen Sie immer weiter lernen. Was Sie von früher wissen, reicht nie aus. Wenn Sie nicht lernen, Ihre einstigen Schlussfolgerungen ständig zu überdenken und sich zu verbessern, sind Sie wie ein Einbeiniger in einem Wettkampf für Arschtritte.«

WB: »Wenn jemand Vorschläge für eine andere Metapher hat, schicken Sie mir diese gerne. Grahams Ansatz war übrigens nicht skalierbar. Auch für noch so viel Geld nicht. Als ich für Graham-Newman [Investmentpartnerschaft] arbeitete, war Graham der angesehenste aller Analysten. Er war ein Intellektueller, der zu dieser Zeit alle anderen überragte. Aber sein Investmentfonds hatte Millionen, und die Beteiligungsgesellschaft, die mit seiner Investmentgesellschaft arbeitete, hatte ebenfalls etwa 6 Millionen Dollar, also hatten wir 12 Millionen Dollar, mit denen wir gearbeitet haben. Man kann zwar diesen Betrag um die Inflation und alles Mögliche bereinigen, aber es war damals trotzdem nur ein winziger Betrag. Das war nicht skalierbar. Und Graham war es in Wahrheit auch wirklich egal, weil er nicht darauf aus war, viel Geld für sich selbst zu verdienen. Er hatte keinen Grund, nach etwas zu suchen, das immer weiterlaufen und immer größer werden konnte. Daher ist Kapitel acht in *The Intelligent Investor* in Bezug auf die Betrachtung von Aktien als Unternehmen von enormem Wert. Der Nutzen von Kapitel zwanzig über die Sicherheitsmarge ist enorm. Aber das ist nichts Kompliziertes.«

CM: »Ich habe endlich herausgefunden, warum Dozenten für das Fach Unternehmensfinanzierung oft so viel Falsches lehren. Als ich in jungen Jahren Probleme mit den Augen hatte, konsultierte ich einen berühmten Augenarzt. Ich stellte fest, dass er sich auf die Durchführung einer total veralteten Operationsmethode bei Grauem Star spezialisiert hatte. In seiner Praxis operierten sie immer noch mit einem Skalpell, obwohl es längst bessere Verfahren gab. Ich fragte ihn: ›Warum führen Sie in einer so renommierten medizinischen Fakultät völlig veraltete Operationen durch?‹ Er antwortete: ›Charlie, das ist eine ausgezeichnete Operation, die sich gut für die Lehre eignet.‹ Genauso ist es mit dem Fach Unternehmensfinanzierung. Man hat bestimmte Formeln, und die lassen sich gut vermitteln. Man gibt den Studenten eine Formel und eine Aufgabe, und sie wenden die Formel an. Man hat das Gefühl, etwas Sinnvolles zu tun. Das einzige Problem lautet: Das ist alles Unsinn.«

WB: »Wenn Ihnen jemals eine Theorie als elegant vorgestellt wird, seien Sie vorsichtig.«

DIE NATUR DER MÄRKTE

2000 Aktionärsversammlung (01:58:07)

WB: »Was sich im Laufe der Zeit an den Märkten abspielt, ist schlichtweg seltsam. Letztendlich sortiert sich alles, aber wir haben erlebt, dass Unternehmen für zig Milliarden Dollar verkauft wurden, obwohl sie wertlos waren. Und manchmal haben wir Unternehmen erlebt – nicht schwer zu finden und mit absolut seriösen Leuten an der Spitze –, die buchstäblich für 20 bis 25 Prozent ihres Wertes verkauft wurden. Wir haben alles erlebt und werden auch weiterhin alles erleben. Das liegt einfach in der Natur der Märkte. Im Laufe der Zeit treiben sie die verrücktesten, seltsamsten Blüten.«

»Der Trick besteht darin, gelegentlich eines dieser verrückten Ereignisse zu nutzen und sich nicht von anderen verrückten Ereignissen mitreißen zu lassen, denn diese verrückten Ereignisse schaffen für eine gewisse Zeit ihre eigene Realität. Deshalb passieren sie überhaupt, und die Leute machen damit angenehme Erfahrungen machen und so weiter. Wer sich längere Zeit an den Märkten bewegt, sieht alles … Wir finden heute viele Beispiele, in denen wir die Bewertung für viel zu hoch halten. Wir haben in der Vergangenheit auch Zeiten erlebt, in denen nach unserem Gefühl fast alles verschenkt wurde. Solche Extreme gibt es immer. Meistens befindet sich der Markt in einer Lage, in der es von beidem ein wenig gibt, aber hin und wieder kommt es zu einer Situation, in der das eine oder das andere überwiegt.«

CM: »Ich bin überzeugt, dass wir heute eine sehr ungewöhnliche Phase durchlaufen. Es fällt schwer, sich eine Zeit vorzustellen, in der Wohnimmobilien, Aktien und so weiter so schnell im Wert gestiegen sind und so viel billiges Geld im Umlauf war. Das ist eine sehr ungewöhnliche Phase.«

WB: »Das Faszinierende daran ist, dass man ein Unternehmen für 10 Milliarden Dollar verkaufen kann, das, wenn es in privater Hand wäre, keinen 100-Millionen-Dollar-Kredit bekäme … Aber die Eigentümer dieses Unternehmens können, weil es börsennotiert ist, viele Milliarden Dollar Schulden machen, weil sie von dieser Marktbewertung profitieren. Als privater Betrieb könnte das Unternehmen selbst nicht einmal ein Zwanzigstel dessen aufnehmen, was Einzelpersonen aufnehmen könnten. Das gab es in gewissem Maße schon einmal. Aber dies ist wahrscheinlich so extrem wie alles, was jemals passiert ist, einschließlich der 1920er-Jahre. Das bedeutet nicht, dass es eine Parallele dazu gibt, aber es ist ziemlich extrem.«

CM: »Ich bin der Meinung, es ist wahrscheinlich das Extremste, was im modernen Kapitalismus jemals passiert ist. In meinem Leben gab es in den 1930er-Jahren die seit 600 Jahren schlimmste Rezession in der englischsprachigen Welt. Und sie war sehr extrem. In Omaha bekam man in den 1930er-Jahren in Henderson's Cafeteria für einen Viertel Dollar ein ›All-you-can-eat‹-Menü. Und jetzt sehen wir die andere Seite dessen, was der Kapitalismus hervorbringen kann. Das ist fast so extrem wie in den 1930er-Jahren, aber in einer anderen Richtung.«

WB: »Das macht es nicht einfacher, die Zukunft vorherzusagen. Es sagt uns, dass es bestimmte Dinge gibt, von denen wir uns fernhalten sollten. Im Grunde genommen gemahnt es uns zur Vorsicht. Darin liegen keine Chancen. Im letzten Jahr wurde die Fähigkeit, die Unwissenheit der Aktionäre zu monetarisieren, meiner Meinung nach nie übertroffen.«

2007 Aktionärsversammlung (01:33:40)

WB: »Die Märkte stellen im Laufe der Zeit verrückte Dinge an. Als Charlie und ich bei Salomon waren, sprach man dort immer von Fünf- oder Sechs-Sigma-Ereignissen – und das ist in Ordnung, wenn man über einen Münzwurf spricht, aber es hat nichts zu sagen, wenn es um menschliches Verhalten geht. Ausgesprochen intelligente Menschen tun Dinge, die völlig irrational sind, und das geschieht massenhaft. Das ließ sich 1998 und 2002 beobachten, und das wird auch künftig vorkommen. Und es ist sogar wahrscheinlicher, dass dies geschieht, wenn die Menschen Tag für Tag versuchen, die Märkte zu schlagen. Ich halte das für ein bescheuertes Spiel, aber vielleicht ist es notwendig, um Geld anzuziehen.«

CM: »Wenn Leute Kennzahlen wie das Sigma anführen in Bezug auf das Katastrophenpotenzial an den Märkten, sind sie alle bekloppt. Sie sind auf die Idee gekommen, dass schlechte Ergebnisse an den Märkten durch die Gaußsche Verteilung vorhergesagt werden können. Und sie haben sich für dieses Modell entschieden, weil dann alles so einfach zu berechnen ist. Die Geschehnisse folgen aber keinen Gaußschen Verteilungen. Man muss schon an die Zahnfee glauben, um das zu glauben.«

TEIL ZEHN

ÖKONOMIE UND INVESTIEREN

»Es liegt in der Natur des Menschen, Fortschritt als selbstverständlich anzusehen; nicht als etwas, was man sich verdienen oder erst erkämpfen muss, sondern als etwas, was von selbst kommt. Diese Einstellung ist pures Gift. Sie bringt niemandem etwas.«
»Wann immer wir die Chance haben, etwas Sinnvolles zu tun, tun wir es. Und wenn es am nächsten Tag noch sinnvoller ist und wir das Geld dafür haben, machen wir vielleicht noch mehr.«
»Ich weiß nicht, was das nächste große Ding sein wird. Ich weiß aber, dass es ein nächstes großes Ding geben wird.«
»Wir sagen nicht voraus, welche Strömungen vorherrschen werden, sondern nur, wie bestimmte Dinge künftig in den Strömungen schwimmen – unabhängig davon, wie diese aussehen.«
»Zinssätze sind für den Wert von Vermögenswerten im Grunde das, was die Schwerkraft für Materie ist.«
»In einer Welt, in der man manchmal ein Glied amputieren muss, um zu überleben, kann man nicht erwarten, dass jedes Unternehmen genau so bleiben kann, wie es ist.«

Einleitung

Der folgende Abschnitt des Buches besteht im Wesentlichen aus zwei Teilen: Im ersten Teil erklären Buffett und Munger, warum sie bei ihren Anlageentscheidungen keinen großen Wert auf makroökonomische Prognosen oder das Market-Timing legen. Im zweiten Teil erläutern Buffett und Munger, warum diese Themen, insbesondere makroökonomische Faktoren wie Inflation und Zinssätze, für eine intelligente Betrachtung des langfristigen Engagements in Unternehmen nach wie vor relevant sind. Diese scheinbare Inkonsistenz spiegelt eine differenzierte Sichtweise auf die Gewichtung verschiedener Faktoren/Prognosen bei Anlageentscheidungen wider. Wie Munger es ausdrückte: »Wir sagen nicht voraus, welche Strömungen vorherrschen werden, sondern nur, wie bestimmte Dinge künftig in den Strömungen schwimmen – unabhängig davon, wie diese aussehen.« (Ich habe dieses Thema ausführlicher in TSOH Investment Research behandelt – siehe »Always Looking For Context«.)

Aktionärsversammlungen und Themen

KAPITALISMUS

2020 Aktionärsversammlung (04:21:35)

WARREN BUFFETT: »Das Marktsystem wirkt Wunder, aber es ist auch brutal, wenn man es völlig sich selbst überlässt. Wir wären nicht das Land, das wir sind, wenn man das Marktsystem nicht hätte funktionieren lassen. Und bis zu einem gewissen Grad kann man sagen, dass andere Länder auf der Welt, die ihren Lebensstandard dramatisch verbessern konnten, uns das nachgemacht haben.«

»Das Marktsystem ist in vielerlei Hinsicht super, aber es muss gezähmt werden. Es ist eine kreative Zerstörung – aber für diejenigen, die zerstört werden, kann das Spiel sehr brutal sein. Ich möchte nichts anderes als den Kapitalismus, aber ich möchte ganz sicher keinen ungezügelten Kapitalismus. Wir Kapitalisten … sollten uns intensiv Gedanken darüber machen, was passieren würde, wenn wir alle erneut Lose ziehen würden, um bestimmte marktbasierte Fähigkeiten zu erhalten. Vor langer Zeit hat jemand das Fernsehen erfunden. Dann wurde das Kabelfernsehen erfunden, dann wurden Zahlungssysteme und all das erfunden. Ein Baseballspieler, der 1941 einen Schlagdurchschnitt von .406 hatte, war im Jahr 20.000 Dollar wert. Heute verdient ein durchschnittlicher Major-League-Spieler weitaus mehr, weil sich die Stadiongröße von 40.000 oder 50.000 Zuschauern auf das ganze Land ausgeweitet und das Marktsystem des Kapitalismus die Oberhand gewonnen hat. Das ist sehr ungerecht. Ebenso denke ich, dass [Baseballspieler] Ted Williams viel mehr Geld wert war, als ich jemals verdienen sollte. Aber das Marktsystem kann zu einer Situation führen, in der der Gewinner alles bekommt.«

»Wir wollen die Menschen nicht davon abhalten, hart zu arbeiten und nachzudenken – aber das allein reicht nicht aus. Der Kapitalismus ist von vielen zufälligen Begebenheiten geprägt, darunter auch vererbter Reichtum. Aus meiner Sicht können wir die besten Teile des Marktsystems und des Kapitalismus beibehalten und gleichzeitig besser dafür sorgen, dass alle an dem Wohlstand teilhaben, den sie schaffen.«

2023 Aktionärsversammlung (04:57:15)

WB: »Die Gesellschaft profitiert davon, aber einige Menschen kommen unter die Räder [als Folge der Verlagerung der Produktion ins Ausland]. Auf die eine oder andere Weise sollte eine reiche Gesellschaft sich um die Menschen kümmern, die davon negativ betroffen sind. Als wir 1964 unseren Textilbetrieb übernahmen, sprach die Hälfte unserer Arbeiter nur Portugiesisch. Sie verdienten wahrlich nicht gut, aber jetzt konnte man diese Arbeiten auch in südlichen Billiglohnländern machen, und wir standen vor dem Aus. Das war in keiner Weise die Schuld der Arbeiter, und es war auch nicht unsere Schuld. Wir versuchten weiter, wettbewerbsfähig zu bleiben … Aber dann wurde die Produktion ins Ausland verlagert. Unter dem Strich ist das Land dadurch besser geworden, aber an den betreffenden Orten können viele Menschen wirklich nicht auf etwas anderes ausweichen. Man kann nicht davon sprechen, jemanden, der 55 Jahre alt ist und nur Portugiesisch spricht, umzuschulen und ihm dann sagen, dass in New Bedford, Massachusetts, eine glänzende Zukunft auf ihn wartet. Man sollte nicht leichtfertig darüber reden. Wir können es uns leisten, für diese Menschen zu sorgen. Wir haben einige Systeme, die recht gut funktionieren, aber ... solche Probleme sind nicht leicht zu lösen.«

»Ich würde sagen, im Großen und Ganzen wollen wir, dass die ganze Welt prosperiert. Wir wollen nicht, dass die Vereinigten Staaten ein Land mit außergewöhnlichem Wohlstand sind und der Rest der Welt hungert. Das funktioniert nicht, und es wird vor allem in einer Welt mit Atomwaffen nicht funktionieren. ... Und natürlich ist die Wochenarbeitszeit in den Vereinigten Staaten im Laufe meines Lebens dramatisch gesunken. Und die Menschen fühlen sich immer noch viel zu beschäftigt.«

»Die Welt betrachtet alles, was sich weiterentwickelt hat, als neue Basis, und damit sind die Leute unzufrieden. Mit unserem Wohlstand können wir viele Sachen bewerkstelligen, die wir 1930 nicht bewerkstelligen konnten, darunter auch die Versorgung von Menschen, die ihren Arbeitsplatz verloren haben dadurch, dass andere ihre Arbeit übernehmen und ihre Lebensumstände verbessern konnten. Wir müssen sicherstellen, dass wir das beste System haben, das sich um die Menschen kümmert, die dadurch verdrängt werden. Wir werden dabei viele Fehler machen, aber wir müssen weiter in diese Richtung gehen.«

CHARLIE MUNGER: »Adam Smith hatte Recht: Der freie Marktkapitalismus mit Privateigentum, freiem Handel und allem, was dazu gehört, schafft automatisch ein BIP-Wachstum, das allen hilft, auch den Menschen am unteren Rand der Gesellschaft. Er hilft allen sehr. Aber in diesem Prozess gibt es auch viele Schmerzen ... Niemand hat herausgefunden, wie man all diese Schmerzen entfernen kann. Wir haben staatliche Sicherheitsnetze, die einen Teil der Schmerzen abfedern, und wir bauen diese Sicherheitsnetze mit der Zeit ein wenig aus. Aber wer versucht, die ganzen Schmerzen zu eliminieren, nimmt auch alle Gewinne heraus. Dann gibt es kein Wachstum des Pro-Kopf-BIP mehr. Man hätte eine Wirtschaft wie in Russland, die treffend beschrieben wird durch den Spruch; ›Sie tun so, als würden sie uns bezahlen, und wir tun so, als würden wir arbeiten.‹«

WB: »Die anderen Systeme haben nicht besser funktioniert, aber der Kapitalismus führt zu immer größeren Vermögensunterschieden ... Es ist die Aufgabe der Regierung, die besten Merkmale des Kapitalismus zu erhalten, ohne dass dabei Menschen, die nur Portugiesisch sprechen, leiden müssen. Beides ist auf Dauer politisch nicht vertretbar. Wir haben uns mühsam vorangearbeitet, zum Beispiel bei der Sozialversicherung, und heute geht es uns viel besser als zu meiner Geburt.«

CM: »Insgesamt haben die USA diese Spannung zwischen kapitalistischem Wachstum und dem Ausbau des Sozialversicherungsnetzes sehr gut gemeistert. Wir können ziemlich stolz auf unser Land sein, wenn wir zurückblicken.«

WB: »Wir erwirtschaften 25 Prozent des weltweiten BIP, obwohl wir mit 0,5 Prozent der Weltbevölkerung begonnen haben, und das in nur wenigen Jahrhunderten. Das ist ein Wunder. Das liegt nicht daran, dass wir klüger wären. Es muss am System liegen ... Da hat es Fortschritte gegeben, aber es liegt in der Natur des Menschen, auch die Fehler zu sehen.«

CM: »Es liegt in der Natur des Menschen, Fortschritt als selbstverständlich anzusehen; nicht als etwas, was man sich verdienen oder erst erkämpfen muss, sondern als etwas, was einem automatisch zusteht. Diese Einstellung ist pures Gift. Sie bringt niemandem etwas.«

GLOBALE DIVERSIFIZIERUNG

1994 Aktionärsversammlung (01:34:59)

WB: »Wir wollen nur in Unternehmen tätig sein, die wir verstehen, die von Menschen geführt werden, die wir mögen, und die im Vergleich zu den Zukunftsaussichten attraktiv bewertet sind. Wir haben kein besonderes Interesse daran, in anderen Teilen der Welt tätig zu sein oder diese zu meiden. Das spielt keine große Rolle. In einigen Ländern gibt es vielleicht mehr Wachstumschancen; etwa 80 Prozent der Einnahmen von Coca-Cola und Guinness stammen aus Ländern außerhalb der USA, aber Guinness hat seinen Sitz außerhalb der USA, während Coca-Cola hier ansässig ist.«

»Sicherlich gibt es in vielen Fällen Märkte außerhalb der USA, die weitaus bessere Wachstumsaussichten haben als die USA, aber sie bergen wahrscheinlich auch andere Risiken. Wir schätzen natürlich die internationalen Aussichten eines Unternehmens wie Coca-Cola … Ganzheitlich betrachtet könnten wir allein durch Coca-Cola in diesem Jahr indirekt etwa 150 Millionen Dollar Gewinn für Berkshire erzielen, der aus dem Rest der Welt stammt. Aber wir denken nicht in Kategorien wie ›Mir liegt diese Region, also möchte ich dort vertreten sein‹ … Coca-Cola expandiert in China; ich habe die Zahlen vergessen, die das Unternehmen uns letztes Jahr vorgelegt hat, vielleicht ein Wachstum von 38 Prozent beim Absatzvolumen. Es ist schön, noch relativ unerschlossene Märkte zu haben.«

MARKET TIMING

1994 Aktionärsversammlung (01:40:20)

WB: »Sie werden das vielleicht kaum glauben, aber Charlie und ich haben nie eine Meinung zum Markt, weil das nichts bringen würde und unsere Meinungen zu Dingen beeinträchtigen könnte, die uns nützen. Wenn wir mit einem Unternehmen richtig liegen und es für attraktiv halten, wäre es sehr dumm von uns, nicht zu handeln, nur weil wir eine bestimmte Vorstellung davon haben, wie sich der Markt entwickelt oder Ähnliches. Denn das wissen wir einfach nicht. Und etwas aufzugeben, das man kennt und das profitabel ist, für etwas, das man nicht kennt und nie kennen wird, erscheint uns einfach nicht ratsam. Deshalb ist der Markt uns egal.«

»Ich kaufte meine erste Aktie im April 1942, als ich elf Jahre alt war. Die Aussichten für den Zweiten Weltkrieg sahen damals nicht so gut aus; die USA waren im Pazifik nicht gut aufgestellt. Ich bin mir nicht sicher, ob ich das beim Kauf meiner drei Aktien berücksichtigt habe, aber denken Sie nur an all die Dinge, die seitdem passiert sind. Atomwaffen, große Kriege, Präsidenten, die zurücktreten, massive Inflation zu bestimmten Zeiten, alles Mögliche. Das aufzugeben, was man gut kann, weil man Vermutungen über makroökonomische Entwicklungen anstellt, ergibt für uns einfach keinen Sinn.«

»Das Beste, was aus Sicht von Berkshire passieren kann – und das wünschen wir niemandem –, ist, dass die Märkte im Laufe der Zeit stark einbrechen. Wir werden dann als Käufer auftreten. Und wenn man über lange Zeit Lebensmittel kaufen will, möchte man, dass die Lebensmittelpreise sinken. Wenn man über lange Zeit Autos kaufen will, möchte man, dass die Autopreise sinken. Wir kaufen Unternehmen. Wir kaufen Teile von Unternehmen, Aktien. Und wir sind viel besser dran, wenn wir diese Dinge zu einem attraktiven Preis kaufen können, als wenn wir das nicht können. Wir haben also keine Angst. Wir fürchten vielmehr einen irrationalen Bullenmarkt, der über einen längeren Zeitraum anhält.«

»Sie als Aktionäre von Berkshire sind besser dran, wenn die Aktien billiger werden, es sei denn, Sie haben Ihre Aktienposition mit geliehenem Geld aufgebaut oder wollen diese innerhalb sehr kurzer Zeit verkaufen. Sie sind besser dran, wenn Aktien billiger wären, weil wir dann in Ihrem Namen intelligentere Dinge machen könnten als andernfalls. Aber es wäre uns egal, was andere darüber denken, vor allem wir selbst.«

CM: »Wenn man sich von diesen makroökonomischen Faktoren nicht leiten lassen will und sich ganz darauf konzentriert, über die einzelnen Unternehmen und die einzelnen Chancen nachzudenken, ist das eine effizientere Vorgehensweise, zumindest für jemanden mit unseren besonderen Talenten und auch den Fähigkeiten, die uns fehlen.«

WB: »Wer bei den Unternehmen richtig liegt, wird am Ende gut abschneiden. Wir machen uns keine Gedanken darüber, wann etwas passieren wird, sondern darüber, was passieren wird. Es ist nicht so schwer herauszufinden, was passieren wird. Unserer Meinung nach ist es lediglich unmöglich herauszufinden, wann es passieren wird. Deshalb konzentrieren wir uns auf das, was passieren wird. Etwa 1890 wurde die gesamte Coca-Cola Company für 2000 Dollar verkauft, heute hat sie einen Marktwert von etwa 50 Milliarden Dollar. Jemand hätte dem Mann, der sie 1890 kaufte, sagen können: ›Es werden zwei große Weltkriege kommen, es wird die große Panik von 1907 kommen, all diese Dinge werden passieren – wäre es nicht besser zu warten?‹ Wir können uns einen solchen Fehler nicht leisten.«

2004 Aktionärsversammlung (04:10:46)

WB: »Zu jedem Zeitpunkt in der Geschichte, auch als Aktien am günstigsten waren, konnte man eine imposante Anzahl negativer Faktoren finden. Man hätte sich 1974, als Aktien zu Schnäppchenpreisen verkauft wurden, hinsetzen und alle möglichen Dinge aufschreiben können, die eine schreckliche Zukunftsprognose gerechtfertigt hätten … Wir jedoch schenken solchen Dingen keine Beachtung. Man könnte sagen, dass unsere Grundannahme – und ich halte sie für ziemlich fundiert – lautet, dass dieses Land sich sehr gut entwickeln wird, vor allem die Wirtschaft. Die Wirtschaft hat sich sehr gut entwickelt; der Dow Jones stieg in den 100 Jahren des 20. Jahrhundert von 66 auf über 10.000. Wir hatten zwei Weltkriege, Atombomben, Grippepandemien … Epidemien, was auch immer. Es gibt immer Probleme in der Zukunft, es gibt aber auch immer Chancen in der Zukunft, und in diesem Land haben die Chancen im Laufe der Zeit über die Probleme gesiegt. Ich glaube, dass dies auch weiterhin so bleiben wird.«

»Ich kann mich bis ins Jahr 1959 zurück an keine Diskussion zwischen Charlie und mir erinnern, in der wir aufgrund äußerer Umstände vom Kauf eines Unternehmens Abstand genommen hätten. Meiner Meinung nach wird es nicht die amerikanische Wirtschaft sein, die Investoren in fünf, zehn oder zwanzig Jahren zu Fall bringen wird, sondern die Investoren selbst … Die amerikanische Wirtschaft hat Investoren als Gruppe noch nie im Stich gelassen, aber Investoren haben sich selbst ziemlich oft ins Aus manövriert.«

2009 Aktionärsversammlung (04:19:48)

WB: »Die Aktien waren 1974 viel billiger als heute. Aber Sie hatten es auch mit einem anderen Zinsumfeld zu tun, sodass man sagen könnte, dass die Aktien gar nicht so viel billiger waren. Man konnte sehr gute Unternehmen mit guten Aussichten zum KGV von vier kaufen, aber die Zinsen waren damals viel höher. Das war die beste Zeit, die ich je für den Kauf von Aktien erlebt habe.«

»Je billiger etwas wird, desto lieber kaufe ich es. Wenn ich bei McDonald's Hamburger für X kaufe und die Fastfood-Kette morgen den Preis auf 90 Prozent von X senkt, bin ich glücklich. Ich mache mir keine Gedanken darüber, was ich gestern bezahlt habe; ich denke, dass ich den Rest meines Lebens Hamburger kaufe. Je billiger sie werden, desto besser gefällt mir das. Ich werde den Rest meines Lebens Investitionen tätigen. Und ich würde viel lieber die Hälfte von X bezahlen als X. Die Tatsache, dass ich gestern X bezahlt habe, stört mich nicht, solange ich den Wert im Geschäft kenne. Ich mag niedrigere Preise.«

»Mir ist klar, dass Sie alle nicht so denken, wenn Sie morgens aufwachen und die Kurse sehen. Aber es ist doch logisch, dass man sich mehr über Sonderangebote freut als über sonstige Kaufangebote. Als ich einen Artikel für die *New York Times* schrieb [»Buy American. I Am.«, 16. Oktober 2008], habe ich keine Vorhersagen darüber gemacht, wie sich die Aktien [kurzfristig] entwickeln, weil ich nie weiß, wie sie sich entwickeln werden. Aber ich weiß, wann man viel für sein Geld bekommt, und genau in diesem Moment sollte man kaufen.«

CM: »Wenn Aktien im Durchschnitt um 40 Prozent fallen, sind sie offensichtlich näher an einem attraktiven Preis als zuvor. Und natürlich sind die kurzfristigen Zinsen in letzter Zeit stark gesunken. Das ist nicht zu vergleichen mit den Jahren 1973 bis 1974. Als das passierte, wusste ich, dass das meine Chance war, meine einzige Chance. Ich wusste, dass ich nie wieder eine solche Gelegenheit zum Kauf bekommen würde. Leider hatte ich zu diesem Zeitpunkt praktisch kein Geld zur Verfügung – und genau deshalb gibt es solche Zeiten. An Ihrer Stelle würde ich nicht auf eine Gelegenheit wie 1973/1974 warten.«

WB: »Nein, wir versuchen nicht, die Tiefststände zu erwischen. Wir haben keine Meinung dazu, wie sich der Aktienmarkt morgen, nächste Woche oder nächsten Monat entwickeln wird. Herumsitzen und nichts Vernünftiges tun, nur weil man glaubt, dass Morgen etwas noch Attraktiveres kommt, entspricht nicht unserem Ansatz. Wann immer wir die Chance haben, etwas Sinnvolles zu kaufen, kaufen wir es. Und wenn es am nächsten Tag noch sinnvoller erscheint und noch Geld da ist, kaufen wir vielleicht noch mehr. Den Tiefpunkt zu erwischen, ist grundsätzlich nicht unser Spiel; unser Spiel ist die Festlegung eines Kaufpreises, und das ist nicht so schwierig. Die Bodenbildung abzuwarten, ist wahrscheinlich unmöglich, aber wer für sein Geld viel bekommt, kauft einfach. Und wie ich schon sagte, nachdem ich diesen Kommentar in der *New York Times* geschrieben hatte, wurden die Aktien tatsächlich billiger. Am Markt für Unternehmensanleihen herrschte ein extremes Chaos. Und wir kauften damals einige ziemlich große Anleihen für Berkshire. Ich habe auch ein paar kleine Tranchen für mich selbst gekauft.«

CM: »Warren, haben wir mittlerweile nicht unsere kleinen Lebensversicherungsgesellschaften ziemlich gut mit attraktiven Schuldtiteln mit 10 Prozent Zinsen ausgestattet?«

WB: »Wir haben auf jeden Fall viel mehr als zuvor. Wir haben vor einigen Monaten einige Unternehmensanleihen sehr günstig gekauft – zumindest meiner Meinung nach. Da lag noch Geld herum in Lebensversicherungsgesellschaften, das in bestimmten anderen Bereichen nicht verwendet werden konnte und für der Zeitpunkt ideal erschien, um zuzuschlagen. Wenn wir etwas machen wollen, dann machen wir es auch richtig. Wir wollen nichts überstürzen. Wir kaufen so schnell wie möglich, sofern die Preise stimmen.«

CM: »Ja, solche Anleihen waren nicht mehr lange zu haben; es gab absolut sichere Anleihen mit Renditen von 9 Prozent oder mehr und mit sehr ausgefallenen Klauseln zum Schutz vor einer vorzeitigen Kündigung. Und der Kurs von einigen dieser Anleihen ist um 20 oder 25 Prozent gestiegen.«

2022 Aktionärsversammlung (01:36:07)

WB: »Das Interessante daran ist natürlich, dass wir nicht die geringste Ahnung haben, was der Aktienmarkt am Montag bei Eröffnung macht. Das war noch nie anders. In all der Zeit, in der wir zusammenarbeiten, haben Charlie und ich meines Wissens noch nie eine Entscheidung getroffen, bei der einer von uns gesagt oder gedacht hat, wir sollten aufgrund der voraussichtlichen Marktentwicklung kaufen oder verkaufen. Das Gleiche gilt übrigens auch für die wirtschaftliche Entwicklung. Wir kennen sie einfach nicht.«

»Manchmal werde ich dafür gelobt, dass wir 2008 optimistisch waren, als alle anderen die Aktienmärkte pessimistisch einschätzten. In Wirklichkeit habe ich einen großen Teil unseres Vermögens zu einem sehr ungünstigen Zeitpunkt investiert. Wir haben etwa 16 Milliarden Dollar für Wrigley und Goldman Sachs ausgegeben, was für uns damals viel mehr war als heute, in einem Zeitraum von drei oder vier Wochen, zu einem Zeitpunkt, der sich als furchtbar schlecht herausstellte [September/Oktober 2008]. Ich wusste nicht, ob sich der Zeitpunkt als gut oder schlecht erweisen würde, aber im Rückblick war der Zeitpunkt schlecht. Hätte ich ein Gespür für den richtigen Zeitpunkt gehabt, hätte ich sechs Monate bis zu den Tiefstständen im März 2009 gewartet. Diese Chance habe ich völlig verpasst. Auch den März 2020 habe ich komplett verpasst.«

»Wir hatten kein gutes Timing, aber wir waren dafür ziemlich gut darin herauszufinden, wann wir genug für unser Geld bekommen. Wenn wir etwas kauften, hofften wir immer, dass der Preis eine Weile fallen würde, damit wir noch mehr kaufen konnten. Selbst wenn wir mit dem Kaufen fertig waren, hofften wir noch, dass das Unternehmen, wenn der Preis niedrig war, weiter eigene Aktien kaufen würde, denn dadurch würde sich unser Anteil ja auch vergrößern. Wir haben nie vom Timing Gebrauch gemacht. Wir haben nie versucht, tiefere Einblicke in die Wirtschaftsentwicklung zu erhalten. Als ich elf Jahre alt war, kaufte ich Aktien; an diesem Tag schloss der Dow bei 99 Punkten. Jetzt liegt er bei 34.000.«

»Es ist erstaunlich, wie gut es den Leuten gelingt, ein einfaches Spiel kompliziert zu machen. Aber wenn sie allen sagen würden, wie einfach dieses Spiel ist, würden die [Finanzprofis] 90 Prozent ihres Einkommens verlieren. Es ist zu viel verlangt, von der menschlichen Natur zu erwarten, dass die Menschen erklären, warum sie gar keinen Mehrwert im Vergleich zu dem bieten, was man selbst tun kann.«

CM: »Früher ging man zum Vermögensberater und fragte: ›Was soll ich machen, um mich für die Zukunft abzusichern?‹ Und er antwortete: ›Warum geben Sie mir nicht einfach 50.000 Dollar von Ihrem aktuellen Nettovermögen? Das ist mein Beitrag zu Ihrem ersten Jahr.‹«

»Es ist ein seltsames Geschäft … Ich möchte fast behaupten, dass viele Vermögensberater für ihre Fähigkeiten Geld verlangen, während sie das Geld eigentlich nur indexnah passiv anlegen. Mit anderen Worten: Niemand kann es sich leisten, sich von den zahlreichen anderen Anbietern zu unterscheiden, weil jeder Angst hat, seine Gebühren zu verlieren. Also machen alle das Gleiche. Das ist einigermaßen lächerlich. Die ganze Welt ist einigermaßen lächerlich.«

ZINSSÄTZE

1994 Aktionärsversammlung (00:48:37)

WB: »Es gehört zu den Aufgaben der Fed, wie Bill Martin [Vorsitzender der Federal Reserve von 1951 bis 1970] vor vielen Jahren sagte, die Party gelegentlich zu beenden. Das ist eine Politik, die sich im täglichen Umgang mit den Märkten nur schwer in Zahlen fassen lässt. Und natürlich war es schon immer die Aufgabe der Fed, sich gegen den Wind zu stellen. Das bedeutet aber, dass man auf die Nase fällt, wenn der Wind dreht. Das ist jedoch eine andere Frage. Ich denke, was [Alan Greenspan] getan hat, war wahrscheinlich eher angemessen. Er war wahrscheinlich ein wenig überrascht, was mit den langfristigen Zinsen passierte, als er die kurzfristigen Zinsen anhob. Er hatte wohl gehofft, dass diese Maßnahme, die relativ früh im Zyklus an der Front der kurzfristigen Zinsen ergriffen wurde, die Menschen zuversichtlicher im Hinblick auf die längerfristigen Zinsen stimmen und damit die Zinsstrukturkurve etwas abflachen würde. Ich weiß es nicht. Und vielleicht war er davon etwas überrascht. Aber er hat keine leichte Aufgabe. Ich würde ihn also nicht kritisieren. Charlie, was hältst du von ihm?«

CM: »Er ist in Ordnung.«

GOLD UND INFLATION

2005 Aktionärsversammlung (01:48:58)

WB: »Wir sind nicht begeistert von Gold. In der Vergangenheit haben die Menschen Gold als Zuflucht vor einer Währung angesehen, deren Wert sinken könnte. Aber das Gleiche gilt für ein Barrel Öl, einen Hektar Land oder Anteile an Coca-Cola oder See's Candies. Wenn der Dollar um 50 Prozent fällt, verkaufen wir See's Candies zum doppelten Preis. Wir erhalten dann den gleichen realen Preis für See's Candies. Die Menschen arbeiten künftig genauso viele Stunden pro Woche, um eine Zwei-Pfund-Schachtel Pralinen zu kaufen. Daher sind uns Vermögenswerte lieber, die unabhängig davon nützlich sind, ob die Währung nun ihren heutigen Wert behält, ob sie nur noch 10 Prozent davon wert ist oder ob die Menschen mit Muscheln bezahlen. Ihre Präferenzen würden sich in realen Dollar mehr oder weniger in denselben wirtschaftlichen Bedingungen für uns niederschlagen. Und wir würden den Besitz solcher Vermögenswerte nicht gegen ein Stück gelbes Metall eintauschen, das nur für Menschen, die vor dem Dollar fliehen wollen und unserer Meinung nach nicht wirklich über die Konsequenzen ihrer Flucht nachgedacht haben, einen sehr geringen realen Nutzen hat.«

CM: »Wenn man die Möglichkeiten von Berkshire hat, ist Gold, im Durchschnitt betrachtet, eine bescheuerte Investition.«

2005 Aktionärsversammlung (03:29:53)

WB: »Gold steht auf meiner Liste der Wertanlagen ganz weit unten. Ich würde viel lieber hundert Morgen Land hier in Nebraska besitzen oder ein Mehrfamilienhaus oder einen Indexfonds. Wenn Sie zurückdenken ins Jahr 1900, reden wir von 20 Dollar Gold; im Laufe von 100 Jahren ist es von 20 auf 400 Dollar gestiegen. Der Dow stieg im gleichen Zeitraum von 66 auf 12.000 und brachte Ihnen während der Zeit, in der Sie ihn besaßen, Dividenden ein … Wenn Sie in der Zwischenzeit Gold hielten, mussten Sie dagegen Versicherungen und vielleicht Lagerkosten bezahlen. Es ist wirklich keine Wertanlage. Ich bin kein Verfechter von Papiergeld, aber wenn Sie sich Sorgen um Papiergeld machen – und ich halte es für durchaus angebracht, sich über lange Zeiträume hinweg Sorgen um Papiergeld zu machen –, dann ist Gold so ziemlich das Letzte, was ich unter diesen Umständen besitzen möchte. Ein landwirtschaftlicher Betrieb hat einen Nutzen, eine Wohnung hat einen Nutzen, ein Unternehmen erwirtschaftet Einnahmen. Einige Unternehmen werden im Laufe der Zeit reale Gewinne abwerfen. Mir ist die Möglichkeit lieber, in zwanzig Jahren ein Pfund Süßigkeiten zu verkaufen. Und wenn sie mit Muscheln handeln, bekomme ich dafür eine angemessene Anzahl Muscheln statt Papiergeld. Aber ich sehe Gold nicht als Wertanlage. In Wahrheit hat es nicht sehr gut funktioniert; ich sehe keinen Grund, warum das in Zukunft der Fall sein sollte.«

2011 Aktionärsversammlung (01:44:08)

WB: »Als wir mit Berkshire anfingen, war eine unserer Aktien etwa drei Viertel einer Feinunze Gold wert – Gold kostete 20 Dollar pro Feinunze und Berkshire stand bei 15 Dollar. Selbst bei einem Preis von 1500 Dollar hat Gold also noch einen langen Weg vor sich. [Zu diesem Zeitpunkt wurde die A-Aktie von Berkshire Hathaway zu einem Kurs von ~125.000 Dollar pro Aktie gehandelt.] Wenn man alles Gold der Welt in einen Würfel packen würde, hätte er eine Kantenlänge von gut 20 Metern. Das entspricht etwa 170.000 Tonnen. Wenn Sie also alles Gold der Welt besitzen würden, könnten Sie sich eine Leiter holen, darauf klettern und sich für den König der Welt halten. Sie könnten es streicheln, polieren, anstarren – aber es würde nichts tun. Wenn Sie es kaufen, machen Sie nichts anderes, als zu hoffen, dass irgendjemand Ihnen irgendwann in der Zukunft mehr dafür bezahlt, etwas zu besitzen, was – noch mal – nichts kann … Jedes Mal, wenn Sie einen Vermögenswert kaufen, der nichts produzieren kann, setzen Sie darauf, dass jemand anderes in der Zukunft mehr dafür bezahlt … Das unterscheidet sich von Vermögenswerten, die Sie anhand dessen bewerten können, was sie produzieren, was sie liefern. Man kauft einen landwirtschaftlichen Betrieb, weil man erwartet, dass man jedes Jahr eine bestimmte Menge Mais, Sojabohnen, Baumwolle oder was auch immer ernten kann. Und man entscheidet, wie viel man dafür bezahlt, auf Basis dessen, was der Vermögenswert selbst im Laufe der Zeit voraussichtlich einbringt. Solche Vermögenswerte sprechen mich und Charlie an.«

CM: »Da bin ich voll und ganz deiner Meinung. Außerdem ist es etwas eigenartig, einen Vermögenswert zu kaufen, dessen Wert nur dann wirklich steigt, wenn die Welt untergeht. Das erscheint mir nicht rational … Es gibt noch eine andere Gruppe von Menschen, die glauben, sich durch den Kauf von Gemälden mit Suppendosen schützen zu können. Das würde ich auch nicht empfehlen.«

WB: »Zusätzlich zu diesem 20 Meter hohen Würfel wird jedes Jahr mehr Gold gefördert. Man braucht also nicht nur Käufer, als Ausgleich für das Angebot der Verkäufer im natürlichen Verlauf der Dinge, sondern man muss auch noch zusätzliche Materie im Wert von 100 Milliarden Dollar absorbieren, die keinen Nutzen hat. Das ist wirklich spannend. Man gräbt es in Südafrika aus der Erde, verschifft es zur Federal Reserve in New York und legt es dort wieder ins Erdreich zurück. Wer das vom Mars aus beobachten würde, käme vielleicht zu dem Schluss, dass das ein bisschen seltsam ist.«

2012 Aktionärsversammlung (01:47:57)

WB: »Ich würde mein Leben darauf verwetten, dass Berkshire in einem Zeitraum von fünfzig Jahren nicht nur deutlich besser abschneiden wird als Gold, sondern dass Aktien insgesamt besser abschneiden als Gold und dass wahrscheinlich sogar Ackerland besser abschneidet als Gold. Wenn Sie heute eine Feinunze Gold besitzen und sie für die nächsten hundert Jahre lang hüten, werden Sie in hundert Jahren eine Feinunze Gold haben. Wenn Sie hundert Morgen Ackerland besitzen, werden Sie in hundert Jahren auch hundert Morgen Ackerland haben, und Sie werden hundert Jahre lang die Ernte einbringen, verkaufen und vermutlich mehr Ackerland kaufen. Für eine unproduktive Investition ist es sehr schwer, über einen längeren Zeitraum hinweg produktive Investitionen zu schlagen.«

»Es ist schon interessant: Ich kann sagen, dass Anleihen nichts taugen, und Ben Bernanke lächelt mich trotzdem an. Aber wenn man etwas Negatives über Gold sagt, weckt das bei den Menschen die Leidenschaft, was irgendwie spannend ist, denn normalerweise, wenn man es etwas intellektuell durchdacht hat, sollte es eigentlich keine große Rolle spielen, was die Leute darüber sagen. Die Frage ist also, ob Ihre Fakten stimmen und Ihre Argumentation plausibel ist. Aber man trifft auf Leute, die sich für Gold begeistern … Mein Vater liebte Gold. Aber er war tolerant, er konnte darüber diskutieren. Ich finde, viele Leute haben damit Probleme.«

CM: »Ich hatte noch nie das geringste Interesse daran, Gold zu besitzen. Es ist viel besser, mit Unternehmen und Menschen zu arbeiten, die geschäftlich tätig sind. Für mich gibt es keinen schlimmeren Umgang als eine Gruppe Goldfanatiker.«

DER RETURN ON EQUITY (ROE) BEIM FORTUNE 500

1994 Aktionärsversammlung (03:45:04)

WB: »Die durchschnittliche Eigenkapitalrendite der Fortune-500-Unternehmen war in den letzten Jahren höher ... Sie lag im Laufe der Zeit tendenziell zwischen 12 und 13 Prozent. Die Rendite bestimmter Unternehmen ist deutlich nach oben geschnellt, weil sie endlich die Rückstellungen für Gesundheitsausgaben in die Bilanz aufgenommen und damit das Eigenkapital reduziert haben. ... Das hat die Eigenkapitalrendite der amerikanischen Unternehmen faktisch gehebelt ... Aus meiner Sicht werden Wettbewerbsfaktoren diese Zahl im Laufe der Zeit tendenziell etwas nach unten drücken. Und 12 oder 13 Prozent sind gar nicht so schlecht, wenn man darüber nachdenkt. Bei einem Zinssatz von 7 Prozent ist dies ein Niveau, bei dem Aktien und Eigenkapital viel mehr wert sind als anderswo auf der Welt, wenn sie als Eigenkapital eingesetzt werden. Aber wenn ich eine Zahl für die nächsten zehn Jahre nennen müsste, würde ich auf 12 und 13 Prozent tippen. Das bedeutet nicht, dass ich damit unbedingt richtig liege.«

CM: »Aus meiner Sicht sind all diese veröffentlichten Durchschnittswerte ohnehin zu hoch. Es handelt sich um die größten Unternehmen, um Gewinner, deren Aktien mit hohen KGVs verkauft werden, sodass sie sie anderen als hochrentable Vermögenswerte zuteilen können. Und viele Unternehmen mit niedrigen Renditen fallen ständig aus den Zahlen heraus. Nun könnte man sagen, dass das ja auch in der Vergangenheit so war. Aber ich fände es ungewöhnlich, wenn amerikanische Unternehmen im Durchschnitt 13 Prozent Gewinn auf ihr Kapital nach Steuern verdienen würden.«

UNTERNEHMENSPRODUKTIVITÄT UND -EFFIZIENZ

1996 Aktionärsversammlung (02:50:55)

WB: »Jede Branche ist ständig daran interessiert, Personal abzubauen oder effizienter zu werden. Wenn die Branche wächst, kann man Effizienzsteigerungen erzielen, indem man mit denselben Mitarbeitern mehr Arbeit erledigt und mehr produziert. Wenn man jedoch einen Blick auf die Zeit vor 150 Jahren wirft und sich beispielsweise den Anteil der Beschäftigten in der Landwirtschaft ansieht, so ist er von einem sehr hohen Prozentsatz der amerikanischen Erwerbsbevölkerung auf einen sehr geringen Prozentsatz gesunken. Dadurch konnten Menschen plötzlich anderen Tätigkeiten nachgehen. Es liegt also im Interesse der Gesellschaft, pro Arbeitseinheit so viel Output wie möglich zu erzielen.«

»Das ist für die Betroffenen sehr schwer; es macht keinen Spaß, Pferd zu sein, wenn der Traktor kommt, oder ein Schmied, wenn das Auto kommt. Ich habe nichts gegen Personalabbau oder Effizienzsteigerungen. Aber ich habe manchmal Probleme damit, wie sie umgesetzt werden; in bestimmten Fällen mangelt es aus meiner Sicht an Empathie oder Sensibilität ...«

»Man sollte versuchen, die eigenen Unternehmen effizienter zu machen. Wir hoffen, dass wir nicht in Branchen tätig sind, in denen wir im Laufe der Zeit Mitarbeiter entlassen müssen; wir hoffen, dass die physische Produktion wächst und wir produktiver werden und mit derselben Anzahl von Mitarbeitern dann mehr produzieren können … Aber manchmal ändern sich die Umstände in einer Branche. Bei World Book haben wir weniger Mitarbeiter als noch vor ein oder zwei Jahren. Für so etwas haben wir keine Lösung. Im Laufe der Zeit haben wir uns aus dem Textilgeschäft zurückgezogen. Ich wünschte, wir hätten das nicht tun müssen, aber wir hatten keine Ahnung, wie man ein Textilunternehmen in Neuengland führt und erfolgreich im Wettbewerb besteht. Ich vermeide solche Geschäfte gern, und soweit wir können, werden wir das auch tun … Aber es liegt im Interesse unserer Beteiligungsgesellschaft, Arbeit immer effizienter zu erledigen.«

»Meiner Meinung nach liegt es auch im Interesse der Gesellschaft, sich in irgendeiner Weise um die Menschen zu kümmern, die von [kreativer Zerstörung] betroffen sind. In einigen Fällen ist das durch Umschulung möglich. Aber das geht nicht so gut, wenn jemand 55 Jahre alt ist, sein ganzes Leben lang in einer Textilfabrik gearbeitet hat und der Chef der Fabrik plötzlich mit dem Verkauf der Produkte kein Geld mehr verdient; das ist aber nicht die Schuld des Mannes, der seit 30 Jahren in der Textilfabrik arbeitet.«

»Ich glaube nicht, dass es derzeit prozentual zur Erwerbsbevölkerung mehr Entlassungen gibt als vor zehn Jahren … Aber das Thema steht in letzter Zeit stark im Fokus. Das könnte zu einer Gegenreaktion führen, beispielsweise in Form von Unternehmenssteuern oder anderen Maßnahmen. Bei Berkshire wollen wir alles so effizient wie möglich gestalten. Dazu gehört auch, dass wir nicht viele Mitarbeiter einstellen, die wir nicht brauchen. Viele Fehler, die jetzt korrigiert werden, sind darauf zurückzuführen, dass Unternehmen allzu sehr aufgebläht wurden und alle möglichen Leute eingestellt haben, die sie nicht brauchen. Solange es ihnen gut geht, macht das niemand allzu viel aus. Aber wenn es so weit ist, stellen sie plötzlich fest, dass sie viel mehr produzieren könnten.«

»Die Ölkonzerne sind ein klassisches Beispiel dafür. Die Zahl der Menschen, die tatsächlich für die Förderung, Raffination und Vermarktung von Öl benötigt werden, hat sich wahrscheinlich nicht wesentlich verändert. Aber wenn man die Beschäftigungszahlen im Verhältnis zu den produzierten, raffinierten und vermarkteten Barrels betrachtet, sind sie in zwanzig Jahren dramatisch zurückgegangen. Das bedeutet einfach, dass die Unternehmen vor zwanzig Jahren nicht so gut geführt wurden; das hätte gar nicht erst passieren dürfen. Wir wollen in keinem Unternehmen mehr Leute einstellen, als wir brauchen, weil wir auch keine Leute entlassen wollen.«

CM: »Umgekehrt könnte man sagen: Nennen Sie mir ein Unternehmen, das daran zugrunde ging, dass es zu stark verkleinert wurde. Mir fällt kein einziges Beispiel ein. Aber wenn Sie mich bitten würden, Unternehmen zu nennen, die durch Überdimensionierung halb oder ganz in den Ruin getrieben wurden, könnte ich Ihnen einen Namen nach dem anderen nennen. Es ist in Mode gekommen, Verkleinerungen generell als falsch zu betrachten. Tja, es mag falsch gewesen sein, das betreffende Unternehmen so stark wachsen zu lassen, dass es schließlich verkleinert werden musste. Wenn in einem Unternehmen aber viel mehr Mitarbeiter sind, als man braucht, sehe ich aber auch keinen gesellschaftlichen Nutzen darin, wenn die Menschen in der Hälfte oder in ihrer ganzen Arbeitszeit beschäftigungslos herumsitzen.«

2004 Aktionärsversammlung (02:12:17)

WB: »Die Verbraucher werden die Hauptnutznießer sein, wenn die Wirtschaft der Vereinigten Staaten im Laufe der Zeit immer besser läuft. Würde man den besten Vorstand der USA nehmen und einen Klon dieser Person an die Spitze eines jeden Fortune-500-Unternehmens setzen, würden die Gewinne der Fortune-500-Unternehmen nicht unbedingt steigen, weil der Kapitalismus von einem Wettbewerb geprägt ist, bei dem die Verbesserungen, die man an einem Tag erzielt, am nächsten Tag auch von der Konkurrenz nachgeahmt werden. Das kommt zwar den Verbrauchern sehr zugute, erhöht aber nicht die Gesamtrentabilität.«

»Wir waren lange Zeit in der Textilbranche tätig, und es kamen immer wieder neue Maschinen auf den Markt, die eine interne Rendite von 40 Prozent versprachen und 43 Mitarbeiter ersetzen sollten. Wir haben eine nach der anderen gekauft, und am Ende haben wir kein Geld verdient, weil die anderen das Gleiche taten. Ich vergleiche das mit einer Parade, bei der eine riesige Menschenmenge zusieht und jemand sich auf die Zehenspitzen stellt. Zehn Sekunden später stehen alle in der Menge auf den Zehenspitzen, sehen aber nicht besser als vorher und haben schmerzende Beine. So war das in der Textilbranche. Im Kapitalismus gibt es sehr viele Dinge, die sich gegenseitig neutralisieren.«

2017 Aktionärsversammlung (03:04:52)

WB: »3G Capital [die Investmentfirma, mit der Berkshire bei der Kraft-Heinz-Transaktion zusammengearbeitet hat] glaubt daran, dass ein Unternehmen so produktiv wie möglich sein sollte. Die Gewinne in dieser Welt, und für die Menschen in ganz Amerika, sind durch Produktivitätssteigerungen erzielt worden. Hätte es keine Produktivitätssteigerungen gegeben, würden wir heute dasselbe Leben führen wie die Menschen im Jahr 1776. Die Leute von 3G sind da sehr schnell. Und sie sind sehr gut darin, ein Unternehmen mit weniger Mitarbeitern als zuvor produktiv zu machen. Aber das haben wir in jeder Branche gemacht – Stahl, Autos, was auch immer. Und deshalb ist unser Leben so gut wie es ist.«

»Bei Berkshire kaufen wir lieber Unternehmen, die bereits effizient geführt werden, weil es uns, ehrlich gesagt, keinen Spaß macht, die Produktivität zu steigern. Das ist nicht angenehm. Aber genau dadurch hat dieses Land Fortschritte gemacht, und niemand hat einen Weg gefunden, den Pro-Kopf-Verbrauch zu verdoppeln, ohne in irgendeiner Weise die Pro-Kopf-Produktivität zu steigern. Ob es klug ist zu glauben, dass Sie politisch darunter leiden werden, weil politische Entscheidungen auch Unternehmen treffen, kann ich nicht eindeutig beantworten. Aber ich kann Ihnen sagen, dass das 3G-Management sich nicht nur auf Produktivität konzentriert und dies auf sehr intelligente Weise tut, sondern dass sie auch einen enormen Fokus auf Produktverbesserung, Innovation und all die anderen Dinge legen, auf die sich die Führung eines Unternehmens konzentrieren sollte. Produktverbesserung und Innovation sind ebenso Teil des 3G-Spielbuchs wie Produktivität.«

»Wir persönlich haben uns an einem Textilunternehmen beteiligt, das mehrere Tausend Mitarbeiter beschäftigte und nach einiger Zeit pleiteging, sowie an einem Kaufhausunternehmen, das vor dem Aus stand. Es macht weniger Spaß, in einem Unternehmen zu arbeiten, das Arbeitsplätze abbaut, als in einem, das Arbeitsplätze schafft. Charlie und ich würden daher wahrscheinlich darauf verzichten, dass

Berkshire direkt Unternehmen kauft, deren Hauptvorteil in einer Produktivitätssteigerung durch den Abbau von Arbeitsplätzen liegt. Aber aus meiner Sicht fördert es den gesellschaftlichen Nutzen, über Produktivitätssteigerungen nachzudenken. Und ich finde, dass 3G das sehr gut macht.«

CM: »Da stimme ich zu. Ich sehe nichts Falsches daran, die Produktivität zu steigern. Andererseits gibt es viel negative Publicity, wenn man das tut. Nur weil man Recht hat, heißt das nicht, dass man das immer tun sollte.«

WB: »Da bin ich deiner Meinung.«

2017 Aktionärsversammlung (03:30:30)

WB: »Im Laufe der Zeit haben wir in der Textilproduktion 2000 Mitarbeiter entlassen, einige sind in Rente gegangen oder haben gekündigt und so weiter. Es ging einfach nicht. Bei Hochschild Kohn wurden schließlich die Kaufhäuser geschlossen, weil dieses spezielle Kaufhaus und viele unserer Konkurrenten in Baltimore nicht rentabel waren. Walmart kam mit etwas Neuem, und jetzt kommt Amazon mit etwas Neuem.«

»Wir haben CTB erwähnt, ein Unternehmen, das viele verschiedene landwirtschaftliche Maschinen entwickelt und herstellt. Hinter den von CTB entwickelten landwirtschaftlichen Maschinen steckt die Idee, dass sie produktiver sind als die bereits vorhandenen, was bedeutet, dass weniger Menschen in der Landwirtschaft beschäftigt sind. Vor ein paar Hundert Jahren waren 80 Prozent der amerikanischen Erwerbsbevölkerung in der Landwirtschaft tätig. Wenn niemand etwas erfunden hätte, was die Landwirtschaft produktiver macht, würden auch heute noch 80 Prozent der Menschen in der Landwirtschaft arbeiten, um unsere Bevölkerung zu ernähren. Wir würden in einer weitaus primitiveren Gesellschaft leben. In jeder Branche wird versucht, die Produktivität zu steigern. Das wird in Amerika auch so bleiben. Und das ist auch gut so, denn sonst werden unsere Kinder nicht besser leben als wir. Unsere Kinder werden besser leben als wir, denn Amerika wird mit der Zeit immer produktiver. Die Menschen finden immer Möglichkeiten, Dinge besser zu erledigen.«

»Wenn die Führung von Kraft Heinz feststellt, dass sie mit weniger Mitarbeitern einen Umsatz von 27 Milliarden Dollar erzielen kann, dann tut sie das, was amerikanische Unternehmen seit ein paar Hundert Jahren tun, und deshalb leben wir so gut. Aber das geschieht sehr schnell. Sie sind mehr als fair, was Abfindungen und all das angeht. Aber sie wollen nicht, dass zwei Leute die Arbeit machen, die einer alleine erledigen kann. Ehrlich gesagt mag ich das nicht … Ich habe das bei Dempster Mill [Landmaschinenhersteller] in Beatrice, Nebraska, erlebt. Dort waren in der Tat Veränderungen nötig. Aber Veränderungen sind für viele Menschen schmerzhaft. Nach ein oder zwei solchen Erfahrungen möchte ich meine Tage lieber anders verbringen. Aber aus meiner Sicht ist es für Amerika absolut notwendig, produktiver zu werden, denn der einzige Weg, um den Pro-Kopf-Verbrauch zu steigern, ist eine höhere Produktivität pro Kopf.«

CM: »Da hast du vollkommen Recht. Wir wollen nicht zurück zur Subsistenzwirtschaft. Ich habe das als Kind eine Woche lang auf einer Farm im Westen von Nebraska erlebt. Ich habe es gehasst. Und ich vermisse auch nicht die Aufzugführer, die den ganzen Tag dort saßen und an der kleinen Kurbel drehten. Andererseits ist es, wie du sagst, für die Menschen furchtbar, die das durchmachen müssen. Warum sollten wir uns darauf einlassen, dafür immer und immer wieder selbst zu sorgen? Wir haben es in der Vergangenheit getan, als wir mussten, als die Unternehmen am Ende waren. Ich sehe bei 3G überhaupt kein moralisches Versagen, aber ich sehe, dass das zu politischen Reaktionen führt, die niemandem etwas bringen.«

WB: »Ich glaube, Milton Friedman würde, wahrscheinlich sinnbildlich, von einem riesigen Bauprojekt in einem kommunistischen Land erzählen. Dort waren Tausende und Abertausende von Arbeitern mit Schaufeln beschäftigt, um für ein bestimmtes Großprojekt Baugruben zu schaufeln. Hinter ihnen standen ein paar große Bagger, die ungenutzt waren, aber die Arbeit in nur einem Zwanzigstel erledigen können, die die Arbeiter dafür gebraucht haben. Also schlugen die Ökonomen dem lokalen Parteifunktionär vor: ›Warum setzen Sie nicht diese Maschinen ein, um die Arbeit in einem Zwanzigstel der Zeit zu erledigen, anstatt all diese Arbeiter mit Schaufeln dort einzusetzen?‹ Der Mann antwortete: ›Ja, aber dann würden die Arbeiter ihre Arbeit verlieren.‹ Daraufhin sagte Friedman: ›Warum geben Sie ihnen dann nicht Löffel statt Schaufeln?‹

2019 Aktionärsversammlung (03:18:39)

WB: »Ich bin überzeugt, wir schneiden [in Bezug auf die Umweltbelastung] in Wirklichkeit gut ab, aber wir beteiligen uns nicht an der Erstellung von Berichten für andere, die danach fragen. Und wir sind der Meinung, dass zwar alle Aktionäre gleich sind, dass uns aber einzelne Aktionäre lieber sind. Wir bevorzugen tatsächlich Menschen, die wir als Miteigentümer kennen. Und wir wollen nicht jede Menge Berichte erstellen und 60 Tochtergesellschaften bitten, etwas zu tun, wofür sie dann ein Team zusammenstellen und alles an die Zentrale schicken, wo wir es dann an jemanden weiterleiten, der unsere Aktien wahrscheinlich sowieso verkaufen wird, wenn sie steigen.«

»Wir wollen, dass unsere Führungskräfte das Richtige tun. Dafür geben wir ihnen enorme Freiheiten. Und meiner Ansicht nach ist unsere Erfolgsquote recht gut. Wir haben darüber gesprochen, dass 100 Prozent des Stroms, den wir in Iowa verkaufen, im Wesentlichen aus Windkraft stammen soll. Das bedeutet nicht, dass wir rund um die Uhr Strom produzieren können. Aber im Wesentlichen werden wir so viel Windenergie erzeugen, wie alle unsere Kunden verbrauchen. Es gibt noch einen anderen Stromversorger in Iowa, der ungefähr so groß ist wie wir, aber der hat so gut wie keine Windressourcen. Aber der Wind weht auch dort, wo sie sitzen. Teilweise weil wir so gut in der Windenergie sind, wollen viele Hightech-Firmen sich in Iowa ansiedeln und bei uns günstigen Ökostrom kaufen. Aber trotzdem werden wir Mitarbeiter von Berkshire Hathaway Energy nicht dazu anhalten, ihre Zeit damit zu verbringen, Fragebögen auszufüllen oder zu versuchen, bei jemandem, der an [Umweltverträglichkeitsbewertungen] arbeitet, besser abzuschneiden.«

»Wir vertrauen unserer Führungsriege und ich halte ihre Leistung für zumindest ordentlich. Und wir beschränken die Ausgaben und unnötiges Reporting bei Berkshire auf ein Minimum. Ich kann mir kein anderes Unternehmen vorstellen, das diesem gleicht: Mit einer Marktkapitalisierung von 500 Milliarden Dollar haben wir keine konsolidierte monatliche Gewinn- und Verlustrechnung. Wir brauchen das nicht. Wir binden keine Mitarbeiter und Ressourcen für Dinge, die wir nicht tun müssen, nur weil es in amerikanischen Unternehmen zum Standard gehört. In amerikanischen Unternehmen macht man sich im Allgemeinen große Sorgen, dass jemand mit Aktivisten und allem Drum und Dran den Apfelkarren umwirft. Deshalb will man dort ganz sichergehen, dass solche Fragen für alle

Aktionäre zufriedenstellend beantwortet sind. Aber letztendlich müssen wir uns darüber glücklicherweise keine Gedanken machen. Wir müssen keine hohen Kosten für Dinge aufwenden, die uns nicht dabei helfen, das Unternehmen besser zu führen.«

CM: »Bei Berkshire wird das Thema Umwelt eine Ebene unter unserer behandelt. Und Greg Abel macht das großartig. Wir schneiden sehr gut ab. Wenn es um sogenannte Best Practices für Unternehmen geht, wissen meiner Ansicht nach die Leute, die darüber reden, nicht wirklich, was Best Practices sind. Sie wissen nur, was sie für Best Practices halten. Und sie entscheiden das danach, was sich verkauft, nicht danach, was funktioniert. Deshalb gefällt mir unsere Vorgehensweise besser als ihre, und ich hoffe inständig, dass wir niemals ihre Best Practices übernehmen.

2019 Aktionärsversammlung (03:44:49)

WB: »Wenn jemand vor Jahren diese Frage gestellt hätte [über die Auswirkungen der Automatisierung auf die Beschäftigung in den USA] und gesagt hätte: ›Angesichts der Entwicklungsaussichten für Landmaschinen, Traktoren und Mähdrescher werden 90 Prozent der Menschen in der Landwirtschaft ihren Arbeitsplatz verlieren‹, hätte das furchtbar geklungen, nicht wahr? Aber unsere Wirtschaft, unsere Bevölkerung und unser System haben es auf bemerkenswerte Weise geschafft, das zu erreichen, was wir heute haben – etwa 160 Millionen Arbeitsplätze –, obwohl wir seit 1776 ständig nach Möglichkeiten suchen, Arbeitsplätze abzubauen. So funktioniert der Kapitalismus. Er produziert immer mehr Güter pro Person. Wir wissen nie genau, woher sie kommen, aber in dieser Wirtschaft finden wir Wege, immer mehr Menschen zu beschäftigen. Und jetzt sind mehr Menschen beschäftigt als jemals zuvor in der Geschichte des Landes, obwohl natürlich ein Unternehmen nach dem anderen, vor allem in der Schwerindustrie und ähnlichen Branchen, versucht hat, immer produktiver zu werden, was bedeutet, immer mehr mit immer weniger Menschen zu produzieren. Die gleiche Menge Waren mit weniger Menschen oder mehr Waren mit derselben Anzahl an Menschen. Das ist Kapitalismus.«

»Man muss sich wohl kaum Sorgen machen, dass der Erfindungsreichtum der Amerikaner versiegt. Wenn man sich alle möglichen Unternehmen ansieht, erkennt man, dass Menschen nicht nur gern Geld verdienen, sondern auch sehr erfinderisch sind. Sie tun gern etwas. Diese Wirtschaft funktioniert. Sie wird auch weiterhin funktionieren. In bestimmten Branchen ist es sehr schwierig, und es wird Umbrüche geben. Als die Autos kamen, haben wir nicht mehr so viele Hufeisen hergestellt. Aber wir haben Wege gefunden, 160 Millionen Menschen zu beschäftigen und eine Bevölkerung von 330 Millionen Menschen zu versorgen. Angefangen haben wir mit 4 Millionen Menschen, und 80 Prozent der Arbeitskräfte waren in der Landwirtschaft beschäftigt. Das System funktioniert also und wird auch weiterhin funktionieren. Ich weiß nicht, was das nächste große Ding sein wird. Aber ich weiß, dass es ein nächstes großes Ding geben wird.«

CM: »Wir wollen die Routinearbeiten so weit wie möglich an Roboter übertragen. Das machen wir schon seit 200 Jahren. Niemand will wieder Schmied werden, auf der Straße Pferdemist aufsammeln oder was die Leute früher sonst noch gemacht haben. Wir sind froh, dass diese Arbeit weggefallen ist. Viele Zukunftsängste kommen von Linken, die sich furchtbar Sorgen machen, weil die Menschen am unteren Ende der Wirtschaftspyramide sich gewaltig strecken mussten, während die Menschen an der Spitze schneller vorankamen. Das lag daran, dass wir in so großen Schwierigkeiten steckten, dass wir die Welt mit Geld überschwemmen und die Zinsen auf null senken mussten. Und das hat natürlich die Vermögenspreise in die Höhe getrieben und den Reichen geholfen. Niemand hat das aus plötzlicher Liebe zu den Reichen getan, es war nur ein Unfall und wird bald vorbei sein. Wir wollen all diese Produktivitätssteigerungen, und wir sollten uns keine Sorgen darüber machen, wenn die eine oder andere Gesellschaftsschicht einmal einen kleinen Vorsprung hat.«

WB: »Charlie und ich haben in einem Lebensmittelhandel gearbeitet. Wenn jemand eine Dose Erbsen bestellte, kletterten wir auf die Leiter, um an die Erbsen heranzukommen, legten sie in eine Klappkiste und stellten diese dann auf einen Transporter. Wenn man sich die Menge an Lebensmitteln ansah, die zwischen dem Produzenten und dem Verbraucher transportiert wurde, und die Anzahl der an der Transaktion beteiligten Personen, dann weiß ich nicht, ob dieses Vorgehen ein Drittel oder ein Viertel oder ein Fünftel so effizient war wie die beste Methode, die es heute gibt, um Lebensmittel zu liefern. Und mein Großvater war verzweifelt darüber, dass solche Läden, wo man auf Rechnung bestellen konnte und beliefert wurde, verschwanden. Und sie verschwanden wirklich.«

CM: »Aber das kommt wieder.«

WB: »Es kommt wieder, aber auf effizientere Weise. Wie auch immer, wir haben eine kleine kreative Zerstörung erlebt. Und ehrlich gesagt sind wir froh, dass wir dadurch frei geworden sind, um Investitionen zu tätigen. Für uns war es von Vorteil.«

WICHTIG UND ERFASSBAR

1998 Aktionärsversammlung (00:54:40)

WB: »Wir suchen nach soliden Unternehmen. Dabei versuchen wir, zwei Aspekte zu berücksichtigen: Dinge, die wichtig sind, und Dinge, die mental erfassbar sind. Nun gibt es Dinge, die wichtig sind, die man aber nicht erfassen kann. Die Fragen, die Sie aufgeworfen haben [zu makroökonomischen Entwicklungen], fallen unserer Meinung nach in diese Kategorie. Es gibt Dinge, die erfassbar, aber nicht wichtig sind. Darüber wollen wir uns nicht den Kopf zerbrechen. Also fragen wir uns: Was ist wichtig und was ist mental erfassbar? Und was davon lässt sich in Maßnahmen umsetzen, die für Berkshire von Nutzen sind? Wir glauben, dass wir eine gewisse Vorstellung davon haben, wie Coca-Cola, Gillette, Disney und unsere operativen Tochtergesellschaften in zehn Jahren aussehen werden. Das ist uns sehr wichtig, wir denken viel darüber nach und wir wollen damit richtig liegen. Wenn wir damit richtig liegen, sind andere Dinge weniger wichtig. Und würden wir uns auf diese anderen Dinge konzentrieren, würden wir viele wichtige Dinge übersehen.«

»Coca-Cola ging 1919 an die Börse. Eine Aktie kostete 40 Dollar. Im ersten Jahr fiel der Kurs um etwas mehr als 50 Prozent auf 19 Dollar pro Aktie. Es gab einige Probleme bei den Verträgen mit den Abfüllern, Probleme unterschiedlicher Art. Wenn Sie alles vorhersehen könnten, hätten Sie die größte Weltwirtschaftskrise vorhergesehen, als sogar die soziale Ordnung in Frage gestellt wurde. Sie hätten den Zweiten Weltkrieg vorhergesehen, Sie hätten Atombomben und Wasserstoffbomben vorhergesehen. Sie hätten alle möglichen Dinge vorhergesehen. Und Sie hätten immer einen Grund finden können, den Kauf dieser Coca-Cola-Aktie zu verschieben. Aber am wichtigsten war zu erkennen, dass sie in diesem Jahr pro Tag eine Milliarde Getränkeflaschen mit je 8 Flüssigunzen[46] verkaufen würden, oder eine andere große Zahl. Und dass jemand, der jeden Tag eine Milliarde Menschen auf der ganzen Welt glücklich machen kann, damit auch ein paar Dollar verdienen sollte. Und so müssen besagte 40 Dollar, die auf 19 Dollar fielen, mit reinvestierten Dividenden jetzt weit über 5 Millionen Dollar wert sein. Wenn Sie sich zu anderen Themen eine Meinung gebildet hätten, und Sie das in irgendeiner Weise daran gehindert hätte, auf diese viel wichtigere und sehr konkrete Einschätzung zur Zukunft dieses Unternehmens zu treffen, dann hätten Sie eine enorme Gewinnchance verpasst. Deshalb konzentrieren wir uns auf Dinge dieser Art.«

CM: »Wir sagen nicht voraus, welche Strömungen vorherrschen werden, sondern nur, wie bestimmte Dinge künftig in den Strömungen schwimmen – unabhängig davon, wie diese aussehen.«

1998 Aktionärsversammlung (03:27:26)

WB: »Ich glaube nicht, dass ich das Ende des Kalten Krieges unbedingt in meine Unternehmensbewertung einbeziehen würde. Es gibt alle möglichen Ereignisse, und ihre Auswirkungen lassen sich im Laufe der Zeit nur sehr schwer quantifizieren. Es ist sehr schwierig, eine einzelne Variable in einer komplexen wirtschaftlichen Gleichung zu isolieren. Was die Welt in zehn Jahren angeht oder die Renditen in der Wirtschaft, weiß ich nicht, welche unterschiedlichen Variablen dabei eine Rolle spielen werden. Ich würde mich nicht auf Prognosen verlassen, die sich auf das Ende des Kalten Krieges oder auf politische beziehungsweise wirtschaftliche Entwicklungen weltweit stützen … Wenn ich mir die großen historischen Ereignisse der Vergangenheit anschaue, finde ich nichts, was mir einen Hinweis darauf geben könnte, welche davon zu wesentlichen Veränderungen bei der Rentabilität amerikanischer Unternehmen führen würden.«

CM: »Eine interessante Frage lautet, welche Investitionen wahrscheinlich am besten abschneiden, wenn der Rest der Welt durch die Einführung der freien Marktwirtschaft deutlich prosperiert. Ich würde sagen, dass Coca-Cola, Gillette und andere Unternehmen wahrscheinlich von einem starken Wohlstandsanstieg in den heutigen Ländern der Dritten Welt profitieren werden. Bei vielen anderen Unternehmen bin ich mir da nicht so sicher.«

WB: »Es ist sehr schwer einzuschätzen, wie sich die Lage weltweit im Großen und Ganzen entwickeln wird. Aber es ist von Vorteil, Produkte wie Gillette und Coca-Cola zu haben, die sich weltweit außerordentlich gut verkaufen und bei den Menschen ausgesprochen beliebt sind. Niemand wird einen Weg finden, es besser zu machen als diese beiden Unternehmen in ihrem jeweiligen Bereich – und sie verkaufen ein preiswertes Produkt, was für uns ebenfalls von Vorteil ist. Aber was die allgemeine Entwicklung der Aktienkurse oder die Rentabilität der amerikanischen Wirtschaft in Zukunft angeht, hilft mir das nicht viel weiter.«

[46] Anmerkung der Übersetzerin/Redaktion: Eine Flüssigunze (fluid ounce) in den USA hat knapp 30 Milliliter, sodass besagte Coca-Cola Portionen etwa 240 Milliliter umfassen.

MAKROÖKONOMISCHE FAKTOREN BEI INVESTITIONSENTSCHEIDUNGEN

1999 Aktionärsversammlung (02:20:04)

WB: »Wir machen uns nicht allzu viele Gedanken über Dinge, die kommen und gehen. Nehmen Sie zum Beispiel See's Candies, ein Unternehmen, das wir 1972 gekauft haben. Schauen Sie sich an, was 1973 und 1974 passiert ist: die Ölkrisen und was dieses Land durchgemacht hat, die Inflation und all das. Nehmen wir an, jemand hätte 1972 einen Plan für die Zeit von 1972 bis 1982 aufgestellt, mit einem Leitzins von 21,5 Prozent, langfristigen Zinsen von 15 Prozent und einem Dow, der auf 560 steigt. Das war nicht wichtig. Wichtig war, dass dieses spezielle Erdnusskrokant so schmeckt, wie er schmeckt, nämlich himmlisch. Und mit der Zeit konnten wir etwas mehr Geld dafür verlangen. See's verdiente 4 Millionen Dollar vor Steuern, als wir es 1972 kauften. Letztes Jahr waren es 62 Millionen Dollar. Wir wollen uns nicht über die falschen Dinge den Kopf zerbrechen, wenn wir Unternehmen kaufen. Und das gilt für marktfähige Wertpapiere genauso wie für den Kauf von 100 Prozent eines Unternehmens. Wenn wir mit einem Unternehmen richtig liegen, spielen die makroökonomischen Faktoren keine Rolle. Und wenn wir uns in Bezug auf das Unternehmen irren, werden uns die makroökonomischen Faktoren auch nicht retten.«

2000 Aktionärsversammlung (02:40:26)

WB: »Ich bin nicht gut in Fragen der Makroökonomie … Ich habe mir mit meinen bisherigen Wirtschaftsprognosen keine Lorbeeren verdient. Das Gute an meinen Wirtschaftsprognosen, wenn ich überhaupt mal welche mache, ist, dass ich ihnen keine Beachtung schenke. Bei der Auswahl unserer Investitionen berücksichtigen wir keine makroökonomischen Faktoren … Wir sprechen nicht über irgendetwas, was auch nur im Entferntesten mit Makroökonomie zu tun hat, und daran wird sich auch nichts ändern.«

»Ich habe in letzter Zeit viele Bankfusionen beobachtet. Und um Kosten zu senken und eine Fusion zu rechtfertigen, kürzen Banken unter anderem Kosten, die sie nicht gekürzt hätten, wenn sie nicht unbedingt hätten fusionieren wollen. Häufig wird die volkswirtschaftliche Abteilung gestrichen. Ich habe mich immer gefragt, warum es die überhaupt gibt. Was machen die denn? Der Typ kommt rein und sagt: ›Ich glaube, das BIP wird dieses Jahr 4,6 statt 4,3 Prozent betragen.‹ Na und? Man versucht immer noch, so viele gute Kredite wie möglich zu vergeben. Man versucht immer noch, so günstig wie möglich Einlagen anzunehmen. Und man sollte versuchen, Kosten zu senken, wo immer es geht. Das hat nichts mit der Führung des Unternehmens zu tun, sondern ist gerade in Mode … Ich habe das immer für völligen Unsinn gehalten. Wenn wir also jemals eine volkswirtschaftliche Abteilung bei Berkshire einführen, dann sollten Sie die Aktie leerverkaufen.«

2012 Aktionärsversammlung (01:32:40)

WB: »Soweit ich mich erinnern kann, haben Charlie und ich in dreiundfünfzig Jahren nie eine Diskussion über den Kauf oder Verkauf einer Aktie oder eines Unternehmens geführt, in der wir über Makroökonomie gesprochen hätten. Wenn wir ein Unternehmen finden, das wir verstehen und dessen Preis uns zusagt, kaufen wir es. Es spielt keine Rolle, was in den Schlagzeilen steht – was die Federal Reserve macht, was in Europa los ist –, wir kaufen es. Es wird immer gute und schlechte Nachrichten geben, und was am meisten betont wird, hängt von der Stimmung der Menschen, den Zeitungsredakteuren, von allen möglichen Leuten ab. … Wir achten auf den Wert und nicht auf die Schlagzeilen. Alle denken, wir sitzen herum und reden über makroökonomische Faktoren. Aber wir diskutieren nicht über Makrofaktoren.«

CM: »Wir haben liquide Reserven auf dem Tiefpunkt der Panik [2008] aufrechterhalten, die wir ausgegeben hätten, wenn wir gewusst hätten, dass es nicht noch schlimmer werden würde, aber das wussten wir nicht.«

WB: »Wir wissen, dass wir nicht pleitegehen wollen, also ist das unser Startpunkt. Und wir wissen, dass man nicht pleitegehen kann, wenn man über ausreichende Liquiditätsreserven verfügt und keine kurzfristigen Verbindlichkeiten hat und sowas. Unsere erste Regel lautet also immer, auf morgen zu setzen, egal was passiert. Aber wenn wir das abgedeckt haben und attraktive Investments finden, kaufen wir. Charlie hat eine Firma namens Daily Journal. Er saß da mit einer Menge Bargeld, und als sich 2008 die Gelegenheit bot, ging er los und kaufte ein paar Aktien. Das war der richtige Zeitpunkt, um das Geld zu verwenden, statt es zu horten.«

2015 Aktionärsversammlung (01:38:07)

WB: »Ich glaube, dass Berkshire künftig in fast jeder Situation besser abschneidet als die meisten großen Unternehmen. Wir sind auf alles vorbereitet und werden es auch immer sein. Wenn sich außergewöhnliche Chancen bieten, sind wir bereit zu handeln. Das verschafft uns einen echten Vorteil gegenüber den meisten großen Unternehmen. Wir sind nicht auf andere angewiesen. Wir sitzen derzeit auf über 60 Milliarden Dollar. Ich würde zwar lieber auf 20 Milliarden Dollar sitzen, weil wir gerade eine großartige Übernahme für 40 Milliarden Dollar getätigt haben. Aber wir sind bereit zu handeln, wenn es zu wirtschaftlichen Turbulenzen kommt; wir sind dann vorbereitet, wenn die meisten anderen es nicht sind.«

CM: »Wir haben im Leben nur sehr wenig erreicht, indem wir versucht haben, besagte makroökonomischen Faktoren vorherzusagen. Wir haben im Grunde genommen aufgegeben. Wir schwimmen einfach nur mit und lassen uns von der Strömung treiben.«

WB: »Und wir haben auch keine großen Erfolge bei anderen gesehen, die sich mit Makroprognosen beschäftigt haben. Sie bekommen viel Sendezeit, aber das ist auch schon alles.«

MAKROÖNOMISCHE/EXTERNE FAKTOREN

2000 Aktionärsversammlung (01:23:02)

WB: »Wenn wir wüssten, wie sich der Dollar oder die Zinssätze entwickeln werden, würden wir einfach Transaktionen mit diesen Rohstoffen oder direkt mit Terminkontrakten tätigen. Mit anderen Worten: Würden wir davon ausgehen, dass der Dollar dramatisch an Wert verlieren wird, würden wir andere Währungen kaufen. Das könnte Coca-Cola in Dollar gerechnet zwar zugutekommen, aber es wäre viel effizienter, direkt auf eine Währung oder einen Zinssatz zu setzen, als dies indirekt über Unternehmen mit großer internationaler Präsenz zu tun. Aber darüber zerbrechen wir uns nicht wirklich den Kopf … Letztendlich interessiert uns viel mehr, ob weltweit künftig mehr Menschen Coca-Cola trinken, und das können wir besser vorhersagen als die Entwicklung des Yen. Wenn Coca-Cola den Flüssigkeitsbedarf von immer mehr Menschen deckt, werden wir wahrscheinlich einen angemessenen Prozentsatz der Kaufkraft dieser Menschen weltweit für ihr Recht auf Coca-Cola erhalten.«

»Wenn sich der Lebensstandard weltweit im Laufe der Zeit nach und nach verbessert und wir etwas liefern, was die Welt will, werden wir letztendlich unseren Anteil in Dollar erhalten. Wie sich das aufgrund von Währungsschwankungen von Quartal zu Quartal oder von Jahr zu Jahr entwickelt, spielt für uns keine Rolle. Was die Zukunft von Coca-Cola in zehn oder zwanzig Jahren angeht, wäre es ein großer Fehler, sich auf Währungsschwankungen zu konzentrieren anstatt auf das Produkt selbst … Wir wissen nicht, wie sich die Währungen von Woche zu Woche, von Monat zu Monat oder von Jahr zu Jahr entwickeln werden. Wir versuchen immer, uns auf das zu konzentrieren, was wir in Erfahrung bringen können und was wichtig ist. Währung mag wichtig sein, aber wir glauben nicht, dass sich ihre Entwicklung vorhersagen lässt. Andere Dinge sind unwichtig, aber mental gut zu erfassen. Was an Coca-Cola mental erfassbar und wichtig ist, ist die Tatsache, dass immer mehr Menschen weltweit Softdrinks konsumieren, und dies schon seit Jahren, dass Coca-Cola in Zukunft Marktanteile gewinnt und dass das Produkt im Verhältnis zu dem Genuss, den es den Menschen bereitet, außerordentlich günstig ist.«

»In den 1930er-Jahren, als ich ein Kind war, kaufte ich sechs Flaschen für einen Viertel Dollar und verkaufte sie jeweils für 5 Cent. Das war eine 6,5-Unzen-Flasche für 5 Cent. Und heute kann man eine 12-Unzen-Dose bei einem Angebot im Supermarkt für nicht viel mehr als das Doppelte des Preises pro Unze kaufen, den sie in den 1930er-Jahren gekostet hat. Es gibt nicht viele Produkte, bei denen sich im Laufe der Jahre ein solcher Wert entwickelt hat. Auf solche Dinge konzentrieren wir uns. Zinssätze und Wechselkurse sind zwar kurzfristig wichtig, aber sie entscheiden nicht darüber, ob wir im Laufe der Zeit reich werden.«

CM: »Alle möglichen Dinge betrachten wir vorsätzlich mit Gleichgültigkeit. Dadurch können wir uns auf bestimmte andere Dinge konzentrieren. Das ist eine sehr gute Denkweise, wenn man so faul ist wie wir.«

WIRTSCHAFTLICHE ZUSAMMENHÄNGE

2002 Aktionärsversammlung (03:07:04)

WB: »Ich bin sehr skeptisch gegenüber wirtschaftlichen Korrelationen. Ich habe Jahre damit verbracht, mich mit solchen Dingen zu beschäftigen; ich habe Aktienkurse mit allem Möglichen in der Welt in Zusammenhang gebracht, und das Problem war, dass ich immer eine Korrelation fand. Man kennt das ja, welche NFL-Conference den Super Bowl gewinnt und solche Dinge. Es lässt sich immer etwas finden, das mit etwas anderem korreliert. Aber letztendlich ist ein Unternehmen oder jeder andere wirtschaftliche Vermögenswert so viel wert, wie er im Laufe seiner Lebensdauer an Bargeld erwirtschaftet ... Jede Investition bedeutet, dass man jetzt Geld ausgibt, um in Zukunft mehr Geld zurückzubekommen. Es gibt zwei Möglichkeiten, wie man das Geld zurückbekommen kann. Die eine ist das, was der Vermögenswert selbst erwirtschaftet. Das ist eine Investition. Die andere Möglichkeit ist, dass jemand anderes Ihnen später etwas dafür bezahlt, unabhängig davon, was der Vermögenswert einbringt. Das nenne ich Spekulation. Wenn Sie also den Vermögenswert selbst betrachten, ist Ihnen der Kurs egal, denn der Vermögenswert wird Ihnen so oder so Geld einbringen. Genau das erhält die Gesellschaft als Ganzes durch die Investition in den betreffenden Vermögenswert.«

CM: »Die Kurse von Stammaktien sind deshalb so schwer vorhersagbar, weil von Zeit zu Zeit ein allgemein liquider Markt, entweder in bestimmten Branchen oder auf dem gesamten Markt, ein Schneeballsystem erzeugt. Mit anderen Worten: Es gibt einen automatischen Prozess, bei dem Menschen hineingezogen werden und weitere hinzukommen, weil es letzten Monat oder letztes Jahr funktioniert hat. Und das kann zu völlig absurden Kursen führen, und diese Kurse können über einen längeren Zeitraum anhalten ... Das ist per definitionem sehr schwer vorherzusagen. Aber genau deshalb ist es so gefährlich, Aktien leerzuverkaufen, selbst wenn sie stark überbewertet sind. Es ist schwer einzuschätzen, wie stark sie überbewertet sein können ... und ich glaube nicht, dass man die Auswirkungen eines Schneeballsystems an den Märkten anhand des Goldpreises oder anderer Korrelationen vorhersagen kann.«

WB: »Charlie und ich waren uns wahrscheinlich bei mindestens hundert Unternehmen einig, vielleicht sogar bei noch mehr, die wir für Betrug oder heiße Luft hielten. Wenn wir diese aber im Laufe der Jahre leerverkauft hätten, wären wir jetzt vielleicht pleite. Aber wir hatten dennoch wahrscheinlich bei fast hundert von hundert Recht. Es ist sehr schwer vorherzusagen, wie weit die Übertreibung weitergeht, die Charlie als Schneeballsystem bezeichnet. Es handelt sich nicht um ein Schneeballsystem im eigentlichen Sinne, weil es in den meisten Fällen nicht von einer Person ausgeheckt wird. Es ist eher ein natürliches Phänomen, das von Finanzvertrieblern, Investmentbankern, Risikokapitalgebern und so weiter genährt wird. Es spielt in gewisser Weise mit der menschlichen Natur und entwickelt eine Eigendynamik, bis die Blase schließlich platzt. Und niemand weiß, wann sie platzen wird, und deshalb kann man hier nicht auf fallende Kurse setzen; zumindest halten wir es nicht für sinnvoll, bei solchen Entwicklungen auf fallende Kurse zu setzen. Man weiß nicht, wie hoch sie steigen werden oder wann das Ganze zu Ende sein wird.«

NULLZINSEN

2021 Aktionärsversammlung (01:35:02)

WB: »Zinssätze sind für den Wert von Vermögen im Grunde das, was die Schwerkraft für Materie ist … Am Donnerstag verkaufte das US-Finanzministerium einige Schatzanweisungen mit vierwöchiger Laufzeit. Es akzeptierte Gebote in Höhe von 43 Milliarden Dollar und zu einem Durchschnittspreis von 100.000.000 Dollar – sechs Nullen. Im Großen und Ganzen gaben die Leute dem Finanzministerium 43 Milliarden Dollar … und das Finanzministerium erhielt das Geld zum Nulltarif … Fünfundzwanzig Jahre lang war Paul Samuelsons Buch [*Economics*] das Standardwerk der Wirtschaftswissenschaften. Danach wurde in jeder Wirtschaftsfakultät unterrichtet … Er war ein wunderbarer Autor, der Autor schlechthin … Ich habe darin nach negativen Zinsen gesucht, aber nichts gefunden. Schließlich bin ich auf Nullzinsen gestoßen. Und Paul Samuelson, ein genialer Mann … sagt, dass man sich negative Zinsen technisch vielleicht vorstellen kann, aber dass sie niemals wirklich eintreten können. Wohlgemerkt, das wurde in den 1970er-Jahren geschrieben und nicht etwa im Mittelalter … Jetzt leben wir in einer Welt, in der es diese Woche Nullzinsen auf Treasury Bills mit vierwöchiger Laufzeit gab … In der Wirtschaft kann man nie nur eine Sache machen. Man muss immer fragen: ›Und was dann?‹ Wir werden sehen, wohin das alles führt. Charlie und ich halten das für den mit Abstand interessantesten Film, den wir je zum Thema Wirtschaft angesehen haben.«

CM: »Ja. Und die professionellen Ökonomen sind natürlich sehr überrascht von den aktuellen Entwicklungen. Das erinnert mich an das, was Churchill über seinen politischen Rivalen Clement Attlee gesagt hat: Er sei ein sehr bescheidener Mann, und er habe allen Grund, bescheiden zu sein. Genau das ist mit den professionellen Ökonomen passiert. Sie waren sich in allem so sicher, und nun stellt sich heraus, dass die Welt komplizierter ist, als sie dachten.«

INFLATION UND EIGENKAPITALRENDITE

2003 Aktionärsversammlung (01:08:07)

WB: »Es steht außer Frage, dass eine niedrige Inflation für Eigentümer von Vorteil ist. Sofern amerikanische Unternehmen zu ähnlichen Preisen erworben wurden, ist die Realrendite aus ihrem Besitz bei langen Phasen mit niedriger oder gar keiner Inflation höher als bei langen Phasen mit hoher Inflation. Eine niedrige Inflation über einen längeren Zeitraum ist für Investoren besser … In einem Umfeld mit niedriger Inflation ist nichts daran auszusetzen, 6 oder 7 Prozent zu erwirtschaften. Das ist das Beste, was man erreichen kann, denn wie stark wächst wohl das BIP in einem Umfeld mit niedriger Inflation? Bei einer Inflation von 2 Prozent und einem realen Wachstum von sogar 3 Prozent sprechen wir von einem nominalen BIP-Wachstum von 5 Prozent. Wenn das BIP mit dieser Rate wächst, werden die Unternehmensgewinne im Laufe der Zeit mehr oder weniger im gleichen Umfang wachsen. Und wenn die Unternehmensgewinne um 5 Prozent pro Jahr wachsen, wird der kapitalisierte Wert dieser Unternehmensgewinne langfristig bei einem normalen Ausgangspunkt wahrscheinlich in etwa so wachsen. Rechnet man Dividenden hinzu, erhält man 6 bis 7 Prozent vor den Verwaltungs-, Transaktions- und sonstigen Nebenkosten ...«

»Die Rechnung ist also nicht schlecht, sie ist nur schlecht für diejenigen, die aufgrund ihrer Erfahrungen von 1998 oder 1999 sehr hohe Renditen erwartet haben ... Wenn die Menschen, die amerikanische Unternehmen besitzen und 5 bis 6 Prozent vom Kuchen erhalten – heute in einer 10-Billionen-Dollar-Wirtschaft, eines Tages in einer 20-Billionen-Dollar-Wirtschaft: Bei denjenigen von uns, die ihr Kapital in die Produktion von Waren und Dienstleistungen investieren, erscheint mir das in keiner Richtung verrückt. Bei niedriger Inflation liefert das meiner Meinung nach eine recht ordentliche Realrendite. Bei hoher Inflation könnte die Realrendite für Investoren leicht auf einen sehr niedrigen Wert sinken, vielleicht sogar ins Negative. Inflation kann Aktieninvestoren betrügen, wie ich bereits 1977 geschrieben habe, und ich habe mit 7000 Wörtern erklärt, warum ... Inflation ist das Einzige, was über einen langen Zeitraum die Ergebnisse von Investoren insgesamt in eine negative Zahl verwandeln kann. Sie ist der Feind der Investoren.«

2003 Aktionärsversammlung (03:08:21)

WB: »Ich persönlich mache mir keine großen Sorgen darüber, dass der US-Dollar im Vergleich zu anderen Währungen stark an Wert verliert. Aber ich halte es für wahrscheinlich, dass es in den nächsten zwanzig bis dreißig Jahren in diesem Land wieder zu einer galoppierenden Inflation kommen könnte. Das wird wahrscheinlich weltweit der Fall sein, und in vielen anderen Ländern ist es wahrscheinlicher als in den Vereinigten Staaten. Aber Inflation ist immer eine latente Gefahr für eine Volkswirtschaft. Ich betrachte Inflation als etwas, das immer wieder auftritt, weil sie eine Ursache hat, die in Bezug auf das menschliche Verhalten, das Verhalten von Gesetzgebern und Regierungen von Zeit zu Zeit wiederkehrt. Daher halte ich eine hohen Inflation irgendwann in den nächsten, sagen wir, zwanzig oder dreißig Jahren für nicht unwahrscheinlich. Ich hoffe, dass es nicht dazu kommt.«

CM: »Langfristig gesehen gehen praktisch alle Währungen den Bach runter ... Wenn Sie sich in 200 Jahren fragen, ob einige Politiker in den Vereinigten Staaten die Währung ruiniert haben, dann lautet die Antwort meiner Meinung nach ja. Aber ich würde nicht mit einem schrecklichen Ereignis in naher Zukunft rechnen. Als es in Argentinien bergab ging, begann die Regierung, das Vermögen von Aktionären zu beschlagnahmen. Wenn das passiert und die Regierung das tut, können wir Sie wahrscheinlich nicht schützen.«

INFLATION UND KAUFKRAFT

2004 Aktionärsversammlung (00:39:58)

WB: »Das Beste, was man tun kann, um die Kaufkraft zu erhalten, ist, selbst über eine hohe Ertragskraft zu verfügen. Wenn Sie der beste Gehirnchirurg oder Anwalt der Stadt sind, behalten Sie Ihre Kaufkraft in Bezug auf Ihr Einkommen, egal was im Laufe der Zeit passiert. In der Welt der Investitionen ist das schwieriger. Charlie und ich glauben, dass die beste Lösung darin besteht, gute Unternehmen zu besitzen, die ihre Preise an die Inflation anpassen können und keine enormen Kapitalinvestitionen benötigen, um das höhere Umsatzvolumen zu bewältigen. See's Candies ist ein Unternehmen, das mehr oder weniger gut mit einer inflationären Welt zurechtkommt und seine Investitionen und seinen Wert unabhängig von der Entwicklung der Währung aufrechterhalten kann.«

»Leider werden die meisten Unternehmen in einer Inflationsphase real nicht gut abschneiden. Ihre Gewinne mögen im Laufe der Zeit zwar recht stark steigen, aber sie sind gezwungen, immer mehr Geld in das Unternehmen zu stecken, nur um auf dem gleichen Niveau zu bleiben. Das schlimmste Unternehmen ist eines, in das man ständig mehr Geld investieren muss, ohne dass sich die Gewinne erhöhen. Man möchte ein Unternehmen, das Preise verlangen kann, die die Inflation widerspiegeln, und das keine hohen Kapitalinvestitionen tätigen muss, um der Inflation Rechnung zu tragen. Inflation ist der Feind des Investors, wenn es um Realrenditen geht.«

CM: »Die meisten Menschen werden nach Berücksichtigung von Inflation und Steuern nur eine sehr geringe Realrendite mit ihren Investitionen erzielen. Ich denke, das ist ein ehernes Gesetz der Welt, und wenn einige von uns für kurze Zeit besser abschneiden, sollten wir sehr dankbar sein. Eine der besten Abwehrmaßnahmen gegen Inflationsängste ist, keine überflüssigen Bedürfnisse in seinem Leben zu haben. Mit anderen Worten: Wer sich nicht künstlich eine Nachfrage nach Konsumgütern geschaffen hat, in der er versinkt, ist gegen die Wechselfälle des Lebens gut gewappnet.«

2007 Aktionärsversammlung (03:47:49)

WB: »Die eigene Ertragskraft ist die beste Absicherung gegen Inflation. Die zweitbeste Absicherung ist, ein richtig tolles Unternehmen zu besitzen … Wenn Sie Coca-Cola, Hershey oder etwas anderes besitzen, bei dem die Menschen einen Teil ihres aktuellen Einkommens ausgeben möchten, um weiterhin Produkte von diesen Unternehmen zu erhalten, und das zudem mit relativ geringen zusätzlichen Kapitalinvestitionen verbunden ist, sodass Sie nicht ständig enorme Summen investieren müssen, um mit der Inflation Schritt zu halten, dann ist das wahrscheinlich die beste Investition, die Sie in einer inflationären Welt tätigen können. Aber Inflation ist für Investoren unter fast allen Umständen eine schlechte Nachricht … Ich glaube nicht, dass Berkshire in Zeiten hoher Inflation – real gesehen – so gut abschneiden würde wie in Zeiten niedriger Inflation, aber ich bin überzeugt, wir würden besser abschneiden als viele andere Unternehmen.«

2009 Aktionärsversammlung (02:00:57)

WB: »Im Laufe der Zeit kommt mit Sicherheit eine Inflation auf uns zu ... Wir verfolgen derzeit in diesem Land eine Politik, die zwangsläufig inflationäre Folgen haben wird. Und in dem Maße, in dem wir Geld vom Rest der Welt leihen, wäre es nur menschlich, wenn Politiker in Zukunft beschließen würden, dass sie den Rest der Welt lieber mit Dollars zurückzahlen möchten, die weit weniger wert sind als die Dollars, die sie sich ausgeliehen haben; das ist die klassische Methode, um die Auswirkungen und Kosten der Auslandsverschuldung zu reduzieren. Wir bauen eine hohe Auslandsverschuldung auf ... und nehmen den Steuerzahlern weniger Geld ab.«

»Diejenigen, die wirklich für das bezahlen, was wir jetzt tun, werden wahrscheinlich diejenigen sein, die festverzinsliche Anlagen kaufen, einen Großteil davon von der US-Regierung. Sie werden feststellen, dass die Kaufkraft dieser Anlagen bei der Rückzahlung weitaus geringer ist.«

»Man könnte also sagen, dass die Chinesen letztendlich am meisten für die AIG-Boni bezahlen, und zwar in Form des Kaufkraftverlusts, den sie in vielen Jahren mit ihren US-Staatsanleihen erleiden werden. Aber es klingt besser zu sagen, dass die Steuerzahler dafür aufkommen, als zu sagen, dass die Chinesen dafür bezahlen. Es ist eine interessante Situation. Ich lese jeden Tag Kommentare darüber, was die Steuerzahler alles tun. Meine Steuern wurden nicht erhöht. Ihre Steuern wurden nicht erhöht. Die Steuerzahler haben bisher nichts bezahlt. Und ich vermute, dass der letztendliche Preis für einen Großteil davon durch einen künftigen Wertverlust der festverzinslichen Anlagen in Dollar bezahlt werden wird. Das wäre am einfachsten – und wenn es am einfachsten ist, ist es auch am wahrscheinlichsten. Sie werden also eine Menge Inflation erleben.«

»Der beste Schutz gegen Inflation ist Ihre eigene Ertragskraft. Wenn Sie der beste Lehrer, Chirurg, Anwalt oder was auch immer sind, werden Sie einen bestimmten Teil der Produktion von Gütern und Dienstleistungen anderer Menschen für sich beanspruchen können, unabhängig davon, welche Währung verwendet wird, ob Muscheln, Reichsmark oder Dollar. Ihre Ertragskraft ist das Beste; man bekommt seinen Anteil am nationalen Wirtschaftskuchen, unabhängig davon, wie die Währung lautet, gemessen an einem früheren Standard.«

»Der zweitbeste Schutz ist ein herausragendes Unternehmen. Wenn man Coca-Cola besitzt, bekommt man in zwanzig oder fünfzig Jahren einen bestimmten Anteil der Arbeit der Menschen für sein Produkt. Es spielt keine Rolle, wie sich das allgemeine Preisniveau entwickelt hat. Denn die Menschen sind bereit, drei Minuten Arbeitskraft oder was auch immer dafür herzugeben, um 12 Unzen eines Produktes zu genießen, das sie mögen. Das sind richtig gute Vermögenswerte: in erster Linie Ihre eigene Ertragskraft und dann die Ertragskraft eines herausragenden Unternehmens, das keine hohen Kapitalinvestitionen erfordert. Wenn hohe Kapitalinvestitionen erforderlich sind, werden Sie von der Inflation ruiniert. Gemäß dieser Leitlinie würde ich Ihnen raten, am besten in sich selbst zu investieren.«

CM: »Der junge Mann, der die Frage gestellt hat, sollte Gehirnchirurg werden und statt in Staatsanleihen in Coca-Cola investieren.«

WB: »Ich werde pro Wort bezahlt, Charlie nicht.«

2010 Aktionärsversammlung (01:40:55)

WB: »Ich bin in dieser Frage vielleicht etwas voreingenommen, weil ich mir schon immer große Sorgen um die Inflation gemacht habe, und es gab auch viel Inflation. Charlie hat darauf hingewiesen, dass der Dollar seit meiner Geburt im Jahr 1930 um weit über 90 Prozent abgewertet wurde. Aber wie er auch betont, haben wir uns gut geschlagen. Es ist also nicht unbedingt das Ende der Welt. Ich bin der Meinung, dass die Aussichten auf eine erhebliche Inflation gestiegen sind – nicht nur hier, sondern weltweit, angesichts der Situation, zu der die Regierungen entweder gezwungen wurden oder in die sie sich selbst gebracht haben. Und vielleicht war das sogar die richtige Reaktion, aber wir werden möglicherweise feststellen, dass es schwieriger ist, die Medizin – massive Verschuldung – abzusetzen, als die ursprüngliche Krankheit zu heilen. Aus meiner Sicht lässt sich nicht vermeiden, dass Länder mit sehr hohen Defiziten im Verhältnis zum BIP im Laufe der Zeit einen erheblichen Wertverlust ihrer Währung erleben werden ... Wenn ich mein Leben darauf setzen müsste, ob die Inflation steigen oder sinken wird, würde ich auf einen Anstieg setzen, und zwar womöglich sogar auf einen sehr starken Anstieg.

INFLATION UND UNTERNEHMENSQUALITÄT

2005 Aktionärsversammlung (02:29:54)

WB: »Inflation zerstört Werte, aber nicht überall gleichermaßen. Während einer Inflation ist ein Unternehmen am besten, das seine Ertragskraft in realen Dollar behält, ohne dass entsprechende Investitionen getätigt werden müssen, um das durch die Inflation verursachte nominale Wachstum zu finanzieren. Das schlechteste Unternehmen ist eines, bei dem man immer mehr Geld in ein mieses Unternehmen stecken muss. ... Charlie und ich sind immer misstrauisch, dass die Inflation wieder etwas von ihrer Dynamik der letzten Jahrzehnte zurückgewinnen wird. Wir glauben, dass sie sich immer in einer Art Rückgang befindet ... Inflation ist immer ein Faktor bei der Bewertung von Unternehmen, die wir kaufen möchten. Aber das verdrängt nicht alle anderen Faktoren. Das war schon immer so. See's Candies hat sich in einer Inflationsphase gut geschlagen, weil es keine großen Kapitalinvestitionen in aktuellen Dollarbeträgen tätigen muss.«

INFLATION UND GESCHÄFTSRISIKO (BERKSHIRE)

2009 Aktionärsversammlung (03:56:45)

WB: »Aus meiner Sicht wäre die schlimmste Situation, die für unser Versicherungsgeschäft eintreten könnte, eine so hohe Inflation, dass die Menschen mit allem, was sie im Alltag kaufen müssen, sehr unzufrieden wären. Das gilt für das Versorgungsgeschäft, aber sicherlich auch für die Kfz-Versicherung. Die Kunden äußern ihre Empörung über inflationsbedingte Preiserhöhungen und fordern: ›Verstaatlicht alles!‹ Wenn das eintreten würde, wäre das ein enormer Vermögensverlust. Ich halte es für eher unwahrscheinlich. Aber wenn Sie mich nach dem schlimmsten Szenario fragen, wäre das wahrscheinlich meine Antwort.«

»Wir haben das Geschäft mit den lebenslangen Renten bis zu einem gewissen Grad verstaatlicht, als der Staat in die Sozialversicherung eingestiegen ist, was ich für eine gute Sache halte. Aber wenn die Öffentlichkeit sich empört, reagieren die Politiker. Und eine galoppierende Inflation wäre meiner Meinung nach die wahrscheinlichste Ursache für so etwas im Bereich der Kfz-Versicherungen. Das ist eine Rechnung, die die meisten Menschen alle sechs Monate oder sogar noch häufiger bezahlen. Und wenn sie sehen, dass diese Rechnung steigt und sie ihr Auto nicht abschaffen wollen, werden sie wütend. Kunden von Energieversorgern werden in Zeiten der Inflation sehr wütend; sie müssen das Licht anmachen und finden es grauenvoll, wenn die monatlichen Rechnungen steigen. Energie ist etwas, worauf sie nicht verzichten können, das ist offensichtlich. Die Reaktion wird sein, dass sie sich an ihre Volksvertreter wenden und sagen: ›Tut etwas dagegen‹. Eine Möglichkeit wäre, den Bereich zu verstaatlichen. Die Wahrscheinlichkeit dafür ist sehr gering, aber sie ist nicht gleich null.«

ROHSTOFFE

2007 Aktionärsversammlung (04:19:48)

WB: »Wir haben keine Meinung zu Rohstoffen. Wenn wir in einer Ölaktie investiert sind, dann weil wir glauben, dass sie zu diesem Preis einen hohen Wert bietet, aber das bedeutet nicht, dass wir glauben, dass der Ölpreis steigt. Würden wir glauben, dass der Ölpreis steigt, könnten wir Öl-Futures kaufen, was wir tatsächlich schon einmal getan haben [1994 bis 1995]. Aber wir haben nur sehr selten eine Meinung dazu, wie sich ein bestimmter Rohstoff entwickeln wird. Wir halten Anteile an [dem südkoreanischen Stahlhersteller] POSCO, weil dies unserer Ansicht nach wahrscheinlich das beste Stahlunternehmen der Welt ist. Als wir die Anteile kauften, haben wir sie zum vier- oder fünffachen Gewinn gekauft, bei einer schuldenfreien Bilanz und das bei einem der kostengünstigsten Produzenten der Welt. Es ist ein richtig tolles Unternehmen. Darüber hinaus war es ein Spiel mit dem koreanischen Won, und wir erzielten 20 Prozent durch eine Investition in ein auf Won lautendes Wertpapier. Daher können wir gelegentlich in solche Geschäfte einsteigen.«

»Grundsätzlich gefallen uns solche Geschäfte am besten, die nur sehr wenig Kapital erfordern, da nur sie die Chance auf wirklich hohe Kapitalrenditen bieten. Man kann nicht Jahr für Jahr enorme Investitionen tätigen und gleichzeitig ein hochprofitables Unternehmen betreiben. Das funktioniert in dieser Welt nicht. Aber es gibt einige Unternehmen, die relativ geringe Kapitalinvestitionen erfordern. See's Candies wird keine enormen Kapitalinvestitionen erfordern ... Es ist ein kleines Unternehmen, aber es ist wunderbar. Und gemessen an seiner Größe ist es ein weitaus besseres Unternehmen als jeder Stahlproduzent oder Ölförderer. Es ist nun mal nicht sehr groß. Uns wäre es auch lieber, wenn es größer wäre. Und wir werden unseren Teil dazu beitragen, wie Sie hier vielleicht schon bemerkt haben. Wir sind nicht voreingenommen gegenüber Unternehmen, die mit Rohstoffen zu tun haben. Aber wenn wir irgendwelche Vorurteile hätten, dann wäre es eine Abneigung.«

CM: »Im Großen und Ganzen werden wir in Unternehmen investieren, nicht in Rohstoffe.«

REAKTION DER REGIERUNG AUF DIE WELTWEITE FINANZKRISE

2009 Aktionärsversammlung (00:17:28)

CM: »Wenn eine Regierung auf die größte Finanzkrise seit siebzig Jahren reagiert, die wichtige Werte auf der ganzen Welt bedroht, und wenn Entscheidungen unter Zeitdruck und in guter Absicht getroffen werden, halte ich es für unrealistisch, eine vollständige Übereinstimmung mit allen eigenen Vorstellungen zu erwarten. Aus meiner Sicht darf die Regierung mit milderer Kritik rechnen, wenn sie unter schwierigen Umständen ihr Bestes gibt. Natürlich wird es auch einige unkluge Reaktionen geben.«

WB: »Die Regierung sah sich Mitte September 2008 mit einer Situation konfrontiert, die meiner Meinung nach so nah an einem totalen Zusammenbruch des gesamten Finanzsystems war, wie man es sich nur vorstellen kann. Innerhalb weniger Tage flossen mehrere Hundert Milliarden Dollar aus Geldmarktfonds ab. Der Markt für Commercial Papers[47] kam zum Erliegen, was bedeutete, dass Unternehmen im ganzen Land, die nichts mit der Finanzwelt zu tun hatten, Schwierigkeiten hatten, ihre Löhne zu zahlen. Wir standen damals am Abgrund. Und es wurden sehr schnell viele Maßnahmen ergriffen.«

»Insgesamt muss ich für die ergriffenen Maßnahmen ein Lob aussprechen. Wie Charlie sagt, kann man von Menschen, die zwanzig Stunden am Tag arbeiten und von allen Seiten mit neuen Informationen und schlechten Nachrichten bombardiert werden, keine Perfektion erwarten. An diesem einen Wochenende, als Lehman und AIG untergingen, wäre Merrill Lynch meiner Meinung nach auch untergegangen, wenn die Bank of America sie nicht gekauft hätte. Wenn man von allen Seiten Schläge einstecken, politische Entscheidungen treffen und dabei die Reaktionen des Kongresses und der amerikanischen Bevölkerung berücksichtigen muss, kann man nicht alles perfekt machen. Aber ich bin der Meinung, insgesamt haben die Verantwortlichen sehr gute Arbeit geleistet ... Das liegt in der Natur einer Notsituation. Man trifft Entscheidungen, auf die man später zurückblicken kann, und jemand

[47] Anmerkung der Übersetzerin: Kurzfristige, unbesicherte Schuldtitel, die von Unternehmen oder Finanzinstitutionen ausgegeben werden, um ihren kurzfristigen Finanzierungsbedarf zu decken.

wird sagen: ›Das hätte man etwas besser machen können.‹ Aber im Großen und Ganzen haben die Behörden meiner Meinung nach sehr gute Arbeit geleistet. Und nicht alle Banken sind gleich. Unserer Meinung nach ist Wells Fargo – vor allem unter den Großbanken – eine hervorragende Bank, die einige Vorteile hat, welche andere nicht aufweisen. Aber in einer solchen Zeit kann man sich nicht mit Nuancen aufhalten.«

STAATLICHE REGULIERUNG

2019 Aktionärsversammlung (03:50:52)

WB: »Versicherungen werden in erster Linie auf staatlicher Ebene reguliert, aber Versicherungen werden schon seit Beginn unserer Tätigkeit reguliert … Regulierung kann im Allgemeinen lästig sein, aber andererseits wollen auch wir nicht, dass eine Reihe von Scharlatanen im Versicherungsgeschäft tätig ist. Und Versicherungen sind tatsächlich anfällig für Scharlatane, weil man Geld erhält und dem anderen dafür nur eine Zusage gibt. Ich finde es gut, dass es im Versicherungs- und Bankengeschäft Regulierung gibt. Das heißt nicht, dass sie einen nicht manchmal in den Wahnsinn treiben kann, aber solche Branchen sollten reguliert werden. Sie sind zu wichtig. Immer wenn man das Geld anderer Leute nehmen kann und sie mit einem Versprechen nach Hause gehen, während man selbst mit dem Geld nach Hause geht, habe ich nichts gegen ein gewisses Maß an Regulierung.«

CM: »Im Bankenwesen nutzt man die Kreditwürdigkeit des Staates, weil man eine Einlagensicherung hat; es gibt eine implizite Vereinbarung. Man kann mit dem Geld nicht allzu verrückt umgehen. Das wäre völlig vernünftig. Ich bin fest davon überzeugt, dass wir ein Regulierungssystem brauchen, das die Risikoübernahme durch Banken überwacht. Bei den Investmentbanken war es auf dem Höhepunkt der Immobilienkrise besonders schlimm, und es gibt nur ein Wort für dieses Verhalten: abstoßend. Und es waren so ziemlich alle beteiligt. Es fällt mir schwer, jemanden zu finden, der in diesem Boom vernünftig geblieben wäre. Sie dachten: ›Wenn die anderen dumme Sachen machen, muss ich das auch, sonst bleibe ich auf der Strecke.‹ Was für ein verrücktes Verhalten! Also: Klar, es gibt Eingriffe, aber die sind wahrscheinlich auch notwendig.«

WB: »Sie wollen eine Lebensmittel- und Arzneimittelbehörde (FDA[48]). Wenn Sie in der Branche tätig sind, werden Sie mit deren Arbeit unzufrieden sein – ich finde jede Art von Regulierung nervig. Aber dennoch ist es gut für das System. Und ich würde sogar sagen, dass eine Reihe von Regulierungsbehörden wirklich sehr vernünftig mit der Regulierung umgegangen ist. Das empfindet man natürlich nicht so, wenn man vorgeschrieben bekommt, wie man sein Unternehmen zu führen hat. Aber wie Charlie sagt, möchte man auch keine Bank sein, die in einem unregulierten System agiert. Sonst könnte jeder hereinkommen und alles Mögliche machen, was Konsequenzen mit sich bringt, die Sie in die Probleme hineingezogen hätten, die diese Leute verursacht haben. Vor langer Zeit hatten wir im Bankwesen einen Wilden Westen, der im 19. Jahrhundert viele Probleme verursacht hat.«

---

48 Anmerkung der Übersetzerin: Food and Drug Administration

GLOBALER LEBENSSTANDART

2009 Aktionärsversammlung (03:35:53)

WB: »Es gibt immer viele Dinge, die in der Welt nicht stimmen. Wir leben damit und wir finden einen Umgang damit. Aber das Schöne daran ist, dass dieses [kapitalistische] System sehr gut funktioniert. Ich habe nicht die geringste Ahnung, was in den nächsten ein oder zwei Jahren in der Wirtschaft oder auf den Märkten passieren wird. Aber mit der Zeit werden die Menschen in diesem Land immer besser leben. Heute sind wir hier etwa 35.000 Menschen. Das waren fast 1 Prozent der Bevölkerung der Vereinigten Staaten bei der ersten Volkszählung im Jahr 1790. Wenn wir diesen Raum 1790 mit 35.000 Bürgern der Vereinigten Staaten gefüllt hätten, wären sie genauso klug gewesen wie wir ... Sie hätten in einem Land mit dem gleichen fruchtbaren Boden, den gleichen Temperaturen und den gleichen Mineralien gelebt. Sie waren genauso fähig wie wir, aber sie haben nicht das erreicht, was wir heute erreichen. Schauen Sie sich nur an, wie wir heute im Vergleich zu den Menschen vor mehreren Hundert Jahren leben. Wir haben ein System, das funktioniert. Es setzt das menschliche Potenzial frei.«

»China hatte lange Zeit kein System, das Potenziale freisetzte. Jetzt hat das Land ein System, das das menschliche Potenzial freisetzt. Wir sind noch lange nicht am Ende dieses Weges angelangt. Wir stehen im Grunde genommen erst am Anfang. Wir werden auch schlechte Jahre im Kapitalismus erleben. Der Markt schießt mitunter über das Ziel hinaus. Er wird dann von Angst und Gier und all diesen Dingen überwältigt. Aber wenn man sich das 19. Jahrhundert ansieht, gab es einen Bürgerkrieg, es gab etwa fünfzehn Jahre lang eine schlechte Wirtschaftslage, die sich über das ganze Jahrhundert erstreckte, und es gab sechs Paniken, wie man das damals nannte. Im 20. Jahrhundert hatten wir zwei große Kriege, wir hatten viele Rezessionen, wir hatten die Weltwirtschaftskrise. Es gibt solche Unterbrechungen im Fortschritt unserer Gesellschaft – aber insgesamt kommen wir voran. Und wir kommen nicht nur voran, wir kommen richtig schnell voran: Im 20. Jahrhundert hat sich unser Lebensstandard versiebenfacht. Und wir hatten einst die Sklaverei. Wir haben den Frauen jahrelang das Wahlrecht verweigert. Wir haben menschliches Potenzial verschwendet, und das tun wir immer noch, aber jahrhundertelang wurde es noch mehr verschwendet.«

»Wir kommen weiter, wenn auch mit Höhen und Tiefen. Momentan stottert die Wirtschaft etwas. Aber ich habe keinen Zweifel daran, dass das menschliche Potenzial enorm ist. Jedes Jahr, wenn wir uns treffen, kann man eine Reihe von Problemen aufzählen. Aber am Ende überwiegen die Chancen. Ihre Kinder und Enkelkinder werden besser leben als Sie. Wir werden mehr Wege finden, und zwar einfachere und bessere Wege, um Dinge anzugehen, von denen wir noch nicht einmal zu träumen wagten.«

CM: »Jetzt, da ich mich meinem Lebensende nähere, merke ich, dass ich immer optimistischer bin, was die wirtschaftliche Zukunft angeht, die ich ja nicht mehr erleben werde. Wirklich optimistisch stimmt mich vor allem, dass wir die direkte Energie der Sonne nutzen werden. Wir werden überall auf der Welt Strom haben. Das wird es überbevölkerten Ländern ermöglichen, Meerwasser in Süßwasser umzuwandeln. Es wird viele Umweltprobleme beseitigen und gleichzeitig mehr Kohlenwasserstoffressourcen für den zukünftigen Bedarf an chemischen Rohstoffen bereitstellen. Ich sehe einen endgültigen Durchbruch, der das wichtigste technische Problem der Menschheit löst, und er lässt sich schon am Horizont erkennen. MidAmerican Energy und [der chinesische Autohersteller] BYD werden daran beteiligt sein. Ich halte es daher für einen großen Fehler, nur an mögliche Unglücksfälle zu denken. Man sollte auch darüber nachdenken, was an der eigenen Situation gut ist. Und das Gute an unserer aktuellen Situation ist, dass das größte technische Problem der Menschheit bald gelöst sein wird. Mit genügend Energie lassen sich auch viele andere Probleme lösen.«

GEOPOLITISCHES RISIKO (TAIWAN SEMICONDUCTOR)

2023 Aktionärsversammlung (02:16:02)

WB: »[Der Halbleiterhersteller] Taiwan Semiconductor ist eines der am besten geführten und wichtigsten Unternehmen der Welt. Ich bin überzeugt, dass man das auch in zehn oder zwanzig Jahren noch sagen kann. Ich mag den Standort nicht und habe ihn neu bewertet. Ich glaube nicht, dass das Unternehmen irgendwo anders als in Taiwan sein sollte, obwohl es hier in unserem Land Chip-Kapazitäten aufbauen wird. Tatsächlich ist eine unserer Tochtergesellschaften in Alleghany an den Bauaktivitäten in Arizona beteiligt. Meiner Meinung nach gibt es in der Chipindustrie niemanden, der mit ihnen mithalten kann … Das sind wunderbare Menschen und es ist ein wunderbares Unternehmen, aber ich würde lieber die wunderbaren Menschen und die wunderbare Wettbewerbsposition in den Vereinigten Staaten finden. Ich fühle mich mit dem in Japan investierten Kapital wohler als mit demjenigen in Taiwan. Das ist meiner Überzeugung nach die Realität. Und ich habe das angesichts bestimmter Ereignisse neu bewertet. Charlie?«

CM: »Meiner Meinung nach sollte Warren sich wohlfühlen, wenn er das möchte.«

BESCHÄFTIGUNG/ENTLASSUNGEN UND KREATIVE ZERSTÖRUNG

2009 Aktionärsversammlung (04:04:44)

WB: »Das Geschäftsumfeld wird sich so ändern, dass vorübergehende oder dauerhafte Entlassungen erforderlich werden … Es gibt einige Unternehmen, die dauerhaft schrumpfen, und dann muss man sich mit möglichen Entlassungen auseinandersetzen. Andere Unternehmen sind von starken zyklischen Einbrüchen betroffen und werden künftig auch mit erheblichen Entlassungen konfrontiert sein … Niemandem macht das Spaß. Im Allgemeinen geht man das wahrscheinlich ein wenig … zu spät an, weil man immer hofft, dass sich das Geschäft wieder erholt. Aber wenn sich das Geschäft grundlegend verändert, sollte man besser sein Geschäftsmodell ändern, sonst tut es jemand anderes – und dann stehen noch größere Veränderungen bevor.«

»Alles in allem hoffen wir, dass wir in Branchen tätig sind, die nicht mit solchen Problemen konfrontiert sind … In der Textilbranche haben wir letztendlich alle Mitarbeiter entlassen. Die Branche war vor unserem Einstieg enorm geschrumpft, und wir haben alles Mögliche versucht, aber schließlich mussten wir aufgeben. Der Kapitalismus ist eine kreative Zerstörung, und manchmal ist man dabei der Verlierer.«

CM: »Einige unserer Unternehmen verfolgen ein Modell der gemeinsamen Lastenverteilung, bei dem es keine Entlassungen gibt, zumindest noch nicht. Die Unternehmen mit diesem Modell sind in der Regel wirtschaftlich sehr stark aufgestellt. Ich denke, das zeigt, dass Benjamin Franklin Recht hatte, als er sagte: ›Ein leerer Sack kann nicht aufrecht stehen.‹ Wir sind also alle sehr unterschiedlich aufgestellt, genau wie die gesamte Branche. Ich denke, ein ideales Modell wäre ein Unternehmen, das so stark ist, dass es die Lasten auf vielen Schultern verteilen kann, statt mit Entlassungen zu arbeiten.«

WB: »Aber viele Betriebe eignen sich dafür nicht besonders gut … In manchen Fällen muss man ganze Werke schließen, das liegt in der Natur der Sache. Man kann nicht jedes Werk zu 50 Prozent auslasten und erwarten, das sei genauso effektiv wie die Schließung der unproduktivsten Werke.«

CM: »In einer Welt, in der man manchmal einen Arm opfern muss, um zu überleben, kann man nicht erwarten, dass jedes Unternehmen so bleibt, wie es ist.«

TEIL ELF

SEE'S CANDIES, COCA-COLA UND VERBRAUCHERMARKEN

»Als wir See's kauften, waren wir noch wirklich dumm. Aber wenigstens waren wir clever genug, die Firma überhaupt zu kaufen. Und wenn Berkshire ein Geheimnis hat, dann ist es die Tatsache, dass wir ziemlich gut darin sind, Unwissenheit auszuräumen. Das Schöne daran ist, dass da auch noch viel Unwissenheit auszuräumen ist.«

»Ein Freund von mir pflegt zu sagen: ›Die erste Regel beim Angeln ist, dort zu angeln, wo Fische sind. Und die zweite Regel beim Angeln lautet, niemals die erste Regel zu vergessen.‹ Wir sind gut darin geworden, dort zu angeln, wo Fische sind.«

»Es handelt sich nicht um ein gutes Unternehmen, wenn man erst beten muss, bevor man die Preise um 1 Cent erhöht; dann ist man in einer schwierigen Lage. Und ich würde sagen, die Stärke eines Unternehmens lässt sich im Laufe der Zeit fast daran messen, wie schwer es ihm fällt, eine Preiserhöhung zu beschließen.«

»Das ideale Anlageobjekt ist eine Lizenzgebühr auf die Umsätze eines anderen während einer Inflation, bei der man jeden Monat einen Scheck über die Lizenzgebühren erhält, dessen Höhe sich nach den Umsätzen des Lizenznehmers richtet.«

Einleitung

Anfang des Jahres 1972 schlossen Buffett und Munger den Erwerb von See's Candies ab. In den folgenden Jahrzehnten überlegten sie sich, was sie durch See's über den Wert eines richtig guten Unternehmens und über dominierende Verbrauchermarken gelernt haben. Laut Buffett führten diese Erkenntnisse zu einer seiner bemerkenswertesten Investitionen: dem Kauf von Coca-Cola-Aktien Ende der 1980er- und Anfang der 1990er-Jahre für etwa 1,3 Milliarden Dollar, eine Position, die Buffett seitdem unverändert gehalten hat (er hat in 35 Jahren keine einzige Aktie verkauft). In diesem Abschnitt erklären Buffett und Munger, was sie an diesen Unternehmen fasziniert.

Ein Beispiel, um Buffett zu zitieren, ist der immense Wert, der darin liegt, bei Milliarden von Menschen weltweit einen hohen Bekanntheitsgrad zu erreichen: »Es gibt einige Branchen, in denen es niemals Eintrittsbarrieren geben wird. In diesen Branchen muss man sehr schnell sein, denn es gibt viele andere, die beobachten, was man macht, und die versuchen, Schwächen zu finden oder herauszufinden, was sie ein bisschen besser machen können. Eine große Eintrittsbarriere besteht beispielsweise bei Coca-Cola. Wenn Sie mir 20 oder 30 Milliarden Dollar geben und mir sagen, ich solle versuchen, die Coca-Cola Company mit einer neuen Cola zu verdrängen, hätte ich nicht die geringste Ahnung, wie ich das anstellen sollte. Es gibt Milliarden Menschen auf der ganzen Welt, die eine bestimmte Vorstellung von Coca-Cola haben, und daran können Sie mit 20 Milliarden Dollar nichts ändern.« (Ich bin auf dieses Thema ausführlicher bei TSOH Investment Research eingegangen – siehe ›There Aren't Many See's Candies‹.)

Aktionärsversammlungen und Themen

DIVIDENDENPOLITIK VON COCA-COLA

1995 Aktionärsversammlung (02:26:46)

WARREN BUFFETT: »Eine Änderung der Dividendenpolitik von Coca-Cola würde davon abhängen, wie und wofür das Unternehmen das Geld verwenden könnte. ... Ich finde Vorstände lobenswert, deren Geschäft hervorragend läuft, wenn sie das Geld in diesem hervorragenden Geschäft oder in anderen Geschäften einsetzen, die ihres Wissens nach ebenfalls hervorragend laufen werden, und die den Rest des Geldes an die Aktionäre zurückgeben. Meiner Meinung nach macht Coca-Cola genau das Richtige mit seinem Geld, wenn es alles effektiv im Unternehmen einsetzt, um in neue Märkte zu expandieren und so. Darüber hinaus zahlt das Unternehmen Dividenden, die als Geldbetrag an die Aktionäre ausgeschüttet werden, und kauft anschließend in großem Umfang eigene Aktien zurück, wodurch Bargeld selektiv an die Aktionäre zurückfließt, jedoch in einer Weise, die allen zugutekommt.«

»Sie profitieren davon, dass wir keine Dividenden zahlen, solange wir jeden einbehaltenen Dollar nutzen können, um im Laufe der Zeit mehr als 1 Dollar an Wert und im Laufe der Zeit auch an Marktwert zu erzielen. Anhand dieses Maßstabs wird die Entscheidung getroffen, und ich denke, das handhabt Coca-Cola ebenso. Coca-Cola verdient große Anerkennung, dass das Unternehmen die Disziplin aufbringt, kein Geld mehr auszugeben, wenn es keine Möglichkeiten mehr hat, dieses sinnvoll einzusetzen.«

DURCH SEE'S CANDIES GEWONNENE ERKENNTNISSE

1997 Aktionärsversammlung (03:41:32)

CHARLIE MUNGER: »Mit See's Candies haben wir zum ersten Mal auf Markenqualität gesetzt, und das war für uns ein sehr schwieriger Schritt. Wir waren es gewohnt, Dollar-Scheine für 50 Cent zu kaufen. Wenn die Eigner für See's Candies 100.000 Dollar mehr verlangt hätten, hätten wir nicht zugegriffen. Und das, obwohl Warren bei dem besten Professor seiner Zeit [Ben Graham] ausgebildet worden war und 90 Stunden pro Woche gearbeitet hatte, um alles zu lernen, was es zu wissen gab. Wir waren nicht gut genug geschult, um eine einfache Entscheidung richtig zu treffen. Sie verlangten aber nicht 100.000 mehr, und deshalb griffen wir zu. Und als das erfolgreich war, lernten wir weiter. Das zeigt, dass es vor allem darauf ankommt weiterzulernen. Selbst wenn man sehr gut ausgebildet ist und eine gewisse Begabung mitbringt, muss man immer weiterlernen.«

WB: »Hätten wir See's nicht gekauft und die nachfolgenden Entwicklungen nicht erlebt, durch die wir auf andere Dinge aufmerksam wurden, hätten wir 1988 Coca-Cola nicht gekauft. See's hat einen wesentlichen Anteil an den Gewinnen, die wir mit Coca-Cola erzielt haben. Man könnte sagen: ›Wie konntet ihr so dumm sein, Coca-Cola nicht auf Anhieb als Riesenchance zu erkennen?‹ Tja, ich weiß nicht. Das hat uns einfach dazu gebracht, mehr nachzudenken. Wir haben gesehen, wie sich unsere

Entscheidungen in Bezug auf See's auf dem Markt ausgewirkt haben. Wir haben gesehen, was funktioniert und was nicht. Das hat uns gelehrt, das zu schätzen, was funktioniert, und Dinge zu vermeiden, die nicht funktionieren. Das hat definitiv zu Coca-Cola geführt. Wir hatten das Glück, einige Unternehmen komplett kaufen zu können, von denen wir viel gelernt haben.«

»Das hat auch in die andere Richtung funktioniert – ich war im Windmühlen- und Pumpengeschäft und in zweitklassigen Kaufhäusern engagiert. Und ich habe festgestellt, wie schwierig das war; man konnte alle Energie aufwenden, ohne dass es etwas gebracht hätte. Es war ausgesprochen sinnvoll herauszufinden, in welchen Teich sich ein Sprung lohnte. Das war wahrscheinlich wichtiger, als herauszufinden, wie gut die eigenen Schwimmkünste waren.«

2002 Aktionärsversammlung (04:56:02)

WB: »Die Expansion aus dem Westen [in den Osten der USA] ist nicht so gut gelaufen, wie Charlie und ich es uns beim Kauf von See's erhofft hatten. Insgesamt haben wir zwar viel bessere Ergebnisse erzielt, aber es war eine interessante Erfahrung für uns. Man muss bedenken, dass in den USA außer See's niemand wirklich Geld mit Pralinenschachteln verdient, die in eigenen Läden verkauft werden. In den Vereinigten Staaten wird pro Kopf nur etwa ein Pfund Pralinen in Schachteln verkauft. Das ist also kein großes Geschäft.«

»Hunderte Unternehmen, darunter auch einige, die viel größer waren als See's, sind gescheitert. Russell Stover verdient sehr gutes Geld mit einem anderen Vertriebskanal, aber niemand hat einen Weg gefunden, den Verkauf in Läden zu bewerkstelligen. Wir haben einen Weg gefunden, dass dies im Westen klappt. Wir haben aber keinen Weg gefunden, dass das auch anderswo funktioniert. Und es ist sehr ärgerlich, dass wir keinen Weg finden. Denn wenn es so funktioniert, wie das im Westen der Fall ist, ist das überaus erfolgreich … Es ist in diesem Land ein knallhartes Geschäft, weil die Amerikaner einfach nicht viele Pralinenschachteln kaufen. Sie freuen sich immer, wenn sie eine geschenkt bekommen, aber normalerweise geht niemand auf die Straße oder in ein Einkaufszentrum und kauft sie für sich selbst. Meistens ist es ein Geschenk oder etwas Besonderes für die Feiertage.«

»Deshalb läuft es für uns nicht so gut, wie man vielleicht denken würde, wenn wir in sehr erfolgreichen Einkaufszentren in anderen Teilen des Landes vertreten sind. Wir haben zu Weihnachten in fünfzig Läden im ganzen Land Weihnachtsstände eröffnet – und zwar außerhalb unseres natürlichen Einzugsgebiets. Damit verdienen wir zwar etwas Geld, aber wären wir das ganze Jahr über dort, würden wir kein Geld verdienen. Wir haben uns dreißig Jahre lang darüber den Kopf zerbrochen, das versichere ich Ihnen, denn wenn es funktioniert, ist es ein super Geschäft …«

»Wir nutzen bei See's auch künftig keine Vertriebskanäle. Unsere Produkte sind bereits zu günstigen Einzelhandelspreisen zu haben, und wir werden bei See's keine anderen Vertriebskanäle anbieten, bei denen es Rabatte gibt … Wir kaufen zwar bei Costco ein, aber wir verkaufen kein Produkt, dessen Preis Teil seines Ansehens ist – wir verkaufen es nicht über ein Vertriebssystem wie Costco, bei dem Rabatte ein grundlegender Bestandteil des gesamten Konzepts sind. Costco ist ein klasse Unternehmen und See's ist ein klasse Unternehmen, aber die beiden werden sich niemals begegnen.«

2003 Aktionärsversammlung (01:46:16)

CM: »Ich glaube, es ist ein Mythos, dass ich Warren Buffett so sehr inspiriert habe. Er brauchte nicht viel Inspiration, aber wir haben beide ständig dazugelernt, sodass wir fünf Jahre später viel vernünftiger waren als vorher. Und See's Candies hat uns beiden eine wichtige Lektion erteilt.«

»Hätte See's Candies 100.000 Dollar mehr verlangt, wären Warren und ich gegangen; so dumm waren wir damals. Als wir diese tolle Entscheidung trafen, keinen Cent mehr als 25 Millionen Dollar zu zahlen, sagte [Mungers Freund] Ira Marshall zu uns: ›Ihr seid verrückt. Es gibt Dinge, für die man einfach zahlen muss. Ihr unterschätzt die Qualität.‹ Und Warren und ich haben auf die Kritik gehört, anstatt so zu reagieren, wie viele andere reagiert hätten. Wir haben unsere Meinung geändert. Das ist eine sehr gute Lektion: die Fähigkeit, Kritik konstruktiv anzunehmen. Denken Sie nur an all das Geld, das wir durch diesen einen Kritikpunkt verdient haben. Wenn man die indirekten Auswirkungen dessen berücksichtigt, was wir durch den Kauf von See's gelernt haben, lässt sich feststellen, dass Berkshire zum Teil dadurch aufgebaut wurde, dass wir aus der Kritik unsere Lehren gezogen haben. Aber heute wollen wir keine mehr.«

WB: »Von einem Mann, der sich auf quantitative Aspekte konzentrierte, Ben Graham, hatte ich etwas über Investitionen gelernt und enorm davon profitiert. Er lehnte qualitative Aspekte nicht ab, aber er sagte, es ließe sich genug Geld verdienen, wenn man sich auf quantitative Aspekte konzentriere. Das sei eine sicherere Vorgehensweise und ermögliche es, die Zigarrenstummel zu identifizieren. Er sagte, dass qualitative Aspekte schwieriger zu vermitteln und zu beschreiben seien und möglicherweise mehr Einsicht erforderten als quantitative – und außerdem funktionierten quantitative Aspekte gut, warum sollte man sich also mehr Mühe geben? In kleinem Maßstab war diese Sichtweise durchaus berechtigt. Aber Charlie legte viel mehr Wert auf qualitative Aspekte als ich, als ich anfing … Es ist sinnvoller, ein super Unternehmen zu einem fairen Preis zu kaufen als ein faires Unternehmen zu einem super Preis. Natürlich haben wir aus unseren Erfahrungen gelernt. Wenn man fünfzig Jahre lang zusieht, ist es nicht schwer, ein paar Dinge zu lernen … Insgesamt haben wir uns immer in Richtung besserer Unternehmen bewegt, und jetzt haben wir eine Sammlung wirklich ausgezeichneter Unternehmen.«

2011 Aktionärsversammlung (01:26:47)

WB: »Wenn Sie ein tolles Produkt haben, das nur sehr wenig Kapital benötigt, um zu wachsen und mehr Umsatz zu erzielen, selbst wenn Sie kein Stückzahlenwachstum haben, wie es bei Inflation der Fall sein wird, und wenn Sie nicht viel Kapital benötigen, um dieses Wachstum voranzutreiben, dann ist das ein toller Vermögenswert in Zeiten der Inflation … Alles, wofür kein zusätzliches Kapital zur Finanzierung des inflationsbedingten Wachstums erforderlich ist.«

»Die schlechtesten Unternehmen sind solche mit Unmengen an Forderungen und Lagerbeständen und all dem. Und wenn ihr Volumen in Dollar ausgedrückt gleichbleibt, sich aber das Preisniveau verdoppelt und sie doppelt so viel Geld aufwenden müssen, um das gleiche Geschäftsvolumen zu erzielen, kann das ein sehr schlechter Vermögenswert sein.

»Nehmen Sie See's Candies. Als wir das Unternehmen kauften, erzielte es einen Umsatz von 30 Millionen Dollar und verkaufte über 16 Millionen Pfund Süßigkeiten zu einem Preis von 1,90 Dollar das

Pfund. Jetzt machen wir damit 300 Millionen Dollar an Umsatz. Um das Unternehmen mit einem Umsatz von 30 Millionen Dollar zu betreiben, benötigten wir Sachanlagen im Wert von 9 Millionen Dollar, und für einen Umsatz von 300 Millionen Dollar brauchen wir Sachanlagen im Wert von 40 Millionen Dollar. Wir mussten also nur 30 Millionen Dollar in ein Unternehmen hineinpumpen, das uns in diesem Zeitraum wahrscheinlich 1,5 Milliarden Dollar vor Steuern eingebracht hat. Und wenn sich der Preis für Süßigkeiten verdoppelt, haben wir keine nennenswerten Forderungen. Unser Lagerumschlag ist schnell. Wir lagern keine Waren. Wir rüsten saisonal auf und das Anlagevermögen ist nicht groß, sodass dies ein viel besseres Geschäft ist als ein Versorgungsunternehmen, wenn man mit einer hohen Inflation rechnen muss.«

CM: »Interessanterweise haben wir das nicht immer gewusst.«

WB: »Und manchmal vergessen wir es auch.«

CM: »Das stimmt. Aber es zeigt, wie wichtig kontinuierliches Lernen ist, um in dieser Welt überhaupt etwas zu erreichen.«

WB: »Ich habe schon früher gesagt, dass ich ein besserer Geschäftsmann bin, weil ich Investor bin, und ein besserer Investor, weil ich Geschäftsmann bin. Es geht nichts über praktische Erfahrungen. Vor allem in den 1970er-Jahren, als die Inflation zunahm, und in den frühen 1980er-Jahren waren absolut notwendige Kapitalinvestitionen in sehr großem Umfang erforderlich, die jedoch keine entsprechenden Erträge brachten.«

»Ich habe 1977 einen Artikel für *Fortune* geschrieben mit dem Titel »How Inflation Swindles the Equity Investor« (Wie die Inflation den Aktieninvestor betrügt). Das ideale Anlageobjekt ist eine Lizenzgebühr auf die Umsätze eines anderen während einer Inflation, bei der man jeden Monat einen Scheck über die Lizenzgebühren erhält, der sich nach den Umsätzen des Lizenznehmers richtet. Man hat ursprünglich ein Produkt entwickelt, die Nutzungsrechte an einen Lizenznehmer verkauft und muss dann nie wieder Kapital investieren. Man hat keine Forderungen, keine Lagerbestände und keine Sachanlagen. Ein Geschäft dieser Art ist ein echter Inflationsschutz, vorausgesetzt, das Produkt bleibt rentabel. Aber auch wenn wir in einige sehr kapitalintensive Geschäftsbereiche einsteigen, spiegelt dies zum Teil die Tatsache wider, dass wir unser Kapital nicht in eine ganze Reihe von Unternehmen wie See's Candies investieren können. Wir finden einfach keine. Wir würden das gern tun, aber wir finden in dieser Menge keine. Wenn wir also viele Milliarden pro Jahr investieren müssen, sind wir mit unserem Kapital nicht so gut aufgestellt, als würden wir nur ein paar Millionen pro Jahr investieren. Das steht außer Frage. Das gilt für Investitionen genauso wie für Geschäftsaktivitäten. Größe ist ein echter Nachteil, und wir hoffen einfach, dass dieses Problem noch größer wird.«

2014 Aktionärsversammlung (01:48:48)

WB: »See's hat uns nicht nur Gewinne verschafft, mit denen wir andere Unternehmen kaufen konnten – wir haben durch See's [ausschüttungsfähige Gewinne/freier Cashflow von See's, der zur Finanzierung anderer Investitionen verwendet wurde] nicht nur viel Gewinnpotenzial hinzugewonnen, das über das Gewinnpotenzial von See's hinausgeht –, sondern mir wurden auch die Augen für die Macht einer Marke geöffnet. Man könnte sagen, dass wir mit Coca-Cola zum Teil deshalb so viel Geld verdient haben, weil wir See's gekauft haben. Ich hatte Marken bis zu einem gewissen Grad verstanden, aber es gibt nichts Besseres, als eine Marke zu besitzen, ihre Möglichkeiten und Grenzen zu erkennen und sich so über Investments zu informieren, die man in Zukunft tätigen könnte. Im Jahr 1972 haben wir See's gekauft, im Jahr 1988 haben wir Coca-Cola gekauft. Hätten wir See's nicht zuvor besessen, wäre es für mich kein Wunder, wenn wir später nicht in Coca-Cola investiert hätten.«

CM: »Es steht außer Frage, dass See's Hauptnutzen für Berkshire darin bestand, Unwissenheit auszuräumen, und das ist nicht der einzige große Nutzen. Wenn wir nicht so gut darin gewesen wären, unsere Unwissenheit Schritt für Schritt abzubauen, wäre Berkshire heute praktisch nichts. Was wir ursprünglich wussten, reichte nicht aus. Als wir See's kauften, waren wir ziemlich dumm. Aber wenigstens waren wir gerade noch klug genug, um die Firma überhaupt zu kaufen. Und wenn es ein Geheimnis um Berkshires Erfolg gibt, dann ist es die Tatsache, dass wir ziemlich gut darin sind, Unwissenheit auszuräumen. Das Schöne daran ist, dass da auch noch viel Unwissenheit auszuräumen ist.«

2017 Aktionärsversammlung (00:31:07)

WB: »Wir erkennen eine super Investitionsidee, wenn wir sie sehen. Es handelt sich in der Regel um ein Unternehmen, bei dem wir aus dem einen oder anderen Grund fünf, zehn oder zwanzig Jahre in die Zukunft blicken und davon ausgehen können, dass der derzeit vorhandene Wettbewerbsvorteil in diesem Zeitraum bestehen bleibt. Es hat einen vertrauenswürdigen Vorstand, der nicht nur zur Kultur von Berkshire passt, sondern auch bereit ist, sich dieser Kultur anzuschließen. Und dann ist es eine Frage des Preises. Wenn wir ein Unternehmen kaufen, legen wir im Wesentlichen jetzt Geld auf der Grundlage dessen an, was es unserer Meinung nach im Laufe der Zeit einbringen wird. Je höher die Sicherheit, mit der wir diese Prognose treffen, desto besser fühlen wir uns dabei.«

»Man kann auf eine Art Wendepunkt zurückblicken, nämlich ein relativ kleines Unternehmen namens See's Candies. Als wir uns See's 1972 ansahen, stellten wir uns die Frage: ›Werden die Menschen diese Süßigkeiten künftig weiterhin lieber essen und verschenken als andere Süßigkeiten?‹ … Da gab es einen Vorstand, den wir sehr mochten. Wir kauften das Unternehmen für 25 Millionen Dollar netto, und es erzielte einen Gewinn von 4 Millionen Dollar vor Steuern. Seitdem haben wir fast 2 Milliarden Dollar vor Steuern aus dem Unternehmen herausgeholt. Aber das lag nur daran, dass wir der Meinung waren, dass die Leute nicht unbedingt auf günstigere Süßigkeiten aus sind. Es macht keinen allzu guten Eindruck, wenn man am Valentinstag zu seiner Frau oder Freundin geht – ich hoffe, das ist ein und dieselbe Person – und sagt: ›Hier ist eine Schachtel Süßigkeiten für dich, mein Schatz. Ich habe die billigsten genommen.‹ Wir waren der Meinung, dass See's Candies 1982 und 1992 immer noch etwas Besonderes sein würde, und glücklicherweise hatten wir Recht damit. Wir suchen nach weiteren Unternehmen wie See's Candies, aber nach viel größeren.«

CM: »Aber es stimmt auch, dass wir damals jung und unwissend waren. Selbst bei einem höheren Preis wäre es noch klug gewesen zu kaufen. Aber bei einem höheren Preis hätten wir abgelehnt, und damit haben wir viel Anerkennung dafür bekommen, klüger zu sein, als wir damals in Wirklichkeit waren.«

WB: »Wären es 5 Millionen Dollar mehr gewesen, hätte ich es nicht gekauft. Charlie wäre dazu bereit gewesen. Glücklicherweise sind wir nicht an den Punkt gekommen, an dem wir diese Entscheidung treffen mussten. Charlie wäre dabei geblieben, während ich wahrscheinlich zurückgesteckt hätte. Es ist gut, dass der Verkäufer [Charles B. See oder ›Candy Harry‹] seine Meinung geändert hat. Er war nicht an dem Geschäft interessiert. Er interessierte sich mehr für hübsche Frauen und für Weintrauben. Er hätte fast seine Meinung geändert. Tatsächlich hat er seine Meinung über den Verkauf geändert. Ich war nicht dabei, aber [Mitinvestor] Rick Guerin erzählte mir, dass Charlie hinging und eine einstündige Rede über die Vorzüge von hübschen Frauen und Weintrauben im Vergleich zu einer Süßwarenfirma hielt. Das ist wirklich wahr, Leute. Der Mann hat an uns verkauft; in solchen Notfällen hole ich immer Charlie.«

CM: »Wir hatten großes Glück, dass wir schon früh die Angewohnheit hatten, schlechte Unternehmen zu kaufen, weil sie so billig waren. Dadurch sammelten wir viel Erfahrung darin, diese hoffnungslosen Unternehmen zu sanieren, während sie sich auf den Abgrund zubewegten. Diese frühen Erfahrungen waren so grauenvoll, dass wir danach sehr gut darin wurden, genau solche Fälle zu vermeiden. Ich würde also sagen, dass uns unsere anfängliche Dummheit geholfen hat.«

WB: »Wir haben gelernt, dass man aus einem Schweineohr keine Seidentasche machen kann. Also haben wir uns danach auf die Suche nach Seide gemacht.«

CM: »Aber man muss es lange versuchen und scheitern, es sich unter die Nase reiben, um wirklich zu begreifen.«

2017 Aktionärsversammlung (00:47:21)

CM: »Aus meiner Sicht besteht ein richtig gelebtes Leben darin, ständig zu lernen, zu lernen und nochmal zu lernen. Berkshire hat durch solche Investitionsentscheidungen, wie beispielsweise die für See's Candies, enorm profitiert, weil wir über einen sehr langen Zeitraum hinweg gelernt haben. Jedes Mal, wenn man eine neue Person einstellt, die noch keine Erfahrung mit der Frage hat, wohin große Kapitalbeträge fließen sollen, ist das wie ein Würfelspiel. Wir sind viel besser dran, weil wir das schon so lange machen. Aber die Entscheidungen verschmelzen miteinander, und das Einzige, was übrigbleibt, ist kontinuierliches Lernen. Hätten wir nicht andauernd weitergelernt, wären Sie jetzt nicht hier. Sie wären wahrscheinlich noch am Leben, aber nicht hier.«

WB: »Durch nichts lernt man ein gutes Geschäft so sehr zu schätzen wie durch den Schmerz, den ein schlechtes mit sich bringt.«

CM: »Nun, es gibt nichts Schöneres, als sich auf etwas wirklich Gutes einzulassen, das eine sehr angenehme Erfahrung und die Möglichkeit zu lernen mit sich bringt. Ein Freund von mir pflegt zu sagen: ›Die erste Regel beim Angeln ist, dort zu angeln, wo die Fische sind. Und die zweite Regel beim Angeln ist, niemals die erste Regel zu vergessen.‹ Wir sind gut darin geworden, dort zu angeln, wo die Fische sind.«

WB: »Ja, wir haben 1966 in Baltimore ein Kaufhaus gekauft [Hochschild Kohn]. Und nichts ist vergleichbar damit, entscheiden zu müssen, ob man ein neues Geschäft in einer Gegend eröffnet, die noch nicht ausreichend entwickelt ist, damit sich das trägt, nur weil sich sonst die Konkurrenz zuerst dort ansiedeln könnte. Man muss sich entscheiden, ob man den Sprung wagt. Und wenn man es macht, verdirbt einem das irgendwie den Spaß. Jetzt hat man zwei Geschäfte, obwohl schon eines zu viel ist. Man lernt diese Geschäftsspielchen durch Ausprobieren. Vor allem lernt man, welche man vermeiden sollte. Wenn man sich einfach aus einer Reihe schlechter Geschäftsmodelle heraushält, hat man einen sehr guten Start; aber wir haben sie alle ausprobiert.«

2019 Aktionärsversammlung (05:02:05)

WB: »Im Laufe der Jahre kam uns wahrscheinlich ein Dutzend Ideen, wie man See's erweitern könnte. Wir haben uns früher stark darauf konzentriert, weil es ein viel größerer Teil unseres Geschäfts war. Tatsächlich war es neben dem Versicherungsgeschäft praktisch unser einziges Geschäft. Wir hatten zehn oder zwölf Ideen, einige davon haben wir mehr als einmal ausprobiert; als wir eine neue Führungskraft bekamen, haben wir noch einen Versuch unternommen. In Wahrheit hat aber keine davon wirklich funktioniert.«

»Das Geschäft läuft in einer sehr kleinen Nische außerordentlich gut. Pralinenschachteln bekommt jeder gern geschenkt oder verschenkt sie selber gerne. Aber verhältnismäßig wenige Leute kaufen Pralinen, um diese selbst zu essen. Wenn ich eine Schachtel Pralinen im Büro stehen lasse – wir sind nur 25 Mitarbeiter –, ist sie im Nu leer. Wenn ich sie jemandem schenke, freut er sich darüber. Und wenn man die Schachtel bei einer Cocktailparty offenstehen lässt, ist sie ganz schnell leer. Aber dieselben Leute, die sich so schnell bedienen, wenn die Schachtel direkt vor ihnen steht, gehen nicht oft in einen Süßwarenladen und kaufen so etwas für sich selbst. Es ist ein Geschenkartikel. Das funktioniert nicht überall auf der Welt.«

»Das ist sehr interessant. Soweit ich weiß, essen die Menschen im Westen am liebsten Milchschokolade, Menschen im Osten dunkle Schokolade. Menschen im Westen mögen große, grobe Stücke. Menschen im Osten bevorzugen kleine Stücke. Wir haben zig Mal versucht, diese Vorlieben geografisch zu verschieben. Wenn es funktioniert, funktioniert es wunderbar. Aber das Konzept lässt sich nicht so gut auf andere Gegenden übertragen. Wenn wir einen Laden im Osten eröffnen, haben wir eine Zeit lang enormen Zulauf, und alle sagen: ›Wir haben auf euch gewartet.‹ Doch dann setzt dieser Laden nur x Pfund pro Jahr um, obwohl wir mit der gleichen Fläche das Anderthalbfache brauchen, um gute Gewinne zu erzielen. Wir haben alles versucht, weil die Rechnung so gut aufgeht, wenn es funktioniert. Insgesamt wächst der Schokoladenkonsum aber nicht so stark.«

CM: »Wir haben es nicht geschafft, unsere kleine Süßwarenfirma in Mars oder Hershey zu verwandeln, aus dem gleichen Grund, aus dem Sie nicht den Nobelpreis für Physik gewinnen und Unsterblichkeit erlangen können. Die Aufgabe ist einfach zu schwer für uns.«

WB: »Aber wir haben 25 Millionen Dollar in See's investiert, und seitdem hat uns das Unternehmen weit über zwei Milliarden Dollar an Vorsteuergewinn eingebracht, den wir zum Kauf anderer Unternehmen verwendet haben. Wären wir ein typisches Unternehmen gewesen, hätten wir See's gekauft und verzweifelt versucht, alle Gewinnrücklagen für das Süßwarengeschäft zu verwenden. Damit wären wir wohl allerdings auf die Nase gefallen. All diese Formeln, die man lernt, oder strategischen Pläne, um das gesamte Kapital einzusetzen – manche Unternehmen funktionieren nur in einem relativ begrenzten Bereich. Andere sind über die Maßen erfolgreich.«

»Dr. Pepper hat vielleicht einen Marktanteil von 10 oder 12 Prozent in Dallas, aber in Detroit oder Boston sind es weniger als 1 Prozent. Dr. Pepper gibt es schon seit der Gründung von Coca-Cola im Jahr 1886 – es ist erstaunlich, wie sich manche Dinge verbreiten und andere nicht. Sie haben Hershey erwähnt. Cadbury läuft hier nicht so gut und Hershey läuft nicht so gut in Großbritannien. Wir mögen ja alle gleich aussehen. Aber wir essen unterschiedliche Schokoriegel. Diese Beobachtung ist interessant. …«

CM: »Zu einem sehr bedeutenden Mann, der gerade ein tolles Buch geschrieben hatte, habe ich einmal beim Abendessen gesagt: ›Wissen Sie, Sie werden nie wieder ein so tolles Buch schreiben.‹ Er war zutiefst gekränkt. Ich habe seine vier folgenden Bücher gelesen und hatte vollkommen Recht. Ein tolles Buch zu schreiben, ist schon einmal im Leben eine große Leistung. Wenn jemand nicht mehr schafft, dann halten sich die Leute nicht zurück mit ihrer Kritik. Es ist schwer.«

WB: »Man sollte das Beste aus dem machen, was man als Erstes bekommt. Ich hätte die Chance verspielt, See's zu kaufen, aber Charlie sagte sinngemäß zu mir: ›Sei nicht so geizig.‹ Und wir haben es trotzdem zu einem ziemlich guten Preis bekommen.«

CM: »Es ist erstaunlich, wie viel wir im Laufe der Jahre gelernt haben – und hätten wird das nicht getan, wäre das Ergebnis viel schlechter. Zu jedem x-beliebigen Zeitpunkt reichte das, was wir bereits wussten, nicht aus, um uns zum nächsten Schritt zu bringen. Das macht es so schwierig. Denken Sie an all die Menschen, die versucht haben, einen weiteren Schritt voranzukommen, und dabei abgestürzt sind.«

DIE GESCHICHTE DES COCA-COLA-VERTRIEBS IN DEN USA

1997 Aktionärsversammlung (04:33:05)

WB: »Coca-Cola hat sein Kapital sehr intelligent eingesetzt, um sein Netz an Abfüllbetrieben weltweit zu stärken und zu verbessern. Das Unternehmen hat hervorragende Arbeit geleistet. Dieser Bereich wurde lange Zeit vernachlässigt.«

»Das Thema Abfüllung ist interessant. [Coca-Cola-COO] Don Keough hatte viel damit zu tun, und [Coca-Cola-CEO] Roberto Goizueta war natürlich auch maßgeblich daran beteiligt. In den späten 1880er-Jahren kaufte [der Geschäftsmann] Asa Candler in einer Reihe von Transaktionen mehr oder weniger die gesamte Coca-Cola Company für 2000 Dollar. Das war vielleicht der klügste Kauf der Weltgeschichte. 1899 kamen dann ein paar Leute aus Chattanooga, Tennessee, hierher. Damals wurden Softdrinks hauptsächlich über den Ladentisch in Drogerien verkauft. Es gab jedoch auch eine kleine Abfüllanlage. Diese Leute kamen daher und sagten: ›in der Abfüllung liegt die Zukunft – Sie sind mit dem Ausschankgeschäft beschäftigt, warum lassen Sie uns nicht das Abfüllsystem entwickeln?‹ Ich glaube, Mr Candler hielt nicht viel vom Thema Abfüllung. Also gab er ihnen einen unbefristeten Vertrag für fast die gesamten Vereinigten Staaten und zu einem fixen Preis das Recht, bis in alle Ewigkeit Coca-Cola-Sirup zu kaufen.«

»Asa Candler, der mit seinem 2000 Dollar [Coca-Cola-Kauf] einen ziemlich großen Coup gelandet hatte, schaffte es, einen Vertrag aufzusetzen, der sicherlich als einer der dümmsten Verträge der Geschichte gilt. Und natürlich kam es im Laufe der Jahre, insbesondere um die Zeit des Zweiten Weltkriegs, als die Preise für Sirup – dessen Hauptbestandteil Zucker war, dessen Preis während und nach dem Zweiten Weltkrieg stark anstieg – zu einem Problem. Da gab es nun jemanden, der sich vertraglich verpflichtet hatte, Zucker für immer zu einem festen Preis zu verkaufen. Außerdem hatte er besagten Leuten ein unbefristetes Recht eingeräumt und so weiter. Damals verkaufte man die Unterlizenzen für Abfüllverträge, und diese waren in der Regel auf die Entfernung begrenzt, die ein Pferd an einem Tag zurücklegen konnte.«

»Die Coca-Cola Company sah sich im Laufe der Jahre mit dem Problem konfrontiert, dass das Abfüllsystem, das bald zum dominierenden Vertriebssystem für Coca-Cola wurde, in Verträgen festgehalten war, die keine Preisflexibilität zuließen und auf unbegrenzte Zeit abgeschlossen waren. Und natürlich rief jeder Abfüller auf seinem Sterbebett seine Kinder und Enkelkinder zu sich, richtete sich auf und krächzte mit seinem letzten Atemzug: ›Lasst euch nicht den Abfüllvertrag wegnehmen.‹ Die Coca-Cola Company war also jahrzehntelang mit diesem Problem konfrontiert und konnte lange Zeit nicht viel gegen dieses Abfüllsystem unternehmen. Roberto Goizueta, Don Keough und einige andere Leute haben 25 Jahre lang daran gearbeitet, das auf eine vernünftige Grundlage zu stellen. Das war ein riesiges Projekt, aber es brachte im Laufe der Zeit den entscheidenden Unterschied im Hinblick auf den Wert des Unternehmens.«

»Das meine ich, wenn ich von intellektuellem Kapital spreche, denn wenn man sich vornimmt, alles zu ordnen, weiß man, dass das nicht innerhalb eines Tages, einer Woche, eines Monats oder eines Jahres die gewünschten Ergebnisse bringt. Aber sie beschlossen, diese Dinge anzugehen, um die Aufgabe zu bewältigen. Und dafür war Kapital nötig. ... Aber sie haben darüber hinaus Kapital eingesetzt, um in großem Stil Aktien zurückzukaufen. Das war ausgesprochen klug. Wahrscheinlich kaufen sie gerade in diesem Moment Aktien zurück. Und das finde ich gut.«

CM: »Die Coca-Cola Company ist einer der interessantesten Fälle in der Geschichte der Unternehmen. Sie liefert uns eine Lektion nach der anderen.«

BEWERTUNG VON COCA-COLA

1998 Aktionärsversammlung (01:35:40)

WB: »Bei Coca-Cola sind die Abfüllgeschäfte Teil einer langfristigen Strategie, die meiner Meinung nach bisher äußerst erfolgreich war und auch in Zukunft noch viel Erfolg verspricht. Im Zuge der Umstrukturierung und Konsolidierung des Abfüllsystems sowie der Expansion in relativ unerschlossene Märkte gab es und wird es künftig zahlreiche Abfüllgeschäfte geben. Einige bringen große Gewinne, andere nur geringe. Diese ignoriere ich, wenn ich Coca-Cola bewerte. Die beiden wichtigen Faktoren bei Coca-Cola sind der Absatz pro Einheit und die Anzahl der ausgegebenen Aktien. Wenn die Anzahl der ausgegebenen Aktien sinkt und der Absatz pro Einheit gut vorankommt, lässt sich mit Coca-Cola auf lange Sicht Geld verdienen. Es gab Transaktionen, bei denen Rechte an verschiedenen Getränken erworben wurden, und wenn man sieht, was für 100 Millionen Einheiten bezahlt wurde, und dann denkt, dass bei Coca-Cola künftig vielleicht 2,5 Milliarden Einheiten pro Jahr dazukommen, ist das ein echter Wertzuwachs. Das ist sogar ein dramatischer Wertzuwachs. Und genau das zählt bei der Coca-Cola Company. Wenn Sie davon ausgehen, dass das Unternehmen in fünfzehn oder zwanzig Jahren ein Vielfaches seines derzeitigen Volumens verkaufen wird und dass dann viel weniger Aktien im Umlauf sind, DANN haben Sie das Wesentliche begriffen. Aber ich würde die Vermögenszuwächse nicht berücksichtigen. Die würde ich aus der Rechnung herausnehmen.«

2003 Aktionärsversammlung (03:28:21)

WB: »Seit ich Coca-Cola als ›unumgänglich‹ bezeichnet habe, habe ich darüber gesprochen, wie wahrscheinlich es ist, dass das Unternehmen den Softdrink-Markt dominieren und keine Marktanteile verlieren wird, und dass es im Laufe der Zeit wachsen wird. Das geschieht Jahr für Jahr; ich glaube nicht, dass der weltweite Marktanteil von Coca-Cola-Produkten jemals höher war als heute, und ich sehe nichts, wodurch sich das in Zukunft ändern könnte. Es handelt sich um ein riesiges Vertriebssystem, das seit 1886, als John Pemberton in Jacobs' Pharmacy in Atlanta das erste Glas servierte, immer mehr Verbraucher überzeugt hat. Es ist in den Köpfen der Menschen verankert, das Produkt ist auf der ganzen Welt erhältlich, und es wird immer mehr Menschen geben, die es kennen und schätzen. Und mit der Zeit dürfte der Gewinn pro Getränk noch etwas weiter steigen. Ich weiß also nicht, wie jemand Coca-Cola jemals vom Thron stoßen könnte.«

COCA-COLA: MARKTANTEIL UND MARKENSTÄRKE

1999 Aktionärsversammlung (02:10:19)

WB: »Es liegt im Interesse von Coca-Cola, dass es weltweit prosperierende Länder gibt. Das Unternehmen profitiert von einem erhöhten Wohlstand und einem höheren Lebensstandard auf der ganzen Welt. Die Vorliebe der Menschen für Coca-Cola-Produkte wird meiner Meinung nach immer weiter wachsen. Was mich interessiert, ist der Marktanteil und dann das, was ich als ›Share of Mind‹ [Markenbekanntheit im Bewusstsein der Konsumenten] bezeichne. Mit anderen Worten: Was denken die Menschen heute über Coca-Cola im Vergleich zu vor zehn oder zwanzig Jahren? Was werden sie in zehn oder zwanzig Jahren darüber denken? Coca-Cola hat weltweit einen hervorragenden Share of Mind. Fast jeder auf der Welt hat eine Meinung zu Coca-Cola-Produkten – und sie ist überwiegend positiv. Versuchen Sie einmal, drei andere Unternehmen zu nennen, bei denen das auch so ist. Mir fällt keines ein, das im Hinblick auf die Allgegenwärtigkeit und die positive Wahrnehmung des Produkts damit vergleichbar wäre.«

»Wir wollen viel mehr Einheiten verkaufen und finden die Idee gut, dass im Laufe der Zeit weniger Aktien im Umlauf sind. Diese Antwort werde ich auch in zehn oder zwanzig Jahren geben. Und ich bin überzeugt, dass dann viel mehr Einheiten verkauft werden ... Derzeit besitzen wir 8,2 Prozent von Coca-Cola, und in zehn Jahren werden wir wahrscheinlich einen größeren Anteil besitzen, weil das Unternehmen dann wahrscheinlich einige Aktien zurückgekauft hat. Das Kurs-Gewinn-Verhältnis von Coca-Cola erscheint uns recht hoch, wie das fast aller anderen führenden Unternehmen weltweit. Das bedeutet nicht, dass die Aktien fallen werden. Es bedeutet aber, dass wir weniger begeistert von der Idee sind, weitere Anteile dieser großartigen Unternehmen zu kaufen, als zu Zeiten, als das Kurs-Gewinn-Verhältnis deutlich niedriger war. Im Idealfall möchten wir von solchen Unternehmen im Laufe der Zeit mehr kaufen. Nach meiner Einschätzung ist die Wahrscheinlichkeit zumindest recht hoch, dass wir in den nächsten zehn Jahren unsere Anteile an Coca-Cola, Gillette, American Express oder einem anderen dieser tollen Unternehmen aufstocken werden, an denen wir beteiligt sind. Im Großen und Ganzen gefällt uns deren Kurs-Gewinn-Verhältnis nicht. Aber das bedeutet nicht, dass es sinken wird. Es bedeutet lediglich, dass wir in der Vergangenheit verwöhnt waren, was den Gegenwert für unser Geld angeht. Und wir hoffen, dass wir künftig wieder verwöhnt werden.«

CM: »Wenn es Ihnen wichtig ist, wie es bei Coca-Cola in zehn Jahren oder noch später aussehen wird, dann sollten Sie nicht auf kurzfristige wirtschaftliche Entwicklungen in diesem oder jenem Land, auf Wechselkurse oder derlei Dinge achten. Das hilft Ihnen, eine Prognose für die nächsten zehn bis fünfzehn Jahre zu erstellen, und genau das machen wir. Deshalb blenden wir all diesen Lärm aus.«

WB: »Es fällt mir schwer, mir ein besseres Geschäft in der Welt vorzustellen, zumindest unter den großen Unternehmen. Natürlich gibt es Unternehmen, die von einer viel kleineren Basis aus starten und schneller wachsen könnten. Aber es fällt mir schwer, mir ein solideres Geschäft vorzustellen.«

2012 Aktionärsversammlung (04:20:10)

WB: »In einigen spezifischen Branchen wird es niemals Eintrittsbarrieren geben. In diesen Branchen muss man sehr schnell sein, denn es gibt viele andere, die beobachten, was man tut, und versuchen, Schwächen auszumachen oder herauszufinden, was sie besser machen können. Eine große Eintrittsbarriere ist beispielsweise Coca-Cola. Wenn Sie mir 30 oder 40 Milliarden Dollar geben und mich auffordern würden, die Coca-Cola Company mit einer neuen Cola vom Markt zu verdrängen, würde ich das nicht tun. Ich habe nicht die geringste Ahnung, wie sich das bewerkstelligen lässt. Es gibt Milliarden von Menschen auf der ganzen Welt, die eine bestimmte Vorstellung von Coca-Cola haben, und das wird sich nicht mit 20 Milliarden Dollar ändern lassen.«

DIE WALT DISNEY COMPANY

1996 Aktionärsversammlung (03:38:41)

WB: »Ich würde sagen, dass Michael Eisner in den vergangenen zwölf Jahren die mit Abstand wichtigste Person bei Disney war. Wenn man ihn kennt und weiß, was er in diesem Unternehmen geleistet hat, gibt es niemanden, der ihm das Wasser reichen kann … Eisner war während seiner gesamten Amtszeit sozusagen der ›Walt Disney‹ des Unternehmens. Er kennt das Geschäft. Er liebt das Geschäft. Er lebt für dieses Unternehmen. Meiner Meinung nach war er der mit Abstand wichtigste Faktor für den Erfolg von Disney. Jetzt steht das Unternehmen vor einer großen Herausforderung. Das große Geld liegt in den Animationsfilmen und allem, was damit zu tun hat, denn man gelangt von den Filmen zu den Parks, zum Merchandising mit den Figuren und wieder zurück. Es ist eine Art Kreislauf, der sich selbst nährt. Da wird es viel Konkurrenz geben. Sie haben gesehen, was MCA und Universal in den Parks in Florida vorhaben. Und Sie wissen, was DreamWorks im Bereich Animation vorhat. Und jetzt gibt es durch Steve Jobs bei Pixar neue Technologien in der Animation. In diesem Bereich tut sich viel. Die Frage lautet also: Welchen Anteil an der Aufmerksamkeit – man spricht von Marktanteil, aber es beginnt mit dem Anteil an der Aufmerksamkeit – werden Disney und seine Figuren in zehn Jahren im Vergleich zu anderen Unternehmen und Figuren in den Köpfen von Milliarden Kindern auf der ganzen Welt und ihren Eltern einnehmen? Es ist eine wettbewerbsorientierte Welt, also wird es Leute geben, die darum kämpfen. Ich würde lieber mit Disney als mit jedem anderen beginnen, und zwar mit einem gewissen Vorsprung. Und ich würde lieber mit Michael Eisner an der Spitze beginnen als mit irgendjemand anderem, und zwar mit deutlichem Vorsprung. Das bedeutet aber nicht, dass dies nicht zu einem viel wettbewerbsintensiveren Geschäft werden kann. Die Leute sehen sich die Videoveröffentlichungen von *Der König der Löwen* an und ihnen läuft das Wasser im Mund zusammen – 30 Millionen Kopien zu 16 oder 17 Dollar, man kann sich die Herstellungskosten ausrechnen, das erregt Aufmerksamkeit. Und es erregt die Aufmerksamkeit der eigenen Konkurrenz. Aber um darauf zurückzukommen: Wenn ich davon ausgehen würde, dass die Kinder dieser Welt auch in zehn oder zwanzig Jahren noch Unterhaltung suchen, und ich wetten müsste, wer einen besonderen Platz in den Herzen der Kinder und ihrer Eltern einnehmen wird, würde ich auf Disney setzen. Und ich würde mich besonders wohl dabei fühlen, auf dieses Unternehmen zu setzen, wenn der Mann, der das geschafft hat, was Eisner in all den Jahren erreicht hat, das Unternehmen auch in Zukunft für mich leiten würde.«

CM: »Es hilft, eine einfache Rechnung aufzustellen. Nehmen wir an, Sie haben in zwanzig Jahren eine Milliarde Kinder aus Familien mit niedrigem bis mittlerem Einkommen. Und nehmen wir an, Sie könnten mit Ihrer Position pro Kind und Jahr 10 Dollar nach Steuern verdienen. Das sind sehr große Zahlen. Ich weiß nicht, wie das bei Ihren Kindern und Enkeln aussieht, aber meine wollen Disney sehen. Und sie wollen das immer wieder und wieder sehen. Sie wollen nicht Katzenberg sehen, mit dieser Marke können sie nichts anfangen.«

WB: »Disney ist eine ziemlich gute Marke. Wenn man an Namen weltweit denkt, ist es sehr schwer, Coca-Cola zu übertreffen, aber Disney ist ein sehr großer Name. Und wie Charlie schon sagte, die Kinder wollen die Filme immer wieder sehen, und es ist irgendwie schön, Schneewittchen alle sieben oder acht Jahre wiederverwenden zu können. Man erreicht ein anderes Publikum. Es ist ein bisschen wie mit einem Ölfeld, aus dem man das Öl fördert und es verkauft, und dann sickert es im Verlauf von sieben oder acht Jahren wieder zurück.«

PRODUKTE, DIE SICH GUT EXPORTIEREN LASSEN

2000 Aktionärsversammlung (04:16:11)

WB: »Unternehmen, die schon lange in den Vereinigten Staaten tätig sind, haben in anderen Teilen der Welt vermutlich mehr Möglichkeiten, zumindest potenziell … Wir finden die Vorstellung von Produkten klasse, die sich gut exportieren lassen – manche lassen sich gut exportieren, andere nicht. In dieser Hinsicht ist die Welt unglaublich. … Wir sind immer an geografischer Expansion interessiert, sei es in den Vereinigten Staaten oder in anderen Ländern. Das ist nur nicht so einfach, wie es aussieht. Aber wenn sich die Chance bietet, muss man einfach zupacken und dranbleiben.«

COCA-COLA-ABFÜLLER

2002 Aktionärsversammlung (02:42:11)

WB: »Bestimmte Coca-Cola-Abfüller haben sich stark verschuldet. Sie haben ein solides, stabiles Geschäft, aber kein Geschäft, das außergewöhnlich rentabel wäre. Daher können sie sich verschulden, weil sie keinen großen Einbrüchen ausgesetzt sind, aber in diesem speziellen Geschäft ist es auch sehr schwierig, die Margen deutlich zu steigern. Wenn also der größte Teil des Geldes für den Schuldendienst verwendet wird, muss man dies bei der Bewertung des Eigenkapitals berücksichtigen. Es handelt sich um ein relativ kapitalintensives Geschäft; im Durchschnitt geben die Abfüller wahrscheinlich zwischen 5 und 6 Prozent ihres Umsatzes für Investitionen aus, nur um ihren Marktanteil zu halten. Und in einem Geschäft, das vor Abschreibungen, Zinsen und Steuern vielleicht nur 15 Cent pro Dollar Gewinn abwirft, sind fünf oder sechs Cent für Investitionen ein ziemlich gesunder Prozentsatz. Das liegt einfach in der Natur des Abfüllgeschäfts. Das ist ein Grund, warum ich das Sirupgeschäft grundsätzlich besser finde als das Abfüllgeschäft. Es ist weniger kapitalintensiv. Andererseits halte ich das Abfüllgeschäft für ein durchaus solides Geschäft. Es ist aber kein supertolles Geschäft, weil es sehr wettbewerbsintensiv ist.«

»An jedem beliebigen Wochenende wird der große Supermarkt oder Walmart in der Stadt das eine oder andere Cola-Produkt besonders bewerben, und zwar je nach Preis. Und es ist zu einer Situation gekommen, in der viele Menschen je nach Preis von einem Produkt zum anderen wechseln. Das macht das Geschäft für Abfüller schwierig. Aber es ist ein gutes Geschäft.«

»Was die Coca-Cola Company selbst angeht, werden ihre Abfüller auf lange Sicht keine Probleme haben. Sie müssen genug Geld verdienen, um solche Investitionen zu tätigen und ihre Kapitalkosten zu decken. Und wenn sie in Schwierigkeiten geraten, weil sie zu viel für einen anderen Abfüller bezahlen, wird es schwierig, die Rechnung aufgehen zu lassen. Letztendlich steht außer Frage, dass die Coca-Cola Company eine erfolgreiche Abfüllgruppe braucht, um als Siruphersteller erfolgreich zu sein. Aber die Rentabilität der Abfüllung macht das möglich. Und der Kapitalbedarf bei Big Coke, wie das Unternehmen genannt wird, ist relativ gering, sodass der größte Teil des verdienten Geldes für Dividenden oder den Rückkauf von Aktien verwendet werden kann.«

PREISSETZUNGSMACHT UND INFLATION

2005 Aktionärsversammlung (00:53:44)

WB: »Wir kaufen gern Unternehmen, bei denen wir das Gefühl haben, dass es noch ungenutztes Preispotenzial gibt. Als wir 1972 See's Candies gekauft haben, kostete das Produkt, wenn ich mich recht erinnere, 1,95 Dollar pro Pfund. Das Unternehmen verkaufte jährlich 16 Millionen Pfund Süßigkeiten und erzielte damit einen Gewinn vor Steuern von 4 Millionen Dollar, während wir 25 Million Dollar für den Kauf bezahlt hatten. Ich hätte mich ja dummerweise geweigert, auch einen höheren Kaufpreis zu zahlen, was uns teuer zu stehen gekommen wäre. Aber eine der Fragen, die wir uns stellten, und deren Antwort uns offensichtlich erschien, lautete: Würden die Verkaufszahlen abstürzen, wenn wir den Preis um 0,10 Dollar je Pfund erhöhen würden? Und die Antwort lautete unserer Meinung nach nein, es gab noch ungenutztes Preissetzungspotenzial. Es ist kein tolles Geschäft, wenn man erst beten muss, bevor man den Preis um 1 Cent erhöht; denn dann ist man in einer schwierigen Branche unterwegs. Ich würde sogar sagen, dass sich die Stärke eines Unternehmens im Laufe der Zeit fast daran messen lässt, wie schwer es einem fällt, eine Preiserhöhung zu beschließen ... Man kann viel über die wirtschaftliche Nachhaltigkeit eines Unternehmens lernen, indem man sein Preisverhalten beobachtet.«

2011 Aktionärsversammlung (03:09:00)

WB: »Gerade die Unternehmen schneiden künftig in Zeiten der Inflation am besten ab, die nur geringe Kapitalinvestitionen benötigen, um das inflationsbedingte Wachstum zu fördern, und die über eine starke Position verfügen, die es ihnen ermöglicht, ihre Preise entsprechend der Inflation anzuheben. Bei See's Candies ist der Wert des Dollars seit dem Kauf des Unternehmens wahrscheinlich um mindestens 85 Prozent gefallen. Das Unternehmen verkauft 75 Prozent mehr Süßigkeiten als zum Zeitpunkt des Kaufes, erzielt jedoch zehnmal so hohe Umsätze, ohne dass dafür wesentlich mehr Kapital erforderlich wäre. Jedes Unternehmen, das über genügend Spielraum bei der Preisgestaltung verfügt, um die Inflation ohne enorme Investitionen auszugleichen, wird sich gut behaupten.«

2015 Aktionärsversammlung (02:37:51)

WB: »Die besten Unternehmen in Zeiten der Inflation sind in der Regel solche, bei denen man einmal kauft und dann keine weiteren Kapitalinvestitionen tätigen muss ... Eine Marke ist in Zeiten der Inflation etwas Wunderbares. See's Candies hat seine Marke vor vielen Jahren aufgebaut. Wir mussten sie im Laufe der Zeit pflegen, aber der Wert einer starken Marke steigt in Zeiten der Inflation. Gillette hat die gesamten Radioübertragungsrechte für die World Series von 1939, für, wenn ich mich recht erinnere, 100.000 Dollar gekauft. Denken Sie daran, wie viele Eindrücke sie damit 1939 für 100.000 Dollar hinterlassen haben; das Unternehmen hat junge Leute wie mich erreicht – ich war acht oder neun –, und das mit dieser Summe. Wer heute versuchen würde, einen ähnlichen Eindruck bei Millionen von Menschen zu hinterlassen, müsste dafür ein Vermögen hinblättern. Das liegt zum Teil an der Inflation, zum Teil an anderen Faktoren. Aber es war eine super Investition, die sich mit den 1939er-Dollars machen ließ, und in den 1960ern, 1970ern und 1980ern machte sie sich in Form von verkauften Rasierern und Klingen bezahlt. Unternehmen dieser Art – die will man besitzen.«

COCA-COLAS AKTIENPREIS

2006 Aktionärsversammlung (01:49:09)

WB: »Coca-Cola ist ein tolles Unternehmen. Coca-Cola wird in diesem Jahr weltweit über eine Milliarde Einheiten verschiedener Produkte verkaufen – vor allem Cola – und diese Zahl steigt jedes Jahr. Die Aktie wurde 1998 zu einem Preis von über 80 Dollar verkauft, als der Gewinn bei 1,50 Dollar lag, und damals war der Gewinn nicht so hoch wie heute … Wir halten es für ein tolles Unternehmen, das vor etlichen Jahren zu einem sehr niedrigen Preis verkauft wurde. Man kann mir sicherlich vorwerfen, dass ich die Aktien nicht verkauft habe. Ich habe das Unternehmen immer für klasse gehalten, aber bei einem Kurs-Gewinn-Verhältnis von 50 war der Preis eindeutig lächerlich. Aber wir mögen das Unternehmen und werden es meiner Meinung nach auch in zehn Jahren noch besitzen.«

ENTGELTSTRUKTUR UND AKTIENOPTIONEN BEI COCA-COLA

2014 Aktionärsversammlung (00:13:13)

WB: »Ich habe mit dem Coca-Cola-CEO Muhtar Kent gesprochen und ihm mitgeteilt, dass wir uns der Stimme enthalten werden. Ich sagte ihm, dass wir die Coca-Cola Company und ihre Führung sehr bewundern. Aber wir hielten den Vergütungsplan für übertrieben, obwohl er vielen anderen Plänen sehr ähnlich war … Unmittelbar nach der Abstimmung habe ich bekannt gegeben, dass wir uns der Stimme enthalten haben, und die Gründe dafür genannt, warum wir den Plan für übertrieben hielten. Aus meiner Sicht war und ist dies für Berkshire die effektivste Vorgehensweise, um auf die Vergütungspraktiken von Coca-Cola, und vielleicht auch auf einige andere Vergütungspraktiken, einzuwirken. Wir haben uns sehr klar dazu geäußert, wie unangemessen dieser Plan ist – und gleichzeitig haben wir Coca-Cola keineswegs den Krieg erklärt. Wir haben keinerlei Interesse daran, uns mit Coca-Cola zu bekriegen, aber wir haben einige Berechnungen, die völlig unzutreffend waren, nicht gebilligt.«

»Für diejenigen unter Ihnen, die wirklich wissen möchten, wie man die Verwässerung berechnet: Coca-Cola hat regelmäßig Aktien zurückgekauft, die durch Optionen ausgegeben wurden. Die Aktienanzahl ist nur geringfügig gesunken, allerdings nicht annähernd so stark, als hätten sie nicht so viele Aktien ausgegeben. Aber Coca-Cola hat einen Vergütungsplan, der Millionen von Aktien umfasst. Und im Jahresbericht heißt es, dass das Unternehmen davon ausgeht, sie über einen Zeitraum von etwa vier Jahren auszugeben … Das sind eine Menge Aktien.«

»Nehmen wir an, Coca-Cola verkauft etwa eine Aktie zu etwa 40 Dollar und alle Optionen werden zu 40 Dollar ausgegeben. Und wenn sie ausgeübt werden, nehmen wir an, dass die Aktie bei 60 Dollar steht. Zu diesem Zeitpunkt hat eine Wertübertragung in Höhe von 10 Milliarden Dollar stattgefunden; 20 Dollar pro Aktie mal 500 Millionen Aktien ergibt eine Wertübertragung in Höhe von 10 Milliarden. Wenn das erledigt ist, erhält das Unternehmen einen Steuerabzug, und bei den derzeitigen

Steuersätzen würde das zu einer Steuerersparnis von 3,5 Milliarden Dollar führen. Wenn man also 20 Milliarden durch die Ausgabe der Optionen [500 Millionen mal 40 Dollar je Aktie, die Coca-Cola aus der Ausübung von pro Aktie erhält] nimmt und die Steuerersparnis von 3,5 Milliarden hinzurechnet, erhält man 23,5 Milliarden Dollar. Und wenn das Unternehmen die Aktien zu 60 Dollar kauft, würde es 391.666.666 Aktien kaufen. Tatsächlich würde die Coca-Cola Company netto etwas mehr als 108 Millionen Aktien verlieren [500 Millionen Aktien minus 391,7 Millionen Aktien]. Das geschieht auf einer Basis von 4,4 Milliarden Aktien. Die Verwässerung würde, unter der Annahme, dass alle Erlöse aus der Ausübung der Optionen und die Steuererstattung zum Kauf von Aktien verwendet würden, bei 2,5 Prozent liegen [108 Millionen geteilt durch 4,4 Milliarden]. Mir gefällt eine solche Verwässerung nicht, und schon gar keine Verwässerung von 2,5 Prozent – und das ist weit entfernt von den Zahlen, die kolportiert werden.«

VERHANDLUNGSMACHT IM EINZELHANDEL

2006 Aktionärsversammlung (04:17:49)

WB: »Ich denke, es ist klar, dass Procter & Gamble ein Konsumgütergigant ist. Und Gillette hat in seinem Bereich eine so starke Verbraucherposition wie kaum ein anderes Unternehmen. Bei Rasierklingen und Rasierern ist es stärker als die meisten P&G-Marken, so stark diese auch sein mögen. Und ich bin überzeugt, dass die großen Einzelhändler immer mehr zu eigenen Marken werden. Daher geht meiner Meinung nach der Kampf zwischen den Markenherstellern und den Einzelhändlern weiter und verschärft sich künftig noch. Wenn ich auf einer der beiden Seiten stünde, würde ich meine Position stärken wollen. Und ich glaube, dass die Zukunft sowohl für Gillette als auch für P&G als fusioniertes Unternehmen besser ist, als wären es separate Unternehmen gewesen. Das gilt meiner Meinung nach vor allem im Hinblick auf die Stärke von Unternehmen wie Walmart und Costco.«

KONSUMGÜTERMARKEN

2008 Aktionärsversammlung (02:52:55)

WB: »Ich würde sagen, die meisten großen Lebensmittelunternehmen machen insofern gute Geschäfte, als sie mit ihren Sachanlagen gute Renditen erzielen. Wenn man in diesem Land wichtige Markenprodukte besitzt – Wrigley's, Mars, Coca-Cola, See's Candies oder eine Reihe von Kraft-Marken –, dann hat man gute Vermögenswerte.«

»Es ist nicht einfach, sich mit diesen Produkten zu messen. Coca-Cola verkauft heute weltweit 1,5 Milliarden 8-Unzen-Verpackungseinheiten seines Produkts. Praktisch jeder Mensch auf der Welt hat eine Vorstellung von Coca-Cola. Seit 1886 verbinden die Menschen dieses Produkt mit Glück und einem guten Preis-Leistungs-Verhältnis in Bezug auf Erfrischung und sowas. Meiner Meinung nach ist es fast unmöglich, sich mit einem solchen Produkt zu messen. Es stellt ganz offensichtlich Menschen überall auf der Welt in hohem Maße zufrieden.«

»Kraft hat Kool-Aid im Bereich der Erfrischungsgetränkepulver. Ich glaube nicht, dass ich es mit Kool-Aid aufnehmen möchte, aber ich würde Coca-Cola vorziehen. RC Cola gibt es schon sehr lange, aber es bewegt sich nicht vom Fleck. Das ist sehr schwierig. Man sagt, eine Marke sei ein Versprechen. Wenn man ein Milky Way oder eine Coca-Cola in die Hand nimmt, ist es verbunden mit einem Versprechen, was man davon erwarten kann.«

»Richard Branson, ein Mann mit einer berühmten Fluggesellschaft, brachte vor über zehn Jahren etwas namens Virgin Cola auf den Markt. Mir schien das ein ziemlich ungewöhnliches Versprechen für ein Produkt zu sein; ich habe nie ganz verstanden, was eigentlich versprochen wurde. Aber was auch immer es war, es hat nicht funktioniert. Und im Laufe der Jahre gab es Hunderte von Cola-Produkten. Aber wer kauft schon eine Cola-Ersatzdroge, die ein oder zwei Cent billiger ist als eine Dose Coca-Cola? Das Gleiche gilt für See's Candies, Kool-Aid oder was auch immer.«

»Wir haben also ein gutes Gefühl bei Markenprodukten, wenn sie in ihrem Bereich klar führend sind. Welches Produkt wir konkret kaufen, hängt möglicherweise davon ab, wie wir über den Preis denken. Es spielt sicherlich eine Rolle, wie wir den Preis, das Management und einige andere Faktoren beurteilen. Aber wenn Sie sich für gute Markenprodukte entscheiden und nicht zu viel bezahlen, werden Sie wahrscheinlich keine schlechte Wahl treffen. Andererseits werden Sie damit nicht superreich, denn die Eigenschaften, die ich gerade beschrieben habe, sind allgemein bekannt.«

DER KRAFT-CADBURY-DEAL

2010 Aktionärsversammlung (03:30:34)

WB: »Mir gefiel weder die Cadbury-Entscheidung noch die Pizza-Entscheidung [Anfang des Jahres angekündigte Übernahme des Süßwarenherstellers Cadbury durch Kraft sowie die Entscheidung, das Pizzageschäft an Nestlé zu verkaufen]. Aber wir haben bei Berkshire auch schon einige dumme Deals abgeschlossen. Ich bin also toleranter gegenüber anderen Menschen geworden. Übrigens bedeutet die Tatsache, dass ich eine Übernahme für dumm halte, nicht zwangsläufig, dass sie auch dumm ist, aber aus meiner Sicht ist es wahrscheinlich, dass sie dumm ist. Tatsächlich halte ich das bei beiden Deals für wahrscheinlich.«

»Der Pizza-Deal war meiner Meinung nach besonders dumm. Die Führungsebene gab bekannt, dass sie das Pizzageschäft für 3,7 Milliarden Dollar verkaufen würde; sie hat es nicht für 3,7 Milliarden Dollar verkauft, das war nur der Betrag, den der Käufer bezahlt hat. Bekommen hat sie aber nur etwa 2,5 Milliarden Dollar. Steuerlich war das ein äußerst unvorteilhafter Deal … Sie hat nicht erwähnt, wie viel sie mit dem Pizzageschäft zuvor verdient hat; ich glaube, Nestlé sagte, es seien 280 Millionen Dollar vor Steuern gewesen, aber das bezog sich auf das Vorjahr. Als die Führung über die Gewinne von Cadbury sprach, das sie kaufen wollte, sprach sie über das nächste Jahr. Und als sie über die Gewinne aus dem Pizzageschäft sprach, das sie verkaufen wollten, sprach sie über das vorherige Jahr. Im Jahr 2009 erzielte das Pizzageschäft einen Gewinn vor Steuern von 340 Millionen Dollar. Sie erhielt also 2,5 Milliarden für 340 Millionen an Gewinnen aus dem Pizzageschäft, das genauso schnell oder schneller wuchs als die Cadbury-Gewinne, dessen Umsatz genauso schnell oder schneller wuchs. Das erschien nicht gerade sinnvoll … Wenn es nach mir gegangen wäre, hätte ich dafür gestimmt, das Pizzageschäft zu behalten und Cadbury nicht zu kaufen. Ich habe meine Meinung gesagt, was ich nicht allzu oft tue, aber wir besaßen einen großen Anteil an Kraft … Ich fand es schrecklich, dass die Führung einen so großen Teil dieses Geschäfts aufgab, um Cadbury zu einem meiner Meinung nach überhöhten Preis zu kaufen.«

CM: »Im Allgemeinen sind die Leute an der Spitze amerikanischer Unternehmen vermutlich der Meinung, dass sie zu viel über Strategie wissen. Und sie neigen dazu, die harten Wettbewerbsbedingungen in ihrer Branche zu hassen und sich nach einem Geschäft zu sehnen, das weniger schwierig ist. Erinnern Sie sich daran, als Xerox Crum & Forster, eine amerikanische Versicherungsgesellschaft, gekauft hat – eine der dümmsten Übernahmen aller Zeiten? Der Grund dafür war, dass diese Firma keine starken japanischen Konkurrenten im Versicherungsgeschäft hatte. Die Unternehmensführung war es leid, sich dem harten Wettbewerb in ihrer Branche zu stellen. Es ist wohl natürlich, als Unternehmer davon zu träumen, dass etwas, das ein wenig anders ist, die Probleme verringert, egal wie viel man dafür bezahlt.«

WB: »Und man hat eine ganze Armee von Anwälten, Anlageberatern und PR-Leuten, die alle ein starkes wirtschaftliches Interesse daran haben, dass man einen Deal nach dem anderen vorantreibt, unabhängig davon, ob die Aktionäre davon profitieren. So läuft das nun einmal.«

DER KRAFT-HEINZ-DEAL

2019 Aktionärsversammlung (01:06:26)

WB: »Ursprünglich besaßen wir etwa die Hälfte von Heinz und haben einen angemessenen Preis dafür bezahlt. Wir haben uns gut geschlagen. Wir hatten einige Vorzugsaktien [amerikanischen Typs] eingelöst und so weiter. Aber wir haben zu viel für Kraft bezahlt. Bis zu einem gewissen Grad haben wir mit unserem eigenen Handeln die Preise in die Höhe getrieben. Jetzt, als Kraft Heinz, liegen die Gewinne dieses Unternehmens bei rund 6 Milliarden Dollar vor Steuern auf Sachanlagen im Wert von 7 Milliarden Dollar; das ist ein super Geschäft. Aber man kann auch zu viel für ein super Geschäft bezahlen. Wir haben See's Candies gekauft, und wie sich herausstellte, war das ein richtig toller Kauf. Wir hätten mehr bezahlen können. Aber ab einem bestimmten Preis hätte das nicht mehr funktioniert. Das Unternehmen weiß nicht, wie viel Sie dafür bezahlt haben; es wird auf der Grundlage seiner Fundamentaldaten Gewinne erzielen. Und wir haben zu viel für den Kraft-Teil von Kraft Heinz bezahlt.«

»Die Rentabilität dieser Geschäftsbereiche hat sich im Vergleich zu ihrer früheren Geschäftstätigkeit grundsätzlich verbessert. Aber Sie haben völlig Recht, dass Amazon selbst zu einer Marke geworden ist. Kirkland bei Costco ist eine 39-Milliarden-Dollar-Marke. Kraft Heinz ist insgesamt eine 26-Milliarden-Dollar-Marke. Auf der Heinz-Seite gibt es das Unternehmen schon seit 150 Jahren, und es hat Milliarden und Abermilliarden Dollar für die Bewerbung seiner Produkte ausgegeben. Diese werden in Zehntausenden von Verkaufsstellen angeboten. Und dann gibt es jemanden wie Costco, ein Unternehmen, das eine Marke namens Kirkland etabliert hat. Sie erzielt mittlerweile einen Umsatz von 39 Milliarden Dollar, mehr als praktisch jedes andere Lebensmittelunternehmen. Und diese Marke wird mit jedem Produkt größer; es ist toll, wenn eine Marke sich verbreitet … Kirkland ist in rund 775 Costco-Großmärkten vertreten. Der Einzelhandel und die Marken haben immer darum gekämpft, wer die Oberhand bei der Vermarktung eines Produkts an die Verbraucher gewinnt. Und meiner Meinung nach besteht kein Zweifel daran, dass die Position der Einzelhändler im Verhältnis zu den Marken weltweit sehr unterschiedlich ist.«

»In verschiedenen Ländern hatten die Handelsmarken einen Marktanteil von 35 oder 40 Prozent bei Softdrinks. In den Vereinigten Staaten wurde diese Größenordnung nie annähernd erreicht. Aber bestimmte Einzelhändler sind mächtiger geworden. Im Fall von Amazon, Walmart, Costco, Aldi und einigen anderen sind sie im Vergleich zu den Konsumgütermarken mächtiger geworden. Kraft Heinz läuft operativ immer noch sehr gut, aber wir haben zu viel bezahlt. Hätten wir 50 Milliarden Dollar bezahlt, wäre das Geschäft anders gewesen. Das Unternehmen würde immer noch genauso viel verdienen. Man kann jede Investition zu einem schlechten Geschäft machen, indem man zu viel bezahlt. Nicht möglich ist es hingegen, eine Investition zu einem guten Geschäft zu machen, indem man wenig bezahlt, was sozusagen meine Anfänge in dieser Welt waren. Aber den Ansatz, Zigarrenstummel, also Unternehmen, die im Niedergang begriffen sind oder schlecht laufen, zu einem Schnäppchenpreis zu kaufen, verfolgen wir nicht mehr. Wir versuchen, gute Unternehmen zu einem angemessenen Preis zu kaufen. Und bei Kraft Heinz haben wir einen Fehler gemacht.«

CM: »Es ist keine Tragödie, wenn von zwei Transaktionen eine wunderbar funktioniert hat und die andere nicht so gut. Das kommt vor.«

WB: »Die Geschäftstätigkeit von Kraft Heinz wurde durch die derzeitige Führungsriege insgesamt verbessert. Aber wir haben für den Kraft-Teil einen sehr hohen Preis bezahlt. Für Heinz war der Preis angemessen.«

TEIL ZWÖLF

GEICO UND DIE KFZ-VERSICHERUNG IN DEN USA

»Uns passt es nicht, wenn eine Branche unter einem riesigen Schutzschirm steht. Wir wollen, dass die effizientesten Unternehmen gut abschneiden und die weniger effizienten mit vielen Problemen zu kämpfen haben.«

»Das Kfz-Versicherungsgeschäft sollte an Wirtschaftsfakultäten unterrichtet werden, weil es so viele Dinge widerlegt, die dort derzeit gelehrt werden.«

»Ein extremes Beispiel herauszugreifen und meine Lieblingsfrage zu stellen – ›Was zum Teufel ist hier los?‹ – ist der Weg zur Weisheit in dieser Welt.«

»Man muss einfach weiter versuchen, die Dinge zu durchdenken und nicht zu viele Dummheiten machen. Früher oder später kommt dann der große Wurf, wie Charlie sagen würde.«

Einleitung

An einem Samstagmorgen im Januar 1951 wurde Warren Buffett von Lorimer Davidson (der später CEO von GEICO wurde) in das Versicherungsgeschäft eingeführt. Wie Buffett später bemerkte, hatte das, was Davidson ihm an diesem Morgen erzählte, einen unmittelbaren Einfluss auf seine Sichtweise: Danach investierte er umgehend mehr als 65 Prozent seines Nettovermögens in GEICO. Vierundvierzig Jahre später, im Jahr 1995, zahlte Berkshire etwa 2,3 Milliarden Dollar für die 49 Prozent von GEICO, die ihm noch nicht gehörten. Wie in diesem Kapitel hervorgehoben wird, haben Buffett und Munger zahlreiche Lehren aus den Investitionen und dem Geschäftsgebaren von GEICO sowie aus der Geschichte von Branchenkollegen wie State Farm gezogen.

Ende der 2010er-Jahre wurde jedoch deutlich, dass GEICO gegenüber bestimmten Wettbewerbern ins Hintertreffen geraten war, insbesondere gegenüber Progressive bei der Preisgestaltung basierend auf Daten/Telematik. Wie Sie sehen werden, dauerte es viele Jahre, bis dieser Nachteil zu einem spürbaren Gegenwind für GEICO wurde. Erst Anfang der 2020er-Jahre zeichnete sich ab, worin das Problem bestand: dass es auch lange dauerte, bis GEICO eine wirksame Antwort darauf fand (Ende 2024 arbeitet das Unternehmen noch immer daran, diese Herausforderungen zu bewältigen). Dies ist eine wichtige Lektion dafür, dass selbst ein gut positioniertes Unternehmen mit erheblichen Wettbewerbsvorteilen unter Druck geraten kann, wenn es wichtige Entwicklungen und technologische Veränderungen in seiner Branche verpasst. (Weitere Informationen zu diesem Thema finden Sie unter »GEICO: The Gecko Stumbles« bei TSOH Investment Research.)

Aktionärsversammlungen und Themen

DIE INTEGRATION VON GEICO IN BERKSHIRE HATHAWAY

1996 Aktionärsversammlung (01:32:41)

WARREN BUFFETT: »GEICO ist ein riesiger Gewinn für Berkshire. Wir besaßen zuvor bereits 50 Prozent und haben seit 1976 enorm von unserer Investition in GEICO profitiert. Wir haben einen guten Preis für GEICO gezahlt, aber es ist ein super Unternehmen. Es verfügt über eine hervorragende Führungsriege. Es hat eine kostengünstige Vertriebsmethode, mit der man nur schwer konkurrieren kann; jeder möchte das haben, aber nur wenige reichen auch nur annähernd heran. Das Management konzentriert sich darauf, die Kosten noch weiter zu senken und den Wettbewerbsvorteil auszubauen. Ich persönlich bin überzeugt, dass die Wachstumsrate von GEICO in Zukunft höher sein wird als in der Vergangenheit, zumindest nach dem, was ich sehe.«

»Es hat sicher einige Vorteile, Teil von Berkshire zu sein, da die Akquisition neuer Geschäfte mit Kosten verbunden ist und wir uns überhaupt nicht um die Quartalsergebnisse kümmern. GEICO war davon bisher relativ unbeeindruckt, und das meine ich als Kompliment. Aber das Unternehmen stand in Bezug auf die ausgewiesenen Gewinne unter größerem Druck als das jetzt der Fall sein wird, da sie Teil von Berkshire sind. Und aus meiner Sicht bieten sich GEICO als Teil von Berkshire einige wirklich große Chancen. In fünf Jahren werden Sie vermutlich sehr froh sein, dass uns 100 Prozent von GEICO gehören, und Sie werden sehen, dass GEICO, so toll das Unternehmen als eigenständiges Unternehmen auch war, unter dem Dach von Berkshire vielleicht noch ein bisschen mehr aufblühen wird. Nicht, weil wir etwas Neues einbringen; das Management wird das Unternehmen weiterhin autonom führen. Aber es bringt einige Vorteile mit sich, Teil von Berkshire zu sein.«

DER MANAGMENTFOKUS BEI GEICO

1996 Aktionärsversammlung (03:04:16)

WB: »GEICO hat einen Anteil von 2 Prozent am US-amerikanischen Kfz-Versicherungsmarkt. Wir haben 2,5 Millionen Versicherungsnehmer, aber im ganzen Land gibt es über 100 Millionen. Hier bieten sich so große Chancen, dass es der falsche Weg wäre, in andere Länder zu expandieren. Es gab ein Unternehmen, das in England sehr erfolgreich war und vor etwa zehn Jahren ein ähnliches Geschäftsmodell wie GEICO eingeführt hat. Und es war sehr erfolgreich. Jetzt hat es jedoch mit mehr Wettbewerb zu kämpfen und seine Ergebnisse sind etwas zurückgegangen. Aber für GEICO gibt es in diesem Land ein enormes Potenzial. Ich möchte nicht, dass das Management von GEICO andere Wege einschlägt, wenn hier noch so viel zu tun ist. Drei Prozentpunkte mehr bei unserer Wachstumsrate würden beispielsweise Prämieneinnahmen von 75 Millionen Dollar bedeuten. Und das würde sich im Laufe der Zeit weiter summieren.«

»Es gibt hier zu viel zu tun, bevor wir weltweit an den Start gehen. Und in vielen Ländern gäbe es tatsächlich diverse Probleme, ein Unternehmen wie GEICO zu betreiben, auch wenn ich nicht sagen würde, dass dies überall der Fall ist. Da könnte es durchaus Chancen geben. Aber die Chancen hier in diesem Land sind riesig. Und die Führungsriege von GEICO hat den richtigen Fokus. Ich finde ein fokussiertes Management klasse … GEICO hat in den frühen 1980er-Jahren tatsächlich mit einer Reihe von Dingen herumexperimentiert und dafür einen sehr hohen Preis gezahlt. Das Unternehmen hat diesen Preis direkt gezahlt, in Form von Kosten für diese Dinge, von denen fast alle schiefgegangen sind. Und einen zusätzlichen Preis zahlte es außerdem, weil dabei der Fokus auf das Kerngeschäft verloren ging. Das wird mit der derzeitigen Führung nicht passieren. [CEO] Tony Nicely denkt an nichts anderes, als die Botschaft von GEICO an die 97,5 Prozent der Menschen zu bringen, die noch keine Versicherungsnehmer sind. Und das wird für uns im Laufe der Zeit sehr gut funktionieren.«

GESCHICHTE DER KFZ-VERSICHERUNG IN AMERIKA

1997 Aktionärsversammlung (04:23:50)

WB: »Die Geschichte der Kfz-Versicherung ist ausgesprochen interessant und sollte an Wirtschaftsfakultäten gelehrt werden. Die großen Versicherungsgesellschaften der frühen 1900er-Jahre – Aetna, Hartford, Travelers – verfügten über landesweite Vertriebsnetze und boten damals vor allem Sachversicherungen an. Damals schlossen sie viele Feuerversicherungen ab, und natürlich kam Anfang der 1900er-Jahre das Automobil auf. Ihr Schwerpunkt lag also auf Sachversicherungen, aber sie verfügten über ein riesiges Vertriebsnetz in den gesamten Vereinigten Staaten. Es gab Sachversicherungsagenten, die diese großen Unternehmen im ganzen Land vertraten, und diese verfügten über viel Kapital. Beim Blick auf das Geschäft heute, im Jahr 1997, zeigt sich, dass wahrscheinlich fast 25 Prozent der Privat-, Kfz- und Hausratversicherungen von State Farm abgeschlossen werden.«

»State Farm wurde 1922 von einem Mann in Bloomington, Illinois, gegründet, der über kein nennenswertes Kapital verfügte, zunächst keine Vertriebsmitarbeiter hatte und als Versicherungsverein auf Gegenseitigkeit begann, ohne Anreize für [Aktionäre] – also keine Aktienoptionen, kein investiertes Kapital, mit dem er zum Milliardär werden konnte, wenn er das Unternehmen aufbaute. Dieses Unternehmen startete also ohne die kapitalistischen Anreize, die für uns angeblich so unverzichtbar für das Wachstum eines Unternehmens sind, und es wurde in einer riesigen Branche zum dominierenden Akteur – es hat mehr als doppelt so viel Marktanteile wie Allstate, der zweitgrößte Anbieter – und das trotz extrem starker Konkurrenten mit hervorragenden Vertriebssystemen und viel Kapital. Übrigens hat State Farm auf der Fortune-500-Liste das drittgrößte Nettovermögen aller Unternehmen in den Vereinigten Staaten. Nummer drei, aus Bloomington, Illinois, mit einem Mann, der kein Geld hatte. Wie ist das möglich? Dieses Thema sollte es doch wert sein, an Wirtschaftsfakultäten untersucht zu werden. Darwin sagte immer, dass er jedes Mal, wenn er Beweise fand, die seinen Theorien widersprachen, sie innerhalb der ersten dreißig Minuten danach aufschreiben musste, weil sein Verstand sonst alles abgelehnt hätte, was seinen festen Überzeugungen widersprach. Und sicherlich gibt es in den Wirtschaftsfakultäten fest verankerte Überzeugungen, die zumindest interessante Aspekte in der Forschung dazu sehen könnten, wie ein Unternehmen ohne offensichtliche Vorteile in Bezug auf das Nettovermögen zum drittgrößten Unternehmen des Landes werden konnte.«

»Es gibt noch ein anderes Unternehmen namens USAA. Es ist enorm erfolgreich, hat ein Vermögen von mehreren Milliarden Dollar, unzählige zufriedene Versicherungsnehmer und die höchste Verlängerungsquote unter den Versicherungsnehmern des Landes. Meines Wissens untersucht das auch niemand. Die Gründer von GEICO kamen von USAA. Im Jahr 1936 gründeten Leo Goodwin und seine Frau, die für USAA gearbeitet hatten, GEICO praktisch ohne Kapital. Jetzt haben wir einen Marktanteil von etwa 2,7 Prozent und werden dieses Jahr wahrscheinlich 3,5 Milliarden Dollar an Kfz-Versicherungsprämien einnehmen.«

»State Farm einzuholen, wird sehr schwierig werden, daher möchte ich keine Prognose wagen. Ich gehe jedoch davon aus, dass wir in den nächsten zehn Jahren Marktanteile in sehr nennenswertem Umfang gewinnen werden. Wir werden sie überlisten. Ich habe im Jahresbericht gesagt, dass 40 Prozent von Ihnen mit einer Versicherung bei GEICO Geld sparen würden – ich habe nicht 100, 80 oder 60 Prozent gesagt, weil es Bereiche und Berufe gibt, in denen jemand anderes einen niedrigeren Preis anbieten wird. Aber im ganzen Land und für alle Bevölkerungsschichten werden wir häufiger als alle anderen niedrige Preise anbieten. Das können wir, weil wir niedrige Kosten haben und unsere Kosten künftig noch weiter sinken. Und wir haben einen positiven Kreislauf, der sich selbst nährt. GEICO wird also stark wachsen.«

CHARLIE MUNGER: »Ich finde dein Beispiel mit State Farm super. Ein extremes Beispiel herauszugreifen und meine Lieblingsfrage zu stellen – ›Was zum Teufel ist hier los?‹ – ist der Weg zur Weisheit in dieser Welt. Viele Versicherungsgesellschaften auf Gegenseitigkeit versuchen derzeit, sich zu demutualisieren, und haben dabei die Unterstützung von einer Reihe von Beratern und so. Und sie schauen nicht auf State Farm, sondern auf ein anderes Modell. Nicht jeder kann State Farm sein. Dieses Unternehmen hat einige grundlegende Werte in seine Betriebsabläufe integriert, in die Art und Weise, wie es Mitarbeiter auswählt, wie es Vertreter auswählt und wie es Vertreter loswird. Das erforderte enorme Disziplin.«

WB: »Ja, man könnte sagen, da hat jemand etwas genau richtig gemacht. Aber ich kenne niemanden, der untersucht hätte, was daran genau richtig war. Das ist nicht erwünscht, weil es nicht ins eigene Schema passt. Wenn sowas wie State Farm oder GEICO möglich ist, sollte man versuchen, das zu verstehen. Ich glaube, zwei Drittel von GEICO standen 1948 zum Verkauf, weil der Mann, der diese beiden Leute von USAA ursprünglich unterstützt hatte, gestorben war und das Unternehmen daher die Aktien verkaufen musste. Es konnte sie nicht verkaufen. So kam es, dass Ben Graham es schließlich für Graham Newman kaufte, weil es sechs Monate lang erfolglos versucht hatte, sie zu verkaufen. Die Unternehmensführung ging zu allen großen Versicherungsgesellschaften, die alle sehen konnten, wie dieses kleine Unternehmen ein Produkt für viel weniger Geld anbot und damit trotzdem viel Geld verdiente. Aber diejenigen, die das Geld dafür hatten, konnten sich einfach nicht von den Mythen der Vergangenheit lösen und es kaufen. Sie hätten das gesamte Unternehmen für 1,2 Million Dollar kaufen können, wenn ich mich recht erinnere. Stattdessen haben sie zugesehen, wie ihr eigenes Vertriebssystem über Jahre hinweg in Grund und Boden gestampft wurde. Und das alles mit Ideen aus der Vergangenheit. Man muss also sehr vorsichtig sein und genau hinschauen, was wirklich passiert. Wie Yogi Berra sagte: »Man kann viel beobachten, wenn man nur hinschaut.«

SCHLÜSSELVARIABLEN BEI GEICO

1998 Aktionärsversammlung (01:37:55)

WB: »Bei GEICO sind die wichtigsten Faktoren die Anzahl der bestehenden Policen (PIFs) und die Abschlusserfahrung mit jeder einzelnen Versicherungspolice. Und genau danach bezahlen wir unsere Mitarbeiter. Wir bezahlen sie, von der untersten bis zur obersten Ebene, auf der Grundlage dieser beiden Variablen. Bei GEICO sprechen wir nicht über den Gewinn pro Aktie und wir sprechen nicht über Kapitalerträge. Wir lassen uns nicht davon beirren, denn diese beiden genannten Faktoren bestimmen, wie sich GEICO im Laufe der Zeit entwickeln wird.«

GEICOS WETTBEWERBSVORTEILE

2000 Aktionärsversammlung (03:54:20)

WB: »Das Automobilgeschäft war in den vergangenen Jahren übermäßig günstig. Ich würde dies eher als Rückkehr zur Normalität betrachten. Die Gewinne aus der Kfz-Versicherung waren branchenweit weitaus höher, als ich es für nachhaltig halte, und höher, als ich vor fünf Jahren vorhergesagt hätte. Die Branche hatte also eine Zeit lang sehr viel Glück. Das war übrigens nicht unbedingt gut für uns. Wir haben mehr Geld verdient, als wir sonst verdient hätten. Aber es gab auch einen großen Schutzschirm über der Branche, sodass weniger effiziente Wettbewerber immer noch sehr gut abschneiden konnten. Für uns ist das [aktuelle] Umfeld mit geringeren Gewinnen durchaus wünschenswert. Uns passt es nicht, wenn ein großer Schutzschirm über einer Branche schwebt. Wir wollen, dass die effizientesten Unternehmen gut abschneiden und die weniger effizienten mit vielen Problemen zu kämpfen haben. Daher sind wir nicht unglücklich, wenn nun die Margen im Kfz-Versicherungsgeschäft sinken. Unserer Meinung nach sollten sie sogar sinken. Solange wir das Gefühl haben, dass wir Versicherungsnehmer zu Kosten gewinnen, die auf Dauer unter dem Nettowert liegen, den sie für uns haben, fahren wir damit fort. Das machen wir gerne. Aber wir werden im Jahr 2000 nicht mehr so viel Geld verdienen wie im Jahr 1999, in dem es schon weniger war als im Jahr 1998. Aus unserer Sicht ist das in Ordnung.«

»Mit der Zeit werden wir zum kostengünstigsten Anbieter – das ist unser Ziel. Vieles läuft in die richtige Richtung. Der kostengünstigste Anbieter in einer riesigen Branche schneidet mit der Zeit sehr gut ab ... die GEICO-Gleichung ist grundsätzlich gut ... Wir glauben, dass wir mit geringeren Kosten Kunden gewinnen und dann mit geringeren Kosten arbeiten können als die meisten, wenn nicht sogar alle Mitbewerber ... Wir haben ein sehr gutes Geschäftsmodell ... Wir besitzen mit GEICO eine richtig tolle Maschine ...«

2000 Aktionärsversammlung (04:28:10)

WB: »Der nachhaltige Wettbewerbsvorteil von GEICO besteht darin, ein kostengünstiger Anbieter mit sehr gutem Service zu sein. Es gibt eine Reihe von Unternehmen, die gute Dienstleistungen anbieten, sodass wir uns dadurch nicht von vielen Mitbewerbern abheben. Die niedrigen Kosten sind entscheidend. Bestimmte Unternehmen haben sich auf bestimmte Gruppen von Versicherungsnehmern spezialisiert, wie beispielsweise USAA, ein Versicherer, der eine sehr gute Kostenstruktur hat. Daher sind sie in ihrem jeweiligen Bereich sehr wettbewerbsfähig. Ein weiteres Unternehmen in Los Angeles namens 21st Century Insurance hat ähnliche Kosten wie wir. Daher ist es in dieser Region äußerst wettbewerbsfähig. Ich glaube aber nicht, dass jemand besser ist als wir, wenn man das landesweite Geschäft betrachtet. Wir sind nicht in Massachusetts oder New Jersey tätig, aber in den anderen 48 Bundesstaaten können wir fast jedem ein Angebot machen.«

»Bei den breit aufgestellten Wettbewerbern im Bereich der Kfz-Versicherungen muss unser Wettbewerbsvorteil in den langfristig niedrigen Kosten liegen. Außerdem müssen wir genauso gut wie andere darin sein, die Risiken bei den verschiedensten Fahrern genau auseinanderzuhalten. Mit anderen Worten: Wir müssen in der Lage sein, überdurchschnittlich gute Fahrer auszuwählen und zu erkennen, wer wahrscheinlich eher unterdurchschnittlich gut fährt. Die Fähigkeit, diese Personen auseinanderzuhalten, wäre ein Wettbewerbsvorteil. Ich nehme an, viele Unternehmen liegen in dieser Hinsicht ziemlich gleichauf. Der Wettbewerbsvorteil liegt also auf der Kostenseite. Und diesen müssen wir nach Möglichkeit aufrechterhalten und ausbauen.«

»Das Internet spielt künftig eine sehr wichtige Rolle. Für GEICO ist es bereits jetzt wichtig. Für die Versicherungsbranche wird es immer wichtiger, denn dank Internet kann jemand, der eine Kfz-Versicherung abschließen möchte, mit einem Klick herausfinden, wie hoch der Tarif ist, und dann mit einem weiteren Klick bei einem anderen Anbieter nachsehen, wie hoch dessen Tarif ist. Sie können sich überall umsehen, ohne von Ort zu Ort und durch die ganze Stadt zu fahren oder viele Agenturen anrufen zu müssen. Sie können das ganz bequem von zu Hause aus erledigen. Und das macht es wiederum sehr wichtig, dass wir das Unternehmen mit den niedrigen Kosten sind. Aus meiner Sicht wird dies im Laufe der Zeit ein Vorteil für uns sein. Zum einen wird dadurch die Marke sehr wichtig. Wir wollen, dass GEICO von den Leuten als einer der Anbieter gesehen wird, bei denen sie anfragen können. Wenn es die Firma XYZ gibt, von der noch niemand gehört hat, wird niemand daran denken, sie anzuklicken. Die Marke GEICO ist den Menschen im ganzen Land mittlerweile sehr vertraut, und wir geben viel Geld aus, um sie noch bekannter zu machen.

2004 Aktionärsversammlung (03:39:30)

WB: »Praktisch jede amerikanische Familie möchte ein Auto haben. Die Menschen möchten keine Versicherung abschließen, aber ohne Versicherung können sie ihr Auto nicht fahren. Also kaufen sie ein Produkt, das ihnen eigentlich nicht gefällt und das einen erheblichen Teil ihres Familienbudgets verschlingt. Daher sind die Kosten sehr wichtig. Es handelt sich nicht um einen Luxusartikel, sondern um eine Pflichtleistung. In vielen Haushalten kommt es ganz wesentlich auf größere Einsparungen an, daher geben niedrige Kosten den Ausschlag. Progressive hat einen hervorragenden Direktvertrieb, der mit GEICO konkurriert, und wir sind die beiden Anbieter, die sich in den kommenden Jahren einen harten Kampf liefern werden. Unser System ist besser, und bessere Systeme setzen sich auf lange Sicht durch.«

2009 Aktionärsversammlung (02:26:10)

WB: »Ich glaube, John Dorrance von Campbell Soup war es, der auf die Frage, ob in seinem Unternehmen viel Geld für Werbung aus dem Fenster geworfen wird, antwortete: ›Ja, wir verschwenden die Hälfte dafür, aber wir wissen nicht, welche Hälfte.‹ Das ist das Wesen der Werbung – auch wenn wir den Erfolg bei GEICO besser messen können als die meisten anderen Unternehmen. Wir geben etwa 800 Millionen Dollar für Werbung aus. Obwohl wir das drittgrößte Unternehmen sind, geben wir weit mehr aus als State Farm oder Allstate. Als wir 1995 die Mehrheit übernahmen, gaben wir etwas mehr als 20 Millionen Dollar pro Jahr aus.«

»Wir möchten, dass jeder in den Vereinigten Staaten weiß, dass er mit großer Wahrscheinlichkeit Geld sparen kann, wenn er zum Telefon greift oder die Website besucht und sich informiert. Wenn wir diese Botschaft in den Köpfen der Menschen verankern können, wird sich das auszahlen, auch wenn man nicht weiß, wann genau … Wir bei GEICO geben gern Geld für Werbung aus. Und wir wollen in aller Munde sein … Eine Marke ist ein Versprechen. Wir vermitteln den Menschen das Versprechen, dass sie mit GEICO wahrscheinlich Geld sparen können, wenn sie dort Angebote einholen.«

CM: »Wenn GEICO ohne diese intensive Werbung mehr oder weniger gleich groß bleiben würde und wenn die neuen Kunden [Versicherungsnehmer] mehr wert sind als 800 Million Dollar, die wir für Werbung ausgeben, dann verdient GEICO in einem wichtigen Sinne 800 Millionen Dollar mehr vor Steuern, ohne dass dies überhaupt sichtbar wird. Aber genau das sehen wir bei Berkshire Hathaway gerne.«

WB: »Der Wert von GEICO steigt jedes Jahr weit über die Gewinne hinaus, wenn wir weiterhin so viele Kunden gewinnen, wie Charlie sagt. Und ich bin sicher, dass wir die derzeitige Zahl unserer Versicherungsnehmer sehr lange halten können und wahrscheinlich pro Jahr 100 Millionen Dollar Kosten haben werden, vielleicht sogar weniger. Aber wir bekommen mehr, als wir ausgeben. Insgesamt erzielen wir eine hervorragende Rendite. Würde ich glauben, dass wir mit einer Investition von 2 Milliarden Dollar im nächsten Jahr eine ähnliche Rendite erzielen könnten, würden wir das Geld ausgeben. Es ist ein sehr attraktives Geschäft. Ich weiß nicht, wie man so etwas schaffen könnte. Wir sind der kostengünstigste Anbieter. Und wer der kostengünstigste Anbieter von etwas ist, das die Menschen kaufen müssen und das etwa 1500 Dollar kostet, hat ein hervorragendes Geschäft. Wir haben dauerhafte Wettbewerbsvorteile.«

INTERNATIONALE EXPANSION VON GEICO

2001 Aktionärsversammlung (01:31:31)

WB: »Wir haben mit GEICO ein Geschäftsmodell, das in diesem Land richtig gut funktioniert, und es wird weiterhin gut funktionieren und wir haben grundlegenden Vorteil, ein kostengünstiger Anbieter zu sein. Deshalb denken wir über alle Möglichkeiten nach, wie wir diesen Ansatz weiterentwickeln können. Das ist allerdings ziemlich schwierig. Seit Leo Goodwin das Unternehmen 1936 gegründet hat, hat die Führung verschiedene Dinge ausprobiert, um in andere Bereiche vorzudringen. Diese Bemühungen waren in bestimmten Bereichen wie der Lebensversicherung zwar einigermaßen erfolgreich, aber dann wurden sie wieder aufgegeben. Aber der Ansatz ist natürlich da.«

»Wir haben einen Marktanteil von etwa 4 Prozent in den Vereinigten Staaten. Dieser Markt ist riesig. Wenn wir uns den Personalaufwand ansehen, der mit der Expansion in andere Länder verbunden wäre – und wir haben uns das sehr genau angesehen, und vielleicht werden wir irgendwann auch expandieren –, haben wir angesichts der starren Strukturen in Europa und Asien nie einen möglichen Gewinn gesehen. Es ist nicht einfach, in diese Märkte vorzudringen. Die Kosten, der Zeitaufwand – wir waren der Meinung, dass es besser wäre, diese Ressourcen im eigenen Land zu konzentrieren. Das ist keine Frage des Kapitals. Wir würden das Geld sofort investieren. Da gibt es Personalkosten und Finanzierungskosten. Die Finanzierungskosten stören uns nicht. Die Personalkosten sind ein echtes Problem, denn da sind wir wieder bei Charlies Opportunitätskosten. Wir haben talentierte Führungskräfte, aber ihre Zahl ist begrenzt. Und mir ist es lieber, wenn Tony Nicely, Bill Roberts und ihr Team sich darauf konzentrieren, wie wir in diesem Land zu angemessenen Preisen zusätzliche Marktanteile gewinnen können, als jetzt ein Projekt in Europa oder Asien zu starten. Trotzdem ist das eine interessante Option. Ich versichere Ihnen, dass wir ständig darüber nachdenken und das auch weiterhin tun werden.«

PROGRESSIVE UND DIE TELEMATIK

2012 Aktionärsversammlung (00:43:35)

WB: »Progressive ist wahrscheinlich führend im Bereich Telematik. Bei GEICO haben wir das noch nicht umgesetzt, würden es aber machen, falls sich dies als die bessere Methode zur Bewertung der Unfallwahrscheinlichkeit eines Fahrers herauskristallisieren sollte. Ich glaube, wer auf der Website von GEICO einen Kostenvoranschlag einholt, muss 51 Fragen beantworten. Jede Einzelne davon dient dazu, die Unfallanfälligkeit zu bewerten. Wenn Sie sechs Monate lang mit jemandem im Auto unterwegs sind, können Sie natürlich einiges über dessen Unfallanfälligkeit lernen, vor allem wenn die betreffende Person nicht weiß, dass Sie mitfahren. Ich sehe darin keine große Veränderung, aber wenn es Ihnen damit gelingt, die Vorhersage zur Unfallanfälligkeit einer bestimmten Person zu verbessern, werden wir es in Betracht ziehen.«

»Wir sind immer auf der Suche nach weiteren Faktoren, die uns Aufschluss über die Unfallwahrscheinlichkeit einer Person geben. Nehmen wir zum Beispiel junge Menschen – es steht außer Frage, dass ein 16-jähriger Mann[49] viel häufiger einen Unfall hat als jemand wie ich, der gut 5600 Kilometer pro Jahr fährt und dabei nicht versucht, junge Frauen zu beeindrucken. Das ist offensichtlich. Manche Faktoren sind sehr gut zur Vorhersage geeignet, obwohl man das nicht unbedingt erwarten würde. Die Kreditwürdigkeit sagt beispielsweise viel über die Fahrgewohnheiten aus, aber das darf nicht überall berücksichtigt werden. Wir prüfen alles, aber ich sehe in diesem neuen Experiment nichts, was GEICO in irgendeiner Weise gefährden könnte.«

»Unser Marketing funktioniert hervorragend, unsere Risikoselektion funktioniert hervorragend und unsere Kundenbindung funktioniert gut. GEICO ist eine tolle Maschine. Ich denke, wir führen es mit etwa 1 Milliarde Dollar über seinem materiellen Buchwert in unseren Büchern; aber das Unternehmen ist viel mehr wert. Basierend auf dem Preis, den wir bezahlt haben, läge diese Zahl heutzutage bei etwa 15 Milliarden Dollar über dem Buchwert. Wir würden es dafür nicht verkaufen. Wir würden es sowieso nicht verkaufen, aber selbst ein Gebot in dieser Höhe würde uns nicht im Geringsten in Versuchung führen.«

2013 Aktionärsversammlung (00:36:17)

WB: »Bei der Kfz-Versicherung geht es darum, anhand einer Reihe von Variablen die Wahrscheinlichkeit zu ermitteln, mit der eine Person einen Unfall haben wird … Es gibt eine Reihe von Variablen, die dabei sehr hilfreich sind. Progressive konzentriert sich auf dieses Snapshot-Modell [Telematik], und wir werden sehen, wie sich das entwickelt. Dass wir Versicherungen zu einem Preis anzubieten, der deutlich unter dem der meisten unserer Wettbewerber liegt, zeigt sich darin, dass Kunden, die uns anrufen, zu uns wechseln. Gleichzeitig erzielen wir einen erheblichen Underwriting-Gewinn, was darauf hindeutet, dass unser Auswahlverfahren recht gut funktioniert.«

»Wer das falsche Auswahlverfahren anwendet, wird schlechte Underwriting-Ergebnisse erzielen. Unser System und unsere Underwriting-Kriterien wurden über viele Jahrzehnte hinweg entwickelt. Jeder in der Branche versucht, auf dem einen oder anderen Weg, die Wahrscheinlichkeit genauer vorherzusagen, dass eine bestimmte Person einen Unfall hat. Progressive konzentriert sich auf das Snapshot-Modell, und wir beobachten das mit Interesse – aber wir sind mit der aktuellen Situation bei GEICO sehr zufrieden.«

2013 Aktionärsversammlung (01:40:27)

WB: »Progressive ist da offensichtlich anderer Meinung als wir, aber ich glaube nicht, dass das Unternehmen eine bessere Auswahlmethode hat als wir. Ich würde sogar sagen, dass unsere etwas besser ist. Aber jedes Unternehmen hat seinen eigenen Ansatz … Mit unserem Auswahlsystem gewinnen wir

[49] Anmerkung der Übersetzerin: In den USA kann man in einigen Staaten den Führerschein bereits im Alter von 16 Jahren machen.

im Vergleich zum Marktwachstum eine überproportionale Anzahl neuer Versicherungsnehmer, sodass unsere Tarife attraktiv sind und wir gute Underwriting-Ergebnisse erzielen. Und wir suchen weiterhin nach Möglichkeiten, unser Auswahlverfahren zu verfeinern. Aber wir gehen dabei nicht leichtfertig vor, denn was wir derzeit machen, funktioniert sehr gut. Vergleichen Sie ruhig einmal die Ergebnisse von Progressive mit denen von GEICO in den nächsten zwei oder drei Jahren. Wenn wir uns irren, werde ich unumwunden zugeben, dass wir uns geirrt haben – aber ich glaube nicht, dass das der Fall sein wird.

2019 Aktionärsversammlung (03:07:38)

WB: »Progressive ist ein sehr gut geführtes Unternehmen, ebenso wie GEICO. Ich bin überzeugt, dass diese beiden Unternehmen noch lange Zeit die beiden Unternehmen sein werden, die es der restlichen Kfz-Versicherungsbranche schwermachen, ihnen Marktanteile abzunehmen. Ich bin schon seit langer Zeit der Meinung, dass Progressive sehr gut geführt wird. Das Unternehmen hat Appetit auf Wachstum. Manchmal kopieren sie uns ein wenig, und manchmal kopieren wir sie ein wenig. Ich denke, das wird auch in fünf oder zehn Jahren noch so sein.«

»GEICO verkauft über eine Agenturvereinbarung Hausratversicherungen in erheblichem Umfang. Wir haben diese Versicherungen selbst angeboten, bis Hurrikan Andrew kam und wir zu dem Schluss gelangt sind, dass man mit Hausratversicherungen im Grunde in einem Jahr so viel verlieren kann, wie man in den vergangenen 25 Jahren verdient hat. Und der Float ist nicht so groß. Deshalb vermittelt GEICO unsere Kunden bei dem Wunsch nach Hausratversicherungen an verschiedene andere große und solide Unternehmen.«

»Das Wichtigste ist die Kfz-Versicherung … Ich bin sehr zufrieden mit GEICO; was Tony Nicely und seine Leute dort aufgebaut haben, ist perfekt. Aber Progressive ist ein hervorragendes Unternehmen; wir beobachten weiterhin, was sie tun, und sie beobachten, was wir tun. Und in fünf bis zehn Jahren werden wir sehen, wer von uns State Farm zuerst überholt.«

AJIT JAIN: »Der Gewinn von Versicherungsabschlüssen hängt im Wesentlichen von zwei wichtigen Variablen ab: zum einen von der Kostenquote und zum anderen von der Schadensquote. GEICO hat gegenüber Progressive einen erheblichen Vorteil bei der Kostenquote, und zwar in Höhe von etwa sieben Punkten. Bei der Schadenquote schneidet Progressive deutlich besser ab als GEICO. Ich schätze, Progressive hat da einen Vorsprung von etwa zwölf Punkten gegenüber GEICO. Unter dem Strich liegt Progressive also etwa fünf Punkte vor uns. GEICO ist sich dieses Nachteils bei der Schadenquote durchaus bewusst und konzentriert sich darauf, diese Lücke so schnell wie möglich zu schließen. Wir haben einige Projekte in Arbeit. Manchmal liegt GEICO vor Progressive. Derzeit liegt Progressive vor GEICO. Aber ich bin zuversichtlich, dass GEICO in Bezug auf die Schadenquote aufholen und auch den Vorteil bei der Kostenquote halten wird.«

WB: »GEICO hat seit der Übernahme durch Tony praktisch jedes Jahr Marktanteile gewonnen. Und ich würde jede Wette abschließen, dass GEICO seinen Marktanteil in den nächsten fünf Jahren weiter ausbaut. Es ist also ein hervorragendes Unternehmen. Aber Progressive ist ebenfalls ein hervorragendes Unternehmen. Wie Ajit sagt, haben wir den Vorteil bei den Kosten, und wir werden auch weiterhin einen Vorteil bei den Kosten haben. Progressive hat eine sehr ausgefeilte Methode zur Preisgestaltung. Die Frage ist, ob wir einen Teil der besagten sechs Punkte in Bezug auf die Schadenquote wieder abgeben. Wir geben uns die größte Mühe, aber ich bin sicher, dass auch sie sich die größte Mühe geben, ihr System zu verbessern. In gewisser Weise ist es ein Wettrennen zwischen zwei Pferden, und wir haben ein sehr gutes Pferd.«

CM: »Es liegt in der Natur der Sache, dass hin und wieder jemand etwas besser kann als wir.«

2019 Aktionärsversammlung (04:44:25)

WB: »General Motors hatte tatsächlich lange Zeit eine Firma namens Motors Insurance Company; verschiedene Hersteller haben es versucht [mit dem Verkauf von Kfz-Versicherungen]. Ich würde sagen, dass die Erfolgsaussichten der Autohersteller im Versicherungsgeschäft ungefähr so groß sind wie die der Versicherungsgesellschaften im Autogeschäft. Was das Versicherungsgeschäft angeht, mache ich mir viel mehr Sorgen um Progressive als um die Möglichkeiten der Autohersteller, die ich in diesem Bereich sehe. Dieses Geschäft ist nicht einfach. Ich würde jede Wette abschließen, dass hier kein einziges Unternehmen aus der Automobilbranche einen außergewöhnlichen Erfolg erzielen könnte. Die Idee, Telematik zur Untersuchung der Fahrgewohnheiten von Autofahrern einzusetzen, hat sich weit verbreitet. Es ist wichtig, Daten darüber zu sammeln, wie Menschen fahren, wie stark sie bremsen, wie stark sie ausweichen und so weiter. Ich zweifle also nicht am Wert dieser Daten, aber ich glaube nicht, dass Automobilhersteller wie Tesla damit künftig einen Vorteil haben. Ich glaube nicht, dass sie mit dem Kfz-Versicherungsgeschäft Geld verdienen.«

2021 Aktionärsversammlung (01:25:25)

WB: »Progressive hat in den vergangenen Jahren die beste Performance erzielt, was das Verhältnis zwischen Prämien und Risiko angeht. Das ist das A und O im Versicherungsgeschäft: Man braucht die richtigen Tarife. Wer davon ausgeht, dass 90-Jährige und 20-Jährige die gleiche Sterbewahrscheinlichkeit haben, ist im Lebensversicherungsgeschäft sehr schnell draußen. Derjenige übernimmt alle Risiken der 90-Jährigen und die anderen übernehmen die Risiken der 20-Jährigen. Das Gleiche gilt für die Kfz-Versicherung. Die Unternehmen, die für jeden ihrer Versicherungsnehmer den besten Tarif anbieten, werden sehr gut abschneiden – und Progressive hat in dieser Hinsicht sehr gute Arbeit geleistet. Wir sind bereits viel besser aufgestellt, und Todd Combs ist zu uns gekommen. Das ist ausgesprochen interessant. Sowohl Progressive als auch GEICO wurden in den 1930er-Jahren gegründet und hatten lange Zeit das bessere Produkt, was die Kosten angeht. Und doch sind wir hier, fünfundachtzig Jahre später, und der Gesamtmarktanteil der beiden Unternehmen beträgt 25 Prozent. Und das nach über achtzig Jahren mit einem besseren Produkt. Es handelt sich also um eine sich nur sehr langsam verändernde Wettbewerbssituation, aber Progressive hat in letzter Zeit sehr gute Arbeit geleistet. Wir haben über die Jahre ebenfalls sehr gute Arbeit geleistet, und wir leisten auch jetzt gute Arbeit, aber wir haben einige sehr bedeutende Verbesserungen vorgenommen.«

»State Farm ist nach wie vor der größte Kfz-Versicherer, aber ich gehe davon aus, dass in fünf Jahren GEICO und Progressive die beiden Spitzenplätze einnehmen werden. In welcher Reihenfolge weiß ich nicht, das wird sich zeigen. GEICO hat sich hervorragend entwickelt, aber Progressive war besser darin, die richtigen Tarife festzulegen. Wir holen jedoch ziemlich schnell auf.«

2022 Aktionärsversammlung (01:21:02)

AJ: »Das Geschäft mit privaten Kfz-Versicherungen ist sehr wettbewerbsintensiv. Dennoch sind sowohl GEICO als auch Progressive zwei äußerst erfolgreiche Wettbewerber in diesem Segment. Beide haben ihre Vor- und Nachteile. Es steht außer Frage, dass Progressive in letzter Zeit sowohl hinsichtlich der Margen als auch der Wachstumsrate deutlich besser abgeschnitten hat als GEICO. Dafür gibt es eine Reihe von Gründen, aber ich denke, der größte Faktor für GEICO ist die Telematik. Progressive ist seit mehr als zehn Jahren, wahrscheinlich sogar seit fast zwanzig Jahren, auf den Telematik-Zug aufgesprungen. GEICO war bis vor kurzem noch nicht im Bereich Telematik tätig. Erst in den letzten Jahren hat das Unternehmen ernsthafte Anstrengungen unternommen, Telematik zur Segmentierung und zur Anpassung der Tarife und die Einschätzung von Risiken einzusetzen. Der Weg ist lang, aber die Reise hat begonnen, und die ersten Ergebnisse sind vielversprechend. Es wird noch eine Weile dauern, aber ich hoffe und gehe davon aus, dass GEICO in den nächsten ein bis zwei Jahren Progressive in Sachen Telematik einholen kann. Und hoffentlich wird sich das dann sowohl in der Wachstumsrate als auch in den Margen niederschlagen.«

WB: »Die Kfz-Versicherungsbranche ist ein faszinierendes Studienobjekt. … Das war schon so etwa 1903, als Autos erst so richtig aufkamen. Und nur wenige Jahre später wurden bereits Millionen Autos pro Jahr produziert. Daher wurde die Kfz-Versicherung sehr wichtig. Jahrhundertelang dachten die Menschen bei Versicherungen an Schiffe auf See und an Feuer, für die es Schutzvereine gab. Versicherungen als Produkt gibt es schon seit langer Zeit. Aber die Kfz-Versicherung ist seit der Gründung von GEICO durch Leo Goodwin im Jahr 1936 ziemlich unverändert geblieben. Dann kamen wir mit einem guten Ansatz und vielen großen Unternehmen und all dem. Aber die größte Kfz-Versicherung der Vereinigten Staaten wurde in Illinois von einem Mann gegründet, der nichts über Versicherungen wusste, und es ist eine Versicherungsgesellschaft auf Gegenseitigkeit, die im Kapitalismus eigentlich keinen Erfolg haben dürfte.«

»An den Wirtschaftsfakultäten lernt man, dass ein Unternehmen nur erfolgreich sein kann, wenn es Anreize, Vergütungen und alle möglichen anderen Dinge gibt. Niemand ist bei State Farm reich geworden, und das ist die größte Versicherungsgesellschaft. Leo Goodwin gründete GEICO vor etwa achtzig Jahren und wollte damit wahrscheinlich reich werden. Das Gleiche gilt vermutlich auch für Progressive. Die Leute wollten bei Travelers und Aetna reich werden – da könnte man noch Dutzende Unternehmen aufzählen. Wer gewinnt? Ein Versicherungsverein auf Gegenseitigkeit, State Farm. Gemessen an der aktuellen Größe ist State Farm immer noch das größte Unternehmen. Abgesehen von Berkshire hat dieses Unternehmen mit Abstand das größte Nettovermögen; ich glaube, es sind 140 Milliarden Dollar oder so.«

»Progressive wurde lange Zeit von einem sehr klugen Menschen geleitet, und auch jetzt hat das Unternehmen sehr kluge Menschen an der Führungsspitze, aber ihr Nettovermögen beläuft sich nur auf ein Sechstel dessen, was einige Leute in Illinois besitzen, deren Namen niemand kennt. Sie hatten Zeit, das gleiche Produkt zu verkaufen, sie machen Werbung wie verrückt; wir geben in einem Jahr 2 Milliarden Dollar aus und erzählen den Menschen seit siebzig oder achtzig Jahren dasselbe. Die Unternehmenspolitik ändert sich nicht. Aber wenn wir alles hinter uns haben, macht State Farm immer noch mehr Geschäfte als alle anderen. Und im Kapitalismus dürfte es ein solches Unternehmen gar nicht geben. Wenn Sie heute vorhätten, eine Firma wie State Farm zu gründen, als Konkurrenz für Progressive, wer würde das Kapital dafür bereitstellen? Eine Versicherungsgesellschaft auf Gegenseitigkeit, mit der man keinen Gewinn machen kann – das ergibt überhaupt keinen Sinn. Außer, dass sie ein Vermögen von 140 Milliarden Dollar oder so hat. Und Progressive hat ein Vermögen von etwa 20 Milliarden Dollar. Das Unternehmen ist sehr diszipliniert bei der Risikoprüfung. Und natürlich ist sein Vermögen im ersten Quartal auf der Investitionsseite gesunken, weil es viele Anleihen besitzt. Die Führung sagt, wie das praktisch jeder in der Versicherungsbranche sagen würde, dass das Unternehmen Anleihen besitzt, weil das eben so üblich ist. Die Hälfte des Versicherungsgeschäfts [Verwaltung von Geldanlagen, in der Regel aus dem Float, der aus den von den Versicherungsnehmern gezahlten Prämien stammt, die Monate oder Jahre vor der Auszahlung der Versicherungsleistungen eingehen] besteht darin, das zu tun, was alle anderen auch tun. Und die andere Hälfte [des Versicherungsgeschäfts] besteht darin, dass das Unternehmen viel Zeit darauf verwendet, auf jede erdenkliche Weise zu analysieren, wie sich das Geschäft aufteilen und richtig bewerten lässt. Und im Grunde saß Peter Lewis [von Progressive] vor 40 Jahren in meinem Büro, ein verdammt schlauer Bursche. Dieser Mann war eindeutig ein wichtiger Konkurrent von Berkshire, er kannte sich in der Versicherungsbranche bestens aus und war ausgesprochen intelligent, aber er ignorierte die Investmentseite. Und die ist genauso wichtig wie das Versicherungsgeschäft. Es ist interessant, wie Organisationen funktionieren und welche blinden Flecken sie haben. Natürlich wissen Charlie und ich, dass wir selbst alle möglichen blinden Flecken haben, deshalb müssen wir vorsichtig sein, wenn wir andere dafür kritisieren. Aber das Kfz-Versicherungsgeschäft sollte an Wirtschaftsfakultäten gelehrt werden, weil es so viele Dinge widerlegt, die dort derzeit gelehrt werden.«

2023 Aktionärsversammlung (00:25:33)

AJ: »Was GEICO und Telematik angeht, hat GEICO die Flucht nach vorn angetreten und rasante Fortschritte dabei erzielt, die Lücke zu seinen Mitbewerbern im Bereich Telematik zu schließen. Mittlerweile sind sie an einem Punkt angelangt, an dem bei fast 90 Prozent des Neugeschäfts Telematikdaten in die Preisgestaltung einfließen. Leider wird weniger als die Hälfte davon von den Versicherungsnehmern in Anspruch genommen. Ein weiterer Punkt, den ich ansprechen möchte, ist, dass wir zwar Fortschritte gemacht haben, in der Telematik Lücken zu schließen, aber noch nicht einmal damit begonnen haben, den wahren Nutzen daraus zu ziehen. Der eigentliche Grund für den Engpass ist die Technologie. Die Technologie von GEICO muss stärker verbessert werden, als ich gedacht hatte. Es gibt mehr als 600 veraltete Systeme, die nicht wirklich miteinander kommunizieren. Wir versuchen, sie auf fünfzehn oder sechzehn Systeme einzudampfen, die alle miteinander kommunizieren. Das ist eine gewaltige Herausforderung. Aus diesem Grund haben wir trotz der Verbesserungen im Bereich Telematik noch einen langen Weg vor uns … Dies und das allgemeine Problem, die Tarife an das Risiko anzupassen, bedeuten, dass GEICO noch viel zu tun hat … Es wird noch ein oder zwei Jahre dauern, bis wir wieder auf Kurs sind, weil wir sowohl an der Rentabilitäts- als auch an der Wachstumsfront kämpfen.«

WB: »Todd Combs war sowohl Ajits als auch meiner Meinung nach der richtige Mann für GEICO, um sich das Problem der Anpassung der Prämien an das Risiko vorzuknöpfen; und dabei geht es schließlich im Versicherungsgeschäft. Er kam genau zum richtigen Zeitpunkt, kurz bevor die Pandemie ausbrach und sich alles veränderte. Aber Todd leistet bei GEICO hervorragende Arbeit. Er arbeitet eng mit Ajit zusammen. Da er aber noch ein Haus in Omaha hat, kommt er immer mal hierher, und manchmal treffen wir uns auch am Wochenende. Das ist unter schwierigen Umständen eine bemerkenswerte Leistung. Er hat die Probleme noch nicht vollständig gelöst, aber er hat bei GEICO in vielerlei Hinsicht sehr große Veränderungen bewirkt.«

BEN GRAHAM UND GEICO

2023 Aktionärsversammlung (02:18:44)

CM: »Ben Graham war ein wirklich begabter Lehrer, und das ist ein sehr ehrenwerter Beruf. Das ist auch geblieben. Über eine interessante Tatsache sprach Graham in seinem Alter jedoch eher verschämt – und zwar, dass mehr als die Hälfte aller Investitionserträge, die Ben Graham in seinem ganzen Leben erzielt hatte, aus einer einzigen Wachstumsaktie stammten, nämlich GEICO. Zu seiner Zeit gab es viele miese Unternehmen, die zu billig waren, und es ließ sich ein wenig Geld damit verdienen, vom einem zum anderen zu wechseln – aber das große Geld verdiente er mit einer Wachstumsaktie, GEICO. Eine unterbewertete supertolle Firma zu kaufen, ist eine ausgesprochen gute Sache, wie Berkshire immer wieder festgestellt hat.«

WB: »Und Ben schrieb einen Nachsatz zu der Ausgabe von 1949 von *The Intelligent Investor*, in dem er genau auf diese Tatsache hinwies. Er hat daraus einige gute Lehren gezogen. So ist das Leben: Man bereitet sich vor und verliert nicht alles auf dem Weg, und dann kommt etwas. GEICO kam, weil ein Bankier in Fort Worth Leo Goodwin eine Finanzierung gab, und ich glaube, der Bankier bekam drei Viertel davon. Soweit ich mich erinnere, ging es um 1,25 oder 1,5 Millionen Dollar. Das Geschäft wäre beinahe geplatzt, weil sich der Nettovermögenswert um 25.000 Dollar von dem unterschied, was ursprünglich angesetzt war. Heute ist dieses Unternehmen zig Milliarden Dollar wert. Aber er wies auch auf die Ironie dieser Situation hin. Er war intellektuell absolut ehrlich, was die Fehler, aber auch die Stärken seines Ansatzes anging. Charlie und ich haben das in unserem Leben gesehen. Die Vorbereitung, die Bereitschaft zu handeln, wenn es nötig ist … Auf ein oder zwei Dinge kommt es letztlich an, um die richtige Entscheidung zu treffen … Man muss einfach weiter versuchen, die Dinge zu durchdenken und nicht zu viele Dummheiten zu machen. Früher oder später hat man dann einen Lollapalooza[50], wie Charlie sagen würde.«

[50] Anmerkung der Übersetzerin: ein herausragendes, bemerkenswertes Ereignis

TEIL DREIZEHN

ANDERE THEMEN

»Stellen Sie sich vor, wie erfrischend eine Vorstandssitzung wäre, wenn alle sich hinsetzen und sagen würden: ›Jetzt gehen wir drei Stunden lang all unsere dummen Fehler durch und sprechen darüber, wie viel wir vermasselt haben.‹«

»Bei Derivaten kommt oft geliehenes Geld mit Unwissenheit zusammen, und das ist eine ziemlich gefährliche Kombination.«

»Investieren: Man muss nichts besonders Kluges tun, man muss nur vermeiden, Dinge zu tun, die ein Jahr später völlig idiotisch erscheinen; darin besteht das ganze Kunststück.«

»[Etwas kann] in 99 Prozent der Fälle funktionieren, aber in 83,3 Prozent der Fälle ist es wie russisches Roulette mit einer Kugel und sechs Kammern. Weder 83,3 Prozent noch 99 Prozent sind gut genug, wenn es keinen Gewinn gibt, der das Verlustrisiko ausgleicht.«

»Am Sonntag kann man viel Geld verdienen. Die Gelegenheit dazu bietet sich vielleicht nicht oft, aber wenn man am Sonntag einen Anruf bekommt, verdient man damit wahrscheinlich Geld.«

»Ein Banker sollte eher wie ein Ingenieur sein. Er ist mehr daran interessiert, Probleme zu vermeiden, als reich zu werden.«

Aktionärsversammlungen und Themen

BUFFETTS BESTE JAHRE

2001 Aktionärsversammlung (01:57:21)

WARREN BUFFETT: »Wenn ich mit einem kleinen Geldbetrag arbeiten würde, wäre das Universum riesig im Vergleich zu den Ideen, mit denen ich derzeit arbeite. Du hast die Jahre 1956 bis 1969 erwähnt; tatsächlich war meine beste Zeit davor. Ab dem Ende der 1950er-Jahre lag meine Rendite in den folgenden zehn Jahren im Durchschnitt bei etwa 50 Prozent pro Jahr. Ich glaube, das waren pro Jahr 37 Punkte mehr als der Dow, so in etwa. Aber ich arbeitete mit einer winzigen, winzigen, winzigen Geldsumme. Ich durchforstete Unmengen von Geschäftsunterlagen und fand ein oder zwei Gelegenheiten, in die ich 10.000 oder 15.000 Dollar investieren konnte, die einfach lächerlich billig waren. Und natürlich schrumpfte mit zunehmendem Geldvolumen das Universum der Möglichkeiten drastisch. Die Zeiten waren auch besser dafür geeignet … Aber wenn man heute mit wenig Geld arbeitet, mit genau dem gleichen Hintergrund wie Charlie und ich, den gleichen Ideen und Fähigkeiten, kann man meiner Meinung nach beträchtliche Summen verdienen – aber sobald man anfängt, Millionen zu verdienen, fällt die Kurve der zu erwartenden Ergebnisse dramatisch ab. Das liegt in der Natur der Sache. Wer in Bereiche vordringt, in die Millionen von Dollar investiert werden können, hat jede Menge Konkurrenz … Als ich anfing, habe ich die Unternehmenshandbücher von Moody's Seite für Seite durchgearbeitet. Ich habe wahrscheinlich 20.000 Seiten in den Unternehmenshandbüchern von Moody's zur produzierenden Industrie, zum Transport, zu Banken und Finanzwerten durchgearbeitet. Ich habe das zweimal gemacht. Ich habe mir jedes einzelne Unternehmen angesehen.«

CHARLIE MUNGER: »Ein genialer Mann, der kein Geld von anderen Leuten bekommen kann und mit einer sehr kleinen Summe arbeitet, sollte sich wahrscheinlich mit sehr eigenartigen Aktien beschäftigen und nach ungewöhnlichen, falsch bewerteten Gelegenheiten suchen. Aber die Welt ist so klein. Das mag für eine Person ein Weg sein, um groß rauszukommen, aber dieser Weg ist lang und mühsam.«

WB: »Leider glauben die meisten klugen Leute an der Wall Street, dass sie viel mehr Geld auf erheblich einfachere Weise verdienen können, indem sie sich an dem Geld anderer bereichern oder auf irgendeine Weise Dienstleistungen erbringen. Mit der Monetarisierung von Hoffnung und Gier lassen sich riesige Summen verdienen.«

FEHLINVESTITIONEN IN DER VERGANGENHEIT

1998 Aktionärsversammlung (03:22:12)

WB: »Beginnen wir damit, dass ich mit elf Jahren einige Cities-Service-Vorzugsaktien für 38 Dollar gekauft habe, deren Kurs auf 200 Dollar stieg – aber ich habe sie bei 40 Dollar verkauft und meine 2 Dollar Gewinn pro Aktie mitgenommen. Alle Aktien, die wir jemals verkauft haben, sind anschließend gestiegen, aber bei einigen war der Anstieg schmerzhafter als bei anderen. Der Verkauf von Disney in den 1960er-Jahren war sicherlich ein großer Fehler. Ich hätte kaufen und gar nicht über das Halten nachdenken sollen. Das ist schon oft passiert. Wir sind der Meinung, dass alles, was wir verkaufen, anschließend im Wert steigen sollte, weil wir gute Unternehmen besitzen. Wir verkaufen vielleicht, weil wir Geld für etwas anderes brauchen, aber aus unserer Sicht sind es weiterhin gute Unternehmen, und wir sind überzeugt, dass gute Unternehmen mit der Zeit an Wert gewinnen. Alles, was ich in der Vergangenheit verkauft habe, wurde, soweit ich mich erinnern kann, für viel mehr Geld verkauft. Und ich gehe davon aus, dass dies auch weiterhin der Fall sein wird. Das bereitet mir keine Sorgen. Aber ich muss zugeben, dass der Verkauf von Disney ein Fehler war, und tatsächlich haben sich auch die Werbeagenturen seit dem Verkauf sehr gut entwickelt. Tja, vielleicht ist ein Teil dieses Geldes in Coca-Cola oder etwas anderes geflossen, aber darüber mache ich mir keine Gedanken. Ich würde mir ehrlich gesagt Sorgen machen, wenn ich eine Reihe von Dingen genau zum Höchststand verkauft hätte, denn das würde bedeuten, dass ich bei meinen Investitionen die ›Bigger-Fool‹-Strategie verfolgt habe, und nach meiner Überzeugung kann man damit auf Dauer nicht erfolgreich sein. Ich denke, wenn die erfolgreichsten Investoren überhaupt verkaufen, dann Aktien, die am Ende viel höher steigen, weil das bedeutet, dass sie im Laufe der Zeit in gute Unternehmen investiert haben.«

CM: »… es ist wirklich nützlich, an seine Fehler erinnert zu werden. Und darin sind wir ziemlich gut, meine ich. Wir reiben uns im Geiste unsere Fehler unter die Nase. Das ist eine sehr gute mentale Angewohnheit. Warren kann Ihnen genau sagen, zu welchem Preis er seine Aktien verkauft hat, und diesen mit dem aktuellen Kurs vergleichen. Das tut ihm tatsächlich weh.«

WB: »Eigentlich tut es nicht weh, weil man einfach weitermacht. Aber es ist lehrreich, Nachbesprechungen durchzuführen. Jede Akquisitionsentscheidung, Dinge dieser Art, sollten nachbesprochen werden. Tja, die meisten Unternehmen führen keine Nachbesprechungen zu ihren Kapitalausgaben durch. Ich war im Laufe der Jahre in vielen Unternehmen als Aufsichtsrat tätig, und dort wurde in der Regel nicht viel Zeit für Nachbesprechungen aufgewendet. Da wird viel Zeit damit verbracht, Ihnen zu erzählen, wie wunderbar die Akquisitionen oder die Investitionen sein werden, aber sie schauen sich die Ergebnisse nicht unbedingt gern genauer an.«

CM: »Stellen Sie sich vor, wie erfrischend eine Vorstandssitzung wäre, wenn alle sich hinsetzen und sagen würden: ›Jetzt gehen wir drei Stunden lang all unsere dummen Fehler durch und sprechen darüber, wie viel wir vermasselt haben.«

DERIVATE

1994 Aktionärsversammlung (00:13:44)

WB: »Vor einem Monat erschien in *Fortune* ein Artikel von Carol Loomis über Derivate, und das ist mit Abstand der beste Artikel, der zu diesem Thema geschrieben wurde [»The Risk That Won't Go Away«, März 1994]. … Letztes Jahr fragte jemand, was wohl die große Finanzgeschichte der 1990er-Jahre werden würde, und wir sagten, dass wir das natürlich nicht wissen, aber wenn wir ein Thema auswählen müssten, dann wären es wohl Derivate, weil sich damit eine ungewöhnlich hohe Hebelwirkungen erzielen lässt und die Beteiligten sie manchmal nicht vollständig verstehen.«

»Wenn man Unwissenheit und geliehenes Geld miteinander kombiniert, kann das zu ziemlich interessanten Konsequenzen führen, vor allem, wenn die Zahlen ungenau werden. Das ließ sich kürzlich bei der Ankündigung von Procter & Gamble beobachten. Ich kenne die Details der P&G-Derivate nicht, aber aus Presseberichten geht hervor, dass aus anfänglichen Zinsswaps schließlich Put-Optionen auf US-Anleihen und wohl auch Anleihen eines anderen Landes in großer Stückzahl wurden. Und wer vom Verkauf von Seife zum Verkauf von Put-Optionen auf Anleihen übergeht, hat einen großen Sprung gemacht. Die Möglichkeit, enorme Geldsummen zu leihen, verbunden mit der Chance, sehr schnell sehr reich oder sehr arm zu werden, war in der Vergangenheit immer ein Rezept für Probleme. Derivate werden nicht verschwinden. Sie erfüllen einen nützlichen Zweck, aber sie haben die besagte Kehrseite.«

1995 Aktionärsversammlung (01:11:15)

WB: »Der Einsatz von Derivaten würde drastisch reduziert, wenn der CEO im Bericht angeben müsste, ob er sie überhaupt versteht oder nicht … Es gibt Fälle – wenn auch nicht oft –, in denen wir etwas tun möchten, was sich am besten durch eine Transaktion mit einem derivativen Wertpapier erreichen lässt, und wir würden nicht zögern, sie einzusetzen. Wir würden natürlich sehr auf den Kontrahenten achten, denn eine solche Transaktion ist nur ein Stück Papier zwischen zwei Personen. Und in der Regel führt es dazu, dass einer der beiden am Ende der Laufzeit etwas Unangenehmes tun muss, nämlich einen Scheck an die andere Person ausstellen. Da möchte man sicher sein, dass diese Person sowohl willens als auch in der Lage ist, den Scheck auszustellen. Wir machen uns wahrscheinlich mehr Sorgen über das Kontrahentenrisiko als die meisten anderen.«

»Bei Derivaten kommt oft geliehenes Geld mit Unwissenheit zusammen, und das ist eine ziemlich gefährliche Kombination. Wir haben das im letzten Jahr teilweise erlebt. Wenn man nicht-physische Transaktionen im Volumen von Hunderten Millionen, Milliarden oder zig Milliarden Dollar tätigen kann, solange man eine Gegenpartei findet, die eine Unterschrift akzeptiert, birgt dies das Potenzial für viele Fehler und Missbräuche. Und wer sich die Formeln ansieht, die bei einigen dieser Instrumente, vor allem bei Zinsderivaten, verwendet werden, kann sich wirklich kaum vorstellen, inwiefern sich mit der Schaffung dieser Instrumente irgendein geschäftlicher Zweck erfüllen lässt. Derivate hatten den Charakter eines enormen Glücksspiels, weil sie im Unterschied zu einer Spekulation ein unnötiges Risiko aufwiesen. Sie schufen Risiken, anstatt vorhandene Risiken nur zu übertragen oder zu mindern – nein, sie schufen Risiken in großem Umfang. Es ist vielleicht ein Glücksfall, dass es im letzten Jahr etwa ein halbes Dutzend Fälle gab, in denen Menschen dadurch in Schwierigkeiten geraten sind, denn das könnte dazu beitragen, die Probleme in Zukunft zu mildern. Das Potenzial ist enorm.«

»Ich habe dieses Beispiel schon einmal angeführt, aber bei der Kreditaufnahme mit Wertpapierdeckung hat die Federal Reserve oder die US-Regierung vor vielen Jahrzehnten beschlossen, dass es im Interesse der Gesellschaft liegt, den Umfang zu begrenzen, in dem Menschen geliehenes Geld zum Kauf von Wertpapieren verwenden können. Sie hatten das Beispiel der 1920er-Jahre mit einer Margin von 10 Prozent vor Augen, die als Mitursache für den großen Crash angesehen wurde. Also führte die Regierung über die Fed Margin-Anforderungen ein und sagte: ›Es ist mir egal, ob Sie John D. Rockefeller sind; Sie müssen 50 Prozent der Kosten für den Kauf Ihrer General-Motors-Aktien selbst aufbringen‹, oder was auch immer es sein mag. Und sie sagten, vielleicht brauche Mr Rockefeller das nicht, aber die Gesellschaft brauche diese Beschränkung. Wir wollen nicht, dass eine Handvoll Leute mit einer geringen Margin handelt – im Grunde genommen mit Aktien zockt –, wenn das Kreise zieht, die für die Gesellschaft alle möglichen Probleme verursachen. Und dieses Gesetz gilt immer noch.«

»Aber es hat keine Bedeutung mehr. Denn verschiedene Derivate lassen die Margin-Anforderungen von 10 Prozent aus den 1920er-Jahren im Vergleich zu dem, was heute passiert, wie die konservativen Anforderungen eines Bankiers in einer Kleinstadt in Nebraska erscheinen. Diese Geschichte ist also interessant. Vielleicht haben die Erfahrungen des vergangenen Jahres … Alle konzentrieren sich jetzt auf Derivate, aber niemand weiß genau, was man damit machen soll. Sofern wir so etwas für sinnvoll halten und Charlie und ich es verstehen, finden wir vielleicht Wege, Derivate zu unserem Vorteil einzusetzen.«

CM: »Ich bin da noch mehr dagegen als du, auch wenn das schwer ist. Würde ich die Welt regieren, gäbe es keine Terminbörsen. Derivatgeschäfte würden allenfalls 5 Prozent ihres heutigen Umfangs ausmachen, und die Komplexität der Verträge würde stark abnehmen. Die Clearing-Systeme wären strenger. Ich glaube, die Welt ist ein bisschen verrückt geworden. Und ich bin sehr froh, dass ich nicht in einer Position bin, in der ich mich dafür rechtfertigen muss. Viele dieser Leute tun mir leid. Sie hatten großartige Banken. Und jetzt müssen sie vor andere Menschen treten, manchmal sogar vor ihre Kinder und Freunde, und behaupten, dass diese Dinge wunderbar seien.«

1999 Aktionärsversammlung (05:12:06)

WB: »Das Potenzial für Missbrauch ist groß, wenn Menschen ein paar Zahlen auf ein Blatt Papier schreiben können und lange Zeit nichts den Besitzer wechselt, während ihre Vergütung im nächsten Monat oder in diesem Jahr davon abhängt, welche Zahlen mit einer Reihe von Dingen verbunden sind, die erst in langer Zeit Früchte tragen werden, vor allem wenn man Kredite oder Ähnliches garantiert. Wenn die Zahlen im Verhältnis zum Gewinn hoch sind, muss man sehr genau hinschauen, denn falls etwas schiefgeht, kann das ziemlich große Ausmaße annehmen, und ein solches Risiko einzugehen rentiert sich finanziell nicht.«

2001 Aktionärsversammlung (03:17:05)

WB: »Wir betrachten diesen Bereich als potenziell explosiv, denn wenn eine große Gruppe von Menschen in vielen Fällen durch die Vorwegnahme potenzieller Gewinne bezahlt wird, ist die Situation gefährlich. Es gibt dann immer Leute, die unter diesem Druck zusammenbrechen und Dinge tun, die sie sonst nicht tun würden. Vor ein oder zwei Jahren gab es einen Fall in der Stromversorgungsbranche, als Edison in Kalifornien über eine Tochtergesellschaft die Mitarbeiter auf der Grundlage der prognostizierten Rentabilität der von ihnen abgeschlossenen Geschäfte bezahlte. Das ist gängige Praxis an der Wall Street – sie wurde auf die Versorgungsbranche übertragen und führte zu vorhersehbaren Ergebnissen.«

»Es ist gefährlich, Menschen für Geschäfte zu bezahlen, deren Ausgang erst in fünfzehn oder zwanzig Jahren feststeht, und ihnen dafür im Voraus viel Geld zu geben. Aber das ist in der Branche ziemlich üblich. Bei Salomon war das Standardpraxis, als ich dort war. Wie gesagt brechen manche Menschen unter diesem Druck womöglich sogar zusammen. Es ist nicht ganz dasselbe, aber es lohnt sich, Roger Lowensteins Buch *When Genius Failed* zu lesen, weil es einige der Probleme anspricht, die Charlie und ich beschrieben haben und die uns beunruhigen.«

CM: »Das Derivategeschäft hat das sehr große Problem, dass sich die Rechnungslegungsbranche verkauft hat. Die Rechnungslegung ist unsachgemäß. Da wird viel zu viel Einkommen in die Vorjahre verschoben. Das ist irrational optimistisch, weil die Leute in der betreffenden Branche das so wollen. Es führt nämlich zu höheren Vergütungen. Dieses System ist im Grunde unverantwortlich. Der Berufsstand der Wirtschaftsprüfer hat die Gesellschaft im Großen und Ganzen im Stich gelassen … Das Hauptproblem besteht darin, dass das gesamte Rechnungslegungssystem falsch ist, es ist zu optimistisch. Das wäre so, als würde man mit einer Abschreibungsrate von 30 Jahren ein Taxiunternehmen gründen.«

WB: »Oder als würde man eine sehr langfristige Versicherung abschließen und im Voraus eine hohe Provision auf der Grundlage des erwarteten Gewinns dieser Versicherung über einen Zeitraum von zehn Jahren oder so zahlen, die von demjenigen berechnet wurde, der die Police ausgestellt hat. Es gibt bestimmte Aktivitäten, die in der Finanzwelt äußerst gefährlich sind. Und wenn man sich einer solchen Situation nähert, muss man extrem vorsichtig sein … Man kann versuchen, dagegen vorzugehen – aber es ist schwierig, sich zu weit von den Branchennormen zu entfernen und trotzdem noch Geschäfte zu machen.«

CM: »Unsere Rechnungslegung ist viel konservativer als die übliche Derivatebilanzierung im Land, Gott sei Dank.«

2003 Aktionärsversammlung (02:21:37)

WB: »Charlie und ich sind überzeugt, dass es eine geringe, aber nicht unerhebliche Wahrscheinlichkeit gibt, dass irgendwann – vielleicht in drei Jahren, fünf Jahren, zwanzig Jahren oder sehr wahrscheinlich nie – Derivate ein systemisches Problem erheblich verschärfen könnten, das möglicherweise sogar durch ein anderes Phänomen ausgelöst wird. Und das wird unserer Meinung nach nicht ausreichend erkannt. Wir glauben, dass das Problem wachsen wird, weil die Derivate komplexer werden und ihre Verwendung weiter um sich greift … Wir haben dies in den letzten beiden Jahren im Energiesektor gesehen. Es hat bestimmte Institutionen zerstört oder fast zerstört, die niemals hätten zerstört werden dürfen. Und wir haben 1998 auch gesehen, wie das gesamte Finanzsystem, vor allem die Kreditmärkte, durch das Handeln eines Hedgefonds [LTCM] fast lahmgelegt wurde, der zwar nicht ausschließlich auf Derivaten basierte, aber ohne Derivate nicht in solche Schwierigkeiten geraten wäre.«

»Es handelt sich also um ein Thema, mit dem niemand so recht etwas anzufangen weiß. Charlie und ich wüssten nicht, wie man das regulieren könnte, aber wir glauben, dass wir aufgrund unserer Erfahrungen mit den spezifischen Gefahren für das Unternehmen in diesem Bereich einen gewissen Einblick in die systemischen Probleme haben, die auftreten könnten. Und die Leute wollen sich keine Gedanken darüber machen, bis es passiert. Aber es gibt einige Dinge in der Finanzwelt, über die man besser nachdenken sollte, bevor sie passieren, auch wenn die Wahrscheinlichkeit gering ist. Wir zerbrechen uns ständig den Kopf über geringe Wahrscheinlichkeiten; wir wollen nicht, dass bei Berkshire etwas Großes schiefgeht. Deshalb machen wir uns Gedanken über Dinge, über die viele Menschen nicht nachdenken – weil wir uns darüber Sorgen machen.«

CM: »In der Technik bauen die Menschen große Sicherheitspuffer in Systeme ein – Atomkraftwerke sind das extremste Beispiel dafür. In der Finanzwelt, bei Derivaten, scheint es, als würde sich niemand um Sicherheit scheren. Man lässt einfach zu, dass sich die Nutzung, die Anzahl und der Umfang der Transaktionen immer weiter aufblähen. Und dieses Aufblähen wird durch falsche Rechnungslegung noch begünstigt, bei der die Leute so tun, als würden sie Geld verdienen, das sie in Wirklichkeit nicht verdienen. Ich halte das für ausgesprochen gefährlich und bin pessimistischer als Warren. Ich wäre sehr überrascht, wenn es in den nächsten fünf bis zehn Jahren nicht zu einer größeren Krise käme.«

WB: »Sie wurden, und zwar mitunter ziemlich deutlich, als Mittel angepriesen, um die Risiken für die Teilnehmer des Systems zu verringern und das Risiko für das System insgesamt zu reduzieren. Sie haben längst den Punkt überschritten, an dem sie das Risiko für das System verringert haben; jetzt erhöhen sie das Risiko. Die Coca-Cola Company könnte das Wechselkurs- oder Zinsrisiko tragen, das sie eingeht; aber wenn Coca-Cola anfängt, diese Risiken auszulagern, und alle anderen großen Unternehmen weltweit mit relativ wenigen Akteuren dasselbe tun, hat man das im System vorhandene Risiko erhöht. Man hat das Risiko nicht verringert, sondern es nur auf wenige Akteure übertragen. Und diese Akteure sind in hohem Maße voneinander abhängig, und in gewissem Maße sind auch die Zentralbanken und alle vergleichbaren Institutionen anfällig für die Schwächen dieser Institutionen.«

»Wenn man beginnt, Risiken in hoch verschuldeten Institutionen zu konzentrieren, die mit einigen wenigen anderen Institutionen in Verbindung stehen, die alle die gleichen Risiken tragen und in ihren Handelsabteilungen die gleiche Motivation haben, immer mehr esoterische Geschäfte zu tätigen, weil sie so immer mehr Gewinne sofort verbuchen können, dann geht man ein Risiko ein. Und deshalb habe ich das beschrieben. Das ist keine Vorhersage, sondern eine Warnung.«

2004 Aktionärsversammlung (01:07:39)

WB: »Mit Derivaten lässt sich viel Unheil anrichten … und das Ausmaß ist absolut gigantisch und wird immer größer. Die mir bekannten Führungskräfte einiger Unternehmen, die in großem Umfang mit Derivaten handeln, haben keine Ahnung, was da vor sich geht. Wir hatten auch keine Ahnung, was bei Gen Re Securities vor sich ging. Wir haben versucht, uns einen Überblick zu verschaffen, aber es ist uns nicht gelungen. Und das war bei weitem nicht die umfangreichste oder komplizierteste Derivatoperation, die es gab.«

»In der Welt der Wertpapiere hängen viele Dinge zusammen, von denen man es nicht erwarten würde, und die Finanzwelt funktioniert bis zu einem gewissen Grad wie ein Sprengsatz. Die Leute wollen vorschnell loslegen und den anderen einen Schritt voraus sein. Und wer riesige Transaktionsvolumina hat, die viele Menschen nur vage verstehen, schafft ein potenziell großes Problem, das womöglich durch ein anderes exogenes Ereignis zum Vorschein kommt und zu Zahlungsausfällen in großem Stil führt … Ich würde prognostizieren, dass es in den nächsten zehn Jahren zu einigen sehr großen Problemen kommen wird, die durch die Aktivitäten der Menschen im Derivatebereich entweder verursacht oder erheblich verschärft werden.«

CM: »Ein Teil der Probleme, die du im Zusammenhang mit Freddie Mac [Garantiegeber für den Sekundärmarkt für Hypotheken] erwähnt hast, sind entstanden, weil die Leute sich nicht genügend Gedanken über die Folgen der Folgen gemacht haben. Dieser Fehler ist häufig. Man beginnt, sich gegen Zinsänderungen abzusichern, was sehr kompliziert ist, wenn man ein Hypothekenportfolio hat, bei dem die Leute ihre Hypotheken potenziell vorzeitig zurückzahlen können. Und dann führte die Absicherung gemäß den Rechnungslegungsvorschriften dazu, dass die Quartalsergebnisse ungleichmäßig wurden – anstatt schön gleichmäßig, wie es alle institutionellen Analysten gern sehen. Also gaben sie uns noch eine Reihe weiterer Derivate, um die Renditen zu glätten. Und damit beginnt das Lügen. Es ist so schon kompliziert genug. Aber wenn man dann noch mit dem Lügen beginnt, wird es zur verrückten Teeparty. Und doch passiert das mit renommierten Vorständen mit umfassender Finanzkenntnis, die im Verwaltungsrat eines Unternehmens sitzen. Das zeigt, dass Fachwissen nicht die Rettung ist. Jemand muss gesunden Menschenverstand haben, um zu sagen: ›Das machen wir nicht.‹ Das ist zu schwierig.«

WB: »Eines ist sicher: Der Händler, der Derivatgeschäfte tätigt, will sie sofort oder innerhalb von ein oder zwei Jahren mit Gewinn verbuchen, da er seinen Bonus oft auf der Grundlage der Zahlen für das jeweilige Jahr erhält … Er ist längst weg, wenn die Konsequenzen für das Unternehmen eintreten. Wann immer es Anreize gibt, Dinge falsch zu bewerten, und die Leute ziemlich clever sind, kommt es zu Fehlbewertungen oder zu der Versuchung, unangemessene Risiken einzugehen.«

2005 Aktionärsversammlung (02:07:48)

CM: »Ich glaube, dass viele der Probleme, mit denen Freddie [Mac] und Fannie [Mae] [Garantiegeber für den Sekundärmarkt für Hypotheken] zu kämpfen hatten, auf den umfangreichen Einsatz von Derivaten zurückzuführen sind und darauf, dass sowohl Fannie als auch Freddie den vollmundigen Versprechungen der Derivatehändler Glauben schenkten. Ich halte die Bilanzierung von Derivaten und den Derivatehandel in den Vereinigten Staaten für ausgesprochen problematisch und glaube nicht, dass die Strafen dafür bereits vollständig bezahlt sind.«

2009 Aktionärsversammlung (01:37:35)

WB: »Nach 1929 entschied der Kongress, dass es sehr gefährlich sei, Menschen große, mit Wertpapieren besicherte Kredite zu gewähren, da dies zur Weltwirtschaftskrise beigetragen habe. Deshalb wurde beschlossen, dass die Federal Reserve regulieren solle, wie viel Geld jemand auf seine Wertpapiere aufnehmen darf. Das war wichtig für die Gesellschaft. Die Federal Reserve führte Anforderungen an einen Sicherheitspuffer ein, die bis heute bestehen.«

»Man darf nicht mehr als 50 Prozent seiner Wertpapiere beleihen … Dann kamen Derivate auf und machten diese Regeln zur Lachnummer. Es gibt Total Return Swaps, mit denen man einen Kredit aufnehmen kann in der vollen Höhe des eigenen Vermögens. Das geht weit über alles hinaus, was es bis

1929 gab. Derivate wurden also zu einem Mittel, um die Regulierung des Hebels an den Märkten zu umgehen, die, wie ich bereits sagte, vom Kongress als wichtig erachtet wurde und für deren Durchsetzung die Federal Reserve nach wie vor verantwortlich ist … Es gibt ein Buch mit dem Titel *The Great Crash* von John Kenneth Galbraith. Ein super Buch.«

CM: »Ich glaube, dass es ein tiefergehendes Problem im Derivategeschäft gibt. Der Derivatehändler nutzt zwei Vorteile gegenüber dem Kunden aus. Erstens hat er wie ein Croupier einen mathematischen Vorteil, der dem Hausvorteil in Las Vegas entspricht. Zweitens spielt der Derivatehändler mit seinen eigenen Kunden dasselbe Spiel, wobei er den Vorteil hat, ein besserer Spieler zu sein und zu wissen, was die Kunden tun. Das ist im Grunde genommen ein schmutziges Geschäft. Man verkauft seinen Kunden, die einem vertrauen, Dinge, die für sie schlecht sind. Wir brauchen in Amerika nicht mehr davon. Wir brauchen weniger.«

2010 Aktionärsversammlung (02:23:07)

CM: »Meiner Meinung nach wurde die Nützlichkeit von Derivaten schon immer überbewertet. Wenn wir keine Derivate hätten, einschließlich der an Börsen gehandelten Kontrakte zum Kauf und Verkauf von Getreide, hätten wir immer noch reichlich Hafer und Weizen. Für die Menschen ist es vermutlich bequemer, ihre Risiken in der Landwirtschaft durch Derivatemärkte und Rohstoffe abzusichern. Die Frage lautet nicht: ›Haben Derivate Vorteile?‹ Die Frage lautet: ›Sind die Vorteile von Derivaten insgesamt größer als die Nachteile, oder wären wir ohne sie besser dran?‹ Ich bin der Meinung, dass es besser wäre, wenn wir wieder zu einem reinen Derivatehandel mit Rohstoffen, Metallen und Währungen zurückkehren würden, der unter verantwortungsvollen Regeln sicher durchgeführt wird, und alle anderen Derivate von der Erde verschwinden würden.«

2016 Aktionärsversammlung (01:05:15)

WB: »Die große Gefahr bei Derivaten besteht darin, dass es zu einer Diskontinuität kommt. Wenn es keine Diskontinuitäten gibt, gibt es wahrscheinlich auch keine größeren Probleme, vorausgesetzt, sie werden marktgerecht bewertet, besichert und so weiter. Wenn das System jedoch für eine Weile ausfällt, gibt es eine Menge Probleme. Nach dem 11. September fiel es für drei oder vier Tage aus. Während des Ersten Weltkriegs war die New Yorker Börse viele Monate lang geschlossen. Am Tag nach dem 19. Oktober 1987 [dem Schwarzen Montag] wurde ernsthaft über die Schließung der Börse diskutiert. Viele waren dafür. Am Dienstagmorgen sah es aus, als würde sie geschlossen, aber sie blieb geöffnet. Wenn es zu einem schweren Cyber-, Atom-, Chemie- oder Biowaffenangriff auf das Land kommt – was mit Sicherheit irgendwann passieren wird –, wenn es zu einer größeren Unterbrechung kommt, dann gibt es eine Menge Probleme. Wenn die Märkte wieder öffnen, werden Sie feststellen, dass es enorme Lücken in Bereichen geben kann, die nach Ihrer Überzeugung doch eigentlich vollständig durch Sicherheiten, Verrechnungsvereinbarungen und dergleichen geschützt sein sollten.«

»Daher halte ich sehr große Derivatepositionen für gefährlich … Sie sind nach wie vor eine potenzielle Zeitbombe im System. Alles, was mit Unterbrechungen verbunden ist – und das bedeutet im

Grunde genommen die Schließung und Einstellung der Handelsmärkte –, kann für die Märkte reines Gift sein. Kuwait hat vor Jahren ein sehr verzögertes System zur Abwicklung von Aktienkäufen eingeführt, sodass diese erst nach etwa sechs Monaten abgewickelt werden mussten. Das hat zu allen möglichen Problemen geführt, denn man hat sechs Monate lang einen Schuldschein von jemandem, und wenn man davon unzählige hat, kann das eine Menge Ärger bedeuten. Ich plädiere für … allgemeine Vorsicht. Ich bin weder über unsere Investition bei der Bank of America noch über unsere Position bei Wells Fargo beunruhigt … Andererseits gibt es eine Vielzahl von Banken auf der Welt – und wenn man die fünfzig größten Banken der Welt nimmt, würden wir wahrscheinlich fünfundvierzig davon nicht einmal in Erwägung ziehen.«

CM: »Wir befinden uns in der unangenehmen Lage, dass wir wahrscheinlich etwa 20 Milliarden Dollar mit Derivaten verdienen werden, allein mit den wenigen Kontrakten, die du und Ajit vor Jahren abgeschlossen habt. Aber wir sind anders als die Banken. Uns wäre es lieber gewesen, der Kauf dieser Derivate wäre für uns illegal gewesen. Das wäre besser für unser Land gewesen.«

USAIR INVESTMENT

1994 Aktionärsversammlung (01:26:05)

WB: »USAir hat eine Kostenstruktur, die im heutigen Fluggeschäft nicht tragfähig ist … Es steht außer Frage, dass die Kostenstruktur nicht stimmt. Aus meiner Sicht könnte die Kostenstruktur angepasst werden, aber ob das auch geschehen wird, ist eine andere Frage. Rückblickend ist die Antwort, dass man Unternehmen meiden sollte, die solche Probleme lösen müssen. Das war mein Fehler … Es entstehen immer enorme Spannungen, wenn man Hunderte Millionen Dollar aus der Kostenstruktur eines Unternehmens herausnehmen muss. Und wenn man die Zusammenarbeit verschiedener Gruppen benötigt, von denen verständlicherweise jede das Gefühl hat, dass sie vielleicht etwas mehr opfern muss als andere, dann ist das eine enorm schwierige Verhandlungsaufgabe.«

CM: »Wäre ich Gewerkschaftsführer, würde ich Seth [Schofield, Vorsitzender und CEO von USAir] alles geben, was er will, denn er ist nicht der Typ, der mehr verlangen würde, als er braucht. Und es ist völlig klar, dass dies die richtige Entscheidung auf Arbeitnehmerseite ist. Aber ob das Offensichtliche auch umgesetzt wird, das wissen die Götter.«

WB: »Da gibt es viele Menschen mit unterschiedlicher Motivation, und es handelt sich um wirklich schwierige Fragen. Charlie und ich haben schon einige Male mit solchen Situationen zu tun gehabt; oft klappt es, aber garantiert ist das nicht.«

FLUGGESELLSCHAFTEN

2017 Aktionärsversammlung (00:57:24)

WB: »Man könnte sich keine schwierigere Branche als die Luftfahrt aussuchen. Seit Orville Wright mit seinem Flugzeug abgehoben ist, hätte jeder, der über Investoren nachgedacht hätte, Wilbur Wright beauftragen sollen, ihn abzuschießen. Dann hätten alle hundert Jahre lang eine Menge Geld gespart. In den letzten Jahrzehnten sind etwa hundert Fluggesellschaften in Insolvenz gegangen. Charlie und ich waren einige Zeit lang Aufsichtsräte von USAir. Die Leute schreiben darüber, dass wir USAir als schreckliche Erfahrung verzeichnen mussten. Es war eine der dümmsten Entscheidungen, die ich je getroffen habe.«

CM: »Du hast dabei auch eine Menge Geld verdient. Unverdienterweise.«

WB: »Wir haben viel Geld damit verdient, weil es eine kurze Zeit gab, in der die Leute ganz begeistert von USAir waren. Und nachdem wir als Aufsichtsräte ausgeschieden waren und unsere Anteile verkauft hatten, schaffte es USAir, in der Folgezeit zweimal, in Insolvenz zu gehen.«

»Du hast eine Reihe von Faktoren genannt, die zu einer schlechten Wirtschaftlichkeit führen. Die Branche ist hart umkämpft. Die Frage ist, ob sie so umkämpft ist, dass es einem Selbstmord gleichkommt, wie das früher der Fall war. Wenn praktisch alle großen Fluggesellschaften und Dutzende kleinerer Fluggesellschaften pleitegehen, sollte man irgendwann zu der Erkenntnis kommen, dass man vielleicht in der falschen Branche tätig ist. Die Branche arbeitet seit einiger Zeit mit einer Auslastung von 80 Prozent oder mehr – gemessen an den verfügbaren Sitzmeilen[51] – und man kann sehen, welche Flugzeugauslieferungen anstehen, die dann die Kapazität noch weiter erhöhen. Man kann aus meiner Sicht also mit Fug und Recht sagen, dass sie in den nächsten fünf oder zehn Jahren mit einer noch höheren Platzkapazität arbeiten wird als in der Vergangenheit, die deshalb alle in den Ruin getrieben werden.«

»Die Frage ist nun, ob die Unternehmen wie in den 1980er-Jahren in Bezug auf die Preisgestaltung selbstmörderische Maßnahmen ergreifen werden; das bleibt abzuwarten. Derzeit erzielen sie tatsächlich recht hohe Renditen auf ihr investiertes Kapital. Ich glaube, sogar höher als FedEx oder UPS, wenn man das einmal nachprüft. Aber wenn Sie morgen früh eine dieser Fluggesellschaften leiten und Ihr Konkurrent die Preise senkt, müssen Sie Ihre Preise ebenfalls senken, und es gibt mehr Spielraum, die Preise zu senken, wenn der Treibstoffpreis sinkt, als die Preise anzuheben, wenn die Treibstoffpreise steigen. Es ist also keine Selbstverständlichkeit, dass die Branche in den nächsten zehn Jahren eine etwas höhere Preissensibilität an den Tag legen wird als in den vergangenen hundert Jahren. Aber die Bedingungen dafür haben sich verbessert. Sie haben mehr Arbeitsplatzsicherheit als früher, weil sie eine Insolvenz durchgemacht haben. Und sie werden alle eine Art Branchen-Tarifvertrag haben … Es wird einen gewissen Mangel an Piloten geben. Aber das ist nicht so wie der Kauf von See's Candies.«

CM: »Nein, aber die Investmentwelt ist härter geworden, mit mehr Wettbewerb, mehr Einfluss und einer völligen Finanzbesessenheit im ganzen Land. Früher, als es noch sehr einfach war, haben wir

---

[51] Anmerkung der Übersetzerin: Maß für die Beförderungskapazität. Es wird berechnet, indem die Anzahl der verfügbaren Sitzplätze mit der Anzahl der zurückgelegten Meilen (oder Kilometer) multipliziert wird.

viele niedrig hängende Früchte gepflückt. Und wir hatten enorme Sicherheitsmargen. Jetzt arbeiten wir unter weniger vorteilhaften Rahmenbedingungen. Und vielleicht haben wir kleine statistische Vorteile, während es früher wie ein Fischfang im Fass war. Aber das ist in Ordnung. Es ist okay, wenn es etwas schwieriger wird, nachdem man steinreich geworden ist.«

WB: »Charlie ist in diesem Punkt gelassener als ich.«

CM: »Tja, ich kann die niedrig hängenden Früchte nicht zurückholen, Warren. Du musst dich einfach weiter nach den höheren Ästen strecken.«

WB: »Ich halte es für sehr wahrscheinlich, dass es in fünf oder zehn Jahren mehr Passagierkilometer geben wird. Wenn die Fluggesellschaften in fünf oder zehn Jahren nur noch den Wert haben wie heute, der ihrem Eigenkapital entspricht, werden wir eine recht vernünftige Rendite erzielen, da sie viele Aktien zu einem relativ niedrigen Kurs-Gewinn-Verhältnis kaufen werden. Wenn die Unternehmen also am Ende des Jahres denselben Wert haben und weniger Aktien im Umlauf sind, verdienen wir im Laufe der Zeit ordentliches Geld. Und alle vier großen Fluggesellschaften kaufen eigene Aktien.«

CM: »Man darf nicht vergessen, dass die Eisenbahn jahrzehntelang ein furchtbares Geschäft war und dann wieder gut lief.«

WB: »Wenn man alle vier kauft, ist es zumindest meiner Meinung nach sehr schwer zu sagen, wer am besten abschneiden wird. Ich halte es für sehr wahrscheinlich, dass die Passagierkilometer in fünf oder zehn Jahren höher sein werden. Es werden Billiganbieter auf den Markt kommen. Die Spirits dieser Welt und die JetBlues und wie auch immer sie heißen mögen. Aber ich gehe davon aus, dass alle vier Unternehmen höhere Umsätze erzielen werden. Die Frage ist, wie die Betriebskosten im Verhältnis zum Umsatz aussehen werden. Es werden deutlich weniger Aktien im Umlauf sein. Selbst wenn die Unternehmen nur so viel wert sind wie heute, könnten wir also eine ordentliche Summe verdienen. Aber das ist noch lange keine Selbstverständlichkeit.«

2020 Aktionärsversammlung (01:39:58)

WB: »Im April werden Sie sehen, dass wir Wertpapiere im Wert von rund 6 Milliarden Dollar verkauft haben. Das liegt nicht daran, dass wir einen Einbruch des Aktienmarktes oder Ähnliches erwartet hätten. Ich bin einfach zu dem Schluss gekommen, dass ich einen Fehler gemacht habe. Als wir die Fluggesellschaften gekauft haben, habe ich eine entsprechend der Wahrscheinlichkeit gewichtete Entscheidung getroffen, dass es eine lohnende Investition sein würde. Wir haben rund 10 Prozent von den vier größten Fluggesellschaften gekauft. Das sind nicht 100 Prozent von dem, was wir im April 2020 gemacht haben, aber wir haben so zwischen 7 und 8 Milliarden Dollar bezahlt, um einen Anteil von 10 Prozent an den vier großen Unternehmen der Luftfahrtbranche zu erwerben. Dafür erhielten wir rund 1 Milliarde Dollar Gewinn; nicht 1 Milliarde Dollar Dividenden, aber wir haben unseren Anteil am zugrunde liegenden Gewinn auf 1 Milliarde Dollar geschätzt. Und wir waren der Meinung, dass diese Zahl im Laufe der Zeit eher steigen als sinken würde, auch wenn dies natürlich zyklisch vonstatten gehen würde. Und wir konnten effektiv nur etwa 10 Prozent von jedem der vier Unternehmen kaufen. Wir betrachten das mental genau so, als würden wir ein Unternehmen kaufen.«

»Es stellte sich heraus, dass ich mich in diesem Geschäft geirrt habe, und zwar aufgrund von Umständen, die in keiner Weise den vier hervorragenden CEOs anzulasten sind. Glauben Sie mir, es macht keinen Spaß, CEO einer Fluggesellschaft zu sein. Aber die Unternehmen, die wir gekauft haben, waren gut geführt. Sie haben vieles richtig gemacht. Es ist ein sehr schwieriges Geschäft, weil man jeden Tag mit Millionen von Menschen zu tun hat. Und wenn bei 1 Prozent von ihnen etwas schiefgeht, sind sie sehr unzufrieden. Ich beneide also niemanden, der den Job eines CEOs einer Fluggesellschaft hat. Aber ich finde es besonders schlimm, dass sie sich in einer Zeit wie dieser [der Covid 19-Pandemie] befinden, in der den Menschen gesagt wird, sie sollten nicht fliegen. Mir wurde gesagt, ich sollte eine Weile nicht fliegen … Das Fluggeschäft – ich kann mich irren, und ich hoffe, dass ich mich irre – hat sich meiner Meinung nach grundlegend verändert. Es hat sich offensichtlich dadurch verändert, dass die vier Unternehmen jeweils durchschnittlich mindestens 10 Milliarden Dollar Kredit aufnehmen werden. Nun, das muss man über einen bestimmten Zeitraum aus den Gewinnen zurückzahlen. Wenn das passiert, ist man um 10 Milliarden Dollar ärmer. Und in einigen Fällen müssen die Unternehmen Aktien verkaufen oder das Recht zum Kauf von Aktien zu diesen Preisen veräußern, und das schmälert den Gewinn.«

»Ich weiß nicht, ob die Menschen in zwei oder drei Jahren noch genauso viele Passagierkilometer fliegen werden wie im letzten Jahr. Vielleicht ja, vielleicht nein. Aber die Zukunft, wie sich das Geschäft entwickeln wird, ist für mich viel ungewisser, und das liegt absolut nicht an den Fluggesellschaften selbst. Es ist etwas eingetreten, für das eine niedrige Wahrscheinlichkeit bestand und das vor allem die Reisebranche getroffen hat – die Hotelbranche, die Kreuzfahrtbranche, die Themenparkbranche und insbesondere die Luftfahrtbranche. Und die Luftfahrtbranche hat das Problem, dass die Flugzeuge nicht verschwinden, wenn das Geschäft um 70 oder 80 Prozent zurückgeht. Man hätte zu viele Flugzeuge. Als die Bestellungen vor einigen Monaten aufgegeben und die Vereinbarungen getroffen wurden, sah das noch nicht so aus, aber die Welt hat sich für die Fluggesellschaften verändert.«

2020 Aktionärsversammlung (02:07:04)

WB: »Wir waren nicht davon enttäuscht, wie die Fluggesellschaften betrieben wurden, aber wir haben unsere Meinung geändert. Es handelt sich dabei um die vier größten US-Fluggesellschaften: American Airlines, Delta Air Lines, Southwest Airlines und United Continental. Zusammen machen sie wahrscheinlich mindestens 80 Prozent der Passagiermeilen in den Vereinigten Staaten aus. Wir mögen diese Fluggesellschaften, aber die Welt hat sich für Fluggesellschaften verändert. Ich weiß nicht, wie sie sich verändert hat, und ich hoffe, dass sie sich relativ schnell wieder normalisiert. Ich weiß nicht, ob die Amerikaner jetzt ihre Gewohnheiten geändert haben oder sie ändern, wenn es zu einer längeren Phase der teilweisen Schließung der Wirtschaft kommt. Ich weiß nicht, wie sich die Trends bei den Telefonaktivitäten der Menschen entwickeln werden. Ich habe seit sieben Wochen keinen Friseur mehr besucht und keine Krawatte mehr getragen. Ich muss mich nur entscheiden, welchen Jogginganzug ich anziehe. Wer weiß also, wie wir aus dieser Situation herauskommen werden. Aber aus meiner Sicht werden bestimmte Branchen – und leider gehört meiner Meinung nach auch die Luftfahrtindustrie dazu – durch eine erzwungene Schließung, durch Ereignisse, die weit außerhalb ihrer Kontrolle liegen, wirklich stark in Mitleidenschaft gezogen.«

»Wir hätten übrigens auch andere Fluggesellschaften gekauft, aber das waren die vier großen. Wir haben 7 oder 8 Milliarden Dollar investiert, aber wir haben nicht annähernd 7 oder 8 Milliarden herausgeholt, und das war mein Fehler. Es ist immer ein Problem, wenn Dinge eintreten, deren Wahrscheinlichkeit gering ist, aber genau das ist den Fluggesellschaften passiert. Wir haben unsere gesamten Anteile an allen vier Fluggesellschaften verkauft. Wenn wir etwas verkaufen, dann sehr oft unsere gesamten Anteile. Wir reduzieren keine Positionen. Das entspricht nicht unserer Vorgehensweise. Genauso wenig wie wir 100 Prozent eines Unternehmens kaufen, und dann 90 oder 80 Prozent davon verkaufen. Wenn uns ein Unternehmen gefällt, kaufen wir so viel wie möglich davon und behalten es so lange wie möglich. Aber wenn wir unsere Meinung ändern, machen wir keine halben Sachen … Wir haben alle Positionen in Fluggesellschaften verkauft.«

STOP-LOSS-ORDERS

1994 Aktionärsversammlung (02:40:49)

WB: »Ich habe zufällig mit dem NYSE-Spezialisten Jimmy Maguire gesprochen. Zu diesem Zeitpunkt lag der Aktienkurs bei etwa 16.000 Dollar und er hatte einige ziemlich große Stop-Loss-Orders bei 15.500 Dollar über Hunderte von Aktien im System … Warum jemand einen Auftrag erteilt, etwas für 15.500 zu verkaufen, das er bei 16.000 nicht verkaufen will, ist mir ein Rätsel. Die Tatsache, dass Leute Stop-Loss-Orders bei Berkshire einsetzen, sagt mir, dass wir es hier mit Leuten zu tun haben, die dies als eine Art Handelsinstrument nutzen oder ganz andere, nicht investitionsbezogene Berechnungen im Kopf haben … Die Aktie fiel tatsächlich auf 15.500 Dollar, es waren an die 300 Aktien, was einem Wert von 4,5 Millionen Dollar in Aktien entspricht. Anscheinend hat jemand beschlossen, dass er etwas für 15.500 Dollar verkaufen will, das er für 16.000 Dollar hätte verkaufen können. Je tiefer der Kurs fiel, desto besser fanden sie den Verkauf. Das kommt mir immer so vor, als hätte man ein Haus, das man mag, in dem man lebt und das einen Wert von 100.000 Dollar hat. Wenn dann jemand kommt und 90.000 Dollar bietet, sagt man seinem Makler, er solle es verkaufen. Das ergibt für mich keinen Sinn.«

PUT-OPTIONEN

1994 Aktionärsversammlung (02:49:07)

WB: »Ich erinnere mich, dass wir irgendwann im Frühherbst des vergangenen Jahres Put-Optionen auf fünf Millionen Coca-Cola-Aktien geschrieben haben. … Ich glaube, die Prämie betrug 7,5 Millionen Dollar, und der Preis lag bei etwa 35 Dollar pro Aktie … So etwas machen wir nicht oft. Ich habe es gern gemacht, und in diesem speziellen Fall haben wir 7,5 Millionen Dollar verdient. Wenn uns etwas so gut gefällt, dass wir eine Put-Option darauf schreiben, sollten wir wahrscheinlich besser das Wertpapier selbst kaufen … Alles in allem halte ich es nicht für eine so sinnvolle Nutzung meiner Zeit, wie einfach nach Wertpapieren zu suchen, die ich direkt kaufen kann.«

AMERICAN EXPRESS

1995 Aktionärsversammlung (01:25:16)

WB: »Wir besitzen knapp 10 Prozent von American Express. Das Unternehmen ist in verschiedenen Geschäftsbereichen tätig, aber der mit Abstand wichtigste Faktor für die Zukunft von American Express wird die Kreditkarte sein. Dieser Geschäftsbereich ist mittlerweile – und wird es wahrscheinlich auch in Zukunft – immer wettbewerbsintensiver.«

»Ich glaube, ich habe Ralph Schneider [Mitbegründer von Diners Club] Ende der 1950er-Jahre kennengelernt. American Express stieg aus Angst in das Kreditkartengeschäft ein; man befürchtete, dass die Kreditkarte das Geschäft mit Reiseschecks beeinträchtigen könnte. Das Geschäft mit Reiseschecks entstand, glaube ich, irgendwann in den 1890er-Jahren. Es baute auf dem alten Expressgeschäft auf, bei dem sich, wenn ich mich recht erinnere, Henry Wells und William Fargo an Express-Boxen ketteten, während sie diese in den Westen lieferten. Sie beschlossen, dass die Ausgabe von Reiseschecks vielleicht etwas einfacher wäre, als all dieses Zeug mit sich herumzuschleppen. So entwickelte sich das Reisescheckgeschäft aus dem Expressgeschäft, und das Kreditkartengeschäft bei American Express entstand aus der Angst vor dem damals besonders starken Diners Club; alle hatten Angst vor Diners Club, der allen einen Schritt voraus war. Und das Unternehmen war damit enorm erfolgreich.«

»Die American Express-Karte hatte eine unglaublich starke Position im Reise- und Unterhaltungsbereich des Kartengeschäfts. Die Banken stiegen in großem Stil ein, und Visa war enorm erfolgreich. Daher ist die Karte in bestimmten Bereichen, wie zum Beispiel bei Firmenkarten, Teil eines starken Franchise-Systems. Das ist sie immer noch, aber sie ist nicht mehr so breit aufgestellt wie vor vielen Jahren. Eine Zeit lang war sie die Karte schlechthin. Heute ist sie noch in bestimmten Bereichen die Karte schlechthin, aber sie ist bei weitem nicht mehr so breit aufgestellt wie früher.«

»Sie hat einige sehr wichtige Vorteile und wirtschaftliche Stärken, aber auch einige Schwächen. Diese muss man abwägen, wenn man überlegt, wo sie in Zukunft stehen wird, 2000 oder 2005. Wir glauben, dass die Führungsebene von American Express sich gut überlegt hat, wie man die Karte in bestimmten Situationen als etwas Besonderes positionieren kann. Und sie hat auf die Kritik der Händler wegen höherer Rabattgebühren intelligent reagiert. Wir werden also sehen, wie sich das alles entwickelt. Der eigentliche Schlüssel wird sein, wie sich das Kartengeschäft im Laufe der Zeit entwickelt.«

1996 Aktionärsversammlung (02:37:03)

WB: »American Express hat im Kreditkartengeschäft gegenüber seiner Position vor zwanzig Jahren an Boden verloren. Ich glaube, dass das Unternehmen seine Kunden eine Zeit lang etwas zu sehr für selbstverständlich gehalten hat. CEO Harvey Golub ist sehr darauf bedacht, das zu korrigieren, und hat bereits einige Fortschritte erzielt. Aber im Kreditkartengeschäft ist der Kampf mit den Wettbewerbern heute ganz anders als noch vor zwanzig oder fünfundzwanzig Jahren. Interessanterweise ist American Express ursprünglich in dieses Geschäft eingestiegen, weil man sich Sorgen um die Zukunft des Reisescheckgeschäfts machte. Dann kam Diners Club auf den Markt. Man sah, wie dieser Markt erobert wurde, und reagierte mit der Einführung der Kreditkarte. Eine Zeit lang dominierte das Unternehmen den Markt wirklich. Und natürlich dominiert es nach wie vor den Reise- und Unterhaltungsbereich. Aber Kreditkarten werden im Laufe der Zeit zu einem sehr wettbewerbsintensiven Geschäft. American Express muss seiner Karte auf irgendeine Weise einen besonderen Mehrwert verleihen, sonst wird sie immer mehr zu einer Massenware. Das ist kein einfaches Geschäft. Das Unternehmen hat zwar ein starkes Franchise-System, aber im Vergleich zur Konkurrenz ist sie nicht mehr das, was sie vor zwanzig Jahren war.«

2019 Aktionärsversammlung (04:29:17)

WB: »Jeder ist ein Konkurrent, auch Apple. Das Unternehmen hat gerade in Zusammenarbeit mit Goldman Sachs eine Karte eingeführt. Meiner Meinung nach wird es in dieser Branche immer viel Konkurrenz geben. Die Banken können es sich nicht leisten, sich aus diesem Bereich zurückzuziehen. Es ist ein wachsender Markt. Sie bauen damit Forderungen auf. Aber ich würde das Kreditkartengeschäft genauso wenig als Ein-Modell-Geschäft betrachten wie das Autogeschäft. Ich meine, Ferrari wird viel Geld verdienen, aber das Unternehmen wird nur einen Teil des Marktes haben.«

»Amex wächst weltweit mit Privatkunden und kleinen Unternehmen. Wir haben gerade den Abschluss eines Vertrags mit Delta gesehen – die wahrscheinlich ein idealer Partner sind –, und der hat eine Laufzeit von neun oder zehn Jahren. Die Umsätze pro Kopf steigen, die Abdeckung breitet sich aus. Das Unternehmen wird viel Konkurrenz haben, und das wird immer so bleiben. Aber J.P. Morgan hat die Idee der Platinum Card übernommen – sie war ein Konkurrent – und die Platinum Card hatte die höchsten Verlängerungsraten, die es je gab. Und das Unternehmen hat den Preis, glaube ich, während eines Konkurrenzkampfs von 450 auf 550 Dollar erhöht, und die Kundenbindung hat sich verbessert, ebenso das Neugeschäft, und etwa 68 Prozent des Neugeschäfts entfielen auf Millennials. Diese Karte ist mit keinem anderen Produkt vergleichbar und als Premiumkarte hat sie einen großen Kundenstamm. Das sind vielleicht x Prozent des Marktes, vielleicht drei Viertel von x Prozent, was auch immer. Sie ist nicht für Leute, die gern fünf Karten haben und jeden Tag schauen, welche an diesem Tag am meisten Prämien bietet oder bei welcher Tankstelle sie damit am günstigsten tanken können oder etwas Ähnliches. Amex hat einen sehr großen Kundenstamm mit einer Erneuerungsrate und einer Nutzungsrate, um die uns alle anderen in der Branche beneiden. Daher gefällt mir unsere Amex-Position sehr gut.«

CM: »Nein, ich denke, wir sind weltweit führend, solange die Technologie gleichbleibt. Zur Technologie habe ich keine Meinung.«

WB: »Die Technologie ist zum Glück nicht alles. Wenn man sich die Kreditkartennutzung ansieht, gibt es viele verschiedene Dinge, die unterschiedliche Menschen dazu motivieren, verschiedene Zahlungssysteme zu nutzen. Und viele davon wachsen. Einige davon sind nur marginal. Und American Express ist ein außergewöhnliches Unternehmen. Ich denke, dass unser Anteil an den Gewinnen von American Express im nächsten Jahr den Kosten unserer Position entsprechen wird. Wir werden 100 Prozent auf das verdienen, was uns diese Position kostet, und ich bin überzeugt, dass dieser Anteil noch steigen wird. Und ich bin überzeugt, dass die Anzahl der Aktien sinken und unsere Beteiligung steigen wird, ohne dass wir auch nur einen Cent investieren müssen.«

CM: »Wie du richtig sagst, gehört uns die Welt, wenn sich nichts ändert. Ich rede von WeChat.«

WB: »Nun, selbst wenn sich etwas ändert. Die Welt hat sich stark verändert, und man kann über alle möglichen Konkurrenten sprechen. … Aber American Express, die Kraft dieser Marke, die intelligent genutzt wurde, um in das Kreditkartengeschäft einzusteigen, wo sie viel später als Diners Club und Carte Blanche eingestiegen ist, aber dann den Luxussektor des Geschäfts dominierte – das ist eine richtig tolle Geschichte, und ich bin froh, dass wir 18 Prozent davon besitzen.«

DAS FILMGESCHÄFT

1996 Aktionärsversammlung (04:12:19)

WB: »Charlie war früher als Anwalt für Century Fox tätig. Er hat ein wenig mitbekommen, wie Hollywood funktioniert, und das hat uns dreißig Jahre lang davon abgehalten, Filmaktien zu kaufen. Jedes Mal, wenn ich mich einer näherte, erzählte er mir ein paar unterhaltsame Geschichten aus der Vergangenheit. In dieser Branche können sich Menschen mit dem Geld anderer Leute Bedeutung in ihrer eigenen Welt verschaffen. Das ist eine gefährliche Kombination. Wenn ich mir mit Ihrem Geld Bedeutung in meiner Welt kaufen kann, ist nicht abzusehen, was ich künftig mache.«

CM: »Ein Teil des Geschäfts erinnert mich an eine Ölgesellschaft in Kalifornien. Da hatte eine einzige Person die Kontrollmehrheit. Und die Leute sagten immer darüber: ›Wenn sie jemals Öl finden, wird dieser alte Mann es stehlen.‹ Nur etwa die Hälfte des Filmgeschäfts handelt nach der üblichen Geschäftsmoral.«

WB: »Das gilt aber nicht für Disney.«

CM: »Richtig.«

WB: »Disney hat für die Aktionäre Außergewöhnliches geleistet. Und sie verdienen mit Filmen wirklich Geld. Die meisten Filmgesellschaften verdienen Geld für alle, die mit ihnen zu tun haben, aber nur wenig davon bleibt bei den Aktionären hängen.«

2023 Aktionärsversammlung (03:38:38)

WB: »Es ist keine gute Nachricht, wenn ein Unternehmen – in diesem Fall Paramount – seine Dividende drastisch kürzt. Das Streaming-Geschäft ist interessant, weil die Menschen es klasse finden, sich auf einem Bildschirm oder einem Smartphone zu unterhalten, egal womit. Aber es gibt viele Unternehmen, die das machen, und entweder braucht man weniger Unternehmen oder höhere Preise. Man braucht höhere Preise, sonst funktioniert es nicht. Und man bindet die Leute nicht, wenn man sie für die Streaming-Laufzeit seiner Serie gewinnt. Man kann sie vielleicht eine Weile halten, aber man kann sie nicht ewig binden. Wir werden sehen, was passiert.«

»Mit einundzwanzig hatte ich eine Tankstelle, und wir hatten einen Konkurrenten; er bestimmte unseren Gewinn, weil wir jeden Tag auf seine Preise schauten. Wenn wir den Preis senkten, passte er sich an, und wir konnten den Preis nicht erhöhen; am Ende verkaufte er doppelt so viel, also gewann er. Es gibt grundlegende geschäftliche Probleme in bestimmten Branchen, aber nicht in anderen.«

»Disney war in den 1930er- und 1940er-Jahren einzigartig mit seinen Zeichentrickfilmen, und das Unternehmen hat die Kosten mit der ersten Ausstrahlung gedeckt und den Stoff dann alle sieben Jahre verjüngt, und das war in Ordnung. Aber heute ist die Welt anders: Die Zahl der Zuschauer und die Zeit, die sie vor dem Bildschirm verbringen, werden nicht dramatisch steigen, und es gibt eine Reihe von Unternehmen, die nicht aufgeben wollen. Wer weiß schon, wie sich die Preise unter diesen Umständen entwickeln werden? Jeder, der behauptet, er wüsste, wie sich die Preise in Zukunft entwickeln würden, macht sich etwas vor.«

CM: »Ich halte das Filmgeschäft für ein hartes Geschäft. Das ist meine Meinung.«

WB: »Die Hauptdarsteller und die Verleiher werden Geld verdienen. Die Kinos machen jetzt 70 Prozent von dem Umsatz, den sie vor der Pandemie gemacht haben. Blockbuster haben enorme Einspielergebnisse, aber man kann das Filmangebot nicht reduzieren. Die Menschen haben nur zwei Augen und eine begrenzte Anzahl von Stunden am Tag, und sie haben mehr Auswahlmöglichkeiten als je zuvor … Hauptdarsteller werden immer bezahlt werden. Und wenn man diese Darsteller auf die eine oder andere Weise vermarktet und höhere Preise erzielen muss und es gleichzeitig viel starke Konkurrenz gibt, dann ist das eine interessante Gleichung.«

CM: »Wenn Sie denken, dass es im Filmgeschäft hart ist, versuchen Sie mal, in eine New Yorker Show auf einer konventionellen Bühne zu investieren. Dort gilt es als Vertrauensbruch, wenn der Geldgeber jemals etwas von seinem Geld zurückbekommt. Ich mag solche Geschäfte nicht.«

DIE ZEITUNGSBRANCHE

1995 Aktionärsversammlung (02:38:34)

WB: »Ich fand das Zeitungsgeschäft in zweierlei Hinsicht klasse: Ich fand die Wirtschaftlichkeit klasse und die Tätigkeit. Die Vorliebe für die Tätigkeit hat nicht nachgelassen. Die Wirtschaftlichkeit ist im Vergleich zu fast allen anderen Branchen weltweit immer noch außergewöhnlich gut, aber nicht mehr ganz so gut wie vor fünfzehn Jahren. Was einst als nahezu unverwüstliches Vertriebssystem galt, ist nach wie vor ein außergewöhnlich gutes Geschäft, aber nicht mehr ganz so unverwüstlich wie vor zehn oder zwanzig Jahren. Wenn man rein wirtschaftlich argumentiert, fallen mir nicht viele andere Branchen ein, in denen ich lieber ein einziges Unternehmen besitzen würde als eine Zeitung in einer Stadt, in der es nur eine Zeitung gibt. Aber ich hätte nicht mehr ganz so das Gefühl absoluter Gewissheit wie noch vor zehn oder fünfzehn Jahren.«

CM: »Aus meiner Sicht ist es offensichtlich, dass die Zeitungsverleger zum ersten Mal ein wenig paranoid werden. Sie machen sich Sorgen um die digitale Revolution und darüber, dass junge Menschen nicht lesen. Es macht nicht mehr so viel Spaß wie früher, zu Zeitungskongressen zu gehen.«

WB: »Interessanterweise verdienen sie immer noch außergewöhnlich viel Geld.«

CM: »Aber ich habe dich schon Dutzende Male sagen hören, dass es die Menschen nicht kümmert, in welchem Stockwerk sie sich befinden, sondern nur, ob der Aufzug nach oben oder nach unten fährt.«

WB: »Das stimmt – die Leute fühlen sich im zweiten Stock in einem Aufzug, der gerade aus dem ersten Stock gekommen ist, besser als im 99. Stock, wenn sie aus dem 100. Stock herunterfahren. Das ist besonders dann der Fall, wenn sie in einem Geschäft tätig waren, in dem die Gewinne automatisch geflossen sind, denn nun fragen sie sich, ob sie wirklich in der Lage sind, viel Geld zu verdienen, wenn sie diese privilegierte Position nicht mehr haben. Und darüber mussten sie sich bisher keine Gedanken machen. Das kann ihnen Unbehagen bereiten. Alle regen sich über die Preise von Zeitungspapier auf … Wenn man die Entwicklung der Zeitungspapierbranche mit derjenigen der Zeitungsbranche vergleicht, ist das ein Witz. Gleichgültig, ob man die Preisentwicklung für Zeitungspapier im Verlauf der letzten zehn oder im Verlauf der letzten zwanzig Jahre grafisch darstellt: Die Anzeigenpreise sind stärker gestiegen … Glauben Sie mir, es ist besser, in der Zeitungsbranche zu sein als in der Zeitungspapierbranche.«

1996 Aktionärsversammlung (02:15:57)

WB: »Früher waren Tageszeitungen in Städten mit nur einer Zeitung wahrscheinlich wirtschaftlich genauso attraktiv wie jedes andere Unternehmen. Ein großer Teil der Werbekunden hatte kaum eine andere Wahl, als die jeweilige Zeitung als Werbemedium zu nutzen. Die Menschen hatten außer der Tageszeitung kaum Möglichkeiten, sich über das Geschehen in ihrer Umgebung zu informieren. Die Zeitung startete also aus einer außerordentlich starken Position. Zeitungen haben immer noch eine sehr starke Position … aber in vielen Fällen verfügen sie nicht mehr über die exklusiven Vorteile, die sie vor fünfzehn oder zwanzig Jahren hatten.«

»Die Menschen haben mehr Möglichkeiten, an Informationen zu gelangen. Informationen können elektronisch verarbeitet und zu weitaus geringeren Kosten bereitgestellt werden, als man sich das vor zwanzig Jahren erträumen konnte. All diese Faktoren nagen ein wenig an diesem Geschäft. Es ist immer noch ein sehr gutes Geschäft, aber ich sehe nichts, was diesen Trend umkehren könnte. Ich glaube auch nicht, dass er sich zwangsläufig beschleunigen wird. Wenn Ihr einziger Besitz vor zwanzig Jahren ein Zeitungsverlag in einer Stadt mit nur einer Tageszeitung gewesen wäre, dann würden Sie sich heute etwas weniger sicher fühlen, als Sie es damals getan hätten – aber Sie wären immer noch viel besser dran als mit fast jedem anderen Geschäft.«

2010 Aktionärsversammlung (03:02:14)

WB: »Das Geld, um eine gute Zeitung zu machen, kam aus der Werbung, aber der Nutzen der Zeitungen für Werbekunden hat abgenommen. Lange Zeit waren sie die einzige Option. Das ist heute nicht mehr der Fall. Und was für einen Unterschied macht das, wenn man etwas verkaufen will … Die Welt hat sich wirklich verändert, was das Wesen der Zeitungen angeht. Als Charlie und ich 1965 oder 1970 darüber sprachen, gab es wahrscheinlich nichts, was sicherer schien als eine Tageszeitung, deren

Konkurrenz verschwunden war. Aber es ist eine Form der Verbreitung von Informationen und Unterhaltung, die in vielen Fällen ihre Unmittelbarkeit verloren hat. Denken Sie daran, wie die Börsenkurse vor dreißig oder fünfunddreißig Jahren waren. Man schaute in die Zeitung, um zu sehen, wie sich die Aktien entwickelt hatten, oder um die Sportergebnisse zu lesen. Diese Vorrangstellung ist verschwunden, und die Werbekunden waren nicht etwa dort, weil sie die Verleger liebten. Sie waren dort, weil die Zeitung ein Lautsprecher war, um alle in der Stadt zu erreichen, und sie mussten alle in der Stadt erreichen. Die Zeitung verliert an Wert, wenn die Werbekunden wegbleiben, und die Werbekunden bleiben weg, wenn die Abonnenten weniger werden.«

CM: »Die unabhängigen Zeitungen hatten aufgrund historischer Ereignisse, als sie in ihren jeweiligen Städten eine dominante Stellung einnahmen, jahrzehntelang eine unangreifbare wirtschaftliche Stärke. Und im Großen und Ganzen benahmen sie sich besser, weil sie so stark waren. Sie wurden als vierte Gewalt bezeichnet. Sie waren wie ein Arm der Regierung und trugen dazu bei, die Regierung ehrlich zu halten. Wenn man unseren Bundesstaat [Nebraska] betrachtet, war die Zeitung *Omaha World-Herald* über einen langen Zeitraum hinweg eine sehr konstruktive Kraft. Die Schwächung dieses dominanten Informationsmediums ist nicht gut für das Land. Ich glaube, wir verlieren etwas, das wir nicht ersetzen können. Ich finde das sehr traurig und habe keine Ahnung, was man dagegen tun könnte.«

WB: »Die Werbekunden brauchen die Zeitungen nicht mehr so wie vor zehn oder fünfzehn Jahren, sodass ihre Preisgestaltungsmöglichkeiten schwinden. Charlie und ich trafen Lord Thomson [Roy Thomson, kanadischer Zeitungsmagnat] um 1970 herum, und ihm gehörte die Zeitung in Council Bluffs, das direkt gegenüber auf der anderen Seite des Flusses liegt. Er war ein fröhlicher Zeitgenosse und freute sich sehr, uns zu treffen. Wir sagten zu ihm: ›Lord Thomson, wir haben gesehen, dass Ihnen die Zeitung in Council Bluffs gehört. Waren Sie schon einmal dort?‹ Er antwortete: ›Das würde mir nicht im Traum einfallen.‹ Daraufhin sagte ich: ›Offenbar erhöhen Sie die Anzeigenpreise Ihrer Zeitung jedes Jahr, und was können Ihre armen Anzeigenkunden dagegen tun?‹ Er antwortete: ›Nichts.‹ Daraufhin fragte ich: ›Wie entscheiden Sie dann, um wie viel Sie die Preise erhöhen, wenn das ganz in Ihrem Ermessen liegt?‹ Er antwortete: ›Ich sage meinen Managern, sie sollen die Preise so festlegen, dass sie einen Gewinn von 40 Prozent vor Steuern erzielen; alles darüber hinaus wäre meiner Meinung nach Wucher.‹ Diese Zeiten sind vorbei.«

UNTERNEHMENSEIGNER/-VERKÄUFER

1995 Aktionärsversammlung (03:11:32)

CM: »Wir stellen häufig fest, dass die 100-Prozent-Eigentümer von Unternehmen schizophren sind. Sie wollen ihr Unternehmen für etwas mehr als seinen Wert verkaufen, indem sie Aktien als Zahlung akzeptieren, damit sie keine Steuern zahlen müssen. Und dann wollen sie, dass die Aktien in einem Unternehmen bleiben, das nur eine einzige dumme Akquisition tätigt – nämlich die eigene – und danach die Aktien wie Gold hütet.«

»Natürlich ist die Welt nicht so einfach. Im Laufe der Zeit haben wir Akquisitionen getätigt, die für beide Seiten fair waren und sich im Durchschnitt für Berkshire gut ausgezahlt haben. Und ich bin überzeugt, dass ein Unternehmen, das sich so verhält, dem Firmeninhaber, der verkaufen möchte, den besten langfristigen Wert bietet. Man möchte sein Unternehmen nicht gegen Aktien an ein Unternehmen verkaufen, das gern Aktien ausgibt.«

KLEINE UNTERNEHMEN (DELTA DUCK CLUB/ATLED)

1995 Aktionärsversammlung (03:33:39)

WB: »Kleine Unternehmen schauen wir uns nicht mehr an. Wir gehen davon aus, dass es eine angemessene Anzahl von Möglichkeiten gibt, wenn man mit kleineren Kapitalbeträgen arbeitet, weil das schon immer so war. Natürlich stößt man auf Unternehmen, die umso weniger beachtet werden, je kleiner sie sind. Und es gibt mehr Chancen für Ineffizienzen bei etwas, bei dem man im Monat 100.000 Dollar ausgeben kann, statt 100 Millionen Dollar … Wenn man mit sehr kleinen Beträgen arbeitet, gibt es fast immer irgendwo erhebliche Ineffizienzen. Als ich anfing, habe ich sämtliche Unternehmenshandbücher von Moody's und Standard & Poor's Seite für Seite durchgesehen. Das waren wahrscheinlich 20.000 Seiten, aber mir fielen viele Dinge auf, die in keinem Brokerbericht oder ähnlichem erwähnt wurden. Sie wurden einfach übersehen. Man konnte sie herausfinden, aber niemand würde einem davon erzählen. Und ich vermute, dass das auch heute noch so ist, wenn auch nicht in demselben Ausmaß wie damals.«

CM: »Ich erinnere mich, dass du als junger Mann eine Mitgliedschaft in einem Entenjagdclub gekauft hast, unter dem Ölvorkommen lagen. Wenn man Mitglied im Entenjagdclub wird, sucht man wirklich nach Zigarrenstummeln.«

WB: »Das war der Delta Duck Club. Er wurde von hundert Leuten gegründet, die alle 50 Dollar gezahlt hatten, außer zweien, die nicht gezahlt haben, sodass nur 98 Anteile im Umlauf waren. Sie kauften ein Stück Land in Louisiana, und einmal schoss jemand nach unten statt nach oben, und Öl und Gas sprudelten aus dem Boden. Also benannten sie den Club in Atled um – Delta rückwärts buchstabiert –, was verdeutlicht, wie raffiniert diese Gruppe war. Einige Jahre später, bei 3 Dollar pro Barrel Öl, nahmen sie jährlich 1 Million Dollar an Förderabgaben ein. Die Aktie wurde zu einem Preis von 29.000 Dollar verkauft; ihr stand ein Barvermögen von etwa 20.000 Dollar gegenüber und sie erzielte einen Gewinn von 7000 Dollar nach Steuern und 11.000 Dollar vor Steuern, und es war ein langlebiges Ölfeld. Ich verwende das manchmal als Beispiel für effiziente Märkte – ist das ein effizienter Markt? 29.000 Dollar für 20.000 Dollar an Cashbestand zu zahlen, plus 11.000 Dollar an Förderabgaben bei einem Gaspreis von 0,25 Dollar und einem Ölpreis von 3 Dollar? Ich glaube nicht. Man findet solche Dinge da draußen. Ich gewähre Ihnen die Jagdrechte für alle meine zukünftigen Entenjagdclubs.«

DAS BANKGESCHÄFT

1996 Aktionärsversammlung (04:33:23)

WB: »Es ist ein Geschäft, das sehr gut laufen kann, wenn es richtig geführt wird, wie die Bank of Granite oder die Illinois National Bank bewiesen haben. Das ist keine Zauberei. Man muss lediglich dumme Fehler vermeiden. Es ist ein bisschen wie beim Investieren: Man muss nichts besonders Kluges tun, sondern nur Dinge vermeiden, die ein Jahr später völlig unsinnig erscheinen. Das ist das ganze Geheimnis … Uns gefällt das Bankgeschäft, wenn wir jemanden haben, der es richtig führt.«

DIE TABAKINDUSTRIE

1997 Aktionärsversammlung (01:34:58)

WB: »Wir haben in der Vergangenheit Tabakaktien besessen; wir hatten nie viele davon, obwohl es vielleicht ein Fehler war, nicht mehr davon zu haben. Ich habe Briefe von Leuten erhalten, die mich gefragt haben, ob wir da einsteigen sollten oder nicht. Wir besitzen eine Zeitung in Buffalo, in der Tabakwerbung geschaltet wird. Charlie ist Aufsichtsrat einer sensationellen Warenhauskette namens Costco. Dort werden Zigaretten verkauft. Wir sind Teil der Vertriebskette mit einer Tochtergesellschaft, die zu 100 Prozent im Besitz von *The Buffalo News* ist. Daher waren wir der Meinung, dass wir in Tabakaktien investieren würden, wenn diese als Anlage attraktiv wären. Vor einigen Jahren haben wir beschlossen, dass wir nicht in die Herstellung von Kautabak einsteigen wollen. Uns wurde ein Unternehmen zum Kauf angeboten, das anschließend sensationelle Erfolge erzielte, und wir saßen in einem Hotel in Memphis in der Lobby und sprachen darüber, beschlossen dann aber, es nicht zu kaufen.«

CM: »Aber das lag nicht daran, dass wir dachten, es würde nicht gut laufen. Wir wussten, dass es gut laufen würde.«

WB: »Wir wussten, dass es gut laufen würde. Warum sollten wir also Werbung für solche Unternehmen machen oder einen Supermarkt oder einen Kiosk besitzen, der ihre Produkte verkauft, und sie dann nicht selbst herstellen wollen? Ich kann Ihnen darauf keine konkrete Antwort geben. Aber ich weiß einfach, dass mich das eine stört und das andere nicht. Und ich bin sicher, dass andere Menschen die Grenze anders ziehen würden … Das Unternehmen stand nicht auf unserer Boykottliste; wir waren aber ziemlich skeptisch hinsichtlich der langfristigen Aussichten, sodass wir keine große Verpflichtung eingehen wollten.«

CM: »Ich denke, jedes Unternehmen, jeder Einzelne muss seine eigenen ethischen und moralischen Grenzen ziehen, und ich persönlich mag die chaotische Komplexität, die damit verbunden ist. Das macht das Leben interessant. Ich glaube nicht, dass wir unsere Entscheidung besonders gut rechtfertigen können. Wir müssen einfach irgendwo eine Grenze ziehen zwischen dem, wozu wir bereit sind, und dem, was wir nicht tun wollen, und diese Grenze ziehen wir nach unserem eigenen Ermessen.«

WB: »Wir hatten zum Beispiel vor einigen Jahren viele Anleihen von RJR Nabisco. Sollten wir die Anleihen behalten und die Aktien verkaufen? Sollten wir die Aktien bereitwillig behalten, aber nicht das Unternehmen? Das sind schwierige Entscheidungen. Der wahrscheinlich größte Zigarettenverkäufer in den Vereinigten Staaten ist Walmart, einfach weil das Unternehmen der größte Verkäufer von allem ist. Es ist riesig. Finde ich das moralisch verwerflich? Nein. Wenn wir Walmart vollständig besitzen würden, würden wir Zigaretten bei Walmart verkaufen. Aber andere Leute sehen das vielleicht anders, und ich würde ihnen nicht widersprechen.«

DIE EFFIZIENZMARKTHYPOTHESE (EMH) UND HÖHERE MATHEMATIK IN DER FINANZWIRTSCHAFT

1998 Aktionärsversammlung (00:11:49)

WB: »Keynes sagte, dass die meisten Ökonomen mit Ideen sehr sparsam umgehen; sie nutzen das, was sie im Studium gelernt haben, ein Leben lang. Man verbringt Jahre damit, einen Doktortitel in Finanzwissenschaften zu erwerben, und lernt dabei Theorien mit viel Mathematik, die der Durchschnittsbürger nicht versteht. Und man wird zu einer Art Hohepriester. Man investiert einen Großteil seiner selbst, seines Egos und sogar seiner beruflichen Sicherheit in diese Ideen. Ab einem bestimmten Punkt wird es sehr schwer, davon wieder abzurücken. Ich glaube, dass dies in gewisser Weise auch den Unterricht zum Thema Geldanlage an den Universitäten beeinträchtigt hat.«

CM: »Ich würde sagen, dass die Voreingenommenheit massiv war. Aber sie lässt nach. Gute Ideen setzen sich letztendlich durch.«

WB: »Ich fand das Wort ›Anomalie‹ schon immer interessant. Dabei handelt es sich um etwas, was Akademiker nicht erklären konnten, aber statt ihre Theorien zu überdenken, haben sie einfach alle Beweise dieser Art als anomal abgetan. Ich denke, wenn man Informationen findet, die zuvor gehegten Überzeugungen widersprechen, hat man eine besondere Verpflichtung, sich damit rasch auseinanderzusetzen. Immer wenn Darwin etwas fand, das einer früheren Überzeugung widersprach, wusste er, dass er es sofort aufschreiben musste, weil der menschliche Verstand so darauf konditioniert ist, widersprüchliche Beweise abzulehnen, dass sein Verstand sie einfach auslöschen würde, wenn er sie nicht schnell schwarz auf weiß festhielt.«

CM: »Einer dieser extremen Effizienzmarkt-Theoretiker bezeichnete Warren viele Jahre lang als eine Anomalie des Glücks. Er kam auf sechs Sigma – sechs mal die Standardabweichung – Glück, und dann fingen die Leute an, ihn auszulachen, weil sechs Sigma Glück eine Menge sind. Also änderte er seine Theorie. Jetzt hat Warren sechs Sigma Geschick … Das Einzige, was er nicht aufgeben konnte, waren seine sechs Sigma.«

2009 Aktionärsversammlung (00:23:28)

WB: »Wir wollen jetzt Geld ausgeben, um später mehr Geld zurückzubekommen. Du hast erwähnt, dass ich keinen Computer oder Taschenrechner benutze. Wer einen Computer oder Taschenrechner benötigt, um die Berechnung durchzuführen, sollte das Produkt nicht kaufen. Es sollte so offensichtlich sein, dass man nicht bis auf Zehntelprozent genau rechnen muss. Es sollte einem ins Auge springen. Wer einen Taschenrechner braucht, um herauszufinden, dass der Diskontsatz 9,6 statt 9,8 Prozent beträgt, sollte die ganze Übung vergessen und sich etwas suchen, das ihm ins Auge springt. Im Grunde betrachten wir jedes Geschäft auf diese Weise. … Wir sitzen nicht mit einer Tabellenkalkulation da und machen nicht dieses ganze Zeug. Wir sehen einfach etwas, das offensichtlich besser ist als alles andere, was es gibt, und das wir verstehen – und dann handeln wir.«

CM: »Ich würde sogar noch weiter gehen. Einige der schlechtesten Geschäftsentscheidungen, die ich je gesehen habe, wurden anhand von vielen formalen Prognosen und der Abzinsung künftiger Gewinne getroffen. Die Shell Oil Company ging so vor, als sie die Belridge Oil Company kaufte. Sie ließ unzählige Ingenieure ausgeklügelte Berechnungen anstellen. Das Problem ist, dass man diesen Zahlen dann glaubt. Man könnte meinen, dass höhere Mathematik, mit noch mehr falscher Präzision, hilfreich sein sollte – aber das ist nicht der Fall. Wenn man versucht, das Ganze in dem von dir beschriebenen Ausmaß zu formalisieren, sind die Effekte im Durchschnitt negativ. In den Wirtschaftsfakultäten macht man das, weil man ja irgendetwas machen muss.«

WB: »Da ist viel Wahres dran. Wer vor einer Klasse steht und sagt: ›Ein Vogel in der Hand ist besser als zwei Vögel im Gebüsch‹, wird keine Festanstellung bekommen. Wer Hohepriester ist, der sollte zumindest so wirken, als wüsste er viel mehr als die Menschen, denen er predigt. Wer Hohepriester ist, kann einfach die Zehn Gebote verkünden und sagen: ›So ist es‹, und dann gehen alle nach Hause. Allerdings kommt man so in dieser Welt nicht voran.«

»Die falsche Präzision, mit der behauptet wird, dass es sich um ein Ereignis mit einer Wahrscheinlichkeit von zwei Standardabweichungen oder drei Standardabweichungen handelt und wir daher dieses Risiko eingehen können und all das, ist völlig verrückt. Das ließ sich bei Long-Term Capital Management 1998 beobachten. Es ließ sich immer wieder und wieder beobachten. Und es passiert nur Menschen mit hohem IQ. Wer einen sehr hohen IQ hat und all dieses Zeug gelernt hat, meint, es auch anwenden zu müssen. Aber so funktionieren die Märkte nicht. Die Märkte Mitte September letzten Jahres, als die Leiter großer Institutionen sich fragten, wie sie in der nächsten Woche an Finanzmittel kommen sollten, lassen sich nicht anhand der Standardabweichung berechnen.«

»Es wird viel häufiger auftreten, als die Leute denken; Märkte werden von Menschen gemacht, die Angst haben und gierig sind. Sie halten sich nicht an die Gesetze des Münzwurfs, was die Verteilung der Ergebnisse angeht. Es ist ein schrecklicher Fehler zu glauben, dass Mathematik Sie beim Investieren weit bringen wird. Sie müssen bestimmte Aspekte der Mathematik verstehen, aber keine höhere Mathematik. Höhere Mathematik kann sogar gefährlich sein und Sie auf Wege führen, die Sie besser nicht beschreiten sollten.«

DER MILLENIUM-BUG (DAS JAHR 2000)

1998 Aktionärsversammlung (00:33:54)

CM: »Ich finde es interessant, dass das so ein Problem ist; es war doch vorhersehbar, dass das Jahr 2000 kommen würde.«

WB: »Es ist faszinierend, wenn man darüber nachdenkt, dass eine ganze Reihe von Menschen mit einem IQ von 160 ein solches Problem aufbauen konnten, aber es ist so – und deshalb bleiben wir bei den einfachen Dingen.«

LEHREN AUS LONG-TERM CAPITAL MANAGEMENT (LTCM)

1999 Aktionärsversammlung (00:16:04)

CM: »Das Interessante an [LTCM] war, wie talentiert die Leute waren – und dennoch gerieten sie in solche Schwierigkeiten. Aus meiner Sicht zeigt dies auch, dass das allgemeine Finanzsystem in Amerika, zu dem auch Derivate gehören, unverantwortlich ist. Es gibt viel zu hohe Risiken bei diesen Nominalwerten im Billionenbereich, die weltweit im Umlauf sind. Es gibt kein Clearing-System wie auf einem Rohstoffmarkt. Und ich glaube nicht, dass dies die letzte Erschütterung war, die wir im Derivategeschäft erleben werden.«

WB: »Das ist faszinierend. An der Spitze standen sechzehn äußerst kluge Köpfe. Der durchschnittliche IQ war wahrscheinlich genauso hoch oder sogar höher als in jedem anderen Unternehmen, das man sich vorstellen kann. Sie verfügten über jahrzehntelange Erfahrung und hatten zusammen Jahrhunderte an Erfahrung mit den Wertpapieren, in die LTCM investiert war. Und sie hatten selbst riesige Summen investiert, wahrscheinlich einen sehr hohen Prozentsatz ihres gesamten Vermögens. Da waren also superkluge, extrem erfahrene Leute, die mit ihrem eigenen Geld arbeiteten – und an diesem Tag im September waren sie pleite. Für mich ist das absolut faszinierend.«

»Es gibt ein Buch mit dem Titel *You Should Only Have to Get Rich Once* von Russell E. Holcombe. Der Titel ist großartig, das Buch ist nicht besonders gut. Aber der Titel stimmt: Einmal reich werden ist genug. Warum riskieren sehr kluge Menschen etwas, das ihnen sehr wichtig ist, um etwas zu gewinnen, das völlig unwichtig ist? Das zusätzliche Geld hat keinerlei Nutzen. Das verlorene Geld hatte einen enormen Nutzen. Und obendrein ist der Ruf ruiniert.«

»Das Verhältnis von Gewinn und Verlust ist in jeder Hinsicht unglaublich. Es ist wie russisches Roulette. Wenn Sie mir einen Revolver mit sechs Kammern und einer Kugel geben und sagen: ›Schießen Sie einmal für 1 Million Dollar‹, und ich sage: ›Nein‹. Und dann sagen Sie: ›Was ist Ihr Preis?‹ Die Antwort lautet: Es gibt keinen Preis. Es sollte keinen Preis dafür geben, ein Risiko einzugehen, wenn man bereits reich ist – insbesondere das Risiko des Scheiterns, der Blamage und all dieser Dinge. Aber die Leute machen das immer wieder.«

»Wenn ein wirklich kluger Mensch, der viel Geld hat, pleitegeht, dann liegt das am Investieren auf Pump. Ohne geliehenes Geld wäre es fast unmöglich pleitezugehen. Bei Berkshire haben wir nie mit größeren Summen geliehenen Geldes gearbeitet. Hätten wir das getan, wären wir jetzt so richtig reich. Aber hätten wir viel mehr eingesetzt, wären wir vielleicht irgendwann in Schwierigkeiten geraten ... Was sind schon zwei Prozentpunkte mehr in einem Jahr, wenn man das Risiko eingeht, völlig zu scheitern? Aber sehr kluge Leute machen das, und sie machen es immer wieder, und sie werden es auch weiterhin machen. Solange es explosive Instrumente gibt, werden sie sich davon angezogen fühlen. Und vor allem Menschen, die nur wenig zu verlieren haben, aber mit dem Geld anderer Leute arbeiten, werden sich davon angezogen fühlen.«

»Eines der Dinge, die zum Beispiel im Fall LTCM passiert sind: Sie haben Wege gefunden, die Anforderungen einer Margin zu umgehen. Risikoarbitrage ist ein Geschäft, in dem Charlie und ich seit vierzig Jahren in der einen oder anderen Form tätig sind. Normalerweise bedeutet das, dass man Geld aufbringt, um die Aktien long zu kaufen, und dagegen etwas shortet, wenn man eine Fusion oder etwas Ähnliches erwartet. Aber durch Derivate haben die Leute herausgefunden, wie man das im Wesentlichen ohne Geld tun kann, indem man einfach einen Derivatekontrakt auf beiden Seiten abschließt. Es gibt Marginanforderungen, die die Fed erlassen hat und die, glaube ich, immer noch 50 Prozent Eigenkapital für Aktienkäufe vorschreiben. Aber diese Anforderungen gelten nicht, wenn man die Transaktion in Form von Derivaten durchführt. Diese Milliarden von Dollar an Aktienpositionen wurden im Wesentlichen von denjenigen finanziert, die die Derivatekontrakte abgeschlossen haben. Und das führt zu Problemen. In 99 Prozent der Fälle funktioniert es, aber in 83,3 Prozent der Fälle überlebt man auch ein russisches Roulette mit einer Kugel und sechs Kammern. Aber weder 83,3 noch 99 Prozent sind gut genug, wenn es keinen Gewinn gibt, der das Verlustrisiko ausgleicht.«

CM: »Es gibt einen zweiten Faktor, der die Situation gefährlich macht: Die Rechnungslegung ist bei aktiven Derivategeschäften, Zinsswaps und so weiter sehr schwach ... Das finden diejenigen prima, die an den Gewinnen aus dem Handel mit Derivaten beteiligt sind; natürlich mögen sie eine liberale Rechnungslegung. Man hat ein unverantwortliches Clearing-System und eine unverantwortliche Rechnungslegung – das ist keine gute Kombination.«

WB: »Die Rechnungslegung ist zwar GAAP-konform[52], aber sie schiebt Gewinne vor. Wenn man Gewinne früher verbucht und den Mitarbeitern einen Prozentsatz von diesen Gewinnen auszahlt, kommt es manchmal zu sehr interessanten Ergebnissen.«

2006 Aktionärsversammlung (03:53:15)

WB: »Ich habe die LTCM-Krise erwähnt. Am Sonntag erhielten wir Anrufe von Leuten, deren Portfolios in Schwierigkeiten waren ... Am Sonntag kann man viel Geld verdienen. Das kommt vielleicht nicht oft vor, aber wenn man am Sonntag Anrufe bekommt, lässt sich wahrscheinlich Geld verdienen. Wenn man am Sonntag Anrufe bekommt, ist die Lage wirklich schlimm. Und alles, was man tun muss,

52 Anmerkung der Übersetzerin/Redaktion: Die Abkürzung steht für »Generally Accepted Accounting Principles« (übersetzt; allgemein anerkannte Rechnungslegungsprinzipien). Es handelt sich um die Rechnungslegungsvorschriften in den USA.

ist sicherzustellen, dass man am Sonntag der Angerufene ist und nicht der Anrufer … Man darf sich natürlich nie in eine Lage bringen, in der der andere den Ton angibt. Man muss unter allen Umständen seine Karten ausspielen können. Aber wenn man seine Karten ausspielen kann, die richtigen Fakten hat, selbstständig denkt und sich vom Markt bedienen lässt, anstatt sich von ihm bevormunden zu lassen, kann man nichts falsch machen.«

DIE PHARMAINDUSTRIE

1999 Aktionärsversammlung (01:37:06)

WB: »Wenn wir eine Gruppe führender Pharmaunternehmen zu einem unter dem Marktwert liegenden Kurs-Gewinn-Verhältnis kaufen könnten, würden wir das sofort tun. Wir hatten die Gelegenheit dazu und haben sie nicht genutzt, also haben wir es vermasselt. Die Pharmaindustrie als Ganzes hat sich eindeutig sehr gut entwickelt. Sie ist zwar mit einigen der von dir genannten Risiken konfrontiert, beispielsweise in Bezug auf die Regulierung, aber jede Branche hat ihre Probleme. Und die Pharmaindustrie hat genug zu bieten, sodass die genannten Risiken meiner Meinung nach nicht dazu führen sollten, dass die Wertpapiere zu einem niedrigen KGV verkauft werden, was jedoch passiert ist … Insgesamt halte ich sie für gute Unternehmen. Ich glaube allerdings, dass es sehr schwer ist, den Gewinner auszuwählen. Wenn ich sie also kaufen würde, dann würde ich eine Gruppe der führenden Unternehmen kaufen.«

CM: »Ich würde argumentieren, dass die Pharmaindustrie mehr Gutes getan hat für die Kunden als fast jede andere Branche in Amerika. Es ist toll, was in meinem Leben alles erfunden wurde, angefangen bei Antibiotika, die so viele Todesfälle und Familientragödien verhindert haben. Ich halte es für sehr klug, dass das Land ein System geschaffen hat, in dem Pharmaunternehmen fast unverschämt viel Geld verdienen können. Ich glaube, wir alle haben von den hohen Gewinnen der Pharmaindustrie profitiert.«

2008 Aktionärsversammlung (04:23:59)

WB: »Wenn wir in etwas wie die Pharmaindustrie investieren, wissen wir im Unterschied zu vielen anderen Unternehmen nicht, wie die Entwicklung aussieht. In fünf Jahren wird sie ohnehin anders aussehen. Wir wissen also nicht, ob Pfizer, Merck oder Johnson & Johnson in ein paar Jahren ein kommerzielles Blockbuster-Medikament auf den Markt bringen werden, und wir versuchen auch nicht, das zu beurteilen. Wir sind jedoch davon überzeugt, dass sich die Pharmaindustrie insgesamt gut entwickeln wird, wenn wir eine Gruppe dieser Unternehmen zum angemessenen Preis gekauft haben. Vielleicht nicht ganz so gut wie in der Vergangenheit, aber sie leisten enorm wichtige Arbeit. Das sollte im Laufe der Zeit die Chance auf ordentliche Gewinne bieten. Wir wählen jedoch keine einzelnen Unternehmen aus. Ich könnte Ihnen nicht sagen, welche wichtige Entwicklung Johnson & Johnson oder Sanofi in petto hat. Daher halte ich in diesem Bereich einen Gruppenansatz für sinnvoll, den wir bei Banken oder ähnlichen Unternehmen nicht verfolgen würden. Ich glaube, wenn man eine Gruppe von Pharmaaktien zu einem angemessenen KGV kauft, wird man in fünf oder zehn Jahren wahrscheinlich gut dastehen. Aber ich wüsste nicht, wie ich den Gewinner auswählen sollte.«

KÖRPERSCHAFTSSTEUER, PHILANTROPISCHES ENGAGEMENT UND SPENDEN

1999 Aktionärsversammlung (02:57:21)

WB: »Wir haben im vergangenen Jahr rund 2,6 Milliarden Dollar Einkommenssteuer an die Bundesregierung gezahlt. Wir haben möglicherweise mehr Einkommenssteuer gezahlt als jedes andere US-Unternehmen. Wir haben mehr gezahlt als General Electric oder Microsoft, die beide eine Marktkapitalisierung haben, die dreimal so hoch ist wie unsere ... Ich würde argumentieren, dass in dem Maße, in dem GEICO beispielsweise eine effizientere Methode zur Bereitstellung von Kfz-Versicherungen für Privatkunden hat als seine Wettbewerber und dass, wenn 15 Prozent eine faire Einschätzung der Ersparnisse sind, die GEICO den Menschen bringt, bei einem Prämienvolumen von 4 Milliarden Dollar, die Verbraucher durch eine effizientere Vertriebsmethode mehr als 600 Millionen Dollar sparen. Und diese Vertriebsmethode wurde von der GEICO-Führung zu einer Kunstform erhoben.«

»Die wirtschaftliche Bereitstellung der von den Menschen gewünschten Waren und Dienstleistungen ist meiner Meinung nach ein sehr wichtiger Teil dessen, was jedes Unternehmen für die Gesellschaft tut, ebenso wie die Steuern, die es zahlt, und sein philanthropisches Engagement. Wir halten nicht viel davon, das Geld der Eigentümer von Berkshire zu verschenken, als ihre Vertreter zu agieren und ihr Geld für wohltätige Zwecke zu spenden. Es ist ihr Geld ... Wir sind nicht der Meinung, dass Unternehmen generell Geld an die Lieblings-Wohltätigkeitsorganisationen ihres CEOs verteilen sollten. Bei Berkshire machen wir das nicht.«

CM: »Ich begrüße es, dass der Fragesteller offenbar einen sehnlichen Wunsch nach einer Antwort auf die Frage sucht: ›Gibt es in diesem Spiel nicht mehr, als nur Geld zu verdienen und anzuhäufen?‹ und ›Sollten wir nicht darüber nachdenken, was wir dafür zurückgeben müssen und was wir dafür zurückbekommen?‹ Im Fall Munger denke ich, dass 100 Prozent zurückgegeben wird, allerdings aus einem anderen Grund als im Fall Buffett. Es gibt eine Redewendung: ›Wie viel hat der alte Charlie hinterlassen?‹ Die Antwort lautet: ›Ich glaube, er hat alles hinterlassen.‹ Im Grunde muss alles auf die eine oder andere Weise zurückfließen. Man kann es nicht mitnehmen, das ist die eiserne Regel in diesem Spiel. Und ich halte es für wichtig, darüber nachzudenken, was man für andere Menschen tut und welches Beispiel man mit seinem eigenen Leben oder seinem eigenen Unternehmerleben gibt. Und aus meiner Sicht schneidet Berkshire in dieser Hinsicht ziemlich gut ab. Und wenn wir zu gegebener Zeit in gigantische Wohltätigkeitsorganisationen mit dem Namen Buffett einsteigen, wird das meiner Meinung nach auch ziemlich gut laufen. Das wird wahrscheinlich eine richtig gute Entwicklung sein.«

BRANCHENKONSOLIDIERUNG

1999 Aktionärsversammlung (04:28:52)

WB: »Ich glaube nicht, dass Konsolidierungen generell viele Probleme lösen. Wenn man zwei schlechte Unternehmen zusammenlegt, erhält man in der Regel ein großes, schlechtes Unternehmen. Ich bin kein großer Fan von Konsolidierungen, bei denen man zwei mittelmäßige Unternehmen zusammenlegt, um dann die Kosten aus einem herauszupressen. Meiner Erfahrung nach funktioniert das nicht.«

COSTCO

2000 Aktionärsversammlung (00:58:07)

CM: »American Express hat einen Vertrag abgeschlossen, um seine Karten bei Costco anzubieten, und ich halte das für eine sehr kluge Entscheidung. Costco ist ein sehr aggressives Unternehmen, das viele interessante Dinge macht.«

WB: »Charlie ist Aufsichtsrat bei Costco. Costco ist ein tolles Unternehmen. Wir hätten im Laufe der Jahre viele Costco-Aktien kaufen sollen, aber ich habe es vermasselt. Charlie war dafür, aber ich habe es vermasselt.«

2001 Aktionärsversammlung (03:59:28)

WB: »Es wird immer einen Kampf zwischen Marken und Einzelhändlern geben. In dem Maße, in dem die Menschen Costco oder Walmart mehr oder genauso viel vertrauen wie der Marke, verlagert sich der Wert der Marke vom Produkt selbst auf den Einzelhändler. Und das ist schon seit langer Zeit so, sogar schon seit A&P in den 1930er-Jahren. A&P war, glaube ich, der größte Lebensmitteleinzelhändler bei uns im Land, und das Unternehmen war auch ein großer Befürworter von Eigenmarken. Es war davon überzeugt, dass es die Verbraucher in den 1930er-Jahren davon überzeugen konnte, dass seine Marke bedeutender war als Del Monte oder Campbell's oder was auch immer es in den verschiedenen Kategorien gab. Eine Zeit lang glaubte das Unternehmen, diesen Krieg gewinnen zu können. Ich kenne nicht alle Faktoren, die zum Niedergang von A&P geführt haben, aber es war dramatisch. Es war eine Zeit lang eine große amerikanische Erfolgsgeschichte, und dann war es ein großer amerikanischer Misserfolg.«

CM: »Die Marktmacht von Sam's Clubs und Costco ist extrem gewachsen. Als ich heute Morgen Bücher signierte, kam eine attraktive Frau auf mich zu und sagte, sie wolle sich bei mir bedanken. Und ich fragte: ›Wofür?‹ Und sie sagte: ›Sie haben mir gesagt, ich solle diese Strumpfhose, die ich trage, bei Costco kaufen.‹ Ich hatte offenbar zuvor eine Bemerkung darüber gemacht, wie erstaunlich es sei, dass

Costco Hanes dazu gebracht habe, eine Strumpfhose mit Co-Branding in den Costco-Filialen zu verkaufen. Das wäre vor zwanzig Jahren nicht möglich gewesen.«

WB: »Sie muss ziemlich verzweifelt gewesen sein, wenn sie dich um Rat gefragt hat, wo sie Strumpfhosen kaufen soll.«

2011 Aktionärsversammlung (03:26:46)

CM: »Costco ist ein Unternehmen, das in seiner Kategorie weltweit führend geworden ist, und zwar dank seines Meritokratieprinzips und einer selbst auferlegten ethischen Verpflichtung, alle Kostenvorteile so schnell wie möglich an die Kunden weiterzureichen. Das hat zu einer enormen Kundenbindung geführt. Es war wunderbar, dieses Unternehmen zu beobachten, und natürlich passieren seltsame Dinge, wenn man so lange dabei ist.«

»Costco hat eine Filiale in Südkorea, die dieses Jahr einen Umsatz von über 400 Millionen Dollar erzielen wird. Das sind Zahlen, die im Einzelhandel eigentlich nicht möglich sind, aber natürlich sind sie es doch. Das ist ein Beispiel dafür, dass jemand das richtige Führungssystem, die richtige Personalauswahl, die richtige Ethik, die richtige Sorgfalt und so weiter hat. So etwas ist ziemlich selten. Wenn man ein- oder zweimal im Leben mit einem solchen Unternehmen zu tun hat, kann man sich sehr glücklich schätzen.«

»Ein normaleres Unternehmen ist beispielsweise General Motors, das zum weltweit erfolgreichsten Unternehmen seiner Art wurde und die staatliche Beteiligung in den vergangenen ein, zwei Jahren wieder abgebaut hat. Das ist eine sehr interessante Geschichte, und wenn ich an einer Wirtschaftsfakultät unterrichten würde, würde ich Kennzahlen wie bei *Value Line*[53] verwenden, um den Studenten die gesamte Geschichte von General Motors zu vermitteln. Ich würde versuchen, die Veränderungen in den Grafiken und Daten mit den Ereignissen im Unternehmen in Verbindung zu bringen. Bis zu einem gewissen Grad stand das Unternehmen vor einem schwierigen Problem: ein stark gewerkschaftlich organisiertes Unternehmen, verbunden mit großem Erfolg und starker Konkurrenz, die aus Asien, Europa und anderen Teilen der Welt auf den Markt drängte. Das ist ein echtes Problem. Zu verhindern, dass Reichtum einen umbringt, dass der eigene Erfolg zum Nachteil wird, ist ein großes Problem in der Wirtschaft. Daraus lassen sich viele wertvolle Lehren ziehen.«

WB: »Charlie und ich waren kürzlich in einem Flugzeug, das entführt wurde. Die Entführer wählten uns als die beiden schmutzigen Kapitalisten aus, die sie unbedingt hinrichten mussten. Aber sie waren ein wenig verlegen. Sie hatten eigentlich nichts gegen uns, also sagten sie, dass jeder von uns einen Wunsch frei hätte, bevor sie uns erschießen würden. Sie wandten sich an Charlie und fragten: ›Was möchten Sie als letzten Wunsch?‹ Charlie antwortete: ›Ich möchte noch einmal meine Rede über die Vorzüge von Costco halten, mit Illustrationen.‹ Der Entführer sagte: ›Das klingt in meinen Ohren allerdings ziemlich vernünftig.‹ Dann wandte er sich an mich und fragte: ›Und was möchten Sie, Mr Buffett?‹ Ich antwortete: ›Erschießen Sie mich zuerst.‹

---

[53] Anmerkung der Übersetzerin/Redaktion: Die Art von Informationen und Analysen, die Value Line bietet, eine kompakt aufgebaute Informationsschrift mit den wichtigsten Informationen zu den einzelnen Aktiengesellschaften, zum Beispiel historische Daten, Prognosen, Kennzahlen und Bewertungstabellen.

STERBENDE UNTERNEHMEN

2000 Aktionärsversammlung (02:09:19)

CM: »Meiner Meinung nach liegt es in der Natur der Dinge, dass manche Unternehmen untergehen. Es liegt auch in der Natur der Dinge, dass man in manchen Fällen nicht dagegen ankämpfen sollte. Manchmal gibt es keine logische Antwort, außer das Geld herauszuholen und sich anderweitig umzusehen.«

WB: »Das ist sehr schwer für die Führungsriege – tatsächlich stellt sie sich dieser Tatsache fast nie. Nur sehr selten. Und das ist logisch. In einem Privatunternehmen kann man verstehen, warum Menschen sich dieser Tatsache stellen. In einem börsennotierten Unternehmen ist es aus Sicht des Vorstands vielleicht viel besser, diese Realität zu ignorieren, als sie zu akzeptieren.«

INVESTMENTBANKER

2000 Aktionärsversammlung (02:50:20)

CM: »Ich finde, unsere Kultur ist sehr altmodisch. Sie würde zu Ben Franklin und Andrew Carnegie passen. Und an Berkshire finde ich so beeindruckend, wie gut diese altmodischen Ideen immer noch funktionieren. Können Sie sich vorstellen, dass Andrew Carnegie einen Vergütungsberater oder einen Investmentbanker zu Rate gezogen hätte, um sich sagen zu lassen, ob er ein weiteres Stahlwerk kaufen soll?«

WB: »Die Idee, Investmentbanker zu beauftragen, um die Unternehmen zu bewerten, die man kaufen will, erscheint uns idiotisch. Wenn man nicht genug über ein Unternehmen weiß, um selbst zu entscheiden, ob man es kaufen soll, sollte man es besser lassen. Das ergibt keinen Sinn. Man holt jemanden hinzu, der eine sehr hohe Provision bekommt, wenn man kauft, und eine sehr geringe, wenn man nicht kauft. Das zeugt von einem Vertrauen in die menschliche Natur, das Charlie und mich sehr belasten würde.«

EINFLUSS DES INTERNETS AUF DEN WETTBEWERB

2000 Aktionärsversammlung (03:03:34)

CM: »Wird das Internet dadurch, dass es die Effizienz des Wettbewerbs steigert, die Geschäftstätigkeit amerikanischer Unternehmen generell erschweren, also mehr Wettbewerb und geringere Kapitalrenditen? Ich würde sagen, ja.«

WB: »Da bin ich deiner Meinung. Insgesamt würde ich sagen, dass das Internet für die Gesellschaft eine tolle Sache ist. Für Kapitalisten ist es wahrscheinlich unterm Strich negativ.«

CM: »Sie können sich also alle darüber freuen, dass der Fortschritt der Menschheit Ihre wirtschaftliche Zukunft verschlechtern wird.«

WB: »Wenn man das Internet analysiert, muss man zu dem Schluss kommen, dass es die Rentabilität amerikanischer Unternehmen eher verringern als verbessern wird. Es wird die Effizienz amerikanischer Unternehmen verbessern, aber es gibt viele Dinge, die die Effizienz amerikanischer Unternehmen verbessern, ohne sie rentabler zu machen. Und ich vermute, dass das Internet wahrscheinlich in diese Kategorie fällt. Bislang hat es den monetären Wert amerikanischer Unternehmen verbessert. Aber letztendlich wird es den zugrunde liegenden wirtschaftlichen Mechanismen des Internets folgen. Und ich halte es für viel wahrscheinlicher, dass amerikanische Unternehmen insgesamt weniger wert sein werden, als sie es ohne das Internet gewesen wären.«

CM: »Das ist übrigens völlig offensichtlich und wird nur von sehr wenigen verstanden.«

FINANZEN UND BANKEN

2001 Aktionärsversammlung (03:08:48)

CM: »Wir fühlen uns in der Nähe von Finanzinstituten besonders unwohl.«

WB: »Wir reagieren sehr sensibel auf die Risiken bei Banken, Versicherungsgesellschaften oder staatlichen Unternehmen wie Freddie und Fannie. Wir haben das Gefühl, dass es bei Finanzinstituten so viel gibt, was sich nicht allein anhand der Zahlen erkennen lässt, dass wir, wenn uns irgendetwas ein wenig beunruhigt, nie sicher sind, ob es sich nicht um die Spitze eines Eisbergs handelt … Wir haben oft genug erlebt, was mit Finanzinstituten passiert, die in die eine oder andere Richtung drängen, und wenn wir das Gefühl haben, dass so etwas vor sich geht, gehen wir davon aus, dass wir es erst sehen, wenn es zu spät ist. Deshalb verabschieden wir uns und wünschen ihnen alles Gute, ohne damit unterstellen zu wollen, dass sie etwas falsch machen. Wir sind nur nicht hundertprozentig sicher, dass uns die Dinge gefallen, die sie machen. In einer solchen Situation ist es etwas anderes, als sich an einem Unternehmen mit einem Produkt oder einem Einzelhandelsgeschäft zu beteiligen. In solchen Unternehmen kann man Probleme in der Regel recht früh erkennen. Bei Finanzinstituten erkennt man Probleme erst spät. Das liegt einfach in der Natur der Sache.«

CM: »Finanzinstitute machen uns nervös, wenn sie versuchen, gute Ergebnisse zu erzielen. Das klingt paradox, aber so ist es nun einmal.«

WB: »Finanzinstitute geraten in den meisten Fällen nicht in Schwierigkeiten, weil ihnen das Geld ausgeht … Ein Finanzinstitut kann auch dann zahlungsunfähig werden, wenn es noch über reichlich Geld verfügt.«

2001 Aktionärsversammlung (03:28:14)

WB: »Wenn man ein stark fremdfinanziertes Finanzunternehmen führt und in Finanzierungsschwierigkeiten gerät, verschärft sich die Lage sehr schnell. Vertrauen ist vergänglich; es schwindet, sobald Probleme auftauchen. Und in der Finanzbranche muss man ständig alte Verbindlichkeiten refinanzieren, man hat Commercial Papers[54] und all das, sodass es keine Schonfrist gibt, wenn man in Schwierigkeiten gerät … Wenn das Vertrauen schwindet, kann es einen überall treffen.«

2002 Aktionärsversammlung (01:13:12)

WB: »Ich würde nicht alle Banken über einen Kamm scheren … Sie sind keine homogene Gruppe. Wir besitzen Anteile an einigen Banken und sind der Meinung, dass sich diese Institute ein wenig von anderen Unternehmen unterscheiden … Man versucht, jeden Cashflow zu ermitteln, die ein Unternehmen bis zum Stichtag erzielen wird, einen jeden mit einem angemessenen Diskontsatz abzuzinsen und dann zu einem deutlich niedrigeren Preis zu kaufen. Und egal, ob das Geld von einer Bank, einem Internetunternehmen oder einem Ziegelhersteller stammt, es wird immer auf die gleiche Weise ausgegeben.«

»Aus meiner Sicht haben viele Banken zu sehr vernünftigen Preisen verkauft. Wir haben 1969 eine Bank in Rockford, Illinois [Illinois National Bank & Trust], komplett gekauft. Charlie und ich haben uns umgesehen – wir müssen uns in drei Jahren ein halbes Dutzend Banken angesehen haben und sind dabei auf ein paar Sonderlinge gestoßen, die uns gefallen haben. Sie zeichneten sich durch sehr geringe Risiken auf der Aktivseite und sehr günstige Kredite auf der Passivseite aus. Das verstehen sogar Charlie und ich. Und niedrige Preise gab es übrigens auch. Dann wurde 1970 das Gesetz über Bankholdinggesellschaften verabschiedet, und damit war unsere Chance dahin, weitere Banken zu kaufen. Wir werden jedoch in Zukunft von Zeit zu Zeit in Bankaktien investieren.«

»Wir haben auch gesehen, wie alle möglichen Banken ruiniert wurden. Ich glaube, es war [Investmentbanker] Morris A. Schapiro, der einmal sagte: ›Es gibt mehr Banken als Banker.‹ Wenn man darüber nachdenkt, versteht man, was ich meine. Es gab viele Leute, die Banken sehr unüberlegt geführt haben, aber das hat anderen Leuten Chancen eröffnet … Ich würde nicht nach einer einzigen Kennzahl wie dem relativen KGV suchen, um zu entscheiden, wie ich Geld investiere. Man sollte nach Dingen suchen, die man versteht und bei denen man generell davon ausgehen kann, dass sie über viele Jahre hinweg Cash generieren können. Und wenn man zu einem ausreichend günstigen Preis kaufen kann, spielt es keine Rolle, welcher Name damit verbunden ist.«

CM: »Ich möchte behaupten, dass Warren und ich das Bankwesen falsch eingeschätzt haben. Ich glaube, wir haben die im Allgemeinen guten Ergebnisse unterschätzt, weil wir so viel Angst davor hatten, was Nicht-Banker tun könnten, wenn sie in einer Bank Verantwortung übernehmen würden.«

WB: »In den letzten fünf Jahren hat eine Reihe von Banken über 20 Prozent auf ihr materielles Eigenkapital verdient. Man würde meinen, dass dies schwierig ist für eine Branche, die mit einer Ware wie Geld handelt … man würde meinen, dass solche Renditen in einer Welt mit langfristigen Zinssät-

---

[54] Anmerkung der Übersetzerin: unbesicherte Schuldscheine mit geringer Laufzeit, die von Unternehmen zur kurzfristigen Finanzierung ausgegeben werden

zen von 6 Prozent nicht möglich und schwer aufrechtzuerhalten wären. Wir haben uns insofern geirrt, als die Banken viel mehr Geld mit ihrem materiellen Eigenkapital verdient haben, als Charlie und ich je für möglich gehalten hätten. Nun haben sie, wie ich meine, diese hohen Renditen auf das materielle Eigenkapital zum Teil deshalb erzielt, weil sie ihr Eigenkapital viel stärker gestreckt haben als noch vor zwanzig oder dreißig Jahren. Sie arbeiten mit mehr Dollar pro Dollar Eigenkapital, als man vor dreißig Jahren für vernünftig hielt. Aber wie auch immer sie es geschafft haben: Eine Reihe von Banken hat in den letzten Jahren sehr hohe Eigenkapitalrenditen erzielt. Und wenn man ausreichend hohe Eigenkapitalrenditen erzielt und einen Großteil dieses Eigenkapitals zum gleichen Zinssatz weiter einsetzen kann – was ebenfalls schwierig ist –, dann wächst das Vermögen sehr schnell. Das Bankwesen als Ganzes hat meiner Meinung nach mit seinem materiellen Eigenkapital weitaus höhere Renditen erzielt als viel glamourösere Branchen in den letzten Jahren.«

CM: »Wir haben die Situation nicht richtig eingeschätzt, und schlimmer noch, wir haben nichts geändert.«

WB: »Und noch schlimmer: Wir werden auch nichts ändern.«

2005 Aktionärsversammlung (03:17:43)

WB: »Finanzunternehmen sind schwieriger zu analysieren als viele andere Unternehmen. Nehmen wir das Versicherungsgeschäft: Der größte Einzelposten, der selbst für den Eigentümer des Unternehmens sehr schwer zu bewerten ist, sind die Rückstellungen für Schäden und Schadensregulierung. Und das hat enorme Auswirkungen auf die ausgewiesenen Gewinne in einem bestimmten Zeitraum … Wir haben 45 Milliarden Dollar an Schadensrückstellungen. Wenn ich mein Leben darauf setzen müsste, ob diese 45 Milliarden eher ein bisschen darüber oder ein bisschen darunter liegen, würde ich lange darüber nachdenken. Man könnte genauso gut eine Zahl von 45,5 Milliarden oder 44,5 Milliarden ausweisen – und falls Sie sich Sorgen machen, wie man die Gewinne in einem bestimmten Zeitraum ausweist – das ist ein Kinderspiel.«

»Bei einer Bank kommt es im Grunde darauf an, ob die Kredite gut sind. Ich war im Aufsichtsrat von Banken, wo ich Überraschungen erlebt habe. Das ist echt schwer einzuschätzen. Wenn man etwas wie WD-40 oder See's Candies oder unser Ziegelgeschäft analysiert, können die Prognosen gut oder schlecht sein, aber es ist unwahrscheinlich, dass man sich bezüglich der aktuellen Situation etwas vormacht. Bei Finanzinstituten ist es viel schwieriger. Kommen dann auch noch Derivate dazu, weiß vermutlich niemand auch nur annähernd und schon gar nicht genau, wie es um einige der größten Banken der Welt bestellt ist … Es ist einfach ein gefährlicheres Feld zum Analysieren. Das heißt nicht, dass sich damit kein Geld verdienen ließe, aber es ist schwierig.«

CM: »Wo es Komplexität gibt – die naturgemäß mehr Möglichkeiten bietet, Fehler zu machen, ohne dass diese auffallen, oder betrügerisch zu handeln, ohne entdeckt zu werden –, gibt es mehr Betrug und Fehler als in einem Geschäft, in dem man Sand aus dem Fluss schaufelt und ihn in Lkw-Ladungen verkauft. Und so wie ein Unternehmen, das Erdgas verkauft, mehr Explosionen zu verzeichnen hat als ein Unternehmen, das Sand verkauft, werden diese großen Finanzinstitute aufgrund ihrer Natur viel mehr Probleme haben. Das wird immer so sein, und es gilt auch, wenn diese Institutionen im Besitz einer Regierung sind. Tatsächlich stammen einige der schlechtesten Finanzberichte der Welt von Regierungen und Institutionen wie staatlichen Banken in China. Wenn Ihnen also die mangelnde Perfektion der Rechnungslegung in Finanzinstituten nicht gefällt, sind Sie in dieser Welt falsch.«

2008 Aktionärsversammlung (03:16:44)

WB: »Ich glaube nicht, dass man eine pauschale Entscheidung über Banken treffen sollte. Es hängt so viel vom Charakter des Instituts ab, der wahrscheinlich in hohem Maße den Charakter des CEO widerspiegelt ... Wir besaßen eine Bank – die einzige Bank, die Berkshire jemals vollständig besessen hat – in Rockford, Illinois, die von einem Mann namens Gene Abegg geführt wurde. Es hätte keinen Unterschied gemacht, ob es sich um eine überregionale, regionale, kleine oder mittelgroße Bank gehandelt hätte, denn Gene Abegg hätte unmöglich etwas anderes als eine äußerst solide Bank führen können.«

»Man sollte etwas über die Kultur der Führungsriege und des Instituts wissen, um eine Kaufentscheidung für eine Bank zu treffen, und das ist bei 99 Prozent der Banken schwierig. Wir besitzen Anteile an Wells Fargo, der Bank of America und der M&T Bank in Buffalo. In allen drei Fällen glaube ich, die DNA der Institution zu verstehen, was ihr Verhalten angeht. Das bedeutet zwar nicht, dass diese Institute immun gegen Probleme sind, aber es bedeutet meiner Meinung nach, dass sie immun sind gegen das, was ich als institutionelle Dummheit bezeichnen würde. Ich möchte nicht behaupten, dass alle Banken dagegen immun sind. ...«

CM: »So viele unserer sehr großen Banken haben Schande über die gesamte Branche gebracht, und das hat zweifellos die Aktien einiger kleiner Banken in Mitleidenschaft gezogen, die nichts falsch gemacht haben. Meiner Meinung nach sind Sie also auf einem vielversprechenden Markt unterwegs. Es gibt einige vielversprechende Anzeichen.«

2009 Aktionärsversammlung (01:19:40)

CM: »Ich rege mich nicht sonderlich über solche seltsamen Ereignisse auf, die alle fünfzig Jahre einmal vorkommen. Wenn man einigermaßen darauf vorbereitet ist und auf dem Tiefpunkt ein paar Beulen abbekommt, ist das nicht weiter schlimm, denn andere leiden währenddessen viel mehr und dadurch bieten sich Ihnen ungewöhnliche Chancen, die Sie unter anderen Umständen nicht sehen würden, deshalb verdienen wir nicht, beweint zu werden. Nehmen Sie Wells Fargo. Ich glaube, Wells Fargo wird wesentlich stärker aus dieser Krise hervorgehen. Die Tatsache, dass die Aktie auf dem Tiefpunkt viele Menschen erschreckt hat, wird sich meiner Meinung nach als vorübergehendes Phänomen erweisen.«

WB: »Die Wells-Fargo-Aktie ist zu einem Zeitpunkt unter 9 Dollar gefallen, als die Margen, die Einlagen und ihr Vorteil gegenüber anderen Großbanken in Bezug auf die Finanzierungskosten noch nie besser waren. Ich war bei einem Klassentreffen, und es war das einzige Mal, dass sie mich dazu gebracht haben, eine Aktie zu nennen. Jemand mit einem Handy hat den Kurs überprüft, er lag unter 9 Dollar, und ich sagte, wenn ich mein gesamtes Vermögen in eine Aktie investieren müsste, wäre das diese Aktie. Das Geschäftsmodell ist super. Wann bekommt man schon einmal die Chance, etwas wie Wachovia zu kaufen, ein Finanzwert, der über die viertgrößte Einlagenbasis in den Vereinigten Staaten verfügte? Das ist eine super Geschäftsmöglichkeit. Sofern Wells Fargo nicht viele Aktien ausgeben muss, was das Unternehmen nicht tun sollte, wird es in ein paar Jahren viel besser dastehen, als wenn all das nicht passiert wäre … Warum jemand Wells Fargo für 9 Dollar verkauft, wenn er die Aktien im Wert von 25 Dollar besitzt und das Geschäft besser läuft, ist eines der seltsamen Dinge am Marktverhalten. Aber die Leute machen sowas. Sie lassen sich sehr von den Kursen beeinflussen … Sie lassen sich von den Kursen sagen, wie sie sich fühlen sollen, und das ist unserer Meinung nach ziemlich bescheuert. Man sollte ein Unternehmen genauso betrachten wie ein Wohnhaus oder einen landwirtschaftlichen Betrieb. Die Leute lassen die Tatsache, dass jeden Tag ein Kurs verfügbar ist, zu einer Belastung statt zu einem Vorteil werden.«

2011 Aktionarsversammlung (01:37:04)

WB: »Wells Fargo und U.S. Bancorp gehören zu den besten Großbanken des Landes, wenn sie nicht sogar die besten sind … Meiner Meinung nach wird die Rentabilität des US-Bankensektors insgesamt in der kommenden Zeit deutlich geringer ausfallen als zu Beginn dieses Jahrhunderts. Ein wichtiger Grund dafür ist, dass künftig die Verschuldung sinkt, was für die Gesellschaft wahrscheinlich eine gute Sache ist. Für einzelne Banken, die ihre Verschuldung intelligent als Hebel einsetzen konnten, mag das schlecht sein. Aber das Problem war, dass alle dachten, sie könnten genau das tun, und das unkluge Handeln einiger weniger hatte Konsequenzen für alle. Selbst wenn die Rendite auf das Vermögen so gut ist wie vor einigen Jahren, wird es weniger Vermögenswerte pro Dollar Eigenkapital geben als zuvor, was bedeutet, dass die Eigenkapitalrendite geringer ausfallen wird.«

»Wir halten Wells Fargo und die Bank of America nach wie vor für sehr gut geführte Unternehmen mit solidem Geschäftsgebaren. Sie sind nicht mehr so attraktiv wie zu Zeiten, als ein höherer Hebel mittels Verschuldung möglich war. Was die Probleme im Bankensektor angeht, so haben wir meiner Meinung nach das Schlimmste bereits hinter uns … Das Bankgeschäft ist ein ganz wesentliches Geschäft – aber wie [CEO] John Stumpf vor einigen Jahren bei Wells Fargo sagte: ›Ich weiß nicht, warum wir uns immer neue Wege ausdenken, um Geld zu verlieren, wo doch die alten so gut funktioniert haben.‹«

»Banken drehen regelmäßig durch … Es gibt billiges Geld und die US-Regierung deckt das. Obwohl die US-Regierung im Rahmen der FDIC noch nie etwas zahlen musste. Die FDIC hat seit ihrer Gründung am 1. Januar 1934 bereits 3800 Bankinsolvenzen abgewickelt, ohne dass dies den US-Steuerzahler auch nur 1 Cent gekostet hat. Das Geld stammt ausschließlich aus FDIC-Abgaben anderer Banken. Es war eine Versicherungsgesellschaft auf Gegenseitigkeit. Wenn man sich auf der Aktivseite aus Schwierigkeiten heraushält, ist das Bankgeschäft ein sehr gutes Geschäft, weil man Geld so günstig bekommt, es eine implizite staatliche Garantie gibt, man einen angemessenen Hebel einsetzen kann und Amerika ein ziemlich guter Ort ist, um Geld zu verleihen. Deshalb gefällt mir unsere Position. Beide Unternehmen sind sehr gut geführte Institute, aber sie hatten eine Eigenkapitalrendite von 25 bis 30 Prozent; das wird sich in Zukunft nicht wiederholen, und das sollte auch nicht geschehen.«

CM: »Bleibt noch hinzuzufügen, dass die M&T Bank, über die die meisten Leute nie sprechen, von einem wirklich vernünftigen Mann [CEO Bob Wilmers] geleitet wird und für uns eine wunderbare Investition war.«

WB: »Wenn Sie den jährlichen Brief an die Aktionäre von M&T lesen, geht es im ersten Teil speziell um M&T, aber der zweite Teil befasst sich vor allem mit der amerikanischen Finanzwirtschaft, und ich möchte Ihnen wirklich empfehlen, diesen Teil zu lesen. Bob ist ein kluger Kopf und hat viele gute Beobachtungen gemacht. Er bringt eine ziemlich starke Abneigung dagegen zum Ausdruck, dass ein Marktsystem ein Belohnungssystem schafft, in dem Geld unverhältnismäßig stark den Menschen zufließt, die mit Geld arbeiten, und dass dies tendenziell eine unverhältnismäßig große Zahl von Menschen mit großen Fähigkeiten anzieht; er ist der Meinung, dass zumindest einige davon anderswo besser eingesetzt wären. Es ist eine interessante Lektüre. Außerdem empfehle ich den jährlichen Brief von Jamie Dimon, dem CEO von J.P. Morgan, an die Aktionäre. Es ist eine Meisterleistung, was die Beschreibung der Bankenszene und der Wirtschaftslage angeht. Er hat darin einige kluge Einsichten zu sehr wichtigen Themen zu Papier gebracht. Ich denke, jeder könnte aus diesem Brief viel lernen, genauso wie aus dem Brief von Wilmers.«

CM: »Für Menschen, die Moral in der Wirtschaft schätzen, klingt Wilmers wie ein Prophet aus dem Alten Testament. Er mag es nicht, dass alle wirklich großen Banken so viel Geld mit dem Wertpapierhandel verdienen, weil er sagt, dass sie damit eigentlich versuchen, ihre eigenen Kunden zu überlisten, und er würde ihnen lieber in einer Kultur dienen, in der beide Seiten einander vertrauen. Es fällt schwer zu glauben, dass er damit völlig unrecht hat.«

2013 Aktionärsversammlung (02:30:03)

CM: »Ich bin auf lange Sicht etwas weniger optimistisch als Warren, was das Bankensystem angeht. Ich würde mir etwas extremere Maßnahmen bei der Beschränkung von Bankgeschäften wünschen. Ich verstehe nicht, warum massive Derivateportfolios mit Einlagen vermischt werden sollten, die vom Staat garantiert sind.«

WB: »Da bin ich gleicher Meinung wie Charlie.«

CM: »Je mehr Banker wie Investmentbanker statt wie Banker sein wollen, desto weniger will mir das gefallen. Mehr möchte ich dazu nicht sagen. Ich habe schon genug Ärger mit diesem Thema.«

2016 Aktionärsversammlung (01:50:12)

WB: »Die öffentliche Politik seit 2008/2009 bestand darin, die Kapitalanforderungen für Banken auf verschiedene Weise erheblich zu verschärfen, wobei dies jedoch speziell darauf abzielte, sehr große Banken im Vergleich zu kleineren Banken weniger profitabel zu machen. Das lässt sich erreichen, indem man die Eigenkapitalanforderungen erhöht. Dadurch kann man die Mathematik des Bankwesens und die Attraktivität des Bankgeschäfts völlig verändern. Wenn man natürlich vorschreiben würde, dass jede Bank 100 Prozent Eigenkapital vorhalten muss, wäre das ein miserables Geschäft. Man könnte unmöglich nennenswerte Gewinne mit dem Eigenkapital erzielen. Und wenn man den Banken einen Eigenkapitalanteil von lediglich 1 Prozent zugesteht, können sie viel Geld verdienen und das System in alle möglichen Schwierigkeiten bringen. Seit 2009 sind die Regeln vor allem durch Eigenkapitalanforderungen gegen die größeren Banken ausgerichtet. Das bedeutet lediglich, dass die Eigenkapitalrendite sinkt, aber die Eigenkapitalrendite war zuvor extrem hoch. Das Geschäft ist also nicht schlecht geworden, sondern nur weniger attraktiv als zuvor.«

2023 Aktionärsversammlung (02:45:06)

WB: »Die Lage im Bankensektor ist ähnlich wie immer, Angst ist ansteckend. Und historisch gesehen war diese Angst manchmal berechtigt, manchmal aber auch nicht … Das Bankensystem hat sich im Laufe der Jahre stark verändert, und meiner Meinung nach haben wir mit der Einrichtung der FDIC etwas sehr Vernünftiges getan. Nach dem Ersten Weltkrieg gingen innerhalb eines Jahres 2000 Banken pleite. Bank Runs waren nur ein Teil des Problems – wenn die Menschen sich Sorgen um die Sicherheit ihres Geldes auf der Bank machen und es plötzlich abheben, kann man keine Wirtschaft mehr gut führen. Die FDIC war also ein logischer Schritt.«

»Aber jetzt sind wir im Jahr 2023 und sehen, dass die FDIC tatsächlich jedem 100 Cent pro Dollar auszahlt oder alle Sichteinlagen verfügbar macht, und dennoch gibt es immer noch Menschen, die sehr besorgt sind. Das sollte nicht passieren. Ich bin der Meinung, die Kommunikation war schlecht. Sie war schlecht seitens der Politiker, die manchmal ein Interesse daran haben, dass sie schlecht ist. Sie war schlecht seitens der Behörden. Und ich würde sagen, sie war auch schlecht seitens der Presse. Es sollte nicht so viele Menschen geben, die die Tatsache missverstehen, dass es zwar eine Obergrenze von 250.000 Dollar für die FDIC gibt, aber dass die FDIC, die US-Regierung und die amerikanische Öffentlichkeit kein Interesse daran haben, dass eine Bank insolvent wird oder dass die Einlagen der Menschen tatsächlich verloren gehen.«

»Am Wochenende wurde uns das am Beispiel der Silicon Valley Bank vor Augen geführt, [die nach einem Bankensturm im März 2023 schließen musste] und die Öffentlichkeit ist immer noch irritiert. Es will etwas heißen, wenn ein Gesetz, das 1934 in Kraft getreten ist, in einem so wichtigen Bereich wie dem Bankensystem nicht verstanden wird … Wenn die Menschen glauben, dass Einlagen noch immer schwer abziehbar sind, leben sie in einer anderen Zeit. Man drückt einen Knopf, muss nicht tagelang in der Schlange stehen und warten, bis der Bankangestellte das Geld langsam in Gold abzählt. Man kann innerhalb von Sekunden einen Run auslösen. Dass dieses Problem nicht angemessen angegangen wurde, ist ein Problem, und wer weiß, wohin das führt. Aber man muss die Menschen bestrafen, die etwas Falsches tun.«

»Wenn man sich First Republic ansieht, kann man im 10-K-Formular dieser Bank[55] sehen, dass sie nicht staatlich abgesicherte Hypothekendarlehen in riesiger Höhe zu festen Zinssätzen angeboten hat, manchmal für zehn Jahre, bevor sie zu variablen Zinssätzen wechselte. Das ist ein verrücktes Angebot … Solche Angebote macht man nicht, aber genau das hat First Republic ganz offen getan. Und die Welt hat das ignoriert, bis es ihnen um die Ohren flog. Und einige Aktien dieser Banken, die von Insidern gehalten wurden, wurden verkauft, und wer weiß, ob diese Menschen dabei einen unschuldigen Plan verfolgten oder ob sie nicht doch ahnten, was kommen würde.«

»Die Aufsichtsräte haben die Möglichkeit, den CEO zur Verantwortung zu ziehen. Wenn der CEO eine Bank in Schwierigkeiten bringt, sollten sowohl der CEO als auch die Aufsichtsräte darunter leiden. Die Aktionäre der Zukunft sollten nicht darunter leiden, sie haben nichts getan. Das lehrt uns nämlich, dass, wer eine Bank leitet und sie in den Sand setzt, immer noch reich ist und dass die Welt

---

[55] Anmerkung der Redaktion: Form 10-K ist ein staatlich vorgeschriebener, streng normierter Jahresbericht, den börsennotierte Unternehmen in Kurzform bei der Börsenaufsicht SEC einreichen müssen. Es enthält Detailinfomationen zur finanziellen Lage, zur Geschäftstätigkeit und zu den Risiken, denen das jeweilige Unternehmen ausgesetzt ist.

sich weiterdreht. Das ist keine gute Lektion für Menschen, die das Verhalten der Wirtschaft beaufsichtigen. Es gibt viel zu tun – und es ist kein schwieriges Problem, wir haben nur die Lösung und die Kommunikation vermasselt.«

CM: »Ich bin so altmodisch, dass ich es besser fand, als die Banken noch kein Investmentbanking betrieben. Das lässt mich in der modernen Welt sehr altmodisch aussehen … Ein Banker sollte eher wie ein Ingenieur sein. Er sollte sich mehr darum kümmern, Probleme zu vermeiden, als reich zu werden. Das würde gut funktionieren.«

2023 Aktionärsversammlung (02:58:29)

WB: »Wenn man solide Bankmethoden befolgt, kann eine Bank eine durchaus vernünftige Investition sein. 1969 hatten wir 19 Millionen Dollar investiert [in die Illinois National Bank & Trust] und 17 Millionen Dollar in unsere Versicherungsgesellschaften. Wäre der Bank Holding Company Act von 1970 nicht verabschiedet worden, hätten wir am Ende vielleicht statt vieler Versicherungsgesellschaften viele Banken besessen. Aber der Bank Holding Company Act wurde verabschiedet, und wir mussten diese Bank innerhalb von zehn Jahren veräußern.«

CM: »Übrigens hatte diese Bank nie faule Kredite. Sie hatte nie unnötige Kosten. Sie hat nur Geld verdient, das sich ohne Risiko verdienen ließ. Sie war weder einem Einlagensicherungsrisiko noch der Regierung gegenüber verpflichtet. Es war eine schöne, solide und konstruktive Institution in dieser Gemeinde. Jeder, der kreditwürdig war, konnte da einen Kredit bekommen. Und wir wurden aus ihr herausgedrängt.«

WB: »Wir wollten weitere Banken kaufen. Und hätten wir weitere Banken gekauft, wären wir wahrscheinlich nicht so groß im Versicherungsgeschäft geworden – aber die Gesetze änderten sich, wir verkauften und haben uns anschließend im Versicherungsgeschäft gut geschlagen. Aber das Bankgeschäft war eigentlich attraktiver für uns. Es war größer und es gab mehr Ziele. Und man konnte eine absolut solide Bank führen … Wir hätten weitere Banken gefunden, aber das wurde uns verwehrt. Vor kurzem haben wir Bankaktien verkauft, als die Pandemie ausbrach, und in den letzten sechs Monaten haben wir noch einige mehr verkauft. Wir wissen nicht, wohin die Aktionäre der Banken steuern. Mein persönliches Geld liegt bei einer lokalen Bank und die Summe ist wahrscheinlich über der FDIC-Grenze; darüber mache ich mir überhaupt keine Sorgen. Aber was den Besitz von Banken angeht, werden die Ereignisse über ihre Zukunft entscheiden, und jetzt sind auch noch Politiker involviert.«

»Viele Menschen verstehen nicht wirklich, wie das System funktioniert. Und ich würde sagen, dass die Kommunikation zwischen verschiedenen Personen und der amerikanischen Öffentlichkeit nicht gerade perfekt war. Die Öffentlichkeit ist wahrscheinlich so verwirrt wie eh und je, was das Bankwesen angeht, und das hat Konsequenzen. Niemand weiß, wie die Konsequenzen aussehen werden, weil jedes Ereignis eine andere Dynamik in Gang setzt. Man weiß nicht, wie lange die Einlagen auf dem Konto liegen bleiben, wie sich das entwickelt hat. Das verändert alles. In einer solchen Situation sind wir also sehr vorsichtig, was den Besitz von Banken angeht. Wir bleiben bei einer Bankbeteiligung, der Bank of America. Ich mag die Bank of America und ihre Führungsriege liegt mir. Und ich habe den Deal mit ihr bereits im Jahr 2011 vorgeschlagen, also bleibe ich dabei. Aber kann ich die weitere Entwicklung prognostizieren? Die Antwort lautet: Nein, denn ich habe in den vergangenen Monaten so viele Dinge gesehen, die für mich zwar nicht wirklich überraschend waren, die aber meine Überzeugung bestätigt haben, dass die amerikanische Öffentlichkeit ihr Bankensystem nicht versteht.«

LEERVERKÄUFE

1999 Aktionärsversammlung (02:57:21)

WB: »Es spielt keine Rolle, ob jemand Berkshire Hathaway leerverkauft … Das schadet uns in keiner Weise … Was zählt, ist der innere Wert. Wenn wir den Wert von Berkshire in einem angemessenen Tempo steigern, müssen sich die Short-Seller überlegen, wie sie sich künftig drei Mahlzeiten am Tag leisten wollen.«

2001 Aktionärsversammlung (04:07:07)

WB: »Leerverkäufe sind ein interessantes Thema, weil sie viele Menschen ruiniert haben. Man kann sich damit ruinieren … Es ist verlockend. In Ihrer Karriere werden Sie viel mehr dramatisch überbewertete Aktien sehen als dramatisch unterbewertete. Es liegt in der Natur der Wertpapiermärkte, dass sie gelegentlich verschiedene Dinge in den Himmel loben, sodass Wertpapiere häufig zum Fünf- bis Zehnfachen dessen verkauft werden, was sie wirklich wert sind, wohingegen sie nur sehr selten für 20 oder 10 Prozent ihres Wertes verkauft werden. Daher sieht man diese viel größeren Diskrepanzen zwischen Preis und Wert vor allem auf der Überbewertungsseite. Man könnte also meinen, dass es einfacher ist, mit Leerverkäufen Geld zu verdienen. Ich kann nur sagen: Mein Ding ist das nicht.«

»Es ist ein sehr hartes Geschäft, weil man unbegrenzten Verlusten ausgesetzt ist und weil Leute, die stark überbewertete Aktien haben, häufig irgendwo zwischen Promoter und Betrüger anzusiedeln sind. Deshalb sind sie dort gelandet. Sie wissen auch, wie sie genau diese Bewertung nutzen können, um Wertschöpfung zu betreiben, denn wenn man eine Aktie mit einem Wert von 10 Dollar hat, die für 100 Dollar verkauft wird, liegt es natürlich im eigenen Interesse, eine ganze Menge Aktien zu emittieren. Und wenn man das tut, kann der Wert am Ende bei 50 Dollar liegen. Stock Promotion[56] ähnelt oft Kettenbriefen, die auf der impliziten Annahme basieren, dass die Führungsriege so weitermachen wird. Fängt man einmal damit an, eine Menge Aktien zu 100 Dollar herausgeben, die einen Wert von 10 Dollar haben, beträgt der Wert nun 50 Dollar, und die Leute sagen: ›Diese Leute sind so gut darin, lasst uns 200 oder 300 Dollar zahlen, und dann können sie das wiederholen und es immer tun. In der Regel macht man sich das nicht bewusst. Aber genau dieses Prinzip liegt der Stock Promotion oft zugrunde.«

»Gerät man in eine derartige – erfolgreiche – Spirale, kann einem das Geld ausgehen, bevor dem Promoter die Ideen ausgehen. Am Ende funktionieren sie fast immer. Von den Dingen, die wir im

56 Anmerkung der Übersetzerin: Maßnahmen zur Steigerung des Interesses und des Handelsvolumens von Aktien

Laufe der Jahre gern leerverkauft hätten, haben sich letztlich alle sehr gut entwickelt, wenn man sie denn gehalten hätte. Aber das ist sehr schmerzhaft, und meiner Erfahrung nach war es viel einfacher, mit Long-Positionen Geld zu verdienen. Als ich 1954 nach New York zog, nutzte ich eine Arbitrage-Gelegenheit[57], die eine todsichere Transaktion implizierte, die einfach funktionieren musste. Aber es gab einen technischen Haken, und ich hatte etwas leerverkauft. Für eine kurze Zeit war das sehr unangenehm. Meiner Meinung nach lässt sich damit nicht viel Geld verdienen, weil es zu einem großen Verlust kommen kann, wenn man es in großem Stil macht.«

CM: »Etwas zu shorten, das immer weiter steigt, weil jemand es auf halb illegale Weise bewirbt, und man selbst immer weiter verliert, während eine immer höhere Margin verlangt wird – das ist den Ärger einfach nicht wert. Es ist nicht so schwer, anderswo mit weniger Ärger Geld zu verdienen.«

2006 Aktionärsversammlung (04:34:42)

WB: »Im Laufe der Jahre hatte ich wahrscheinlich hundert Ideen für Dinge, bei denen ich ans Leerverkaufen dachte, und fast jede davon hat sich als richtig erwiesen. Dennoch möchte ich wetten, dass ich dabei wahrscheinlich Geld verloren hätte … Wenn jemand etwas halbwegs Betrügerisches betreibt, ist er wahrscheinlich ziemlich gut darin. Wenn er Erfolg hat und bei x einsteigt und der Preis auf das Fünffache steigt, kann man nach einer Weile nur noch hoffen, dass er wieder auf x fällt oder etwas in der Art. Das ist ein anstrengendes psychologisches Spiel … Ich würde niemals Geld in einen Short-Fonds investieren; nicht weil ich das für unethisch hielte, sondern weil ich einfach nicht glaube, dass er Geld verdienen wird.«

CM: »Das wäre eine der ärgerlichsten Erfahrungen der Welt: herauszufinden, dass etwas betrügerisch und dumm ist, und dann einen Leerverkauf bei x einzugehen und zu sehen, wie der Kurs auf das Dreifache steigt. Dann siehst du all die glücklichen Betrüger, die in deinem Geld schwimmen, während du Margin Calls erfüllen musst. Warum sollte man sich einer solchen Erfahrung aussetzen wollen?«

INDEXFONDS

2002 Aktionärsversammlung (00:54:42)

WB: »Was den Kauf eines Indexfonds angeht, würde ich einen sehr breit angelegten Index wählen. Ich würde den S&P 500 nehmen, solange ich nicht mein gesamtes Geld auf einmal investiere … Ich wäre allerdings vorsichtig, was die damit verbundenen Kosten angeht, denn letztlich geht es nur um den Kauf eines Index. Wer einen Indexfonds kauft, erzielt meiner Meinung nach im Schnitt bessere Ergebnisse als jemand, der mit höheren Kosten verbundene Fonds kauft. Das ist lediglich eine Rechen-

57 Anmerkung der Übersetzerin: Arbitrage ist die Ausnutzung von Preis-, Kurs- oder Zinsunterschieden an verschiedenen Märkten oder zu verschiedenen Zeitpunkten.

aufgabe. Wenn Sie einen sehr hohen Prozentsatz an institutionell verwalteten Fonds haben – viele Kapitalanlagegesellschaften verlangen dafür viel Geld, andere weniger –, werden diese ähnliche Bruttoergebnisse erzielen, aber unterschiedliche Nettoergebnisse.«

»Ich würde einen breiten Index wählen, aber nicht alles auf einmal investieren. Ich würde über einen längeren Zeitraum einsteigen, denn das Wesen von Indexfonds besteht darin zu sagen: Ich glaube, dass die amerikanische Wirtschaft über einen längeren Zeitraum recht gut laufen wird, aber ich weiß nicht genug, um die Gewinner auszuwählen, und ich weiß nicht genug, um den richtigen Zeitpunkt zu wählen. Daran ist nichts auszusetzen. Ich weiß einfach nicht genug, um die richtigen Zeitpunkte zu wählen. Gelegentlich glaube ich, genug zu wissen, um einen Gewinner auszuwählen, aber das kommt nicht oft vor. Und ich kann sicherlich keine Gewinner auswählen, indem ich die gesamte Liste durchgehe und sage: Das ist ein Gewinner, das ist keiner und so weiter. Wenn Sie also bei einem Unternehmen das Gefühl haben, es sei vernünftig, Ihr Geld über einen langen Zeitraum dort anzulegen, dann ist es wichtig, über einen langen Zeitraum zu investieren und nicht das Risiko einzugehen, zu einem bestimmten Zeitpunkt alles auf einmal zu investieren.«

»Meiner Meinung nach gibt es keine einzige Kennzahl, die Ihnen sagt, dass jetzt ein guter Zeitpunkt ist, um Aktien zu kaufen. So einfach ist es nicht. Deshalb investiert man in einen Indexfonds und kauft über einen längeren Zeitraum hinweg … Wer einen Indexfonds kauft, schützt sich vor der Tatsache, dass er die Antworten auf diese Fragen nicht kennt, aber davon ausgeht, dass man langfristig gut abschneiden wird, ohne die Antworten auf diese Fragen zu kennen, solange er sich dieser Tatsache bewusst ist.«

2004 Aktionärsversammlung (02:23:30)

WB: »Wenn Sie über einen Zeitraum von zehn Jahren mit relativ regelmäßigen Beträgen einen kostengünstigen Indexfonds aufbauen, werden Sie wahrscheinlich besser abschneiden als 90 Prozent der Menschen, die etwa zur gleichen Zeit mit dem Investieren beginnen.«

CM: »Da stimme ich vollkommen zu. Es ist etwas unangenehm für uns, hier bei diesen Jahresversammlungen zu sitzen, wo wir eine Auswahl der angesehensten und kompetentesten Vermögensverwalter versammelt haben, die für ihre Kunden und ihre Familien hervorragende Arbeit geleistet haben. Aber die Branche der Vermögensverwalter insgesamt schneidet garantiert so schlecht ab, dass Indexfonds die bessere Option sind.«

2008 Aktionärsversammlung (02:22:32)

WB: »Ich würde wahrscheinlich in einen sehr kostengünstigen Indexfonds investieren, vielleicht Vanguard, einen Anbieter, den ich als zuverlässig einstufe und dessen Kosten niedrig sind. Und wenn ich davon ausgehe, dass ich kein professioneller Anleger werde, würde ich mir bewusst machen, dass ich ein Amateur-Anleger bin … nicht weiter darüber nachdenken und mich wieder meinem Leben widmen.«

CM: »Es liegt in der Natur der Sache, dass es nicht viele überaus erfolgreiche professionelle Anleger gibt. Es gibt eine große Schar von Profis, die sich wie Croupiers die Gewinne aus dem System holen, die meisten davon, indem sie sich als professionelle Investoren ausgeben, und auch das liegt in der Natur der Sache. Aber wenn Sie keine rational begründeten Aussichten haben, zum erfahrenen Profi-Investor zu werden, sollten Sie sich auf den Kompromiss mit so etwas Einfachem wie einem Indexfonds einlassen.«

WB: »Diesen Rat werden Sie von niemand anderem bekommen, weil niemand dafür bezahlt wird, Ihnen diesen Rat zu geben. Sie werden alle möglichen Leute treffen, die Ihnen erzählen, wie viel besser sie sich um Ihre Geldanlage kümmern und für eine Pauschalgebühr oder Provisionen bessere Ergebnisse erzielen können – aber das werden sie nicht … Letztendlich werden Sie mit meinem Vorschlag über einen Zeitraum von dreißig oder vierzig Jahren eine durchaus ordentliche Rendite erzielen. Warum sollten Sie mehr erwarten, wenn Sie nichts beisteuern? Der Verkäufer wird Ihnen alles Mögliche in Aussicht stellen, aber Sie werden es nicht bekommen.«

CHINESISCHE AKTIEN

2022 Aktionärsversammlung (03:36:28)

CM: »Es steht außer Frage, dass die chinesische Regierung die US-Investoren, die in China investieren, in den letzten Monaten und Jahren stärker beunruhigt hat als früher. Es gab Spannungen, die sich auf die Kurse einiger chinesischer Aktien, vor allem Internetaktien, ausgewirkt haben. Gerade in den vergangenen ein, zwei Tagen hat der chinesische Staatschef eine Kehrtwende vollzogen und erklärt, er sei zu weit gegangen und würde sich mehr zurückhalten und so weiter. Es gibt also hoffnungsvolle Anzeichen. Zugegeben, es gibt mehr Schwierigkeiten im Umgang mit dem Regime in China als in den Vereinigten Staaten, und es ist dort anders. China ist weit weg, und die Menschen dort haben ihre eigene Kultur und ihre eigenen Loyalitäten und so weiter. In China habe ich vor allem investiert, weil ich dort so viel bessere Unternehmen zu so viel niedrigeren Preisen bekommen kann, und ich war bereit, dafür ein kleines politisches Risiko einzugehen … Andere kommen vielleicht zu dem gegenteiligen Schluss, und alle machen sich heute größere Sorgen um China als noch vor zwei oder drei Jahren. So ist es nun einmal.«

BÖRSENGÄNGE

2004 Aktionärsversammlung (04:04:24)

CM: »Es ist durchaus möglich, dass Sie unsere mentalen Modelle nutzen können, um unter den Börsengängen gute Kaufobjekte zu finden. Jedes Jahr gibt es unzählige Börsengänge, und unter diesen Börsengängen gibt es bestimmt ein paar sichere Gewinner, die ein intelligenter Mensch finden und sich schnappen kann. Aber der Durchschnittsbürger, der Börsengänge kauft, wird dabei auf die Nase fallen.«

WB: »Ein Auktionsmarkt[58], wie er an der Börse vorherrscht, bietet manchmal außergewöhnliche Schnäppchen, weil jemand 0,5 bis 1 Prozent eines Unternehmens zu einem Preis verkauft, der vielleicht bei 25 Prozent seines Wertes liegt, während man das bei Aktienkäufen auf dem Verhandlungsweg nicht erreicht. Die Situation bei einem Börsengang entspricht eher einem verhandelten Deal. In den meisten Fällen entscheidet der Verkäufer, wann er an den Markt geht. Und er wählt nicht unbedingt einen Zeitpunkt, der für Sie günstig ist. Ich halte es daher für weitaus weniger wahrscheinlich, bei der Durchsicht von hundert Börsengängen etwas Günstigeres zu finden als bei der Durchsicht von hundert Unternehmen, die bereits auf dem Auktionsmarkt gehandelt werden. Es ist eher eine Verhandlungssache. Und bei Verhandlungsgeschäften ist es sehr schwer, Schnäppchen zu machen … Auf einem Auktionsmarkt ist die Wahrscheinlichkeit für Schnäppchen viel größer. Das liegt einfach in der Natur der Sache. Auf einem Auktionsmarkt macht man die besseren Käufe.«

DER IMMOBILIENMARKT

2005 Aktionärsversammlung (01:17:26)

WB: »Im oberen Segment des Immobilienmarktes gab es in einigen Gegenden außergewöhnliche Bewegungen. Ich habe das schon einmal erwähnt, aber vor etwa 25 Jahren erlebten wir das bei Ackerland in Nebraska, in Iowa, und in den umliegenden Gebieten. Die Menschen waren besorgt, dass die Inflation Ende der 1970er-Jahre außer Kontrolle geraten war, bevor Volcker seine Maßnahmen ergriff, und sie flohen aus dem Bargeld. Und eine Möglichkeit, dieser Angst Luft zu machen, war der Ansturm auf Ackerland. Es gab eine Farm etwa dreißig Meilen nördlich von hier, die 1980 für 5000 Dollar je Hektar verkauft wurde. Ein paar Jahre später kaufte ich von der FDIC den Hektar zum Preis von 1500 Dollar. Man könnte sagen: Wie kann man sich derart für Ackerland begeistern? Es bringt gut 5,5 Tonnen Sojabohnen pro Hektar ein oder etwa 15 Tonnen Mais. Und man kann sich unmöglich vorstellen, dass sich der Ertrag verdreifacht oder dass das Internet die Maiserträge in die Höhe treibt oder so etwas. Aber die Leute sind darauf abgefahren. Und die Folgen waren enorm, denn viele Banken in dieser Gegend, die die Weltwirtschaftskrise überstanden hatten, gingen pleite. Aber die Leute sind einfach ein bisschen durchgedreht.«

»Ich weiß nicht, wo wir in Bezug auf den Wohnimmobilienzyklus stehen, da er andere Verhaltensmerkmale aufweist, schlichtweg deshalb, weil in den meisten Fällen Menschen in den betreffenden Häusern leben. Daher verhält er sich nicht unbedingt so wie andere Märkte. Aber wenn die Preise weitaus stärker steigen als die Baukosten oder die Inflationsfaktoren, kann das ziemlich schwerwie-

---

[58] Anmerkung der Redaktion: Gemeint ist der Markt, an dem der Börsenkurs fortlaufend durch einen Abgleich von Angebot und Nachfrage gestellt wird.

gende Folgen haben … Ich würde sagen, dass die Preise für Wohnimmobilien wahrscheinlich deutlich schneller gestiegen sind als die allgemeine Inflationsrate.«

CM: »Aber wenn man nach Laguna oder Montecito in Kalifornien oder in die besseren Vororte von Washington, D.C. kommt, hat man eine echte Immobilienpreisblase …«

WB: »Ich habe vor ein paar Monaten ein Haus in Laguna für 3,5 Millionen Dollar verkauft. Es ging schon am ersten Tag weg, also habe ich es wahrscheinlich zu günstig angeboten. Aber dieses Haus, das physische Haus, würde wahrscheinlich 500.000 Dollar oder so kosten. Im Endeffekt wurde das Grundstück also für 3 Millionen verkauft, und es ist etwa 185 Quadratmeter groß … also wurde das Grundstück für etwa 16.000 Dollar pro Quadratmeter verkauft.«

CM: »Einer der Aufsichtsräte von Berkshire wohnt neben einem meiner Meinung nach recht bescheidenen kleinen Haus, das kürzlich für 27 Millionen verkauft wurde. Das sind Häuser mit direktem Blick auf den Ozean, und in Kalifornien gibt es nicht viele solcher Grundstücke, aber es gibt viele Menschen. Einige dieser Immobilienpreisblasen sind echt extrem. Und es ist durchaus möglich, dass es eines Tages in die andere Richtung geht.«

WB: »Für 27 Millionen Dollar würde ich lieber auf meine Badewanne starren.«

2005 Aktionärsversammlung (01:42:09)

WB: »Es steht außer Frage, dass die Kreditbedingungen mit steigenden Preisen immer lockerer geworden sind; das widerspricht nun völlig der allgemeinen Auffassung von Kreditvergabe. Je mehr eine Anlageklasse überbewertet ist, desto weniger wird ein umsichtiger Banker Kredite vergeben. Aber natürlich gibt es in diesem Land mittlerweile Hypotheken, die so vermittelt werden, dass der Käufer – ich denke dabei an Freddie Mac und Fannie Mae[59] – sich nicht darum kümmern muss, um welche Art von Finanztransaktion es sich handelt. Sie müssen nicht schauen, ob jemand seine Hypothek wirklich bedienen kann. Solche Finanzierungen, die leicht zu bekommen sind, haben meiner Meinung nach einen Boom der Immobilienpreise begünstigt.«

CM: »Es liegt auf der Hand, dass die schnelle Vergabe von Immobilienkrediten dazu führt, dass mehr Häuser gebaut werden und die Immobilienpreise wahrscheinlich steigen. Aber wenn man genug baut, kommt es natürlich irgendwann zu einem gegenläufigen Effekt. Wenn man viel zu viele Häuser baut, führt das irgendwann zu einem Preisverfall.«

WB: »Folgendes Szenario: Nehmen wir an, Omaha hätte eine konstante Einwohnerzahl und niemand könnte mehr Häuser bauen, aber jedes Jahr würde jeder sein Haus an seinen Nachbarn verkaufen. Im ersten Jahr würde also jeder sein Haus für 100.000 Dollar an seinen Nachbarn verkaufen, und beide würden die Häuser tauschen, und das wäre in Ordnung. Und im nächsten Jahr vereinbaren sie, dasselbe für 150.000 Dollar zu tun. Und Sie würden sagen: Wie kann das funktionieren? Nun, wir gehen alle zu Freddie oder Fannie, die unsere Hypotheken für einen höheren Betrag aufkaufen, verbriefen und an jemanden in New York oder Tokio oder anderswo weiterverkaufen. Und wir hätten einen

[59] Anmerkung der Übersetzerin/Redaktion: Fannie Mae und Freddie Mac sind Hypothekenbanken in den USA, die den Hypothekenmarkt stabilisieren sollen. Um ihren staatlichen Auftrag zu erfüllen, Häuser für Amerikaner erschwinglich zu machen, kauften sie den Banken im großen Stil Hypotheken ab, verbrieften diese zum Teil und verkauften sie an Fonds, Bankhäuser, Hedgefonds und andere Investoren weiter.

Zufluss von 50.000 Dollar pro Haushalt. Wir hätten alle die gleiche Anzahl von Häusern. Wir würden alle mit einer Familie in einem Haus leben. Und wir hätten unsere Häuser aufgewertet und hätten jetzt eine höhere Hypothek, aber wir hätten in diesem Jahr 50.000 Dollar mehr Einkommen, um die etwas höhere Hypothek zu bedienen. Und wir würden das Gleiche im folgenden Jahr für 200.000 Dollar tun und so weiter. Tja, das wäre sehr transparent, und die Leute würden vielleicht merken, dass in Omaha etwas Seltsames vor sich geht. Aber es kann zu einer zufälligen Häufung von Verhaltensweisen kommen, die in etwa zum gleichen Effekt führen. Wenn man etwas immer weiter aufwertet und dabei das Geld für den aufgewerteten Preis von jemand anderem kommt, der das Gefühl hat, kein Risiko zu tragen, weil er eine staatliche Garantie hat, kann das Geld einfach hereinströmen und alle sind für eine lange Zeit sehr glücklich. Wir haben nichts Vergleichbares zu dem, was ich beschrieben habe, aber bestimmte Aspekte davon sind in der Wirtschaft vorhanden.«

CM: »Da bin ich deiner Meinung. In jeder modernen Wirtschaft gibt es Schneeballeffekte. Sie sind sehr wichtig und in der Wirtschaftswissenschaft nur wenig erforscht.

2006 Aktionärsversammlung (01:25:51)

WB: »Man muss dreißig oder vierzig Jahre zurückgehen, um Volumina im Fertighausbau zu finden, die so niedrig sind wie in den letzten Jahren. Es gab Jahre, in denen der Anteil der Fertighäuser an den Neubauten in den Vereinigten Staaten bei 20 Prozent lag. Letztes Jahr waren es, ohne die Nachfrage der FEMA[60], wahrscheinlich 7 Prozent der Neubauten. Der Anteil der Fertighäuser am gesamten Neubauvolumen war in den vergangenen Jahren also sehr gering, während die Qualität der Häuser deutlich besser ist als in früheren Jahren … Vor vier oder fünf Jahren wurden Fertighäuser in großer Zahl an die falschen Leute verkauft, weil Fertighaushändler sie an Interessenten verkauften, die sie nicht kaufen sollten, weil sie sich eine entsprechende Hypothek gar nicht leisten konnten. Die Kredite wurden dann zur Absicherung verbrieft, wodurch jemand in einer Versicherungsgesellschaft irgendwo erhebliche Summen verlor. Es gab einen Kreditmissbrauch in diesem Bereich, dessen Nachwirkungen noch heute zu spüren sind, und es hat lange gedauert, bis diese Nachwirkungen überwunden waren … Die Bedingungen waren eine Zeit lang sehr lax, und jetzt tragen wir die Konsequenzen dafür … Clayton Homes ist in einer sehr starken Position. Und ihre Bilanz ist so viel besser als die aller anderen in der Branche, dass man schon sehr genau hinschauen muss, um einen Zweitplatzierten zu finden.«

CM: »Ich glaube, dass Fertighäuser sich stark verbessern und einen viel größeren Marktanteil gewinnen werden. Das kann zwar noch einige Zeit dauern, aber es ist so logisch, dass ich davon ausgehe, dass es irgendwann passieren wird.«

WB: »Die Branche muss sich Gedanken machen – und sie hat dabei schon große Fortschritte erzielt – über die logische Art und Weise, wie diese Dinge finanziert werden können. Wie lässt sich sicherstellen, dass der Käufer in fünf bis zehn Jahren einen Vermögenswert hat, der über den Wert seines Darlehens hinausgeht? Vor fünf Jahren wurde darüber kaum nachgedacht. Es ging nur darum,

60 Anmerkung der Redaktion: Die Abkürzung FEMA steht für Federal Emergency Management Agency. Aufgabe dieser amerikanischen Bundesbehörde besteht darin, Katastrophenkarten zu erstellen und sicherzustellen, dass Häuslebauer eine staatlich unterstützte Hochwasserversicherung abschließen können.

die Papiere zusammenzustellen, die Kredite an der Wall Street zu verkaufen und die Probleme später jemand anderem zu überlassen. Clayton hat in dieser Hinsicht viel besser gearbeitet als andere Unternehmen, aber das waren nun einmal die damaligen Bedingungen in der Branche. Ich glaube jedoch, dass Clayton in den kommenden Jahren leicht zum größten Hausbauer in den Vereinigten Staaten werden könnte, da wir einen großen Teil einer Branche ausmachen werden, die, wie Charlie sagt, mehr Volumen schaffen sollte.«

CM: »Ich glaube auch, dass ein Teil der Sünden, die vor einigen Jahren bei der Finanzierung von Fertighäusern begangen wurden, auf die Finanzierung von Häusern in individuell geplanter Holzrahmenbauweise übergegangen sind. In Amerika werden im Wohnungsbau viele lächerliche Kredite vergeben. Das hatte schreckliche Folgen für den Fertighaussektor, und ich gehe davon aus, dass es in absehbarer Zeit auch bei Häusern in frei geplanter Holzrahmenbauweise zu Problemen kommen wird.«

WB: »Dumme Kredite haben immer Konsequenzen, meist in großem Umfang, aber man erkennt sie erst nach einer Weile ... Ein Bauträger wird alles entwickeln, wofür er leihweise Geld bekommt. So einfach ist das. Und wenn die Kreditinstitute Geld für etwas bereitstellen, wird es gebaut ... Ich bin überzeugt, das ist in den letzten Jahren hier im konventionellen Wohnungsbau passiert.«

CM: »Ja, und ein Teil dieser dummen Kreditvergabe wird durch verachtenswerte Rechnungslegung erleichtert. Die Buchhaltungsbranche hat nicht aufgehört, sich zu einem furchtbaren Verhalten hinreißen zu lassen.«

2015 Aktionärsversammlung (00:09:54)

WB: »Wenn möglich, versuchen wir, Clayton-Kunden einen FHA-Kredit zu vermitteln, da dies für sie die beste Finanzierungsmöglichkeit ist. Aber wie gesagt, die meisten unserer Kreditnehmer liegen unter dem FICO-Score von 620[61]. Und es stimmt, dass etwa 3 Prozent innerhalb eines Jahres ihr Haus verlieren werden. Es stimmt auch, dass 97 Prozent dieser Menschen ein Haus haben werden, in dem ihre durchschnittliche Hypothekenbelastung nur knapp unter 600 Dollar im Monat liegt, und damit lässt sich ein gut ausgestattetes Haus mit zwei, vielleicht sogar drei Schlafzimmern finanzieren.«

»Clayton hat sich meiner Meinung nach außerordentlich gut verhalten ... Ich bin stolz auf die Führungsriege von Clayton. Ich bin stolz darauf, dass das Unternehmen in diesem Jahr vielleicht 30.000 Menschen zu sehr niedrigen Kosten in sehr gute Häuser gebracht hat. Und ein sehr hoher Prozentsatz dieser Menschen wird die betreffenden Kredite wahrscheinlich in zwanzig Jahren zurückgezahlt haben und dann ein Haus besitzen, das im Grunde genommen ein echtes Schnäppchen war.«

CM: »Ich weiß nicht viel über die Hypothekenpraktiken bei Clayton, aber ich weiß, dass wir eine enorme Anzahl von Häusern verkauft haben und einen großen Anteil am Gesamtmarkt für Fertighäuser haben [etwa 50 Prozent]. Das ist eine sehr konstruktive Sache. Ich persönlich habe mich immer gefragt, warum Fertighäuser keinen größeren Marktanteil haben. Es ist doch eine so effiziente Methode, mit der sich recht brauchbare Häuser bauen lassen. Clayton ist ein produktiver Teil der Wirtschaft – aber wir können die Kreditvergabe an arme Menschen nicht immer zu einem Erfolg werden lassen.

---

61 Anmerkung der Übersetzerin: Der Fico-Score gibt in den USA die Kreditwürdigkeit einer Person an, der mit 620 schon unter dem Durchschnitt liegt.

Wir würden unser Geschäft nicht richtig betreiben, wenn die Zwangsvollstreckungsquote bei null läge. Zu viele Menschen, denen ein Kredit zu gönnen wäre, würden ihn nicht bekommen.«

WB: »Die Hauptursachen für Zahlungsausfälle sind Arbeitsplatzverlust, Tod und Scheidung. Das gilt auch für hochpreisige Häuser, aber es kommt häufiger bei Menschen vor, die finanziell weniger gut gestellt sind. Ich glaube nicht, dass das ein Grund ist, ihnen ein Haus zu verweigern, zumal es für so viele so gut funktioniert … Die Menschen wollen in diesen Häusern leben, und ich finde, sie haben auch ein Recht darauf.«

BYD

2009 Aktionärsversammlung (02:49:59)

CM: »Obwohl sein Gründer erst 43 Jahre alt ist, ist BYD kein Frühphasen-Venture-Capital-Unternehmen. BYD ist einer der weltweit führenden Hersteller von wiederaufladbaren Lithium-Batterien. Diesen Spitzenrang hat das Unternehmen unter der Führung seines Gründers Wang Chuanfu aus dem Nichts erreicht. Es stieg in den Markt für Handykomponenten ein und eroberte dort eine bedeutende Position. Schließlich gab sich Wang Chuanfu nicht mit ein paar Wundern zufrieden und beschloss, in die Automobilbranche einzusteigen. Soweit ich weiß, hatte er keinerlei Erfahrung mit Autos. Und aus dem Nichts und mit sehr wenig Kapital gelang es ihm, das meistverkaufte Einzelmodell in China zu entwickeln. Und das gegen die Konkurrenz durch chinesische Joint Ventures mit allen großen Automobilkonzernen der Welt, technologische Wunderwerke mit weitaus mehr Kapital und so weiter.«

»Das ist keine unbewiesene, hochspekulative Aktivität. Das ist ein handfestes Wunder. Und Wang Chuanfu hat 17.000 Ingenieursabsolventen eingestellt. Diese Ingenieursabsolventen werden aus 1,3 Milliarden Menschen in China ausgewählt. Und er stellt die Besten der Besten ein. So erhält man eine bemerkenswerte Ansammlung von Talenten … Das ist eine sehr talentierte Gruppe. Und solche Lithium-Batterien sind für die Zukunft der Welt absolut notwendig. Wir brauchen sie in jedem Versorgungsunternehmen in Amerika und auf der ganzen Welt. Wir müssen die direkte Energie der Sonne nutzen, und das geht nicht ohne hervorragende Batterien. BYD befindet sich in einer idealen Position. Ich weiß, es sieht nach einem Wunder aus, und es sieht so aus, als wären Warren und ich verrückt geworden, aber ich glaube nicht, dass das der Fall ist.«

»Das Auto, das Sie im Nebengebäude sehen werden, stellt das Unternehmen meiner Meinung nach bis auf das Glas und den Gummi komplett selbst her; es gibt vielleicht ein paar kleine Ausnahmen. Das ist beispiellos. Wer ist jemals in die Automobilbranche eingestiegen, hat alle Teile selbst hergestellt und ein Auto gebaut, das zum Verkaufsschlager wurde? Das ist nicht normal, das ist ungewöhnlich. Ich betrachte es als Privileg, dass Berkshire mit einem Unternehmen verbunden ist, das so viel für die Menschheit tut, wenn man es genau nimmt. Es mag ein kleines Unternehmen sein, aber seine Ambitionen sind groß … Ich wäre sehr überrascht, wenn hier nicht Großes entstehen würde. Angesichts der Größe glaube ich zwar nicht, dass es für Berkshire finanziell so wichtig sein wird – aber ich habe mich noch nie in meinem Leben so privilegiert gefühlt, mit etwas verbunden zu sein wie mit BYD.«

2009 Aktionärsversammlung (03:14:01)

WB: »Es ist sehr schwer vorstellbar, dass wir in China mit der Zeit nicht noch weitere Möglichkeiten finden werden. Vielleicht ergeben sich dort Gelegenheiten, Unternehmen zu kaufen. Wir hätten gern mehr als 10 Prozent von BYD gekauft, aber mehr wollten sie uns nicht verkaufen. Wir hoffen also, dass sich das noch ergibt.«

HARLEY-DAVIDSON

2010 Aktionärsversammlung (01:24:30)

WB: »Ich weiß nicht, ob Harley-Davidson-Aktien 33 Dollar oder 20 Dollar oder 45 Dollar wert sind. Dazu habe ich keine Meinung. Ich mag Unternehmen, deren Kunden sich den Namen auf die Brust tätowieren oder so etwas. Aber um den wirtschaftlichen Wert zu ermitteln, würde ich eher nicht die Leute mit den Tattoos dazu befragen, denn ich glaube nicht, dass ich von ihnen viel erfahren würde. Aber ich hatte das Gefühl und damit wohl auch Recht, dass Harley-Davidson nicht pleitegehen würde und dass 15 Prozent ziemlich attraktiv aussehen würden [Berkshire kaufte im Februar 2009 ganze 300 Millionen unbesicherte Schuldverschreibungen].«

»Jetzt könnten wir diese Anleihen wahrscheinlich zu 135 Dollar oder so verkaufen. Ich wusste genug, um ihnen Geld zu leihen, aber ich wusste nicht genug, um die Aktien zu kaufen. Und das ist häufig der Fall. Wir kaufen gern Aktien, aber besonders gern die Goldman-Vorzugsaktien[62] mit einer Verzinsung von 10 Prozent. Nehmen wir an, Goldman hätte mir statt der 10 Prozent sogar 12 Prozent bei Vorzugsaktien und -Optionsscheinen angeboten und gesagt: ›Sie können nicht-wandelbare Vorzugsaktien mit 12 Prozent Rendite bekommen. Ich hätte mich vielleicht dafür entschieden. Bei all diesen Wertpapieren gibt es einen Kompromiss. Und wenn ich davon ausgehe, dass ich mit einer sehr einfachen Entscheidung – basierend auf der Frage: ›Werden sie pleitegehen oder nicht?‹ – im Gegensatz zu schwierigeren Fragen wie ›Wird der Motorradmarkt einbrechen? Werden die Margen schrumpfen?‹ – gutes Geld verdienen kann, wie es uns bei Harley Davidson gelungen ist, dann nehme ich die einfache Entscheidung.«

CM: »Generell denke ich, wenn Sie eine schwierige Situation sehen und Anleihen kaufen, hätten Sie lieber Aktien kaufen sollen. Man blickt in einen vielversprechenden Bereich.«

WB: »Ben Graham hat 1934 in *Security Analysis* geschrieben, dass bei der Analyse von vorrangigen Wertpapieren nachrangige Wertpapiere in der Regel besser abschneiden, man mit dem Besitz von vorrangigen Wertpapieren aber vielleicht besser schläft. Wie Charlie betont, haben wir in unserem Versicherungsgeschäft Verbindlichkeiten in Höhe von 60 Milliarden Dollar gegenüber Menschen, die sich

[62] Anmerkung der Redaktion: Gemeint sind Vorzugsaktien amerikanischen Typs; sie ähneln einer Schuldverschreibung, können nach einer bestimmten Laufzeit oft, aber nicht immer in normale Aktien umgewandelt werden. Solche »Preferred Stocks«, sind aber keinesfalls immer einheitlich konstruiert. Die meisten Vorzugsaktien amerikanischen Typs bieten eine feste jährliche Verzinsung.

in einigen Fällen über fünfzig Jahre oder mehr erstrecken. Wir haben vielleicht sehr viel Geld in Aktien, aber wir führen dieses Unternehmen so, dass es allem standhalten kann. Vor ein paar Jahren, während der Krise, waren wir sehr zufrieden mit dem Ergebnis dieser Philosophie; wir konnten handeln, als die meisten Menschen gelähmt waren, und wir werden so weitermachen.«

RATINGAGENTUREN

2010 Aktionärsversammlung (03:21:51)

WB: »Die Ratingagenturen hatten und haben unter den derzeitigen Bedingungen ein unglaublich gutes Geschäft. Es ist keinerlei Kapital erforderlich, die Preissetzungsmacht ist erheblich, und bestimmte Teile der Welt sind der Meinung, dass sie Ratingagenturen unbedingt brauchen. Ein anderer Teil der Welt ist jedoch ausgesprochen wütend auf die Ratingagenturen. Viele fühlen sich von ihnen im Stich gelassen, da diese im Grunde genommen derselben Manie erlegen sind, die in der gesamten Investmentwelt, aber auch in der Politik, den Medien und so weiter vorherrschte. Sie konnten sich eine Welt einfach nicht vorstellen, in der der Immobilienmarkt landesweit zusammenbricht. Der Anreizaspekt mag dabei eine kleine Rolle gespielt haben. Ich denke nur, dass es sehr schwer ist, gegen den Strom zu schwimmen.«

»Auf der anderen Seite gibt es natürlich eine Gegenreaktion gegen Ratingagenturen. Es mag rechtliche Mittel geben. Aber wenn sich die gesamte Struktur um sie herum nicht grundlegend ändert, lohnt sich das so richtig, weil man im Ratinggeschäft nicht über Preise verhandeln kann. Bei Berkshire haben wir nie auf Ratings für Anleihen geachtet. Wir sind nicht der Meinung, dass wir Investitionsentscheidungen auslagern oder outsourcen sollten. Wenn wir etwas nicht selbst machen können, machen wir es einfach nicht. Wir verlassen uns nicht auf die Meinung anderer, sei es eine Ratingagentur oder sonst jemand. Es handelt sich also nicht um ein Geschäft, auf das wir uns verlassen, aber wir sind uns bewusst, dass es auch weiterhin ein phänomenales Geschäft bleiben wird, wenn sich das Modell nicht ändert.«

HERUNTERSCHRAUBEN DER ERWARTUNGEN

2011 Aktionärsversammlung (02:12:54)

WB: »Ich rate Leuten, die sich nicht aktiv mit Investitionen beschäftigen, Indexfonds zu kaufen. Wenn Sie einen Vollzeitjob haben und einfach nur Geld zurücklegen möchten, ist es meiner Meinung nach für den Durchschnittsbürger besser, über einen längeren Zeitraum hinweg regelmäßig in einen Indexfonds zu investieren, als fast alles andere, was ihm zur Verfügung steht. Das wird niemals als großartige Investition angesehen werden, aber es wird eine vollkommen zufriedenstellende Investition sein.

Wenn ich persönlich zwischen einem Indexfonds und Berkshire zum aktuellen Kurs wählen müsste, würde ich mich für Berkshire entscheiden. Ich wäre nicht unglücklich, wenn man mir sagen würde, dass ich mein gesamtes Geld für den Rest meines Lebens in einem Indexfonds lassen muss – aber ich mag Berkshire lieber.«

CM: »Mir gefällt das viel besser, und ich wäre ausgesprochen unglücklich, wenn ich einen Indexfonds besitzen müsste. Ich habe größere Ambitionen. Ich glaube nicht, dass die durchschnittliche Rendite eines erfahrenen Anlegers in den nächsten fünfzig Jahren so gut sein wird wie in den vergangenen fünfzig Jahren. Daher denke ich, dass das Herunterschrauben der Erwartungen die beste Verteidigung für jeden Anleger sind, und danach halte ich Berkshire für eine ziemlich gute Wahl.«

WB: »Charlie legt großen Wert darauf, die Erwartungen herunterzuschrauben.«

CM: »Absolut. So habe ich geheiratet; meine Frau hat ihre Erwartungen gesenkt.«

WB: »Und er hat sie dann erfüllt.«

HENRY SINGLETON UND TELEDYNE

2013 Aktionärsversammlung (01:52:22)

CM: »Henry Singleton war ein Genie, der mit verbundenen Augen fast auf Großmeister-Niveau Schach spielen konnte und in komplizierten Mathematik- oder Physikprüfungen nie schlechter als mit 1,0 abgeschnitten hat. Ich kannte ihn. Er lebte in meiner Gemeinde. Aber er begann mit einem Konglomerat, bei dem sein Interesse darin bestand, ständig höhere Gewinne zu melden, damit es immer weiterging. Als der Kurs dann schließlich fiel, kaufte er unerbittlich und sehr logisch Aktien, wie es ein großartiger Schachspieler tun sollte. Aber er führte die betreffenden Unternehmen viel zentralistischer, als Berkshire jemals gearbeitet hat. Und am Ende wollte er den Großteil der Unternehmen an uns verkaufen. Zu diesem Zeitpunkt war er krank und wollte wirklich an uns verkaufen. Und natürlich wollte er Berkshire-Aktien dafür. Und wir sagten im Grunde: ›Henry, wir mögen dich sehr und würden gern deine Unternehmen kaufen, aber wir wollen keine Berkshire-Aktien dafür ausgeben.‹ Ich glaube also nicht, dass man denken sollte, dass er es nur deshalb besser gemacht hat als wir, weil er ein Genie war.«

WB: »Er hat die Börsenmärkte viel besser gespielt. Das interessiert uns eigentlich nicht.«

CM: »Nein, so sind wir nicht.«

WB: »Er war unglaublich darin und hat für die Aktionäre, die ihm treu geblieben sind, ein Vermögen gemacht. Aber bis zu einem gewissen Grad sah er die Aktionäre als Menschen an, die man ausnutzen kann, und emittierte wie verrückt eigene Aktien. Ich wette, er hat mindestens fünfzig Übernahmen getätigt … Er spielte das Spiel der 1960er-Jahre, und wir wollten uns eigentlich nie auf dieses Spiel einlassen. Er hat seine Aktie beworben. Er hatte den Hintergrund von Litton Industries, und dieses Spiel funktionierte wunderbar, wenn man sich nicht darum scherte, wie es enden würde. Wir haben dieses Spiel nicht mitgespielt. Was den Wunsch nach Berkshire-Aktien angeht, so ging er im Wesentlichen in die dritte Phase über, in der er zunächst überteuerte Aktien ausgab, diese dann zu einem sehr niedrigen Preis zurückkaufte, um -«

CM: »– sie laut seinem Plan dann an uns für mehr zu verkaufen, als sie überhaupt wert waren.«

WB: »Genau.«

CM: »Es war die falsche Aktie. Er war ein enorm talentierter Mann, und seine kühle Rationalität war bewundernswert – aber mir gefällt unser System besser. Wir sind fürsorglicher als Teledyne.«

UNVERGESSLICHE INVESTITIONEN

2019 Aktionärsversammlung (00:45:34)

WB: »Einmal habe ich eine Aktie der Atled Corp. gekauft. Bei Atled waren 98 Aktien im Umlauf, und ich habe eine davon gekauft – nicht gerade ein liquider Wert. Und Atled war zufällig das Wort ›Delta‹ rückwärts buchstabiert. Hundert Leute in St. Louis hatten sich zusammengetan, um einen Entenjagdclub in Louisiana zu gründen, gaben jeweils 50 oder 100 Dollar und kauften dort etwas Land. Es waren hundert Leute, aber zwei von ihnen kamen ihrer Verpflichtung, ihren Anteil von 100 Dollar einzuzahlen, nicht nach, sodass 98 Aktien im Umlauf waren. Sie fuhren nach Louisiana und schossen ein paar Enten. Aber anscheinend hat jemand ein paar Schüsse in den Boden abgefeuert, und Öl spritzte heraus. Und ich glaube, das Ölfeld des Delta Duck Clubs produziert immer noch.«

»Ich habe vor vierzig Jahren deren Aktien gekauft, eine Aktie für 29.500 Dollar. Das war der Barwert, und das Ölfeld war sehr ertragreich, also haben sie verkauft. Hätten sie die Aktien behalten, wären diese heute vielleicht 2 oder 3 Millionen wert, aber sie haben sie an eine andere Ölgesellschaft verkauft. Eigentlich hatte ich damals gar kein Geld und habe es mir geliehen. Ich habe die Aktie für meine Frau gekauft. … Der Kreditsachbearbeiter sagte: ›Möchten Sie sich etwas mehr Geld leihen, um auch eine Schrotflinte zu kaufen?‹ Charlie, erzähl ihnen von einer Gelegenheit, die du verpasst hast.«

CM: »Da fallen mir zwei ein. Als ich jung und arm war, habe ich einmal eine Ölförderlizenz gekauft, die mir viele Jahre lang jährlich 100.000 Dollar einbrachte. Aber das war einmal im Leben. Später kaufte ich Aktien von Belridge Oil, deren Wert ziemlich schnell um das Dreißigfache stieg. Aber ich hätte fünfmal so viel kaufen können und lehnte das ab. Das war die dümmste Entscheidung meines Lebens. Wenn also jemand von Ihnen jemals eine dumme Entscheidung getroffen hat, schauen Sie mich an und das gibt Ihnen ein gutes Gefühl.«

PRIVATE EQUITY

2019 Aktionärsversammlung (01:18:27)

WB: »Wenn Sie mit Fremdkapital Aktieninvestitionen gehebelt und einen Weg gefunden haben, um auch bei Markteinbrüchen durchzuhalten, erzielen Sie außergewöhnliche Renditen. Wenn in meiner gesamten Laufbahn als Investor ein Indexfonds 11 Prozent erzielt hätte – dann stellen Sie sich einmal vor, wie gut Sie abgeschnitten hätten, wenn Sie diesen zu 50 Prozent unabhängig von den jeweiligen Zinssätzen im Laufe der Zeit fremdfinanziert hätten. Eine gehebelte Investition in ein Unternehmen wird also in den meisten Fällen eine nicht gehebelte Investition in ein gutes Unternehmen schlagen.«

»Aber … die Vereinbarungen zum Schutz der Gläubiger haben sich in der Branche verschlechtert. Und natürlich warst du in einer Hochkonjunktur für Unternehmen aktiv. Und es war eine Phase mit niedrigen Zinsen. Es war also eine sehr gute Zeit dafür. Wenn man ungehebelte Renditen mit ungehebelten Aktien vergleicht, glaube ich persönlich nicht, dass das, was heute gekauft und vermarktet wird, gut funktionieren würde. Aber wenn man Vermögenswerte kaufen kann, die 7 oder 8 Prozent Rendite bringen, und man sich genug Geld zu 4 oder 5 Prozent leihen kann und keine Vereinbarungen einhalten muss, wird man einige Insolvenzen erleben. In vielen Fällen wird man jedoch bessere Ergebnisse erzielen.«

»Das interessiert uns überhaupt nicht. Wir werden Berkshire nicht fremdfinanzieren. Hätten wir Berkshire fremdfinanziert, hätten wir im Laufe der Jahre natürlich viel mehr Geld verdient. Aber sowohl Charlie als auch ich haben einige außergewöhnlich intelligente Menschen gesehen, die durch Fremdfinanzierung in den Ruin getrieben wurden. Wir haben Long-Term Capital Management (LTCM) gesehen, wo Leute arbeiteten, die im Schlaf rechnen konnten, Rechenaufgaben, die ich nicht lösen könnte, wenn ich einen ganzen Tag daran sitzen würde; das waren wirklich sehr kluge Leute, die mit ihrem eigenen Geld arbeiteten und über jahrelange Erfahrung in ihrem Bereich verfügten. Und dann fiel 1998 der ganze Zauber in sich zusammen. Später haben wir beobachtet, wie einige dieser Leute nach diesem Vorfall wieder das Gleiche gemacht haben. Ich würde mich also nicht über sogenannte alternative Anlagen aufregen. Man kann dazu alle möglichen Zahlen finden. Aber wahrscheinlich sind mindestens 1 Billion Dollar tatsächlich dafür vorgesehen, de facto Unternehmen aufzukaufen. Und wenn man davon ausgeht, dass diese Summe gehebelt wird, im Verhältnis zwei zu eins, dann hat man vielleicht eine Kaufkraft in Höhe von 3 Billionen Dollar, um Unternehmen auf dem US-Markt zu kaufen, der derzeit vielleicht ein Volumen von 30 Billionen hat, aber es gibt alle möglichen Unternehmen, die gar nicht zum Verkauf stehen.«

»Die Angebots- und Nachfragesituation für den außerbörslichen Kauf von Unternehmen mit Fremdkapital hat sich also gegenüber vor zehn oder zwanzig Jahren dramatisch verändert. Und wir haben eine Reihe von Vorschlägen von Private-Equity-Fonds gesehen, bei denen die Renditen wirklich nicht auf eine Weise berechnet werden, die ich als ehrlich bezeichnen würde. Wenn ich einen Pensionsfonds verwalten würde, wäre ich sehr vorsichtig mit dem, was mir da angeboten wird. Wer an der Wall Street die Wahl hat, ein toller Analyst oder ein toller Verkäufer zu sein, führt das Dasein als Verkäufer zum Erfolg. Wer 10 Milliarden Dollar in einem Fonds einsammeln kann, eine Gebühr von 1,5 Prozent erhält und die Leute für zehn Jahre bindet, muss selbst ebenso wie seine Kinder und Enkelkinder nie wieder etwas tun, selbst wenn er der dümmste Investor der Welt ist.«

CM: »Ich bin überzeugt, was wir tun, ist sicherer … Mir gefällt an vielen Investitionen der Pensionsfonds nicht, dass sie wohl so beliebt sind, weil sie in Krisenzeiten nicht so stark herabgestuft werden müssen, wie sie sollten. In meinen Augen ist das ein dummer Grund, etwas zu kaufen, nur weil bei der Herabstufung Nachsicht gezeigt wird.«

WB: »Ja. Und wenn man das Geld zusagt – was bei Private Equity oft der Fall ist –, nehmen sie zwar das Geld nicht, aber man zahlt eine Gebühr für die Summe, die man zugesagt hat. Und man muss dieses Geld wirklich jederzeit auf Abruf zur Verfügung stellen. Natürlich sieht ihre Rendite besser aus, während du lange Zeit auf kurzlaufenden Schatzanweisungen sitzt, die du halten musst, weil sie jederzeit anrufen und das Geld verlangen können, und das wird nicht berücksichtigt. Sie beziehen es in ihre Gebühr ein, aber rechnen es nicht in den sogenannten internen Zinssatz ein. Das Ergebnis ist also nicht so gut, wie es aussieht.«

CM: »Warren, sie lügen nur ein bisschen, damit das Geld fließt.«

WB: »Das bringt es auf den Punkt.«

LITERATUREMPFEHLUNGEN

1994 Aktionärsversammlung (01:17:12)

CM: »Ich habe die Lektüre von Connie Brucks Buch *Master of the Game* sehr genossen, eine Biografie über Steve Ross, der Warner leitete und später CEO von Time Warner war. Sie ist eine scharfsinnige Autorin und die Geschichte ist sehr interessant. Ich lese gerade ein Buch, das mir sehr gut gefällt, nämlich Carl Van Dorens Biografie über Benjamin Franklin (*Benjamin Franklin*). Ich hatte fast vergessen, wie gut dieses Buch ist. Wir hatten in diesem Land noch nie jemanden wie Franklin und werden auch nie wieder jemanden wie ihn bekommen.«

—

1994 Aktionärsversammlung (03:29:49)

WB: »Es gibt ein Kapitel in *The General Theory* [von John Maynard Keynes], das sich mit Märkten, der Psychologie der Märkte und dem Verhalten der Marktteilnehmer befasst. Abgesehen von Kapitel acht und Kapitel zwanzig von *The Intelligent Investor* [von Ben Graham] werden Sie beim Lesen dieses Kapitels genauso viel Weisheit finden wie in allen anderen Werken zum Thema Investieren … Ich würde Ihnen empfehlen, es zu lesen. Keynes und Graham kamen von völlig unterschiedlichen Ausgangspunkten etwa zur gleichen Zeit in den 1930er-Jahren zu dem gleichen Schluss darüber, was die solideste Art der langfristigen Geldanlage ist. Sie unterschieden sich etwas in ihren Vorstellungen zur Diversifizierung. Keynes glaubte weit weniger an Diversifizierung als Graham. Keynes ging meiner Meinung nach in den 1920er-Jahren von einer falschen Theorie aus und versuchte im Wesentlichen, Konjunkturzyklen an den Märkten vorherzusagen. In den 1930er-Jahren wandte er sich dann der Fundamentalanalyse von Unternehmen zu und war damit äußerst erfolgreich … Ich würde Ihnen also empfehlen, das zu lesen. Es gibt einige Briefe, die Keynes an Mit-Treuhänder von Lebensversicherungsgesellschaften, Hochschulen und so weiter geschrieben hat, die Sie ebenfalls interessant finden könnten.«

1996 Aktionärsversammlung (04:16:13)

CM: »Ich schäme mich fast, das zu sagen. Ich habe mich wieder mit Biologie beschäftigt, was ich schon vor zehn bis fünfzehn Jahren hätte tun sollen. Was in den letzten zwanzig oder dreißig Jahren in der Biologie herausgefunden wurde, ist der absolute Wahnsinn. Nehmen Sie Richard Dawkins mit *The Selfish Gene* und *The Blind Watchmaker* – das sind großartige Bücher … Ich musste *The Selfish Gene* zweimal lesen, bevor ich es vollständig verstanden habe. Es gab Dinge, an die ich mein ganzes Leben lang geglaubt habe, die aber nicht stimmten. Es ist super, wenn man solche Erfahrungen macht. Wir sagen immer: ›Nicht das Lernen ist so schwer, sondern das Verlernen.‹«

WB: »Was Investmentbücher angeht, würde ich die ersten beiden Bücher von Phil Fisher empfehlen, *Common Stocks and Uncommon Profits* und *Paths to Wealth Through Common Stocks.* Das sind sehr gute Bücher. *The Money Masters* von John Train ist ein interessantes Buch. Ich empfehle natürlich *The Intelligent Investor*, insbesondere die Kapitel acht und zwanzig. Alle wichtigen Ideen zum Thema Investieren finden sich in diesem Buch, denn es gibt eigentlich nur drei Ideen … Die Erste ist, dass man sich Investieren als den Besitz eines Unternehmens vorstellen sollte und nicht als den Kauf von etwas, dessen Preis schwankt. Die Zweite ist Ihre Einstellung zum Markt, die damit zusammenhängt; das wird in Kapitel acht behandelt. Wenn Sie die richtige Einstellung zu den Marktbewegungen haben, ist das beim Wertpapierhandel enorm hilfreich. Und das letzte Kapitel handelt von der Sicherheitsmarge. Fahren Sie nicht mit einem Lkw von 4,9 Tonnen über eine Brücke, die ein Gewicht von 5 Tonnen tragen kann; suchen Sie sich eine Brücke mit einer Tragfähigkeit von mindestens 7 Tonnen.«

1998 Aktionärsversammlung (00:46:37)

CM: »Ich habe kürzlich ein neues Buch zweimal gelesen, was ich sonst sehr selten tue. Und zwar *Arm und Reich* von Jared Diamond. Das ist ein tolles Buch. Und die Denkweise dieses Mannes wäre im Geschäftsleben sehr nützlich. Mit seinem Verstand fragt er immer nach dem Warum. Und er ist sehr gut darin, Antworten zu finden. Ich würde sagen, es ist das beste Werk dieser Art, das ich je gelesen habe.«

WB: »Ich habe etwas in der Art von *The Quotable Einstein* [herausgegeben von Alice Calaprice] gelesen. Es enthält viele seiner Kommentare aus den letzten Jahren und ist ausgesprochen lesenswert. *Fermat's Last Theorem* [von Simon Sing] ist ebenfalls ein sehr interessantes Buch.«

1999 Aktionärsversammlung (04:39:16)

CM: »Robert Hagstrom hat mir sein neuestes Buch über Warren Buffett geschickt, *The Buffett Portfolio.* Ich war verblüfft, weil es nicht nur sehr gut geschrieben ist, sondern auch einen bedeutenden Beitrag zur Synthese des menschlichen Denkens über den Investitionsprozess leistet. Ich würde Ihnen allen empfehlen, sich ein Exemplar von Hagstroms zweitem Buffett-Buch zu kaufen. Ein weiteres Buch, das mir dieses Jahr sehr gut gefallen hat, war *Titan* [von Ron Chernow], die Biografie des ursprünglichen John D. Rockefeller. Das ist eine der besten Wirtschaftsbiografien, die ich je gelesen habe. Es ist zugleich eine sehr interessante Familiengeschichte. Es ist ein wunderbares Buch. Ich kenne niemanden, der es gelesen hat und die Lektüre nicht genossen hätte.«

»Das dritte Buch ist eine Art Neuauflage des Themas, das ich vor ein oder zwei Jahren empfohlen habe: *Guns, Germs, and Steel*, das die Wirtschaftsgeschichte der Menschheit aus der Sicht eines Physiologen beleuchtet. Es war ein klasse Buch, und ein Großteil zu genau dem gleichen Thema wurde auch von einem emeritierten Geschichtsprofessor aus Harvard, David Landes, abgehandelt, der weit mehr über Wirtschaft und Wissenschaft weiß, als man von einem Geschichtsprofessor erwarten würde. Dadurch ist er zu scharfsinnigen Erkenntnissen gelangt. Sein Buch ist eine Anspielung auf den Titel von Adam Smith und heißt *The Wealth and Poverty of Nations* (Der Wohlstand und die Armut der Nationen).«

WB: »Wenn Sie die Autobiografie von Katharine Graham, *Personal History*, noch nicht gelesen haben, sollten Sie das unbedingt nachholen. Es ist ein tolles Buch. Es ist unglaublich ehrlich und erzählt eine faszinierende Geschichte. Es handelt von einem Leben, das alle Facetten der Politik, der Wirtschaft und der Regierung kennengelernt hat. Es ist sehr lesenswert. Ein Buch, das in der Investmentwelt erschienen ist und das ich auf jeden Fall empfehlen würde, ist *Common Sense on Mutual Funds* von Jack Bogle. Jack ist ein aufrichtiger Kerl und kennt sich in der Branche aus. Wenn Investmentfondsanleger auf ihn hören würden, würden sie jedes Jahr Milliarden und Abermilliarden Dollar sparen. Er sagt genau, was Sache ist.«

2000 Aktionärsversammlung (03:21:40)

WB: »Das wohl repräsentativste Buch zu meinen Ansichten ist das von Larry Cunningham [*The Essays of Warren Buffett*], da er im Wesentlichen meine Worte übernommen und neu zusammengestellt hat. Was er dort wiedergibt, repräsentiert meine Ansichten am besten. Wir blicken zurück auf zwanzig Jahresberichte oder bald zusätzlich das Internet, dazu Artikel in *Fortune*, alles Mögliche. Ich würde ja gern glauben, dass ich diese Ansichten besser dargelegt habe als jemand, der sie zusammenfasst. Aber das Urteil überlasse ich Ihnen. Larry hat sehr gute Arbeit geleistet, indem er eine Reihe dieser Berichte nach Themen geordnet hat, sodass sie viel leichter zu lesen sind, als wenn man sich Jahr für Jahr durcharbeiten müsste.«

2002 Aktionärsversammlung (01:43:45)

CM: »Die beiden Bücher, die ich dieses Jahr empfehle, wurden mir von Aktionären geschickt, die dachten, sie könnten mir gefallen, und sie hatten Recht. Das erste ist *Ice Age* [von John und Mary Gribbin], eine Geschichte der Eiszeiten in den letzten paar Hunderttausend Jahren und wie man herausgefunden hat, was passiert ist und warum. Ich halte es für das beste wissenschaftliche Sachbuch, das ich je gelesen habe. Das andere Buch ist *How the Scots Invented the Modern World* [von Arthur Herman]. Das Thema hat mich schon immer interessiert: Wie konnte ein kleines, armes Volk von Kelten die Welt in so großem Umfang positiv beeinflussen? Das hat auch mit den Iren zu tun, die eine ähnliche ethnische Abstammung haben, aber einer anderen Religion angehören. Es ist ein wunderbares Buch.«

WB: »Ich möchte Ihnen ein Buch empfehlen, das vielleicht ein wenig eigennützig im Hinblick auf die Führungsriege von Berkshire klingt. Robert P. Miles hat ein Buch herausgebracht [*Warren Buffetts Berkshire Hathaway*], das von den Menschen erzählt, die Ihr Kapital verwalten … Bob hat sie gut interviewt, und ich würde Ihnen empfehlen, das Buch zu lesen. Ich glaube, Sie werden Ihre Investition besser finden, wenn Sie mehr über die Führungsriege erfahren.«

2004 Aktionärsversammlung (01:24:57)

CM: »Ein Buch, das mir sehr gut gefällt, ist *Deep Simplicity* von John Gribbin. Es ist ein richtig tolles Buch. Und natürlich ist auch der Titel *Deep Simplicity* super. Das ist genau das, wonach wir alle suchen.«

WB: »Ich habe gerade *A Short History of Nearly Everything* [von Bill Bryson] gelesen. Es ist ungeheuer beeindruckend zu lesen, wie Menschen im 17. Jahrhundert sich den Kopf darüber zerbrachen, wie sich das Gewicht der Erde berechnen ließe. Man könnte meinen, Menschen, die zu solchen Errungenschaften fähig sind, würden auch in finanziellen Angelegenheiten sehr erfolgreich sein. Aber wie Sie sich erinnern, verbrachte Isaac Newton einen Großteil seines Lebens mit dem Versuch, Blei in Gold zu verwandeln. Er wäre vielleicht ein guter Börsenmakler gewesen, aber finanziell hat ihm das nicht viel gebracht.«

CM: »Er verlor einen Großteil seines Vermögens in der South Sea Bubble. Er investierte in eine absolut betrügerische Manie, obwohl er der klügste Mann der Welt war. Ein hoher IQ allein reicht nicht aus.«

2008 Aktionärsversammlung (03:25:28)

CM: »Ich würde [jungen Menschen] beibringen, sich nicht von Verkäufern und Kreditgebern mit den üblichen Tricks der Branche zu ihrem Nachteil manipulieren zu lassen – und dafür gibt es kein besseres Buch als *Influence* von Robert B. Cialdini. Bob ist Aktionär und sitzt hier irgendwo im Publikum. Er hat ein neues Buch mit dem Titel *Yes* (zusammen mit Noah J. Goldstein und Steve J. Martin) veröffentlicht. Ich empfehle Ihnen, diese beiden Bücher in Ihren Unterricht aufzunehmen."

2011 Aktionärsversammlung (02:46:25)

CM: »Ich gebe das nur ungern zu, weil ich mich mein ganzes Leben lang nicht für Hightech interessiert habe, aber ich habe tatsächlich *In the Plex* [von Steven Levy] über Google gelesen und fand es sehr interessant. Hier bin ich nun in meinem fortgeschrittenen Alter und finde es interessant, wie Menschen eine solche Technikkultur geschaffen haben, die ziemlich eigenartig ist und sich von dem meisten unterscheidet, was wir bei Berkshire haben. Ob ich das jemals nutzen werde? Das bezweifle ich. Aber es hat mir auf jeden Fall Spaß gemacht, etwas darüber zu lernen. Und wenn mir das Lernen Spaß macht, halte ich es für wichtig, denn dafür ist man meiner Meinung nach hier: jeden Abend ein bisschen weiser ins Bett zu gehen, als man aufgestanden ist.«

2015 Aktionärsversammlung (03:04:38)

WB: »Wenn Sie Adam Smith [*The Wealth of Nations*] zusammen mit Keynes, Ricardo und Fred Schweds *Where Are the Customers' Yachts?* lesen, werden Sie viel lernen … *Where Are the Customers' Yachts?* enthält auf wenigen Seiten unglaublich viel Weisheit und ist sehr unterhaltsam. Aber wenn Sie nicht nur viel mehr Weisheit erlangen, sondern auch gebildeter wirken möchten, sollten Sie auch *The Wealth of Nations* lesen.«

CM: »Adam Smith gehört zu den Menschen, die sich wahrhaft bewährt haben. Ich meine, er wird zu Recht als einer der klügsten Menschen aller Zeiten angesehen. Und natürlich wurden die Lehren, die er damals vermittelt hat, wieder aufgegriffen, als der Kommunismus so kläglich scheiterte und Länder wie Singapur, Taiwan, China und so weiter so schnell aufgestiegen sind. Die Produktivkraft des kapitalistischen Systems ist einfach unglaublich, und das hat er schon früh und vollständig verstanden.«

FEEDBACK UND ENTKRÄFTENDE EVIDENZ

2002 Aktionärsversammlung (02:24:44)

WB: »Charlie und ich haben immer wieder einen großen Fehler gemacht, weil wir im Grunde genommen nicht bereit waren, etwas neu zu betrachten. Das kommt vor. Aber ich denke, der Jahresbericht ist ein gutes Feedback-Instrument. Über sich selbst zu berichten und ehrlich zu berichten, sei es in einem Jahresbericht oder auf andere Weise, ist sehr nützlich. Ein Partner, der nicht unterwürfig ist und selbst äußerst logisch denkt, ist wahrscheinlich der beste Mechanismus, den man haben kann.«

»Im Gegensatz dazu ist die typische Organisation im Unternehmen so gestaltet, dass die Meinungen, Vorurteile und bisherigen Überzeugungen des CEO auf jede erdenkliche Weise verstärkt werden. Wenn Sie von Mitarbeitern umgeben sind, die wissen, was Sie wollen, bekommen Sie nicht viele gegenteilige Meinungen zu hören. Wenn die anderen wissen, dass Sie ein Unternehmen kaufen wollen, werden Sie dafür eine Empfehlung erhalten; unabhängig von der potenziellen Rentabilität ihrer alternativen Investmentmöglichkeiten wird man Ihnen das präsentieren, was Sie mutmaßlich wollen. Und wenn Sie Ihre Organisation so aufbauen, dass Sie im Grunde genommen eine Gruppe von Speichelleckern haben, die sich hinter anderen Titeln verstecken, werden Ihre bisherigen Schlussfolgerungen unverändert beibehalten, und der Verwaltungsrat wird dies kaum kontrollieren können. Ich habe nur sehr wenige Verwaltungsräte gesehen, die sich gegen etwas stellen können, das für den CEO wichtig ist, und einfach sagen: »Das bekommen Sie nicht.«

»Wir alle in diesem Raum möchten neue Informationen lesen, die unsere liebgewonnenen Überzeugungen bestätigen; das ist Teil der menschlichen Natur. In der Welt der Investitionen und der Wirtschaft kann das aber sehr teuer werden. Ich bin überzeugt, wir haben ein ziemlich gutes System. Und ich bin ebenfalls überzeugt, dass die meisten Systeme in amerikanischen Unternehmen nicht besonders gut darin sind, nicht in die von dir beschriebene Falle zu tappen.«

CM: »Hilfreich ist auch die Bereitschaft, die Richtung zu ändern, selbst wenn das ziemlich schmerzhaft ist. Ich glaube, Berkshire ist derzeit das einzige große Unternehmen in Amerika, das sein Derivateportfolio auslaufen lässt. Wir hatten ursprünglich beschlossen, das Derivateportfolio von Gen Re weiterzuführen, und es ist sehr unangenehm, diese Entscheidung rückgängig zu machen, und doch tun wir das bereitwillig. Niemand sonst tut dies, und doch ist es zumindest für mich völlig offensichtlich, dass die Behauptung, die Bilanzierung von Derivaten in Amerika sei eine Kloake, eine Beleidigung für die Kanalisation ist.«

WB: »In Wahrheit ist die Rechnungslegung bei Derivaten in diesem Land katastrophal, und es gibt viele Unternehmen, die sich nicht damit auseinandersetzen wollen, was es bedeuten würde, auszusteigen. Bei Enron werden Derivate in großem Stil abgebaut, und glauben Sie mir, das geschieht nicht mit Gewinn, außer in dem Umfang, in dem das Insolvenzgericht ihnen erlaubt, bestimmte Verträge aufzulösen. Nirgendwo hat es so viel Potenzial für Zahlenfälschung gegeben wie bei Enron, und nirgendwo gab es so viel Potenzial für Zahlenfälschung wie bei den Derivaten. Sie wurden nach dem Modell bewertet; man gibt einer Gruppe von Händlern die Möglichkeit, Einnahmen zu erzielen, indem sie Zahlen auf ein Blatt Papier schreiben, die niemand wirklich überprüfen kann, und dann gerät das außer Kontrolle. Also haben wir uns schließlich entschlossen, in den sauren Apfel zu beißen und auszusteigen … Man könnte sich kein schlechteres System ausdenken. Und letztendlich wollten wir schon nicht in diesem Geschäft tätig sein, als wir eingestiegen sind, und jetzt sind wir dabei auszusteigen. Aber aus so etwas kommt man nicht so schnell heraus. Es ist ein bisschen wie in der Hölle: leicht hineinzukommen und sehr schwer wieder herauszukommen.«

ANHANG

WIE MAN EIN VERSICHERUNGS-UNTERNEHMEN RICHTIG FÜHRT

Im Jahr 1967 schrieb Warren Buffett Folgendes in seinem jährlichen Brief an die Aktionäre: »Berkshire Hathaway [B-H] hat mit echten Schwierigkeiten im Textilgeschäft zu kämpfen. Ich sehe derzeit zwar keine Einbußen bei den zugrunde liegenden Werten, aber ich sehe auch keine Aussicht auf eine gute Rendite für die im Textilgeschäft eingesetzten Vermögenswerte.« Wie Alice Schroder in *The Snowball* [auf Deutsch erschienen unter dem Titel *Das Leben ist wie ein Schneeball]* berichtet, war Buffett zu dem Schluss gekommen, dass seine wichtigste Aufgabe in diesem Jahr darin bestehe, etwas Neues zu finden, an das er die kaputte Karre von Berkshire anhängen konnte, bevor deren ›erhebliche Belastung‹ für seine Performance unerträglich werden würde.

Eine mögliche Lösung, die Buffett im Auge behalten hatte, betraf Charlie Heider, Freund und Vorstandsmitglied von National Indemnity (NICO), dessen Hauptsitz nur wenige Blocks von Buffetts Büro in Omaha entfernt lag (NICO war ein Sach- und Haftpflichtversicherer, der sich auf gewerbliche Kfz- und allgemeine Haftpflichtversicherungen spezialisiert hatte). Buffett und Heider hatten über NICO gesprochen, und zwar mit besonderem Augenmerk auf dessen CEO Jack Ringwalt: »Jedes Jahr gab es fünfzehn Minuten, in denen Jack NICO verkaufen wollte. Irgendetwas machte ihn wütend. Das konnte eine Forderung sein, die ihn wütend machte … Charlie und ich sprachen über dieses Phänomen, dass Jack einmal im Jahr fünfzehn Minuten lang derart in Rage war. Ich sagte Charlie, er solle mir Bescheid geben, wenn er Jack jemals in dieser besonderen Phase erwischen würde.«

Als Heider im Februar 1967 anrief, war Buffett bereit zu handeln; er fragte Ringwalt, wie viel er für NICO haben wolle, und Jack nannte als Antwort 50 Dollar pro Aktie – »15 Dollar pro Aktie mehr, als Warren für angemessen hielt«. Aber Buffett zahlte, um den Deal unter Dach und Fach zu bringen – und damit begann die Expansion von Berkshire Hathaway in das Versicherungsgeschäft (der Kaufpreis betrug 8,6 Millionen Dollar).

FÜNFUNDZWANZIG JAHRE BEI NATIONAL INDEMNITY

Schnellvorlauf zur Aktionärsversammlung von Berkshire Hathaway im Jahr 2004, fast vier Jahrzehnte nach Abschluss des NICO-Deals. Während der Jahreshauptversammlung sowie im Aktionärsbrief des betreffenden Jahres erörterte Buffett die Finanzergebnisse, die NICO im vergangenen Vierteljahrhundert (1980-2004) gemeldet hatte.

Der erste Datensatz gibt die jährlichen gebuchten Prämien von NICO wieder. Wie Sie sehen können, war das Geschäftsvolumen von 1980 bis 2004 sehr volatil. Nach einem Rückgang in den frühen 1980er-Jahren stiegen die gebuchten Prämien innerhalb von zwei Jahren um das Sechsfache, von rund 62 Millionen Dollar im Jahr 1984 auf rund 366 Millionen Dollar im Jahr 1986 (wie Buffett im Brief von 1986 schrieb: »Die Trends im traditionellen Geschäft von NICO … zeigen, wie zurückhaltend andere Versicherer für eine Weile geworden sind«). In den folgenden dreizehn Jahren gingen die gebuchten Prämien um insgesamt etwa 85 Prozent zurück, von rund 366 Millionen Dollar im Jahr 1986 auf rund 55 Millionen Dollar im Jahr 1999. Dies war eine Zeit scheinbar endloser Marktprobleme für NICO, in der die Prämien in elf von dreizehn Jahren zurückgingen. Schließlich wendete sich das Blatt für NICO im Jahr 2000 erneut: Im Jahr 2004, fünf Jahre nachdem die gebuchten Prämien von NICO ihren Tiefpunkt erreicht hatten, überstiegen sie 600 Millionen Dollar – ein Anstieg um mehr als das Zehnfache gegenüber den Tiefstständen von 1999.

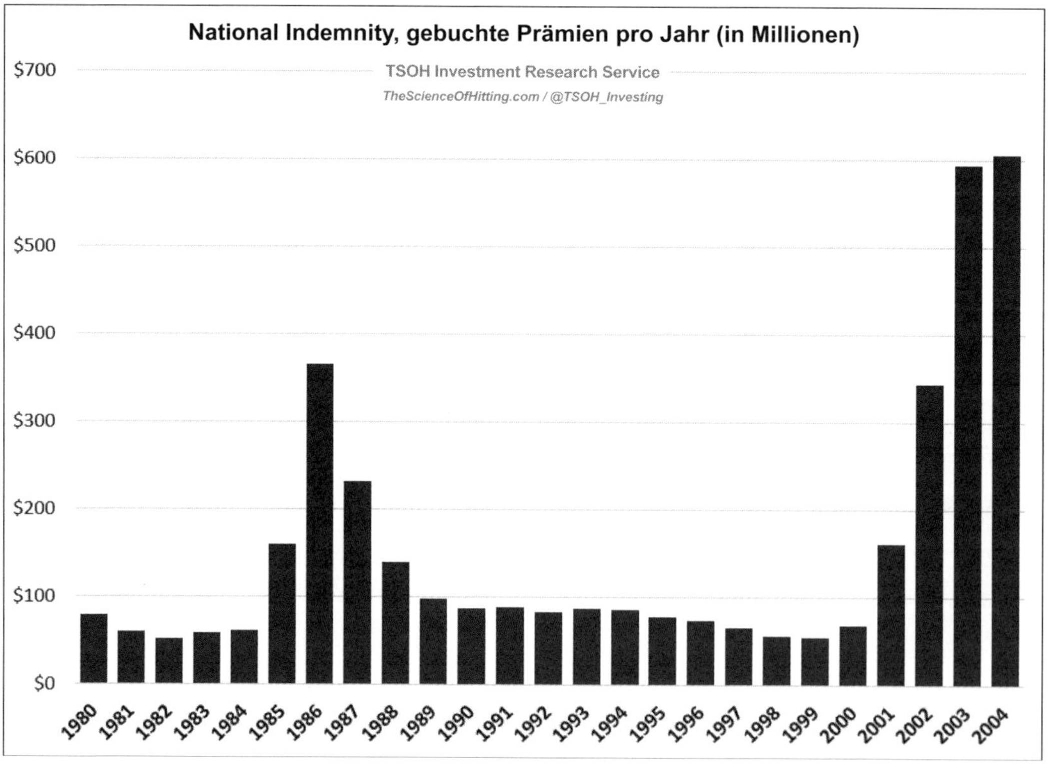

Dieses Ergebnis war beabsichtigt; bei NICO war nicht das Prämienwachstum, sondern eine solide Risikoprüfung das vorrangige Ziel. Natürlich möchte jeder Versicherer eine vernünftige Risikoprüfung. Dieses Ziel steht jedoch manchmal im Widerspruch zu den Anreizen bestimmter Interessengruppen – beispielsweise von Mitarbeitern, die eher um ihren Arbeitsplatz fürchten. Als das Geschäft bei NICO über einen Zeitraum von dreizehn Jahren um etwa 85 Prozent zurückging, sank auch die Zahl der Mitarbeiter erheblich, die für die Abwicklung des verbleibenden Geschäfts erforderlich waren. Dies bringt uns zu der Diskussion auf der Aktionärsversammlung im Jahr 2004, in der die entscheidende Rolle der Kultur und der Anreize bei NICO hervorgehoben wurde. Buffett äußert sich in diesem Zusammenhang zu der oben erwähnten Volatilität der Prämien:

»Ich glaube nicht, dass es eine andere Versicherungsgesellschaft auf der Welt gibt, die eine solche Bilanz vorweisen kann. In der ›schwierigen Marktlage‹ Mitte der 1980er-Jahre stiegen wir auf 366 Millionen Dollar. Dann schrumpften wir – nicht vorsätzlich, sondern einfach, weil das Geschäft unattraktiv wurde – von 366 Millionen auf 55 Millionen Dollar. In den letzten Jahren wurde der Markt wieder attraktiver und [NICO] stieg auf fast 600 Millionen Dollar. Ich glaube nicht, dass es in Amerika ein börsennotiertes Unternehmen gibt, das glaubt, einen solchen Rückgang des Geschäftsvolumens über Jahre hinweg überleben zu können. Aber so war die Kultur von NICO … Wir machen uns keine Sorgen um das Prämienvolumen.«

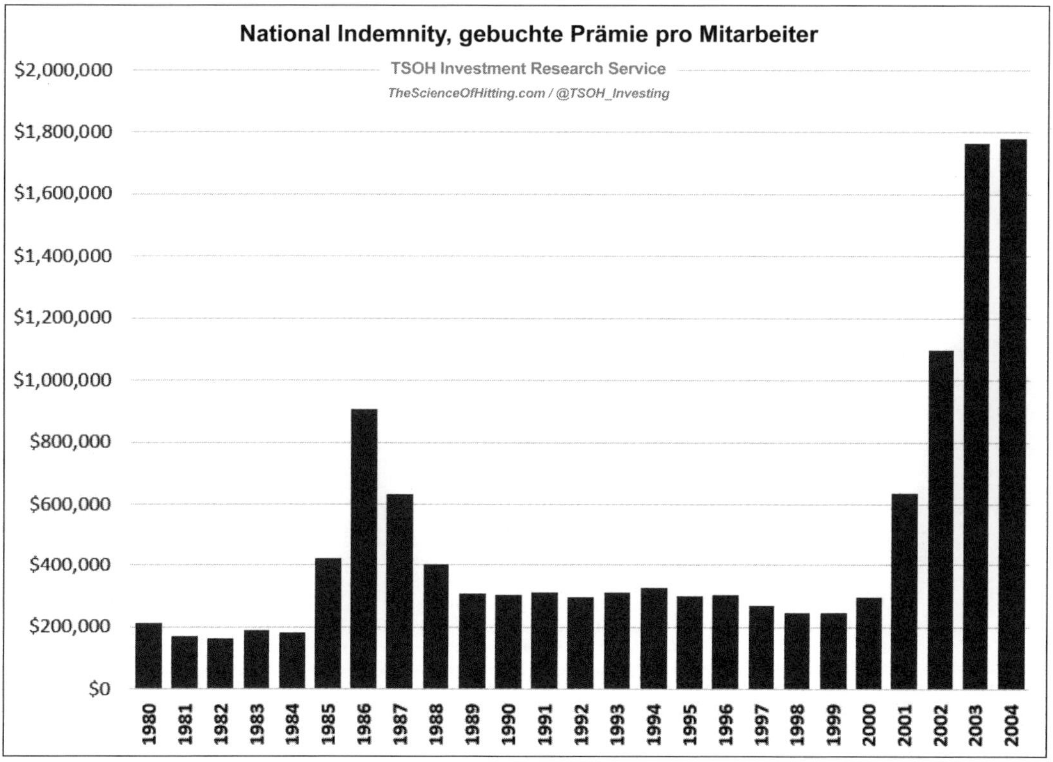

Wie bereits angedeutet, ist dies aus der Perspektive eines langfristigen Geschäftsinhabers eine verständliche Schlussfolgerung. Die Frage ist, wie man eine ähnliche Denkweise den Mitarbeitern vermitteln kann, deren Arbeitsplätze von ihrer Fähigkeit abhängen, Geschäfte (Prämien) zu generieren. Zurück zu Buffett:

»Wenn den Mitarbeitern stillschweigend vermittelt worden wäre, dass sie ihren Arbeitsplatz verlieren würden, wenn sie zu wenig Abschlüsse tätigen, hätten sie viele Abschlüsse getätigt. NICO könnte jeden Monat Abschlüsse im Wert von 1 Milliarde Dollar tätigen, wenn es denn wollte. Dazu müsste es nur lächerliche Preise anbieten. Wenn man lächerliche Preise anbietet, finden einen die Makler auch um vier Uhr morgens mitten auf dem Ozean. Das kann man sich nicht leisten. Wir haben den Mitarbeitern in unserem Versicherungsgeschäft und insbesondere bei NICO jedoch immer gesagt haben, dass ihr Arbeitsplatz nicht in Gefahr ist, wenn sie keine Abschlüsse tätigen. Wir können es uns nicht leisten, den Mitarbeitern unausgesprochen zu vermitteln, dass sie ihren Arbeitsplatz verlieren könnten, wenn sie keine Geschäfte abschließen.«

Wie Buffett erklärte, gab es bei NICO in dieser schwierigen dreizehnjährigen Phase nie Entlassungen (›Andere hätten das getan, aber wir nicht.‹). Die Zahl der Mitarbeiter schwankte natürlich aufgrund von Fluktuation, aber bei NICO wurde niemand aufgrund unzureichender Stückzahl (beim Abschlussvolumen) entlassen. Im Laufe der Zeit führte dies zu einem deutlich geringeren Output pro Mitarbeiter und einer viel höheren Kostenquote (Anstieg um rund 1500 Basispunkte von etwa 25 Prozent im Jahr 1986 auf etwa 40 Prozent im Jahr 1999).

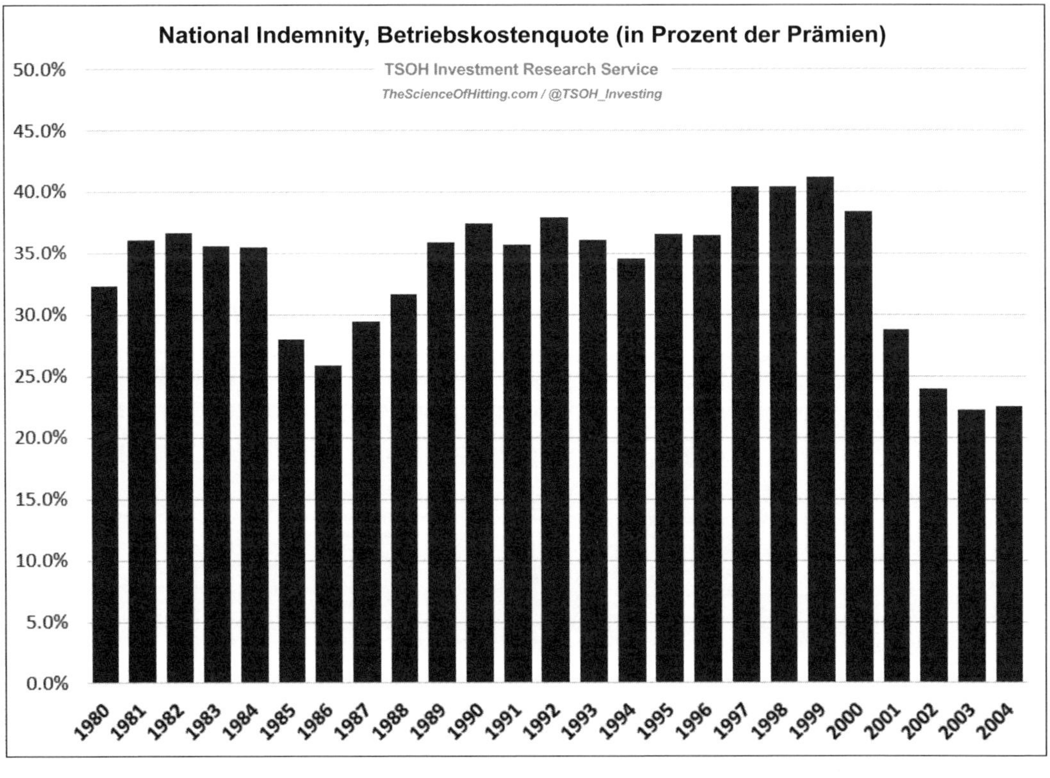

Wie Buffett richtig erkannt hatte, war dies eine wichtige Entscheidung, die NICO treffen musste:

»Einige Unternehmen würden [eine deutlich höhere Kostenquote] als unzumutbar einstufen – aber für uns ist es vielmehr unzumutbar, schlechte Geschäfte zu machen ... Wenn man sich einmal daran gewöhnt hat, schlechte Geschäfte zu machen, ist es fast unmöglich, diese Gewohnheit wieder abzulegen. Wir nehmen lieber zu hohe Gemeinkosten in Kauf, als unseren Mitarbeitern beizubringen, dass sie, um ihren Arbeitsplatz zu behalten, alles abschließen müssen, was ihnen unter die Finger kommt, denn diese Haltung lässt sich nur sehr schwer wieder ablegen, wenn man sich einmal daran gewöhnt hat ... Ich glaube, wir sind fast die einzige Versicherungsgesellschaft weltweit – zumindest unter den börsennotierten –, die ihren Mitarbeitern ganz klar vermittelt, dass sie niemals wegen zu geringer Abschlusszahlen entlassen werden.«

Wirklich interessant wird diese Geschichte, wenn wir uns das Endergebnis ansehen. Die folgenden beiden Diagramme zeigen die Underwriting-Rentabilität von NICO im Verlauf des 25-Jahre-Zeitraums von 1980 bis 2004; im ersten Diagramm ist das als Prozentsatz der gebuchten Prämien angegeben, im zweiten in Dollar. Wie Sie dem ersten Diagramm entnehmen können, hat NICO in diesem 25-Jahre-Zeitraum durchweg profitable Geschäfte getätigt (selbst in den 1990er-Jahren, als das Unternehmen Schwierigkeiten hatte, das Vorjahresvolumen zu halten, geschweige denn zu wachsen). Trotz Gegenwind bei den gebuchten Prämien gelang es dem Versicherer, sich über Wasser zu halten, indem er sich vor allem auf den Abschluss guter Geschäfte konzentrierte (»Wir haben praktisch in jedem Jahr Geld verdient.«).

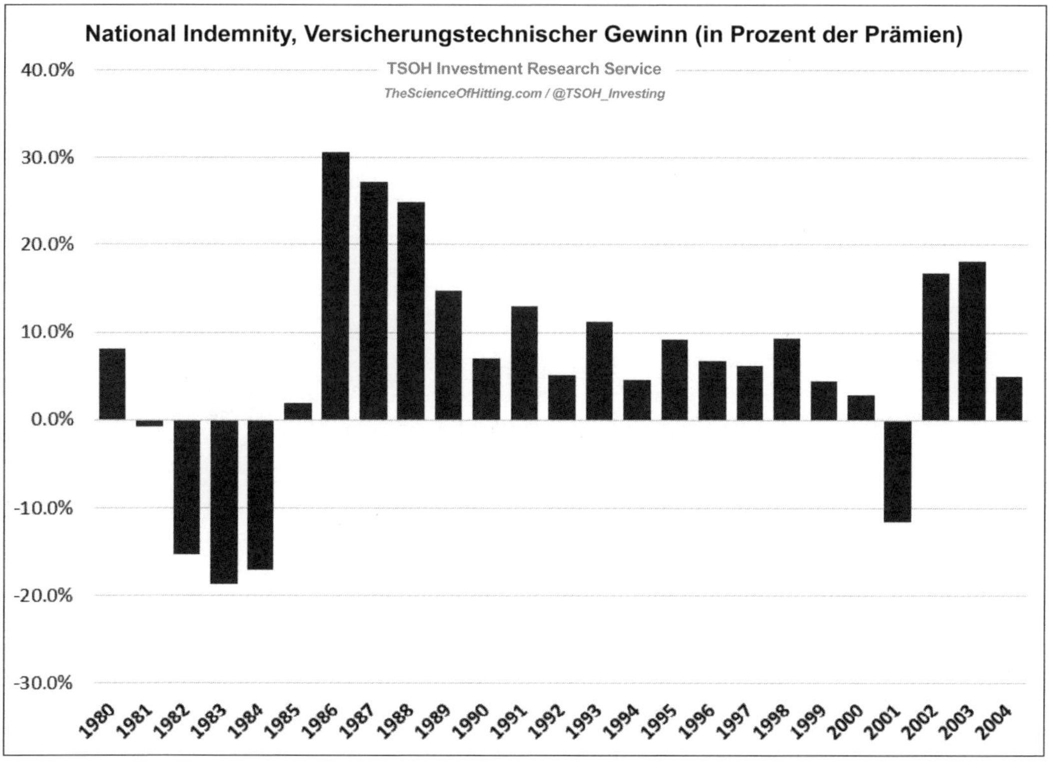

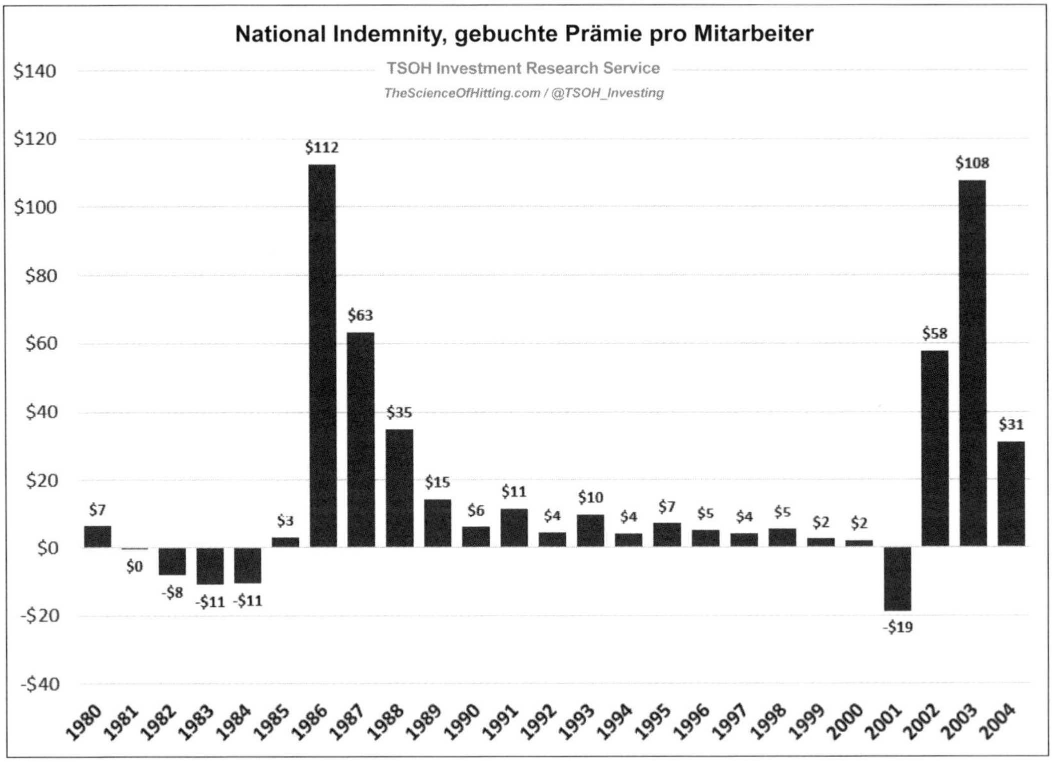

Die beiden Diagramme zusammen zeigen ein entscheidendes Merkmal der Finanzlage bei NICO:

Die fünf besten Jahre in diesem Zeitraum, gemessen an der Underwriting-Marge, waren 1986 (rund 31 Prozent Zeichnungsmarge), 1987 (rund 27 Prozent), 1988 (rund 25 Prozent), 2003 (rund 18 Prozent) und 2002 (rund 17 Prozent). Die kombinierten abgeschlossenen Prämien in diesen fünf Jahren beliefen sich auf rund 1,94 Milliarden Dollar oder rund 388 Millionen Dollar pro Jahr – etwa 150 Prozent mehr als der Jahresdurchschnitt über den gesamten Zeitraum von 25 Jahren. Anders ausgedrückt: Als NICO sein profitabelstes Geschäft tätigte (in »schwierigen« Marktphasen), verzeichnete das Unternehmen auch ein hohes Geschäftsvolumen.

Betrachtet man den Zeitraum von 25 Jahren, so beträgt die reine durchschnittliche Underwriting-Marge 6,6 Prozent pro Jahr. Bei den kumulierten Ergebnissen – 444 Millionen Dollar Gewinn bei 3,84 Milliarden gebuchten Prämien – beträgt die Underwriting-Marge jedoch 11,6 Prozent – das sind etwa 500 Basispunkte mehr als der einfache Durchschnitt.

Dies zeigt, warum Buffett argumentierte, dass für NICO nicht etwa vorübergehend überhöhte Personalkosten, sondern vielmehr unterbewertete Risiken wirklich untragbar waren. Mit der Fähigkeit und Bereitschaft, geduldig auf Gelegenheiten für einen offensiven Abschluss neuer Geschäfte zu warten, war Buffett überzeugt, dass NICO im Laufe der Zeit attraktive Ergebnisse erzielen könnte. Wie diese Daten deutlich zeigen, hatte er Recht. (»Wir haben Geld gedruckt, als wir riesige Abschlüsse getätigt haben, und ein wenig Geld verdient, als wir kleine Abschlüsse getätigt haben.«)

FAZIT

Als Antwort auf Buffetts ausführliche Erläuterung der Ergebnisse von NICO in den vergangenen 25 Jahren sagte Munger Folgendes: »Das Wichtigste ist, dass praktisch niemand sonst so vorgeht – und doch ist für mich klar, dass dies der richtige Weg ist. Bei Berkshire gibt es viele Beispiele dafür. Es unterscheidet sich nur ein wenig von der Vorgehensweise anderer; zum Teil ist es der Luxus, einen beherrschenden Aktionär mit klarer Meinung zu haben … Für ein Gremium, dem viele Mitarbeiter angehören, wäre es schwierig, solche Entscheidungen zu treffen.«

Bei NICO schätzte Berkshire die Rolle von Anreizen. Da gab es eine Diskrepanz zwischen den kurzfristigen Interessen der Mitarbeiter und denen des Arbeitgebers, und NICO hat dies durch seine Worte und Taten/Richtlinien direkt angesprochen. Von größter Bedeutung ist, dass das Unternehmen auch in schwierigen Zeiten (und das über lange Zeiträume hinweg) nicht schwankte. Das mag »nur ein wenig anders« sein – aber im Laufe der Zeit war es von enormer Bedeutung.

Bei börsennotierten Unternehmen ist die Bereitschaft, erhebliche und anhaltende kurzfristige Einbußen als notwendigen Preis für langfristigen Erfolg in Kauf zu nehmen, meiner Meinung nach die Ausnahme und nicht die Regel (Tom Russo bezeichnet das als »Leidensfähigkeit«). Bei Berkshire Hathaway sind die Kultur und die Anreize in den Tochtergesellschaften bewusst so gestaltet, dass sie dies fördern (dabei hilft es, dass Berkshire Hathaway aufgrund seiner Diversifizierung nicht von den kurzfristigen Aussichten in einem bestimmten Geschäft oder einer bestimmten Branche abhängig ist). Kurzfristig lässt sich der Wert dieses Vorteils schwer quantifizieren oder genau bestimmen (stellen Sie sich vor, Sie würden eine ähnliche Betrachtung für 1999 statt für 2004 durchführen), aber wie die 25-jährige Erfolgsgeschichte von NICO deutlich zeigt, kommt dieser Vorteil mit der Zeit klar zum Vorschein. Genau danach suche ich als langfristiger Investor. In den seltenen Fällen, in denen es sich finden lässt, sollte man es auch entsprechend würdigen.

Überlassen wir Buffett das Schlusswort: »NICO war vor dreißig Jahren ein unbekanntes Unternehmen, das über ein System allgemeiner Agenturen operierte, das alle für veraltet hielten. Es hatte keine Patente, keine Immobilien, keine Urheberrechte, nichts, wodurch es sich von Dutzenden anderer Versicherungsgesellschaften unterscheiden würde … Aber dieser Versicherer konnte eine nahezu einzigartige Bilanz vorweisen, weil er diszipliniert war; die Leute dort wussten, was sie wollten. Und das Unternehmen ist dabeigeblieben – ja, es hat diesen Ansatz im Laufe der Zeit sogar noch verstärkt. Und seine Bilanz hat andere weit hinter sich gelassen. Wäre man nur mit dieser Bilanz 1990 oder 1995 an die Wall Street gegangen, hätten alle gefragt: ›Was stimmt nicht mit Ihnen?‹ Die Antwort lautet: Bei uns ist alles in bester Ordnung. [Nico] hat einfach genau erkannt, was die richtigen Anreize sind … Man kann ein Automobilunternehmen nicht ohne Entlassungen führen; man kann ein Stahlunternehmen nicht auf diese Weise führen. Aber um ein Versicherungsunternehmen zu führen, ist dies der richtige Weg. Und deshalb sind standardisierte Ansätze für den Umgang mit Beschäftigten, Boni und all das Unsinn. Man muss die Situation, mit der man in einer bestimmten Branche mit ihren gegebenen Wettbewerbsbedingungen und ihren eigenen wirtschaftlichen Merkmalen konfrontiert ist, gründlich durchdenken.«

Über den TSOH Investment Research Service veröffentlicht Alex wöchentlich Aktienanalysen für seine Abonnenten (der NICO-Beitrag stammt aus dem Dezember 2022).

Darüber hinaus bietet Alex den Abonnenten von TSOH Investment Research vollständige Transparenz im Hinblick auf sein Portfolio und gibt alle Änderungen im Portfolio im Voraus bekannt.

Leser von *Auf den Punkt gebracht* können 20 Prozent auf ein Abonnement sparen, indem sie den QR-Code scannen oder thescienceofhitting.com/unscripted besuchen.